这是一部倾诉志愿者无私奉献精神的礼赞

这是一曲白发父亲为黑发女儿泪撰的挽歌

献给为中华民族文化复兴而奋斗的人们

吟诵的女儿

——记中华优秀传统文化吟诵推广志愿者林打打老师

林 岩⊙著

青岛出版社
QINGDAO PUBLISHING HOUSE

图书在版编目（CIP）数据

吟诵的女儿：记中华优秀传统文化吟诵推广志愿者林打打老师/林岩著.
—青岛：青岛出版社，2018.11
ISBN 978 - 7 - 5552 - 7879 - 5

Ⅰ.①吟…　Ⅱ.①林…　Ⅲ.　①林打打—生平事迹　Ⅳ.①K825.5

中国版本图书馆 CIP 数据核字（2018）第 260256 号

书　　　名　吟诵的女儿
　　　　　　　——记中华优秀传统文化吟诵推广志愿者林打打老师
作　　　者　林　岩
出版发行　青岛出版社（青岛市海尔路 182 号，266061）
本社网址　http://www.qdpub.com
责任编辑　张性阳　朱凤霞
照　　　排　青岛出版社教育设计制作中心
印　　　刷　青岛乐喜力科技发展有限公司
出版日期　2018 年 11 月第 1 版　2018 年 11 月第 1 次印刷
开　　　本　16 开(710mm×1000mm)
插　　　页　6
印　　　张　17.5
字　　　数　260 千
印　　　数　1—3000
书　　　号　ISBN 978 - 7 - 5552 - 7879 - 5
定　　　价　49.00 元

编校印装质量、盗版监督服务电话　4006532017　0532 - 68068638

序 言

值得，不值得？

——悼林打打老师

中华吟诵学会秘书长 徐健顺

常常想起，最后日子里的林老师，在病床上向我竖起的大拇指。

常常想问她，这样值得不值得？

只在人间度过了 36 年，很多美景、快乐还没有经历，就这样转身离去，值得不值得？

仿佛林老师的身影还在海风中伫立，风如叹息。

儿子只有一岁，却已知给病重的母亲揉背，就这样转身抛弃，舍得不舍得？

老父孤身，只有这一个独女，就这样转身不顾，忍心不忍心？

仿佛林老师还躺在胶州农村那间简陋的小屋中辗转，痛彻心尖。

为什么要忍痛工作，数月不辍？为什么不抽点时间，去医院求救？

为什么要振臂呼喊于漠然人群？为什么要孤身奔走于都市巷陌？

为什么要把仅有的积蓄补贴政府活动？为什么要离开大都市中心，降薪去郊区？

为什么还在哺乳假期，未出月子就抱着乳儿四处公益领吟？为什么要把珍贵的技艺免费公开传授？

值得，还是不值得？

为什么在吟诵迎来曙光之际，悄然离去？为什么在岛城刚刚记住你的时候，接受遗忘？

仿佛林老师的俏脸在空中浮现，笑眼如弯月。

谁知她？

她选择了她的人生，选择了她的活法；她的 36 年，是她自己的岁月。

这可能是唯一值得欣慰的事，唯一的值得。

在吟诵界，在国学界，还有多少人像林老师一样活着。

作为一个自主的人活着，作为一个人活着，不为名利，不畏世俗，只有志如明灯，只有情可羁绊。

还有，对殉道者无尽的思念。

回首，潮声一片。

忆秦娥　悼林打打老师

潮升落。潮声如泣月如默。

月如默，青林黑塞，魂归谁托？

海风曾拂俏花葶，飞歌散入万街陌。

万街陌，如今剩却，梧桐萧索。

戊戌年玖月贰拾伍日子夜

开　篇

微笑的女儿，走好

2017 年 12 月 20 日，我不堪回想的日子。那天早晨，我从青岛市区匆忙赶到胶州，将住在法家茔村承租平房内的病重的宝贝女儿打打接回市区治疗。上午 11 时许，女儿刚住进齐鲁医院，我就接到了她的病危通知书。女儿的主治医生逄大夫沉痛地告诉我，由于治疗不及时，女儿可能挺不到 2018 年的元旦。这突如其来的噩耗，让众亲友难以置信，更无法接受，让我几近崩溃。16 年前，我已经失去了女儿的妈妈，现在绝不能再失去我的宝贝女儿。

苍天不公！2017 年 12 月 29 日 5 时 36 分，女儿在医院仅仅治疗了 9 日，不幸医治无效离世，年纪不满 36 岁。

在这生死别离的 9 天 9 夜，在亲人们万分的悲痛中，女儿却无比坚强。虽然她知道自己身患重症，将不久于人世，但在人生的最后时刻，她没有恐慌绝望，而是从容面对，把微笑留给了所有爱她的人，留给了这个世界。

2017 年 12 月 24 日下午，中华吟诵学会秘书长徐健顺老师接到女儿病危的电话，午夜从北京乘机赶来青岛。25 日上午，他急匆匆赶到病房。女儿见到徐老师，面带微笑，和徐老师共同打出"OK"的手势。女儿的好友宋斐来看望她时，她不诉说自己的病情，却关切地微笑着问："你感冒好了吗？"26 日上午，女儿见了中华吟诵学会副秘书长刘乃景及从德州、莱芜、莱阳等地赶来看望她的高新刚、杨华、李宁、段昆等吟诵志愿者代

1

表，她都是笑脸相迎。我站在旁边，强忍泪水伴陪。

2017年12月27日上午，女儿在离世的前两天，见到了一岁半的还不会喊妈妈的儿子大器，这是女儿住院后唯一的一次见到儿子。女儿身边的亲友、医生、护士、病友原本都担心，女儿会搂过儿子失声痛哭，会给一岁半的儿子带来惊吓，使他幼小的心灵留下阴影，但是出乎所有人的预料，当大器被抱进病房，躺在病床上已难以活动的女儿没有失声痛哭，而是吃力地张开双臂微笑着把儿子接过来，紧紧地搂在怀里，流淌着虚汗的脸上充满慈爱的笑容。女儿搂抱着儿子，一次次声音微弱地用力喊着儿子的乳名，一次次向儿子承诺、呼唤："大器，好乖，大器，好乖……""妈妈一定会好起来，再抱你回胶州去讲课。妈妈一定教会你画画写字，教会你弹琴，一定教会你吟诵，教会你吟诵一百首唐诗。""妈妈永远爱你，妈妈永远爱你……"还不会说话的大器乖乖地紧贴在妈妈的怀里，望着妈妈的笑脸，不断哇哇地叫着，想喊一声妈妈，还高兴地和妈妈亲吻了好几下。这个天真可爱的孩子哪会知道，这是妈妈给他的人生最后的拥抱、最后的亲吻。女儿汗流满面，气喘吁吁，实在坚持不住了，才松开双臂，难分难舍地目送儿子离开。坚强的女儿在人世的弥留之际，与儿子相见的最后一面，给儿子、给所有在场的人，留下的是一张灿烂的笑脸。在这个让任何人不忍目睹的时刻，看到女儿微笑着和她的儿子生死别离，在场的亲友、医生、护士无不泪流不已，心痛不已。别离了儿子大器后，女儿止不住的泪水浸湿了枕头。这是女儿和她一岁半的儿子永别的泪水；这是女儿已经知道她再也无法承担做母亲的责任、知道自己即将结束对儿子的母爱的人世间最痛苦的泪水。此刻，在女儿病床边的我再也待不住了，含泪出了病房。

我的坚强的女儿，她把微笑永远留给了儿子，把微笑永远留在了人间。

我的微笑的宝贝女儿，我的永远微笑的唯一的宝贝女儿，爸爸祝你走好。

目　录

附 录 壹

悼念打打文选

附 录 贰

著名毛体书法艺术家王振宝先生，为打打的英年早逝痛惜不已。他非常赞佩打打为中华优秀传统文化、红色革命文化的传播拼搏献身的精神，含泪挥毫，精心为习总书记的词作《念奴娇·追思焦裕禄》以及打打步原韵的和词《念奴娇·学习焦裕禄》创作了两幅毛体书法作品（见拉页）。

念奴娇·追思焦裕禄

习近平

中夜，读《人民呼唤焦裕禄》一文，是时霁月如银，文思萦系⋯⋯

魂飞万里，盼归来，此水此山此地。

百姓谁不爱好官？把泪焦桐成雨。

生也沙丘，死也沙丘，父老生死系。

暮雪朝霜，毋改英雄意气！

依然月明如昔，思君夜夜，肝胆长如洗。

路漫漫其修远矣，两袖清风来去。

为官一任，造福一方，遂了平生意。

绿我涓滴，会它千顷澄碧。

一九九〇年七月十五日

（1990 年 7 月 16 日刊于《福州晚报》。）

打打在青岛道德讲堂为习总书记词作《念奴娇·追思焦裕禄》谱写了吟诵准谱，并感怀次韵，敬和了一首《念奴娇·学习裕禄精神》：

念奴娇·学习裕禄精神

林打打

征程万里，担重任，汗洒故国大地。

未计辛苦风景好，延安雾闽江雨。

基层书记，最高书记，裕禄精神系。

雄关长风，统帅追梦豪气。

数个灯下胜昔，捧咏佳作，洁肝胆如洗。

宏愿唤我八零后，紧赶日月来去。

学好楷模，争当楷模，莫负报国意。

向往涓绿，汇入一代新碧。

（此作刊载于《青海湖》2015 年第 14 期。）

习总书记《念奴娇·追思焦裕禄》吟诵准谱

林打打制谱

打打为习总书记词作《念奴娇·追思焦裕禄》制作的吟诵准谱手迹草稿

壹 江山代有新画出

——为吟诵而生，伴吟诵而去

新 春 望

青玉案头书稿香，古调雅音韵味长；

江山代有新画出，中华复兴吟咏忙。

——林打打：《读书的好声音——吟诵艺术概论》

2013 年 3 月，我的 31 岁的女儿，青岛市一名普通的小学教师林打打，由九州出版社出版了第一本吟诵专著《读书的好声音——吟诵艺术概论》（以下简称《吟诵艺术概论》）。女儿于 1982 年 4 月 5 日出生，身高一米六一，2000 年于青岛市李村师范专科学校毕业后被分配到青岛市富源路小学，2006 年调到青岛市山东路小学，2017 年请调到青岛胶州巾教体局。

女儿在她的《新春望》诗作中充满坚定的文化自信，闻书稿墨香，吟雅音韵长。她豪情萦怀，热切地憧憬在新时代的神州大地上呈现出一幅中华民族文化复兴的新春画。女儿还在她的专著《吟诵艺术概论》卷首语《我在干一件大事——当好吟诵推广运用的排头小兵》中，给了自己奋斗前行的明确的角色定位和目标。女儿立志以绝学吟诵为小把手，以描绘中华民族文化复兴的新春画为大主题，甘当志愿者，甘当排头兵，学习楷模、勇于创新、竭尽全力，贡献自己的青春、智慧和力量。

苍天，不公！

2017 年 12 月 29 日 5 时 36 分，风华正茂的爱女，由于长期超负荷工作，积劳成疾，特别是在病重时刻仍坚守在工作岗位上，错过了最佳治疗时机，溘然离世，尚不满 36 岁。

2018 年元月 4 日，天笼阴云，寒风凄冷，上午 9 时整，500 多人自发参加了"吟诵的女儿林打打告别仪式"，青岛市作家协会秘书长章芳女士致送别词，青岛市全民读书月活动组委会办公室发来吊唁短信，青岛市文化广电新闻出版局副巡视员许红炜、青岛市教育局语言文字处处长朱红卫、胶州市教体局副局长李文等分别代表各自的单位参加了女儿打打的告别仪式。参加吊唁送别的人，撕心裂肺，泪如泉涌，许多人按捺不住悲痛，哭喊起来。我不忍入耳，声声锥心，如雷轰顶。16 年前，我送走了女儿的妈妈，万没料到，我又来送别相依为命的女儿。我的心底在绝望地嘶喊：我的宝贝女儿，不会再回来了！

女儿英年谢世，全国各地国学界、各地的吟诵学会及各界吟诵志愿者同人、亲友、学生、领导和同事等哀痛惋惜，给了女儿为传播优秀传统文化、传播绝学吟诵事业而献身的精神高度评价，并向白发老迈的我和女儿的还没有喊过一声妈妈的一岁半的儿子大器捐助义款 24 万元，捐助人包括许多小学生。我已恳致感谢并将全部义款回馈吟诵传播事业，诚盼微款大用，告慰远去不归的女儿。

苍天，不公！

2017 年 9 月 13 日，在青岛市首届普通话吟诵论坛上，踌躇满志、喜形于色的女儿向全市发出了推广普通话吟诵的倡议书《矢志不渝 继续前行》（遗文选一）。女儿怎么会想到，仅仅 3 个多月后，她会永别这个世界，再也无法去完成她在倡议书中所描绘的宏图和追求的梦想？论坛举行前，时任青岛市委常委、教育局局长邓云锋和教育局副局长姜元韶会见了中华吟诵学会秘书长徐健顺老师和女儿。邓局长向徐老师赞扬女儿说："打打老师去胶州扎根，传播国学，是我们学习的榜样。"会见后，大家合影留念。

2017年9月18日，《青岛日报》刊载记者王沐源的报道《吟诵，开启传统文化魅力之门》。在这篇报道中，女儿回答了记者关于青岛市吟诵发展前景的提问，说："青岛接下来的吟诵推广将会大范围铺开。"但是，又有谁能想到，已把绝学吟诵传播融入生命之中的女儿，恰在她即将迎来冀盼的人教版《语文吟诵》面世，恰在她正信心倍增地登上青岛绝学吟诵普及的新台阶之际，骤然停止了前进的脚步？

苍天，不公！

2010年10月12日，女儿第一次参加中华吟诵学会在青岛举办的吟诵骨干师资班，就立下了复兴中华绝学的宏愿大志，并坚定不移地追随恩师徐健顺先生步入了吟诵推广的征程。在这次吟诵培训班上，女儿赋诗一首，寄情言志：

岛城兴吟诵雅业感怀

虬曲老枝吐芳妍，古遗雅音待薪传。

岛城得贤识大业，京华借师开鸿篇。

自古善卷恐虫蛀，从来玉琴忧谬弹。

荣国绝学惟心正，孰与沉浮有天眼。

2013年7月15日，女儿在与琴岛工作室（感动青岛团队"支教岛"的原名称）的公开访谈录中再次坦露心声：

吟诵绝学，回归社会，回归母语，回归教育，是我为之奋斗、急于实现的梦想。

回望女儿7年多来的吟诵志愿者实践历程，她在青岛的吟诵推广、教学、研学、平台拓展等方面都做了大量的工作，是一名名副其实的绝学吟诵回归社会、回归校园课堂的拓荒者，是一名上下求索、勇往直前的绝学吟诵推广创新者。

女儿利用每个工作日8小时以外的时间和节假日，连续举办了两期、持续了两年多的《经典小诗》、《声律启蒙》亲子吟诵的系列公益课；培训了十几批吟诵公益种子老师；举办了500余场次公益讲座，面听的受众已达十几万人；建立了吟诵微课堂和多个网上吟诵群；进行了多轮《声律启蒙》网上授课；在荔枝电台的公益吟诵课程，以"林下风致"或"睿哲"的师名开讲了75期，听众最多的一期人数超过26万；按照感动青岛团体"支教岛"的安排，在青岛市所辖11个区、市进行了几十堂吟诵进课堂公开课。

女儿撰写了吟诵教材、讲稿、论文等32份，吟诵学研等通信50余封，吟诵推广的报告、章程、计划书、倡议书、致多部门领导的建议书46份，以上累计达100多万字。女儿还制作了几十个小时的吟诵进课堂视频课件，创作了《采莲》、《静夜思》、《唐代吟诵达人会》等十几部吟诵情景课本剧，策划、主持、辅导了20多场大型公益诵读活动，设计了大型吟诵展演创新项目《雅音大梦——大型音乐舞蹈史诗剧剧本纲要》及《吟诵融百家艺术》吟诵推广创新大型项目等。女儿在九州出版社出版了吟诵专著《吟诵艺术概论》，在中华书局出版了小古文素读唐调吟诵CD光碟两盘。在女儿的遗稿中，尚有如下完成或部分完成的公益吟诵传播相关的教材、书稿：

1.《中华吟诵——平长仄短的艺术》；

2.《雅音大梦——大型音乐舞蹈史诗剧剧本纲要》；

3.《信任唐诗——小唐诗百首四言齐言今译诵读》；

4.《好读好懂——千字文四字齐言今译诵读》；

5.《中华传统吟诵调钩沉——中小学必读诗对应篇目十二首》；

6.《跟着二十四节气吟唱——向智慧的先人看齐》；

7.《传统文化与红色革命文化融合吟诵稿》；

8.《小学古诗词扩读吟诵稿》；

9.《普通话吟诵实践教材》（草稿）；

10.《吟诵与中国时间——吟诵推广实践浅见文集》；

11.《吟诵风景揽翠——咏坛佳话百篇》；

12.《中华绝音——古琴旨要》。

2017年上半年，女儿为在青岛开展大规模吟诵公益培训，精心设计完成了20课时的吟诵中级培训系列课程。女儿应青岛格兰德学校校长倪贯祥的邀请，在该校开始试讲。但是，课时仅仅进行了两课，就因她的意外过世而戛然终止。青岛九三学社秘书长任红梅女士非常喜欢女儿的吟诵，特意请假听了这两节课。她说："打打老师这两节课的内容太震撼人心了。"

2017年4月，山东省语言文字工作委员会办公室（以下简称"山东省语委办"）在济南举办了"山东省第一期方言吟诵普查工作培训班"，女儿作为青岛市唯一的代表参加了培训。回来后，她向青岛市语委和青岛市教育局领导汇报了培训班的内容和要求，提交了近6000字的《青岛市方言吟诵普查、抢救工作建议》（遗文选三），建议将吟诵的采录及传播与"挖掘本土传统文化"、"发现传播优秀传统文化先进典型"融合起来，创造性地开展工作。

近年来，女儿担任了多个学校、社区、企事业单位的国学公益辅导老师等职务。她的主要社会兼职有中华吟诵学会理事兼青岛办事处秘书长、青岛市委宣传部精神文明建设办公室（以下简称"青岛市精神文明办"）特约道德讲堂公益讲师、青岛市感动青岛"支教岛"团队公益讲师、青岛市国学学会常务理事兼副秘书长等。

女儿不仅是公认的青岛吟诵推广志愿者第一人，取得了明显、可喜的成果，而且她的小学教学及班主任的本职工作做得同样出色。女儿获得了多项荣誉称号，主要有：2006年当选中国少年先锋队青岛市第五次代表大会代表，2012年入选青岛市北区十佳大队辅导员，2013年被评为青岛市北区教师标兵、优秀班主任，2015 年所在班级荣膺青岛市北区优秀班集体，自 2011 年起连续多年被评为青岛市全民阅读先进个人，2015 年被推举为青岛市全民阅读名人领读人，2016 年获评山东省全民阅读推广先进个人。

2017 年 12 月 11 日晨，重病缠身、卧床不起的女儿在胶州法家莹村的承租房里收到了徐健顺吟诵团队的电子邮件：

林打打老师，您好！我是徐健顺老师团队的工作人员。我们了解到您近年来在吟诵推广、教学中做了大量工作。我们近期要向国务院和教育部汇报吟诵推广实践的工作情况，希望您能提供一份您和教育局近两年来尤其是今年开展吟诵推广、实践的工作报告。字数不限，格式不限。如有视频或图片材料，也请于 12 月 11 日中午 12：00 前发送到 guofangxiao@woaigx.com 邮箱。感谢您的支持！

女儿在病榻上吃力地翻转病体，侧卧着，用放在枕头上的电脑抱病疾书。她虚汗满面，呼吸吃紧，忍着剧痛，拼尽气力敲打键盘。她顽强地坚持了几个小时，终于按照规定的时间要求完成了人生最后一次关于青岛吟诵的工作总结《岁岁登高、扎实传播——青岛吟诵 7 年小结暨 2017 年 12 月 11 日发给徐健顺吟诵团队的汇报》（遗文选二），并于 12 月 11 日将稿件发到了指定邮箱。

完成这份消耗了病中女儿大量气力的总结后，仅仅过了 18 天，女儿就怀着对未竟事业的巨大遗憾匆别人寰。

"荣国绝学惟心正，孰与沉浮有天眼。"女儿所撰写的《岁岁登高、扎实传播——青岛吟诵 7 年小结》是她向所有支持她、喜爱她的领导、师长、同好、亲友的完美交代和谢幕。

我的女儿，堪称吟诵的女儿，她为吟诵而生，伴吟诵而别。

我最了解女儿的心愿，在女儿的告别仪式上泣书挽联：

传绝学，忆初始，一人听课也开讲；

存大志，期来日，万众跟读能遍唱。

贰 抱子领读，紧赶日月来去

——顽强拼搏，焦裕禄精神心中系

习近平总书记词作《念奴娇·追思焦裕禄》：

中夜，读《人民呼唤焦裕禄》一文，是时霁月如银，文思萦系……

魂飞万里，盼归来，此水此山此地。

百姓谁不爱好官？把泪焦桐成雨。

生也沙丘，死也沙丘，父老生死系。

暮雪朝霜，毋改英雄意气！

依然月明如昔，思君夜夜，肝胆长如洗。

路漫漫其修远矣，两袖清风来去。

为官一任，造福一方，遂了平生意。

绿我涓滴，会它千顷澄碧。

一九九〇年七月十五日

《念奴娇·追思焦裕禄》是时任中共福州市委书记习近平于 1990 年 7 月 15 日所作的一首词，最先发表在 1990 年 7 月 16 日的《福州晚报》上。

2014 年 3 月 18 日上午，习总书记在举行于兰考县委老办公楼的县委常委扩大会议上重吟此作。

2014 年 9 月，女儿在青岛道德讲堂为习总书记的《念奴娇·追思焦裕禄》谱写了吟诵准谱，并感怀次韵，敬和了一首《念奴娇·学习裕禄精神》：

征程万里，担重任，汗洒故国大地。

未计辛苦风景好，延安雾阔江雨。

基层书记，最高书记，裕禄精神系。

雄关长风，统帅追梦豪气。

数个灯下胜昔，捧咏佳作，洁肝胆如洗。

宏愿唤我八零后，紧赶日月来去。

学好楷模，争当楷模，莫负报国意。

向往涓绿，汇入一代新碧。

（此作刊载于《青海湖》2015年第14期。）

女儿这首词作的上阕表达了对习总书记的崇敬、热爱之情，下阕抒发了遵循习总书记的教诲学习楷模、献身报国的情怀。此作步入声韵，难度较大，但是不论合律与否，让我读后备受鼓舞。看到女儿在传播中华民族优秀文化和红色革命文化的志愿者实践中知行合一，紧赶日月，顽强拼搏，践行了学习焦裕禄精神的承诺，我倍感自豪。

2016年6月8日，女儿的儿子大器出生。是年6月末，女儿没出月子，就开始一次次怀抱着尚在哺乳期的孩子进行公益领读、辅导、排练工作。2017年8月初，海外华裔青少年"中国寻根之旅"夏令营在青岛胶州举办活动。女儿在这次夏令营的吟诵领读、辅导、排练工作，是女儿身患重病、怀抱孩子公益传播绝学吟诵持续时间最长的一次，也是最让人动情和牵挂的一次。

盛夏8月，烈日炙人，女儿为辅导好胶州三里河小学普通话吟诵的开营演出节目，不顾患病，每天怀抱着需要吃奶的儿子，顶着烈日，冒着酷暑，行程200余里，往返于青岛市区与胶州市。女儿赶到排练场地，往往顾不上喘口气，就怀抱着儿子投入领读、辅导、排练工作中。这次领读、辅导、排练工作持续了一周，她的儿子身上起满了痱子。

女儿抱着儿子大器领读上课时，大器很乖，从不哭闹。也许一年多来，大器习惯了这样的场合。有时，他睁大眼睛，回过头来瞧瞧那些陌生的面孔；有时，他抬眼瞅着妈妈，似在听妈妈温雅柔美的声音；有时，他依偎在妈妈的胸前睡一阵子。那些当妈妈的看到女儿的这种辛苦和执着，无不抹眼泪。许多妈妈提出要在女儿上课时去帮助照顾她的儿子，都被她委婉谢绝。我想，等大器长大了，看到妈妈抱着他领读施教的照片或视频，他一定能体会到，妈妈把对他的爱和对吟诵的爱完全融合在了一起。

从 2017 年 9 月到 2017 年 12 月 29 日，在人生的这最后几个月，女儿抱重病一而再再而三地连续顽强地坚持在胶州各项诵读工作的第一线。在这几个月里，女儿把生命置之度外、忘我拼搏。在她远离了我后，我才得知其中的详情，想来就疼痛锥心。

2017 年 9 月的前十几天，病重的女儿顽强地坚持辅导了在马店小学举办的青岛市"我们的节日·重阳"胶州首届吟诵演出，有几天为了赶进度，从白天持续辅导到晚上 10 点后才回家吃晚饭、给孩子喂奶；9 月下旬，女儿顽强地带重病辅导了胶州实验高中的吟诵展演。紧接着，2017 年 10 月，女儿强忍着疼痛，又顽强地坚持在胶州市持续了近一个月的全胶州市中小学生诵读大赛的赛场上。当时，女儿的病情已加剧。为不影响诵读大赛的正常进行，她顾不上请假去医院。在十几天里，她跑遍胶州市所有 9 个乡镇街道的 18 个"教育办"，完成了近 100 所学校的海选、评比工作。女儿戴着治疗脖套，打着止痛腰封，虚汗满面，硬撑在大赛的现场，痛得已经坐不下，只能站着当评委。回到家，她还要忍着疼痛，照顾一岁多的尚在哺乳期的孩子。因为劳累过度，身体严重透支，病情加剧，女儿倒在了胶州，这才离开了诵读赛场。遗憾的是，她没能出席这次她为之拼尽了生命最后气力的胶州全市中小学生诵读大赛的闭幕仪式。

至今，女儿用过的电脑桌面上还挂着胶州近 100 所中小学校的节目报名菜单。几百个节目菜单密密麻麻，填满了节目报名表。其中每一个节目都倾注了女儿的汗水和心血，每一个节目都沉淀着女儿抗争病痛的记录。每次打开女儿的电脑，面对这些节目菜单，我都难以想象，女儿是怎样忍痛坚持在这些节目的现场的。

我特别后悔的是，2017年国庆长假第七天下午，女儿接到胶州发来催促她辅导大赛的短信。她戴着医疗脖套，打着止痛腰封，抱起孩子，毫不犹豫地要立即打车去胶州。我几番劝阻她，要求她先留下治病，让她向领导说明病情，请假抓紧治疗，但女儿执意要走，说第二天开始的诵读大赛有一大摊子的事，必须由她去完成，不能让领导为难。我含泪、心痛地送他们母子上了车，但万万没想到，女儿这一走便一去不复还，再没能回到青岛的家。

2017年10月末，虽然倒下后的女儿直到离世再也没有站起来，但她没有离开胶州回市区治疗，并一直瞒着住在百里之外青岛市区的我，带着一岁多的儿子大器，顽强地坚持在为了工作方便特意在胶州市教体局对面的法家茔村租住的一处简陋平房内。在这处简陋的平房内，她强忍病痛，与疾病顽强抗争了一个多月。她期望病情稍有好转，只要能站起来，就即刻重返一路之隔的工作岗位。在网上传播的那张在法家茔村承租房的病床上女儿一岁半的儿子大器给她揉腰的照片，催人泪下。

2017年12月20日，我得知女儿病危，慌忙从市区打车赶到胶州接回女儿，将她送到市区的齐鲁医院。苍天不公，2017年12月29日晨，我痛失爱女。顽强的女儿在医院仅仅与病魔抗争了9天，即含着微笑告别了这个她无比依恋、寄托了美好梦想的世界。

2017年12月24日，我坚强的女儿，在住院的第四天，在告别这个世界的前4天，仍不顾生命垂危，乐观、顽强地给胶州市教体局局长殷成伟发去短信，表示要战胜病魔，早一天回去工作。短信内容如下：

2017 - 12 - 24　7时03分

殷局长早上好，谢谢您的挂念与关心。昨天一早，李局和庄所就来医院了。李局说，您特别牵挂我的病情，很晚了都打电话给李局。真的特别感谢您，心里十分感动。我一定好好养病，快点好起来，还有好多工作要去做。再次感谢您！

这里，我要向女儿粉丝的一个友人叩谢，他与女儿相识时间不长，却帮了女儿很多。他就是胶州市胶东医院中医科的小马大夫。2017 年 12 月中旬，小马大夫连续八九日下班后到女儿租住的平房探望女儿，给女儿治疗，减轻女儿的病痛，并拒收费用。2017 年 12 月 19 日晚，他看到女儿病情加重，提出要开车送女儿回市区医院治疗，被女儿婉言谢绝。

我在整理女儿的遗物时，发现了一张 2017 年 10 月底失效的体检卡。女儿总是不顾及自己的健康，全身心放在工作上。

在生命的最后几个月里，女儿这一件又一件把生命安危置之度外的持续顽强、忘我拼搏的事迹，她这样一个弱女子在哺乳期带着孩子所奉献出的一切，是我难以料想到的，是绝大多数常人难以做到的。我得知后，万分心痛，心酸不已，更万分内疚。我没有尽到一个做父亲的责任，让我失去了母亲的女儿在她人生最困难、最危急、最需要帮助和支持的时刻没有得到最好的治疗、护理，竟还让她失去了不该失去的治疗机会。女儿这么年轻就过早地失去灿烂的年华，离开人世，因此不断地有亲友责备我没有关心好女儿的身体，把孩子累死了。

瞩望将来，我无颜去天堂见她的母亲。我悲痛无比，悔恨无比。我呼天喊地，女儿也不会再回来了。回首谛视女儿抱重病携幼子所做的这一切超出常人所能为的业绩和事功——这是我的"80 后"的顽强、乐观、正直、善良、包容的女儿用生命谱写的践行学习焦裕禄精神的光辉篇章，这让我为她骄傲，为她自豪，让我产生了表达女儿的强烈愿望。我要用笔把女儿所做的这一切写出来，希望能感动、感染更多的人，一起去完成女儿未完成的大事。虽然我的笔是稚嫩的，但我对女儿的情是血肉凝成的，是最真挚的；我对女儿忘我拼争的人生，是最有刻骨感受的；还有挚交好朋给我助力，还有那么多相识和不相识的女儿的好友给我加油，还有那么多希冀打打的事迹和精神能合力发掘、弘扬光大的贤彦志士给我巨大的鞭策。弱管担道义，笔端蘸泪血，"我受雇于一个伟大的记忆"，我深信一定能表达出一个真实的女儿，一定能写出一篇新时代的志愿者无私奉献的感人的中国故事。

我曾经读过晚清诗学家赵翼的一句诗——"英雄大抵是痴人"，女儿虽然不是叱咤风云的英雄，但她怀有一颗成就大事的痴心。我感觉到，在吟诵志愿者团队中，她和广州的杨杰、林美娟以及成都的马凡美、惠州的胡谭珠等，都是秉执这种矢志不渝的痴性的同人。青岛出版社的张性阳编辑因工作原因经常接触吟诵志愿者，对吟诵志愿者有较深的了解。在一次提及吟诵志愿者团队的领军人物徐健顺老师的忘我工作状态时，他深有感慨地说："我所见到的徐健顺老师和其他许多吟诵志愿者老师，为了吟诵绝学的传播，几乎从不顾及自己的身体，从不计较个人的得失，孜孜以求，从不倦怠，就怕耽误了分秒时间。"记得有一位名人说过："为什么才肯舍己？只有为了爱，才肯舍己。"这句话可以当作酷爱中华优秀传统文化的吟诵志愿者们舍己献身精神的一个注脚。

"士不可以不弘毅，任重而道远。"我想借此机会，向全国的绝学吟诵志愿者，向我的女儿致敬！向理解、支持、关爱绝学吟诵志愿者推广工作的人致敬！

7 年以来，我慢慢读懂了女儿怀抱的那颗争做楷模、莫负报国意的痴心、恒心：在中华民族优秀传统文化志愿推广的第一线上，她甘当排头小兵；复兴中华民族文化，矢志传播优秀传统文化、传承绝学吟诵，就是她要献身终生的事业，就是她要干的一件大事。女儿为实现这件神圣的大事，赋诗言志，要时时处处以焦裕禄为榜样，和生命赛跑，紧赶日月，不遗余力，争取多尽一些力，多做一些事，鞠躬尽瘁，死而后已。

2016 年，在女儿预产期 6 月 8 日前的 20 多天里，她仍挺着行动不便的身子，十几次自己驾车到距家十几里外的书院路小学、少山社区，给准备参加青岛国际海洋节演出的小学生及 80 多位老人进行节目的编排、辅导工作。

2016 年 6 月末，女儿还未等到出月子，就投入第八届青岛国际帆船周·青岛国际海洋节开幕式及《海洋文化国学六艺》公益演出的繁重筹备工作中。在海洋节的开幕演出上，女儿推荐夫婿徐光俊公益弹奏了古琴曲《流水》，自己则带领青岛市书院路小学的低年级学生公益吟诵了蒙学片段。书院路小学的崔春华老师说："打打老师临产前夕，身体不便，仍自己驾车来我校辅导；接着，她还没出月子又继续来我校辅导。打打老师在我校成立的学生吟诵队伍至今还在，只是缺失了打打这样敬业的优秀辅导老师。"女儿辅导的青岛市李沧区少山社区 80 多位退休老年人的琴歌吟诵《阳关三叠》参加了《海洋文化国学六艺》演出，广获佳评。虽然女儿为这次活动上下操劳，身心交瘁，消耗很大，还垫付了许多筹备费用，但她反觉荣幸，为绝学吟诵登上国际化节日的舞台而欢欣不已。

2016 年 9 月，为给在胶州少海举办的孔子像落成仪式做准备工作，尚在哺乳期的女儿又把全部精力投入她应胶州市教体局的邀请设计的胶州万名小学生的吟诵排练活动中去。在一次返回青岛市区的路上，青岛市教育局语言文字处处长朱红卫赞扬女儿说："你真能干，哺乳期也不停下来。我也是女人，我却做不到。"

2012 年 7 月，女儿受聘于青岛市精神文明办，担任青岛市道德讲堂公益讲师。在道德讲堂吟诵课中，女儿重视学习革命先辈的奉献精神，主动编写了多份红色革命文化教案。受聘青岛市精神文明办特约道德讲堂公益讲师几天后，女儿就编写出了四言二十八句的《道德讲堂·堂歌吟诵稿》，得到了时任青岛市精神文明办副主任韩大钧的支持和帮助修改；2012 年 8 月 29 日，女儿受聘不到两个月，又编写出了 8 万多字的道德讲堂《吟诵进社区·弘扬四德·传统文化暨红色革命文化经典系列讲稿》。女儿一直在不遗余力地探索、实践中华民族传统经典和红色革命经典的融合宣讲。

2012 年 10 月，党的十八大召开几天后，女儿创作了四言六十四句的《"十八大"亮点吟诵稿：雄关沧桑路、扬帆驾长风》。

2013 年 7 月 6 日下午，时任青岛市委宣传部副部长兼青岛市精神文明办主任王溱带领青岛市辖 11 个区、市宣传、教育部门的领导干部 200 多人，去听了女儿道德讲堂的吟诵课。

2014 年 3 月初，女儿的《吟诵艺术概论》准备第二次印刷。3 月 18 日，习总书记再次视察兰考，重吟《念奴娇·追思焦裕禄》。消息传来，女儿立即索回书稿，增添了《习总书记的兰考吟》的吟诵佳话相关内容（《吟诵艺术概论》第 192 页）。

2014 年 9 月 16 日，女儿致信青岛市精神文明办领导，请求为习总书记的《念奴娇·追思焦裕禄》词作编写的吟诵讲稿进道德讲堂。原信摘录如下：

习总书记的《念奴娇·追思焦裕禄》是学习、弘扬焦裕禄精神的生动、形象的好教材，我已为《念奴娇·追思焦裕禄》谱写了吟诵准谱，制定了吟诵推广教案，希望能进道德公益讲堂，弘扬焦裕禄精神，为社会主义核心价值观的培育增添能量。

近年来，在青岛这片中华绝学吟诵推广的处女地上，女儿的辛勤耕耘得到了中华吟诵学会和青岛市各级领导的重视与赞扬；女儿对相关领导给予的期望和任务，也总是一如既往、一丝不苟地去承担，忘我、迅速、出色地去完成。

2017年6月初，时任青岛市委常委、青岛市教育局局长的邓云锋给女儿交代了与吟诵有关的"论坛"、"展演"、"采录"3项推广任务。6月10日，女儿向胶州市教体局局长殷成伟汇报后，短短十几天就拟就了这3项任务的计划书：

一、首届"沽河吟"中华吟诵小把手大主题国际高峰论坛（草案）；

二、雅音大梦——大型音乐舞蹈史诗剧剧本纲要（草案）；

三、青岛市方言吟诵普查工作建议（草案）。

（邓云锋交代给女儿的3项任务，摘自女儿的工作笔记。）

2017年6月29日，中华吟诵学会秘书长徐健顺老师给女儿的复信摘录如下：

林老师：

您好！知道您的工作进展很高兴！现在教育部、山东省语委办等都很重视吟诵，您可以在青岛起到关键性的作用。这些年吟诵有很多的进展，已经不是当年的模式了。您在青岛开展工作，需要走在全国前沿。这是我的建议。谢谢！

祝您健康快乐！

徐健顺

2017年10月末，坚强的女儿倒在了胶州，没能再回到她热爱的教育工作岗位上，没能再回到她热爱的绝学吟诵事业中。女儿的突然不幸离世，引发了了解她的社会各界的同人、亲朋、好友、学生、同事、领导等的震惊、痛惜。

全国各地的吟诵志愿者，如高新刚、吕玉洁、韩立菊、朱畅思、刘乃景、白晶、李心斋、丁桂明、张芳、李晓林等，写了很多哀悼女儿的诗词和文章；各界人士发表了很多评论女儿的言论和悼文。我只能各援引一二。

心都碎了
——悼吟诵同道林打打师友

东营　丁桂明

心都碎了！

在这个岁末，

这个沉重的冬天。

你行走着，

我们一起在朝圣的路上，

在儒风里浅吟低唱。

为了追求一束光，

一束可以温暖人间的光，

你不惜浴火赴汤。

你是吟诵的女儿，

黄河的每一朵浪花是一首绝句，

在等待你去唱响。

你是吟诵的女儿，

泰山的每一块美石是一篇佳文，

字字句句期待你的平仄铿锵。

魂兮归来

我们呼唤

打打归来！归来吧！

魂兮归来

我们期待

打打涅槃化身千百，凤鸣九天徜徉！

齐鲁吟坛文星陨落 三代失怙情何以堪

济南 李心斋

打打老师致力于经典吟诵和山东方言调查，成绩卓著。去年（2017年）4 月携襁褓幼子来济南参加省方言吟诵研习班，共谋救亡图存大计，同襄盛举，言语謦笑，历历如昨……遽料撒手人寰，老夫、爱侣、幼子、同道，情何以堪？

莫非真是"此曲只应天上有"？痛惜哀绝！

山东航空产业协会副秘书长杨侠女士说：

打打把全部生命献给了她挚爱的绝学吟诵事业。她忘我拼搏，跑在了生命的前面，这就是我几次与她合作对她的切身感受。打打为民族文化复兴的使命担当和学习楷模的献身报国精神应当合力挖掘、发扬光大。

青岛出版社商周刊社副总编辑冷鲜花在给我和我的 55 年的好友、打打的宋续生伯伯的短信中写道：

打打老师是我们全社会的财富，值得我们珍视。希望能读懂这份财富的价值，合力将其推广光大，激励后来者。

让打打老师的精神力量得以传递，以激励更多的人努力，过有价值的人生。

中华书局编辑白爱虎得知他的打打姐的噩耗时，忍痛写了下面的"数个字和挽联"：

与打打姐订交数载，颇引为赏音，不意昊天不吊，夺我良朋。心绪翻腾，夜不能寐，急就一联，不计工拙，缅怀逝者，以寄哀思云。

忆昔有同谒屠公之约，抱憾终天，君已随前辈奄然化去；

自今唯长听吟诵之声，痛哭无地，我难忘音容魂兮归来。

打打姐活得有质量，她没有虚度光阴，没有白来这个世界，"死而不亡者寿"，打打精神永存。

希望中国大地上有更多的打打姐，去行教，去化育！

青岛市作家协会秘书长章芳女士说，"打打有巾帼英雄气"。她在2018年1月29日《青岛日报》上刊载的《追思林打打》一文中写道，"女儿用两个十八年，干了三个十八年的事"：

走在公益阅读推广这条路上的打打，像一个纤绳深深勒进肉里的纤夫，像一个灵修的战士。八年来，已经无法统计她多少次占用自己休息的时间、花费自己的金钱走上讲台。为了更快更好地打开国学吟诵推广局面，在生命的最后一年，她竟然放弃了市区山东路小学老师的工作，请调郊区胶州做推广工作，并且把家也搬到了胶州。这，正是打打生前让我震惊的地方。这哪是一个柔情似水的女子会做出的选择？她分明是一个为胜利不顾枪林弹雨的战士。生命的最后，打打跑了胶州上百所大大小小远远近近的乡村学校，这难道不是在用生命推广她至爱的吟诵吗？直到她累得不能再累，倒下，不再起来。

2018 年 1 月 26 日，《半岛都市报》刊载该报编辑姜振海老师的《林下之风，遗音未终——追忆林打打老师》一文，其中写道：

我们纪念和追忆林打打老师，不只是因为她的年轻，更因为她对生活的挚爱、对生命的热情。我们见到的打打老师，都是精神饱满的，都是昂扬奔放的。她热爱吟诵，以此为乐；琴棋书画，样样都学。她身体力行，告诉我们和孩子们：在这个物质至上的时代，依旧有精神空间的追求，有审美层次的快乐。

如电光石火，瞬间燃烧；如璀璨流星，划过天空。打打老师从我们的生命中走过，我们知道，那消逝的是一团火。

2017 年 12 月 29 日，青岛市教育局语言文字处处长朱红卫女士在微信悼词中高度评价、赞扬了女儿无私奉献的志愿者精神：

五年前，初识打打，缘由吟诵，一个热情开朗的小学教师，一个柔柔的女子，谈及吟诵瞬间唤起强大的感染力。多年来，她以无我之心，甘于奉献，培养了一大批吟诵爱好者，甚至在怀孕、哺乳期间，也没间断钟爱的事业。

…………

叁 一人课堂也开讲

——传统阅读方式重拾传统

2010 年 10 月 4 日，女儿陪我去惜福镇羊家夼村拜访好友，得知 10 月 12 日中华吟诵学会在明珠国学专科学校举办培训班。

那天回到家，女儿提出要去参加吟诵培训。我表示反对，因为女儿已经 28 岁，还没有男朋友，我十分焦虑，陌生的吟诵与之不堪相比，何况还要请假去学。但是，我没有执意阻拦。那次女儿去参加吟诵培训，出乎我的意料，得到了山东路小学校长李全慧的破例支持。

2010 年 10 月 12 日，中华吟诵学会在明珠学校举办吟诵培训班，开启了青岛吟诵志愿者传播绝学吟诵的漫漫历程，成为女儿吟诵推广志愿者人生的起点。女儿说，待到青岛的吟诵广为传播的时候，她一定要提议相关部门，"将 10 月 12 日定为青岛的吟诵志愿者传播节"。

路曼曼其修远兮，在青岛这张亟待描绘吟诵新画的白纸上，初登吟坛的女儿仅能吟诵从徐健顺老师那儿学来的几首唐诗，现学现卖。但是，她从不怯场，只要有人群、有机会就吟上几嗓子，如一个刚刚学画的稚子，开始吟诵的涂鸦。

以其昏昏，难以使人昭昭。女儿在吟诵推广的路上启行不久，便深感自身吟诵的学养过于浅薄，于是开始如饥似渴地搜集与吟诵相关的各种资料。女儿认识到吟诵是一门涉及知识面广泛的边缘学科，因此不断地购买、阅读大量的相关书籍：购买了《诗经》方面的书籍 48 本，有王力的《诗经韵读》、日本人渊在宽的《古绘诗经名物》等；购买了王力的《汉语音韵学》、史存直的《汉语语音史纲要》等音韵学书籍十几本；购买了诗词格律、唐宋声诗、朗读学、民族音乐史、民谣、戏曲等方面的许多书籍。中华吟诵学会刘乃景副秘书长把学会所有关于吟诵的内部资料包括音频光碟寄给了女儿一份。同时，女儿时时关注国家大事，自觉学习党和政府有关文件，汇集了习总书记有关传统文化的讲话、用典、用诗等材料，用来指导吟诵推广工作。

2011年2月8日，正月初六早晨，女儿由我陪伴着来到北京继续"充电"，在西城区护国寺小学参加中华吟诵学会举办的第八期中级培训班。

那天的北京刚刚下了一场大雪，天地一片银白。早晨7时许，我和女儿踏着厚厚的积雪，来到靠近新街口的一家宾馆办理住宿、报到手续。不一会儿，徐健顺老师从外面风尘仆仆地进来，眼睛里布满血丝。前一天，他刚在苏州讲完课，连夜坐火车硬座赶了回来。那天晚上，女儿上完培训课回来说，徐老师太辛苦了，上午讲课时，几次扭过脸去打哈欠。女儿连夜伏案写了一篇《吟诵的苦行僧——徐健顺老师》。这篇短文后来附在了《吟诵艺术概论》一书中（第205页）。女儿对我说，她要向徐老师学习，做青岛吟诵推广志愿者中的苦行僧。

2012年夏，青岛有几位小学生的家长打算让孩子学吟诵，其中一位家长刘颖女士通过中华吟诵学会刘副秘书长联系上女儿。刘女士没想到的是，女儿不仅爽快地答应了她的要求，而且提出举办公益班。她既感动又吃惊，立即四处找上课的临时教室，但是没上几次课，就找不到教室了。这时，感动青岛"支教岛"团队的负责人李淑芳老师帮助女儿在青岛大学师范学院家属院内联系到可以使用一段时间的教室。这间教室无租金，水电免费，女儿说遇上了贵人。

2012年9月末的一个周六，青岛的第一个亲子吟诵公益班正式开课了。每周六晚，六点半到八点半上课。整整一年，女儿不论风雪雨雾，从没有误过课，即使来一个孩子，也坚持开讲。

2013年11月14日，《青岛日报》刊载记者张晋的文章《"理工男"爱上古诗词》，报道了女儿的亲子吟诵公益班的事迹。这篇报道中一个小节的题目是《开始一个人也教，现在教室坐满了》。

《青岛日报》的这篇报道在青岛市引起较大的反响，女儿的传统读书方式的吟诵推广工作受到越来越多的市民的关注、支持、参与，邀请女儿举办吟诵讲座的单位、机构不断增多。

2013 年初冬，女儿的第二个亲子吟诵公益班《声律启蒙》系列课程受邀开始举办，地点在康城女院刘洋院长提供的公益讲课教室，每周六晚上举办一讲，到 2014 年秋末结束。当时，有位参加公益培训的孩子的家长问女儿，为什么这次培训的教材不选名气更大的《笠翁对韵》。女儿回答，《笠翁对韵》的作者生活不够检点，作者有些不健康的意识反映到了作品中，出现了脂粉气较重的对句，会对孩子产生不良的影响，所以才选了内容相对较健康的《声律启蒙》。女儿还感觉《声律启蒙》中一些对句的灵动性比《笠翁对韵》略胜一筹。

女儿为第一期亲子吟诵公益班精心编写了《齐言翻译小唐诗》系列教材，并充满热情和期待地撰写了《信任唐诗——写给家长的前言》，摘录如下：

唐诗，是灵智深邃的人类史上的一场绝代风华。

孩子的童心，本是诗心，儿童与诗意有一种灵性的相通。

学习唐诗的精华，应是国人的必修课。儿童学唐诗、吟唐诗，善莫大焉，是喜阅人生、诗意人生的最佳起点。

有位名家说："优秀古典诗词就是我的水土。"

家长要把对唐诗的爱和信任传递给孩子。

女儿的《齐言翻译小唐诗》系列包括自然风光、生活哲理、童趣稚事、亲情友情等 4 编，每编精选小唐诗 25 首，共 100 首。每首诗后都有女儿苦心孤诣动笔写的用于给学生示范的白话齐言翻译。

女儿对白话齐言译诗要求十分苛刻，不论是七言的，还是五言的，译文都要浅白、精炼，每条译句的字数要一概相等，结构要完全一致。这种译法，是为了让孩子容易阅读、接受，能有效增强吟诵的消化效果，也是以白话齐言形式翻译齐言古诗的一次尝试和创新，难度相当大，耗时较多。

下面以自然风光编里杜甫的《望岳》为例，原诗如下：

> 岱宗夫如何？齐鲁青未了。
>
> 造化钟神秀，阴阳割昏晓。
>
> 荡胸生层云，决眦入归鸟。
>
> 会当凌绝顶，一览众山小。

下面是女儿对杜甫《望岳》的白话齐言译文：

> 泰山景象怎样？齐鲁大地望不尽的青山翠草。
>
> 天地凝聚灵气，山南山北分割为黄昏与拂晓。
>
> 层云胸中荡出，睁大眼睛会撞进暮归的飞鸟。
>
> 登上顶峰远眺，脚下四面的群山忽然全缩小。

从 2012 年初夏开始，到 2014 年冬末结束，女儿连续两期、持续两年的亲子吟诵公益讲座，为传统阅读方式吟诵回归传统、回归青岛赢得社会信任打下了坚实基础。在这艰难行进的两年中，在女儿去亲子吟诵公益班开展系列讲座讲课的 100 多个夜晚里，驾车行进中的车灯，穿过茫茫夜色，似流动的画笔，在倾情描绘青岛吟诵新画稿——这张新画稿，在岛城百姓心目中渐渐清晰起来。

2015 年 10 月 20 日，青岛市开展《名人领读 100 天，改变人生路》全民阅读活动，女儿被举荐为青岛名人领读人。时任青岛市委书记李群撰写了《改变，从阅读开始》一文，倡导关注领读人读书活动。在领读活动中，女儿向全市居民推荐了《声律启蒙》、《幼学琼林》、《颜氏家训》、《小词大雅——叶嘉莹说词的修养和境界》4 本书。

2015 年 11 月 10 日，《青岛日报》刊载了记者李魏撰写的《林打打：传统阅读方式重拾传统》一文，全面报道了女儿的吟诵领读活动和她传承中华读书传统的理念及期冀。

肆 小把手　大主题

——绝学推广天地宽

一封朝奏九重天，夕贬潮阳路八千。

欲为圣明除弊事，肯将衰朽惜残年。

云横秦岭家何在？雪拥蓝关马不前。

知汝远来应有意，好收吾骨瘴江边。

——［唐］韩愈：《左迁至蓝关示侄孙湘》

女儿喜欢上面这首诗，赞赏韩愈刚直不阿、敢谏直言的精神。

在吟诵推广中，女儿认识到扩大吟诵的认知面迫在眉睫，应当积极建言，大胆探索、创新，从横向、纵深两个方向着手，在不同的社会领域、层面，对接、拓展吟诵推广的平台，以取得优秀传统文化传播、绝学吟诵推广与道德建设的双赢效果，以不断扩大、发挥吟诵小把手的作用，不断推进实现描绘出复兴中华民族文化新春画大主题的奋进步伐。

早在 2012 年暑假，女儿就在首都师范大学吟诵学习班上做了《吟诵的力量》的发言，提出应挖掘吟诵推广的潜在能量。女儿在《吟诵艺术概论》的结语部分明确提出"吟诵小把手，六个大主题"为导向的具体拓展目标及相应的平台。

2015 年 8 月初，第三届吟诵周开幕式上，中宣部的一位领导以《吟诵小把手，传统文化大主题》为题致开幕词。虽然女儿没能参加这届吟诵周，但是她送去的论文《吟诵，在青岛——兼论传承中华吟诵的内涵拓展及平台创新的缘由》，非常贴合开幕词的内涵。

2014年盛夏的一天，女儿让我到青岛昌乐路文化市场买了一本精致的缎子硬面的宣纸册页。我原以为她要在册页上写诗送人。其实，女儿是在册页上用小楷工工整整地书写了一份2000余字的吟诵推广建议书，于11月9日寄给了时任青岛市委书记李群。

多年来，女儿在全民阅读的吟诵推广工作中得到了青岛市文广新局领导的重视和支持：许红炜副局长多次征求女儿对开展全民阅读工作的建议；陈林祥处长经常夸赞女儿，并给女儿的吟诵传播提供活动平台。这两位领导和姜楠处长对女儿的不幸去世深感痛惜，代表青岛市全民读书月活动组委会办公室给我发来吊唁短信，并参加了女儿的告别仪式。

2015年2月初的一天，青岛市文广新局副局长许红炜给女儿打来电话，很高兴地调侃似的告诉女儿："你给市委领导的建议折子在我的办公桌上，我正在看。"她还表扬女儿小楷写得好，问是怎么练的。

2015年2月13日，青岛市委宣传部派了两位同志到山东路小学向女儿面复她给时任青岛市委书记李群的建议。女儿看到了《市委市政府领导批示人民来信办理的通知》［青信访信办字（2015）17号］，深受鼓舞。2015年3月8日，女儿起草了《"青岛市吟诵公益推广读书工程"的设计报告》，送交青岛市全民阅读工程负责人。

之后，女儿向青岛市关工委、妇联、教育局送交了《众人拾柴火焰高——在家长学校公益开展家长习吟》等多份建议。

为向海外以吟诵的方式展示、传播中华传统经典，展示、传播中华优秀道德精神，展示、传播中国好故事、中国读书好声音，女儿精心思考、大胆谋划、开拓实践，做了不少功课。她多次与即将毕业的外国留学生举办唐诗公益雅集；拟写了《李白拜伦在这儿握手——青岛伦敦少儿康桥国际吟诵诗会》项目书；拟写了《"沽河吟"——65个丝路国家少儿诗歌对译对诵》战略交流项目书，列出了丝路国家南北线路的名单，并搜集了沿线部分国家的儿童诗。

女儿担任青岛监狱的公益国学老师，满腔热忱地协助监狱做好犯人的自新工作。例如：2017年8月23日下午，在城阳监狱，女儿在青岛法院系统志愿者的陪同下，上了3个小时的《游子吟》等古诗词吟诵课，令吸毒犯人听得热泪盈眶。其中几个年轻的犯人课后与女儿拥抱痛哭，请女儿一定再来。女儿虽然答应了，但现在却永远不能去了。城阳监狱的公益课，女儿不仅拒收讲课费，连交通费也没收。女儿说，吟诵能感召犯人的善心，就是最好的报酬。

女儿病逝后，青岛城阳监狱服刑人员给女儿捐款2000元并写了信，捐款已被我退回。下面是监狱服刑人员一封来信的摘录：

2018年3月28日，我们才得知林老师病故的消息，不禁流下了泪水。林老师的爱心和精神永远伴随着我们。林老师的课，让我认识到人活着要追求高雅和高尚的东西。我一定像林老师那样去做……

青岛城阳监狱　闫某某

2018年4月1日

2018年1月4日，在女儿的告别仪式上，悬挂着一首从香港发来的挽诗：

广陵散后无余韵，三日绕梁有共鸣。

桃李枝前花开日，当知润物细无声。

2016年3月24日，香港航空青年团访问青岛，女儿受邀为香港的朋友吟诵了《诗经》中的《蒹葭》等多首古诗，并带领香港航空青年团的团员用粤语吟诵李白的《静夜思》，深深地打动了香港的朋友。香港航空青年团的司令罗逸华先生惊悉女儿的噩耗，立即从香港发来了上面的挽诗。

"海阔任鱼跃"，女儿在《吟诵艺术概论》中明确提出，绝学吟诵只有公益大传播，才能大传承、大发展，才能有更大的担当，作出更大的贡献。在女儿的心目中，绝学吟诵不只是一种传统读书方式，更是一个承载着宏大主题的小把手。这个小把手，像是驭风迎浪行驶在浩瀚碧海中的一艘航船，承载着吟诵志愿者中华民族文化复兴的使命、担当和梦想的大主题，向着新时代中华民族文化复兴的灿烂、辉煌的未来远航。

"出师未捷身先死"，女儿在追求梦想的伟大远航中留下了太多的遗憾：

> 绝学推广天地宽，女儿创新敢谏言。
> 江山新画寄宏思，泪洒千秋抱长憾。

伍 小荷飘香：经典诵读，向前走

我提出经典诵读要向前走。

最重要的，是用中华文化精神做教育。

——徐健顺

2013 年 3 月，女儿的新书《吟诵艺术概论》出版后，一直向前奋进、开拓不停步的女儿开始思考如何在一线教学实践中探索以优秀传统文化为导向进行班级管理及让吟诵回归语文课堂的课题。她经过反复思考认为，自己只有回到教学第一线，才能脚踏实地进行如下实验——将优秀传统文化的精神营养，以吟诵的方法，融会于语文教学、班级管理和班风建设。

2013 年秋季，新学年开始前，女儿做出了她职场生涯第一个与众不同的决定——不求提拔，毅然向校方辞去大队辅导员的职务，请求担任一年级新生的班主任兼语文课老师。女儿的请求得到了李全慧校长的支持。

女儿在读了《光明日报》2017 年 4 月 23 日刊载的《访首都师范大学中国国学教育学院副教授徐健顺》这篇文章后，深感欣慰。她回想起 4 年前毅然辞去青岛山东路小学大队辅导员职务，接任一年级 2 班的班主任，创建小荷吟诵班的经历。

2013 年秋季开学了，女儿新的教学生涯开始了。女儿所带的小荷班团队由 46 名朝气蓬勃的"小荷苞"组成。女儿信心满满地进行大胆探索，将优秀传统文化精神和中华传统读书的吟诵好方法融合到语文课堂教学和班级管理中。

2013 年 8 月 31 日，在小荷班第一次家长会上，女儿解释了小荷班起名的 3 个缘由：一、希望小荷班的"小荷苞"努力学习传统文化，崭露头角，寓意取自南宋诗人杨万里《小池》中的诗句"小荷才露尖尖角"。二、希望朵朵"小荷苞"都成长为"出淤泥而不染"的荷花。三、希望"小荷苞"们记住已经 90 多岁高龄的中国当代古典诗词泰斗、南开大学特约教授叶嘉莹老奶奶，她满怀爱心教小朋友学吟诵，为绝学吟诵的传承与发展作出了重大贡献。叶奶奶的乳名，即叫"小荷"。

2013 年 9 月 2 日，小荷班举办了别开生面的开学仪式，不仅还原了古代的开笔礼，而且包含了女儿增添的创新内容。在开笔礼的仪式上，女儿在小荷班进行了第一堂《木瓜》吟诵课，家长与学生同吟。这是青岛第一堂校园亲子吟诵课，也是一堂名副其实的亲子共读的吟诵课。这堂别开生面的吟诵课，为后来的亲子共读做了一次有效的示范和奠基，给家长和孩子树立了信心，为优秀传统文化与家风、班风融合建设成功开局。

女儿建立了家长、学生、老师共同参与的小荷班吟诵博客，其网址是：http://blog.sina.com.cn/xiaohe201302

中国传统文化讲仁爱，重民本，守诚信，崇正义，尚和合，求大同。这些就是中华传统经典蕴含的文化精神。习总书记指出：

中国传统文化博大精深，学习和掌握其中的各种思想精华，对树立正确的世界观、人生观、价值观很有益处。

徐健顺老师提出的"经典诵读，向前走"，就是指要沿着习总书记指明的方向向前走。

2013 年到 2016 年，女儿利用小荷班的早读、午读时间，进行了上百次的传统文化精神教育和古典诗文吟诵课；小荷论坛和小荷班吟诵博客风生水起，师生、家长敞开心扉，竞相参与，发表了博文数百篇。小荷班吟诵博客引起了校内外师生的关注，每天的点击量经常突破万人次。

女儿在吟诵课上不断增添传统道德营养，用传统经典中的美德故事感染学生。例如：女儿教学生吟诵《三字经》中的"香九龄，能温席。孝于亲，所当执"后，再给学生讲述黄香的故事。每当讲述完这样一篇道德故事，孩子们都会被感染、打动，教室里往往会出奇地沉静。此时，女儿总要趁热打铁，给孩子们布置敬老小任务，如给学生们布置为父母盛饭、饭后洗碗、记住长辈的生日等多样小任务。

在小荷班吟诵博客上，冠达同学的妈妈发了博文《尺子》，讲述了孩子在小荷班的变化：

前一天晚上，因孩子写作业不认真，用尺子打了他。第二天早晨，孩子不仅没有"记仇"，还为患胃病的妈妈准备了上班时饿了吃的钙奶饼干。以前，孩子不是这样的，挨了打后就生闷气，常常几天不理会妈妈。冠达同学上了小荷班后，在家里的表现变了样。

一位家长，现已记不清名字了，以散文的笔触在博文中写道：

我家里虽没有荷塘，但现在看到以前懒惰的女儿主动去收拾碗筷的举动，我嗅到了淡淡的荷香。

刘馨文同学的家长给学校、老师写了鼓劲的博文：

希望学校、老师将国学道德教育坚持下去，我们家长全力支持，一起为弘扬民族优秀文化、促进素质教育贡献力量。兹献上一首原创小诗《蒙学》：

朱砂启子蒙，开笔通学海。

黄香馈亲恩，榜样胜言传。

明卓以往是一个比较调皮的孩子，他的爸爸给女儿发来短信：

如今孩子弗如往昔，我子有你，内心安矣！

女儿读了小荷苞家长的博文，深受感动和鼓舞，经常在小荷班吟诵博客上撰文，向家长和孩子们倾吐自己的感受。摘录一篇如下：

教师节随感

今天是教师节，是我度过的第十四个属于我的节日，一大早就收到了孩子们和家长们的祝福。打开微信，朋友圈里无论是不是做老师的，大家都在祝老师节日快乐。做一名老师，在这一刻，是幸福的，感动的。尽管现在媒体、社会常对教师以及其他行业报道一些负面新闻，在这些行业中也的确存在一些让我们同行嗤之以鼻的有损我们这一行形象的人，但整个教师队伍还是好的。

我非常喜欢教师这一职业。虽然平日里的确辛苦，嗓子经常会不舒服，几乎无法避免颈椎、腰椎方面的职业病，但做老师，尤其是做一名传播传统文化的老师，让我觉得人生有了一种归属感，有了方向。每个人都在忙忙碌碌，但忙碌这些是为了什么呢？为了孩子，为了家庭。那培养孩子将来要做什么呢？孩子的人生目标又是什么？如果大人都很茫然，那孩子岂不是更加茫然？我们在教育培养孩子的时候，除了让他们学会一些技能，掌握一些特长，更重要的是让他们学会做人，有正确的人生观、价值观。这样，将来他们的子孙后代也会一代代传承。这就是家风。

最后，特别感谢一年来给予我工作上支持的各位家长们，你们真是太给力了！

女儿在引领"小荷苞"们学习优秀传统文化、共同进步的过程中，想方设法因材施教，发展"小荷苞"们各自的优长：

小荷班中的筱雨身材瘦小玲珑，性格沉稳安静，分明是一位古代小淑女。女儿发现，筱雨虽平日极少吭声，但乐背古诗词，着迷吟诵。女儿给她开了小灶，让她去女儿在青岛大学开办的"经典小诗"公益班加餐。筱雨吟诵功夫的进步赫然。几年前，她已熟练掌握了吟诵难度大、篇幅长的曹操的《短歌行》的吟诵调。女儿曾说："筱雨吟诵的《短歌行》，可以同我 PK 了。"

在女儿的鼓励下，筱雨学了古琴。但筱雨在学练古琴的过程中，有一个阶段产生了畏难情绪，想放弃。筱雨的妈妈着急了，给女儿打了电话。下课后女儿叫筱雨去了她的办公室，与小雨商量，欲拜筱雨为师，让筱雨把弹得最好的《阳关三叠》教给她。文静的筱雨见自己崇拜敬仰的打打老师要拜自己为师，感动得落泪了。之后，女儿虚心、认真地与筱雨交流了多次琴艺，两人约定，携手共进，决不退缩。

筱雨没有爽约，刻苦练琴，琴艺的进步稳当、扎实。评估筱雨的未来，她的吟诵加古琴，不可小觑。

（摘自笔者采访筱雨妈妈的笔记。）

女儿不幸离世后，当年小荷班的焦瑞轩等"小荷苞"们及他们的爸爸、妈妈经常来看望我、宽慰我，无不深情地怀念打打老师的音容笑貌，怀念打打老师带领"小荷苞"们参加的国学吟诵社会实践活动。筱雨的妈妈只要见到我，总要说："拍打打老师的照片，我后悔拍少了。"

2018 年 3 月 28 日，山东路小学五年级 2 班原小荷班的一位小荷苞刘秉睿同学写了一篇作文《吾思吾师》，摘录如下：

我曾有一位身携古风的打打老师。

她教会了我们吟诵《诗经·木瓜》、宋代朱熹的《春日》……她带我们去参加图书馆尼山书院表演、书城快闪、茶文化博览会联谊交流、地铁中英文诗会……参加多种吟诵展示活动。

打打老师为什么永远离开了我们?!

我的心在撕裂，我的灵魂在咆哮!

我坚信，世人将永远铭记我们敬爱的打打老师!

当年，女儿创办的小荷班在短短的时间里快速成长，很快引起了教育主管部门和媒体的关注。

2014 年 11 月 28 日，在青岛第四十二中学，在由青岛市教育局主办的家长学校现场观摩会上，女儿作了小荷班"传统美德滋润班风家风建设，探索家风班风共建模式"的做法介绍。

女儿在介绍中说：

我在小学执教已经 14 年，如何建设、形成优良的班风，是我长期思考、探索的问题。

我发现家风建设表面上是班风建设的远水，实则在很大程度上是班风建设的源头。

每个学生都是班风建设的一个要素。一个家教严格、家风较好的学生，往往在学校表现较好，是形成优良班风的正能量。

我意识到，班风家风共建有利于校教家教统一，有利于学校的德育在家庭得到保鲜，让孩子做到家校里表一致。

我从 4 个方面探索了两风共建模式：

一、一个好途径——家风建设延伸到校园，家长依然唱主角。

二、一个好内容——重视寻根教育，传统美德主导滋润两风建设。

三、一个好方法——经典诗文伴成长，彬彬吟诵兴趣浓。

四、一个好组织——家委会自治谋大计，校里校外花样多。

青岛市关工委副主任马论业（青岛市原副市长）在这次现场会的总结发言中，倡导各校学习女儿以吟诵传播优秀传统文化的方法，用于语文教学和班风建设。

2015 年，山东省人民政府新闻办公室主办的《走向世界》国际刊物第 20 期，刊载了记者魏浩浩撰写的长篇通讯《你好，小荷班——走进青岛市山东路小学传统美德特色班》，向海外 103 个国家和地区、483 个孔子学院以及各驻华大使馆、领事馆全面报道了小荷班的成长轨迹。这篇通讯的卷

首语写道:

流转千年的传统文化,在无声无息中再次进入了教育者的视线,为这股"长流水"注入了更多的芬芳。

女儿创办的小荷班将淡淡的馨香播向了海外。

女儿创办的小荷班,如胶州湾畔蓝天下一个清新的荷塘。在弘扬传统文化基础教育的阳光下,46朵小荷苞崭露尖尖角,展现出教育领域一幅靓丽的荷花新图,传递出中华文化精神道德育人的强韧力量。丝丝荷香,飘溢出核心素养教育改革春光里一缕新气息。

女儿是这幅荷花新图的设计者、描绘者,虽然荷花新图的探索、创新微香初散,成绩乍见,但荷花新图是她探索中华文化精神与核心素养教育相融合取得成功的处女作,小荷班是她心里一湾持久的温暖。

女儿欣赏法国印象派油画大师克劳德·莫奈的"荷花"系列作品,爱读我国近代著名散文家朱自清的名篇《荷塘月色》。但是,在我的心目中,女儿荷花新图的位置胜过了任何荷花题材的文化艺术名作。

2015年,小荷班被评为市北区优秀班集体。

当女儿读了恩师徐健顺《经典诵读,向前走》的记者访谈后,女儿的欣慰是有理由的:

女儿的经典吟诵,一直在朝前走。

陆 胶州的教育需要你

——为唱响"沽河吟"请调胶州

2017 年 12 月 24 日 7 时 54 分，青岛胶州市教体局局长殷成伟给女儿发来微信：

> 你是教育战线的奇葩！
>
> 胶州的教育需要你！
>
> 你要坚强坚强再坚强！
>
> 我们等你尽快归队！

短短的 4 天后，2017 年 12 月 29 日 5 时 36 分，女儿带着殷局长这则不寻常的微信，带着殷局长给予她的崇高荣耀远行。

2016 年秋，女儿为了践行她酝酿已久的"花似人心向好处牵——'沽河吟'吟诵公益培训项目"，与许多打算从胶州调往青岛市区的人相反，舍弃市区良好的生活、工作环境，不顾因地区差还要降薪，不顾儿子还在哺乳期，不顾家人、亲友、同事的竭力劝阻，毅然请缨从市区的山东路小学调往郊区县级胶州市，扎根胶州市。这是女儿继先前在山东路小学辞去大队辅导员职务、创建小荷班的不寻常决定后，又做出的一个不寻常的决定。女儿的请调要求得到了胶州市委书记孙永红的批准。2017 年 8 月，女儿正式调到胶州市教体局工作。

在 2016 年 11 月 15 日，韩国青少年航空协会访问胶州时，女儿将酝酿许久的"花似人心向好处牵——'沽河吟'吟诵公益培训项目"计划书，一式三份，委托山东航空产业协会副秘书长杨侠女士分别转交给时任胶州市副市长姜春华和胶州市教体局局长殷成伟等领导，受到欢迎和支持。女儿开始带着一岁多的儿子租住在胶州法家茔村简陋的平房，不惧任何困难，践行"沽河吟"项目。

大沽河是青岛的母亲河，经胶州流入胶州湾。女儿期冀"沽河吟"公益吟诵培训项目能在胶州取得经验，产生示范效果，然后把吟诵公益培训大规模地延伸到青岛市各区域。

女儿的"花似人心向好处牵——'沽河吟'公益吟诵培训项目"概要如下：

一、项目动因

经典吟诵小把手，传统文化基础教育平衡有重责。

让边远、贫困乡村的孩子也能多吸吮几口国学的母乳。

二、项目宗旨

（一）传统文化基础教育平衡，目标驱动做实事。

（二）强国必须强语，少儿阅读是重点保障。

（三）主动实验，大拓展，优质教育更上一层楼。

（四）胶州出发、行动品牌、传响经典吟诵好声音"沽河吟"，期盼有胶州印记的"沽河吟"走向四方，成为传统文化基础教育的一个好品牌。

三、项目目标

一年内实现胶州"沽河吟"公益吟诵领读千人榜。

三年实现岛城公益吟诵领读万人榜。

两年内，利用网络平台，搭建胶州乡贤公益吟诵使者团，覆盖胶州千村社区；每个社区培训一名乡贤公益吟诵使者，建立一个亲子吟诵小驿站；实现家校社一体化公益亲子吟诵格局。

自2016年秋至2017年秋的一年多时间，在青岛市语委办、胶州市教体局的领导下，"沽河吟"项目在胶州三里河、马店等中小学开始实施，有效地带动了胶州的传统文化基础教育及亲子经典诵读活动的开展，得到了胶州市众多基层校长、教师、家长、学生由衷的欢迎和积极参与。胶州一中的副校长刘进海说："在'沽河吟'公益吟诵培训项目中，打打老师说的'让边远、贫困乡村的孩子也能多吸吮几口国学的母乳'，一个字别记错，发扬下去。"

"沽河吟"项目之所以得到青岛市教育局、胶州市政府特别是胶州市教体局等领导的高度重视和支持，是因为"沽河吟"公益吟诵培训项目具备传统文化基础教育大局理念，具有内涵丰富、问题针对性明确、可操作性强、连贯持续、富有地域品牌的凝聚力等特点，是扎扎实实地落实习总书记以及中央两办、教育部关于加强学校传统文化基础教育精神的有效举措。

胶州是女儿母亲的故乡。1959 年 5 月 21 日，女儿的母亲段克花出生于胶州市洋河镇市买村。2001 年 3 月 6 日，女儿的母亲去世时，女儿还不满 19 岁。之后，女儿承担了几乎全部的家务，但她从未喊过一声累、诉过一声苦，从未因此影响她的吟诵公益志愿者工作。

"花似人心向好处牵"是一句昆曲唱词。女儿说，昆曲的磨盘腔悠长舒缓、从容优美，是形成耐听的吟诵调的好营养，而女儿喜欢的"花似人心向好处牵"这句唱词蕴含了女儿对胶州这方热土太多的情思和牵念。

在青岛市所辖的郊区县市中，胶州市是女儿公益传播吟诵工作开展最早的地方。从 2012 年始，女儿便利用节假日时间，自己驾车穿梭于青岛市区到胶州营海的环湾高速公路上。5 年多时间，胶州的吟诵传播工作取得了显著效果，女儿为此倾注了大量心血。

2015 年暑假，在第三届中华吟诵周活动中，胶州八中的吟诵团由齐鲁名师刘乃志副校长带队登上了首都的大舞台。三里河小学是全国最早编出吟诵校本教材的小学。王书友校长多次邀请女儿举办吟诵讲座，组建了 3 个低年级亲子吟诵实验班。女儿辅导的诗经《木瓜》成了三里河小学全校老师喜爱的主打吟诵篇目。分管理科教学的副校长王秋玲女士说："在数学课上，我都想给学生吟几遍打打老师教的《木瓜》。"

2017年端午节，由三里河小学主办、女儿辅导的胶州市诵读展演活动举行，青岛电视台的教育频道做了全程播放。

2017年9月的前十几天，在女儿辅导的马店小学"我们的节日·重阳"胶州首届吟诵专场中，她设计了胶州著名的全国十大农民诗人、中国作家协会全委会委员陈亮提倡吟诵的讲话亮相视频，设计了石门子口村读过私塾的一位95岁的被称为"老秀才"的王金梓老人一家传承吟诵的情景剧。9月下旬，女儿又辅导了胶州实验高中的吟诵展演。10月22日，女儿在辅导胶州市上百所中小学学生诵读大赛临近尾声时，累倒在了胶州。

在胶州的吟诵传播工作中，女儿积极进行吟诵抢救采录工作，得到了胶莱镇马店小学校长徐明森的重视和支持。他向女儿推荐了石门子口村会吟诵的95岁的读过私塾的老人王金梓。

2017年初秋，徐校长和女儿去看望95岁的"老秀才"一家。女儿特意带着她的儿子并请我同去，一起见识在民间国学泥土中深藏的宝贝。临出发前，女儿对我说："在胶州发现了一棵会传统吟诵的大参。"

那天，阳光和煦，金风送爽，我们到了95岁吟诵老人的家时，身子骨硬朗的老人家正坐在家门口的小板凳上剥玉米。女儿的儿子一下子就踏到金黄的玉米粒上，在上面高兴地踏个不停，惹得大家一阵阵欢笑。

老人家站起来，伸了伸腰，高兴地把我们迎进屋。他特意先为我们吟诵了韩愈的《左迁至蓝关示侄孙湘》，因为老人家知道女儿喜欢这首诗。女儿说，能发现已届95岁的读过私塾的吟诵老人，胶州和她都幸运。这样高龄的吟诵老人在全国已极为罕见，需要加强保护，她已经建议胶州市教体局录制他的吟诵专题片。2017年，女儿引以为豪的这位95岁的吟诵老人被评为胶州市十大传统文化知名人物。

2017 年 12 月 24 日，女儿在临别这个世界的前 4 天，忍着剧痛，给胶州市教体局殷局长致了微信，表示要战退病魔，早一天回去工作（短信内容见本篇第二章）。

2017 年 12 月 29 日，女儿满怀着对胶州的无限眷恋，永别了这片她曾经倾注无数汗水和心血的土地。

女儿在"沽河吟"公益吟诵培训项目结尾赋了一首诗：

三里河吟沽河诵，八脚鼓韵秧歌情；

文化血脉传中华，偏爱胶州花儿红。

"偏爱胶州花儿红"，"沽河吟"公益吟诵培训项目已成为女儿的绝唱。"文化血脉传中华"，绝唱不会成为绝响。

柒 屠岸小友尊师长

——绝学书简留诗香

"2017 年 12 月 16 日，著名诗人，翻译家，出版家，人民文学出版社原总编辑，第二届鲁迅文学奖翻译奖、国家'翻译文化终身成就奖'获奖者屠岸先生在京逝世，享年 94 岁。"

2017 年 12 月 18 日，病重卧床不起的女儿闻知屠岸先生在京逝世的消息，心情沉重，向吟诵群的好友们发了下面一则微信：

听到这个消息时，不敢相信却又不得不接受——我和屠岸先生两次关于吟诵的交流，屠岸先生都是亲笔回信。在第二封信中，他称我为"小友"。这是对我们晚辈最大的爱护与支持。一直想去拜访，无奈天不遂人愿。只希望先生能一路走好。

大家都万万没想到，在这则微信竟成了我的宝贝女儿、大家喜欢的打打老师的绝笔；大家都万万没想到，这是她人生最后的一则微信。

2017 年 12 月 29 日晨，这则微信仅仅发出短短的 10 天后，屠岸先生的小友、我的宝贝女儿，不幸紧随先生去了。

这是天意，还是巧合？我实在不愿意去想。

女儿生前一直想去拜访屠岸先生，并与中华书局年轻的编辑、好友白爱虎老师相约同去。女儿远行后，2018 年 2 月 8 日晚，我与白老师通电话。他一再感叹，为女儿没见到屠岸先生长呼遗憾。

屠岸先生是文化界德高望重的老前辈，是常州传统吟诵的传人。但是，屠岸先生在给名不见经传的小字辈女儿的两封回信中，不仅给了女儿鼓励、肯定，还谦虚地提出要向女儿学习，诚邀女儿做小友。

屠岸先生 2013 年 8 月 16 日给女儿的信（遗文选五），摘录如下：

你对吟诵艺术做了全面深入的研究，条分缕析，论点与材料相结合，有较高的艺术含量。

我从你的这本书中学到不少东西，我向你致谢！老年人向青年人学习，从古如此。

屠岸先生 2013 年 9 月 11 日给女儿的信，摘录如下：

再次收到你的来信。我称你"小友"，可以吗？我七八十岁时，老诗人臧克家（他那时已九十多岁，他是虚龄百岁时逝世的）称我"小友"。

女儿生前成了她崇敬的屠岸先生的小友，老少两代热爱中华文化的赤诚、丹心，产生了极大的共鸣。

2013 年 8 月 18 日，女儿给屠岸先生的第一封回信，用小楷赋诗于宣纸书简，表达了学习前辈、攀登治学高峰的志向：

京华尺牍送夏爽，句挚字重蕴意长。

名微勿嫌寄鼓励，望高至谦孕馨香。

融调出新康庄道，辨识举典慧目光。

老骥伏枥忧国事，幼雏试翅志高翔。

女儿在生前曾给她尊重的数位吟诵前辈写了动情至深的诗篇，并以小楷誊抄于宣纸书简。

2013 年暑假即到，已故第三届中华非物质文化遗产"薪传奖"获奖者、"常州吟诵"国家级非遗项目代表性传承人秦德祥老师热情邀请女儿去常州，参加 8 月 13 日有多地吟诵志愿者参与的交流活动。女儿虽然没能如愿成行，但隔地致诗祝贺，抒发了遥向共吟的豪情：

聆凤久已冀，喜念忽落空。

会雅龙城韵，诗贺翠岛城。

古遗叙亭过，新帆栈桥行。

遥遥伴吴吟，小女肋生风。

2013 年 3 月，女儿的新书《吟诵艺术概论》出版，寄给了上海特级教师、海外吟诵开拓者彭世强先生。彭先生多次给女儿写信，每次都长达数千言，提出不同的见解，指出书中的不足。女儿十分感动，赋诗抒发感恩、相知之情：

沪上一学翁，谦谦治吟诵。

往复未曾识，今来堪相重。

小女报春怀，老夫啄木情。

丹心护丹心，绝学有大明。

2013 年 8 月 16 日，徐健顺老师来青岛崂山为一个培训班讲课，邀请女儿参加，女儿即兴赋诗一首《致徐健顺恩师》：

古遗式微逢日华，贤师继绝勤耕耙。

秋喜数结岭南果，春欣频发崂北花。

劫别众期扬吟帆，运来国昌泛诵槎。

丹青垂功纤管细，浩空感识展飞霞。

在女儿的遗稿中，我还找到一篇题为《小女与范曾、盈午两位师长攸关的诗话四则》（遗文选四）的文章。在此文的第一则诗话中，女儿给范曾先生恭贺航天英雄杨利伟的诗做了几处修改。范曾先生的原诗如下：

一箭巡天到碧霄，行看列宿未迢遥。

神州早试唐尧志，六合今闻大舜韶。

蜗角触蛮忧巫患，棋枰楚汉喜平调。

全球莫漫争高下，许卜新村别样娇。

（载盈午先生著《宫殿摩崖石刻与永恒——南通范氏诗文诗家研究文汇》第 242 页，北京大学出版社 2012 年 5 月第 1 版。）

女儿给范曾先生的诗进行的字句修改及其改动原因摘抄如下：

"一箭巡天到碧霄",修改为"一箭巡天出碧霄"。

原诗句中的"到"字改为"出"字。碧霄是古人称的天,神五不是"到"达碧霄,而是射出了碧霄。"出"字可表达得更准确,并有穿透的动感,增添豪迈的蕴意。

"行看列宿未迢遥",修改为"行看列宿仍迢遥"。

原诗句中的"未迢遥"不准确,神五到列宿,仍需若干光年,无比辽远;相比照,神五离地球的距离几乎可以忽略不计。

以上两处改动,按照"一、三、五"不论的规则,均未出律。

"醉翁之意不在酒",小女改诗的想法如下:

小女小胆润斗稿,双师跟前权撒娇。

一字千金几千金?且助吟事火膏消。

（火膏,古指润稿费。）

小女是中华吟诵学会会员,是一名吟诵公益推广的小兵。敢问两位尊师,于吟诵推广能多助力吗?

来日,范曾先生如果能读到女儿生前冒昧给他修改过的诗,定会被女儿公益推广中华绝学的丹心感动。

捌 吟至雅静　樱开淡艳

女儿是普通话吟诵公益推广的垦荒人，一直不遗余力地论证普通话吟诵的历史传统性和当代传承、创新、推广发展的必然性。

女儿在新编写的《普通话吟诵实践教材》草稿的导言中阐述了对普通话吟诵复兴的新认识：

复兴，不是复古，不是盲目钻故纸堆，是古为今用。

比如：一味追求《诗经》时代的语音声调吟诵，就是复古，恐怕也做不到，因为这不像文学复古，或许可以得到古往的文本参照。《诗经》时代的声调，则无法得到，其声调真相究竟怎样，时间间隔太辽远，无可参照，不可能还原。声韵专家的研究只是以谐声系统作为破解上古音的密码，以此获得的所谓上古音仍然是一种模拟音，是音韵推论的答案，并非原始音的真相。

复兴，应遵循中央两办《关于实施中华优秀传统文化传承发展工程的意见》中所指出的："坚持创造性转化、创新型发展。""要坚守中华文化立场，传承中华文化基因，不忘本来，面向未来。"

女儿在她所著的《吟诵艺术概论》一书中大胆表扬了两位有深远政治眼光的明白皇帝，其中一位就是力推官话正音（当时的普通话）并要求用正音诵读诗书的清朝雍正皇帝。女儿以此和其他古往的诸多史例论证用普通话诵读诗书的历史传统性：

雍正六年八月甲申日（1728年9月9日），雍正在一次招待朝廷官员的宴席上发出训谕：官员异地任职，不讲官话而用方音，结果是"官民上下语言不通"，老百姓"不能明白官长之意"，"胥吏从中代为传述"，"添饰假借，百弊丛生"，"事理之贻误者多矣"。因此，他要求各级官员在执行公务的场合（如陈奏、宣读、审断等）必须使用官话，不得"仍前习为乡音"。他还责成方言障碍特别严重的广东、福建两省的督抚转饬所属各府、州、县有司及教官，遍为传示，多方教导，务期语言明白。（袁钟瑞：《话说推普》）

从雍正要求"音同声"的圣谕，联想到秦始皇"书同文"的国策，两位皇帝对汉语的核心价值符号都具有深远的政治眼光，能不让人肃然起敬？两位都是明白皇帝。

清人俞正燮的《癸巳存稿》记载了福建履行雍正圣旨的情况："雍正六年，奉旨以福建、广东人多不谙官话，著地方官训导，廷臣议以八年为限，举人、生员、贡监、童生不谙官话者，不准送试。福建省城四门设立正音书馆。"以上，说明了清一代对官员、读书人有严格的用正音读书、交流的强制性及拟补的措施。

叶宝奎先生在其《明清官话音系》中亦指出古代"这种标准音不但在授读诗书时是必要的，而且在宣道训谕、审断词讼等场合也是必要的"。可见，古代以"庄重之音"的正音普通话"授读诗书"是读书的主流：从春秋时期，孔子游说列国，"执雅言"歌诗，到魏晋唐宋，"洛生吟"风靡长江南北，以及清朝民国以来，无论因声求气的桐城派、声震瓦屋的唐调吟诵，无论各方言区域的传统文读吟诵，在中华读书史上，无不如此。这是吟诵发展历史的一条主要规律，是中华读书史的普遍现象。自古以来，一些流传至今的传统吟诵的文读含有古代"普通话"吟诵主流的遗迹。这些遗迹既是汉语古语正音的化石，亦是"普通话吟诵"古已有之的证据。

1955 年，我国开始推行现代普通话，现代普通话吟诵理应成为新时代吟诵的主流，也合乎吟诵历史发展规律的必然。

《青岛早报》是最早报道女儿开展普通话吟诵推广的媒体。2012 年 2

月 22 日，《青岛早报》以《林打打将〈春晓〉吟诵给你听》为题，并用两个整版的篇幅，刊载了记者冷艳对女儿的专访长文。几年来，青岛广播电台多次直播女儿推广普通话吟诵的访谈。女儿远行，青岛广播电台的方圆主播写了长篇悼文。2014 年 7 月 12 日，在中山公园小西湖，女儿给幸福书屋的新市民子女演示、辅导普通话吟诵《汉乐府·采莲》，青岛有线电视台《生活在线》栏目做了跟踪报道。

2010 年 12 月 16 日，在山东路小学家长开放日，女儿举办了题为《我爱吟诵》的公开课，吟诵第一次回归青岛市小学课堂。2011 年 4 月 29 日晚，女儿率领少儿吟诵团参加青岛市在人民会堂举办的全民阅读月开幕式演出。绝学吟诵第一次登上了青岛最高级别的舞台，向全市人民亮相。这次少儿吟诵演出获得了广泛的赞誉。2014 年 5 月 12 日，在"书香中国万里行"青岛首站暨青岛全民阅读工程启动仪式上，我的女儿林打打作为教师代表，会同企业代表海尔集团党委书记张瑞敏、工人代表金牌工人许振超、小陈助人热线代表陈明钰、农村致富典型后田社区的代表以及学生代表王琳庭等 7 位代表，共同向全国、全市发出全民阅读倡议。在这次仪式上，女儿用普通话吟诵调吟诵了《诗经》中的《蒹葭》一诗，引发了参加这次仪式的社会各界代表的关注。

女儿有一方寄托款的印章，篆刻了印文"吟至雅静"。女儿这样解读这枚印章的印文：

"吟至雅静"是中华读书的最高境界，吟就是吟诵，雅静是在吟诵中获得的安静；读书人在曼声涵泳中，妙韵洗耳，美德润心，荡涤浮躁，摒弃杂念。

女儿还有一方寄情的印章，篆刻了印文"樱开淡艳"。虽然女儿在青岛普通话吟诵公益推广工作中取得了令人瞩目的成绩，但是她从不张扬，平实做人。这枚印章的印文寄托了女儿这样的情思：

愿意像喜爱的樱花一样，展现淡淡的艳丽。

玖 非常家事助成长

每年 11 月 14 日这一天，是我的家人重温抗日国难、缅怀先烈恩人的重要纪念日。

1938 年的 11 月 14 日，日本侵略者扫荡山东，血染聊城。那年，女儿的奶奶 13 岁，是那场民族灾难中聊城国共联合抗日部队的两个幸存者、见证者之一。

抗日战争爆发后，国民政府的爱国将领范筑先先生驻守聊城。1938 年，他先后两次与共产党军队的领导徐向前、宋任穷会晤，商定改编双方部队联合抗日，并共同举办了数期抗日后备干部培训班。女儿的奶奶与家乡阿城镇的邻居、当年 14 岁的何挺女士，同是第七期培训班的学员。何女士日后嫁给了已故海军参谋长潘焱。

1938 年 11 月 14 日，从北面来攻打聊城的狡猾日军先派了小股部队，埋伏在聊城的南门外。范将军安排年轻的培训班学员从南门撤离时，遭到日寇机枪的狙击。年轻的指导员王筠将女儿的奶奶和何挺推进护城河里后中弹牺牲。

那场战斗进行得异常激烈残酷，一直打到次日下午。守城的 700 多名将士全部壮烈牺牲，包括范将军和优秀的共产党干部张郁光、姚第鸿等。"文革"结束后，幸存的女儿的奶奶与何挺才取得联系。两人的最后一封通信，是 2010 年 11 月 24 日何挺从北京寄到青岛我家的。

聊城的抗日壮举，全国震惊，各地通电致哀。1938 年 11 月 30 日，延安《解放》周刊发表时评《哀悼民族英雄——范筑先》。1938 年 12 月 13 日，毛主席、党中央在延安举行了隆重的追悼会，朱德总司令、彭德怀副总司令赠送挽联："战事方酣，忍看多士丧亡，显其忠勇；吾侪尚在，势必长期抗战，还我河山。"1940年11月15日，华北文化界集会，将两年前范筑先将军等殉难这一天的日期定为"华北抗战烈士纪念日"。1988年，邓小平同志在聊城为范筑先纪念碑题写了"范筑先烈士殉国处"。范筑先将军还是一世清官。1936年7月，他离任县长的那天早晨，城里的老百姓夹道相送，沿街摆了许多桌子，桌子上置明镜一面、清水一碗，送行的男女老幼泪流满面、泣不成声。范筑先每走几步，便对相送人群拱手致谢，直至中午才走出长街。

聊城的抗战事迹以及女儿的奶奶在日寇血染聊城的暴行中的遭遇，是女儿受到的最直接、最真切的爱国主义教育。

去聊城瞻仰范筑先将军纪念碑，祭奠女儿的奶奶的救命恩人王筠烈士，一直是女儿的愿望。

2015年国庆期间，女儿参加山东省诗词吟唱委员会活动，认识了聊城电视台的杜老师。两人约定在聊城举办一次赋诗会吟的主题雅集，颂扬、悼念聊城的先烈志士。杜老师还赠诗一首夸女儿：

> 妙思睿智研吟艺，循律赋声创新技。
>
> 乐洒雨露育花红，传承文脉立功绩。

我一定尽早联系上聊城电视台的杜老师，代女儿请他一起去聊城抗战烈士墓前，实现女儿祭奠恩人的遗愿。

我家还有两件非同一般的家事。

1969年早春，我的奶奶重病不起，父亲请了事假回老家聊城阿城镇探望。当时，除了父亲因请假扣发了当月的工资以及支付奶奶的医疗费，还有其他几个方面的原因致使我家里遇上了严重的经济困难。母亲举债多家，后来连买米面的钱都筹措不到了。我第一次尝到了什么叫揭不开锅的滋味。

1969 年 3 月 25 日，是我的 55 年的挚友、当时还是学徒工的、女儿的伯伯宋续生的发薪日。那天他下班后，没顾上回家，从位于水清沟的他工作的国棉四厂，蹬着自行车直奔海关后我家。两地相距二十几里路，他蹬了两个多小时，才满头大汗进了我家门。他那时月薪仅有 21 元，却将 10 元送给了我。他担心我推辞，把 10 元纸票夹在一张折叠的信笺里。我接过信笺，正要打开看时，他悄悄地离开了。

当时这张夹着人民币 10 元纸票的信笺，具有鲜明的"文革"时期的特色，信笺的天头上有一行醒目的"敬祝毛主席万寿无疆"的大红字。信笺上有挚友用钢笔写的一段话和两首小诗，其中的一首诗摘抄如下：

友逢灾难，余心火煎。

曲曲薄意，何表心肝。

至今，这封信笺完好无缺地保存在我这里。女儿上小学后，我第一次给她读了这封信，讲了信的缘由。我记得很清楚，女儿听得很认真，很感动，还有点吃惊的样子。我叮嘱过女儿多次，这封珍贵信笺的内容就是我们家的家训，我们一定要乐于助人，珍重友情，不要忘了宋伯伯。

在我的家里，还有一件女儿喜欢的珍藏，是一张"文革"时期学生免费乘车大串联时我从遵义到湛江的火车票。这张软纸面的火车票，其上方的长方形红框里用大红色字印着毛主席语录："你们要关心国家大事，要把无产阶级文化大革命进行到底！"火车票的发车日期是 1966 年 11 月 11 日。这张已经过去了半个多世纪的火车票具有一个显著的特点，即采用了实名制，比高铁时代的实名制早了近 50 个年头。火车票的票面上写着我的名字和我的母校青岛九中的校名。

遵义是中国革命的转折之城，是全国人民向往的地方。1935 年 1 月，在这里召开了遵义会议后，中国革命开始从失败走向胜利。女儿第一次见到这张火车票时，我郑重地对她说，这是我向往遵义，学生时代就去了遵义的证明。女儿也向往遵义，很羡慕我去过遵义。女儿倏然离去，我实在为女儿遗憾，她生前没有实现去遵义的愿望。

"雄关漫道真如铁，而今迈步从头越"，这是遵义会议后毛主席写的《忆秦娥·娄山关》中的词句。这两句词充满自信，大气磅礴，无比豪迈，是女儿和我最喜欢的长征词句。

拾 白发父辈含泪追

——吟诵大事共续写

我55年的挚友、爱女打打敬爱的宋续生伯伯，在极大的悲痛中，反复恳读了女儿的《花似人心向好处牵——"沽河吟"公益吟诵培训计划》，感怀赋诗二首：

一

源源千年沽河水，两岸新妆惹人醉；

吟诵女儿"沽河吟"，欲为绝学立新碑。

二

沽河蜿蜒水千转，吟诵女儿雅音美；

绝学大业待人继，白发父辈含泪追。

2018年4月1日上午9时，胶州市委宣传部"爱书人联盟"之度谦第106期公益读书会在少海尊孔堂如期举行。读书会邀请我念读修改中的《吟诵的女儿》。念读前，执行会长王仪轩女士含泪吟诵了北京吟诵学会朱畅思会长哀思女儿的悼诗：

空灵声已远，大幕渐徐徐。

红蜡数行泪，青城一声嘘。

曲高天上有，仁近世间居。

圣女今何往，瑶台当不虚。

在我的泣读中，我的热泪和读书会的每个人的泪水汇在了一起。读后分享中，胶州市广播电视大学的王凤贵老师郑重建议："《吟诵的女儿》一书应该在更大的范围去读，让更多的人学习打打老师，传承绝学吟诵。让国学圣女的事迹。激励更多的人为民族文化复兴而奋斗。"

2018年4月5日清明节，是女儿的冥诞。这一天，由已届古稀之年的老共产党员、打打的宋续生伯伯携青岛市及所辖胶州、黄岛各区市的代表共12人，发起成立林打打"沽河吟"吟诵志愿者团队；发出倡议设立林打打语文吟诵奖筹备机构，并同意将全国国学界、各地吟诵学会及各界吟诵志愿者同人、亲友、学生、领导等抚慰女儿亲属的24万元捐款作为募集的奖励基金之一。

这个志愿者队伍中，年过六旬的魏淑莹女士是民国儒将、抗战烈士魏凤韶的幼孙女。与我素不相识的魏淑莹女士敬仰她的爷爷，敬佩我的女儿打打，主动联系上我，表示要把余生献给绝学吟诵的传播事业。现在她已受邀为"林打打语文吟诵公益小书院"负责人。

这个志愿者团队中有一位年近50岁的回族女同胞马女士。她之前没接触过吟诵，用几天时间学会了女儿的《蒹葭》的普通话吟诵调，并与其他志愿者悲情合吟。我闻听而涕零，即赋词一首：

清明日，蒹葭习。古遗雅音渐次起，飒飒绿叶颤，微微波掀漪。打打远远行，腔韵声声和泪洗，汉回丹心齐。

…………

"白发父辈含泪追"，女儿的专著《吟诵艺术概论》的卷首语即是《她在干一件大事——当好吟诵推广运用的排头小兵》。女儿不在了，我甘当女儿的配角和后来人，竭尽余生的心血，把女儿寄予厚望的她的儿子大器培养成像他妈妈那样的中华民族传统文化的优秀传人、国学大器；竭尽余生所有的力量，与继承女儿遗志的各位同道携手，共同续写好女儿要做的大事。

林打打老师：推广传承吟诵倡议

2017年9月13日，在青岛市首届普通话吟诵论坛上，打打向全市发出吟诵推广倡议。

2017 年 9 月 13 日，青岛市首届普通话吟诵论坛召开前，青岛市教育局领导会见徐健顺老师和打打。（右四为邓云锋局长，左三为徐健顺老师。）

2017 年初秋，打打与胶州马店小学领导采录 95 岁吟诵老人。（左三为王金梓老人。）

打打抱着襁褓中的儿子大器公益领读的特写留影

林打打老师

奶奶抓拍的📷 最近一直卧床，大器似乎也能感受到麻麻身体不适，经常用小手给我按（zhua）摩（sha）按（zhua）摩（sha）

2017年11月19日 21：17

2017年深秋，在胶州法家茔村的承租房内，打打不到一岁半的儿子大器为累倒在胶州的妈妈揉腰。

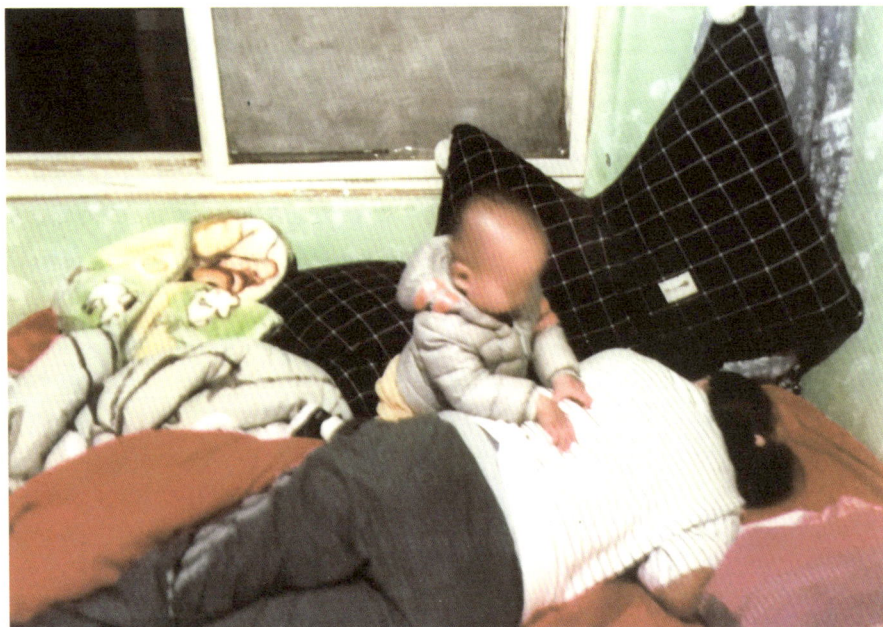

大器给妈妈揉腰。

← 殷局长

你是教育战线的奇葩！胶州的教育需要你！你要坚强坚强再坚强！我们等你尽快归队！🌹🌹🌹殷成伟

早上7:54

2017 年 12 月 24 日，胶州市教体局局长殷成伟给女儿回微信，鼓励女儿坚强再坚强，尽快归队，并给了女儿很高的评价。

殷局长早上好，谢谢您的挂念与关心。昨天一早李局和庄所就来医院了，李局说您特别牵挂我的病情，很晚了都打电话给李局。真的特别感谢您，心里十分感动。我一定好好养病，快点好起来，还有好多工作我还要去做。再次感谢您！

2017 年 12 月 24 日，女儿病逝 4 天前，仍顽强期盼战胜病魔，重返工作岗位。

2017 年 10 月，在胶州市中小学诵读大赛赛场上，患重病的女儿顽强坚持工作。图为她当时所戴的医疗脖套和止痛腰封。

59

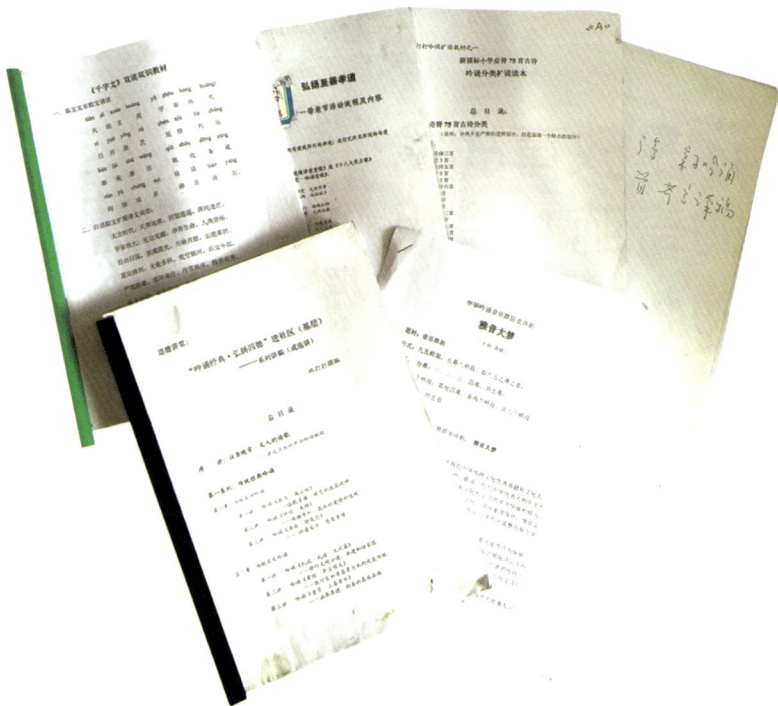

打打部分遗稿

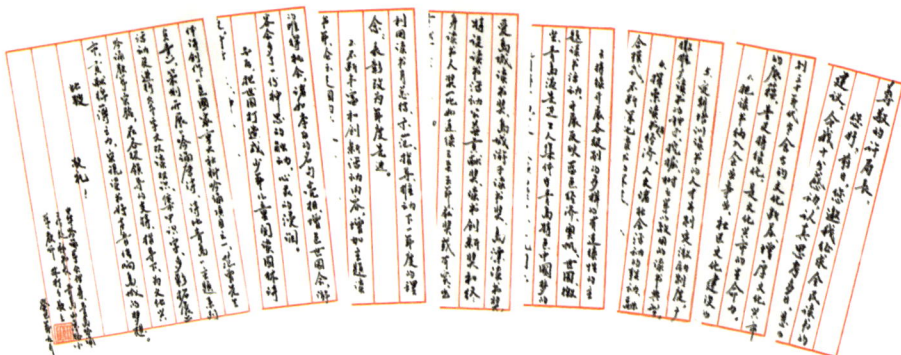

2014年打打致青岛市文广新局领导关于全民阅读建议的
小楷信笺（另书一封致时任市委书记李群）

打打主持 2016 年第八届国际帆船周·国际海洋节《海洋文化国学六艺》公益专访演出。

2015 年 11 月，青岛名人领读活动，打打在青岛广播电台领读。

中英诗会演讲

《做有传承的教育》演讲

青岛市图书馆系列讲座

胶州三里河小学系列讲座

京剧吟唱《梨花颂》

领吟《声律启蒙》

2017 年夏，青岛广播电台方圆主持吟诵与古琴访谈后合影。

2017 年 4 月 23 日世界读书日，打打带领少儿吟诵团参加书城快闪活动。

在青岛大学教吟《诗经·蒹葭》。

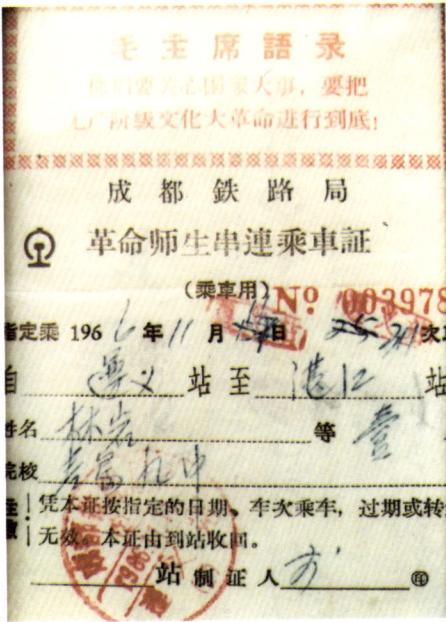

打打收藏的父亲"文革"时大串联的火车票

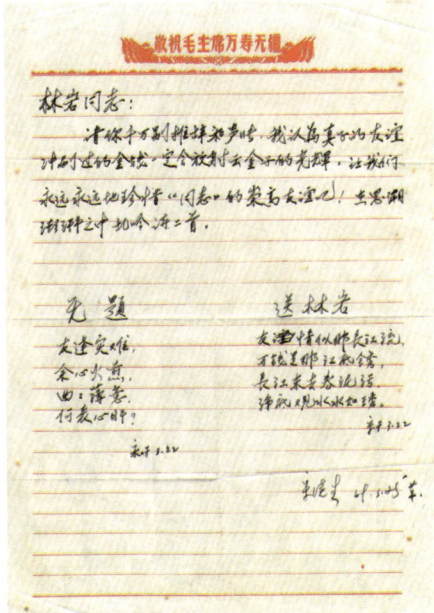

55年前打打的宋伯伯送学徒工资
的一半给笔者解困时附的信笺

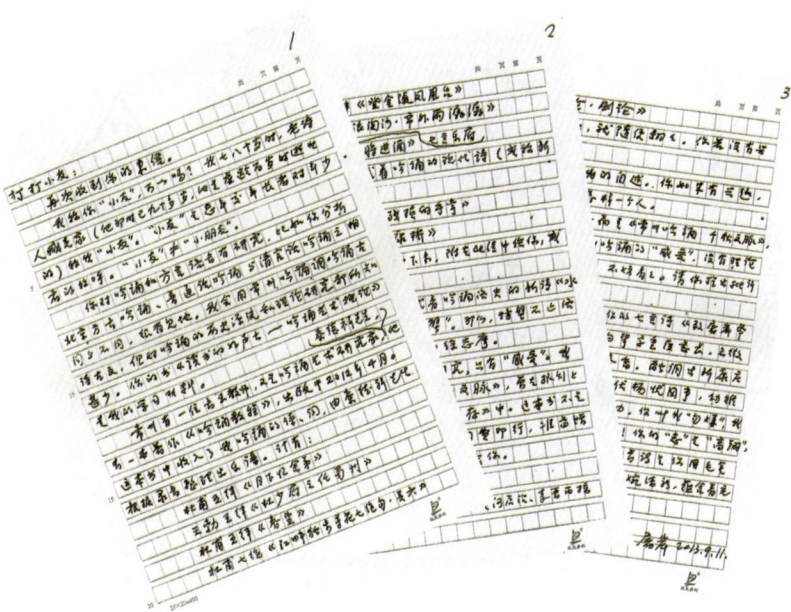

屠岸先生给打打小友的信笺手稿

島城雅吟调雅业感怀

虬曲老枝归芳妍，古遗雅学待新传。

島城有贤识大业，京华借师开宏篇

自古珍卷恐虫蛀，小来妙琴忧谬弹

兴国绝业惯空心，執古沉浮有天眼

打七於青岛浮山艳樱命子

癸巳年八月

打打感怀诗笺

下篇

勤耕犁手

壹 清明出生惹疑虑

——德才兼具坷难多

清明时节雨纷纷，路上行人欲断魂。

借问酒家何处有，牧童遥指杏花村。

——［唐］杜牧：《清明》

我以这首读书人耳熟能详的《清明》作为这本小书下篇的开篇，是因为我学生时代喜欢上的这首诗所写的清明，始未料到，与我的人生发生了特殊的联结——我的女儿出生在清明这一天。

一　起　名

1982年的清明，早晨5时多，我的女儿降生了。当日，天空晴朗，未见"雨纷纷"，时有轻薄的云彩路过。

女儿出生的前一晚，她的母亲下中班回来，待靠近子夜时分，感到身体不适，由我搀扶着去了医院。医生说要生了，我安顿好女儿的母亲住进病房，便急匆匆返回家，准备住院所需用品。个把小时后，我气没缓一口，回到医院，得知女儿已经降生。我又喜又急地推开病房门时，女儿已经静静地躺在小小的产床上。我抱憾多日，没能听到女儿降生到这个世界的第一声啼哭。护士抱起女儿送到我跟前。她圆圆的小脸蛋红彤彤的，没有睁眼瞧我，在甜甜地睡着，或许做起了她来到人间的第一场梦。

护士羡慕地说："你这闺女不平常，站着生的，俗语说'站生娘娘坐生官'。"这个护士又说："你闺女的两耳洞外侧各有一个针尖大的孔。"她分别指给我瞧，边指边说："一个是粮仓，一个是钱仓。"女儿的儿子大器只在左耳外侧同样的位置上遗传了母亲，有一个同样的小孔。

护士的这番话给我双耳灌了蜜，谁不盼自家的儿女有好命？但是，当年护士的美好预示并没有灵验，女儿倏然离世，厄运突降，蜜变成了黄连。女儿是苦命，母亲过早地弃她而去，她自己竟没等到第三个本命年生日，便远去不归。

清明是一个祭奠故人、悲情触心的日子，女儿偏偏选清明这一日降临。回眸女儿降生的日子，便有不祥的疑虑相伴而至。她迈来人世间的第一步，就踏出了令我不安的动静。

女儿的母亲在整个怀孕期没告过一日假。她在青岛港务局第二作业区机械四队从事皮带机电工操作工作。女儿母亲工作的码头库房边，数长串皮带机粗暴的轰鸣声将耳膜震得发颤；港湾里进进出出的巨轮放肆地发出"呜呜"的鸣笛声，听来惊心。这些从码头四面八方来的折磨人的杂音，是女儿的胎教。这里，音乐的美妙旋律、诵读诗文的温润雅音，与胎中的女儿无缘；野蛮、疯狂的工业交响，给女儿的小生命制造的伤害，无法考量，亦无必要去思考了。

女儿出生的那个年代，计划生育是国策，国家提倡晚婚晚育。结婚、生育若违背了出生政策，便有被开除公职的风险。人们怕丢了饭碗，都不敢越雷池一步。

按当时的规定，婚后的女方满了23岁周岁生的孩子方能办理出生证。女儿的母亲怀孕后，单位的计划生育部门对她的产期进行了缜密的测算，结论是女儿的出生日期会在她母亲23周岁之内。所以，女儿的母亲怀孕后，迟迟没能在计划生育部门办出女儿的出生证。

女儿曾是一个不准出生的人。这是我的漫漫人生旅程中，留在身心上的一块不能遗忘的硬伤。更让我难以预想、难以接受的是，竟还有比这块硬伤更不堪的打击——凄楚无尽的失独的痛苦——在人生的末路上等着我。

按照计划生育政策，没有出生证的孩子是禁生的；一张出生证，相当于孩子来到这个世界的通行证。女儿的出生证办不下来，女儿的奶奶心急火燎，持续多日地窜上奔下，跑起了为孙女求办出生证的马拉松。用她的话讲："腿都磨短了三寸。"女儿的奶奶历经七八个月的多番周折，在女儿出生的前一个月，终于把出生证办理下来。

由于女儿的奶奶的努力，女儿才侥幸获准来到这个世界。亲友们恭贺女儿的奶奶，称女儿的命是老人家拼争来的。这样的恭贺不无道理，读一读诺贝尔文学奖问鼎者莫言的《蛙》，便会对女儿办理出生证所遭遇的传奇周折有所理解。

女儿出生后，女儿的奶奶闻讯，大清早便赶到医院。她从护士怀里小心翼翼地接过小小的长孙女。女儿的奶奶是位开明的老人，脑子里没有重男轻女的封建意识，添了闺女、小子都一样欢喜。女儿的奶奶良久地端详抱在怀里的这个可人的"小人儿"，脸上每道皱纹都变成了笑的笔画。能看出来，在她的快活里，流露出一种成就感，小孙女是经她百折不挠奋争来的家宝啊！

老人家忽地问："起名了没有？"

我和女儿的母亲异口同声地回应："妈，正等着您起呢。"

老人家早有准备似的，脱口道出："叫打打，就是打架的那个'打'吧。"紧接着，她不请自释："俺这孙女的前一个'打'啊，是说这孩子来得特不容易；后一个'打'啊，是说这孩子长大了，一定会有出息，干事准能打得住。"

如今，女儿的奶奶已经 94 岁高龄了，患上了阿尔茨海默病，偶尔清醒。她还未得知，当年她拼争来的连心肉长孙女已先她而去，与她天人两隔了。这个会"要她命"的噩耗，我绝不敢、永不会告诉她了，但愿她老人家给长孙女的一切的惦念、祝福相伴她终生吧。

二 洞 宅

女儿出生满三日，我把她从医院抱回了家。我的这个家，有点不堪入目。曾有登过我家门的友人谑称我这间面积只有 7 个多平方米的巴掌大的狭小住房，即位于青岛市上海路小学校门西侧隔壁的那间平房，可谓青岛的"陕北窑洞"——这是 20 世纪的 80 年代，我在青岛市第二十八中学从事教师职业时学校分配给我这个晚婚大龄青年的婚房。

我住的这个被喻为"陕北窑洞"的"洞宅"，天花板上面是学校操场的一部分；整个后墙是开凿出来的峭壁，从顶部一处突出的石牙子里时时渗出来的水珠，要用放在下面地上的洗脸盆子接着。在这个"洞宅"里过日子，难得片刻的宁静。

白天，屋顶上面小学生们跑跑跳跳的"扑通、扑通"的脚步声不间断。这让我联想起了著名歌剧《白毛女》的作者、大诗人贺敬之所写信天游体裁的长诗《回延安》里的句子：

窑洞里围得不透风，脑畔上还响着脚步声。

虽然我的"洞宅"里从来没有"围得不透风"，但是"脑畔上还响着脚步声"。女儿整日浸泡在贺敬之《回延安》中这句诗描述的精准的"诗意"里。

入夜，更深人寂的时候，"洞宅"后墙那边，"泉水叮咚响"，一声声清晰地萦绕在我一家三口人的梦边耳畔。

日日夜夜，女儿在"洞宅"如此"诗意"生活的环境里，长到快 3 岁才离开。女儿长大学会作诗，有的朋友调侃我："怪不得你的女儿有诗才，她从小是在信天游和山水诗的氛围里浸泡着成长的。"

在那段"洞宅"生活的岁月里，最可怕的是粉尘对女儿眼睛的不时的侵扰。每逢课间，操场上学生的蹦跳震得"洞宅"天花板的粉尘四处飘洒。我为杜绝粉尘，采取了严密的防范措施。我在天花板上糊满了报纸，怕有疏漏，又给女儿在床上支起一个小"蒙古包"遮尘。我家的床俨然成了女儿的"大草原"。但是，百密一疏，有一次，飘落的粉尘还是眯着了出生不到 10 天的女儿的眼睛。我心急如焚，抱起女儿，撒腿小跑，直奔人民医院。女儿这一次进医院，发生了以后时常发生的因女儿大俗而不俗的名字引起的故事。

在医院门诊大厅的挂号窗口，我大口喘着粗气，一手搂抱着女儿，一手急速地填写完门诊病例。管挂号收费的是一位体形略胖的中年妇女。她接过我填写好的门诊病例，瞅了瞅女儿的名字，猛然眉头一皱，阴阳怪气地嘟嘟囔囔："这家人家，也太不讲究文明，起的啥名字？这不是硬撑着孩子去打架吗？"

我听了她的这番话，哭笑不得，没敢吱声，急忙交上挂号费，接过她盖上章的病历。眼科门诊在二楼，我抱着女儿，三步并作两步奔上了楼，闯进了眼科门诊。给女儿瞧眼疾的是位老大夫，戴着一副花框眼镜，斯文可亲。

她喜滋滋地问我："谁起的名字啊？"

我回答说："是孩子的奶奶。"

她夸奖说："好名字呀。"

我不满地说："你们挂号的说，这名字是鼓动孩子去打架。"

她笑了笑，慢条斯理地说："迎新春打灯谜，上战场打敌人，可都离不开这个'打'字啊。"

大家听了，"哈哈"地一起笑起来。

我住的上海路"洞宅"的家，只给供电，不能供水。女儿母亲的同事小许帮忙联系了由他家的院落供水。小许的家在吴淞路，从我家到他家，间隔3条马路。走完这段百多米远的吃水路，挑着空捅还轻松，挑上两满桶的水十分吃力，中途得放下担子歇几回；到了夏天，颤颤悠悠，迈不出几步，额头上便挂满汗珠。有时我忙，女儿的母亲一手抱着孩子、一手扶着扁担去挑水。女儿的母亲是在农村挑井水吃长大的，挑水的本事比我强。但是，她抱着孩子挑水，来回都要横穿3道马路，要特别小心、费神躲闪来来往往的车辆。这能不时时抓扯着我的心吗？我多次找到相关部门，请求解决供水问题，但直到搬离"洞宅"也未能解决。天啊，住在大都市里，从挑水吃中解放出来竟成了那段日子里的一种奢望。

三十几年前，女儿的母亲怀抱着孩子挑水的风采，曾经是我们岛城的一道风景，曾令无数路人感叹和赞扬。自2016年夏天开始，持续了一年多，女儿怀抱着儿子大器进行公益讲课，为我们岛城增添了一道新风景，感动得无数人抹泪花。有亲友动情地评说："打打抱孩子讲课，承继了她妈妈抱孩子挑水的遗风。"这"遗风"两字，我听了既感慨又感伤，不忍续听。

待女儿会走路了，有时我牵着她的小手去挑水。年幼的女儿似能看懂父母的辛苦，不哭闹，不要抱。我挑着水，边夸奖她，边给她加油。她并不在意，总是紧揪着我的衣角，认真地跟着我，小心翼翼地迈着小碎步，生怕掉了队似的。

陕北的窑洞冬暖夏凉，适宜居住；我在上海路的"洞宅"，恰恰翻了个儿。

严冬季节，气温骤降，"洞宅"的天花板被冻透了，总让人感觉有大块大块的似脚步声的寒气"扑通、扑通"往下掉，毫无信天游"脑畔上还响着脚步声"的诗意感。

进了三九寒天，"洞宅"里的温度常常降到零摄氏度以下。由于屋里腾不出地方安置取暖设施，女儿几乎 24 小时蜗居在“小蒙古包”内，大多时间躺在铺着电褥子的被窝里，头上还要戴上一顶她妈妈给她编织的满头套，就是那种只露出两只眼睛的小绒线帽儿。

每逢气温低于零摄氏度，“洞宅”的后墙石牙子渗出来的水滴便凝成阿拉伯体的“1”字形冰挂，晶莹而孤独，“泉水叮咚”暂时停止播放。在寒冬的清晨，水缸里往往结了一层冰。做早晨饭用水，需要在缸内先进行碎冰作业。缸内的冰层若结得厚实，破冰取水时，最怕缸体破裂，弄出新版的“司马光砸缸”故事，因此须十二万分地用心，拿捏好碎冰用劲的力道。

“洞宅”温度太低时，只要拨弄水就得小心。有一次我弄翻了脸盆，满盆子的水淹了“洞宅”里狭窄的途径，没及时擦干水的地上不一会儿便凝出冰栈道。

遇上异常寒冷的天气降临，全家再待在冰库般的“洞宅”里，即要被冷冻了。我只好抱起女儿、领着媳妇，四处投亲告友，惶惶然逃冬去。

入了三伏天，酷暑以降，青岛地区高温高湿，“洞宅”里闷热难熬，小屋变成了桑拿间。在里面待一会儿，身上薄薄的老头衫能拧出几两汗来。原本左右摇头的送凉扇变成了造热的“火扇”，吹来的阵阵热风似桑拿蒸气。

“洞宅”家门口附近有一棵几十年树龄的梧桐树，奉送来纳凉圣地。大树层层的绿叶编织的大树冠像一把巨大的太阳伞，阻挡了毒射的日光。我常常把戴着红色小肚兜、穿着小花裤衩的女儿送进浓荫里的凉席上玩耍、憩睡。途经这儿的喜欢孩子的熟人，见了大树荫里胖墩墩的可爱的女儿，有的驻足逗她乐一乐，有的给她揩揩刚涔出的汗粒儿，有的亲昵地喊她几声肚兜花仙子，有的轻轻地抱起她举高高。记得有一次举得过高了，吓得女儿哭起来，弄得举她的人一个劲地表示歉意。

高温持续的夜晚，我舍弃了教书先生的脸面，不顾忌污染了马路文明，光着膀子，穿着大裤衩子，弯着胳膊端持着睡不安稳的女儿，板板正正，旁若无人，如尊泥菩萨，傻坐在昏暗的路灯下的马路旁乘凉，不敢稍动，生怕惊扰了女儿的睡意。

夜不临深，气温未有少许下降，便畏惧进屋。屋外面，蚊虫贪婪，毫不客气地对人轮番叮咬攻击。女儿嫩嫩的皮肤上多处冒出了肉疙瘩，我心痛地频频给女儿身上轻轻地涂抹花露水。一个难耐的夏天过来，花露水瓶子得攒一堆。为了女儿，尽管经济拮据，花露水借钱也得去采购。女儿的母亲总是抱怨，花露水用得太多了，会起副作用，伤了孩子的皮肤。她说："我在乡下时，蚊子比城里的嘴尖，也没叮死我。"

上海路的"洞宅"空间本就逼仄，为了用水方便，我又特地买了一个能盛两担水、占地近 1 平方米的大号水缸。大水缸发挥了多功能作用，除了盛水多，缸上宽阔、平整的圆木盖既可当书桌，又可做面案。木盖上面铺上一床柔软的小棉褥子，瞬间变成了女儿的小睡床兼快乐活动吧，可把女儿从床上的小"蒙古包"里转移到木盖上放放风，时或玩耍，时或小憩。

"洞宅"的屋里，双人床、衣柜、书柜占去了大多的地盘，本来就拥挤的空间，加上大块头水缸的侵入，只余下一个瘦人能勉强挪动挪动的地儿，要是个胖人挪动，得事先减减肥。因此，我的"洞宅"里，女儿的活动空间很受拘束，除了床上的"蒙古包"，幸好有缸盖承担了她幼年成长的第二新天地。

在缸盖上的幼年成长新天地，女儿上演了在我的眼里胜过法国大文豪巴尔扎克的系列小说《人间喜剧》的若干小节目。女儿在上面学会了站立，在上面喊出了第一声"妈妈"，在上面小便"水漫金山"则几乎是每天的浪漫小演出。

"大意失荆州"，后来曾发生过一次想起来即感后怕的事。有一个周日，女儿的母亲上班去了，我正哄着女儿在缸盖上玩耍。一个问路的人敲门，我过去开门给那个人指路的时候，听到身后"扑通"一声。我意识到女儿从缸上掉下来了，慌忙转身，上前把坠落在地上的女儿抱起来。幸好女儿的母亲心细，在地上铺了一块厚厚的塑料套垫，女儿略受惊吓，没伤着皮肉。从缸盖上加速度掉下来的女儿若摔在水泥地面上，后果不堪设想。待到女儿学会爬行，缸盖上爬动不开了，大缸在女儿的成长史上便功成身退，其育婴的功能随之消失了。

至今，我仍感念那只不知去向、不知能否幸存的大水缸；感谢那个大缸盖——这个不起眼的再普通不过的大缸盖，赋予了女儿一段快乐、精彩、独特的幼年成长史。写到这里，我想为女儿这段独特的幼年成长历程冠个名——《打打缸盖上的趣味幼年史》。

我的母校青岛九中，前身称"礼贤中学"，声名显赫，出过康生等人物，是20世纪初德国人卫礼贤创办的。

我在母校蹭过的岁月长度，除初、高中各占3年，因逢"文革"，高中毕业滞后两年，相加起来有8年时间。我们这一届高中毕业生，是时称"老三届"里的老大。漫长中学时代的苦读、废除高考的遗憾，是留在记忆深处难以忘却的母校印象，我时常回眸品味。

我住的上海路"洞宅"虽然不尽如人意的事多，但有一大益处——靠我的母校近了。从我家"洞宅"开门提步迈出，左拐东行，到达母校不超过百米的距离。

在"洞宅"的那段日子，我带女儿去过一次我的母校，但待的时间很短暂，只让女儿在母校的小花园里玩耍了片刻，抱着她围着小花园南面的鲁迅礼堂绕行了一圈。从"洞宅"搬出后，我问过女儿曾带她去母校的事，她已经忘却了。女儿提议说，咱们再去吧。可是，由于太在乎忙忙碌碌的生存诸事，没有真心寻闲再携女儿返母校。

蓦然反思，如能再携女儿回母校一次，多待一些时间，给已经长大懂事的女儿讲讲老爸年少勤学的风光，或讲述在小花园里记背俄语单词的晨读，或讲述在鲁迅礼堂里聆听世界名著的讲座……该是生命里多么温馨美好的纪念，可惜被我错过了。

三　母　亲

女儿的母亲段克花，高个，身材修长，端庄秀丽，说话不急不缓，是个沉稳、有韧性的女人。

1959 年 5 月 21 日，女儿的母亲出生在胶州洋河镇市买村，16 岁离开家来到青岛。在洋河镇西边的市买村，虽距离镇政府不到十里路，却十分僻静，是洋河边一个仅有百十户人家的小村庄。在明清时期，市买村东的大庄有一个繁华的集市，村子紧邻大庄古老集市，所以叫市卖，后演化为市买。市买村有悠久的历史，有人在村里掏地窖、打井时挖出过汉朝的陶片。

女儿的姥爷段成信年轻时只身来青岛混口饭吃，干了扛大包、走桥板的码头搬运工。他出苦力换来的钱勉强糊口，租不起条件稍好的房子住。在青岛延安路南头东边的山坡上，他寻租了一间石垒的小屋。进到屋里，矮个子向上伸伸手，指尖便能够着屋顶。屋里面支上一张单人床，仅能腾出一块勉强能做开饭的地方。在这简陋潮湿、四面透风的栖息处，他熬过了大半辈子。在胶州市买乡下，女儿的姥娘徐洪英，一个妇道人家，拉扯着孩子艰辛度日，把一男二女养育成人。

女儿的母亲有一个姐姐、一个哥哥，她是家里 3 个孩子中的老小。女儿的母亲的姐姐比女儿的母亲年长 12 岁，早些年嫁到了青岛。女儿的母亲的哥哥 30 多岁时不幸染上出血热，治疗不及时身亡。在农村长大的女儿的母亲未满 10 岁就下地干活，耽误了学业，没能念完小学。

1975 年，女儿的母亲刚刚 16 岁，虽然不够 18 岁的就业年龄，但被破格接了父亲的班，成了青岛港第二作业区第四机械队里年龄最小的操纵皮带机的电工。这个机械队还有一个工种，是岸臂吊司机，俗称"门机司机"。那时，金牌工人许振超是这个队的岸臂吊司机。女儿的母亲与许振超一个班次，班前例会总能碰面。女儿的母亲钦佩许振超，在家里常提起许振超钻研技术的事。一次，一台岸臂吊出了故障，得求上海派人来修，但上海那边迟迟没有动静，影响了"抓革命、促生产"，影响了货物吞吐量指标的完成。正在上下都束手无策的时候，许振超毛遂自荐，排除了故障。

2014 年 5 月 13 日，在"书香中国万里行"青岛首站开幕式上，许振超作为青岛产业工人的代表，女儿作为青岛教师的代表，两人碰面了。这是女儿首次见到她从小就仰慕的像门机一样高大的许振超伯伯。女儿回家说，见到许振超伯伯时，真想问问他"还记得我妈妈吗"，但女儿始终没好意思张开口，这也是女儿留下的一个缺憾。

女儿的母亲对女儿不娇惯，给她养成了多样好习惯。女儿培养儿子，酷似她母亲。女儿从小不挑食，她的儿子大器也喂啥吃啥；女儿从小自立能力强，大器刚 1 岁的时候，她就开始教他动手拿饭吃。女儿幼年学走路摔倒了，母亲从不扶她，而是让她自己爬起来。女儿跟她母亲一样，从不去扶起学走路摔倒的大器，大器很快适应了摔了跟斗自己站起来。

女儿的母亲历练幼小女儿的拗劲，就像锈死了的螺丝，无法松动。最让我不满的是每次我去扶摔倒了的女儿，都会遭到女儿的母亲断然阻拦。

我们一家三口住在上海路"洞宅"的时候，时常到附近的工人文化宫广场散步。有一次散步，兴奋的女儿跑得过快了，摔倒在坚硬的石条铺成的广场地上。这次女儿摔得痛了，哭喊起来。我急着去扶，女儿的母亲一把拽住了我，那一阵子像被她拽着了心。等到女儿哭声小了，迟缓地爬着站起来，她才松手，放我过去抱起流泪的女儿。

女儿的母亲不仅不放过女儿锻炼意志的点滴机会，而且从多方面打造女儿的自立能力。女儿上小学前，学会了做饭、洗衣服，学会了穿针引线，自己补袜子。我这里保留着一张彩色照片，上面几岁的女儿唇上挂着鼻涕水，正在穿针引线。每看到这张照片，我的鼻子就发酸。

在我家，为我的女儿学做饭，婆媳之间打过游击战。女儿的奶奶一个早晨来我家有事，正碰上女儿踏着小板凳下面条。奶奶怕孙女用煤气有危险，严词责备了女儿的母亲。女儿听到了，用行动替母亲做了辩护，给奶奶熟练地演示了开关煤气。奶奶看到小孙女娴熟的动作，虽然放下了心，但还是心疼孙女，仍然坚持以后不准孙女下厨房。女儿的母亲口头上虽然应承了，但教女儿做饭的既定方针没变，不断地与女儿的奶奶周旋。她得知哪天女儿的奶奶会来，就叫停女儿做饭的演练。女儿的奶奶应对无策，泄了气，自己找理由下了台阶说："我廉颇老矣，管不了那么多了。"

由于母亲的调教，女儿不仅学会了做家常饭，而且厨艺大增。小小年纪的她仅青岛特色食材海鲜蛤蜊，就能够做出十几种花样，成了一个小有名气的"大厨"。

那一阵子，女儿被厨艺吸引了，为之着迷，买了十几本有关烹饪的书，里面竟有一本高等学府的教材《食品工艺学》。在女儿的书堆里，看到这本书时，我惊了一跳。女儿果真要当名厨，开始钻研厨艺理论了吗？女儿曾经表示过，对厨艺高超的大厨尽是男性甚不服气，要为女性争得一个名厨的席位。

我压根儿不同意女儿要当名厨的想法，等发现了《食品工艺学》这本书后，感觉到了问题的严重性，埋怨女儿的母亲不该教女儿做饭。女儿的母亲开始配合我做女儿的工作，记不清经过多少轮的劝说，女儿才违心地放弃了厨艺的进取。

女儿乐厨的信息传进了学校里。一次，我去女儿读书的台东六路小学开家长会。在这次家长会上，班主任批评家长们惯养孩子，不仅不教孩子学做饭，连洗刷碗筷都舍不得让孩子动手。这位班主任批评完后，神色庄重地补充了一句，林打打的家长除外。

女儿的奶奶和一些亲友常背地里嘀咕女儿的母亲对孩子过于严厉。起初我赞成批评女儿的母亲的"严厉论"，但后来我想通了，对女儿的母亲的"严教法"由不情愿慢慢过渡到了坚定地支持。当我夸赞她教女有方，比我做得强，称得上合格的家教老师时，她却大不以为然，拒绝我的赞扬。她说："我小学的书本没啃完，家教这门大书，我擀面杖吹火——一窍不通。"

女儿像她的母亲一样，除了重视对孩子的能力、意志教育，尤其重视对孩子爱劳动、孝长辈的教育。

2017年夏天，山东航空产业协会的副秘书长杨侠女士去拜访女儿，女儿正在厨房里教刚满1岁的儿子大器摘菠菜。大器坐在小板凳上，小手乱揪，把菠菜拽得七长八短。

杨女士折服地说："大器还这么小，就教他动手干活，学摘菜。"

女儿说："对孩子，3岁前的教育很重要，关键是意识教育。"说到这里，女儿忽然笑起来说："民间有句俗话：'三岁不成驴，到老还是驴驹子。'大器这头小驴，等他长到3岁，我会教他给长辈端洗脚水，5岁教他下厨房。我去了胶州，还打算带他到村里老乡家学着干农活，体验体验'汗滴禾下土，粒粒皆辛苦'的艰辛。"

俗语说："从小看大，三岁看老。"

2017年12月29日那个撕心裂肺的早晨，女儿永别了没敢让待在她身边的还不满一岁半、还没有喊过一声妈妈的儿子大器。好似冥冥中有感应，女儿的儿子大器这一夜哭喊了一整宿要找妈妈，还发起了烧。在这个万箭穿心、难以诉说的早晨，在家中照看幼小孙子大器的爷爷闻听儿媳过世的噩耗，泪水难抑。这时让大器的爷爷愈加痛心的事发生了：小孙子大器突然从他的身边跑去饭桌边，顺手拿起一块抹布，又跑回来递给爷爷，让爷爷擦眼泪。此刻，才刚刚一岁半的大器怎么会知道最疼爱他的妈妈怀着对他无尽的牵挂刚刚舍他而去，怎么会知道爷爷不只是心痛他妈妈，更是为他再也得不到妈妈的疼爱而流泪？此刻，大器这么懂事的举动，怎么能不让爷爷愈加难过，怎么能不叫全天下知道大器这个举动的人动容？大器的爷爷告诉我那天大器去拿抹布让他擦眼泪的举动时，满眼含着热泪，泣不成声地说："大哥，我真看不下去了。老天爷太不公平，对这么好的孩子太残忍了。我们都在骗着这个孩子！"

降临这个世界一年多的时间里，大器在妈妈的怀抱里，跟着妈妈几乎跑遍了岛城，参加了几十场公益领读活动，已经成了小明星。他的听话和聪颖，获得了如潮的好评。大器虽然不幸，上天对他的确不公，但幼小的大器在妈妈的公益领读活动中从潜意识里得到了良好的国学滋养。大器不幸失去妈妈的遭遇，激发了那么多妈妈去关爱他，这是我小外孙不幸中的幸运；大器在幼小的年纪就沐浴、体验了丰富的社会爱心，这是他难得的幸运。我劝过大器的爷爷："大器这孩子，从很小就看出特别懂事。孩子是可怜，叫人刺心地痛，但他稚嫩的童心得到了国学的滋养、爱心的沐浴。这是对孩子最好的慰藉。我们不幸的小宝贝大器一定会早早地懂得感恩，他长大后怎样去做人，一定不会辜负妈妈对他的厚望。"

前几日，我见到了杨侠女士。她噙着泪水，给我重放了那天拜访女儿的手机录像。

苍天不公啊，女儿不能继续享受指教儿子孝长辈、爱劳动的天伦之乐了。

女儿的母亲和我是在青岛港务局工作时相识、结缘的，那时正处在"文化大革命"的尾段。

1975 年，青岛港务局第二作业区工会自办了一份油印的《海港诗刊》。

忽如一阵细雨来，滋润了干渴的田园。《海港诗刊》一时成了十里码头的香饽饽，上至机关头头，下到一线装卸工，竞相传阅，踊跃投稿。《海港诗刊》热闹了两年，1977 年春天寿终正寝。

这份稀有的文化产物《海港诗刊》，出乎我的意料，扮演了女儿的母亲和我的"月老"；散发着油印墨香的《海港诗刊》，犹如红丝线联结了我俩的心。

自 1971 年底，我就业到青岛港务局后，陆续发表了一些迎合"文化大革命"形势的所谓诗歌，其实只是上不了文学台面的字句整齐、押韵的顺口溜，但我这种杜撰政治顺口溜的本事得到了工会领导的青睐，让我获得《海港诗刊》业余主编的美衔。而我的确缺失写诗的天分，是一个名不副实的审诗主编。

下面是《青岛日报》1974 年 2 月 16 日和 1974 年 5 月 14 日两次刊登的我的两首政治时诗，差不多都是应景款式、口号腔的顺口溜，后面一首尚有点诗味：

无产阶级专政万年长

批林批孔号角响，全国人民斗志昂。

地边田头设阵地，工厂车间摆战场。

马列主义做武器，人民战争威力强。

不获全胜不收兵，无产阶级专政万年长。

（刊载于《青岛日报》1974 年 5 月 14 日。）

在"六·二六"大道上行进

——颂赤脚医生

"六·二六"指示铭记心，身背药箱为人民。

走山乡，串渔村，行医先学白求恩。

雷雨夜，闪电照路忙出诊；冰雪天，踏碎冻土留脚印。

攻禁区，挑战已身先试针；采野药，舌尝甘甜与苦辛。

"六·二六"指示村村传，党恩温暖万户心。

啊，毛主席派来的好医生，迎着路线斗争风浪向前进！

（刊载于《青岛日报》1974 年 2 月 16 日。）

女儿的母亲虽然没能念完小学，但是她不自卑、不自馁，喜欢动动笔，而且行文流利，颇富想象力。她的初衷大概是梦想成为海港女诗者"高玉宝"。她的工作是三班倒，她经常下了夜班来编辑部找我请教。日久生情，我俩自然靠得越来越近乎了。没承想，我俩亲近的事迅速成了码头的热点新闻。最初的时日，这事几乎天天上头条，影响力超过了《海港诗刊》。紧跟着，嫉妒、诽谤和挑唆的言语弹头劈头盖脸朝我俩密集击来，几乎把我俩打成蜂窝煤球。女儿的母亲所在机械四队上的一位领导几次约她严肃地谈过话，传递给她关于我的若干条莫须有的坏人坏事段子，每条段子的神话性都堪比《山海经》。我母亲原本也没看好这门亲事。她担心我俩的年纪相差了 10 多岁，认为不靠谱。那段时间，我下了班回到家，她就喋喋不休地劝我死了心、早回头。几个同学、好友知道了女儿的母亲和我的恋情，轮番举着"少女的心，秋后的云"的红牌警示我。我小个头，身材比女儿的母亲矮一截，不断有人挖苦我"武大郎"想独占花魁，把冯梦龙"三言二拍"名篇里的"卖油郎"恣意篡改为"武大郎"。

女儿的母亲是个倔丫头，"不信舌头板子能压死人"。她不惧各种高压，有股子泰山压顶不弯腰的劲头，与我的交往宁死不摆摇。

女儿的母亲与我相恋的过程，啰唆了这么多文字，言在此，意在彼。女儿的母亲与我婚姻的巨大阻力，不也意味着女儿来这个世界的阻力吗？这是女儿生命序幕里的一个坎，我自认为也是写女儿，写我坎坷颇多的女儿。

1977 年底，高考恢复，我考取了外地的学校。别离单位前，我和女儿的母亲一起观看了曾风靡一时的前南斯拉夫的电影《桥》，算是定情的纪念。历经两年的风风雨雨，在"啊！再见吧，朋友！"不畏战死的乐观旋律里，我俩最终牵手了。

1981年的春节前夕，女儿的母亲与我举行了简单婚礼，尔后我们相携去了庐山。

隆冬季节，大雪封山，上庐山的交通全部中断。我俩是碾碎了沿途的冰雪，你拽我拉，滚爬上去的。她身高腿长，爬得比我快，多次返回帮我脱离困境。

攀爬途中，经过悬崖一侧有蒋介石题字的半山亭，我俩屏住气息，紧拷着胳臂，战战兢兢地贴倚着身后的绝壁，仰视亭子的上方。在似聚若散的雪雾中，"半山亭"3个楷书大字，遮盖着厚薄不均的冰凌，似藏躲在里面已冬眠许久。

登临庐山，山顶上的雪路虽然忽地平坦，但覆盖的深雪上留满黑窟窿般的脚印——我俩不断制造着黑窟窿，来到山上牯岭镇一家小商店买吃的。店主人好奇地盯着我们两人浑身泥雪的狼狈状，不相信我们是滚爬上来的。他开玩笑说："你俩是奇袭白虎团的神兵，天上掉下来的吧？"

庐山上一片冰雕玉砌的神话般的水晶世界，满山的树木结满了晶莹剔透的冰挂，奇光纷扰。在电影《庐山恋》的拍摄地，我们自拍了纪念照。

女儿的母亲和我的这一段滚爬庐山的往事，我给女儿讲述过多次，其中惊心动魄的历险段落，女儿百听不烦。她每次听完，就爱诵背毛主席的七律《登庐山》：

> 一山飞峙大江边，跃上葱茏四百旋。
>
> 冷眼向洋看世界，热风吹雨洒江天。
>
> 云横九派浮黄鹤，浪下三吴起白烟。
>
> 陶令不知何处去，桃花源里可耕田。

女儿第一次背诵完《登庐山》，问过我："'跃上葱茏四百旋'，你和妈妈数了吗？登上庐山，有 400 多圈吗？"我回答她："'跃上葱茏四百旋'，那是搭车上山，是夸张的描写。我和你妈是驾着'11'号车上去的。"

17 年前，女儿的母亲不幸离世，一家三口说笑欢乐、和谐相依的美好日子戛然而止，一去不复返了。

1998 年，女儿的母亲患病，我正在临淄工作。这年夏天，在女儿学生时代的最后一个暑假，我安排她来临淄游玩了几天。

我给女儿充当导游，先后陪她游览了世界史上第一所大学稷下学宫，游览了东周时代的殉马坑博物馆等。我给她讲解临淄的历史亮点：临淄是战国七雄齐国的都城；稷下学宫是百家争鸣的重要舌斗地；2000 多年前，儒家的亚圣孟子来这里舌战过两次，虽然孟子赴齐没有说服齐王，但他没有丝毫怨恨，表现了一位圣贤所具有的家国天下的豁达胸襟。我提议女儿读读《孟子·公孙丑章句下》"孟子去齐"一段。

女儿平日常爱考考我。我正给她讲述在兴头上，她突然送来了问句："稷下是什么意思？"我竟然没答上来。

她嘿嘿一笑，给了我答案。她来临淄前，查阅了资料：稷是齐国都城的一个城门，学宫在稷门附近，所以称稷下学宫。一时，我被女儿考据得比我还细致的求知精神感动得无语。

在游览的路上，我问起她母亲的身体，她说母亲常咳嗽。不知何故，当时我听后，心里泛起了一种不祥的预感。

女儿回青不久，我得知女儿母亲患了重疾，急忙赶回青岛，送女儿的母亲住进青岛大学医学院附属医院，动了右肺切除大手术。

1999 年 11 月 13 日，女儿的母亲做手术那天，我的大外甥，也就是女儿的表哥阳阳，陪在我的身边。女儿的母亲手术复杂，上午 8 时上的手术台，下午5时才从手术室出来。女儿的母亲整个右肺被切除，上身插了多根软管，幸亏一米八高的阳阳在场，帮着我把女儿的母亲从推车的担架上抬上了病床。如果力气不够，触动身上的管子，会引起病人的剧痛。

把女儿的母亲抬上病床后，阳阳听说打打妹妹感冒发高烧，又到距医院60多里的李村师范学校去送药。他见了妹妹，强忍着悲痛，没有把他大舅妈的严重病情和刚做了大手术的情况告诉她。

后来，我把女儿的母亲手术那天大外甥阳阳替我、替女儿承担那么多责任的事告诉了女儿。她听后泪流难抑，只说了一句话："我要好好孝顺大姑。"

苍天不公，剥夺了女儿孝顺大姑的机会，后来反而是女儿病危，女儿的大姑拼了命来护理她。

2017年12月下旬，女儿病危，她的3个姑姑都心疼不已，哭干了眼泪。女儿的小姑为能给即将远走的侄女买上她最喜欢的传统服饰，让儿子进进开车，用了两天时间，跑遍了所有的能找到的民族服装店铺；为了给服饰配上合适的鞋，去了多家鞋店，买了3双。她二姑放下繁忙的工作，每天过来陪护。在女儿人生最后的4天4夜，大姑没有片刻离开，几乎累倒在侄女的病床边。她已经63岁了，我实在担心她再倒下，多次劝她回去睡一觉，她硬是不答应。女儿离去，她悲痛欲绝，泣不成声，撕心裂肺地呼喊，"要用自己的命换回宝贝侄女"。

2001年3月初，女儿的母亲病危，也是女儿的大姑日夜陪护，多次用手指向女儿母亲的肛门里塞止痛药。

女儿呀，你到达天堂，先要告诉妈妈，在你人生的最后4天，是大姑代替妈妈陪护了你。你的大姑对你母女俩的奉献和挚爱，你无法还报了。

女儿呀，如果有轮回，你下辈子和阳阳哥哥一起孝顺疼爱你胜过疼爱阳阳哥哥的大姑吧！

自 1999 年 9 月初女儿的母亲诊断出不治病情，我一直瞒着女儿。

2001 年 3 月 5 日是女儿母亲临终的前一天，刚到上班时间，我在医院接到了富源路小学付校长的电话。在电话里，付校长告诉我，已经安排打打去医院了，并提醒我，打打母亲的病情不能再瞒着她。女儿来到医院，我告知了女儿她母亲的病情。万没料到这一天竟是女儿的母亲生命的最后一天。若不是付校长果断准假给女儿，让她来医院见了她母亲最后一面，我会悔恨一辈子，女儿会埋怨我一辈子的。

2001 年 3 月 6 日凌晨 2 时 40 分，女儿的母亲走了。女儿母亲在走前的八九个小时，神智仍十分清醒。晚饭后，她可能有了预感，把女儿单独留下，要求其余人离开。

多年后，我试探着问女儿："妈妈给你留下了什么话？"

女儿回答道："爸爸，你听了别难过，妈妈没有提到你，只嘱咐我替她好好孝顺奶奶。"

女儿没有辜负母亲的嘱托，始终对奶奶体贴孝顺。

2013 年春天，女儿 88 岁的奶奶心血管疾病严重，住进了青岛阜新医院。女儿的叔叔安排了几家轮流陪床的时间，但女儿提出要全天候地陪伴奶奶。

女儿对奶奶周全、体贴的陪护，感动了许多人。女儿的奶奶用了两次造影药物，造成强烈的药物反应，导致严重便秘。近一个月的时间，奶奶排不出的大便，全是女儿用手一点一点抠出来的。一天，女儿学校的一位副校长来看望女儿的奶奶，女儿正弓背弯腰给奶奶抠大便。这位领导夸女儿说："你是好样的，学校的工作我替你安排，你安心地陪护奶奶吧。"

2001 年 3 月 8 日上午，女儿的母亲在百龄园墓地下葬，天气出现了异常。刚到百龄园门口的时候，一片蓝天；待下葬的人快到墓前的时候，天气骤变，大雪突至，雪花落到了人身上、相机上和女儿捧着的骨灰盒上。

百龄园的工作人员感叹第一次遇到这样突变的天气。

葬礼遇上的异常天气，让女儿感慨、惊异。她总认为，母亲不该过早地离开她，天地有感应，才出现了异常。但是，女儿没想到，她又过早去见母亲了，天地又该如何感应呢！

四　童　事

1985 年的早春，街道阴角的残雪还在等着消融。在迎春花初露嫩芽的时候，有好消息传来：女儿的姥爷在延安路东山上的那间小石头屋拆迁，在青沙路分给了一套安置房。

很快，我家搬进了五楼套二的新居。房子有 70 多平方米，宽敞明亮，紧邻太平山公园。太平山是青岛市里海拔较高的山头，登上山顶能俯瞰大半个市区。太平山公园是女儿喜欢的好去处，有宽阔柔软的山坡草地，有儿童娱乐设施。那座专为孩子设计的可以穿越攀爬的白色小山，女儿印象最深。女儿给了太平山公园一个新的命名：大白山。

搬进新居那天，亲人们前来"烧炕"，聚餐庆贺。大家正吃得高兴时，忽然停电了。我摸着黑找蜡烛，膝盖磕在了家具上，痛得倒下站不起来了，嘴里"哎哟、哎哟"喊出了声。在一片黑暗中，3 个小外甥和 1 个小侄女一齐嘿嘿地傻笑，唯独女儿突然"哇"的一声哭起来，接着"爸爸、爸爸"喊叫着我。此刻，我的眼泪涌出，连忙说"没事，没事"。我咬着牙立起来，拭干泪水，点亮了蜡烛。女儿看我没事，小脸上挂着点点泪珠又吃起来。几个姑姑抢着去给她擦干泪水，大姑还亲了她几下。女儿的举动感动了在场的亲友。

在一场快雪后，我带女儿上太平山打雪仗。我脚下一滑摔倒了，撑地的右手被雪里的玻璃碴子扎得鲜血淋漓。女儿吓得哭起来，用小手给我揩拭血迹。在去医院包扎及回家的路上，女儿一直哭泣着，眼睛都红了。回到家里，她擦着眼泪对母亲说："我再也不打雪仗了。"

女儿 3 岁时进了道口路教工幼儿园。我骑着一辆脚刹式大金鹿牌自行车接送女儿，不仅辛苦，还有潜在的交通危险。上班前，先绕道几里路送女儿；下班后，再接女儿回家。回来的路，一路上坡，车子骑不动，只好推着。遇到冬日，寒风刮得女儿小脸通红，我恨不得插上翅膀飞回家。一次，大雪纷纷扬扬，一段上坡路又陡又滑，我没扶稳车把，连人带车一并摔倒了。女儿也从车横杠上的小座椅里跟着摔了下来，浑身沾满了雪。女儿爬起来，坐在雪地上，一声没哭。她看到我虽然吃力地扶好了自行车，但手脚还灵活，没有摔伤，心安地笑了，又竖起小小的大拇指给我鼓劲："爸爸，真棒！"

1988 年清明节，女儿 6 周岁了，够了上学的年纪。为了能进重点学校台东六路小学的学区，我在安徽路的周日换房大集寻到了换房对象。小学新生报名前，我家搬进了台东六路小学学区内的丹阳路。女儿上了小学，仍惦记着太平山公园，时常要求去大白山。

我家搬到丹阳路的头一冬，下了多场大雪。一日雪霁，女儿在楼下单元门口堆了一个高高的雪人，把刚买的大围巾绕在了雪人的脖子上。第二天早晨，她要戴围巾返校，这才冷不丁想起来，围巾忘在堆的雪人脖子上了。我和女儿下楼去找，雪人已坍塌，没有了形状，围巾不翼而飞。

有一年的腊月末，朋友送了两条海捕黄花鱼，每尾一斤半多。我把一条个头稍大一点的装进塑料袋子里，吩咐女儿给奶奶送去。不久，女儿含着眼泪回来了，给奶奶的鱼没送达。在送鱼的路上，女儿的脑子都在背诗上了，到了奶奶家，才发现袋子的底部出现了一条大缝，鱼已不可知，不知漏至谁家的餐桌上了。

我逗她说："别哭了，你勤学忘鱼的精神可嘉。"

接着，我给她讲了数学家陈景润撞电线杆的故事，但女儿一句也没听进去，不住地抹眼泪。猛地，我弄清了女儿的心思，忙去厨房从冰箱里取出剩下的那条黄花鱼，套了两层塑料袋递给女儿。她拎起已经有双保险的黄花鱼，带着没擦干的泪花又去了奶奶家。

五　天　资

女儿乐意动手做手工活，还在四五岁时，曾把一个长方体的旧鞋盒子用彩纸粘贴，打扮成了一只情侣舟。女儿用硬纸壳折叠出来的男孩、女孩分别坐在舟的两端，脸对着脸在一起划桨。涂上颜色、描上眉目的男孩、女孩活灵活现。女儿的这只情侣舟，我珍存了多年，对来客显摆了多年，可惜在一次搬家时不慎丢失了。这只充满女儿童年情趣和天资的小舟，永远荡漾在我的心海里。

女儿在幼儿园是露了尖的涂鸦小画家。她的铅笔画、蜡笔画常常被老师推选到幼儿园的画廊里去展示，但我从未把女儿的画送去参加比赛。我看出来，女儿对画画的兴趣并不专一。她周围的小朋友，有的比赛拿了奖，她从未羡慕，从未要求过去参加画画比赛。有不少人劝说过我，说女儿有画画的天分，应给女儿报个画画班。我曾经动过培养女儿当画家的念头，想过找个有名望的画家教教女儿。报名学画画的事，我问过女儿，她不乐意，我就没有强求。当然，也有经济上不宽裕的因由。

女儿画画的天分偶有展现。她上初中的时候，虽没专门学过油画，但只用了几天的时间就临摹完成了荷兰后印象派画家凡·高的两幅著名画作，一幅是《夜间的咖啡馆》，一幅是《向日葵》。凡是见过这两幅画的，都不敢相信是出自没有受过专业训练的女儿的画笔。

我曾问女儿："为何画了这两幅作品？"

女儿说："我喜欢《夜间的咖啡馆》里幽静的星空和星光，喜欢《向日葵》里迸发的生命力。"

在外国的油画家群里，女儿最喜爱凡·高。她有一本十几年前买的《凡·高传》，已经翻看了不知多少遍。她钦佩凡·高的创新精神，读到凡·高的不幸命运时一度落过泪。女儿临摹凡·高画选的底本，我没有找到。我要去重购一本凡·高的画选，与女儿的藏书《凡·高传》一并摆放在女儿临摹的《夜间的咖啡馆》、《向日葵》前面。这两幅画我已经保管起来，来日选一个更合适的地方悬挂。

在传统国画大师里，女儿看重明朝的徐渭。女儿赞赏徐渭的画作所表现的"磊落不平"的画意，尤其赞赏徐渭的"舍形而悦影"强调本色的观点。这很契合女儿的"吟诵"应尊重古人、还原古诗文声音真相的本色论。

女儿有一本徐渭的画册《水墨绝唱》。我从女儿的遗画中找到女儿临摹徐渭的一幅《兰花》，原作题记"摹文与可九畹孤芳之一"。这幅《兰花》画面中的兰花枝叶散乱，有零星的小花开放，似一丛不惧山风、甘于寂寞的野兰。

徐渭号青藤道人，齐白石曾戏言"敢当青藤门下狗"。女儿谈及徐渭，会以齐白石这样的一代国画宗师甘当徐渭的一只小狗为据，辩称自己心仪徐渭自有道理。

女儿喜欢徐渭，另有一个原因，两人不仅都喜欢古琴，而且都是追求操琴意境的痴迷者。女儿搜集的琴人轶事，有一篇是徐渭原创琴曲《前后赤壁赋》的传说。徐渭每操弹此曲，懂琴的知音均能从琴音中感觉到苏东坡营造的波涛汹涌之意境。女儿每演练一首琴歌，也总像徐渭一样先反复体味琴音弦韵中的意境旨趣。

书画不分家，女儿喜爱国画，自然喜欢书法。

溥儒是晚清恭亲王奕䜣的孙子，是民国时期与张大千齐名的书画家。他事母至孝，刺血调墨书写小楷《心经》一卷，为母亲祈福。

女儿已经为亲友义务临摹了溥儒的小楷《心经》100多幅。向女儿渴求小楷《心经》的人太多，排号到了几百人。女儿预料向她讨要《心经》的人会越来越多，打算用两年时间完成500幅。女儿虽然已备购了书写《心经》的空卷，但天不遂人愿，这些破费了女儿不少积蓄的空卷只能永远永远地搁置了。那些已无法收到女儿小楷《心经》的亲友，难不失望，只能愕然感叹。

我有幸保留了两幅女儿临摹的《心经》，一幅是装裱了的卷轴，一幅是镶了框的横书。

前几日，那幅镶了框的《心经》被我不小心划破了上面的塑料薄膜，虽然只划伤了倒数第二个"蜜"字，并无大碍，但也破坏了女儿遗作的完美，令我痛悔不已。

女儿喜欢收藏，爱读著名收藏家马未都先生的博客，爱看广西卫视的《收藏马未都》。马先生养猫的爱心引起了女儿的共鸣。观复博物馆有一只周身骏黑、四爪雪白的小猫，女儿给这只小猫撰名"千里踏雪"。女儿曾妄想这只黑猫与我家养的大眼睛的小猫咪KIKI联姻，给她生下一只小黑猫仔。

"文化说事，明白做人"，这句《收藏马未都》栏目的主题语，女儿记到了心坎上。《收藏马未都》栏目不关注经济价值、重收藏文化解读的内容导向，得到了女儿的偏爱。女儿对一味哄抬价格的收藏栏目比较反感。女儿爱上吟诵后，萌生了一个想法，希望能找到有诵读题材画面的藏品，但终究没有遇到。

六　劬　劳

2017年6月18日父亲节，应青岛女企业家玫瑰联盟的邀请，女儿和山东航空产业协会副秘书长杨侠女士一起参加北海茶庄雅集。杨女士说：

"女企业家们在父亲节举办国学雅集，感恩父母。打打说儒商可敬，高兴地应允了邀请。"

在父亲节的雅集上，女儿吟诵了《诗经·小雅·蓼莪》的片段：

> 蓼蓼者莪，匪莪伊蒿。
>
> 哀哀父母，生我劬劳。
>
> 蓼蓼者莪，匪莪伊蔚。
>
> 哀哀父母，生我劳瘁。
>
> 无父何怙，无母何恃。

女儿飘然仙逝，女企业家玫瑰联盟盟主高艳艳女士闻讯泣书悼文：

打打老师春秋遗韵，气度高远。她的吟诵之法，是我见证过的最纯粹的中国文化回溯方式，一直想要好好传习。没想到生命无常，这么难得的一位文化先锋英年早逝，痛心之至！

记得10月份还相约要带孩子们去西山别院，在天台山之上饱读《诗经》，对风吟诵，而今无人可再同读，不胜唏嘘。唯愿林老师的学生，能传承其学，继续推广吟诵，使我们心里的传统留下文雅的背影，不要走得太远……

在女儿的藏书中，有一套中华书局出版的清人方玉润撰的《诗经原始》上下册。女儿在此书对《蓼莪》的评价"此诗为千古孝思绝作，尽人能识"处做了记号。

自从女儿学会吟诵《蓼莪》，每年的父亲节，女儿除了亲自下厨为我做贺节的丰盛家宴，定要面向我吟诵《蓼莪》。

"哀哀父母，生我劬劳。"2001年3月6日女儿的母亲走后，我一直未再娶。孝顺的女儿几乎承揽了洗衣、做饭、收拾房间卫生等所有的家务，即使晚上有公益课，下班后，也先匆忙回家，做好了晚饭再匆忙赶去上课。

女儿从师范毕业的那一年，专门为我学会了理发。我已经整整18年没有光顾理发馆了。女儿事情繁多，但给我理发从未耽搁。

2016年6月6日，女儿预产期的前两天，她先给我理完了发，然后才去产院。

2017年10月7日下午，女儿带病给我理完了发，才抱起孩子，打车去了胶州。我万万没料想到，这竟是女儿最后一次给我理发。

女儿最后一次给我理的发型，我祈望能冻结恒存，固执地保留了4个多月。2018年的春节后，我的头发已经像乱草丛生了。友人逼着我理了发。理发前，我请友人用手机给我拍了照。我要永久保存这张头发"荒芜"的照片，这是我余生最值得珍藏的肖像照。

2018年的清明节，女儿离世后的第一个生日纪念日，青岛的天空飘落了微雨，似为女儿致哀。

这一天，我拒绝了众多友人的好意，没有给女儿举办任何纪念仪式。

这一天，我默念女儿，度日如年，心如刀割。

这一天，无数的人在默念女儿，心如刀割。

自1982年的清明，女儿诞生，我眼看着她慢慢长大，她眼看着我慢慢变老；2018年的清明，已经远走的女儿已不能看着我继续变老，已看不到老了的我会变成什么模样，看不到我将会怎样度过弓背挂杖、踽踽而行的残年剩日，看不到孤身的我怎样忍受难熬的、日复一日的日子。这就是白发人送走黑发人的无尽无了的悲哀。

我已经明白，在普天下的芸芸众生里，不会再有女儿的位置了。这是我无法接受的悲哀。我的心底在痛泣，我的心脏在战栗，但我实在弄不明白，为什么是我承受这无法承受的悲哀？

"飘飘何所似，天地一沙鸥。"女儿呀，往后没有你的岁月，我将一直笼罩在这种悲戚、孤寂里。

贰 学路由家开起点

——绝笔忌诗隐伤感

旋 辕

笑别江南返故乡，携来奇物满船装。

一轮明月闲中得，两袖清风淡处忙。

吴水吴山偿酒债，楚花楚草入诗囊。

多情还有河边柳，一带云烟锁夕阳。

——摘自《阳谷县志》

清朝康熙年间，女儿和我久已未归的故乡聊城阳谷县出了一位令家乡亲人引以为荣的大诗人、大清官刘琰，就是上面这首诗的作者。在我的家乡阳谷地界里，刘琰的许多轶事、故闻脍炙人口、赓传不衰。诗的题目《旋辕》，是掉转车头回家的意思。

女儿幼年的时候从爷爷那里听了许多刘琰对对子的故事。女儿给上面这首耐人寻味、活泼自嘲的清官诗谱了故乡的吟诵调准谱。

一 奶 奶

女儿的奶奶生于 1925 年，中等身材，面孔端正，皱纹稀少，瞧人的眼神里含着智慧，是一个善思索、心性宽的女性。我的姥爷给她取了个男人名字——王长贵。

女儿小的时候，几乎每个周日我都要送她去奶奶、爷爷家，陪伴两位老人家。虽然女儿的奶奶、爷爷文化程度较低，但两人都接受过旧时教育，储藏了少许国学的佳酿。女儿蒙受中华传统文化的熏染，奶奶、爷爷的培育是她的起点。

在 20 世纪 20 年代末，我的姥爷王庆荣服役于上海的民国部队，升职后结婚。至今，我家里的一面墙壁上还悬挂着我姥爷、姥娘在驰名一时的上海王开照相馆拍的伉俪照。抗日战争前夕，我的姥爷认清了国民党部队的腐朽，接受了共产党为民为国的理念，秘密加入中共的地下党，不久回到故乡聊城阳谷县阿城镇，从事地下党领导的抗日联络活动。

听我母亲回忆，那时昼夕繁忙的京杭大运河旁边的故乡阿城镇是阳谷县的二衙门，即阳谷分县。当时的阿城镇交通便捷，商贾云集，佛教香火旺盛，大小庙宇有十几座。最大的寺庙在镇北，后改称"北会馆"，有牌楼、戏楼；阔大的庙宇门口有 6 尺多高的彩色木雕的哼哈二将，威风凛凛，赫然各立一侧。北会馆的后院里支着一口大铁锅，日日熬粥，供养庙里的几十名和尚及施舍周边的穷苦人。镇上的小土地爷爷庙排行末尾，仅能挤下一人磕头。

在阿城镇商业中心南北大街十字路口的临街处，我的姥爷开了一家广货铺以掩人耳目。这里是地下党的一个秘密联络点。女儿的奶奶入私塾读经，就是在我姥爷经营广货铺的这段时光。

在奶奶的启蒙课上，奶奶爱向女儿炫耀她跟着老秀才上私塾的乐事，炫耀如何熟背《上论》、《下论》，熟读《上孟》、《下孟》的能耐。奶奶仍按照她上私塾时的说法，将《论语》分成《上论》、《下论》，将《孟子》分成《上孟》、《下孟》，各分上、下两部分。

奶奶给女儿讲过，上私塾时天天要背书，因为害怕受罚，整日泡在背书里，不敢偷闲片刻。奶奶告诉女儿，背书的花样繁多，哪样背生分了，皮肉都要尝苦头，遭戒尺竹板打手掌。

每天开新篇前，要把前一天学过的背一遍，奶奶说这叫"背带书"。

然后，先生喊起一个童生，从学过的篇目里随便挑一句开头，让其接着背，这种背法叫"挑书"。每天的"挑书"最难，只有背得滚瓜烂熟，才能不论先生挑到哪一句都能稳稳地接上。学过一段时间，要把学过的书整本背下来，奶奶说这叫"背理书"。一年下来，把全年念过的书一本不落地全背过，这叫"背年书"。

奶奶特别乐意给女儿描述的是背书时的状态。背书时，要有快有慢，要拿腔捏调，奶奶所谓的"拿腔捏调"就是讲究平长仄短；背书的动作可随意，可以坐着背，可以站起来背，可以身体无拘无束地晃荡，可以尽情地摇头摆脑，但定要神情一贯、目不旁视。不背书的学童要竖起朵耳细听，但听到谁背错了，不准笑，哪个不小心"嘿嘿"笑出了声，准要挨几下戒尺狠打。

奶奶常常对女儿感叹："上私塾，咽了一肚子的《上论》、《下论》、《上孟》、《下孟》，如今肚子里没剩下几句了。'学而时习之，不亦说乎'，不会从肚皮里抖落掉的。"

在私塾课目里，奶奶说最能牵住她心的是《诗经》。奶奶郑重其事地给女儿絮叨过多次，她最喜欢《诗经》，生怕女儿忘了似的。女儿的奶奶记性好，《诗经》的《关雎》这一篇，虽然大半辈子过去了，她仍能背得顺嘴淌。

奶奶的读书调，是地道的鲁西方言阳谷调。阳谷方言缺辅音 shi，声母 sh 一般读为 f，如"说书"的"shuo shu"读成"fo fu"。奶奶爱用阳谷调吟读家乡段子，乐此不疲。她时常吟读的两个家乡经典段子是：

一、吃馍馍不 fu（熟），喝 fei（水）fei（水）不开。

二、坐在大槐 fu（树）底下，喝着 fei（水），听着 fo（说）fu（书）的。

奶奶操纵着方言声调吟读这两个段子时，一边眯着眼睛用鲁西南的阳谷腔慢条斯理、抑扬顿挫地吟读着，一边随着吟读的节奏不间歇地点头歪脑、左摆右摇。女儿的奶奶每次吟诵起来，都会兴奋得有些失控，仿佛穿越回到童年故里的私塾老学堂，那忘乎所以的神态、那笨拙老躯快活的动态，活脱脱显出一副当年的家乡小书童疯癫的样子。在旁边的女儿一边咯咯笑着，一边有模有样地仿照着奶奶的土腔和动作。每当此时，被趣味无穷的阳谷调浸泡着的这一老一小，像饮了家乡的景阳春酒，醉意蒙眬，找不着南北了。

奶奶的两个段子里，方言声调变化的趣味性、语句拿腔捏调的平仄节奏感，潜移默化地浸入女儿的骨子里。奶奶的方言段子里含有的声韵学知识，给女儿的音韵感提前开了窍。故乡方言的非凡魅力，拨动了她幼小的心弦，给她种下了挚爱多彩母语的种子。以上这些都与她喜欢上吟诵绝学存有潜在的因果关系。女儿的吟诵课上，牵扯到方言音韵学举例时，女儿奶奶的阳谷段子是女儿常常捧出来的一盘有家乡印记的招牌菜。

奶奶对女儿的音韵学启蒙，阳谷方言对女儿的浸染，还诱发了女儿对方言的强烈求索的欲望。

我家搬到丹阳路，隔壁两口子是鲁南临沂地区人。这家的女人时常来我家串门。女儿觉得邻家女主人的说话颇有趣味，总结出了这家人的口语发音缺少声母 jqx。她挑了一句歌词上的 3 个字"向前进"，告诉我说邻居阿姨肯定唱成"shang（向）chan（前）zhen（进）"。

等到一天邻家女人又过来串门时，在客厅里刚落座，我提议说："你唱一句'向前进'、'向前进'我听听吧。"

邻家女人故作不满地说："咱邻舍百家的，要埋汰俺们临沂人吗？"

我解释说："打打是'方言专家'，想探究探究。"

"唱就唱呗。"她挺挺胸背，开嗓唱道，"shang（向）chan（前）zhen（进）……"她一口气连唱了几遍才停下，自嘲地说："唱溜了嘴，打不住了。"

在卧室里写作业的女儿边听边笑出了声。

有一部电视剧把普通话台词改成了即墨方言，剧名现已记不清楚了。女儿对这部台词改编成方言的电视剧着了迷，看了一遍又一遍，痴迷上了即墨话。后来，女儿搜集了不少即墨土语段子，其中一段如下：

zhi（急）zhi（急）忙忙去赶 zhi（集），赶 zhi（集）买了一只 zhi（鸡）。zhi（急）zhi（急）忙忙去杀 zhi（鸡），杀 zhi（鸡）不 shao（小）sen（心）崩了一身 she（血），沾了俺的大 sen（新）sai（鞋）。

上面这段即墨土语的搞笑版本，女儿仿效完就乐。

女儿恋上吟诵后，对方言的研究兴趣与日渐浓，先后选购了十几本方言书籍。她对易中天《大话方言》一书里提出的"方言具有趋利性"的观点投了赞成票。她在书房墙上挤出一角地方，挂上了一张中国地域方言分布图；她的书堆里有一本 2017 年第 7 期的《中华遗产》杂志，这一期是"南腔有北调、今声似古音"的方言专辑，里面阿希雅撰写了《"普通话"是怎样炼成的》一文，女儿在其中标注了不少记号；她的《"沽河吟"吟诵公益培训计划》里，有小学生晾晒胶州方言的项目；她的吟诵专著《吟诵艺术概论》里，有不惜篇幅的方言及方言吟诵论述；她致屠岸先生的第二封信里，探析了叶嘉莹先生的吟诵调，触碰到了北京方言吟诵的问题。女儿说，方言能给音韵学提供难得的佐证，方言里面藏有语言"化石"。

女儿的方言化石观也体现在她的《吟诵艺术概论》一书中，书中列举了一句几乎家喻户晓的藏语"扎西德勒"。女儿认为，"扎西德勒"娘家不是藏语，而是属于唐代汉语的"普通话"，即河洛话正音。"扎西德勒"跟随文成公主陪嫁到了拉萨，慢慢融合进了属于同一个语系——汉藏语系的藏语。

女儿学过最难懂的闽南语吟诵，认为能从闽南语吟诵里发现更多的语言"化石"。著名的学人南帆曾这样倾情表述过闽南福州方言的吟诵情景：

福州方言音韵丰富，古意悠悠，一些老先生伸长脖子吟诵唐诗宋词，摇头晃脑，令人神往。

（摘自《人民文学》2006年第四期《戊戌年的铡刀》。）

女儿神往闽南语吟诵，神往闽南方言，阅读了大量闽南方言的资料，看到了关于"扎西德勒"的史料记载。闽南方言里的"扎西德勒"是唐朝陈元光将士远征闽南时带到现福建地域的。因为闽南僻远，所以许多唐朝正音的词语幸得留存。由于方言的趋利性，自古以降，清朝学者刘台拱所言的"王都之音最正"已成音韵学术界的公论。汉语的雅音中心最终转移到了新的政治中心，即北方京城。八九百年来，从元大都延续至今的北京，作为正音中心未再移转。以北方方言语系为正统的新正音确立后，唐代河洛话正音里的语音渐被淘汰出局，里面就可能包括"扎西德勒"。

女儿的方言化石观无疑是正确的，所举"扎西德勒"的例子是否符合语音历史变化的真相呢？这需要专家的进一步考证。但女儿的求索精神难能可贵。

女儿的幼年，奶奶教会了她背《诗经》里的《关雎》，这在她的生命里牢系了《诗经》情结。女儿的亲友、学生、粉丝无不知晓女儿最喜欢吟诵《诗经》里的篇什。女儿之所以对《诗经》挚爱，奶奶给予她的《诗经》启蒙，对她所产生的影响是首位的。《诗经》好似女儿的闺蜜，陪伴了女儿短暂的一生。女儿的藏书目录里，与《诗经》研究相关的书籍多达48本；在全国"书香万里行"在青岛的启动仪式上，女儿吟诵《诗经》里的《蒹葭》，艳惊四座；2013年女儿在山东路小学创办小荷班时，开篇吟的是《诗经》里的《木瓜》；女儿给儿子取的名字缘于《诗经》……

女儿的儿子学名叫徐凤梧，大器是乳名。卷阿是《诗经》里的名山，位于今天陕西省岐山县凤凰山南麓。当年周王出游卷阿，时人写了《卷阿》这首诗歌，歌颂并劝勉周成王礼贤下士。女儿的儿子凤梧名字源于《卷阿》如下诗句：

> 凤凰鸣矣，于彼高冈。
>
> 梧桐生矣，于彼朝阳。

在当代《诗经》研究专家学者中，女儿赞同在中央电视台《百家讲坛》举办过《诗经》讲座的北京师范大学文学院教授李山的观点。经中华书局的青年编辑白爱虎老师牵线，李山教授将所著《对话诗经》题签后委托白老师寄给了女儿一本。女儿收到书后，悉心拜读，并赋古体诗一首《致李山老师》，致谢致敬：

> 曾吟冰心在玉壶，兹日重温捧新书。
>
> 扶掖后学师恩重，求索真意文思殊。
>
> 雎鸠关鸣婚姻曲，周南邦歌京畿出。
>
> 精神四重线索明，复读元典足薪釜。

打打于抱樱斋

癸巳年九月

女儿不仅自己挚爱《诗经》、研学《诗经》，而且要求爱徒学好《诗经》。

2018年3月18日下午，我这篇文稿正写到这里，山东路小学五年级学生宝丫跟随她妈妈敲开了我家的门。

宝丫是女儿创办的小荷班里的得意弟子之一。女儿给她布置了重磅学习任务，要求她在小学毕业前熟背《诗经》中的几十首名篇。对于其中的部分经典篇目，女儿要求她除了学会女儿传授的吟诵调，还要能够自创宝丫调。

我得知了女儿和宝丫订立的学习契约，既为女儿培养爱徒的良苦用心所感动，也为宝丫如此信任女儿、跟定女儿所震动。我和宝丫的妈妈约定，宝丫学习《诗经》遇到困难，可随时找我助她。

随后，宝丫吟诵了女儿教她的《木瓜》，这是我爱听的一篇。

宝丫落落大方地立在我面前，拿腔作势、自信并情深地吟诵起来。她的嗓音、她的韵腔、她的平仄处理方法以及她的一招一式酷似女儿，我眼前即刻浮现出一个温文尔雅的小"打打"。我泪眼蒙眬，胸次澜涌。我十分欣慰，女儿的吟诵，她的小弟子传承过来了；我十分快慰，女儿对学生的用心和栽培功夫，花开溢香。

宝丫妈妈深有感触地说："5 年前宝丫认识了打打老师，是她的幸运。感谢打打老师对孩子的期望和培养。"

二　爷　爷

女儿的爷爷林继臣，生于 1917 年 11 月，矮个、清瘦、银发慈目。

女儿的爷爷少时坎坷，刚满 13 岁，因为女儿曾爷爷的家族弟兄贩枣破产，家中房屋财产悉数抵债——我们老家叫"清产"。我二堂哥因出生在家里被清产这一年，得名林清产。家中被清产，女儿的爷爷无处可去，经亲友搭桥，被远送到北京西山卧佛寺，寄养给了在寺里当方丈的已 90 余岁的林姓远亲，去的任务是伺候这个老方丈，相当于去做了一个小保姆。女儿的爷爷去侍奉的方丈辈分高，女儿的爷爷称他曾爷爷。女儿的爷爷爱学、勤快、伶俐，得到了这位银须花白的老方丈的喜欢。他引导女儿的爷爷读书求进。女儿的爷爷跟着这位老方丈学到了诸多儒释道知识，听他讲述了诸多故乡聊城流传的故事。

1937 年，"卢沟桥"事变前夕，老方丈圆寂，女儿 19 岁的爷爷惜别了西山卧佛寺。1945 年，女儿的爷爷在家乡阿城成婚，1947 年只身移民青岛来谋生。

女儿 3 岁前，斗大的字识不了一箩筐的时候，爷爷便教给她天干地支，教给她西山卧佛寺佛身之上乾隆皇帝的牌匾题字"得大自在",引领她背"甲乙丙丁戊己庚辛"和"子丑寅卯辰巳午未"。

女儿的爷爷善说故事,是女儿心中的故事大王。女儿的爷爷最爱讲家乡聊城大文豪刘琰的故事,没有腻口的时候。刘琰故事里的《声律启蒙》,磁石般地吸引住了女儿。她虽已听得耳朵欲起茧子,非但不烦,反而见了爷爷就缠着讲刘琰,不让爷爷消停。爷孙两代人的代沟荡然无存,用青岛土语评说,真是"对了撇子"。

女儿怀孕后,念叨过多遍,等孩子出生后,要将刘琰故事里精彩的声律对偶天天灌给小宝宝。在《声律启蒙》亲子吟诵课上,女儿不厌其烦地强调的教条是:"给孩子从小播下母语的声律、对偶的种子,一生受益。"

2015年,女儿被推荐为青岛市全民阅读名人领读人,向全市推荐了4本书,其中一本是清朝车万育编撰的《声律启蒙》。多年来,她举办的吟诵公益课中,亲子吟诵《声律启蒙》几乎占了一半的课时量,有几千小时。每当谈起《声律启蒙》,她必告知别人,是爷爷在她小的时候把母语声律、对偶的种子播种到她心田里的。

女儿的爷爷故事里的刘琰,饱读诗书,善于对对子。刘琰对的对子机智精巧、妙趣横生。刘琰卓荦可人的3段对对子的故事,女儿说任挑一段都可媲美奶奶的方言段子秀:

一、清康熙时代,刘琰去济南府应试举人。他晚去了一天,懊丧返家,路经黄河渡口洛口,看到一个人来回徘徊,口中念念有词:

依山石,挺硬稀烂。

依山石是当时黄河边上一座风化程度很高的小山丘。刘琰仔细听了这人念叨的词句后,感觉是在求对句,就对了一句:

黄河水,滚开冰凉。

这个出上句的人是正在民间寻觅才子的康熙。他认可了刘琰的对句,亲驾济南府加试，御点刘琰中第。

二、有一年，刘琰任江南主考官，考生不服，聚众闹事。一位胆大的跳了出来，向刘琰挑战对对子，并出了上句：

多山多水多秀才。

刘琰听后开怀大笑，对出下句：

一山（泰山）一水（黄河）一圣人（孔子）。

2018 年 6 月，上合组织青岛峰会的烟火晚会总导演张艺谋在晚会开始前接受记者采访，谈到齐鲁文化时，便引用了这句对联。

三、康熙录用刘琰，满朝文武不服气。一日早朝，康熙突然考对对子，出了上句：

十字街头听梆声，梆得（dei）梆得（dei）梆梆得（dei）。

此时，御阶下无人应对。皇帝大喝一声："刘琰，你对！"刘琰瞬时对出了下句：

金銮殿下呼万岁，万岁万岁万万岁。

这副拍皇帝马屁的巧对，镇服了所有朝臣。

女儿从小至大念念不忘爷爷故事里的刘琰对句，她在母语声律修养过程中深深体会到了孩提时代声律启蒙的重要性。她经常以自己为案例，劝说家长、学生重视人生的启蒙机会。这是女儿对家长及其孩子由衷的期望。这个期望，在她向全市推荐了《声律启蒙》后愈加强烈了。

女儿敬佩刘琰的清廉，准备把刘琰的诗作《旋辕》编入她的普通话吟诵教程中，并计划谱上两种准谱，一种阳谷方言传统土调，一种普通话吟诵新调。

近年来，她的声律启蒙课获得了良好的口碑。每逢节假日，岛城的许多家庭重复播放女儿《声律启蒙》的吟诵录音，作为孩子的假日功课。青岛城阳夏庄一个社区的"欢乐大家庭"公益组织经常组织这个大家庭的小成员学习女儿的《声律启蒙》吟诵调。青岛林打打吟诵志愿者团队的回族人马冬梅女士说，打打老师的《声律启蒙》吟诵调，她就是在录音里学会的，在公交车上学熟练的。

2003 年春节后，女儿的爷爷过世了。女儿时常感伤，爷爷没有看到给长孙女播下的声律、对偶种子已结出甘果。

自 2011 年，每逢清明节和女儿的爷爷的祭日，学会了吟诵的女儿去给爷爷祭扫，必定肃立在爷爷墓前，低声地吟诵几遍刘琰的《旋辕》给爷爷听。

往后，女儿的爷爷的祭日和清明节，再也听不到女儿吟诵《旋辕》时的凄楚声调了，但女儿献给爷爷的吟诵，装在了我的心里。我会替女儿带到她爷爷的墓前，她的爷爷会听到的，她的爷爷墓周边的苍松翠柏会听到的。在女儿的爷爷墓地旁的那个幽静山谷，女儿的吟诵会久传不绝。

人生难测，女儿的儿子大器长大懂事后，听不到妈妈给他讲刘琰的故事了，但我已把刘琰的几段对仗故事写进这本书里，大器将来一定会读到，一定会像妈妈一样喜欢刘琰，学会刘琰的对句和诗词；他会感恩曾外祖父给他妈妈讲述了这么精彩的饱含国学母乳的故里故事。

三　父　亲

女儿小时候，她的奶奶和爷爷夯实了女儿国学启蒙的起点，功不可没。我年轻的时候愿意练习写点东西，虽然没有写出像样的作品，但写作能力不断提高。从女儿出生到她小学毕业期间，我先在一所中学做语文老师，后调到一所职工干部学校继续教授语文课。这为女儿听说读写的语文素养启蒙教育创造了良好条件。

女儿 3 岁左右，我开始教她学儿歌。20 世纪，金近时称"儿歌创作南霸天"。我教女儿的第一首儿歌就是金近的《星星》，至今记忆犹新：

> 天上星星，眨眨眼睛。
>
> 哪颗最亮，就在北京。

金近笔触非凡，使我心折。这首儿歌创造了美好的意境，从真实的星星联想到象征的星星，诗中星星意象的跳跃性调动了孩子的想象力。女儿听了第一遍《星星》，提出要去北京看星星。

女儿喜欢童年时代初读的这首儿歌《星星》，试探着给《星星》谱了普通话吟诵准调，其旋律、节奏类似之前谱过的《汉乐府·江南》，既活泼、明朗，又富有传统古典音乐的味道。

女儿对四言作品尤感兴趣，与四言儿歌《星星》对她的文学开蒙不无关系。女儿读了若干四言的古今作品，最钟情的是四言几乎贯穿全卷的《诗经》。女儿读过的古今四言佳作，对她后来的写作影响明显。女儿创作的《道德讲堂堂歌》、《喜迎十八大吟诵歌》都是四言的。女儿精心打磨多年、齐言翻译的《千字文》也是四言的。

女儿四言翻译的《千字文》共 1000 句、4000 字，ang 韵到底，难度很大。

下面是《千字文》原作开头的一部分：

> 天地玄黄，宇宙洪荒。日月盈昃，辰宿列张。
>
> 寒来暑往，秋收冬藏。闰余成岁，律吕调阳。

下面是女儿《千字文》开头部分的四言译文：

> 太古时代，回头遥望。天地杂色，混沌迷茫。
>
> 宇宙浩大，无边无疆。孕育生命，人类登场。
>
> 日出日落，披戴霞光。月缺月圆，云遮雾挡。
>
> 星辰排列，无数多样。夜空银河，织女牛郎。
>
> 严寒酷暑，循环来往。冷雪热雨，梅艳荷芳。
>
> 秋天收获，颗粒归仓。细米白面，冬日储藏。

闰年时差，闰月补上。农历纪年，精妙非常。

六律六吕，十二音章。章月相对，调节阴阳。

我二十几岁喜欢上了儿歌。1971 年 6 月 1 日《青岛日报》副刊刊登了我的第一首儿歌《看大船》。《青岛日报》副刊刊登我的《看大船》那天，同版刊有已故著名儿歌作家、青岛第三十中学的朱晋杰老师的一篇作品《我们的朋友遍天下》。由同版登诗结缘，我结识了朱老师。虽然和他的往来只有几次，但我获教匪浅。

当年冬天的一个晚上，我到住在兴安路的朱老师家中拜访。他盘坐于床上，裹着被子正在写作。他建议我多读些耐嚼的老童谣，并向我推荐了几首，其中有一首是北京地区的民谣：

风来了，雨来了。

姥姥背着鼓来了。

朱老师说："这老民谣，越嚼越香，等有了孩子，是绝顶育子教材。"

十几年后，我把这首老民谣读给女儿听，只一遍女儿便记住了。

我考问女儿："风来了，雨来了。下面为什么不说雷来了？"

女儿反戈一击，考起了我："风来了，雨来了。为什么不说奶奶背着鼓来了？"

我哑口无言，卡了壳还要面子，搪塞说："我有事，你玩去吧。"

女儿再也没有追问过我。

2015 年暑假的一天，女儿请我到大拇指商城的特色餐街吃晚餐。大拇指商城顶层有一家设有读者茶座的新式书店。餐后，女儿和我去逛这家格调新颖的书店。

书店不大，只有十几个书架。在一个书架前，我聚精会神地浏览。不大会儿，女儿拿过来一本书，满意的神情非同往常。女儿先用书挡住我的眼睛，接着把书来回晃了几下，几乎让我眼花缭乱。女儿又把书在我眼前转了一圈，才善罢甘休喊道："停。"

女儿虽然三十好几了，仍常在我面前撒撒娇，逗我的花样繁多。尤其是购得了好书，她难以自掩欢喜，必逗我共享。

女儿说这本书是店老板替朋友代卖的，是杰出散文家朱自清民国时期的著名讲义《中国歌谣》的新版。女儿给我翻开了书，封皮勒口上印了一幅国画《牧牛图》。画中一个吹着短笛的牧童行走在一棵大树前，一头摆起尾巴的黑牛在牧童的前面，在牧童和黑牛的留白处，竖排了两首民谣。其中一首是：

> 风来了，雨来了。
>
> 姥姥背着鼓来了。

这首曾经考倒了老爸的历久不朽的老童谣，女儿不期而遇，能不亢奋吗？

女儿读懂儿歌后，我试探着教女儿练习写儿歌，最成功的有两首。

夏季的一日，女儿的母亲带她买回一个特别圆的大西瓜。女儿的母亲说："这么圆的西瓜，头回见。"

女儿的母亲开瓜前，我拍了拍西瓜，提议编首写实的儿歌《圆圆的大西瓜》。

我瞅着女儿说："我先起个头，你听好：'大西瓜，圆又圆。'"

女儿表情茫然，我点拨她："皮儿啥颜色？"

这时，女儿没加思考，顺口接上了："皮儿绿。"

我鼓励她说："接得好。"又问她："瓤儿啥味道？"

女儿跟得颇快："瓤儿甜。"

我紧接着问："黑黑的瓜子在哪儿？"

女儿回答得特带劲："在里边。"

我把词连起来，领着女儿连读了几遍：

大西瓜，圆又圆，

皮儿绿，瓤儿甜，

黑黑的瓜子，

在里边。

瞅着女儿聪慧、活泼的样子，女儿的母亲在一旁喜得合不拢嘴。忽而，她又板起了面孔，向女儿和我下了命令："都不准念了，吃瓜。"

有一年的寒冬，屋里还没有开通暖气，女儿的小脸冻得红红的，晚上睡觉时被窝里冷冷的。

一天晚上，女儿的母亲尚未下中班。睡觉前，外面扬起了大雪。我想借雪夜题材教女儿练习写一首劝孝的儿歌。

我铺好被褥，女儿坐在被子边，眼睛瞪着我，等着我出招。

我起了头："大雪花，一朵朵。"然后我启发她："外边的小猫冻得怎么样了？"

女儿心疼外面的小猫，噘起了小嘴，不情愿地扔出一句："小猫冻得打哆嗦。"

我接着说了下一句："打打女儿真孝顺。"然后，我指指铺好的被子，启发她："打打会做什么？"

女儿好乖，好机灵，接得利落："要给爸爸暖被窝。"

我说："棒极了。"

这时，外面小猫挨冻的事，女儿才放下了，脸色由阴转晴，咧嘴开笑了，显露出两排洁白的小牙齿。

外面的雪还在不住地下着，我在被窝里给女儿讲了《三字经》里黄香给父母暖床的故事。女儿做了小学老师后，黄香是女儿必讲给学生听的孝子榜样。她有时配上与老爸原创的《暖被窝》读给学生听，只是做了少许的改动：

大雪花，一朵朵，小猫冻得打哆嗦。

宝贝儿女学黄香，要给爸妈暖被窝。

已故的青岛籍著名儿童诗人刘饶民先生出版了十几部孩子们喜爱的诗集。我给女儿读了他多首蜚声海内外的著名儿童诗，如活泼快乐的《春雨》、描述大海宽阔胸襟的《大海，我问你》等，女儿都听得津津有味。

女儿学过了《大海，我问你》，我有意带她来到青岛栈桥一侧的海边，让她体验"去问大海"。她踩着细软的金沙粒，迎着眼边碧蓝的大海，用快乐甜蜜、清脆敞亮的童音大胆地呼喊：

大海，大海，我问你，你为什么这么蓝？

大海，大海，告诉我，我的怀里抱着天。

大海，大海，我问你，你为什么这么咸？

大海，大海，告诉我，渔民伯伯流了汗。

近30年过去了，我已经记不清女儿呼喊大海的声音了，但我万万没想到，女儿这么年轻就永别了我，永别了她喜欢的大海。我梦想时光能够倒流，某一天我来到海边，能重逢女儿，再听她呼喊大海，呼喊《大海，我问你》。

我给小时候的女儿朗读过刘饶民先生的《沽河三唱》。这首诗不是儿歌，女儿当时听得似懂非懂，但她记住了我的解释："大沽河，是青岛的母亲河。"这是我给她读这首诗的真正用意。

自从女儿知道了大沽河是青岛的母亲河，她的内心便系上了沽河情结。大沽河牵动了女儿久远的情怀。

2016年深秋，女儿毅然请调胶州市，准备在胶州起步，推广她酝酿许久的冠名"沽河吟"的公益吟诵培训计划。

女儿魂牵梦绕的大沽河，是她要创立的有胶州印记的"沽河吟"公益吟诵品牌的地方，但谁会想到，凝结着她深厚的期冀的"沽河吟"培训计划竟成了她的绝唱？

1988 年，女儿上小学了。那一年，我请求调到台东干部职工学校，因为该校不需坐班，自由支配的时间宽裕，这给我接送女儿上学提供了便利。每天上下午，我共 4 趟接送女儿，雨雪无阻，持续了 6 年，以致一些老师和家长误会我是一名社会闲杂人员。

每天的上学路，我和女儿约定背诵唐诗宋词，上学路成了女儿的"马路课堂"。以前有一篇著名的短篇小说《路考》，我模仿这篇小说的名字，背"马路课堂"的学法包装一番，美其名曰"路教"。坚持了 6 年的小学"路教"，女儿熟背了多少首唐诗宋词，女儿和我谁也记不清了。

"温柔敦厚，诗教也。"中华古典好诗词涵养了女儿丰富的学识和高尚的修为。

后来，"路教"成了我家的优良传统，女儿称我为她的终身教授。女儿开车时，只要我坐上副驾驶位置，后排没坐别人，"路教"便开始了。我俩外出，火车、巴士上都是"路教"的课堂。

在我们家里，女儿乐意捧捧我这个终身教授；在家外面，女儿乐意推介我这个终身教授。

我是著名逻辑学家陈梦麟教授的学生。陈教授是国家图书馆馆长、国学大儒任继愈先生带出的研究生，著有《墨辩逻辑学》等大作。女儿认为我得了陈教授逻辑学的真传，而且女儿见识过陈教授送给我的《墨辩逻辑学》一书。在家里，女儿有时低封我为她的"逻辑师爷"，有时高抬我是"逻辑大师"。她每每写完一篇文章，总要乖乖地送到我面前，虔诚地请我给她把把文字表达上的逻辑关。

2017 年春天的一个下午，《半岛都市报》的融媒体总监栾墨青女士去女儿古色古香的茶室拜访她，恰巧我去找女儿，遇上了她俩的兴会。女儿笑嘻嘻地向栾女士介绍我："这是我老爸，我的终身教授。"栾女士看出我有点不好意思，立刻跟上了话："林伯伯，听打打说过，您是她合格的终身教授。"

这次在茶室里，听到女儿称我是她合格的终身教授，认可我对她学养提升的指教，比获得任何高贵的名号都令我感到骄傲。这是优秀的女儿对我最崇高的致敬。

四　忌　诗

女儿爱读诗词，爱吟诗词，有时也写诗词。她在短短的 36 年人生中，零零星星写了几十首古典诗词。女儿写了诗词都会送给我看。她诗词的基调，总是乐观向上、充满激情。但她生前写的最后一首，我读后却如饮了诀别酒，已是我不忍重读的忌诗：

清平乐　春日感怀

丙申年四月二十七日

小雅书社，青岛国学学会姜副会长以《春日感怀》命题，可诗词、可书画。予填词一首。

好春已半，落红惹人叹。

年年光景皆短暂，无奈垂襟惜惋。

窗外绿意渐浓，山峦层叠朦茸。

柳曼莺啼香雨，遍寻佳人春风。

这首词是女儿的绝笔，弥漫着隐隐的伤感。

难道女儿预感到不幸，改变了往日的诗风？

难道冥冥之中有命运的暗示吗？

在 1980 年出版的中国现代著名诗人冯至的《冯至诗选》中，有两首悼念 27 岁就英年早逝的散文家梁遇春的诗《给亡友梁遇春》。其中一首诗里说："有些老年人好像跟死断绝了关联，反而在青年身上却潜伏着预感。"诗的最后两行写道：

> 你像是一个灿烂的春，
>
> 沉在夜里，宁静而黑暗。

诗人曾这样解释这首诗："我把他安排在一个春夜里，是幻想着他仍然存在。"

我深信了冯至的诗，并笃定地认为，女儿的《春日感怀》预感了自己的不幸。在我的心中，女儿永远是一个灿烂的春，我幻想着她"仍然存在"。

"路上有风景，家中有笑声。"——女儿十分喜欢一位作家这样描写的美好人生路。

但是，苍天，不公！

这样美好的人生路，为什么我风华正茂的宝贝女儿却不能走得离她的人生起点再远一点，再远一点？……

今日爱女成永诀

——又逢除夕再如何

> 彼采葛兮，一日不见，如三月兮！
>
> 彼采萧兮，一日不见，如三秋兮！
>
> 彼采艾兮，一日不见，如三岁兮！
>
> ——《诗经·采葛》

《诗经·采葛》一篇，是"千古怀友佳章"。诗人将《采葛》中出现的3种植物排列铺陈，递进起兴，以之表达了强烈的怀念之情。

女儿喜爱《诗经》，这首《采葛》是女儿经常吟诵的一首。

一 转 移

2002年的除夕夜，女儿和我在上海度过。在黄浦江畔，在辞旧迎新的爆竹声中，女儿接通了青岛的电话，给奶奶送去新春的祝福。诀别母亲不到一年，情绪基本恢复常态的女儿泪花盈眶，柔情慢语地给奶奶朗诵了《诗经》中的《采葛》。那时，女儿尚不识何为吟诵。

这是女儿在外地度过的第一个除夕。

2001年3月6日，女儿的母亲去世。在哭声一片的离别现场，悲痛难抑的女儿捧起燃尽纸钱的滚烫的火盆，没有按习俗往地上摔，而是突然猛地扣到自己头上。她身边的几个人慌忙把女儿抱到车上，送往医院。我已不知所措，瘫倒在地上。送女儿去医院回来的亲友告诉我，女儿头上的烫伤不甚严重，幸亏只伤着了表皮，烫起几个火泡，我悬挂的心才落了地。

女儿从医院回到家，依旧神思恍惚、郁郁寡言，成天脸上见不到一抹笑意。女儿的母亲在世时,全家在胶州洋河"石"景区内拍了一张合影彩照。女儿把这张全家合影冲洗了一张一寸大小的照片,镶嵌在一个淡蓝色的精致的塑料小镜框里,一只塑料材质的小狗驮着这个小镜框在"前行"。女儿选这个镜框,有象征的寓意:女儿属狗,那只小狗象征着她永远驮着一家人幸福地前行。这个小镜框,女儿长年累月地摆放在她的手提电脑旁,走到哪里摆放到哪里。

女儿远走了,我已把这个不寻常的镶嵌着全家合影的小相框含泪摆在写作的电脑旁边。我伏案泪撰此文,一次又一次地忍不住"搁笔",去凝视照片里远去了的女儿。她戴着圆形红帽,笑得那么开心,甜蜜地依偎在妈妈和我的中间。

我难以置信,为什么快乐的女儿急着去了她母亲那边?为什么天地间只剩下一个活着的孤零零的我?

我一次又一次不自禁地责问苍天,为什么夺走了我贤惠的妻子,又夺走我的宝贝女儿?

我一次又一次地怒怼苍天,我实在背负不动失去了爱妻又失去爱女的疼痛!

2002年的除夕将临,这是女儿失去母亲的第一个除夕。女儿的奶奶终日忧心忡忡,恐怕孙女在家中度除夕、过年会睹物思母,悲伤过度会伤害身体。

老人家最后有了主意,想到要给孙女转移个地方,度过2002年的除夕,希望帮孙女迈过这个坎。在孙女放寒假前,她提前联系好了上海的小妹妹,让女儿和我去她小妹妹家过春节。

临出发时,她老人家再三叮嘱女儿和我,春节过后一定顺便多去南方几个地方转转,散散心。

二 绍 兴

2002 年农历正月初二，女儿和我告辞了她小姨奶奶一家，别离上海，坐上了南行的火车，第一站先去了绍兴。那里有女儿向往的鲁迅、秋瑾，是王羲之和徐渭生活过的故地。

薄暮时分，女儿和我到了绍兴。东来南去的街路上，行人稀少，处处燃亮了红灯笼。零星的爆竹声在身前背后冷不防地"噼啪"震响。

在鲁迅纪念馆附近，女儿和我找到一家小饭馆。一身绍兴粗布衣饰的中年老板娘笑脸迎上，问打哪儿来的。听说是青岛来客，她围绕大海的话题，饶有兴趣地问这问那。女儿听了老板娘的推荐，选了两款当地风味菜，一盘"孔乙己"吃过的茴香豆，一盘西施家乡诸暨的梅菜扣腊肉，另加鸡蛋汤和米饭。这两道菜的味道怪怪的，我没吞咽几口，便停了筷子。女儿蹙起眉头，勉强多吃了一些。结完餐费，老板娘主动地介绍了一家小旅馆，并三番五次地游说这家旅馆如何实惠。女儿和我照她指的方向走，第一个路口拐弯即到。已经若干年过去了，现在，小旅馆的具体方位我早忘到了脑后，记不清楚了。

次日清晨，天气阴冷，有冻手冻耳的感觉。上午 9 时许，女儿和我进了鲁迅纪念馆，大半天没见着别的参观者，诸个观光点一概空闲。

在空荡、清冷的气氛里，女儿和我在百草园度过了好长的光阴。偌大的园子里，只有女儿和我，别无他人光顾。环顾四处，的的确确如鲁迅大先生所叙写的："冬天的百草园比较的无味。"女儿俏皮地说，夏日的饿虫们吞噬了园子里整年的味道。但甚是无味的百草园丝毫没有减淡女儿的兴致。她拉扯着我在园子的几条泥径上转悠、徘徊。她边拉扯着我边发问，似不哑火的连珠炮，诸如："盘绕在墙上的枯了的枝是何首乌藤和木莲藤的吗？""鲁迅大先生童年捕鸟的位置在哪儿？""'张飞鸟'能幸运见着吗?"

女儿寻来一根短枝,走到一处溅满泥点子的白墙侧,驻足,蹲下,俯首,开挖。在紧贴着墙根处的一大溜皱皱褶褶的灰黑色的烂泥巴里,女儿一门心思地挖来掘去、掘去挖来,她是执意要掘掘出鲁迅大先生童年寻觅百虫的那种感觉。我给她抓拍了各样掘挖泥土的照片。女儿掘挖完,待要离开百草园时,动情地依偎着园子出口的月亮门,挺举起光秃秃的那根短枝,向着我摇了摇,上面好像挑着鲁迅大先生掘挖出虫子来的快感。我给她连拍了几张,她这才余兴未尽地扔掉短枝,携我离别百草园。

从鲁迅纪念馆前门出来,又来到大街上。

女儿对我说:"老爸,街道这么宽,以前的老路肯定不是这样的吧?"

我说:"这是新改造过的路。当年鲁迅大先生扎着小辫子从百草园到三味书屋走的路,只能去书本里找了。"

女儿问:"哪本书里能找到?"

我说:"《鲁迅的故家》,二先生周作人著述的。在这本书中有对鲁迅故居门前旧路的描写。"

远远近近传来爆竹声,女儿和我穿过大街,沿着对面粉墙黛瓦的房子,依照打听来的路径,踏着遍地的爆竹尸屑向东疾行,经过一座石板小桥,十分顺当地寻到了"三味书屋",正如《从百草园到三味书屋》所记:"出门向东,不上半里,走过一道石桥,便是我的先生的家了。"

之前,女儿和我沟通了"三味"何意。我查过三味书屋的资料,书屋内的两个屋柱上悬挂着一副抱对,上联"至乐无声唯孝悌,太羹有味是诗书",把诗书喻为佳肴美味。因此,"三味书屋"中的"三味",不是佛家所指的"三味"。女儿点头称是。

奔"三味书屋"的路上,女儿说等一会进了书屋,要坐热了板凳,多回味回味"风声,雨声,读书声",多回味回味往昔私塾读书的光景。短短的途中，女儿问了我几次：为什么私塾啃经的辛苦，有人偏说成是陈腐滋味？

路上遇到一个挑担子的卖黑毡鸭舌帽的小贩。他卖的毡帽有一个耐人寻味的名字——"闰土帽"，借了鲁迅短篇名作《故乡》中人物闰土的名字。我招呼他卸下挑担，蹲下挑选了两顶，递给女儿。我付钱的工夫，女儿调皮地在我的头上扣了一顶，然后咻咻地笑着，给自己扣上另一顶。

回青岛后，这两顶乌黑的润土毡帽归入了我家的民俗藏品，或有亲友借用作拍照的道具。读过鲁迅《故乡》的，爱戴上闰土帽留个影，释放一种说不清楚的怀旧感觉。女儿见到过我的文友甚至先戴上闰土帽，然后想象着模仿《故乡》里老了的闰土给"鲁迅老爷"摘帽鞠躬的样子。闰土是鲁迅大先生小时候两无猜忌的玩伴，成人后再相见，却对鲁迅先生行起了鞠躬大礼。女儿对鲁迅大先生笔下闰土鞠躬的微妙的细节描写很感兴趣，我"照本宣科"地按照一些评论家的分析向她解释过。这个细节是鲁迅大先生的大手笔，就像《阿Q正传》中阿Q嫌吴妈脚大的细节一样，微中见著，含有深意。闰土的这一躬，十分形象、经典地写出了草根农民闰土和知识精英大先生之间两个阶层已产生的时代隔膜。这是鲁迅大先生不愿意看到的。

三味书屋到了，女儿和我迎头吃了闭门羹。虽然乌黑高竖的两页旧门扇敞开着，但门框下方横插着一具褪了色的遍体斑驳、脱落漆痕的黑挡板，有半个人身子那么高，挡住了欲进书屋的人。在门框右侧墙壁的上方贴着一张刺眼的小告示，白底黑字：

非请勿入。

已届中午，四围静悄悄，没见着工作人员，他们大概用餐去了，也没瞧见别的游客。女儿品尝私塾里读书的旧味心切，毫不迟疑，灵巧地翻越过高高的黑门槛，成了书屋里的人。

在较宽敞的三味书屋里面，女儿的目光在一张张书桌上疾速掠过，觅到了那张刻着一寸见方的"早"字的桌子。这个"早"字，是鲁迅大先生在这儿读书时的杰作；这个"早"字，蕴含的味道难以解读清楚。女儿弓背垂首，注视良久，目光恋恋不舍地不肯从"早"字上移走。我在外面着急地催促他："抓紧，拍个照。"她这才到了高悬着的《三味书屋》的大匾下，在镶着书屋的主人寿镜吾老先生画像的相框前面，坐到一张八仙方桌的后面，摆好姿势，向我做出快拍的手势。

拍完照，女儿从书屋里翻越出来，肃然敛笑。她恭恭敬敬地立正在书屋门前正中央，面向着三味书屋里的匾额，弯下腰深深地敬致了一躬。刚才我放纵了女儿的莽撞，女儿这虔诚作歉的一躬，减削了我心中的忐忑。

在三味书屋里拍的照片冲洗出来，可能有曝光的原因，有一张彰显出神景。三味书屋里，似从外面飞入一抹红霞，着意地挂落在女儿的身旁。微笑着的女儿，恰如融进了立体的焰红幕景。此刻，女儿头顶黑色闰土帽，身着猩红色皮毛外套，一副中洋乱搭的装束，显得分外活泼、率真。

这是一张珍贵的神照，将来留传给长大的外孙大器，他定会惊叹妈妈身后飞来的红霞，会感叹妈妈就是个神奇的人。

在绍兴的第三日，女儿和我瞻仰了秋瑾故居。秋瑾32岁时，因反清起义失败，在绍兴古轩亭口的十字街被杀，英勇就义。女儿抹泪惋惜，但女儿怎么会想到，自己未来的生命在人世间的驻留，仅仅比她敬仰的秋瑾多了3个春秋？

青岛市作家协会秘书长章芳女士说，女儿用两个18年，干了3个18年的工作，有巾帼英雄气。虽然女儿远比不上秋瑾烈士那样伟大，但她有活得精彩之处。所以，她的离去才使得那么多人思她、念她、痛她、惜她——思念她的感人至深的美德，痛惜她的英年早逝。

秋瑾故居有一间十多平方米的反清志士开会的密室，里面有一张靠东墙的半桌、几把椅凳，皆老旧不堪。进了这样狭小逼仄的密室，容易拉近心理的尺度，适合密会时悄悄耳语。东面的墙上挂着一个玻璃面相框，玻璃的后面是秋瑾的半身黑白肖像照。秋瑾身披黑色斗篷，一脸冷毅，目光炯炯，右手紧握着一把寒光四射的匕首，横亘在胸前，凝聚着一种逼人退缩的无限力量。这张秋瑾的照片吸住了女儿的目光。秋瑾照片左侧有一个稍小的玻璃面相框，镶着落款孙文即中山先生遒劲的行书题字——"巾帼英雄"。密室里谢绝拍照，女儿悻悻地出来了。

女儿读过鲁迅先生的小说《药》，照她的理解，小说里面人血馒头上的鲜血是秋瑾烈士的。我说小说纯属虚构。女儿以不容置疑的口气反驳道："鲁迅笔下的夏瑜，暗喻的就是秋瑾。"

鲁迅大先生在《药》的结尾处写道，荒草离离的夏瑜的坟上有人插花。这表明黑暗中的中国人惦记着烈士。因为这样的结尾，女儿和我都对作者鲁迅大先生深表敬意。

回到青岛，女儿见了奶奶说："这次去绍兴，印象最深的就是持握雪亮匕首的秋瑾。"

在绍兴的第四天，女儿和我费了一个整日，走马观花地游逛了徐渭的故居青藤书屋以及兰亭、禹陵、鉴湖，临近傍晚才从鲁镇水路往回返。

在残阳的余晖里，在鲁镇水塘边的码头，一个年老的船家招呼女儿和我上他的乌篷船。我自作明白地问船家："你这小船就是'脚划式'的吗？"他说绍兴的乌篷船都是"脚划式"的，他的乌篷船是最小号的"脚划式"的，价格最便宜。

女儿和我信了他，稍盯了一会儿轻飘飘的像是浮在水上的小舟，才提心吊胆地迈上船。小船有4米多长，两个窄窄的弧形的乌篷顺着船身扣罩在船的中部。1米左右高的篷舱里，没有坐具，地铺上铺满用蔺草编织的黄中泛绿的草席，席面几乎与篷舱外的船沿、河面在一个水平面上。从远处看，这两个乌篷就像扣在水面上。乌篷船的前后两头都仅能站立一个人。橹桨在船尾位置，船家在那里摇。挤坐在篷舱里的舟客，偶或瞥一眼拱门形状的后篷舱口，只能瞥见挡在那里的船家的屁股在扭动。在前后两个低矮狭窄的篷舱地铺上，拥拥挤挤勉强能容下 4 个人，篷舱里装下两三人尚能自由动动，若硬塞进 4 个大男女，几近于用绳子捆绑起来般紧密。女儿和我拥挤地坐在窄窄的后篷舱地铺的席子上，如果头皮向上稍稍移动三四指，即可与乌篷舱顶的竹篾制材相摩擦。我端坐在这小舟上，暗自寻思：指不定哪日，此处谁走了神，一不小心猛直立时，此人的头定会给舱篷戳个窟窿，并伤了自己的脑袋。这样的插曲从前是否发生过，难以知晓，但愿这只是因我的想象而生出来的"替古人担忧"。

的确，坐在这一叶"脚划式"扁舟上，就如鲁迅大先生的胞弟二先生周作人在散文《乌篷船》中精准描述的那样，"如同坐在了水上"。自打乘上这一叶扁舟，我的担忧时时来袭，总感觉这不停地晃悠的船身故意摆出了"找茬"的架势，随时要翻个身似的。女儿胆子大，毫无怯意，把身子探出了篷舱外，一只手伸到船沿外的水中，兴奋地顺手向空中扬起一把河里的浑水。零零碎碎向下飘落的水花，在夕阳的余晖中闪闪烁烁的，十分好看。这时，我想起了拍照，要求女儿戴正闰土帽。待调好快门、景深等数据，我将相机递给在船头那儿蹲着的一个人，并麻烦此人按了几下快门。女儿斜倚着我打了 OK 手势的那一张照片照得最成功，回青后就放大洗出并放进了相框里。这张照片在家里的显眼处已摆放了 16 年。

拍完照，女儿大概又想起了刚才的用手划水的动作，忽然自言自语地发问："这小船为何要叫'脚划式'，不叫'手划式'？"女儿和我乘坐这小乌篷船，没见到船家用脚划船，也没见到用脚划水的器具，而是看到船家始终站在船尾摇橹。我以为船家准能听见女儿的发问，然后慷慨地送出个标准答案，但年迈的船家始终没有反应，许是年纪大耳朵背了，没听见女儿的发问。这位老船家一直旁若无人、什么都毫不在意似的驾舟行进。他一边两只手抱着橹桨慢条斯理地有节奏地运动着，一边自问自答似的陆续地哼说着什么。一路行来，从老船家口中哼说出的绍兴方言，我一字都没有听懂。我好奇船家的行为，曾伸出脑袋刻意地盯看了好大一会儿。后篷舱外披裹着金色晚霞的老船家悠然自得，橹摇得很稳，很诗意。这叫我深刻地感觉到了老船家行水弄舟的把握性。但是，他的小扁舟却一点儿也不稳当，一点儿也不诗意。我总感觉这小舟是冒险地承载着"坐在水面上"的女儿和我在前行。一路上，在我心里时起时伏的纠结、担忧中，这叶小扁舟紧贴着浑浑浊浊、直直弯弯的河道，喝醉了酒似的，飘飘晃晃地进了晚霞已褪尽的绍兴闹市区。

那次绍兴之行，女儿登上兰亭。当议起兰亭之名取自兰花时，女儿无限感慨地说："将来具备了条件，栽养几盆名品兰花，将养兰之室命名为'兰屋'。南有兰亭，北有兰屋，是多么惬意的事！"女儿欲建兰屋的雅愿已转成了我悲戚的记忆。

青岛浮山琴舍是女儿操奏古琴、演练琴歌的处所。琴舍的花台上放置着一盆女儿亲手培植的兰花。这盆女儿的遗兰依然绿意盎然。我万般叮咛琴舍的人，要精心照料女儿遗留在人间的这点滴绿意。

我期待女儿的遗兰岁岁开花，期待遗兰的幽香久远地散播……

那次绍兴之行，女儿从兰亭镇买回一枚小巧的铜制笔搁，上面镌有行书"惠风和畅"。这是王羲之《兰亭集序》里的名句，其行书的镌刻是临摹了《兰亭集序》里的原字体。

女儿深谙：惠风和畅、政清民安，是每个善良宽厚的老百姓的企望。

绍兴散心的行程如愿结束了。

三 溪 口

毛主席作《七律·和柳亚子先生》诗如下：

饮茶粤海未能忘，索句渝州叶正黄。

三十一年还旧国，落花时节读华章。

牢骚太盛防肠断，风物长宜放眼量。

莫道昆明池水浅，观鱼胜过富春江。

记得女儿上初中的时候，读到此诗，我向她介绍了毛主席和柳亚子先生革命同志加诗友的文坛佳话。这首诗中的名句"观鱼胜过富春江"，编织了她去富春江的一个心结。

原计划绍兴的下一程是赴富春江和千岛湖，去解了女儿"观鱼胜过富春江"的心结，但在绍兴住的那个小旅馆里，我和女儿读到一份宣传溪口旅游的小册子，里面介绍了蒋介石的故居丰镐房。女儿熟悉《诗经》的背景，自然熟悉丰地是周文王的都城，镐地是周武王的都城，丰镐两地是周朝的西都。蒋介石的故居冠名所彰显的政治抱负，诱惑着我俩去溪口蒋介石的故居丰镐房探看一番，因此女儿和我改动了原本去富春江的打算。

这次匆匆行旅的第五天早晨，女儿和我赶到溪口时，天已大明。李白在《梦游天姥吟留别》一诗中写下了睡游的名句："我欲因之梦吴越，一夜飞度镜湖月。湖月照我影，送我至剡溪。"溪口亦称"剡源"，名称的含义是剡溪端点的意思。

女儿和我携手穿过武岭门，天空的星光已经隐去，几朵白云清晰地高悬在头顶上的天空中。没向前走几步，眼底下流出一条清绿的水流。这名曰溪水的水流，性格爽直，没有打弯，径向南去，欲去抚摸远处那片葱茏隐约的山林。此刻，溪水静默，湉湉地似在睡梦里流淌着；溪水静碧，清莹得似窗畔遐思少女的凝眸；水面远处，轻雾漫荡，似有诗魄画魂向你这边如约浮来。

抬眼西望，南北向伸展的镇街紧贴着东侧的一带浓浓的绿水。我游弋的目光最后落到镇街的北段，看到了位于那里的蒋介石故居丰镐房的建筑群，檐飞柱挺，毫不掩羞，赫然醒目。

太阳冉冉升起，在镇街边的小食摊，女儿和我吃了早点。等到9时整，蒋介石故居丰镐房开门纳客。来参观的人很多，向里涌进的人多是闽南口音，看穿着打扮，似台湾游客居多数。女儿和我走进丰镐房的一进大厅，迎面上方高悬着一幅蒋介石的楷书横批——"寓理帅气"。这是蒋经国40

岁生日时，蒋介石特意给儿子题书寄望的上上礼。年轻的女解说员说："'寓理帅气'，乃蒋父期子经国先生四十之大不惑也。"

从丰镐房出来，女儿和我闲论起了蒋介石。

女儿略带遗憾地说："蒋介石毛笔字写得挺好。"

我点头。

女儿问我："他教子'寓理帅气'，这道理对吧？"

我说："'寓理帅气'是讲不要意气用事，4个字概括了一条做人做事的大道理。"

临近正午，在溪水岸畔，我们招呼了一辆上雪窦山的三轮摩的。弯曲而上的山径陡峭、颠簸，我一路胆寒，怕遭遇险情。

在雪窦山，女儿和我观赏了4个著名景点，有位于山顶部的蒋介石别墅妙高台和可俯瞰垂直而下的千丈瀑的景点，有位于山中部的江南名刹雪窦寺和名扬近代旅游业的民国中旅社的浙江分社。

在张学良的第一幽禁地、民国中旅社位于雪窦寺附近的分社参观时，蒋介石软禁张学良的事实给女儿留下了极深的印象。一个多小时的观览，女儿一字未吐，仿佛话被冻住了。陪着"哑巴"了的女儿，我的心情同样滞闷，没有给她多说，恐怕不能说得清楚。

由溪口到了宁波，我们慕名去四大藏书楼中最著名的天一阁，不想天一阁假日闭门拒客，无奈即日启程返回青岛。

四　淘砚

2007年的除夕，是女儿在外地度过的第二个除夕，地点是安徽屯溪，即现在黄山市的中心区。

那一年春节前，女儿在网上浏览到一则信息，是江西婺源大畈乡砚街的一位徐老板发布的，称有一方取名为"步步高"的眉纹砚，属歙砚中的优品。我如今仍珍存着这位徐老板的名片。过了一日，徐老板把"步步高"眉纹砚的图片晒到了网上。这款砚台的图片锁住了女儿的目光。

女儿和我商量，去南方过春节，来一次二人淘砚特色游。我毫不犹豫地应允了。

农历腊月二十九日，女儿和我到了大畈村的砚街，此时已趋近午时。

大畈村四面环山，是江西婺源唯一"书乡、砚乡、茶乡"并称的千年古村。享誉四海千秋的四大名砚之一歙砚，其主要产地龙尾山即延伸至大畈村地界。

新开发的大畈砚街是一条笔直的东西向四车道的沥青路，两侧的砚台商店沿街排列成行，鳞次栉比。各家的砚店几乎是清一色的二层小楼新建筑，几乎一样的布局模式，楼下开店，楼上栖息，楼后有院落，每个院落用平房围拢，用于加工、库存。

举目环望，砚街南北两边店铺的背景相差迥异。北面的店铺后背即山，依东西方向蜿蜒来去的小山头们绿树拥挤，密不透风；南面店铺背后是开阔的畈田，远远近近的土地上无人活动。南眺大约几里外的石耳山，高耸神秘，遮蔽着的浓浓雾裙，不愿掀起。大畈村四围的山，每一座都是龙尾山伸展的续脉，千百年来撩拨了无数的人动着淘宝的心思。

正午的阳光灿烂明亮，整条砚街几乎成了戒严区，两侧空旷的人行道上没见着几个行人，车道上偶尔有一辆车疾驰而过，偶或有爆竹声响起。女儿和我没有急着先联络徐老板，而是沿着南边的路走马观花，进进出出了两三家店铺。货架子上，千砚一貌，砚品粗俗，令人沮丧，而走进的这几家店里面静得离谱，除了女儿，就剩下我，几乎瞧不见别的人影。

女儿若有所悟地说："老爸，咱是不该来的吧？"

我说："对呀，认输了吧？谁家有大过年的千里迢迢跑到大畈砚街来溜达的！"

女儿说："怪哉，这里不招贼，家家店门不挂锁，上演空城计。"

我"嘿"地一笑说："不是不招贼，大概贼忙年去了。"

女儿和我住进一家小旅馆，住宿费跌至白菜价，每天每人20元。

旅馆老板是一个中年男人。他好奇我俩选择年根来淘砚，善心大发，便热情主动地开导女儿和我：

"龙尾山的优质砚材，离光屁股没差几步了。整条砚街，顶尖好砚打捞不出几方。收藏级别的，没有大价钱，谁出手谁是学雷锋。"

女儿一声不吭，愣着神听着老板念砚台经。我本想打听打听那位在网上晒砚的徐老板诚信如何，旅馆老板却不给话缝插嘴。

我瞅瞅女儿的脸色有些不对劲，小声地宽慰她："能有好运气的。"

女儿盯着演说砚台的旅馆老板，继续不语。

自青岛出发，女儿成竹在胸，志在必得，此时女儿失望的情绪冒出来了。

我悄声地试探女儿："那个徐老板的砚台果真要好，但他不学雷锋，喊天价呢？"

女儿终于开口说："天价，咱可以不买呀。"

女儿有务实的态度，我心里踏实多了。

从旅馆老板不顺口的大畈版本的普通话里，女儿和我得到不少砚街的重要信息。前些日子，央视二套《为您服务》栏目访谈了砚街的砚雕新秀寒山先生，播出了《寒山艺术》，他的作品《换鹅图》获得了中国名砚大展金奖。

老板眉飞色舞地夸耀："寒山老板年轻有为，才29岁啊。"

女儿听完旅馆老板滔滔不绝的大畈信息回放和他的恣情夸耀，忽来兴致，向旅店老板打听了寒山店在砚街的具体方位，拽着我去找寒山店。

已经过去整整10年有余了，我约莫记得寒山店是在砚街中部的南侧，店名为"寒山艺苑"。店里的砚品展示与别家迥然而异，没有货架子和柜台。外间的厅堂中间放着一张几米长的比桌子稍矮的长方平台，一款款砚台摆在上面，供来客自助式观赏、挑选。

进了这家声名鹊起的寒山店，我仿佛有了一种新感觉，好像换了角色，不是来买砚台，而是来参观交流的。纵览寒山的砚台，砚雕的意境无不着重巧思，凸显出灵动的特色。每一方寒山雕砚都足具抓住你眼神的张力。女儿和我环绕砚品展台，眼皮子底下一方方匠心独运的寒山作品凑成了小小的砚雕艺术展。

此刻，女儿红扑扑的脸蛋上挂出了笑意，我心底久锁的皱纹开始舒展。

台面上，一款取名《酒香千里》的作品激发了女儿的雅趣。她小心地掬起这方巴掌大的砚台，仔细地揣摩砚首精雕细刻的画面：

一位脚夫，上顶斗笠，下蹬草履，担着两篓酒，抬步急迈，前面是一座两侧无栏的小桥。

这时，坐在里间捏着小杯悠然品茶的寒山，揣量女儿是个行家，搁下杯站了起来，凑到女儿跟前。年轻的寒山，身材瘦削，比女儿略高，眉宇精致，目光暖人。

寒山谦恭地问女儿："这款砚，您喜欢？"

女儿的回答不含糊："喜欢。"

寒山立马得意地说："我的这款砚台里有酒香。"

女儿抬眼瞧着他，故意说道："我怎么没闻到？"

寒山拿出一本新出版的《中国当代名家砚作集》，麻利地翻开了他的专页，给女儿解读上面的作品。

寒山和女儿两人站在长台一边，交谈了多时。寒山兴奋地告诉女儿，3 年内，他要建成首座大畈乡私立歙砚博物馆，期待女儿届临、研磋。

光阴荏苒，瞬间 10 年已逝，寒山的歙砚博物馆不知是否建成，女儿不可能再去砚街了。我含泪的"笔端"运行到这里，悲痛的心情异样沉重，只愿寒山先生没有忘却，10 年前那个放弃在家中度过年节，千里迢迢直奔大畈来的痴迷砚台的女孩，没有忘却那次说砚的恳谈。寒山先生馈赠的那本《中国当代名家砚作集》，仍完好无损地保存在女儿的藏书里。日后，我一定携上这本《中国当代名家砚作集》，找机会再去大畈，烦扰寒山先生，创作一款"吟诵的女儿"题材的歙砚，悼思女儿的砚乡行，敬请寒山先生理解。

从寒山店出来，入夜的砚街繁灯初上，彩光闪烁。返到旅馆，有一间不大的餐厅，老板向女儿和我举荐了大畈头牌名菜"红烧鲤鱼"，鱼色金红，肉质嫩美，价格低廉，15元一份，另送一盘翠色幽深的当地山菜糯团子。我和女儿吃得满口留香，对大畈特色美食的价格、味道都心满意足。

用过晚餐后，我给徐老板打去电话。他得知女儿和我已住进砚街，用既惊讶又亢奋的口吻连连说道："马上过来！马上过来！"

我放下电话，十几分钟后，徐老板赶来了。他中等身材，圆脸微胖，面色略黑，40余岁，热情善言。他进了门，还没落座，两只眼珠不打转地直瞧着我女儿，不绝口地夸捧女儿年根底下来淘砚，具有收藏家精神；夸捧女儿这样的懂砚台的"80后"女孩是头一回见。他急切地邀请我们去他那里，并信誓旦旦地保证让女儿不虚此行。徐老板这一大堆夸捧的话，我没有当真，以为不外乎生意场上的推销辞令。

旅馆老板殷勤地打开店门，恭送我们，嘴里念念有词："去吧，去吧，没问题，没问题。"两个老板算是邻居，相互捧捧是正常礼道。

女儿或缺城府，在去徐老板家的路上说："这边的人真挺好。"

我敷衍说："这儿有些偏远，民风纯正。"

徐老板插话道："正不正，看行动。"

我借机狠狠地将了他一军，说："那就信你了。"

在满天星斗的天幕里，女儿和我紧随在徐老板的身后，穿过彩光烁闪的一段砚街，跟进一处水泥地面的小院落。高高的院墙边侧，隐隐约约地看到堆着凌乱的制砚下脚料。徐老板引我们进了一间宽敞的平房，灯光通明，是间工作室。在工作台面上，女儿一眼瞅到了那方"步步高"眉纹砚。

这方淡灰色的眉纹歙砚的确好，质地恰似幼儿的细腻皮肤。3 道天然的细细柳叶般的眉子纹横卧在砚堂，有次序、有间隔地从下往上步步高地排列。砚台呈心脏形，32 开书页大小，装盛在一个十分精致的被誉为"树中黄金"的红豆杉制的小木盒子里。

女儿欢喜地说："爸，不错吧？"

我勉强地"嗯"了一声，心里嫌女儿表态太急。

徐老板乐了，再次夸捧女儿："还是闺女爽快。"他的"闺女"二字入耳，我听着特刺耳、别扭。

很快，我与徐老板谈妥了砚台出手的价位，他给的实惠程度出乎意料。徐老板一再地表白："这是给闺女的价，是确确实实的割肉价，算是咱闺女抽到了大奖吧。"此刻，这话里亲切的"闺女"二字听着一点也不别扭了。我心里面暗暗思忖，徐老板先前在旅馆里承诺的话，原以为他不会当真，还真看错了人家。

这时，老板娘从黑漆漆的门外迈进一只前脚，她圆圆的大脸盘，白皙的面皮儿，憨态可掬。她一打眼便瞧上了女儿，后一只脚还没全跟进门里来，就大嗓门地招呼着要给女儿在大畈说个好婆家。她还大胆地发布了一条预言，如果女儿能留下来，准能亮相央视，"PK"寒山。老板娘的这席话，虽然夸赞得有些离谱，但如一阵春风过耳，听得我心中冬季里花儿开。

近夜半了，女儿和我离开时，老板娘的一个突发行动令女儿和我倍感惊诧。她以命令的口气指派老公从院子的库房里装出一小纸箱制砚荒料，硬要送给女儿带回青岛操刀砚雕练练手。女儿和我执意付款，她万般不肯，我爷俩只好无功受禄了。

我拾到了便宜，故意卖起乖说："路曼曼兮，要当长途搬运工喽。"

女儿诙谐地接上我的话尾说："老爸，工钱我出啊。"

130

翌日是除夕，天没放白，好客、厚道的徐老板两口子早早来到我爷俩住宿的小旅馆门前，代女儿和我截住一辆去安徽屯溪的红色桑塔纳"的士"。徐老板两口子谎称女儿和我是他夫妻俩的亲戚，与"的士"司机争价还价都红了脸。徐老板又帮着把盛满砚台荒料的小纸箱熟练地放进"的士"的后备箱里。

在微亮的晨曦里，红色桑塔纳"的士"启动了。"的士"的后面，衣冠不整的徐老板两口子挥手不停，祝我们一路平安。反光镜里面，头发被晨风吹乱了的老板娘蓦地撑开了车，高呼着："闺女，一定再来。"

那一刻，想想女儿走到哪，人缘结到哪，感到整个车厢里好像装满了蜜。

约莫不到一小时，"的士"停到屯溪的老街路口，我们爷俩仓促住进了路口旁边的一家旅馆，放下那个沉甸甸的小纸箱，用过简单的早餐，出了旅馆，进入久慕的全国十大文化名街——屯溪老街。

阳光初照，老街上的店铺大多已经关门挂锁，时遇零星的游客。冷冷清清的古街悬满一盏盏红灯笼，大大小小、参差不齐，各自不甘寂寞，在微风里摆晃。

女儿和我来老街的主要念头，是到歙砚名店"三百砚斋"一饱眼福。因系除夕，"三百砚斋"可能不营业。女儿和我抱着试试看的侥幸心理来碰碰运气，沿街找寻着"三百砚斋"。不大一会儿工夫，在老街的中段，营业着的"三百砚斋"映入眼帘。女儿望着"三百砚斋"的门匾，喜上眉梢。"三百砚斋"4个字是女儿尊崇的国画大师吴冠中先生的手笔。女儿驻足门匾下，抬目赏望。

近年来，女儿推广《声律启蒙》，特意买了一本有73幅吴冠中插图的版本（中信出版有限公司，2016年第1版），可见女儿对吴冠中画作的喜爱程度。

我赶紧提醒女儿说："别关了门，先进店，出来再细瞧。"

女儿反又提醒我说："'三百砚斋'的店名，也是吴冠中先生的创意。"

"三百砚斋"有两进店堂。走进外厅，抬头可望见挂在迎面墙壁上方的国家领导人参观"三百砚斋"的两框巨幅灯箱片，在巨幅灯箱片的下方有江泽民同志的题字：

如此灿烂的文化，如此博大精深的文化，你们一定要子子孙孙传下去，让它永远立于世界文化之林。

外厅进门靠右墙是一排玻璃门框的竖立展柜，里面层层摆置着形态各异的歙砚。内厅比外厅宽大，横卧了一排玻璃面的展柜。最里面的柜台后站着一位银发后梳、清瘦文秀、儒气十足的长者。

女儿盯上了外厅展柜里的一方砚台，我靠了过去。

女儿逗我："爸，成化杯上的'落花流水'，怎么流淌到这里了?"

在景德镇，女儿和我曾见过的官窑成化斗彩杯上的"落花流水"图案，与眼前的一模一样。

"小姑娘，有眼力呀。"我扭脸一瞥，是内厅的那位老先生，不知何时笔直地立在了女儿和我的背后。

他一边夸赞着女儿，一边递过来一张特意签了名的淡黄色的名片。此时，我们方知他就是赫赫有名的店主周小林先生。

他笑微微地看着女儿轻声地问："小姑娘，你去过景德镇陶瓷博物馆吗?"

女儿笑脸相迎，回答他："前几年去过一次。"

他又转过脸来问我："先生，这是您女儿?"

我点了点头。他接着说："您女儿这样的年轻女孩子，难遇啊。"

稍停，他脸溢悦色，忙转身去锁上店门，返回来客气地请女儿和我进了庭院后面一间暗淡的内室。他拧开聚光的射灯，照得铺着紫色绒布的桌面一片耀眼的明亮。周老板从一个红木小柜里取出几方自己收藏的名贵歙砚，一方一方，轻轻地搁在紫色的绒面上，给我女儿养眼。

"哇!"女儿不自禁地出了声。

我站在女儿背后说:"周先生,多谢您给我女儿开眼界了。"

他着意挑出一方核桃大小的巧雕微砚,递给女儿:"小姑娘,把玩把玩,润润手。"

女儿抬起右前臂,右手的 5 个手指握动着小砚台,煞有介事地把玩起来。

稍过了一会儿,女儿轻轻放下那方小砚台,扭回头来看我。我明白了女儿的意思,默契地向她挤了挤眼。接着,女儿低下头,从背包里掏出新买的"步步高"眉子纹砚,请周先生鉴定。

周先生小心地接过眉子纹砚,过目片刻说:"不错。"接着他问:"扔下多少银子?"

女儿不会编谎,报出了买价。

周先生对女儿报的价可能认为低了,显出似信非信的为难表情,不情愿地说:"值。"

周先生不情愿吐出的这个"值"字,让我好像吃了一枚定心丸。大畈砚街的徐老板夫妻俩确实卖给了女儿一方物美价廉的好砚台,像周先生这样的行家里手都不情愿地说出"值"字!我不由得又想起对那位徐老板起始的错怪,惭愧不已。

这个除夕,女儿过得格外满意。她给奶奶打电话拜年,告诉奶奶说,遇上了好人,淘到了可心的砚台,忘情地给奶奶大声地吟诵起《诗经》里的《采葛》。

五　饺　子

2017 年的除夕上午,青岛的天空格外明净,没有一丝云彩。太阳高照,气温在零摄氏度以上。

上午 9 时多,女儿、我、大器一起去李沧区铜川路上的福利院,请女儿的奶奶来我家过年。

女儿开车，我搂抱着大器。女儿不时地瞅瞅车窗外的好天气，对我说："奶奶，真有福。"

我亲了亲抱在怀里8个月的大器说："托外孙的福。"

女儿的奶奶93岁高龄了，下肢麻木，不能走路，还患了阿尔茨海默病，谁都认不出了。听护理员小张讲过，老人家时常喊打打的名字，这是她最亲这个孙女的缘故。

10时许，我们到了福利院，进了在4楼的女儿奶奶的房间。一见到躺在病床上神志不清、面孔消瘦的奶奶，女儿的脸立时冻僵了似的，泪珠挤满眼眶。她把大器交给我，与护理员一起，几经周折，十分小心地把奶奶安置在车内。她气喘吁吁，头上冒着热气，喊我上了车。

在返回的路上，女儿握着方向盘，一言未发。

自从2001年女儿的母亲离世后，女儿和我在家里度过的每个除夕夜，指定是女儿忙前忙后操持年夜饭。女儿忧心我思念她的母亲，为讨我舒心，每个除夕的饺子馅总得挖空心思，不厌其烦，花样出新。每个除夕的饺子，定是她调馅、和面、包好、煮熟、盛盘，端到我的面前，耐心地陪着我吃完。

不堪回想，2017年的除夕夜，竟是女儿人生路上最后一个除夕夜。这个除夕夜，给我留下了太多的悔痛。

2017年的除夕夜，女儿一边脚不沾地地忙活包饺子、炒菜，一边插空用热毛巾给轮椅上的奶奶擦脸。奶奶的眼里突然涌出泪水，女儿忙给她擦擦眼角，但止不住的泪水很快湿润了老人家两颊的皱纹。

女儿的母亲过世后，每个除夕，除了女儿和我在外地度过的两次，都是女儿接奶奶到我家。女儿的奶奶心痛孙女，来了必要帮着女儿忙乎年。

2015年，女儿的奶奶阿尔茨海默病加重，住进了老年公寓。2016年的除夕，女儿第一次从老年公寓接她来我家时，在女儿的车上，老人家就流了泪。老人家心里好像很明白，帮不上她的孙女儿了。万没想到，2017年的除夕，这是女儿最后一个年夜给自己的奶奶擦眼角的泪水了。

我抱着大器，看着女儿忙来忙去不得闲，额上渗着汗气，虽然心痛，也插不上手，一时念想到：别人家的"80后"的独生子女现在大都正坐在电视机前的沙发上收看春节晚会，母亲会把热腾腾的饺子端在这些小皇帝、小公主的面前。这些"80后"有母亲宠惯着，饭来张口，衣来伸手。可是，女儿没有这样的福分。想到这些，我总感到心底在流泪。

女儿下好了饺子，细细地照料着奶奶吃好了，看我吃光了满满一盘子，问我："香不香？"我心满意足地点点头说："香。"她扬扬得意地说："该喂大器了。"

2017年的除夕，是大器来到这美好人间度过的第一个除夕，女儿欢喜无比。女儿抱起大器，喂了他两个饺子。万没想到：这个除夕是大器和妈妈共同度过的第一个除夕，竟也是和妈妈共同度过的最后一个除夕；女儿喂给大器的这两个饺子，竟是大器一生中一共吃到的妈妈亲手包的两个年夜饺子。

不堪回想的2017年的除夕，女儿给奶奶最后一次擦拭泪水，女儿给我端上最后一盘年夜饺子，女儿喂大器吃下两个年夜饺子，忆起就似万箭穿心。

2017年除夕夜，女儿喂完了儿子大器，这才端过一盘热腾腾的饺子，高兴地动起筷子。年年如此，她总是这样把全家人伺候饱了，才心满意足地品尝自己的手艺。

我抱着大器，看着女儿心满意足地吃饺子的样子，端详着女儿如花似玉、无比甜蜜的笑脸，心里又酸痛又幸福。我虽然为女儿的辛苦感到心痛，但又为有这样的好女儿感到无比的快慰和幸福。

2017年12月20日上午，我匆匆忙忙把女儿从胶州接回市区的齐鲁医院，主治医生逄大夫给我下达了女儿的病危通知书，告诉我女儿很难挺过元旦，2018年的除夕更是肯定挺不到了。顿时，天崩地塌的感觉向我袭来，那一刻的疼痛，我终生难以消解。

2017 年 12 月 29 日 5 时 36 分，女儿永远地离开了她孝顺的奶奶，永远地离开了她挚友般的父亲，永远地离开了她疼不够、爱不够的还没喊过她一声妈妈的仅仅一岁半的儿子大器！

苍天不公，焦雷轰顶。

我万没想到，难以置信，我的幸福瞬刻绝我消亡。

我万没想到，我的英年早逝的宝贝女儿再也不能为这个世界上的亲朋好友吟诵动人肺腑的《采葛》了。

我斥问自己，为什么 2017 年的除夕夜我没有先知先觉，企求时光在那一刻凝固？

我悔恨自己，为什么 2017 年除夕夜我没有多吃几个女儿包的饺子？

我擗踊哀泣，无法告诉女儿的奶奶，她的连心肉的孙女再不能喂她饺子、为她擦拭泪水了！

我撕心裂肺，无法告诉小外孙，他的一生只吃到妈妈喂的两个除夕夜饺子，他的一生只和妈妈共度了一个美好的年夜！

六　泣　信

今日女儿成永诀，又逢除夕再如何？

2018 年的除夕夜到了，我没了女儿，外面的爆竹越响，我的心越如刀割得厉害。我泣求苍天改过，送回我的女儿！

我痛不欲生，深深地回忆和女儿共同度过的那些铭记于心的美好的除夕夜，那些和女儿在一起的辞旧迎新的欢乐岁月。思绪难绝，孤寂难耐，倍感憋闷时，我想到了女儿的恩师徐健顺先生，便蘸痛疾笔，给他泣信一封。

被我滴滴不尽的泪水浸泡的信，没有及时发出，是怕影响徐老师过节的心情，等到初二后我才发给他：

徐老师：

您好，除夕之夜，独守家中，第一个没有女儿的除夕，难以度过，太想念回不来的打打，又反复读了您关于捐款的回信。您对打打的努力的肯定，使我有一种说不出的滋味和安慰。您也从平凡到不平凡地走来，您的语文吟诵等了 10 年的文章，我也读了多遍，其中的欣喜和欣喜外的那 10 年可以想到的平凡人的奋斗的不易，让我心酸。明明是一种善事的兑现，为什么总要靠一些平凡人的苦斗的历程换取？一些由衷的话和一些感触，想对您说说。给我捐款的人和您的本意，我都理解。这次捐款的影响力和结果，以及打打的告别仪式，自发来了那么多陌生的人，挤满了最大的告别大厅，出乎我的意料。这两件悼念爱女的事，给了我莫大的精神支撑。打打为国家、为教育、为吟诵的付出，真的尽心尽力，不贪图个人回报，做了许多只有我当爹的才清楚的委屈事，说出来还会被人不信。例如 2016 年的海洋节，打打争取到了吟诵亮相的席位，谁都会认为这是能挣到出场费、举办费的可以发财的席位，但打打不仅没出月子就全身心地投入了繁杂的筹备、辅导工作，严重损伤了身体，还垫付了不少钱。只要吟诵参与了，她就满足。2017 年 5 月参加山东省举办的吟诵采录培训，省语委负责培训的李志华主任给女儿报销了旅馆费，路费是自付的。去年，打打忍着剧痛，硬撑了人生最后几个月。10 月份，胶州连续将近一个月的诵读大赛，打打已经病得很厉害，但她没有请假，坚持辅导海选节目，痛得站着当评委，戴着治疗脖套上班，十几天打着止痛腰封跑遍了胶州 18 个教育办，直到活动快结束。10 月 22 日，站不起来了，倒下了，她才请了假，但仍在胶州法家莹的承租房内，对我瞒着病情，没有回青岛市里，还盼着重返工作岗位。我的女儿，一个"80 后"的还在哺乳期的弱女子，为了活动的顺利开展，不顾疼痛，坚守工作。女儿的这种敬业精神和工作事迹，足以感动任何人。我不忍心回想她胶州的这一段工作历程，不敢想象她是怎样忍住了疼痛坚持工作，回家还要哺乳一岁多的孩子。想到这里，我就想大哭一场，为什么没有坚决去阻挡她，及早送她去医院？我女儿也太悲催了，但她坚强无比，直到倒下也没有怨言，没有眼泪，总是含笑而为。她把自己的绝学辅导工作做到了极致，因为她就是身高一米六的弱女子，就是一个能力有限的平凡的小学教师。女儿有自知之明，甘做排头小兵，但女儿不甘位卑学英雄，曾作词要学习焦裕禄。她知行合一了。我看透了女儿的内心，吟诵就如同她的宗教信仰，她一定要干好，不管得失。她是一个合格的吟诵同道，一个优秀的吟诵推广志愿者。支持她已成了我的人生必须，她也是我人生的唯一。她是典型的薪金月光族，我甘当她的公益后补。打打有一点很聪明。她始终认为，"功夫在诗外"，要在青岛这样移民多、洋化程度高的城市打开吟诵的局面，必须在多方面下双赢的功夫。她竭尽全力了，她做到了，局面打开了。打打的用心和做法得到了岛城大众的喜爱和许多领导的认可、支持。近8年来，她得到的欢乐不少，透支的不少，垫付的也不少。女儿的大度和情怀，的确深深感动了我、感染了我。平凡的女儿做出了点成绩，我暗自自豪。青岛作协的人说她有巾帼英雄气。对她的处世和为人我放心，也铁了心支持她，支持她干一番自己喜爱又像样的事业，别猥猥琐琐过一生。但她太能忍，太包容、善良、退让，太不善表白自己，太不善倾吐苦水，从无娇气，也的确太不幸：丧母过早，没娘的孩子是根草；繁重的工作让身体透支太多。她太不珍惜自己，一心放在绝学吟诵的推广上，身患重病，医疗不及时。在她短短的生命的后期，她之所以能够做自己最喜欢做的事，是因为遇上了您。这次的捐款是对打打的努力在全国范围的一次肯定，是对吟诵同道的一次整体力量的彰显，捐款的意义远远超出了捐款本身。我的挚友、打打敬爱的宋伯伯说了几回"徐老师对打打真好"。您的威望带动了那么多人，尤其还有许多小学生捐了款。打打非常爱孩子，爱学生，这些捐款的孩子会让打打宽慰。我的多位好友都支持我，捐出钱款，让这笔义款发酵，微款大义，形成气势，张扬打打宏愿，带动人间正气，回报为绝学含辛茹苦的打打的同道们和您，谋得我余生心安，慰藉天上的爱女。这是我执意不能将捐款用于我和小外孙的原因（给小外孙的捐款，我另行给他）。在女儿的宋伯伯的劝导下，我还要把打打的事争取写成一本小书，侥幸年轻时练过笔，能成文，虽没写出过像样的东西，但我最了解女儿，要让更多人的认知女儿，传承她的事业——这是我的动力。若能如愿完成，我想先烦您过目指正，并赐序；若能出版告知天下，让打打的善心、报国心打动更多的人，更好。丧女之痛，如放在心头的一块巨冰，难以融消。我度日如年，两天须发全白，日渐消瘦，已经跌去14斤，只有为女儿的事业继续做事，才能好些。徐老师，您真的太好了，您是吟诵绝学的幸运，是我女儿的幸运，也是我的幸运。在您的身上，我深深体会到了您倡导的一些中国文化的人格精神。这是我心里的话，请您谅解。最后，给您拜晚年，致谢！

    打打父亲泣书于2018年除夕，以此信怀念爱女。

  窗户外面，迎春的爆竹声疏疏密密、远远近近，震响不停。

  2018年除夕的子夜即要到了。我的55年的挚友、女儿的宋伯伯敲门了。

  我开门迎他进来。

  在昏暗的灯光下，我俩双目相视，默默地坐立着。

  我再问苍天，为什么让两个白发老人选择这样相伴?!

  今日女儿成永诀，又逢除夕再如何?

  女儿呀，我痴望，到了除夕，天堂准你假，一定归来给你老爸包饺子，一定归来看望你的爱子大器，一定归来给所有疼你、想你的亲友吟诵《采葛》：

    彼采葛兮，一日不见，如三月兮！

    彼采萧兮，一日不见，如三秋兮！

    彼采艾兮，一日不见，如三岁兮！

肆 女儿中考存天问

——人算难以抵天算

> 遂古之初，谁传道之？
>
> 上下未形，何由考之？
>
> ——屈原：《天问》

译文：

叩问远古开创之际，是谁在此编排导演？

上天下地创形之前，如何考清得以产生？

一 人 算

1994 年初夏，女儿在青岛重点中学第十九中学初中毕业，并按照我的要求，在中考后填报了青岛中等师范学校。

女儿没有报考高中，等于舍弃了高考的机会。这让世人难以理解。因此，女儿的中考志愿选择在亲朋好友中引发了一场"小地震"。有人责怪我："脑子哪根筋搭错了？"有人叹息："要是别的孩子早闹翻天了。"在这件事上，我在家里的权威性超出了预期。去做女儿的母亲工作的，好心碰了壁。女儿的母亲说："这事得听她爸爸的。"女儿的爷爷、奶奶站在了我这一边。

我要求女儿中考填报师范，与多年形成的一个与世俗相悖的观念有关。我总认为望子成龙不如"盼子成虫"。大千的自然昆虫界，能虫、巧虫演示着无比的生存竞争能力。古来熟语云："行行出状元。"这一点儿不错。干一行，爱一行，专一行，行行都能出状元，何必非让孩子过高考独木桥呢？对于女儿填报的志愿，我是经过了深思熟虑的。女儿不好高骛远，特别勤快，喜欢体验和动手操作；她又非常喜欢小孩子，喜欢小动物，有责任心、亲和力，乐于助人，容易被人接纳。这些性格特点让她比较适合做小学教师。所以，我帮她设计了小学教师的人生路，给她选择了报考中等师范学校。

一天晚饭后，女儿忽然来到我的书桌前，问我："爸，为什么叫我报考师范？"看到女儿委屈的样子，我立刻想到是哪位好心人指点了她，向我来质疑。

女儿的质疑让我联想到屈原的《天问》。既然屈原可以对天地、社会、自然有那么多的"为什么"，发出了"天问"，我的女儿当然就可以向我这个家中"教育权威"发出天问。在女儿心目中，我就是她的"天"，可能要比屈原心目中的天大得多。

女儿的天问，我并没有充足的理由回答她；我给出的理由，她未必信服，但她没有执意修改志愿，仍然按照我的要求去完成了中考报考。

女儿考取的中等师范学校毗邻农村，环境和住宿条件差——夏秋交接时蚊蝇成灾，严冬时宿舍缺少取暖设施，住在里面如同掉进冰窟窿，女儿的脚、手起了成片冻疮，伸开五指就像5根通红的胡萝卜。每年冬天一到，成了痼疾的冻疮便会"卷土重来"折腾女儿。女儿的母亲特意买了两个胶皮热水袋，给女儿暖和手脚。

我牵挂"冰窟窿"里的女儿，多次问她："热水袋管用吧？"

她总是毅然回答："管用。"

女儿在师范读书期间，几次持续高烧，但她异常坚强，没告过一次假，全硬挺了过来。

女儿在师范读书的3年，学业应对自如。我几乎没有与她交流过学业的事。独一次，她特意告诉我，班主任兼任语文课的胡老师表扬了她的一篇作文，题目是《窟窿》，因为这篇作文的素材与我有关。

一天下午，我去女儿学校送东西，见到通往宿舍的土路上一个古力盖子锈迹斑斑，四周明显松动，如果随着锈蚀的不断加重而被学生踩塌，则后果不堪设想。我叮嘱了女儿，建议班长向班主任或总务处反映古力盒的潜在危险。

女儿的作文题目为《窟窿》，比喻恰当，把那个锈蚀的古力盖形容为一个潜在的会伤人的窟窿。

胡老师给的评语是："这篇作文有暖人的温度。"

二　标　兵

2000 年，女儿师范毕业，被分配到青岛富源路小学。这所小学与我家隔着一条马路相望。

在女儿上班前，我召开了一次正式的家庭会议，着重与女儿商量两件事。

因学校距家太近，所以我提的头一件大事就是要求她提前半小时到校，避免养成拖沓习惯。

我试探着问她："不辛劳吧？"

女儿回答得很干脆："相比挤车上班的老师，轻松多了。"

后一件，我要求女儿尽早拜一位老教师为师。这正合女儿的心思。女儿在上班后的第二个月，就拜了已有近 20 年教龄的老教师黄俊生为师。

女儿上班后，天天坚持早到，而且时常晚归。别人下班后，她留在办公室，批改作业、备新课、练书法，帮老教师做课件。有时，得我去学校催她回家吃晚饭。

有一次，我去拜访富源路小学付金凤校长。她对女儿的考勤及乐于助人的表现是满意的，同时也没有留情面，指出了女儿的几点不足。

她说："这个孩子，有时办事拖拉。"接着，她举了个例子："学校老师的办公桌，数林打打的乱。"

后来，于秀兰副校长给女儿的办事拖拉彻底平了反。

她说："打打老师办事认真，有时难免慢了点。"

她举了一个例子：有一学期写操行评语，女儿比规定时间晚交了一天，但女儿写的每一条评语都没有套话，都能抓住学生的一个亮点精当描述，热忱地赞扬、鼓励。

女儿给学生写评语，自喻为制作项链。她把每个孩子评语里的一个优点或一件好事喻为一粒珍珠，粒粒珍珠串起来，宛然一挂美丽、闪光的项链。女儿说，这串项链彰显着孩子们的精气神！

于副校长说："打打老师写的评语，尽了大力气，费了大工夫，宁拖时间，没有敷衍塞责。""她的评语写法有创新精神，对孩子有很大的鼓舞作用，彰显了孩子们的精气神。"

女儿在富源路小学工作时，于2005年获得了山东省信息技术与学科教学整合课评选一等奖。

2006年，女儿调到山东路小学任职大队辅导员。这个学校的前身吴家村小学，是民国时期沈鸿烈任青岛市市长时于1930年兴建的官办小学。由于历史渊源厚实，该小学吸引了一些社会名流的眼光：青岛已故的德高望重的书法家蔡省庐先生题写了校名；《铁道游击队》的作者刘知侠先生的遗孀刘真骅女士是名誉校长。

女儿的大队辅导员工作担任到2013年夏天，其间她曾被评为市北区十佳辅导员。这项工作对女儿责任心的加强、工作能力的提高、顶层设计理念的培育和大局观的建立，起到了显著的提升作用。女儿在环境保护、传统文化和红色革命文化开拓、培养学生良好兴趣和品德修养等方面肯动脑筋，并且取得一定成效。

女儿坚持数年带领学生开展"地球垃圾日活动"。在每个垃圾日，她会发动学生到社区、海边、公园等公共场所捡拾垃圾，分类倒入垃圾箱，将有价值的送废品回收站，用得来的收入充实班费。这项活动激发了学生关注身边的垃圾、养成为地球洁身从自身做起的习惯，赢得了环保部门的好评。

女儿创新的革命传统、爱国主义教育的情景剧，采取了有组织有连贯性地走出去、请进来的教学思路。

刘真骅女士送给女儿一本她题签的刘知侠先生创作的《小铁道游击队》。女儿以《小铁道游击队》为把手，以其中的动人小故事为素材，创作了短小精悍的情景剧，让学生在扮演角色中体会人物的情感，并积极与台下观看的学生互动，增强双方的印象和感受。这样的情景剧，女儿编了多部。每次情景剧上演，她都联系刘真骅奶奶到学校与学生分享《小铁道游击队》情景剧中人物的革命情怀和不怕牺牲、英勇战斗的精神。

刘知侠先生安息在青岛名人园，女儿多次带领《小铁道游击队》情景剧的小演员们参加刘知侠先生的纪念活动。有一次，女儿致完纪念词，看到刘真骅奶奶在抹眼泪，便过去安慰刘奶奶。

刘奶奶说："这次你写的纪念词，是让我最为感动的。"

从此，女儿和刘真骅奶奶加深了感情。这份让刘真骅奶奶动情的纪念词，我没有找到。从女儿创作的诗词遗稿中，我找到了女儿用小楷精心书写的《致刘真骅奶奶》一诗，是一份幸存的底稿。

从内容分析，这首诗是女儿从我家藏书《青岛市 60 年文学作品选》散文卷中读了刘真骅女士的散文《我的太阳》后有感而赋：

散文荟萃六十年，"我的太阳"大境篇。

知侠英名丽丹青，光热宏德得赓传。

爱心珍聚献慈业，牵念教育颂坊间。

七彩华龄岛城秀，翠桑绿榆沐霞天。

由于女儿在教学、班主任、辅导员等各项工作中表现突出，2014 年女儿被评为青岛市北区青年教师标兵。

三 拓 荒

2010 年 10 月 12 日，女儿在青岛城阳明珠国学专科学校参加了中华吟诵学会的吟诵培训后，即把吟诵推广与大队辅导员的工作做了对接，从此自觉充当了传播优秀传统文化拓荒、创新的犁手，开始了作为让吟诵回归母语、回归社会、回归校园的拓荒者的艰辛历程。

2010 年 12 月 16 日，在山东路小学家长开放日，女儿为学生和家长举办了题为"我爱吟诵"的公开课。吟诵，第一次回归青岛校园，第一次和学校的日常工作对接。紧接着，女儿在全校选拔了几十名少先队员，成立了青岛市第一个少年儿童吟诵团——山东路小学少儿吟诵团，并很快组建了青岛市少儿吟诵团。

2011 年 4 月 29 日晚，女儿率领青岛市少儿吟诵团参加在人民会堂举办的青岛市全民阅读月开幕式演出。中华古老的读书声首次向全市人民亮相，并获得成功。当晚，市文广新局的李伟同志代表领导向女儿表示祝贺和感谢。

演出的那天正遇上倒春寒，冷飕飕的，我和女儿的奶奶也去了。

下午两点，女儿带着孩子们提前 5 个小时到了大会堂演练走台。即将第一次登上大舞台的几十个孩子兴奋、好奇。在女儿的指导下，孩子们没有一个走神、调皮的，全神贯注地投入彩排。

下午 5 点，开始化妆，孩子们需插空吃晚餐。会堂有禁止在化妆间用餐的规定，孩子们只好在化妆间外面走廊里用餐。

天渐渐暗下来，会堂后台气温降至 10℃以下。冻人的穿堂风一阵阵冷飕飕地吹过，由于身上的演出服过于单薄，孩子们一个个冻得哆嗦、打战。送饭的家长担忧孩子冻感冒了，心疼地脱下自己的衣服给孩子披上。大多数孩子欢蹦起来，自助加热取暖。这群平日掉片树叶都怕打破头的娇贵惯了的孩子，虽然头一回接受这种环境的挑战，但是没有一人显露出委屈情绪，个个眉眼舒展、手脚欢动，有的几次拒绝家长过来披衣服。

这时的女儿来来回回、匆匆忙忙地穿行在走廊里，不断地大声给孩子们加油：

"我们是最棒的！"

"我们一定会成功！"

晚上7时整，大幕开启，男女主持人齐声宣布："演出开始。"几个节目过后，当女主持人报出少儿吟诵团的节目时，这群已熬了5个多小时的孩子从后台出场了。在女儿的带领下，孩子们规规矩矩、井然有序地登台。顿时，台下响起一片热烈的掌声。当一身红装的女儿发出唐诗《春晓》浑厚温婉而有磁性的领吟、孩子们紧跟着活泼齐吟的时候，台前暗影里，抓拍的家长左跑右颠、争先恐后、如饥似渴地抢拍镜头，生怕自己的孩子从镜头里漏了出去。

这次参加演出的虽然尽是岛城的名角，但孩子们抢了名角的风头，市民久违了的经典吟诵受到了意料之外的欢迎和追捧。一阵阵持续的谢幕掌声和观众按捺不住的激动情绪，毋庸置疑地宣告少儿吟诵的首演成功。孩子们获得的掌声响起时，我用手表计算了一下掌声延续的时间，发现竟超过了半分钟。

我和女儿的奶奶喜泪迸出。我俩是最后走出演出大厅的。女儿的奶奶从会堂座位前面的第二排磨磨蹭蹭地往后挪动脚步，两步一回头，回味孙女刚才台上的风采。青岛电视台对演出做了全程录像，制作了CD片。回到家里，这张CD粘住了女儿奶奶的老花眼。她戴着老花镜，一遍又一遍地播放，看来看去总也看不够。

演出散场了，在早春的寒风里，伫立已久的山东路小学的李全慧校长在大会堂的门口笑迎散场的孩子和家长，与大家一一握手致谢。最后，李校长拉着女儿的手不肯松开。当看到我和女儿的奶奶时，她紧步过来，向我们致谢、问候。

回家的路上，女儿一个劲地打喷嚏，不断流着鼻涕清水。女儿的奶奶脱下外套，逼着女儿披上。女儿停下脚步，过去亲吻着奶奶，泪水滴出，泣不成声地说："奶奶，打打给你争光了。"

2011 年春天，女儿酝酿写一本吟诵方面的专著。她告诉我自己找到了写书的感觉。她说，这本书的大框架分两大块，先回答吟诵的各种问题，之后回答为什么要去吟诵。

女儿在进行写作的第一步即写第一稿时，先设身处地，以自己初学时对吟诵切身感受到的疑问和相应的解答为指向，组织全书的章节及内容。她认为，这样写目的性明确、针对性强，对初学的人解渴。在写的过程中，女儿先顺藤摸瓜、按图索骥，依照问题找答案，然后等扫荡、搜罗问题的步骤画上了句号，再对每个问题的答案全部对号入座。书稿至此，写作的第一个目的算基本完成。

女儿解惑答疑的第一稿浮出水面后，吟诵初学者的疑问几乎一网打尽，其中对每个问题如答记者提问般做了应答。

女儿在进行写作的第二步即写第二稿时，特别把书稿的第三部分"继往创新的普通话吟诵"列为写作的重点。女儿站在文化自信、肩负历史使命的高度，以吟诵发展的历史唯物观、发展观为指导，以确切的史料文献为依据，深刻回答了为什么要吟诵。女儿书中的"普通话吟诵"是中华读书的传统，是中华吟诵继承、创新、发展的必然的观点，得到了吟诵传人、专家的认同。常州吟诵传人屠岸先生在 2013 年 8 月 16 日给女儿的信中说：

你提到"普通话吟诵是历史的必然",这是对的。

女儿呕心沥血,孜孜笔耕,爬梳剔抉,持续了近两年,写作时间如同从海绵中挤水,分秒必争,超人意料地完成了她的第一部吟诵专著《吟诵艺术概论》。

2013 年 3 月,女儿的吟诵专著《吟诵艺术概论》由九州出版社出版。中华吟诵学会秘书长、女儿的恩师徐健顺先生在其互联网吟诵平台上称女儿的这本书"是全国中小学教师出版的第一本吟诵专著"。这本书得到了著名诗人、翻译家、出版家、人民文学出版社原总编辑、常州吟诵传人屠岸先生的首肯和激励。他称女儿的这本书:

对吟诵艺术做了全面深入的研究,条分缕析,论点与材料相结合,有较高的艺术含量。

当女儿将《吟诵艺术概论》送给山东路小学李校长时,李校长感慨地说:"这才是学习型的老师应该做的功课。"

2013 年 3 月,女儿的新书《吟诵艺术概论》出版后,向前奋进、开拓不停步的女儿经反复思考认为,自己应该回到教学第一线,如此才能脚踏实地进行实验:如何将传统文化的营养,以吟诵的方法,与语文教学、班级管理和班风建设相融合?为此,她首创了传统文化特色小荷班(具体内容见上篇第五章《小荷飘香:经典诵读,向前走》)。

2013 年秋天起,女儿的吟诵进课堂迈开了越来越大的行进步伐。新学期,女儿除了担任小荷班的班主任,同时兼任了一年级 2 班语文课和学校一、二年级的传统文化校本课这两门课的任课老师。在传统经典诗文的授课中,女儿认真临摹、学习吟诵名师成功的吟诵教学经验,多次收视中华吟诵学会秘书长徐健顺老师的教学录像课以及全国素读名师陈琴老师在潍坊的吟诵公开课,多次借鉴北京吟诵学会会长朱畅思老师《唤醒》课的方法。女儿还进行了吟诵板块组合课设计的探索,如梅兰竹菊 4 个板块的组合吟诵课，每个板块围绕一个主题展开深化教学，然后将板块进行系列化链接拓展。

在情景教学与吟诵两个方法的融合探索中，女儿编写了十几个吟诵情景教学单本剧，如《采莲》、《静夜思》、《唐代诗歌达人吟诵会》等。

女儿编写的吟诵情景教学单本剧，学生乐意演、乐意看，吟诵传播与常规教学珠联璧合、相得益彰，达到了预期的教学效果。

"不知春草生，微雨夜来过。"女儿编写的吟诵情景教学单本剧似教育画廊里的一道新风景，似传统文化传播园地上绽放的新花朵，展现了女儿倾心传统文化的钻研、进取精神，展现了女儿的教育仁心、风采和智慧。下面是关于女儿编写的吟诵情景教学单本剧的两个案例。

一、两幕情景吟诵单本剧《采莲》剧情扼要

人物：4 尾金色小鲤鱼，稚气男孩江江，采莲女孩南南。

时间：炎炎夏日午后。

背景：郊外的碧色池塘。

音乐声、画外音中起幕：

秀丽的江南，无涯的荷塘。岸堤的摆柳，抚摸着波纹涟漪的倒影。

第一幕　说莲

内容：江江和南南手拉手来到池塘，两人开始有关莲花的对话。

第二幕　吟莲

南南荡起了小船，在4条小鲤鱼的伴舞中，与江江轮番吟诵：

江南江南，可采莲，

莲叶何田田，鱼戏莲叶间。

鱼戏莲叶东，鱼戏莲叶西，

鱼戏莲叶南，鱼戏莲叶北。

众小鱼在左后，参与吟诵，一起去远方。

在继续采莲的欢声笑语中，徐徐落幕。

二、独幕吟诵单本剧《静夜思》

此剧有 3 个教学基础环节，扼要摘录如下：

（一）导课。

老师导入后，启发学生各自创新一个导入方法。老师的导入词：

皎洁的明月是贯穿李白一生的意象。诗人余光中如此评说李白：

酒入豪肠，有三分啸成了剑气，余下的七分酿就了月光。绣口一吐，就是半个盛唐。

诗人举首望月，一缕乡思油然升腾。俯仰之间，是一个乡思引动的过程。吟诵时，要绣花般体味这个过程中一个浪漫儒士情感的细微变化。

（二）剧情。

人物：李白

时间：皓月挂空的夜晚

背景：唐代小院，矮桌侧摆一个小马扎（床）

幕起：

画外音及音乐声中，李白披衣上场，自语。

李白做出一系列的舞台动作后，自吟《静夜思》：

> 床前明月光，疑是地上霜。
>
> 举头望明月，低头思故乡。

（三）导吟。

老师介绍创作思考及吟诵要点示范、指导，还原古人边吟边创作边修改的情景，并说明此诗不是原作。李白原作如下：

> 床前看月光，疑是地上霜。
>
> 举头望山月，低头思故乡。

后来明朝人以严格的平仄关系，修改成现今这样。这样吟诵起来愈加入味，愈加体现了思乡的情绪。

吟诵要求：

第一句，看到月光，情绪高涨，声调向上。

第二句，思念故乡，情绪下落，声调一路向下。

第三句，举首望月，心绪纠结，声调要凸显跌宕起伏，特别是最后一个字"月"，要读入声，声调短促急收，好似千言万语无法倾吐。

第四句，情绪归向平静，声调是平的。平声"光"，因人而异，即兴平拖。

女儿的吟诵进课堂打开了局面，引起很好的反响，得到了教育业内的认可。女儿代表学校去桦川路小学举行了蒙学吟诵公开课，并不断接到一些中小学的邀课。东胜路小学金校长亲自打电话邀请女儿去演示《春晓》吟诵教学方法；女儿给青岛五十三中、青岛市实验高级中学等学校连续上了《咏华山》、《弟子规》等几十节吟诵实践课。

女儿是感动青岛团体"支教岛"的公益吟诵讲师，在"支教岛"的安排下，在市辖的 11 个区、市做了几十场吟诵进课堂的公开示范课。

2015 年 8 月 4 日至 8 月 8 日，在青岛幼儿师范学校，在由青岛市语言文字工作指导委员会和市教育局联合举办的青岛市首期小学吟诵骨干教师培训班上，女儿除了和徐健顺老师一起担任了培训班的主讲，还担任了培训班的班主任。这次培训班上，女儿以《以声制诗——古典诗词的吟诵创作与表达》为题进行了连续的几场讲座。

在培训班的开幕仪式上，女儿代表老师和学员发言，谈了自己的吟诵成长历程、吟诵学习的体会及吟诵传播的经验：

5 年前，我初次接触吟诵就被吸引，深入学习后，欲罢不能。吟诵改变了我的生活，提升了我的幸福指数。

吟诵对小学生读书的兴趣激发、情感融合、增强记忆、个性化阅读、体味古典诗词意蕴、感受母语魅力、开启喜爱民族文化情怀有明显的效果。

5 年多的吟诵实践，进一步增添了我对吟诵的信赖和钟爱。

吟诵就像一缕久违的春风，唤醒了深存于我们内心的种子。这粒种子，就是留存在我们每个中国人血液里的文化基因。

女儿在发言中坦率地、毫不保留地介绍了她传播吟诵取得成功的几点心得和经验：

一、要有自己拿手的吟诵篇目，可以在各种场合展示，让不了解吟诵的人一下子进入吟诵的佳境，拥有美的吟诵感受，从而留下难以割舍的留恋情绪。

二、掌握一种或两种"百搭调"，能够应用到各种诗词文赋，以便应对大家提出的各类诗词的吟诵要求。

三、形成自己独到风格的推介内容和形式。我们要像富有智慧的优秀的推销员一样，采用生动、丰富的语言表达方式，把吟诵的前世今生、丰富内涵、重要作用宣传、推广给周围的人，给人留下独到的难忘印象。

女儿在发言的最后，以国家一级歌唱演员戴学忱先生的吟诵调吟诵了为这次培训班创作的一首古体诗：

碧海蓝天白日长，古吟雅调生清凉。

千年绝学勤研习，鸿业传承共远航。

在此次培训班上，女儿结识了特意来听她课的青年朗诵家余有朋先生。女儿一直对余先生心存感激，他百忙中抽空给她主持的婚礼，平添了吟诵与朗诵和谐相容的风景，耐人寻味。

2016年深秋，女儿将酝酿许久的《花似人心向好处牵——"沽河吟"吟诵公益培训计划》项目书交给胶州市及胶州市教体局的领导，并请缨调往胶州施行"沽河吟"吟诵公益培训计划，得到欢迎和支持（具体内容见上篇第六章《胶州的教育需要你》）。

2017年4月，山东省语委办在济南举办了"山东省第一期方言吟诵普查工作培训班"，女儿代表青岛参加了培训。培训结束后，女儿撰写了《青岛市方言吟诵普查、抢救工作建议》，建议在青岛创造性地开展吟诵采录工作。这是女儿开拓吟诵推广新领域的重要实践内容，女儿为此做了大量的准备工作。万没料到，完成这项工作和"沽河吟"公益培训项目竟成了女儿最后的拓荒梦。

四 天 算

2017 年 10 月，女儿在辅导了胶州市中小学生诵读大赛十几天，并在临近尾声时，于 10 月 22 日病情加重，倒在胶州，没能再站起来。

2017 年 12 月 29 日 5 时 36 分，女儿由于错过了治疗时机，经医治无效，过早地离开了她酷爱、眷恋的国学吟诵事业。

从 2000 年 9 月女儿踏入小学教育的门槛到 2017 年，虽然只经历了短短 17 年的教学生涯，但她不仅出色地、创造性地完成了所承担的教学任务，而且成功地开拓了青岛吟诵的处女地，开创了青岛吟诵的新局面，是一名优秀的小学教师和吟诵推广志愿者、拓荒者。

1997 年初夏，女儿遵照我的要求填报青岛李村中等师范学校的中考志愿时，曾向我发出了天问，问我理由。

20 年过去了，平凡的女儿用自己的青春和生命做出了不平凡的业绩，回答了自己当初提出的天问。女儿在平凡的小学教师的人生道路上，学习楷模，忠心报国，热爱学生，勤勉工作，勇于创新，不计回报，贡献卓然，无一不远远超出了我的设计。

女儿远走了，我重读屈原的《天问》，心绪难宁、愤懑难平，不断地责问：

苍天啊，为什么夺走我优秀的女儿？

女儿远走了，我心中不断地召唤：

女儿啊，你应该回来！你为之耗尽生命的绝学吟诵回归的伟业企盼着你回来！

伍 程派吟腔探索者

——吟诵精进步履坚

师自梅兰芳自艳，声如流水貌如仙。

悲歌台上三十载，水袖人前二百番。

抗日隐居村野处，爱国编创锦绣篇。

无私授艺传程派，名在梨园伟似山。

上面这首诗赞扬的是德艺双馨的京剧程派创始人程砚秋先生，高度评价了程砚秋先生的声腔艺术和爱国精神。程派唱腔是业界公认的中华民族唱腔艺术的瑰宝。

在吟诵创腔领域，女儿是学习程派唱腔艺术的一个探索者。女儿在学习程派的唱腔艺术中，了解了程砚秋先生的做人和做事。程砚秋先生的爱国主义情怀及对艺术的艰苦探索精神都深深地感染了女儿；程派唱腔艺术理论和实践，对女儿的吟诵创腔学研产生了深刻的影响。

一 吟 戏

女儿的床头秘籍有 3 本书。

这 3 本书中，有一本是《赵元任程曦吟诵遗音录》（商务印书馆 2009 年 12 月第 1 版），由中华非遗薪传奖吟诵界唯一获得者、常州吟诵传人秦德祥先生等记录整理，由著名语言学家周有光先生作序。这本书的内容，是 1971 年 4 月 2 日在美国康奈尔大学举办的《中国演唱文艺研究会》上，赵元任先生演讲"中国各种不同形式的吟诵"时用常州方言示范吟诵不同诗文的录音。2003 年，赵元任先生的次女赵新娜女士将这些珍贵录音的复制品赠予秦德祥先生。这本书是秦德祥先生送给女儿的。

另外两本是女儿在青岛昌乐路文化市场旧书市的地摊上淘来的。一本是赵元任先生著的《语言问题》（商务印书馆 1980 年 6 月第 1 版）。此书出版时，女儿还没有出生。另一本是萧晴记谱整理的《程砚秋唱腔选集》，（人民音乐出版社 1988 年 6 月第 1 版）。

这两本书伴随女儿已经多年了，是女儿理解吟诵与吟戏的渊源关系、吟诵学研、精进创腔以及音韵学研究的基础或指南，是女儿藏书中的最爱。

《语言问题》的作者赵元任先生，江苏常州人，中国语言科学的创始人，被称为"汉语言学之父"。他是普通话四声五度标调法的设计者、常州吟诵调的传人和研究专家。赵元任精通音乐、韵律，20 世纪二三十年代为刘半农的白话诗《教我如何不想她》谱的曲风靡中国。

1973 年，赵元任夫妇从美国回国探亲。5 月 14 日凌晨，周恩来总理亲切接见赵元任先生，并跟他谈到文字改革和他致力研究的《通字方案》。1981 年，赵元任应中国社会科学院语言研究所之邀，再次回国探亲，受到国家领导人邓小平的热情接见，并接受了北京大学授予的名誉教授称号。赵元任先生著的《语言问题》是 20 世纪 50 年代初她在台北大学进行演讲的内容。其中第五讲"四声"篇的开头提出了汉语四声的声调问题：

通常所谓四声，不限于四个，我曾经杜撰了一个名词叫它"声调"，就代表利用嗓音的高低来辨别字的异同的音位。

汉语是声调语言的说法，来源于赵元任先生的研究，是赵元任先生的首创。四声的问题，是吟诵学研、运用及音韵学研究的核心。女儿对赵元任先生著的《语言问题》这本书如饥似渴地阅读，钻研了许多遍。

徐健顺老师提出，吟诵水平要精进必须研究声韵，研究创腔，要创自己独特精到的吟诵调。

《程砚秋唱腔选集》一书中，除了精选了程砚秋先生几十篇著名的唱腔以及冯牧先生的序、果素瑛女士的《我的愿望》、萧晴的《程砚秋先生演唱艺术特色及成就》等文章，还附有程砚秋先生的《创腔经验随谈》。这里引用一则不太恰当的比喻，女儿将程砚秋先生的《创腔经验随谈》视为诸葛亮给刘备的锦囊妙计，用于她吟诵创腔的学习、借鉴。

女儿对程砚秋先生的创腔观最为钦佩。所以，能在书摊上淘到这本书，女儿感到格外幸运，如获至宝。对程砚秋先生的《创腔经验随谈》，她手不释卷，时时琢磨体会，运用于自己的创腔实践。

女儿在学习程砚秋先生创腔的过程中，为程砚秋先生不吝惜自己的才能湮灭、不畏强暴的爱国精神所感动。她特意标出了《程砚秋唱腔选集》中介绍的程砚秋先生的爱国事迹，体现了女儿德艺双馨的精神追求：

深为惋惜的是这位杰出的戏剧表演艺术家，在他艺术的极盛时期，所灌制的唱片不多。民族的灾难使这位有气节的艺术家的艺术生命受到严重的摧残。北平陷落以后，为了反抗日本帝国主义的侵略和凌辱，他毅然决然地放弃了他艺术上的追求，蛰居于京郊青龙桥务农。他高度的爱国主义情操受到了人们的尊敬和赞扬。在谈到他的演唱、他的唱片时，我们可以更清楚地感受到他在壮年艺术极盛时期的自动辍业彰显出的无比高贵的品质。

女儿在她的《吟诵艺术概论》中《吟诵与戏曲、曲艺》一章开头交代：

赵元任先生认为从"一切皮黄的全部看起来"，"唱戏还是吟戏"（秦德祥《绝学探微》）。这句话道出了吟诵与戏曲的亲缘关系。

女儿找到了理解吟戏的关键：

怎么理解唱戏就是吟戏？关键还要看一个"吟"字。"吟"就是以平长仄短的要求去读，去唱。戏曲的唱腔和念白，无不要求字调处理做到依字行腔、平长仄短，所以唱戏就是吟戏。

（摘自女儿编写的教材《以声制诗》。）

女儿指出了学习京剧名家尤其学习程派吟戏的重要性：

秦德祥的《绝学探微》提到的"吟"味就是平长仄短的味道吟读或吟唱，字音的平长仄短越明显，"吟"的味道就越浓。平长仄短的味道就是吟诵的味道。理解了这一点再去听戏，很容易就能听出"吟"味。因为京剧名家尤其是程砚秋先生特别讲究声调长短高低的处理，即"吟"味的处理，所以听程派的戏"吟"味越发明显。吟诵学习程派，是丰富"吟"味、增强美听度的重要途径。吟诵的创腔亟须吸纳、消化程派创腔的丰富营养。

（摘自女儿编写的教材《以声制诗》。）

2018年春节前，女儿的得意弟子11岁的宝丫，由妈妈带着专程去北京看了一场京剧名家演出。春节后，宝丫跟随她妈妈来给我拜年，告诉我："听了北京名家的演唱，更加体会到了打打老师给我讲解过的唱戏就是吟戏，体会到了学习吟戏对丰富吟诵吟味的作用。"

两年前，喜欢吟诵的宝丫开始学京剧，已经学会了不少唱腔。那天，她给我唱了两个段子，一段《红娘》，一段《梨园会》。她的做派、她的眼神、她的演唱，充满了自信。接着，宝丫又给我吟诵了《诗经》里的两首诗《采葛》和《硕鼠》。宝丫妈妈说："宝丫自打学了京剧后，更喜欢吟诵了。"

已故文史大家邓云乡先生也谈过京剧中的吟诵。他的文集《云乡琐记》里有一篇专写吟诵旧事的文章，题目是《爱听白头吟诵声》（中华书局2015年4月第1版，第441页）。他在文中写道："京戏中用韵白念引子，不就是吟诗的调吗？如《坐宫》杨延辉一出场，坐着念'金井锁梧桐，长叹空随一阵风'，用韵白腔调一读，不就是用北京音吟诗吗？念定

157

场诗更是京音吟诗了。"

邓云乡先生在《爱听白头吟诵声》一文中就为吟诵绝学的重振喊话："中国诗、词不论读还是创作，都要先学会吟诵，如此才有味道，才能显现感情，才能体会理解。"在这篇文章中，他还给传统作诗"口占一绝"下了一个定义："学作旧诗词，在反复吟诵中成篇，即所谓'口占'。"

不过，京剧中的"吟诵"，邓云乡先生只说了念白一个方面，而整个京剧的唱腔也是赵元任先生所说的"吟戏"。前者念白是吟读，后者唱腔是曲调程式化了的依字行腔的吟唱（吟咏）。吟读与吟唱都是吟诵，两者的区别在有无旋律声腔，但都具备女儿所谓的平长仄短的"吟"味。

二　好　听

平常说话的声音好听，则能感动人，所以吟戏、吟诵讲究好听的意义不言而喻。

《程砚秋唱腔选集》一书的记谱整理者萧晴先生在后记中这样评价程腔：

以它那优美悦耳、动听感人、脍炙人口的唱腔，经受住了时代的考验，使一代代观众赞赏不绝。

程砚秋在《程砚秋唱腔选集》中的《创腔经验随谈》中开门见山地说：

通过四十多年的舞台实践，从无数的演出中，逐渐了解到观众的心理，比较知道他们喜欢什么、不喜欢什么以及怎样创腔才能被他们接受并感动他们；这样才能使腔有变化，并且好听。现在我把个人这方面的点滴体会及研究创腔的过程介绍出来。

女儿在以上这段话的下面用笔画了曲线标了出来。程砚秋这段话表达了两条重要的创腔原则：一是要做到尊重观众的感受；二是要做到无论创腔如何变化以好听为导向。

女儿对以上两条原则历来重视，早在她2013年3月出版的《吟诵艺术概论》中就特意强调道：

普通话吟诵的悦耳、好听性应予以特别重视。各种传统吟诵现在听着拗耳，那是由方言地域及时代语音变化差异造成的，其实在当时当地都是悦耳的。许多吟诵吸收了所在地域好听的流行戏曲民歌的流行元素。

女儿在她的《吟诵的力量》一文中写道：

毛主席提倡的文学艺术要做到人民大众喜闻乐见，适用于吟诵的推广。

女儿的普通话吟诵创腔，重视学习、体验程砚秋等先辈们打造好听、悦耳的唱腔的方法经验，重视广大受众的反应。每一次，她琢磨出新调后，总要吟诵给周边的亲友、学生听几遍，虚心听取各种建议，再几经精细打磨，直到大家都觉得好听了，才给自己开绿灯。北宋的孔平仲在其笔记《孔氏谈苑》里说："白乐天每作诗，令一老妪解之，问曰：'解否？'妪曰解，则录之；不解，则易之。故唐末之诗近于鄙俚。"唐代新乐府诗歌运动的领袖白居易作诗询问民间老妇的传说，虽然受到后世一些文人的诟病，如孔平仲就讥讽白居易诗"近于鄙俚"，但女儿赞赏白居易的做法。"艺术要做到人民大众喜闻乐见"是女儿的信条。女儿的吟诵创调认真听取各方反应的做法，可以说是对白居易作诗态度的模仿。女儿的吟诵越来越受欢迎，喜欢她的粉丝越来越多，直接听过女儿吟诵的已超过20万人，从网上听过女儿吟诵的难以计数。在女儿吟诵传播的实践过程中，时有佳话传出。

2016年9月中秋节，青岛市中秋节诵读展演在胶州市职业教育中心举办，女儿是特邀嘉宾。节目的空当，主持人邀请女儿做普通话吟诵展示。女儿受邀，欣然登台吟诵《诗经》中的《蒹葭》。女儿刚吟诵完第一段，台下掌声、欢声四起，打断了女儿下面第二段的吟诵。

这时，坐在台下第一排的嘉宾青岛市关工委副主任（青岛市原副市长）马论业坐不住了，急匆匆地登上了台。他向女儿要过话筒，毫不客气地批评台下的人，嫌他们不懂吟诵欣赏。他说：

打打老师的吟诵，你觉得太好听了，很激动，很兴奋，可以理解，但掌声来得太早了，应该等到打打老师吟诵全部结束再鼓掌。

我很幸运，这是第三次听打打老师这样富有古典韵味的动听的吟诵了。

接着，他情不自禁地点评起女儿的吟诵：

刚才，打打老师《蒹葭》的妙音，带我们一起穿越 2500 多年，一下子把我们全体送回到了的孔子身边，一下子带我们濒临远古，进入一个美丽神奇的境界。我们眼前仿佛出现了一条虚无缥缈的大河，两岸布满无际的芦苇。在若有若无的幻境中，我们隐隐约约看到了河中的一位"所谓伊人"，她一会儿飘忽在河的上游，一会儿飘忽在河的下游，朦朦胧胧，似靠近，又远去。

…………

清末大儒王国维的《人间词话》评价《诗经》的《蒹葭》，"最得风人深致"。女儿吟诵的《蒹葭》生动地再现了其"最得风人深致"的梦幻、迷离的审美意境和温润、浓醇的诗意韵味。马副主任对女儿吟诵的表现力分析得很到位、很精彩。

马副主任情绪高昂，叙评不止。因为点赞的时间过长，台下有人急于听女儿下面的吟诵，不耐烦地掐了表，提醒他："马主任，已经过了 20 分钟啦。"他这才"急刹车"，收起了话匣子，兴致不减地他走下了台。

"宝剑锋从磨砺出，梅花香自苦寒来。"女儿在胶州市职业教育中心青岛市中秋节诵读展演的《蒹葭》，是她的主打调之一。"苦寒梅香"，能不宜人？女儿花费多年时间自创的《蒹葭》吟诵调，只要一张口吟出来，那娓娓而来、起伏错落、腔润饱满、干净醇厚、略带磁性的动听嗓音，是闻者耳畔难以消匿的记忆。香港青年航空团的罗逸华司令则以"如闻韶乐，绕梁三日"喻之。

蒹葭俗称"芦苇"。说起来，女儿与蒹葭也较有缘分，从小就喜欢蒹葭。我家的影集里，有一张女儿和她母亲在秋天的一片茫茫的芦苇丛边的合影，母女两人一站一卧，怡然自得，尽享着芦苇的润泽；在女儿的书房"抱樱斋"，有一个红木方矮柜，上面的花瓶里插着一丛金黄色的芦苇。"抱樱斋"的这丛芦苇已经摆放了12年。2006年秋天，女儿和我去莱西姜山镇黄汶头村拜访一位耿姓朋友。与他家所在的村子相邻的莱西堤湾水库，是胶东半岛著名的湿地。这片浩浩荡荡的万亩湿地，完全被茂盛的芦苇严丝合缝地遮盖住了。耿姓朋友带领着女儿和我来到这片一望无际的似金水浇铸的芦苇荡。女儿兴奋地徜徉在芦苇的波涌里，"劈波斩浪"，精心地选择、采摘了几十杆生机盎然的芦苇。回来后，她给爱芦苇的朋友送去一些，余下的十几杆芦苇则插到了"抱樱斋"内暗绿色大肚短颈的花瓶里。一束束蓬松可人的芦苇长穗，弥漫着玉质般的金色，给女儿的书房平添了大自然的富贵豪气。

女儿喜爱樱花，给书房起名"抱樱斋"。恰巧，女儿搬来浮山北峰枕海山庄不久，她的书房南窗外依山势而起伏的路两旁，园林部门栽种了间距较密的两行樱花树。每到春日樱开，推窗赏花，近在眼下，似可揽拥，正合女儿的斋意。

人间四月天，女儿的书房"抱樱斋"窗外不远处，有淡淡的粉红色的樱花绽放着；室内眼边，有浓浓的金黄色的芦苇伴陪着。这样美的读书、吟咏的优雅时节、优雅环境，女儿得享过12个年轮。往后，女儿书房"抱樱斋"窗外的樱花再放的时刻，或是漫长的樱花暂谢的日子，我都再也看不到女儿可爱的身姿，听不到她美妙的嗓音了。女儿的"抱樱斋"里，那丛孤独的金色芦苇，像是献给女儿的一曲伴随她远行的挽歌。

"操千曲而知音，观千剑而识器。"女儿的《蒹葭》吟诵调，是经过多年聆听各派各家的特色吟诵，博观约取，独出心裁，精心打磨出来的。长时间以来，她反复欣赏程派的优美唱腔，从中受到诸多新的启迪，学到了取得好听效果的处理声腔关系的方法。因为女儿经常赞扬程派唱腔，经常提及程派的创腔艺术给了她滋润吟诵美听的营养，在处理倒字、协调平仄节拍与字句、情感、意境关系以及小腔、尾腔的增损等方面都些许有程派的影响，所以喜欢女儿吟诵的"粉丝"褒奖女儿的吟诵是程式美听调。女儿却总是说："程派打造美听的艺术方法，我连皮毛还没学到。"

女儿在荔枝电台的公益吟诵课进行了75期，收听的人越来越多，后来每期已达26万多人。女儿的受众普遍反映，还没有听够女儿的吟诵。对于女儿的离去，喜欢女儿吟诵的人无不扼腕痛惜。

女儿的好友宋斐已搜集并下载了女儿在荔枝电台的75期的全部吟诵课内容，并发到了我的邮箱里，即原来女儿青岛吟诵工作处的邮箱：

qdyinsong@126.com。

我应女儿亲友、学生、"粉丝"的强烈要求，将尽快制成CD光盘，给喜爱、怀念女儿的诸位送达。

三 倒 字

凡是学习过戏曲和吟诵的都晓得：

字正，方能腔圆，才能好听。

字正，指字的声调发音要对，这是声韵的基础。不论唱戏、吟诵，只要倒字了就难以好听。

倒字是戏剧、曲艺、吟诵的大忌。京剧大师程砚秋、京韵大鼓大师骆玉笙都是处理倒字的行家。

女儿在她的《吟诵艺术概论》（第14页）中阐述了倒字问题：

所谓"倒"字，指字的固有声调被硬性改变，即歌曲里旋律音程的走向与字的声调相异，而使声调向上的字往下唱，或使声调向下的字往上唱，字依腔行。

"倒"有比喻的意思，即字的声调不正了，倒了。一首歌曲若无倒字或极少倒字，会十分好听，如郭兰英的《一条大河》、李春波的《一封家书》、李玉刚的《贵妃醉酒》、李娜的《嫂子》、红色歌曲《浏阳河》等。这等几乎不倒字的歌曲，你会发现其类于吟唱的味道十足。

著名的抗日救亡歌曲、张寒晖作词作曲的《松花江上》，有悲情叙事的一段：

九一八　九一八

从那个悲惨的时候

脱离了我的家乡

抛弃了那无尽的宝藏

流浪　流浪

整日价在关内流浪

歌唱家在演唱的时候，"九一八，九一八"，没能依字行腔，而是依谱而唱，唱成"揪尾（yi）巴，揪尾（yi）巴"。虽然听者不会误听，但从语音要求的角度，这是遗憾的，也的确影响美听。吟唱的表达则没有这种遗憾。

程砚秋在《程砚秋唱腔选集》的《创腔经验随谈》中反复论述了字正的重要性、如何将字音处理到位以及产生好听效果的方法和经验，如该书第15页女儿所标出的：

在研究腔时，我感到"以腔就字"这一点非常重要，因为中国有四声，讲平仄；同一个字音，不同的四声就产生了不同的意义，所以必须根据字音的高低来创腔，这样观众才能听清楚你唱什么，绝不能先造好腔，再把字装上去，用字就它。我觉得字的四声，带来了曲调向上行或向下行的自然趋势，这给创腔提供了最好的根据和条件。现在很多人对这一点不重视，因而产生很多倒字，使唱腔听起来不顺，不流畅；只要纠正了，就会感到很悦耳。特别是对于阴平字的运用很要紧。

女儿深刻体悟到程砚秋先生上面这段话无私地道出了创腔的要诀。她对这段精到的论述挥毫点赞：

字字珠玉；一字千金。

女儿为了学精以字行腔的艺术，购得几本相关的书籍：有周好璐著的《圆音正考注说》（中国戏剧出版社，2007 年 12 月第 1 版），有何佩森著的《梨园声韵学》（天津古籍出版社，2004 年 9 月第 1 版），有于会泳著的《腔词关系研究》（中央音乐学院出版社，2008 年 5 月第 1 版）等。

女儿对周好璐著的《圆音正考注说》一书序言中对程腔的评价非常认同：

如果问在四大名旦中，哪位在声腔艺术上成就最高，当首推程砚秋。赞美是：低回婉转，似断似续，有如行云流水，如饮醇醪。甚至在他辞世的几十年后，程派的戏迷逐年增多，表明程腔的动听、耐琢磨。程先生正是严格按照音韵的规范，做到了以腔就字、以字行腔，达到了声情并茂的效果。

女儿在《吟诵艺术概论》第 74 页对称呼她为"小友"的屠岸先生处理倒字的老辣方法高山仰止。她敬佩先生蹊径别开：

屠岸先生创造了一种协调声调与乐调的方法，叫"断续吟"（《绝学探微》）：

吟诵时，遇到字的声调，尤其仄声的入声字跟旋律矛盾时，可采取与戏曲相似的唱法，先用一个短音把字的声调交代清楚，接着在保持气息的情况下做短暂的停顿，然后再依旋律行腔。这样就保持了依字行腔，如果是一个仄声字，还保持了仄短的效果，一举两得。

四 修 复

在研究、比较吟诵与戏曲字正创腔的过程中，女儿认识到：戏曲与吟诵的文本对象有一处重要的不同，戏文原作文本可以改动、调整，但如果吟诵的文本对象是传统诗文的经典作品，则每一个字都不能改动。所以，在处理字音不倒字方面，戏文有一定的灵活性，遇到不好处理的倒字，可以适当变更原作戏文。但是，吟诵绝对不能这样做。两者相比，吟诵的难度相对较大，难在不能改动原作，必须在字音的本体与旋律的协调上多下功夫。

用普通话吟诵经典古诗文，必然会遇到两个普遍问题：

一、古今字读法的处理问题，亦即所谓普通话审音问题。

二、古代四声中的入声派入了普通话四声的处理问题 。

如何处理以上这两个问题，不能简单化。如果处理不得当，一概按普通话的新四声来读，就会严重歪曲古诗文的声音真相，甚至造成内容上的歪曲。

如何处理好这两个问题，女儿赞成戴学忱先生的修复论。女儿的《吟诵艺术概论》（第155页）有如下论述：

所谓修复，有三个方面：一是音韵的修复，就是解决传统吟诵的文读与普通话吟诵的矛盾；二是声律的修复，就是指节点划分、时值（停顿）长短、语流形态的调整及发音四呼、双声叠韵、鼻音技巧、平仄高低的调理；三是音乐的修复，指旋律、节奏、声腔、模进的微调等。

修复这个概念是戴学忱先生提出的，其中音韵的修复较突出和时常运用，主要有四点：

第一，遇上今音不押韵的韵脚，一般应依照传统文读，依平水韵的读音吟诵，恢复押韵。如唐杜牧的《山行》：

> 远上寒山石径斜，白云生处有人家。
>
> 停车坐爱枫林晚，霜叶红于二月花。

这首七言绝句，押"麻，ma"韵，其中"斜"应恢复古读"xia"音。

第二，遇到古读入声的字，虽然不一定全读入声，但关乎诗意、音韵的关键字一定要读入声。如唐贺知章的《咏柳》：

> 碧玉妆成一树高，万条垂下绿丝绦。
>
> 不知细叶谁裁出，二月春风似剪刀。

诗中的 8 个入声字"碧、玉、一、绿、不、叶、出、月"，处理有别。

在诗中，"碧玉"有通感的作用，必须读入声，才能让人仿佛听到玉石碰撞发出的叮咚之声。

第三句诗是一个提问，在此句的末尾，"出"读入声，时值短，能恰到好处地表达急待回答的情绪。

吟诵此诗，其余 5 个入声，不同的吟者可做不同的处理。

第三，重点字，如开、闭口呼字和双声叠韵字、鼻音字等读法的修复，如虚字的重、长读法的修正。

第四，在传播率高的名篇中容易歧读的字，如唐代诗人贺知章的《回乡偶书》：

> 少小离家老大回，乡音无改鬓毛衰。
>
> 儿童相见不相识，笑问客从何处来。

"衰"字读 cuī，"鬓毛衰"指老年人须发稀疏变少。鬓毛，指额角边靠近耳朵的头发。衰，在此处应是减少的意思。

戴学忱、叶嘉莹两位先生的普通话吟诵是修复的范例。

五 尊 重

女儿坚持吟诵古诗文的修复论，认为这是一个严肃的关系到文化尊严、文化自信的问题，不能简单地认作普通话审音的一种妥协或变通，而是对古人、对经典、对优秀的汉语言遗产的尊重。

清朝桐城派承上启下的泰斗曾国藩著名的"八本家训"中有一条：

"作诗文以声调为本。"

"红学"巨擘、古典文学研究家周汝昌先生曾以李白的《忆秦娥》为例，强调尊重古人声调、格律原貌的重要性：

"一、句句自然，而字字锤炼，沉声切响，掷地真作金石声。二、抑扬顿挫，法度森严，无一字荒率空浮，无一处逞才使气。""其声如巨石浑金，斤两奇重。"如果仄声"一用平声，音乐之美全失，后世知此理者寥寥……精彩迷失大半矣"。

（摘自《唐宋词鉴赏辞典》，上海辞书出版社1988年4月第1版。）

女儿读了2016年10月30日新版《审音表》的研制人员孟蓬生先生在《光明日报》刊登的《新版〈审音表〉公布后：我们如何读古诗文》的文章后，于2016年11月2日写了一篇题为《审音的标准和吟诵的待遇——历史唯物主义占了上位》的文章，发给了青岛教育学会传统文化分会筹备负责人李保旗老师，向他请教。

女儿在此文中阐明了应该以历史唯物主义的观点来审视、处理古音今读的问题，应该坚持尊重历史、尊重经典、尊重古人的声调真相、尊重优秀语言遗产的立场，不动摇，不妥协。

女儿的《审音的标准和吟诵的待遇——历史唯物主义占了上位》一文，摘录如下：

异读词的一些今读，会产生破坏古诗词的押韵、和律、词性、含义诸问题，其实，更严重的是破坏了原作的表达真相，包括韵味的追求和内容、情感的准确性。在以往的审音中，这些问题便是一个突出的待合理回答的问题。对此问题，孟蓬生先生，作为一个权威发言者，这样回答："在一些特殊场合，如古诗文吟诵活动和其他文艺形式中使用一些'古音'，如同京剧艺术中的'上口字'一样，应该得到尊重和宽容。"在其文结束前，孟蓬生先生既庄重又带些许调侃味地重申了上面的回答及缘由："我国有着悠久的诗歌欣赏和吟诵传统，随着最近兴起的'国学热'和'吟诵热'，国人越来越多地接触到古代的优秀诗歌和散文作品。但是，由于古今语音的变化和古今音义配合的变化，一些诗句和文句读起来不太上口，或意义容易发生混淆，一些人愿意在吟诵活动或其他艺术中玩'文艺范儿'，按以上提到的'叶韵'或'旧读'等来读古代诗文，也无可厚非。"

对上面这样的回答，我感慨颇多。

一是"吟诵"真的不简单了，在如此严格的语言运用法规规范内，享受了可以"违规"的待遇，觉得有点像"刑不上大夫"的现代版。遭受百年打压的"吟诵"，不仅翻了身，而且高高在上而"刑"不上了。

欣喜之余，想补充一句，这个"待遇"，不仅是对"吟诵"的尊重，而且是对灿烂中华古诗的尊重、对优秀传统文化的尊重，是历史唯物主义的态度。至于"宽容"、"无可厚非"二词，虽是善意而用，但不太恰当，尊重"吟诵"、"古诗"，都不存在宽容的问题，也无须任何人去"宽容"、"厚非"。

再补充几点："吟诵"是汉语言独有的读书好方法，是还原古诗声韵真相乃至文本内容能够最到位的方法；尊重了吟诵，就等于尊重了古诗、古人；还有，"尊重"和"玩文艺范儿"不应该扯到一块。

二是在吟诵的传播中，勿用"诚惶诚恐"了。对于当今吟诵界的前辈，80 岁高龄、第六届世界青年联欢节金奖获得者戴学忱先生，2016 年 7 月 6 日的《中华读书报》曾以"乐兮归来：戴学忱的歌诗人生"为题专访了她推广吟诵的执着和贡献。若干年前，戴学忱先生就针对吟诵古诗词"异读词"的问题提出了"修复论"，态度鲜明地倡导牵扯到今读不符合古诗词韵律及词义的，要修复，即恢复古读。由于她在吟诵界的权威性，她的"修复论"给了吟诵同人一种底气。我就是获此底气者之一，一直在坚持她的"修复论"，但在吟诵的场合，还是时有担心固执的"审音"者冒出来"拍砖"，"诚惶诚恐"的阴影每每挥之不去。现在好了，审音的正当香主、说活算数的权威发了话，"诚惶诚恐"可以拜拜了。

六　探　索

在《程砚秋唱腔选集》中，程砚秋写的《创腔经验随谈》一文体现出的孜孜不倦的创腔探索精神，极大地鼓舞了女儿。在吟诵推广的道路上，女儿以程砚秋先生为师，不断探索、开拓、创新，奋力前行。女儿在吟诵推广涉及的多个维度、领域，或有的取得了明显的成果，或有的做了大胆的尝试、设计。

女儿吟诵推广的开拓、探索、创新成绩或成果，前文中已表述过的不再赘言。下面补写在女儿的生前已步入"进行时"的 3 个探索、创新的项目：

一、"吟诵融百家艺术"项目

胶州传统文化底蕴丰富，其 6000 多年的三里河文化，1000 多年的少海板桥镇海上丝路文化，100 多年的"扬州八怪"高凤翰书画文化，从宫廷走到民间的八角鼓以及源自民间的秧歌、剪纸、茂腔等非遗文化，大沽河岛城母亲河文化，都久久牵动着女儿的心。

多年来，女儿一直关注、学习、吸吮胶州多方面的文化营养，一直刻苦修炼、提高自己在诗词、绘画、书法、作曲、声腔、古琴、戏曲等多方面的理论水平和技艺。女儿谋划设计的"吟诵融胶州百家艺术"实践项目，准备号召、组织怀揣各种专长的胶州艺术家们，将吟诵文化的元素融入各自的创作中，以各类艺术体裁表现吟诵历史文化及当代绝学传承发展内容。这样既能丰富各类艺术的表现内容、内涵，又能扩大在艺术领域吟诵传播的范围，给绝学吟诵的传播插上各类艺术的翅膀，以多维度艺术的方法提高吟诵文化的浸润传播效果。

日积月累，"吟诵融百家艺术"的作品一旦形成规模，就可以巡展，就可以安顿在一个地方，建一所吟诵文化与百家艺术馆。这是女儿吟诵艺术推广的一个创新梦。但愿有朝一日，有志于绝学推广的吟诵同人志士们和百家艺术家们，为中华绝学吟诵的大推广，为中华百家艺术的创新大发展，能联袂启动女儿这一策划、梦想了多日的美好项目，告慰天堂里的女儿。

二、雅音大梦——大型音乐舞蹈史诗剧剧本项目

2017 年 6 月份，青岛教育局领导建议女儿编导一台质量较高的吟诵展演节目。女儿设计、编创了中华吟诵音乐舞蹈史诗剧《雅音大梦》，梗概如下：

题材：音乐舞蹈史诗剧

形式：九五框架，五幕九桥段，取九五之尊之意。

五幕：序幕，一、二、三、四幕。

桥段：序幕 1 个；其他 4 幕各两个，共 9 个桥段。

时长：一个半小时左右

主旨：

（一）通过中华吟诵史和其承载的中华传统文化优秀典籍和文化人物，形象地展现中华文化的博大精深，歌颂一代代中华优秀人物矢志不渝、勇于担当、不怕困难传承华夏文化和文明的高尚情操与修为，以感染后人，尤其是感染青少年儿童，引导他们热爱母语文化，浸润家国情怀，增强文化自信，坚定不移地为传承中华优秀读书传统、弘扬中华优秀文化、实现振兴中华的中国梦而努力学习和奋斗。

（二）以创新的思维，打破以往展演套路，以重要历史节点为纵轴，以各个时代的吟诵特色为亮点，以历史人物、经典诗篇、经典意象和意境为横轴，以视觉展现诗词内容和意境的最好载体国粹书法和国画为整剧背景线索，以古琴等传统乐器进行伴奏，以普通话吟诵为主体，兼顾美听易懂的各方言区的传统文读吟诵调，划分桥段，编创精简剧情。

（三）力争形成一个展现吟诵的较好的固化形式，形成一个响亮的能激发兴趣、便于记忆、易于排演的传播传统文化的展演品牌。

（四）博学归一，能使青少年儿童及其他观赏受众，在以往学习传统文化的基础上，在较短的时间内，较完整地了解中华吟诵的历史，学习、重温、享受经典诗词杰出名家的重要名篇，期盼能广泛巡演，期盼起到习总书记提倡的以一当十的传播推广效果。

各幕剧情：略。

说明：

1. 每个桥段开始，LED 显示书法经典，导入。

2. 各桥段穿插中华意境文化中的月亮、梅花、杨柳、仙鹤、飞雪等意境经典。

三、专著《中华吟诵——平长仄短的艺术》写作项目

女儿在多年体验、学习、探究汉语言声调及动物的声调发声的过程中发现了一些有趣的现象。她最感兴趣的一个问题，就是她自称的发现了平长仄短是汉语的密码，而吟诵则是平长仄短的艺术，诗词格律是平长仄短

艺术的极致。

她准备写一本吟诵探索性的作品《中华吟诵——平长仄短的艺术》，经过长时间的思考，已拟出了写作提纲。该书的提纲拟出已近两年，由于吟诵传播的工作占去她业余时间太多，所以她迟迟没有动笔。这也是女儿留下的一大遗憾。

女儿崇拜为人高尚的程砚秋先生，倾心研究程砚秋先生的创腔艺术。我能看出来，女儿在暗自努力，要像程先生那样，做精致的学问，做精致的艺术传播者，成为像程砚秋那样的吟诵业内优秀传统文化的践行者。

苍天不公，剥夺了女儿在中华绝学吟诵传承的伟业中学习程砚秋先生磊落做人、探索创新精神的生命权利。

陆 雏凤清于老凤声

——古遗赓传结父缘

十岁裁诗走马成，冷灰残烛动离情。

桐花万里丹山路，雏凤清于老凤声。

——［唐］李商隐：《寄酬兼呈畏之员外其一》

自 2010 年 10 月 12 日起，女儿开始追随恩师徐健顺先生踏上传播古遗绝学吟诵的志愿者的人生之路，与青岛国学学会副会长姜汇峰先生、青岛教育学院教授陈祥太等国学前辈结下了父师缘。青岛的许多国学前辈，不论在女儿的吟诵推广起始的困难阶段、吟诵的精进提高阶段，还是在个人的情感生活方面，都给予女儿极大的呵护、支持和帮助，都殷切地期望女儿在吟诵推广工作中不断做出新的成绩。

一 试 水

高楼万丈平地起，

盘龙卧虎高山顶。

———摘自陇东红色歌谣《咱们的领袖毛泽东》

2011 年寒假，姜副会长推荐女儿到位于青岛上清路的"三学堂"国学幼童班开设古诗吟诵课。

"三学堂"的"三学"指儒、释、道 3 个学派。"三学堂"是一所创办了多年的较有影响的私立国学小书院，有 3 层的教学楼，颇具规模。青岛大学国学院的张轶西教授、焦绪霞副教授等多位青岛有影响力的国学教授、专家曾来此授课。姜副会长与"三学堂"的姜总、李总熟悉，把女儿引荐给了两位老总。当时，他们虽然不知晓"吟诵"为何物，但仍热情地欢迎女儿前来试讲。

"三学堂"的幼童古诗吟诵课，是女儿第一次走进社会办学机构讲课；女儿主要给学龄前的孩子们上课，也是破天荒第一次。之前，女儿没有在课堂上接触过学龄前的学生，欠缺这方面的教学经验。刚刚起步学习吟诵才几个月的女儿，与古诗吟诵的正规教学也是第一次邂逅。面临这3个第一次的吟诵试水教学实践，女儿没有胆怯、退缩，而是经过精心备课，充满自信地登上了"三学堂"的讲台。

女儿认识到吟诵是中华读书文化的基因，是中华儿女骨子里的东西；女儿一再表示她相信吟诵的力量，千年绝学、古遗雅音一定会拨动孩子们的心弦，一定会激发孩子们对吟诵的浓烈兴趣；女儿乐观地展望，孩子们普遍爱上吟诵古诗词的喜人场面，指日可期。

在"三学堂"，女儿施教的第一首诗的吟诵课，选的是孟浩然的五古绝句《春晓》，得到了孩子们强烈的共鸣。虽然来上课的9个孩子年龄参差不齐，最大的6岁，最小的4岁，但是孩子们学习吟诵，兴趣迸发，步调一致，个个吟诵得很带劲。吟诵对孩子的魅力，完全出乎孩子家长和学校管理人员的意外。女儿这次试水的成功，还有一条重要的经验，就是女儿将吟诵与调动孩子的好奇心做了巧妙的结合。

第一节课开始，女儿先吟读了一遍《春晓》：

> 春眠不觉晓，处处闻啼鸟。
>
> 夜来风雨声，花落知多少。

女儿吟读时刻意突出的"不"、"觉"两个入声字"急促、速敛"的读法，立马引发了孩子们的好奇。女儿趁热打铁，给孩子们讲解：

"不"、"觉"的急促声音，生动地表达了这样的生活场景：刚从睡乡中醒来的你、我、他，睁开蒙眬的睡眼，不待你揉眼的工夫，"大亮了的天""一下子"扑到了自己的眼前；这两个急促下刹的入声，在声音上配合文字的意义，为诗中下面的乱鸟争鸣的听觉描写和雨袭花落的感伤联想做了自然、充分的听觉的铺垫，而普通话声调的"不"为去声，"觉"为阳平，这两个字的读音相对稳健、缓慢，没有上面这种声音传达的奇特效果。

（摘自女儿的《以声制诗》。）

女儿说："好奇是兴趣的导火索，抓住了就能点燃起孩子们的兴趣之火。"这节课，孩子们对第一次接触的陌生的入声产生了浓烈的新奇感，争相模仿，为古老的入声学习涂抹上了童稚的游戏色彩：

孩子们很快学会了突出入声"不"、"觉"的字音，来吟读这首诗。几个调皮、活泼的孩子别出心裁，特意挑出了"不"、"觉"二字，在嘴里竞相"急促"发声不断，玩起了口中"入声"游戏的比赛。始未料到，被新四声肢解了的入声风光依旧，引发了孩子们蕴藏在童心中的创造力。孩子们，好乖，好乖啊，我为你们跷起左右两手的拇指，祝贺你们：出彩。

（摘自女儿的讲稿《吟诵的力量》。）

女儿说：

孩子们对入声的敏感和好奇不是偶然的，是骨子里的文化基因的潜在因素起作用。虽然入声声调被普通话淘汰了，但入声声调的生命力依然如旧，甚至在未来的岁月里还会以某种形态强有力地表现出来，因为入声是祖先给我们创造的优秀的语言财富，自有坚实的语言内因基础。至今，在许多方言、戏曲里，入声不仅没有退出语言的历史舞台，还一直在和普通话博弈、争席位。这都是入声的生命力之强大的不言而喻的证据。

入声生命力如此强大另有一个重要原因，就是入声不仅是中古以来古典诗词创作的主要声调之一，而且中古音的入声特别入耳，因其抑扬顿挫更为显著，声调气势磅礴雄壮，发声如铁石沉水、快刀斩响，入声音发，梁尘摇落，空瓮应响，任何其他声调无可相比，其表现力和感染力是强烈的。这是一种无形的强大音韵力量。孩子们喜欢、好奇是必然的。吟诵同人在吟诵古典诗词时，恰当恢复入声是在坚守正途。

我深信，入声的绝唱，不会绝音，而会萌生新的绝卓。

（摘自女儿的《吟诵的力量》。）

著名的幼儿教育专家陈鹤琴指出："好奇心是儿童学问之门径"，是教师、家长"施教的钥匙"。女儿在吟诵课上引导学生好奇心的做法就收效明显。

儿童教育心理学的研究发现：好奇心持续的时间越长，学习的效果就会越显著。女儿的吟诵课注意了引导学生好奇心的连贯性。

在《春晓》的第二节课，女儿火上添薪，将吟读融入优雅的旋律，给孩子们反复吟唱了《春晓》。这一首诗的两种差异悬殊的声读法引发了孩子们新的好奇。这种好奇不仅持续了孩子们的学习兴趣，重要的是不失时机地扩展了孩子们在古典诗歌读法方面的视野，一步接一步激发孩子们对母语诗歌的喜爱之情。

女儿在她的《吟诵艺术概论》第35页记叙了这次"试水"课中孩子们的感人表现和她的感动与感慨：

日后的每节课，这个班的孩子个个兴趣盎然、竞相演练，每次下课了仍个个意犹未尽，不愿离去，每每在陪读的家长反复催促下才大声吟诵着离去。让我始料未及的是，假期最后一节后，孩子们执意不让我走，排起了小队，认真地拿着上课本让我签名，有几个年龄小的重复排队签了好几次。我还惊奇地发现，他们本子上的名字全改了，改成了张打打、王打打、许打打……泪花不觉从眼里涌出，我含着热泪，一笔、一笔仔仔细细签完了每一次，内心充满了幸福、满足。我从教十年，第一次有"粉丝"找我签名，而且是这么多天真烂漫的孩子。"三学堂"的领导得知后，夸我教得好。其实不然，是吟诵内在的魅力在孩子们这儿得到了回归，是吟诵的力量、传统文化的力量在孩子身上发挥了作用。我们吟诵的传播者仅起了桥梁的作用。

那年正月初五后，女儿去北京护国寺小学参加中华吟诵学会第八期培训班进修。女儿任教的"三学堂"这个班，因为女儿去了北京，没依照原定课程安排来上课，爆出了罢课的"大事件"。

春节过后，正月初八，"三学堂"开课了。这个班的孩子穿着节日的新装，兴致勃勃地来到"三学堂"。孩子们已经喜欢上了女儿的吟诵课，假期里就翘首期盼着来上女儿的课。孩子们到了课堂，因为没见着文气漂亮、和蔼可亲的林老师，个个头上如浇了盆凉水，垂头丧气，怏怏不乐地一齐闹着回了家。3日过后，正月十一日，孩子们听说林老师从北京回来了，才喜气洋洋、急不可待地回来复课。

这次孩子们团结一致的"罢课"举动，在家长、校方那里反响强烈。起初，他们感到突兀、惊讶和不可理喻。后来，这引起了个别家长的思考。有一位家长建议与女儿和校方为此事召开一次恳谈会，遗憾的是没有得到高度的重视，致使建议落空。

随着2011年的寒假结束，女儿在"三学堂"的古典诗词吟诵课首秀在家长、孩子们的赞扬声中落幕。

"一石激起千层浪"，女儿投向"三学堂"幼童国学班的"吟诵"小石子击出了不寻常的浪花。孩子们对入声字的超级兴趣、对吟诵调执着模仿的认真态度，孩子们抗议、罢课的"出格"行为，孩子们循环排队让女儿重复签名以及互相攀比改名为"打打"的追捧场面，深深地触动了女儿。

"今观晨鸡，时夜而鸣，天下振动。"（摘自孙诒让的《墨子间诂》。）女儿笔底情澜翻涌：

一芽发而知春将至，"三学堂"的孩子们给了我很大的启发，告诉我们现在的孩子会喜欢吟诵，提醒我们应该加倍努力，孩子们在等待我们去唤醒，呼吁社会、学校以及更多的人参与吟诵的推广。

在三学堂，跟我学吟诵的小朋友因为爱上了吟诵而改名，冒出了张打打、李打打、王打打等多个"打打"小朋友。期待每一个爱吟诵的"打打"小朋友都是一点星火——星星之火，可以燎原。

（摘自女儿的《吟诵的力量》。）

中国古典文学研究专家、南开大学中华古典文化研究所所长、著名吟诵倡导人叶嘉莹先生说：

"我就觉得我是对不起下一代的学生，因为我没有教会他们吟诵。诗歌一定要会吟诵才真的得到它的精华。"

——徐健顺老师公开信《让吟诵回归语文》

"书生报国成何计，难忘诗骚李杜魂。"（摘自叶嘉莹的《迦陵诗集》。）女儿在《吟诵艺术概论》一书的卷首语中，引用了叶先生这两句表达了矢志不渝传播中华优秀传统文化的爱国、报国精神的诗句。女儿写道："叶嘉莹先生，耄耋之年，奔走于海内外，力排杂音，为在幼儿中播种吟诵的种子呐喊不已。""叶嘉莹等前辈学者，为吟诵复兴无私奉献的精神，给了我很大的鞭策。"

女儿在矢志传播民族优秀文化的志愿者人生道路上，崇敬叶嘉莹先生，自觉以叶嘉莹先生为榜样，投身到叶嘉莹先生为之呐喊、奔走了大半生的绝学吟诵传播事业中。女儿创办的第一个吟诵进课堂的实验班取名"小荷班"的缘由之一，就是让"小荷苞"们记住乳名叫"小荷"的叶奶奶，记住叶奶奶传播中华古典诗词、传播绝学吟诵的精神和业功，向叶奶奶学习，从小立大志，做中华民族优秀传统文化的传人。

2017年4月25日，备受全国观众喜爱的中央电视台的《朗读者》栏目第一季第十期，著名央视主持人董卿女士邀请了叶嘉莹先生。在全国观众面前，叶先生深情表达："我已经90多岁了，在我离开世界以前，要把中国传统上最宝贵的一部分留下来，因为这是声音上的一件事情，不像写在纸上的可以保存很久。吟诵几乎失传了，我应该把真正的吟诵留下来，给爱好诗歌的朋友们。"

"柔蚕老去应无憾，要见天孙织锦成。"在这次节目中，董卿解读了叶先生的这两句诗，大意是"我平生的离乱都微不足道，只要年轻人能够把吐出的丝织成一片云锦，让传统文化的种子能够留下来"。我的女儿在传播绝学吟诵的志愿者推广工作中忘我拼搏，没有辜负叶先生对年轻人的希冀。但是，苍天不公，没能让女儿继续去完成叶先生交给年轻人的重任。写到这里，哀痛锥心的我难以不为女儿的早逝遗憾；写到这里，我郑重地向叶先生表示，我虽然将进入古稀之年，但一定向您学习，像您一样，节制丧女哀痛，克服各种老年困难，拼搏奋斗，献出余生的余热，代替女儿为她笃志守望的事业做出新的成绩。

2015年初夏，92岁的叶嘉莹先生与17位德高望重的国学学者联名给国务院写信，建言吟诵重回教育。李克强总理收到信函后，一个月内两次对首都师范大学做出重要批示，肯定吟诵活动是延续中华民族传统、光大民族优秀文化的益举，支持做好吟诵工作，使中华经典为更多的人特别是青少年所熟知、所喜爱。

"犹抱琵琶半遮面，千呼万唤始出来。"徐健顺老师撰文说大家等了许久的人教版《语文吟诵》现已出版。女儿急切期盼的校园吟诵普及的春天已在前面招手；校园吟诵星火燎原，"吟燃中华"的新时代已走近。

2011年1月22日下午，女儿应姜汇峰副会长邀请参加了青岛国学学会和古琴研究会在泰山路35号青岛大学生创业孵化中心一楼举办的"国学经典与时代同行——中国传统文化中的渔樵情结"雅集，有来自文化界的 200 余名朋友参加。雅集上已故著名古琴师姜抗生演奏了古琴名曲《渔樵问答》，青岛国学学会顾问、青岛教育学院教授陈祥太老师主讲了《中国传统文化中的渔樵情结》，女儿和其他几位喜欢吟诵的朋友分别吟诵了《诗经·蒹葭》、唐诗《赠汪伦》、唐调《论语》片段等，明珠国学专科学校的小朋友集体吟诵了《诗经·木瓜》——在场的朋友耳目一新。吟诵成了这次雅集的亮点，引来关注。

在雅集上，女儿首次面向青岛文化界的友人展示了其吟诵的风采。虽然存在这样或那样的不足，但正如参加雅集的一位长者所说："刚才听到的吟诵，虽然稚嫩，但是让我们看到了青岛吟诵开展的前景。"女儿得到了参加雅集的朋友们的热情鼓励，信心倍增，坚定了做好吟诵推广的信心。尽管吟诵推广的道路关隘重重、筚路蓝缕，但女儿深信青岛的吟诵定会迎来"千树万树梨花开"的明天。

从 2003 年起，青岛大洲运动用品有限公司就开始探讨"中国式"企业管理模式。2008 年到 2010 年，这个公司因践行《弟子规》成绩突出，连续 3 年承办全国企业家论坛。该公司的刘总重视传统文化学习的连贯性，除了内部推行学习《弟子规》，每周五下午 5：30 定期举办传统文化讲座，邀请专家来上课，并且成立了青年职工读书小组，有组织地参加讲座。

2011 年春的一天，姜副会长推荐女儿去大洲公司举办了吟诵讲座。下面是女儿《吟诵的力量》一文中去大洲讲课的一段实录：

有一次，国学会的姜会长让我去给"大洲"讲一讲吟诵。我一走进工厂大门，立马感觉到一种和谐的氛围，传达室的保安师傅向来往的每个客人做 90 度的鞠躬。

我走上讲台，看到参加讲座的每个学习小组的学员都坐得板板正正，每个人的眼神里都流露出求知的欲望。

那次，给我的时间是半个小时。为了让他们感受到吟诵的魅力，我先简单给他们讲了些吟诵的基本知识，之后用了大约15分钟的时间让他们和我互动，一起来体验吟诵。那天，我用的是徐健顺老师的简单的矿泉水调来引路，给他们吟诵了《静夜思》、《春晓》几首家喻户晓、易于学习和容易让人感兴趣的短诗。为了进一步提高他们的吟诵的兴趣，让他们克服畏难情绪，我告诉他们，平日的说话都是练习吟诵的机会。我教他们，比如"下班了"、"晚上去干吗"、"今天太累了，回宿舍休息"，还有自己的姓名，都可以套上一个吟诵调。只要做到平长仄短，就出了吟诵味道，就初步练习了吟诵。他们按照我教的，都认真地练习起来，实实在在地感觉到了吟诵不难。

他们增添了吟诵的信心，我增添了推广吟诵的自信。

二　助　阵

海浪肯随山俯仰，风帆常共客飘飘。

——［宋］陈师道：《十八日观潮》

2012年3月初，春寒料峭，百花待放。在一个周二的下午，姜汇峰副会长陪同女儿来到胶州三里河小学，年轻的王书友校长在校门口热情地迎接。

之前，王校长委派教导处副主任陈密芝等4名老师参加了在北京举办的吟诵培训班。女儿这次来三里河小学，是受王校长邀请，前来与去北京参加学习的4位老师座谈交流吟诵如何在三里河小学开展得更好。王校长是一位学者型的基层学校领导。听女儿介绍，王校长在《中国教育报》发表了多篇教育专论。他任职三里河小学的校长后，在上级教育主管部门的支持下，为三里河小学的校园文化建设不断注入新的内涵。

"春江水暖鸭先知"，富有传统文化学养的王校长目光敏锐，看到了吟诵对学校传统文化建设及语文教学的重要性，所以一直拓宽各种渠道，不遗余力地做好引导吟诵进校园的工作，总是热诚地邀请女儿参与三里河小学的吟诵传播活动。2017 年，女儿决定调往胶州，落户三里河小学。王校长得此人才，兴奋难抑。

那天，在三里河小学的会议室里，姜副会长、女儿、王校长和 4 位老师畅所欲言，气氛热烈地进行了一个多小时的座谈交流。随后，王校长邀请女儿到三年级的一个班上了一堂《春晓》吟诵公开课。课后，王校长、姜副会长、女儿又回到会议室继续畅谈，讨论了三里河小学发展吟诵的前景和具体计划。

在 3 个方面，三里河小学走在了青岛市"吟诵进校园"推广普及工作的前列：

第一，成立了师生家长吟诵团，定期邀请女儿去辅导。从 2013 年至 2017 年，已举办了"读书的好声音——教师吟诵培训班"3 期、"家长大课堂吟诵培训班"两期、"中华吟诵研讨培训"1 期。

第二，在全国率先编辑了吟诵校本教材（共 6 册）。

第三，继续委派老师参加中华吟诵学会的吟诵培训班，已派出老师参加外地吟诵培训 3 次。

"穿花蛱蝶深深见"，自 2012 年以来，姜副会长陪伴女儿，每年至少 20 多次，去三里河小学、胶州八中、明德山庄和胶州吟诵中心等处传播吟诵。姜副会长与女儿是一对罕见的吟诵传播老少搭档。胶州土地上，他俩迎雨沐雪，忘情奔波，印留了一双双浸润了女儿悦耳的古韵雅音的足迹；老少两代用振兴中华文化的丹心，书写了岛城古遗吟诵传播史上的一段拓荒佳话。

2012 年 8 月 17 日上午，女儿受青岛民俗学会邀请，到天后宫进行长达 3 个多小时的吟诵讲座。这是女儿第一次在时间这么长的讲座上授课，加上来听讲座的多是民俗研究方面的专家前辈，女儿感到很有压力。青岛国学学会顾问、青岛教育学院的陈祥太教授闻知后，前来给女儿指导、助阵。

女儿的这次讲座进行得很顺利，反响良好，但也出现了一段小插曲。在讲座的上半场，女儿解读吟诵的声音意义，举了唐代山水派代表诗人王维的《鸟鸣涧》：

> 人闲桂花落，夜静春山空。
>
> 月出惊山鸟，时鸣春涧中。

女儿吟诵了这首诗，对诗中的"月"、"出"二字突出了入声的读法。然后，女儿分析了诗中的"月"、"出"这两个入声字对诗人大胆想象的"月出"能惊飞栖鸟的意境的渲染、营造作用：

这是一首中华诗坛写深山夜静的首席佳作，"月"、"出"两个入声字恰到绝处的运用，是此诗成为千古写景妙篇的重要元素。"月"、"出"二字，急促的入声读法，致使悄无声息的"月出"，于这静悄悄的山林，在读此诗的人的意念里闹出了大动静，似惊扰了酣梦中的山鸟，让它们纷纷弃巢迷乱四飞。漆黑的山林里，鸟儿们乱了套。诗人笔下"惊山鸟"的子虚乌有的夸张描写，让诸多诗评家、修辞家跷起了拇指，惊赞诗佛的造境功底。其实，功夫在诗外，无非诗人将入声字用到了极致，其诗外"炼"声的本事不可忽略，《鸟鸣涧》是声音制诗的今古奇观。

（摘自女儿的《以声制诗》。）

台下的听客对女儿入声字有造境作用的新颖、别致的精到分析没有提出质疑，倒是有一位老先生提出了与此诗吟诵有关的格律方面的问题。他问女儿：

诗的"夜静春山空"一句中，后面3个字"春山空"，全是平声。"三连平"也称"三平调"，几乎是所有近体格律诗家避讳的大忌，因为"三连平"严重影响了诗的抑扬韵律感。请问，吟诵"三连平"，如何处理？你刚才吟诵的"春山空"这3个平声字，我没有明显的有差异的感觉。

"半路杀出个程咬金"，在这样的大场面冒出这个"大问号"，对女儿来说，简直是突如其来。讲座前，女儿对"三连平"的吟诵处理方法缺乏周密思考，一时无言以对，但女儿谦虚、沉着，没有慌乱。

女儿说：

"谢谢您，提了这么专业的问题，我课前没有深入地思考过。下面的休息时间，待我思考后，下半场回答您。"

讲座休息时，女儿和陈教授商讨了这个问题。女儿先请教了陈教授有关"三连平"即"三平调"的相关知识。陈教授说，在众多近体格律诗的创作指南书籍中，"三连平"被列为近体诗创作的大忌，但也有人不认为是犯忌，比如古汉语专家王力先生则认为，"三连平"不仅不是大忌、"拗"体，反而独树一说，认为是一种特殊变格，正因如此，所以在古今诗词创作大家诗作中的"三连平"现象屡见不鲜。陈教授举了毛主席的一首七绝《为李进同志题所摄庐山仙人洞照》为证：

> 暮色苍茫看劲松，乱云飞渡仍从容。
>
> 天生一个仙人洞，无限风光在险峰。

上面的毛诗中，第二句的"仍从容"就是三连平。其实，古今格律名诗中出现"三连平"的例子可举出许多，如李商隐的《锦瑟》、金昌绪的《春怨》、刘长卿的《弹琴》等，能列一个长长的诗单，不胜枚举。按照王力教授的观点，"三连平"不应看作格律诗创作的犯规现象，而是一种变格。写到这里，我这个外行认为王力先生的观点是持之有据的，是非常正确的，不应仅视为学术的宽容，而应挑战规则，作一修正，否则古今格律诗坛犯规的人太多，包括一些诗坛大腕，也有点说不过去。

临水种花知有意，一枝化作两枝看。女儿请教了陈教授后，认为"三连平"这个带有普遍性的问题应引起重视，但她也认为，从吟诵的角度，在实践中这个问题不仅易于解决，而且应作为阐述吟诵即兴特色的鲜活课例。

如果吟诵近体格律诗，遇到诗中出现缺少抑扬感的"三连平"现象，为了使诗句声读的语流淌流至此音段时避免音感僵直呆平，女儿设计了两种扬波助澜的处理办法：

吟者，于特定的环境，以对诗的本体内容、情感表达要求的理解，及所持吟诵调的声韵把握，如下处理"三平调"的方法，可择其一：

一、调整 3 个平声的音强，形成 3 个平声音调强弱参差不齐的韵律变化，而美听。

二、选择调整 3 个平声的时值，形成 3 个平声声调拖音时值的短长不齐的韵律变化，而美听。

（摘自女儿的《以声制诗》。）

讲座的下半场，女儿答复了老先生关于"三连平"的吟诵如何处理的问题，并且说明了所用的解决方法即吟诵的即兴法，并且强调了即兴是吟诵的特色之一，是中华文化艺术模糊性特点的魅力体现。

这次讲座虽然很成功，但出了一处不轻不重的疏漏。女儿在介绍李白时，不小心报错了他的出生时间，多报了半个世纪。若依此推算，李白成了 11 岁就夭折的天才儿童诗人。这岂不成了大笑话？下了讲台后，陈教授说："你出错时，真担心有人会拍砖。"但是，那次听讲座的人不仅无一人挑刺，而且在讲座结束时，讲台下报以长时间的掌声，令女儿心潮难平。

女儿说："这次讲课给我的警示和感动，难以忘记。"

在天后宫的这次讲座后，女儿发现：

以普通话音调注音的古典格律诗，存在伪"三连平"现象。如果遭遇伪"三连平"，吟诵时应该用修复的方法调理，一定要与真"三连平"的处理方法严格区别。

下面举出存在伪"三连平"的两首名篇的例子：

第一个例子，唐代诗人刘禹锡的七言绝句《乌衣巷》：

> 朱雀桥边野草花，乌衣巷口夕阳斜。

> 旧时王谢堂前燕，飞入寻常百姓家。

刘禹锡这首传世名篇第二句的后三字"夕阳斜"，以普通话的读音，3个字全是平声，是"三连平"，但这里普通话读音的"三连平"不是刘禹锡创作此诗时的读音真相。这首绝句的格律创作依照的是当时的标准平水韵，其各字的读音完全和律。"夕阳斜"中的"夕"，依照平水韵读入声，属于仄声，"夕阳斜"三字的原读音是一仄二平，所以此诗没有触犯所谓的"三连平"大忌。在吟诵《乌衣巷》时，将"夕"的读音修复回到入声的读法，不仅不存在普通话读法的"三连平"造成的缺失抑扬感，反而能咀嚼出些许中古唐音的吟味。所以，遇到类似"夕阳斜"这样的伪"三连平"现象，不需要吟诵的即兴处理，只需进行字音修复，还原字音读法的原貌。

伪"三连平"采用上述修复的方法，才能准确地表达出原作的韵味、情感和内容；更重要的，这既是原作表达的需要，也是对原作、对古人的尊重。因此，修复的方法不仅是技术、表达的问题，更是对优秀传统文化的历史唯物主义的态度问题。

第二个例子，唐代诗人杜甫的绝句《江畔独步寻花》：

> 黄四娘家花满蹊，千朵万朵压枝低。

> 留连戏蝶时时舞，自在娇莺恰恰啼。

以上杜诗中的"压枝低"3个字，普通话都读平声，但其中"压"字古读入声，修复回到原貌，则不存在"三连平"现象。此诗中，"压"恢复了原读入声，"急促"、"砸下"的入声读法会产生一种"压"的微妙的听觉感受，不仅强化了"压枝低"的诗意效果，而且不辜负杜甫"冶炼""压"字的视觉、听觉两个维度的当初的匠心。诵读此诗，恢复"压"的入声真相，是尊重了杜甫并且维护他的创作尊严——勿要惹得天堂里的杜老夫子生闷气。

（摘自女儿的《以声制诗》。）

2012 年暮春，一个周末的晚上，女儿受青岛大学"博雅班"邀请去讲课。那天课上，女儿吟诵了唐代崔颢的《黄鹤楼》：

> 昔人已乘黄鹤去，此地空余黄鹤楼。
>
> 黄鹤一去不复返，白云千载空悠悠。
>
> 晴川历历汉阳树，芳草萋萋鹦鹉洲。
>
> 日暮乡关何处是？烟波江上使人愁。

南宋诗人、文学评论家严羽在《沧浪诗话》中赞誉这首诗："唐人七言律诗，当以崔颢《黄鹤楼》为第一。"女儿对这首诗的吟诵，增添了其声音的斑斓色彩，着实给唐人这首七律第一诗的韵味锦上添花；女儿磁性、温婉的吟诵，玉音润耳，撩拨起在场大学生们浓郁的雅致。

在女儿吟诵课结束前的互动环节中，大学生们兴趣盎然，情绪高涨，问题接踵而来，而且有些五花八门。这令女儿如临山阴胜景，应接不暇。女儿对其中一个善于对比思考的大二的男生印象深刻，认为这个大学生敢提问、善提问，值得鼓励。

他问女儿："打打老师，崔颢的《黄鹤楼》和李白的《登金陵凤凰台》，您更喜欢哪一首？"

女儿未加思索，回答得痛快："当然是李白的《登金陵凤凰台》。"

他追问："为什么？"

女儿辩答："我不是从诗的艺术性回答你的，而是从另一个我个人看重的内容的角度，纯以我个人情感喜好取向给你的回答，因为崔颢的《黄鹤楼》抒发的是乡情，李白的《登金陵凤凰台》抒发的是家国情，而我偏爱忧国怀民的诗篇。"

他继续追问："这两首诗在吟诵上有区分吗？"

女儿先用调侃的腔调说："你终于绕回了正题。"接着，女儿做了扼要的回答："这两首诗可以用同样的吟诵调，但两首诗的感情不一样，吟诵时应该有区别。吟诵前应先体悟两首诗的情感差别，调整吟诵表达的情绪与吟调的契合。吟诵前的准备，要在两首诗情感表达不同的细腻处多下点功夫。比如：从两诗的首句体味出蕴含的微妙的相异之处。崔颢的'昔人已乘黄鹤去'带有遗憾、无奈的情绪，而李白的'凤凰台上凤凰游'着情于坦荡、自得，带有一个浪漫主义诗人的风格印记。"

李白的《登金陵凤凰台》如下：

> 凤凰台上凤凰游，凤去台空江自流。
>
> 吴宫花草埋幽径，晋代衣冠成古丘。
>
> 三山半落青天外，二水中分白鹭洲。
>
> 总为浮云能蔽日，长安不见使人愁。

在此首诗中，诗人把历史的典故、眼前的景物和一己的感受交织、熔融于一炉，抒发了忧国伤时的情怀。女儿体会出了这首诗意旨深远的内涵。

那天晚上，女儿讲课回来后与我谈起了青大"博雅班"那个大二学生的提问。我对女儿的赏诗态度及对诗的情感细微差异的体味、分析给予充分肯定。

青岛市市北区登北社区是闻名全国的模范先进社区。这个社区重视传统文化建设，定期举办国学讲座。青岛国学界的教授、学者等常常被邀请去讲课。姜汇峰副会长为进一步提高居民听课兴趣及扩大讲座内容范围，主动与登北社区负责这项工作的贺主任商量增加主讲的人选。因为姜副会长与贺主任的父亲、散文作家贺中原先生是老朋友，所以他开诚布公地提出让名不见经传的女儿来试试。当时，女儿在国学界是初出茅庐的小卒，贺主任是第一次听说女儿的名字。女儿年轻，欠缺大学资历，绝无教授学者身价，仅是一名普通的小学教师。他起初对这个小字辈能否压住场心存疑虑、举棋不定，经访听、斟酌，后来欣然接受了姜副会长的举荐。

2012 年 4 月 20 日上午，女儿开始给登北社区的退休居民上经典诵读课。这是女儿第一次给比自己大几十岁的爷爷、奶奶上课。接到邀请后，女儿格外兴奋，跃跃欲试。她为听课的老年受众做了多维思考的菜单准备。

在社区讲堂，听课的居民群体来自不同的社会层面，不仅文化水平参差不齐，家境、年纪的差距也颇殊，但女儿分析这些都不是影响居民听课吸引力的主要因素。她着重从心理层面分析了这些退休老年居民的需要，得出健康应该是这些老年居民们的普遍诉求，若把健康诉求与讲课内容融为一体，一定会受到老年居民群体的欢迎。因此，女儿按照悉心琢磨的心理学理念对以往的教案做了大幅度调整，添加了吟诵的健康功效传授和吟、动结合两个教学元素，并将讲座的题目定为《吟诵与养生》。

女儿在登北社区的吟诵课讲座课程，按预设的 3 个环节，以社区居民们健康需求的心理为导向，以渐入佳境的方法进行。下面是《吟诵与养生》讲座的教学记录：

第一环节，吟诵与健康的理念和例证。

陈少松教授在《古诗词文吟诵研究》中说"吟诵有益于健康"，并举了三方面理由：其一，在精神上，吟诵不仅能宣泄情绪，解除心中的寂寞、烦躁、忧伤、气恼，使心理得到平衡、协调，使心情变得轻松、愉悦，而且能使人从作品中获得积极向上的意念。这有助于人的养生和治疗。其二，吟诵能增强心肺功能，增加声带韧度和弹性，使胸壁肌肉发达，并可调节大脑的活动，锻炼人脑的记忆力，并可锻炼口部器官。

其三，吟诵能促使体内分泌有益于健康的激素、酶等，从而把神经细胞的兴奋和血流量调节到最佳状态。

吟诵诗词近似于做"弃旧容新"的健身体操。反复的、令人心旷神怡的吟诵，能够使人情绪忘我地高涨，锤炼人的大脑，丰富人的想象力，把人的精神带入一个舒畅无际的崭新世界，是一种"神"、"体"兼修的养生法。

第二环节，整篇吟诵与重点吟诵结合。

先整篇吟诵《短歌行·对酒当歌》。因为老人居民记忆力衰退，所以学习吟诵时勿让其贪多。学习完整篇吟诵后，再挑选几句与健康相搭的诗句进行重点吟诵。

此诗选择了开头4句，适合老年人的口味：

> 对酒当歌，人生几何？
>
> 譬如朝露，去日苦多。

下面是开头4句诗的译文：

面对美酒应该高歌，人生短促日月如梭。好比晨露转瞬即逝，失去的时日实在太多。

这4句诗要反复给听课居民范吟，反复指导他们习吟，引导大家从4句诗的反复涵泳中不断加深感悟生命的短暂、生命的珍贵，同时不断激发他们的吟诵兴趣。

第三环节，多样互动，自吟自乐。

在第二环节的基础上，让大家全体起立，离开座位，自找空当，自由地、反复地大声背吟开头的4句，鼓励大家将动作大胆放开，随意摇头晃脑，扭身摆臂，无所拘束，进入完全自由放松的吟诵境界。

女儿在登北社区的富有健康心理学味道的吟诵课讲座动静结合。老人们吟诵时全动了起来，一个个神飞气畅、欲停难止。下课后，听课的居民交口称赞，都不愿意离开，争相与女儿拉着手亲热不息，一遍遍诚恳、热情地邀请女儿多来登北社区举办几次讲座。

在登北社区举办的这次讲座成功结束后，女儿总结出这是吟诵的推广与心理学融合结出的甜果。她建议对吟诵有兴趣的心理学专家可以写本《吟诵推广心理学》的小册子。

"春风遍拂露华浓，桑榆花开诗情涌。"在听课的居民中，有几位喜欢古诗词的老人，不仅喜欢上了诗词吟诵，爱对吟诵知识打破砂锅璺（问）到底，而且愿意与女儿切磋格律诗创作的问题。

登北社区位于青岛贮水山的北麓。有一位住在贮水山附近社区的银发老翁乐意动笔，写了若干首律诗、绝句，还自编了一册诗集，并"因地制宜"，起了个巧名《贮水山贮情集》。他认真地向女儿请教普通话古诗词创作如何和律的问题。女儿向他介绍了国务院原副总理马凯提出的"守正容变"的原则。按女儿对"守正容变"的理解，"守正"就是严格遵循近体格律诗对律句平仄及韵脚的要求进行创作；"容变"就是四声的声调平仄可以依照普通话的声调创作，可以不顾及字音的古读。女儿受到这位银发爷爷"活到老写到老"的精神的极大鞭策，说社区居民中藏龙卧虎，给他们授课要加倍充电方能胜任。

不久，登北社区党委给女儿颁发了《中共青岛市北区政府登北街道党委特邀国学讲师证书》。登北社区出版的《登北心桥》2012年第二期详细报道了女儿的《吟诵与养生》讲座。

三 同 人

君臣当共济，贤圣亦同时。

——［唐］杜甫：《诸葛庙》

2013年初，姜副会长推荐女儿担任了青岛国学学会的常务理事、副秘书长。不久，姜副会长协助女儿成立了青岛国学学会吟诵推广中心。

2013年初，女儿的吟诵专著《吟诵艺术概论》初稿完成。这本书的第一个读者姜副会长读后，给女儿提出了修改意见。青岛国学学会为此书撰写了热情洋溢的举荐语。女儿将举荐语做为该书的代序：

《读书的好声音——吟诵艺术概论》是中华吟诵学会及我市国学学会

弘扬国学、弘扬传统文化以及复兴吟诵绝学、实现吟诵当代价值的一个喜人成果；这是一位"80后"的作者，几年来深入各界基层进行了几十场公益宣讲，运用"中华吟诵"的总汇报，以吟诵传播先进文化，于岛城已风生水起。这与作者的努力分不开。文化是中华民族的血脉，我们自当迸发活力，多作贡献。

《读书的好声音——吟诵艺术概论》可以说是第一部系统梳理概论中华吟诵艺术的专著，对中华吟诵艺术尝试了新提法、新概括，对传统吟诵、吟诵的特点以及与姊妹艺术的关系等进行了创新性的分类缕析，创立了吟诵佳话、名家论吟诵新章目，明确提出了普通话吟诵在推广的"用"中继承、创新、发展的理念，明确提出了吟诵回归本位、实现其工具性、发挥其好方法的载体作用，以吟诵为海内外传播中华文化、全民读书、精神文明道德建设、社会主义核心价值观的培育、滋润人生、和谐社会，为创造更大的当代先进文化价值的6个目标，提出了在"用"中创新、发展是永恒的命题和使命，提出了"《左传》赋诗"、歌诗吟诵化、吟诵娱乐化、普通话吟诵补充功能等有突破性质的新理念、新概念。吟诵的学习、推广、运用，切需这样一本书。书中，强烈的政治、文化的自觉、自信，责无旁贷的振兴中华文化的使命担当，清晰、辩证的思辨、论述，翔实、简约的人文、历史背景材料，激情洋溢、辞彩斑斓的散文笔法，这些特点值得赞扬。你不需花太多的时间，即可愉快地读完这本书，进而全面了解吟诵这一传承了几千年的华夏瑰宝。

"愿本书能为'化绝唱为众歌，丰断层为富矿，护国宝传万世，扬国粹誉环宇'的引玉砖"——这既是作者的谦虚，也是虔诚的期许，吟诵专著的佳作会不断面世。

"一封朝奏九重天"，2014年9月5日，女儿在一本精致缎子面册页上，用小楷工工整整地写了一份洋洋洒洒2000余字的吟诵推广建议书，先送到了几位国学前辈处征求意见，之后于11月9日寄给了时任青岛市委书记李群。

2015年2月初，李群批示了女儿的建议。[《市委市政府领导批示人民来信办理的通知》青信访信办字（2015）17号。]

2015年2月13日，青岛市委宣传部两位同志一起到山东路小学向女儿面复女儿给市委书记的建议，姜副会长陪同女儿参加了面复交流。

2016年，女儿负责第八届青岛国际帆船周·青岛国际海洋节的《海洋文化国学六艺》公益演出板块的编导、海选、辅导等工作。姜副会长向女儿推荐了青岛旗袍协会负责宣传的陆咏娣女士。在8月11日《海洋文化国学六艺》的专场晚会上，女儿让陆女士负责组织的青岛旗袍大妈的走秀和京剧联唱成了一个亮点，为晚会增添了一道靓丽的民族衣饰风景。那次晚会，女儿还邀请了无臂书法家刘仕春女士。演出那天，正值青岛暑热的高峰期，气温高达40℃。已近古稀之年的姜副会长不顾高温，观看了整场演出。

2016年10月的第二个周日，在刚刚重建落成的即墨古城学宫，"阿里巴巴公益天天正能量"与青岛半岛都市报社联合举办第二场"广场经典诵读"大型公益活动。女儿代表青岛国学学会和青岛大学全民阅读研究室主任、副教授张文彦女士及青岛农业大学教授邵丽英女士受邀担任评委。

女儿在点评一位50多岁的大妈的吟诵时，认出了她是自己十分喜欢的节目、由河北卫视著名主持人王凯主持的《中华诗词大赛》2016年第四季榜眼宋桂艳。女儿祝贺她在诗词大赛中取得优异成绩，但也指出了宋桂艳这次参赛的不足。宋桂艳虚心地接受了女儿的点评，赞扬了女儿的公正，并邀请女儿上台吟诵了《诗经·蒹葭》。

赛后，主办方和青岛国学学会的同人赞赏、支持女儿不唯名气重表现的评判做法。

自2011年以来，女儿和姜副会长携手参与的国学吟诵推广活动遍布青岛多处国学活动场所，如城阳国学公园、即墨古城、崂山书院、少海孔学堂、明德读书会、德香读书会、亨达书院，以及各区市许多企事业单位、大中小学国学会所、诗社等，有二三百场次之多，实在统计不出准确的数字。

四　助　学

问渠那得清如许？为有源头活水来。

——［南宋］朱熹：《观书有感》

姜副会长关心女儿的学业成长，国学界有活动，有国学方面的好书，总忘不了恩泽女儿。

姜副会长多次介绍女儿参加传统文化方面重要的学术活动，我印象较深的有两次。一次，姜副会长要去武汉参加一个全国性的国学推广研讨会——会议名字记不清了。他让女儿写了一篇青岛吟诵推广的文章，带到会上去宣读。一次，2011 年夏天，香港著名非营利慈善机构"冯燊均国学基金会"在明珠国学专科学校举办第四届中华义理经典教育工程研讨会。女儿虽然不是该会的会员，但经过姜副会长的推荐，参加了这次研讨会，研读到了儒学义理方面的相关研究新成果，对"冯燊均国学基金会"有了初步了解，开始关注"冯燊均国学基金会"举办的各类国学传播活动。

2008 年，冯先生与夫人鲍俊萍女士一同发起成立"冯燊均国学基金会"，以弘扬国学为使命，以经典义理转化人心，支持了以"中华义理"为主体的论著出版。冯先生了解到社会上尚有众多未能接受国学教育的市民，自 2015 年底，出资制作、推出公益视频栏目《轻谈国学歌风雅》，从点滴着手，把国学价值观渐渐引入大众生活范围，以让大众普遍获得传统文化精神滋润。女儿虽然赞赏《轻谈国学歌风雅》这个栏目的推广理念，但对这个栏目已经不可能继续跟踪关注或参与了。

"冯燊均国学基金会"在青岛举办的这次会议即将结束。在全体参会人员合影开始之前，姜副会长特意把女儿安排到了前排，介绍给了冯先生，刻意为女儿扩大吟诵传播提供机会、创造条件、开拓平台。

姜副会长与女儿相识后，送给女儿国学方面的好书有几十册，其中有4部收入了女儿的珍藏：

一部是芳子美容院的董事长、著名幸福家庭演讲人刘芳的《女人如水》（世界知识出版社 2012 年出版）。

一部是青岛国学学会副秘书长、青岛科技大学教授孙克诚先生的《黄宗昌〈崂山志〉注释》（中国海洋大学出版社 2010 年出版）。

一部是精装四卷文白对照的净空法师题签的《德育课本》。这套书汇集了各朝代重要的德育方面的珍贵文献（新竹市净宗学会 2008 年）。

一部是习仲勋、符浩题词的精装四卷《群书治要》（团结出版社 2011 年出版）。2001 年 2 月 25 日，习仲勋给此书的题词是"古镜今鉴"。

"润物细无声"，姜副会长给女儿的宝贵赠书，滋润着女儿渴望学习的心灵；"腹有诗书气自华"，日积月累，女儿从中吸收的国学营养难以估量。

五 家 情

> 投之以木瓜，报之以琼瑶。
>
> 匪报也，永以为好也。
>
> ——《诗经·木瓜》

为了让孩子从小迷恋上国学，根据教育部颁发的《完善中华优秀传统文化教育指导纲要》，青岛作家辛龙先生编写了一套《古意新曲——国学儿歌开心学堂》，共 12 册，涵盖了小学 6 个年级。

2015 年夏初，青岛《半岛都市报》举办了青岛市"半岛杯"《古意新曲》少儿国学大赛。

姜副会长 5 岁的小外孙孙浩哲报名参赛，参赛内容是《古意新曲——国学儿歌开心学堂》中辛龙改编的成语"杯水车薪"的儿歌版。姜副会长请我的女儿担任他小外孙的指导老师。我的女儿精心为姜副会长的小外孙设计了表演程序、语速节奏、连贯动作等，每个周六排练一次。一个多月后的决赛中，姜副会长的小外孙一举夺魁。

姜副会长把我的女儿打打的恋爱、婚姻大事也时时挂在心头。因我的女儿打打结婚较晚，他像我这个父亲一样为此焦急，并常常督促女儿。2016 年 1 月 22 日，我的女儿打打与古琴弹奏家徐光俊在青岛威斯汀大酒店举办《吟缘》汉式婚礼，姜副会长担任证婚人。婚礼以打打的《诗经·蒹葭》领吟开始。按照古典婚礼的仪式，姜副会长身着汉服，登上主宾台，隆重庄严地为打打证婚，宣读了祝福词。我代表父辈宣读了祝愿词：

今天，来参加你们婚礼的我和老一辈国学爱好者，非常羡慕你们遇上了国家重视优秀传统文化的好时代，希望你们一定要听习总书记的教诲，虚心、认真向老一辈国学师长学习，不忘初心、不懈努力，当好中华优秀传统文化传播的排头小兵。

六 谢 诗

推本尧舜以来相传之意，质以平日所闻父师之言，更互演绎，作为此书，以诏后之学者。

——［南宋］朱熹：《中庸章句序》

在以上引文中，朱熹说自己从圣人尧舜那里学来圣理，结合老师平日的教诲，再加以深刻理解，进而演绎成书。这里朱熹称自己的老师刘子翚为父师，对老师的感激之情洋溢在这篇序言中。

女儿感恩姜副会长的师恩父缘，曾在癸巳年敬赋诗两首，致谢姜副会长。女儿虔诚恭敬地用小楷书写于圆形扇面，让我去文化市场精心装裱。几天后，我取回装裱好的诗稿，女儿将之送到了姜副会长家。姜副会长一直珍藏着女儿的扇面谢恩诗稿。这次我写女儿的这本小传，姜副会长以我是女儿的父亲为由，要将女儿送她的感谢师恩父缘的原作诗稿转送我留作纪念。姜副会长安抚我的良苦用心，我感动、感谢，但女儿致姜副会长感恩的诗稿，留在姜副会长那儿，我的心才会得到长久的安抚。

恩感深深，我将女儿致姜副会长的两首诗转录如下，期天下尊师者共勉；痛楚切切，以此二诗作为我怀念女儿的泪撰长文的结束：

一

古遗赓传给力强，故国新蕊吐芬芳。

道德讲堂拓平台，跨海胶州初名扬。

拙作付梓精点拨，荐言为序得宏彰。

吟研中心植卓基，荣国携后恩泽长。

二

岁逾花甲增一忙，牵念打打续绝唱。

操劳堪比女儿事，"游子吟"添师恩章。

女儿打打，安息吧……

（2018 年 4 月初初稿；7 月 1 日再稿；7 月 28 日再改；8 月 25 日再改；10 月初增改，完稿于青岛市浮山北峰"抱樱斋"。）

摹写小楷《心经》。

小狗驮全家相框

胶州"石"景区合影

浮山琴舍合影

打打与爷爷、奶奶

抱书

写生

折巾

1990 年早春，打打在北京
人民英雄纪念碑旁留影。

练琴

2017 年夏，打打探望在养老院的 93 岁的奶奶。

2005 年秋，打打为奶奶祝八十寿诞。左侧是打打的大姑。

砚乡大畈留念

乌篷船内父女合影

蒹葭苍苍

樱开淡艳

206

国家级非物质文化遗产项目——"常州吟诵"资料

赵元任 程曦
吟诵遗音录

秦德祥 钟敏 树飞 金丽藻 记录整理

商务印书馆
The Commercial Press

商务印书馆文库

THE COMMERCIAL PRESS LIBRARY

语言问题

赵元任 著

商务印书馆

萧晴 记谱整理

程砚秋

唱腔选集

床头秘籍书影

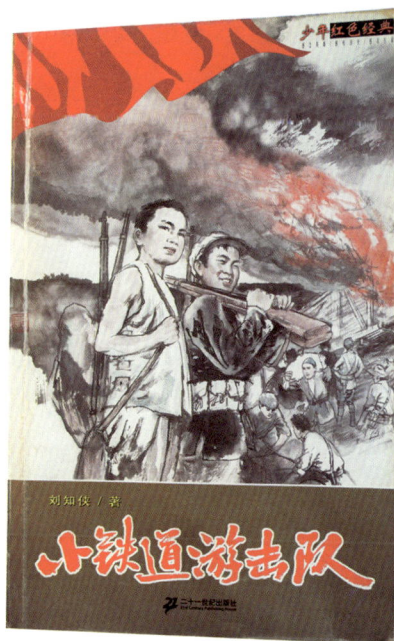

少年红色经典

刘知侠 / 著

小铁道游击队

二十一世纪出版社

2006.9.3.

刘知侠夫人刘真骅题签

《小铁道游击队》书影

2016 年秋，大器和奶奶陪打
打到胶州农村公益辅导留影。
（右三是大器的奶奶。）

2018 年 6 月 17 日，打打父亲在胶州市委宣传部"爱书人联盟"第
117 期度谦公益读书会泣读《吟诵的女儿》书稿后，与部分读书会成
员合影。

打打临摹的凡·高油画

一岁大器和七旬姥爷

打打和一岁的儿子大器

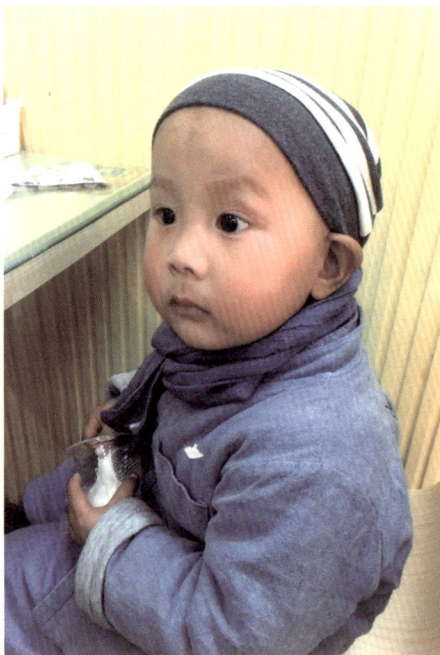

胶州三里河领吟后台

一岁的大器

课堂抱子领读

崂山书院留影

浮山琴舍留影

江泉草地留影

打打画作《兰草》

致刘真骅奶奶

茶草散文六十年，我的太阳"火境篇"

如侠美名丽丹青，光热宏德得赓传。

爱心珍藏献慈业，美念教育颂坊间。

七彩华龄誉岛城，缘桑翠榆霞满天。

打打于青岛浮山祖抛堂寄

癸巳年八月

打打给刘真骅女士的
献诗

般若波羅蜜多心經觀自在菩薩行深般若波羅蜜多時照見五蘊皆空度一切苦厄舍利子色不異空空不異色色即是空空即是色受想行識亦復如是舍利子是諸法空相不生不滅不垢不淨不增不減是故空中無色無受想行識無眼耳鼻舌身意無色聲香味觸法無眼界乃至無意識界無無明亦無無明盡乃至無老死亦無老死盡無苦集滅道無智亦無得以無所得故菩提薩埵依般若波羅蜜多故心無罣礙無罣礙故無有恐怖遠離顛倒夢想究竟涅槃三世諸佛依般若波羅蜜多故得阿耨多羅三藐三菩提故知般若波羅蜜多是大神咒是大明咒是無上咒是無等等咒能除一切苦真實不虛故說般若波羅蜜多咒即說咒曰揭諦揭諦波羅揭諦波羅僧揭諦菩提薩婆訶摩訶般若波羅蜜多

丙申年春 林行書

打打小楷书法《心经》

致癸巳年八月十三日常州雅集

聆风久已罄，喜念忽落空。
会雅龙城韵，诗贺翠岛情。
古遗秘亭桧，新帆栈桥行。
遥遥伴吴吟，小女助生风。

引之书于青岛浮山抱朴斋
癸巳孟冬

打打小楷诗笺《致秦德祥老师·常州雅集》

致彭公

泸上一学翁，谦谦沽吟诵。
往复来与觑，今来堪相重。
小女报春怀，劳夫咏木情。
丹心护丹心，绝草有大明。

癸巳年十月书於青岛守山把樱斋

打打小楷诗笺《致上海彭世强老师》

致屠岸爷爷

京华尺牍送夏爽　句执手字重福意长

名微句嫌寄鼓励　望高至谦孚馨香

融调出新康庄道　辨识茶典慧目光

老骥伏枥忧国事　幼雏试翅志高翔

打之行青岛序抱棚爷

癸巳年八月

打打小楷诗笺《致屠岸爷爷》

致李山老师

久闻师名未相识，而馈赠新书抚摩，永志感念。

曾吟冰心在玉壶，兹日重温捧新书，

抚摩後学师恩重，求索真义文思殊，

睢鸠关鸣婚姻曲，周南邦歌王畿出，

精神四重线索明，夏读元典思新釜。

打打书于青岛浮山抱犊斋

癸巳年九月

打打小楷诗笺《致李山老师》

致姜會長詩二首

之一
古遺廣傳給力強　故園新蕊吐芬芳
道德講堂拓平台　跨海膠州初名揚
拙作付梓引編翁　薦言為序得宏彰
吟研中心植卓基　菜園攜後恩澤長

之二
歲逾花甲增一忙　牽念打打續絕唱
操勞堪比女儿事　游子吟添父愛章

打打於青島浮山地樓齋
癸巳年八月

打打小楷谢师诗笺《致姜会长诗二首》

附录壹 悼念打打文选

一 无我之心

——悼念林打打（2017 年 12 月 29 日微信悼词）

青岛市教育局语言文字处处长 朱红卫

天妒容颜，更妒英才，吟诵女儿香消玉殒。林打打（1980—2017），女，教师，山东青岛人，中华吟诵学会理事，中华吟诵学会青岛工作处秘书长，青岛地区吟诵推广人，不幸罹患重病于 2017 年 12 月 29 日英年早逝。

5 年前，初识打打，缘由吟诵，一个热情开朗的小学教师，一个柔柔的女子，谈及吟诵瞬间唤起强大的感染力，多年来，以无我之心，甘于奉献，培养了一大批吟诵爱好者，一直活跃在青岛吟诵的工作舞台上。她英气飒爽，甚至在怀孕、哺乳期间也没间断钟爱的事业。

去年 12 月中旬，惊悉打打病危，前去医院探望，却已气若游丝，心疼不已。令人痛惜的是，吟诵女儿竟没能跨进她生命中的又一新年！

从此，天堂多了吟诵仙女，人间却永失一位吟诵带头骨干。

打打的猝然离世，引发了全市、全省乃至全国从事吟诵、国学事业同人们的惋惜、共鸣。中华吟诵学会秘书长徐健顺、省语委办李志华老师组织的纪念活动气贯长虹，令人动情动容。

痛惜哀哉！！！

未竟的事业，我们当不遗余力！

二 巾帼英雄气

——追思林打打（载 2018 年 1 月 29 日青岛日报）

青岛市作家协会秘书长　章　芳

2017 年岁末，18 岁的梗在网络里满天飞的时候，我在一闪而过的刷屏缝隙间抓取到一条震惊的消息：吟诵的女儿林打打因病医治无效，永远离开了我们，离开了她至爱的吟诵事业……

9 月份我还请打打帮忙录制了两首古诗的吟诵，那清亮、婉转的声音里丝毫没有病痛的痕迹呀！当我确认消息属实——打打于 2017 年 12 月 29 日 5 时 36 分病逝，享年仅 36 岁，我的心如遭遇一记重锤般锐痛起来。这是天妒英才吗？不，不是，老天是公平的，同样是阅读推广人，我深深知道是打打在这条道路上透支得太多了。她用她的担当、执着和善良，早已把自己 36 岁的生命抻长得比两个 18 岁甚至 3 个 18 岁还要长和重。

打打致力的是传统文化的阅读推广。因为对国学鱼龙混杂的当下现状的失望，至今我也不愿意给她冠称国学推广人，也是因为这个缘由我和打打相知比较晚。两年前，青岛市作家协会小作家分会和青岛文学馆少年良友俱乐部策划了一系列"悦读悦美"寒假课堂，良友书坊运营总监冷艳女士建议邀请林打打老师给孩子们分享吟诵之美。那是我第一次听打打的吟诵，吸引我的不仅仅是她高亢、优美的腔调，更有她对传统诗词准确到位的解读。我曾经很困惑她是怎样知道用腔用调去拿捏那一首首唐诗宋词的。后来听诸城派古琴大师姜抗生先生讲学时说古琴要弹得好必须到中国古诗词的意境中去领会要义，我才恍然大悟打打的吟诵之美源于她的国学功力。看到孩子们课堂上欢乐的笑颜与打打目光里的满足，在那些个冬日的阳光里，在文学馆阅读之灯的光照下，相映成美，我开始对眼前这位我以为柔情似水的姑娘产生兴趣。那时我还不知道她在传统文化的公益阅读推广路上已经走了 5 年。

再次相见，是邀请打打参加少年良友的文学阅读推广活动策划，她已经身怀六甲，拖着沉重的身子和我们一起焦虑，一起激动，一起感慨，可惜因为实施难度太大，计划流产，但我们成了微信好友，从彼此朋友圈的动态中见证对方一点一滴的成长。

最后一次相见，是打打产后复出不多久。"悦读悦美"课堂走进校园，她应我们邀请去给 53 中的小学部做一次吟诵讲座。原本我就为让打打扔下正在哺乳期中的儿子来帮助我们而惴惴不安，当我得知她是从胶州专程来上这堂课的时候，我很清楚地记得自己那一刻的震惊不亚于听到她病逝的消息。活动一结束，我必须赶紧把这位妈妈"赶"回家——那个在家嗷嗷待哺的孩子因为自己的妈妈要把爱给更多的孩子，估计已经饿了大半天。我们匆匆别过，谁知这一别竟成永别，打打成为我生命中的过客——一个美丽得令人哀恸难忘的过客。

近 10 年以来，儿童阅读推广在民间做得风生水起，然而这却是件颇为无奈的事情。阅读本来不应该是件自然而然的事情吗？现今却需要额外花力气去推行或者广而告之，并且更因儿童教育市场利益的诱惑而浑水难觅清波。在这里，我们没有必要去讨论其中众所周知的原因，我只想说的是林打打的英年早逝与此有着莫大的牵连。或许，每一个真正的阅读推广人心里都住着一个浪漫的悲情英雄。

走在公益阅读推广这条路上的打打，更像一个纤绳深深勒进肉里的纤夫，像一个灵修的战士。当初做出选择时，家人就警告过打打这是条孤苦的路，但打打开弓没有回头箭。8 年来，已经无法统计她多少次占用自己休息的时间、花费自己的金钱走上讲台，拿起麦克风，将传统文化的美妙一点点用声音烙进多少孩子甚至大人的灵魂里。然而，公益的力量是微薄的，前行总是举步维艰。不知是不是林打打冥冥中已知道老天急着招她去，为了更快更好地打开国学吟诵推广局面，在生命的最后一年，她竟然放弃了山东路小学老师的工作，调进胶州市教体局语委办专职从事推广工作，并且把家也搬到了胶州。从城市到郊区，这一抉择有悖于人之常情，这种退而求其次的勇气正是打打生前让我震惊的地方。这哪是一个柔情似水的女子会做出的选择？这分明是一个为胜利不顾枪林弹雨的战士。打打跑了胶州100所大大小小远远近近的乡村学校，只是为了让吟诵比赛能够惠及最大多数的孩子。她这难道不是在用生命推广她至爱的吟诵吗？不是在用生命担当她钟爱的传统文化吗？直到她累得不能再累，倒下，不再起来。

送别打打，我时常在想：我们痛惜这样一个女子的猝然离去，仅仅是因为她太年轻吗？我们扼腕这样一个女子的早逝，仅仅是因为她浅短生命里厚重的付出吗？

绝不！我们纪念林打打，更多的是要铭记阅读推广任重道远。愿逝者安息，生者砥砺前行。

三　林下之风，遗音未终

——追忆林打打老师

青岛市《半岛都市报》编辑　姜振海

2017 年年终，教育界失去了一位好老师，吟诵界失去了一位传承人，白发父亲失去了风华正茂的女儿，2 岁孩子失去了挚爱他的母亲。

来时无影去无踪，今日方知万事空。她底气充足、婉转优美的吟诵，依旧响在耳边；她积极向上、春风和煦的身影，仿佛就在昨日。36 岁的林打打老师，就这样永远离开了我们。

初见林打打老师，是在经典明德读书会。她带着我们一起学传统的吟诵，讲述南方腔调与北方腔调的异同。后来发现，只要是预告了林打打老师的讲座，就会人气爆棚。大家一起吟诵《诗经》中的《蒹葭》和《木瓜》："投我以木桃，报之以琼瑶。匪报也——永以为好也——投我以木李，报之以琼玖。匪报也——永以为好也——"发自内心的喜悦，在那一刻，相信在场的人们都感受到了。

所谓不言之教，打打老师和她的吟诵就是。孔子周游列国，被误认为阳虎而遭围困数日，直到夫子弹琴吟诵，当地百姓方知是认错了人。他们应该就是从这琴声和语调里听出了生命自身的欢喜和对世间众生的热爱。

后来知道，打打是山东路小学的老师，再后来知道，她还是全民阅读的领读人，常年举行公益讲座，身体力行推广吟诵。以后看她的朋友圈，知她是带着孩子去参加即墨古城的吟诵大赛等各种活动，后来又去了胶州工作。平时不大看微信的我，再次得知打打老师的消息时，已是阴阳两隔。

我们痛惜失去林打打老师，不只是因为她的学问，更因为她的人格。为了抢救青岛现存的吟诵材料，她和同道们下即墨、跑胶南，寻找老秀才、老师傅们录制音频、视频。为了让更多的人了解和爱上传统文化，她在青岛的各个图书馆、公益读书会做了一次又一次讲座。

我们纪念和追忆林打打老师，不只是因为她的年轻，更因为她对生活的挚爱、对生命的热情。我们见到的打打老师，都是精神饱满的，都是昂扬奔放的。她热爱吟诵，以此为乐；她琴棋书画，样样都学。她身体力行告诉我们和孩子们，在这个物质至上的时代，依旧有精神空间的追求，有审美层次的快乐。

如电光石火，瞬间燃烧；如璀璨流星，划过天空。打打老师从我们的生命中走过，我们知道，那消逝的是一团火。

（载 2018 年 1 月 26 日《半岛都市报》。）

附录贰　打打遗文选
第一辑

一　矢志不渝　继续前行
——2017 青岛市首届弘扬优秀传统文化中华吟诵论坛倡议书

尊敬的各位领导、亲爱的老师们：

大家上午好！你们还记得《诗三百》中那位很久以前徘徊在江水边上吟咏的君子吗？"蒹葭苍苍，白露为霜。所谓伊人，在水一方。""溯洄从之，道阻且长"，是对理想的执着与期盼！你们还记得那 1800 年前江岸之上立于船头慷慨而歌的一代枭雄曹操吗？"对酒当歌，人生几何？譬如朝露，去日苦多。慨当以慷，忧思难忘。何以解忧？唯有杜康。"之后，李白、杜甫、王昌龄、贺知章……他们吟诵着流动的旋律，缓缓地向我们走来了。

今天，是青岛教育界的吟诵盛会，吟诵与基础教育关系重大。之前，教育部下达了《完善中华优秀传统文化教育指导纲要》，指出吟诵是学习经典、读书和创作的好方法，为我独有，是绝学遗产。在 8 月 28 日教育部新闻发布会上，语文新教材总主编、北大教授温儒敏要求，校园古诗文诵读要让学生多吟诵，激发孩子们的想象力。几千年来，从庙堂太学到民间书院、私塾，人们听到的都是吟诵的声音。吟诵经典对少年儿童的作用尤其明显；吟诵学习古诗文，对孩子包括成人所起到的兴趣性、渗透性、连贯性、持久性、记忆性等影响都无与伦比。当今，中央领导人也重视中华优秀传统文化的传承与传播。90 多岁高龄的叶嘉莹先生曾受邀给政治局常委做过吟诵讲座。我们生活在这个时代，应感到幸福，为能做传统文化、中华绝学的推广者而感到十分荣幸和有劲。

近年来，我市校园内外涌现的吟诵佳话不胜枚举。吟诵进胶州三里河小学、胶州八中等学校已经6年多。三里河小学有吟诵校本教材，胶州八中参加了全国第三届吟诵周，私立格兰德学校开设了教师吟诵系列培训班，全校已有半数以上老师自愿报名参加。

自2010年以来，岛城的领导，从市委书记到基层，都非常重视以吟诵小把手传播国学，推动全民阅读，助力校园基础教育。例如：今天的吟诵论坛，是有了我们青岛教育局邓云锋局长的重视，有了青岛市语委办朱红卫处长的辛苦准备，才如约而至。再例如：多年来，胶州各界领导对吟诵传播十分重视，近日胶州教体局殷成伟局长安排我认真筹备吟诵领读经典的持续培训工作。

胶州湾畔，枯树新芽，岛城的吟诵传播风生水起，作为参与者，我感触颇深。从7年前每周六晚在青岛大学师范学院推广吟诵，正像《青岛日报》报道的那样，一个人听，我也讲，至今我接触的受众已有10余万人次。岛城各主流媒体也多次推介吟诵。

今天是个喜庆的日子，堪称青岛吟诵的节日，中华优秀传统文化促进会与胶州教体局签订了合作协议，胶州成为中华优秀文化国家级试验区，并成立中华优秀传统文化促进会胶州培训中心。

我代表本次论坛及中华优秀传统文化促进会胶州培训中心，发出5点倡议：

一、各学校认真贯彻教育部《完善中华优秀传统文化教育指导纲要》，持续、连贯开展相应工作；各区域广泛动员，调度社会资源，开展好吟诵乡野调查及采录工作，结合采录，带动各区域传统文化的挖掘、传播及典型宣传推介工作。

二、积极推进吟诵进校园，课堂内外并举，教材扩读并举；创建家校社基础教育亲子吟诵一体化；强化吟诵种子老师、亲子吟诵使者的培训，打造一支植根本土的优秀吟诵队伍。不断搭建、拓展中华吟诵系列化、多元化培训平台。在各项培训中，要讲究实效，扩充内涵，连贯持久；要典型带动，城乡平衡，全面普及；要信息化融合，高科技对接；要上下形成合力，为我市的传统文化基础教育、语文新教材使用打好人才基础，探索打造新经验、新模式，砥砺奋进，撸起袖子大干，为岛城基础教育创出全国一流水平不懈努力。

三、中华传统文化、经典国学，是人生的必修课，是广大学子的生命底色，是我们老师的必备课和示范正身课，愿全市老师，特别是语文老师，学好经典，用好吟诵，加强共读，不断推动孩子的语文素养教育及人文精神教育，取得优异的教学成果。

四、家庭对校园教育成果的保鲜、发酵作用越来越受到社会、家长、教育界的重视。家庭是学校教育的供给侧，愿全市各界高度重视、积极参与家庭教育；愿每位家长更深刻地认识自己的担当，更加主动地阅读传统经典，参与亲子吟诵，与孩子共读；家长好好学习，孩子天天向上，家长与孩子共同打造美德家庭、书香家庭。孩子的未来决定国家的未来。让孩子站在社会的中央，实现基础教育家校社一体化，大家共奋斗，以爱心、精心、悉心、恒心培养出一代代振兴中华的优秀接班人。

五、在日后我市的吟诵推广及采录工作中，盼望得到宣传部、文广新局、民政局、各文化机构、各大媒体的指导和支持，为我市的优秀传统文化吟诵绝学推广、全民阅读、文化兴市不断作出新贡献。

让我们在吟诵传承推广的路上"执子之手，与子偕老"，矢志不渝，继续前行！

谢谢大家！

倡议人：林打打

2017 年 9 月 13 日

二 岁岁登高、扎实传播

——青岛吟诵7年小结暨2017年12月11日发给徐健顺吟诵团队的汇报

中华吟诵学会暨徐健顺吟诵团队领导：

7年来，尤其是近两年来，在各级领导的呵护和支持下，青岛吟诵的传播传承以及吟诵进校园工作取得了明显的成果，以下是简要汇报：

2010年10月8日，青岛第一次吟诵培训学习班在明珠国学专科学校举办，徐健顺老师亲临授课，拉开了岛城吟诵大传播的序幕。2010年12月20日，中华吟诵学会第一个外设机构青岛吟诵工作处成立。

7年来，青岛的吟诵得到了市委和各级领导的呵护、支持，时任青岛市委书记李群为青岛吟诵工作处秘书长林打打《吟诵与全民阅读融合开展》的报告做了批示。青岛的吟诵，从起步罕有人知，从2013年11月14日《青岛日报》所报道的林打打《有一个人听也教》，至今已经风生水起。林打打的吟诵课，不计媒体传播人数，直接受众已有十几万人。青岛的吟诵在许多领域迅速传播，各色吟诵传播活动频繁举办，各类媒体不断报道。尤其青岛校园吟诵，在青岛市教育局及胶州市教体局领导的关心、领导下，已经开始形成常态化、连贯化开展的局面，具体成果。简要概括如下：

一、中华绝学 传播理念

1. 传统吟诵抢救传承与普通话吟诵创新发展结合；

2. 吟诵小把手，传播大主题，与社会主义核心价值观、全民阅读、传统文化大众化、海外中华文化好声音好故事传播结合；

3. 校园吟诵与古诗文教学、小社团、传统文化基础教育、家校社一体化核心素养培育融合；

4. 吟诵传播与学研结合；

5. 吟诵乡野采录调查与本土传统文化发掘、传统文化传播典型发现和培育结合；

6. 吟诵与信息化、高科技手段结合。

二、全市大型吟诵活动与讲座

1. 参与全民阅读。自 2011 年起，吟诵成为青岛每年的全民阅读月、季的主打项目，青岛少儿吟诵团年年被评为先进；2015 年神州书香万里行青岛站开幕，林打打代表全市知识界吟诵《蒹葭》；2017 年胶州市全民阅读启动吟诵专场开幕式；2017 年林打打被推荐为青岛名人全民阅读领读人、山东省全民阅读推广先进个人。

2. 参与社会主义核心价值观培育，青岛市委宣传部文明办特邀林打打为全市道德讲堂讲师，参与社区、机关、工厂、学校、监狱等吟诵宣讲百余场。

3. 参与市民大讲堂，吟诵传播习总书记词作《念奴娇·追思焦裕禄》；林打打步《念奴娇·追思焦裕禄》原韵，和习总书记的词作，发表于《青海湖》2015 年第六期。

4. 参与青岛家长学校、家风建设，林打打亲子吟诵课在全市介绍经验；山东国际刊物《帆船之都》2015 年 5 月刊专题介绍了林打打创建的青岛山东路小学吟诵小荷班。

5. 参与 2016 年第八届青岛国际帆船周·青岛国际海洋节开幕式吟诵演出，主办第八届青岛国际帆船周·青岛国际海洋节吟诵专题晚会；冒着 39℃酷暑参演的青岛李沧区少山社区 80 人的老年吟诵团的《阳关三叠》，引起轰动，创造了平均年纪最大（72 岁）、人数最多、演出难度大而效果好的多项吟诵纪录。

6. 参与大型传统文化主题项目活动。2016 年青岛胶州少海孔子广场，全国最高的 28 米孔子像揭幕仪式上，林打打领吟万人吟诵《论语》。

7. 2014 年至 2015 年，青岛大学每个周六，林打打《声律启蒙》公益吟诵讲座持续一年。

8. 2015 年至 2016 年，康城女院林打打《诗经》吟诵每周一讲，公益讲座持续一年。

9. 2016 年至 2017 年，青岛吟诵互联网朋友群，林打打公益《声律启蒙》吟诵讲座持续一年。

10. 2016 年至 2017 年，青岛国学公园、即墨古城、崂山书院、城阳监狱等举办几十场林打打吟诵传播公益讲座；各媒体多次采访、报道林打打的吟诵传播活动。

三、校园吟诵培训、论坛、主题展演等（太多，仅列举青岛市和胶州市近两年主要的、有影响力的事例）

1. 2016 年青岛大学主办全国诗探索颁奖仪式，吟诵琴歌表演。

2. 2016 年青岛大学博雅班岁末吟诵晚会。

3. 2017 年青岛恒星学院迎新春元旦"吟诵琴歌汉服"专场文艺汇演，青岛电视台全程录制、播出。

4. 2016 年，胶州市策划"沽河吟"全市吟诵种子老师千人榜培训项目。

5. 2016 年 9 月胶州职教中心"中秋月"全市诵读展演。

6. 2017 年 5 月胶州三里河小学端午节全市吟诵展演。

7. 2017 年海外华裔青少年"寻根之旅"国际夏令营《同唱一首歌，共圆中国梦》联谊，三里河小学学生与家长吟诵展演。

8. 2017 年 9 月 13 日，青岛市举办普通话吟诵论坛。会前，时任青岛市委常委、市总工会主席、市教育局局长邓云锋会见了徐健顺、林打打一行；教育局副局长姜元韶论坛致辞，朱红卫处长主持，徐健顺讲授吟诵的教育意义；临沂梁士国介绍吟诵教学经验；林打打向全市发出吟诵传播传承《矢志不渝 继续前行》倡议书。

9．2017 年 10 月，胶州实验高中吟诵展演。

10．2017 年 10 月，胶州马店小学重阳节吟诵专场全市展演；胶州胶莱镇石门子口村 95 岁吟诵老人张金梓吟诵韩愈、李白等人的唐诗，中国文联专业委员会委员、《诗探索》杂志特邀编辑、胶州农民诗人陈亮倡导吟诵读诗书。

11．2017 年"保利杯"胶州市中小学诵读大赛，吟诵个人、集体项目获得多项奖项。

四、吟诵研学成果

1．胶州三里河小学编辑了吟诵校本教材，成立了教师吟诵团及教研团队。

2．青岛市吟诵采录工作准备就绪，林打打参加了全省采录培训。

3．《吟诵大梦 青岛篇章》纪录片稿本写作筹备。

4．《中华吟诵融百家艺术》策划稿完成。

5．青岛吟诵种子老师教学创客沙龙筹备。

6．岛城吟诵采录与本土传统文化发掘团队筹建。

7．林打打吟诵专著《吟诵艺术概论》于 2013 年由九州出版社出版。

8．《中华经典素读本》于 2014 年由中华书局出版，其中第十、第十一册有林打打唐调吟诵 130 篇。

9．2017 年，林打打参与编写山东省《中华优秀传统文化》系列教材。

10．林打打编写"沽河吟"吟诵系列培训教材：

（1）《中华吟诵——平长仄短的艺术》；

（2）《雅音大梦——大型吟诵展演音乐舞蹈史剧》；

（3）《信任唐诗——小唐诗百首四言齐言今译诵读》；

（4）《好读好懂——千字文四字齐言今译诵读》；

（5）《入声的绝唱——中华传统吟诵调钩沉》；

（6）《跟着二十四节气吟唱——向智慧的先人看齐》；

（7）《传统文化与红色革命文化融合吟诵稿》；

（8）《小学古诗词扩读吟诵稿》；

（9）《中华绝音——简叙古琴》；

（10）《吟诵推广实践浅见文集》。

青岛吟诵工作处秘书长

青岛胶州市教体局

青岛小学教师 林打打

2017 年 12 月 11 日

三　青岛市方言吟诵普查、抢救工作建议

青岛市教育局领导：

青岛市方言吟诵普查、抢救工作建议如下：

一、2017 年 4 月 13—16 日，为贯彻中办、国办《关于实施中华优秀传统文化传承发展工程的意见》及教育部"支持开展对吟诵的研究、抢救保护和传承工作"指示精神，由山东省语言文字工作委员会办公室牵头组织，举办了山东省方言吟诵普查工作培训班，我市林打打老师参加了这次培训。培训班邀请中华吟诵学会秘书长徐健顺教授及其团队作了"山东方言调吟诵实采培训情况评议"、"全国方言吟诵采录的生态现状"、"吟诵采录通用流程"、"吟诵采录常见问题处理"等专题培训；培训学员分组到著名学者吉常宏、安作璋、李伯齐 3 位老先生家进行吟诵采录实训，培训后进行了结业考核。中央人民广播电台、中新社、央广网、国家语委《语言文字报》、凤凰网、山东电视台、《山东商报》、大众网、齐鲁网等近百家媒体对这次活动进行了现场报道或转载，引起了社会广泛关注。

培训班开办期间，省语委办相关负责同志对下一步方言普查采录工作做了指示；山东省方言吟诵普查工作办公室同期揭牌，办公室设在山东师范大学文学院古籍整理研究所，具体负责山东省方言吟诵的协调、普查、采录等工作。山东省方言吟诵普查工作正式启动。

二、吟诵是在汉文化圈传承已久的一种传统读书方法和教学方式，是中华优秀语言遗产。历代学童运用吟诵的方式诵读、学习国学经典，不但能够比较容易地背诵古典诗文，而且能更深入地理解文意诗情。更为重要的是，吟诵过程中不再感觉古诗文晦涩难懂、枯燥乏味，并且易于记忆而经久难忘。

千年以来，吟诵曾经在中国各地私塾、官学中普遍存在，代代传承。然而，岁月流转，基于种种历史因缘和客观原因，时至今日，吟诵已经濒临失传。为使这一"千年读书法"得到保存、研究和传承，我们计划开展一项大海捞针式的私塾老先生采录工作，在全市范围内寻找传统教育的活教材——上过私塾或有家学传承的老人。据估计，现在全国会传统吟诵的老人还剩下3000多人，但这些尚且健在的老人们大多年届耄耋，已到风烛之年。若不及时开展抢救性发掘、保存和研究，这一宝贵的传统读书法将告失传。我们的子孙后代如果失去了吟诵这把钥匙，将再也无法轻松地打开国学这一智慧宝库。目前，全国诸多地区的吟诵已经失传，找不到吟诵传人了，令人嘘唏喟叹。所以，吟诵采录工作可以说是一件上而承续古贤、下则惠及千秋的文化盛事，意义非同寻常，再也经不起等待和蹉跎。

齐鲁大地系孔孟之乡、儒家文化发祥地，历史悠久，文化厚重，圣贤辈出。相信还有很多上过私塾或有家学传承的老人仍健在，等待我们去发现、拜访和采录，有许多优秀的本土文化亟待挖掘，有许多传承、推广传统文化的典型人物、事迹亟待弘扬、展现。有鉴于此，我们计划在全市各地招募一批热爱传统文化、热衷吟诵、热心公益的吟诵采录志愿者，面向全市开展系统的拉网式、抢救性采录、挖掘工作。

三、近年来，在我市各级领导的呵护、支持下，在各界传统文化仁人志士的努力下，我市的吟诵传承传播取得了明显的成绩。此次吟诵采录工作十分重要，一定要抓住机遇，及时行动，争取走在全省的前面，以采录工作为新动力、新起点，为我市传统文化的挖掘、发现、传承、传播及青少年传统文化方面的核心素养培育工作多作贡献。在市语委、教育局的直接领导下，我们要做好如下工作：

1. 成立"青岛市中华传统绝学方言吟诵调查采录总站"，总站长由语委或教育局相关领导担任，常务副站长或副站长由吟诵专业人士兼任，另聘任兼职吟诵采录技术、文案（档案）及工作人员三至四名，志愿者数名；各市区由教育部门设立"青岛市中华传统绝学方言吟诵调查采录分站"，设立"青岛市中华传统绝学方言吟诵调查采录协调机构"，由语委、教育局相关领导负责与民政、文化、工会、妇联、媒体等部门的协调工作；聘请徐健顺教授、李志华主任为采录指导顾问；购置采录器材，申请采录经费。

采录小组会议办公、活动计划、活动流程等，由语委、教育局领导监督、批准；提议中心活动点设在胶州市教体局。

2. 扩大内涵，两个结合。这次采录工作，既是抢救、传承中华绝学的重大举措，也为吟诵传播及本土传统文化的挖掘、推广，为记录传统文化传播模范人物及珍贵成果素材、经验创造了一次好机遇。建议抓住这次难得的机遇，将单一的采录与吟诵的传播和本土传统文化的挖掘、推广相结合，与记录传统文化传播模范人物及珍贵素材、经验相结合，把采录的过程创新、拓展成"吟诵的传播、培训—本土传统文化的挖掘、推广—传统文化传播模范人物的事迹、经验、成果记录展示"的平台。多模式融合，对接各类媒体、艺术百家、社会各界，多维度深入细致扎实丰富多样地采录工作，以期中华优秀的语言文化遗产绝学吟诵传播以及本土传统文化得到一次前所未有的挖掘、传承和推广。

3. 培训骨干，建立网络。为使吟诵采录工作辐射至每一区市，甚至每一乡镇、村庄、社区，将在各区市、乡镇建立吟诵采录联络员制度，由市语委办组织、领导，每一区市县可选派 2～5 名同志，组成普查工作队伍，举办普查采录培训班，建成从上到下的普查信息采录网，彻底做好吟诵老人的全面摸底工作。

欢迎各区市有志于此者积极报名参与，共襄盛举。采录工作人员的条件：热爱传统文化，工作认真，对吟诵朗诵、古琴古乐、传统经典、诗词书画、武术古舞、戏曲曲艺、非遗文化、民间艺术等有爱好、研究或专长。

4. 全面撒网，重点突破。普查采录坚持"全面撒网，重点突破"的原则，将具体工作人员落实到基层。在全面普查的同时，重点组织队伍进入社区、老年大学、养老机构、古典诗词文化组织等比较有可能出现吟诵老人的单位，开展普查采录。

5. 试点开展，采推结合。胶州市的传统文化底蕴丰富，领导重视，可先从胶州起步，进行采录试点工作，取得经验，全面铺开。

6. 语委领导，多方联动。以市语委（及其归口部门市教育局、办事机构语委办）为主导，联合市委宣传部、文联、文广新局、民政局等相关部门配合，通过媒体宣传"寻找传统文化仁人志士"、"寻找传统最美读书声"、"挖掘本土传统文化进行时"等相关主题活动，开展普查采录工作，争做山东省开展吟诵采录推广、本土传统文化挖掘工作先进乃至经验示范城市，为全省带个好头。同时，联动省语委及各地市的采录小组，互动互学，共同推进。

诚恳地向我市社会各界关心国学教育、关注吟诵研究的有志之士、有识之士发出呼吁：

（1）如果您身边有上过私塾或有家学传承的老先生，恳请您第一时间与我市吟诵采录机构联系。吟诵采录机构将组织专业团队前往老先生家开展采访、录像工作。如果您有上过私塾或有家学传承的老先生各方面的信息（如老先生会吟诵，但已出国或移居外省市），哪怕是蛛丝马迹，恳请您第一时间与我市吟诵采录机构联系。

（2）欢迎您热情参与"寻找传统文化仁人志士"、"寻找传统最美读书声"、"挖掘本土传统文化进行时"等相关主题活动，

（3）欢迎各地文化部门、教育部门、宣传部门、广电传媒机构、传统文化推广机构、传统文化社团、国学教育培训机构、书院、私塾、学馆等合作参与采录工作及"寻找传统文化仁人志士"、"寻找传统最美读书声"、"挖掘本土传统文化进行时"等相关主题活动。

（4）采录工作，根据提供的吟诵老人、本土传统文化挖掘情况或典型信息，前期进行一次拜访、采访，如符合采录要求，再做出采录计划，协商择日专门采录，并将对吟诵采录、本土传统文化挖掘、典型发现工作作出贡献的人士给予奖励和表彰。

7. 全面录留，经典制作。采录素材（包括音频、视频）全面录留：

（1）采录采访内容的全过程。

（2）采录对象的背景材料（包括地域、人文、历史、学历、家庭等背景材料）。

（3）采录对象及其相关人士的访谈、介绍记录。

（4）对相关吟诵推广及各项传统文化平台活动进行全方位记录，并开展相关的传统文化推广活动及线上线下平台建设工作。

8. 经典制作：

（1）在素材全部存档的基础上，进行素材集约化的后期制作。

（2）吟诵与岛城本土传统文化挖掘及传统文化仁人志士主题纪录片制作，如青岛吟诵采录与传播纪实，崂山道教韵腔吟诵，即墨明朝音律家王邦直琴论、琴歌，惜福镇百福庵明妃与崂山古琴源流，青岛各地域（胶州、即墨、莱西、平度等）方言与吟诵，汉朝康成书院与书页草，已故琴岛书法泰斗张杰三与其平度调的《苏武答李陵书》吟诵，青岛地方戏曲（柳腔、茂腔）中的吟诵元素，吟诵融百家艺术与非遗纪实。

（3）我市校园诵读、书法、国画、戏曲、武术等传统文化基础教育典型经验交流纪实。

（4）拍摄《中华吟诵与青岛传播》纪录片。

林打打草拟
2017 年 6 月 29 日

第二辑

四 小女与范曾、盈午两位师长攸关的诗话三则

得盈午先生的大作《宫殿摩崖石刻与永恒——南通范氏诗文诗家研究文汇》（下文简称《宫》书），纯属偶然。

癸巳年五月，青岛读书季开幕后，书城搞惠民售书，一天去淘书，正赶上优惠的新花样——"五折秒杀售书"，专售近期出版的高质量的新书，每种仅一本。我敬佩范曾先生，便毫不犹豫地买下了《宫》书。

这是我第一次拜读盈午先生的书，并始知盈午是范先生的得意弟子。因读《宫》书，撰出3篇与两位高师攸关的诗话，这是始料未及的，更是后感幸运的。

（一）小女斗胆改豪诗

范曾先生崇敬英雄，对航天英雄更是崇拜有加。我国"神舟五号"首次载人航天飞船发射成功后，范邵师徒二人唱和赋诗，恭祝杨利伟先生。

盈午先生原诗：

> 驭风一举入层宵，古梦千年不复遥。
>
> 已著神功征太皓，更听海瀛奏箫韶。
>
> 曩时龙战星云黯，今日镐鸣玉烛调。
>
> 我亦披襟作豪语，飞天杨子最为娇。

十翼（范曾字）先生和诗：

> 一箭巡天到碧霄，行看列宿未迢遥。
>
> 神州早试唐尧志，六合今闻大舜韶。
>
> 蜗角触蛮忧亟患，棋枰楚汉喜平调。
>
> 全球莫漫争高下，许卜新村别样娇。

（《宫》书第 242 页，北京大学出版社 2012 年 5 月出版。）

笃读两诗后，修改如下：

1. "一箭巡天到碧霄"，修改为"一箭巡天出碧霄"。

原诗句中的"到"字改为"出"字。"碧霄"是古人所称的天，"神五"不是"到"达碧霄，而是射出了碧霄。"出"字可表达穿透的动感，增添豪迈的蕴含。

"行看列宿未迢遥"，修改为"行看列宿仍迢遥"。

原诗句中的"未迢遥"不准确，"神五"到列宿仍需若干光年，无比辽远；相比照，"神五"离地球的距离几乎可以忽略不计。

以上两处改动，按照"一、三、五不论"的规则，均未出律。

2. 原句"神州早试唐尧志"改为"神州早有唐尧志"；原句"六合今闻大舜韶"改为"六合今聆大舜韶"。

原诗"试"改为"有"，"试"不准确；"闻"改为"聆"，"闻"不如"聆"能传神地表达出欣悦之情。

3. 原句"全球莫漫争高下"改为"全球莫漫谁高下"；原句"许卜新村别样娇"改为"许卜新村我样娇"。

原句"争"，没有指代感；原句"别"语意模糊，改为"我"，除了蕴含浩气，并似含有得意而沾沾自喜的调侃味道。

4. 括号内为原句用字，"再（已）著神功征太皓，别（更）听海滢奏箫韶"。

前句，"已"语气太平，并不准确，人进太空，不是太空神功唯一；"再"，更提神。后句，"更"语气太硬，这儿应该轻巧放松一点，"别"具备此功能。

下面是对盈午先生诗的修改：

括号内为原句用字。

1. "驭风一举过（入）层宵"，改动道理同上1。

2. "古梦千年已迢（不复）遥"，"古梦千年"不是不再"遥"远，而是已经成"迢遥"的过去，"已迢遥"蕴有淡淡的空旷感，略带失落，豪情自在。

3. "曩时龙战星云混（黯）"，龙战，电闪雷鸣，星云不一定暗下来，但肯定混成一片。"我亦披襟无（作）豪语，飞天杨子先（最）为娇"，"无"，表达因激动而说不出话，似更好；"最"，语太硬，意太死，"好"无止境；同理，征服天空，"娇"无止境，聂海胜两赴太空，两个女航天英雄相继而飞天，没有谁最娇的可比性，都具所谓特色"最"娇亮点。

"醉翁之意不在酒"，小女改诗的真实想法如下：

> 小女小胆润斗稿，双师跟前权撒娇。
>
> 一字千金几千金？且助吟事火膏消。

（火膏，古指润稿费。）

小女是中华吟诵学会会员，是一名吟诵公益推广的小兵。敢问两位尊师，于吟诵推广能多助力吗？

"改诗生慧"（《范曾诗稿 自序》），"推敲来神，锤炼得美"，有诗改，已幸运，再盼能得大师助吟诵之幸运。

改诗，尚有维护诗律、诗意尊严的责任感，好的韵律、诗意是好的吟诵的基础；诗律、诗意的尊严也是吟诵的尊严。

（二）诚外无物

癸巳暮春，央视栏目《开讲了》有撒贝宁主持的一期"对话北大"，主嘉宾有范曾、莫言、杨振宁。节目最后，由3位嘉宾向青年寄语，范公寄语4个字：诚外无物。

"诚"，以我的理解，分了3个角度，可具体化为：社会办事要诚信；

结交亲友要诚心；献身事业要诚挚。

看完节目后，四字目悬，并凝成如下四言顺句：

诚字化三　隽系心田

范公立言　后学行践

乾坤大化　足下臻完

宇宙无穷　诚字贯穿

（三）范赋三篇吟当先

《宫》书援录范师所撰《炎黄赋》（205 页）、《水泊梁山记》（25 页）、《崂泉铭》（28 页）。这 3 篇顶天立地的羞汉绝赋，脍炙人口，咀嚼生津，涤肠荡怀，沁润肝腹，令人手难释卷、目勿斜睇。我太喜欢了，而似乎是冥冥中注定，它们与我的成长经历有关：一篇写我伟大祖国华夏题材；一篇写我省籍豪放齐鲁题材，而且写的是我难忘的故乡，我曾祖父家距景阳冈十五里，距水泊梁山百十里；一篇写生我养我的第二故乡青岛题材。字行此处，已不禁泪流，我感谢范师，如此完美地表达了我的思致情怀。

《炎黄赋》应郑州市政府之约而作，全文的摩崖石刻立于黄河岸边新郑的炎黄二帝 106 米高的巨幅石像前，阔 3.3 米，长 33 米，横亘壁立，阔字瞠目。2007 年 4 月 18 日，炎黄二帝石像落成揭幕式上，著名作曲家李黎夫先生谱曲，著名歌唱家杨洪基与 4 岁女孩嵘峥领吟领唱了《炎黄赋》，千人相和，宏铭黄钟，可谓神威。

《水泊梁山记》共 368 字，与范师祖先范仲淹《岳阳楼记》字数相同，可谓神和。

《崂泉铭》，邓师见证，在列车上完成，仅用半小时，可谓神速。

我在做推广往圣绝学古遗吟诵的公益工作，神慕范师这三赋，常常以范师喜欢的桐城派的传调唐调吟其为快。千感萦怀之时，总盼知者日增，兹即成诗一首，并期以此为旗，召唤知者：

> 范赋三篇吟当先，沾溉神泽气不凡。
>
> 国学振兴儒自厚，浩怀善骨凌尘巅。

林打打于青岛浮山北峰抱樱斋

癸巳　8 月 12 日

五　叶嘉莹先生吟诵调探讨

——屠岸先生与小友打打关于吟诵的往来书信（3 封）

屠岸先生（1921—2017），著名诗人，翻译家，其《济慈诗选》译本获第二届鲁迅文学奖翻译奖，被授予国家"翻译文化终身成就奖"，曾任人民文学总编辑，常州吟诵代表传人。

（一）屠岸先生信之一

林打打同志：

你好！我收到你寄来的你的著作《读书的好声音——吟诵艺术概论》和你给我的信，非常高兴，非常感谢！

你称我"屠岸爷爷"，使我感到意外的亲切！

我读了你的这本论吟诵艺术的书。我感到你对吟诵艺术做了全面深入的研究，条分缕析，论点与材料相结合，有较高的艺术含量。你说你的书中应用了我的一些有关吟诵的材料和我的诗歌作品，说事先没联系，不知是否有当。我看了，你引用的都对，没有不妥之处。你还说"晚辈盼望能够得到您的指教"，但事实是，我从你的这本书中学到不少东西，我向你致谢！老年人向青年人学习，这也是一条规律，从古如此。

你提到"普通话吟诵是历史的必然"，是对的。我原以为吟诵必由方言，各地有各地的吟诵，比如常州有常州吟诵，而常州吟诵固然有它的"调"（曲谱），如果用这个调而不用常州方言，用普通话，则必定变味。我也听过某些人用普通话吟某个地方的"调"，其怪无比！但这不能成为反对普通话吟诵的理由。我有一个不适当的联想，比如中国的戏曲，如川剧、越剧、豫剧、粤剧、评剧、秦腔……各种地方戏都有它独特的腔，这个腔（即调）必与该地的方言相结合。但京剧又是如何形成的？它是昆腔、徽剧、汉剧等进京，相互吸引，相互融汇，经过几百年的磨合，逐渐形成的一种戏曲剧种，以北京话为基础，有自己的"调"。是否也可以是有若干不同的地方又融合而成？但这不需要几百年的时间。

还有一个问题，我要向你请教。叶嘉莹先生生于北京，她的吟诵是不是北京吟诵？北京地方是否有北京吟诵？如果有，那么北京吟诵与普通话吟诵有什么区别？有什么共同点？

我虽然会做常州吟诵，而且被称为它的代表性传人，但我对中华吟诵艺术实在缺乏研究，我要向你好好请教！

祝健康愉快，工作顺利！

屠 岸

2013.8.16

（二）打打回信

屠岸爷爷：

您好！您对我的拙作这么重视，这么快回了信，以及您的谦虚和对晚生的肯定、爱护、鼓励，都给我非常的感动和莫大的动力。谢谢爷爷。

您联想的融百调之长，形成普通话的一个或几个基本调，就像京剧的二黄、西皮，净末丑旦的若干唱腔，非常有创意，如能实现，我们伟大的中华文化园地及普通话吟诵便增添了一朵类似京剧的国粹奇葩及鲜明的民族文化符号，而且有了基本的相对定型的模式套路，便于国内外推广、弘扬华夏文化，便于大众学习、交流。如美学理念"多样统一"，一种艺术，总要有统一的把手、参照。这是非常必要的。众人拾柴火焰高，我愿联合吟诵同人，按您的设想，努力实践、总结、求索。没有创新就没有康庄大道。

您的第二个问题，并分解为几个小问题，我认为同样非常重要。您首先提出了如何辨识一个吟诵的归属问题。传统吟诵最本质的特色，即声、韵、调的方言系统；一个是音乐特色，即各自的基本调旋律特色，就像新疆歌曲，一听便知。吟诵只不过没有新疆歌曲那样风情摇曳、张扬鲜明罢了，吟诵总是中庸、内在、情感语气化的，但肯定也是各有特色的。以上两点是给传统吟诵定性的一把尺子。例如：既符合常州小片方言的音韵系统，又具备常州基本调的音乐特色，这一吟诵就是常州吟诵，其中音韵系统是决定性的要素，因为曲调的随意性变化还是很大的。

再说叶嘉莹先生的吟诵，她的吟诵，运用的音韵系统确是北京地域的音系，仅从这一决定性因素，可以断定她的吟诵是北京音系的吟诵，至于是否典型的北京方言吟诵，因为我没有听过正宗的北京方言吟诵，所以难以断定。地道的北京传统方言吟诵，历史上肯定有（有文献为证）。有人说叶先生的吟诵是普通话吟诵，也是有道理的。200年前，北京（时音）方言已与今天的普通话十分接近，比元朝的《中原音系》系统更接近现在的普通话，是普通话最接近的源头，声母系统与现在的北京音已完全相同，除了声韵的大致相同，最鲜明的相同点就是声调，没有了入声（派入了新四声）以及尖团音之分。这一点也回答了北京吟诵与普通话吟诵有无区别的问题。两者在音韵系统上几乎是一致的，但也有区别，韵母和调值有一定的差别，再就是吟诵曲调上会有差别。当下，不知还有没有会北京地域吟诵的耄耋老人，若有，应该去抢救、比较，若没有，就永远是遗憾了。以上两者的共同点就是，决定的因素是统一的北京方言系统。

说到此，有一个许多人模糊的问题需要强调，即乾隆（有清一代）的官话音系，虽然其基础方言音系主要与北京音系相联姻，但与北京方言有一巨大区别，即在声调上清官话（读书教育、诗词赋创作及官方科举、朝拜、官务等活动用语）保留了入声（调号是老四声）。这一保留延及民国官话"老国语"，直到1932年国语统一筹备会公布《国音常用字汇》才确定北京音系为国家标准音，明确将入声并入新四声。所以，"北京方言吟诵就是当时的官话雅言文读"的观点是不对的，是由对音韵历史的了解误差造成的。除了入声，两者虽然从听觉上应该是差不多的，但不能被视为一体。还有人简单地将现代普通话语系看成是明清官话系的延续，或认为元明以来北京音一直是汉民族共同标准音的看法。这些都是不准确的，是对其中的联系与区别缺少细究。

乾隆时期北京的音韵学家李汝真所著的《李氏音鉴》，真实地保留、反映了北京方音时状及入声的存亡境况。

还有，叶嘉莹先生的吟诵，其韵母及入声的情况，我没细听，不能乱说，但其保留了入声（或个别保留），都只能视为一种变通、修复（修复是戴学忱老师的观点），仍应列为北京吟诵或普通话吟诵，因为这两者近200年以降日趋一致，但绝不应视为清或民国初期的官话吟诵。当今人们在吟诵古典诗文时，为讨得古遗风韵，或出于押韵（如汉乐府《上邪》即押入声韵）的需求，保留或部分保留了入声。这也只是种变通、修复，一般采用时间超短、急促下滑的读法，并非原汁原味的读法。如纯操清官话吟诵，除了原汁原味保留入声，在音韵上还有一些其他要求。这样的官话吟诵大约绝迹。

北京方音吟诵、普通话吟诵、清官话吟诵，这三者易纠结、误判的问题，而您老抓住了一个典型问题，并举了一个抓眼球的典型的具体个案——叶嘉莹先生的吟诵，很具警示、强调、示范的作用。简言之，三者的声母、韵母系统差别不大；北京方言吟诵与普通话吟诵，声调也基本一致，这两者在吟诵的旋律曲调方面肯定有别；北京方音吟诵和普通话吟诵这两者与清官话吟诵最大的区别是在声调上，后者保留入声，至于清官话的吟诵调，因缺少文献资证和实例，只可以想见与上两者会有不同。

以上辨析清楚了，对认识吟诵有好处。吟诵的定义及诸多问题一直在争辩中，也难免，因为吟诵太边缘化、太模糊化、太即兴化，概念使用太随意化，或认识模糊，或各自为政、自我定义，在争论或运用中往往违背统一律，而声音又是飘忽的东西，稍纵即逝，文献及研究古来凤毛稀有，所以容易陷入困惑及战国式争鸣，即也正常，亦许是魅力所在，但像您老如此谦虚、平和、深思的探讨，我和大家都应该学习、笃行。

以上看法都不一定对，请您参考、斧正。

顺致夏祺，千万保重！

晚生林打打　敬上

附敬诗一首：

京华尺牍送夏爽，句挚字重蕴意长。

名微勿嫌寄鼓励，望高至谦孕馨香。

融调出新康庄道，辨识举典慧目光。

老骥伏枥忧国事，幼雏试翅志高翔。

2013 年 8 月 18 日于青岛浮山抱樱斋

（三）屠岸先生信之二

打打小友：

再次收到你的来信。

我称你"小友"，可以吗？我七八十岁时，老诗人臧克家（他那时已九十多岁，他是虚龄百岁时逝世的）称我"小友"。小友是忘年交长者对年少者的称呼。"小友"≠"小朋友"。

你对吟诵和方言有研究，比如你分析北京方言吟诵、普通话吟诵与清官话吟诵之相同与不同，很有见地。我会用常州吟诵调吟诵古诗古文，但对吟诵的历史源流和理论研究都所知甚少。你的书《读书的好声音——吟诵艺术概论》是我的学习材料。

常州有一位音乐教师，又是吟诵艺术研究家，秦德祥先生，他有一本著作《吟诵教程》，出版于 2012 年 4 月。这本书收入了我吟诵的诗词，由秦德祥先生根据录音整理出乐谱，计有：

杜甫五律《月下忆舍弟》、王勃五律《杜少府之任蜀州》、杜甫五律《春望》、杜甫七绝《江畔独步寻花（其六）》、李白古七律《登金陵凤凰台》、李煜词《浪淘沙·帘外雨潺潺》、李白七言乐府《将进酒》。

还有两首是我试着吟诵的现代诗（或称新诗、白话诗）：戴望舒的《我用残损的手掌》和徐志摩的《再别康桥》。以上这些，我都复印下来，附在此信给你，或可作参考。

你在书中提到我曾试着吟诵洛夫的新诗《水墨微笑》，说是"屠岸吃螃蟹"。

那么，螃蟹不止洛夫一只，还有两只：戴望舒和徐志摩。

我对吟诵，没有理论研究，只有"感受"。我写过一篇文章《常州吟诵 千秋文脉》，曾在报刊发表过，已收入我的书《霜降文存》中。这本书不是哪个出版社正式出版的，是我自费印行，准备赠送亲友的。此书我将另外邮寄给你。

同时还要邮寄给你两本书：《生正逢时——屠岸自述》、《诗论·文论·剧论》。《生正逢时》是我的自述，你如果有兴趣，看一下。从中你会了解我是怎样一个人。

《霜降文存》中有一篇是《常州吟诵 千秋文脉》。这篇文章写出了我对常州吟诵的"感受"，没有理论深度。你研究吟诵艺术，不妨看看。请你提出批评意见，告诉我。

你在信中还附来一首你的七言诗《致屠岸爷爷》："京华尺牍送夏爽，句挚字重蕴意长。名微勿嫌寄鼓励，望高至谦孕馨香。融调出新康庄道，辨识举典慧目光。老骥伏枥忧国事，幼雏试翅志高翔。"谢谢你的鼓励。你叫我"勿嫌"，我怎么会"嫌"呢？高兴还来不及呢！你的"志"是"高翔"，太好了！祝你成功，一定成功！这首诗是你用毛笔写在一页诗笺上的，你的字温婉清新，蕴含着充沛的感情。

祝健康、进步！

屠 岸

2013.9.11

六 揭示汉语言声调意义的密码

——《中华吟诵——平长仄短的艺术》序言

笔者认为平长仄短既是声调语言汉语独有的语言文化现象，也是汉语言表达的规则，吟诵是这一规则的艺术化。平长仄短是汉语言的文化基因，是揭示汉语声调丰富蕴含及魅力密码的钥匙。深刻地分析、认识、感受汉语的平仄表现，才能了然汉语的精髓，才能更清醒、自觉地领悟到吟诵的义源。

汉语言的声调，中古语（起于隋唐前后）以平水韵分为4个声调——平、上、去、入；元代出现的周德清的《中原音韵》以及当今的普通话分的4个声调是阴平、阳平、上声、去声，将入声派入了其他声调。另外，上古汉语及方言的声调是复杂的。

平仄的声调划分，是将声调四声二元化，起于南北朝至唐期间，为近体格律诗的产生奠定了音韵的必要基础。"平"指平声（包括阴平、阳平），读音的时值相对要求长；"仄"指平声以外的其他声调，读音的时值相对要求短，其中入声尤其要急短。

平长仄短虽是汉语言的表达规则，虽然在汉语口语的表达中不明显，但是街巷口语遵循了平长仄短的规则才顺耳好听，如果明显违背平长仄短，就会出现不正常的效果。比如："你吃饭了吗？""吃"是平声，可以延长时值，并且即使延长，也不会出现太反常的效果；"你"、"饭"是仄声，不能延长时值。如果读成"你——吃饭了吗"或"你吃饭——了吗"，会把人吓一跳。在剧场里，当观众把仄声的"好"字拖长喊叫时，就成了叫"倒好"，"好"的本意变成了"不好"。这个例子说明，违背了平长仄短的规则，可以改变字词的含义。汉语言正确的表达，一定要遵守平长仄短的规则，仄声字的短读意义尤为明显、重要。

吟诵是汉语言平长仄短的艺术表达，是平长仄短的艺术，是古典诗文的创作方法和诵读的好方法，尤其是近体格律诗的创作和诵读，对"平长仄短"的审美要求最为严格，审美效果也最为显著。汉语口语可以吟诵化，以增强语言的表达力。比如："我爱妈妈"，"妈"是平声，可以延长时值，第一个"妈"比平常的读音拖长时间，读成"我爱妈——妈"，增强了爱妈妈的亲切感。第一个"妈"拖长了，就是口语吟诵化了。

声调语言是具备音乐性的语言，因为声调语言有音高的变化；旋律形成于音高的变化，是音乐的基本要素；声调语言的音高变化具备了旋律的音乐元素，所以声调语言是具备音乐特色的语言。

汉语是最美、最富有音乐表现力的声调语言。汉语的声调，除了具有区别字义的基本功能，还蕴含修辞、抒情、造境等语言表达的多种功能。这些语言的表达功能及其音乐性，全部浸润在汉语言的平长仄短的表达中，而吟诵是最完美的平长仄短艺术的表达方法和汉语音乐性的表现形式。

例如：用吟诵的方法诵读如下诗篇，可以明显地体会到汉语声调的修辞、抒情、造境功能。

1. 唐王之涣的《登鹳雀楼》：

> 白日依山尽，黄河入海流。
>
> 欲穷千里目，更上一层楼。

"白"、"日"，古读入声，两个连续的入声极短读音，起到了对描写对象"白日"修辞的强调作用。

2. 唐李绅的《悯农》（其二）：

> 锄禾日当午，汗滴禾下土。

谁知盘中餐，粒粒皆辛苦。

"土"、"苦"两个上声，先下后上拐弯的转折读音，有力地表达了悲苦的情感，加之最后一句"粒粒"入声的强调作用，十分有效地表现了对农耕辛苦的同情主调，其中声调的抒情作用更是明显。

3. 唐王维的《鸟鸣涧》：

人闲桂花落，夜静春山空。

月出惊山鸟，时鸣春涧中。

第三句开始，"月"、"出"这两个连续的入声短促读音，表达的是一种紧张的语气，打破了前两句宁静的气氛。这种突然的转折，对下面"惊山鸟"夸张意境的创造起到了准确的铺垫作用。

吟诵将汉语言的平长仄短艺术化，已经有几千年的历史，是创作、读书的好方法，是中华民族优秀的语言形式和优秀文化遗产，富有丰富的审美内涵和人文信息。汉语言的平长仄短是吟诵产生、发展的先天基础和基因，独树寰宇；对口语及吟诵的平长仄短的研究、运用，理应进一步重视，因为这是一个巨大的语言文化宝库，也是吟诵具备巨大中华文化承载力及传播力的根本原因所在。

吟诵，包括吟读和吟唱。吟读是严格按照平长仄短要求读书，吟唱是吟读的声乐化，有声乐旋律，有一个准谱，但吟唱也必须遵循平长仄短的要求，以字行腔，不倒字，并可以不受准谱的约束，即兴吟唱。

吟诵的要害——核心规则是"吟"，"吟"的定义就是严格依照平长仄短的要求声读。这是吟读和吟唱都必须遵循的，也是吟读与朗读、朗诵以及吟唱和歌唱的根本区别。

林打打

浮山北峰抱樱斋

2017 年 2 月 8 日

七　中华传统吟诵调的源头吟

——《中华传统吟诵调钩沉——中小学必读诗对应篇目十二首》的引言

甚幸哉!

近百年来，传统吟诵历经磨难和朗诵的强势挑战，式微而未灭。

堪贺哉!

近几十年来，传统吟诵得有识之领导的引领及吟诵传人的努力，枯树涅槃。

所谓传统吟诵，即方言读书调、私塾调、文（雅）读调，历来是文人、学童读书的好方法、好声音；不同的方言区域，有各自的传统吟诵调，但每种方言的吟诵调是该方言的文读，并不是该方言的俗（白）读。文读与俗读的差别，在于读书靠近雅言官话的程度。雅言，指历代的官话共同语，现在称"普通话"；俗语就是大白话，即语言学泰斗、常州吟诵传人赵元任所称的"街巷话"。当然，在历史的进程中，雅言、俗语也是变化着的，在不同的时代，不同方言的文读与俗读的差别程度也不一样。同一时代，北方方言的文读与俗读差别较小，如北京地区差别就很小；南方地区差别则大，如闽南语吟诵，文读与俗读的差别一般在60%到80%之间，厦门地区的差别竟达100%。语言大师罗常培先生在他的《厦门音系》中说："各系方言的读书音和说话音往往都有一些不同。""但很少像厦门音系相差那么远的。厦门的字音跟话音几乎各成一个系统。"所以，听北京方言的俗语（白话）吟诵，人们一般都会听得懂，但听厦门的俗语（白话）吟诵，其他方言区域的人基本一句都听不懂。

传统吟诵，不同方言区域的吟诵各具特色，主要的特色差异就在文读中保留的俗读部分。这一部分烙印着方言的诸多元素，是不同方言文读的主要差别。当然还有其他差别：其一，不同方言平仄音高有明显差别，北方方言平高仄低，南方方言如吴语平低仄高，所以北方人话音高亢豪壮，与平声的音高相对比仄声高相关，吴语柔软"嗲气"，与平声的音高相对比仄声低相关。赵元任先生所著《常州的吟诗乐调十七例》总结了吴语常州吟诵乐音的趋势："平仄相连，平低仄高。"其二，南方方言吟诵仍保留着入声，北方方言已没有入声。其三，许多南方方言吟诵声调多于 4 个，粤语竟达 8 个，北方方言吟诵声调只有 3 个。其四，不同方言吟诵时的节奏、旋律、语气、即兴等也存在地方文化，尤其是地方音乐文化影响的差别。传统的方言吟诵调是地方文脉的一种表现，自然融合着各自浓浓的地方文脉的特色。

自《尚书》所载"诗言志，歌永言"的吟诵滥觞起，传统吟诵已经传承了数千年。由于语音已发生了很大的变化，现在分布于汉民族各方言区丰富多样的吟诵调的源头，比较公认的说法，是发端于魏晋以降的中古时期。可以说，西晋的洛生吟和东晋的谢安拥鼻吟是现今传统吟诵的源头吟。洛生吟是西晋都城洛阳太学生的雅言读书声，是被当时的主流社会引以为豪的身份标志，引得达官贵人竞相效仿。东晋建都金陵，流亡而来的西晋上层鄙视江南方音读书，仍以洛生吟为荣。洛生吟的发音似老妪声，南朝刘孝标在其注疏的《世说新语》中这样解释："洛生咏音重浊，故云老妪声。"因东晋读书人的偶像权贵谢安有鼻炎，他的洛生吟的沉闷重浊胜过了老妪声。时人一时跟风效法谢安，于是捏着鼻子诵书的谢安版的洛声吟风靡了社会上层和读书界。晋书《谢安传》记载："安本能洛下（洛阳）书生咏，有鼻疾，故其音浊，名流爱其咏而弗能及，或手掩鼻以敩之。"谢安的洛生吟被称为"谢安吟"、"拥鼻吟"，是洛生吟的一个另类。洛生吟、拥鼻吟风靡了千年，直至宋朝，名人崇尚洛生吟、拥鼻吟的名句即是佐证，如唐朝李白的"闷为洛生咏，醉发吴越洞"（《经乱后将避地剡中留赠崔宣城》），唐彦谦的"天涯已有销魂别，楼上宁无拥鼻吟"（《春阴》），宋朝苏东坡的"缅怀周与李，能作洛生咏"（《径山道中次韵答周长官兼赠苏寺丞》），林逋的"屐齿遍庭深，若为拥鼻吟"（《春夕闲咏》）。唐宋时期，洛生吟依然得宠，与中古时期的历朝都城都建于中原地区、读书以洛阳的雅言为正统文读不无相关。雅言正统文读，一直在延续。魏慧斌先生在其著作《宋词用韵研究》（陕西人民教育出版社出版）中统计了1330 余位宋代词人的 20191 首词作，发现除了个别词人偶尔以方音入韵，处于南腔北调不同方言区域的词人几乎一致地用宋代通语（宋时雅言称谓）文读版本入韵填词；南宋《平水韵》出现后，各方言区域的文人创作及雅言官话读书调的文读便开始依据这个音韵系统，并且一直延续到近现代各方言区域的近体诗的创作和文读唱和。需补充说明的是，北宋与唐的格律诗词的音韵，几近后来的《平水韵》系统。因此，从唐宋诗词音韵的一致性，可以断定《平水韵》是音韵史发展中应运而生的，其文读标准是承前启后、关联延续的。以上雅言文读的历史轨迹，尤其从唐至今以《平水韵》音系为主流的文读沿用史，或可印证近现代传统吟诵源于唐宋中古时代的说法。元代出现了周德清所著的对后代音韵产生了巨大影响的《中原音韵》，虽然其将入声派入了平、上、去三声，但大多方言吟诵至今仍顽强地保留着唐宋含入声的《平水韵》文读传统。

传统吟诵是中华绝学，是中华传统文化的基因和语言文化的符号，文化蕴含丰厚。辽南吟诵传人张本义先生在其《吟诵拾阶》（广西师范大学出版社出版）中说："吟诵承载着文字、语言、音乐、文学、历史、教育诸方面的信息和遗传密码。"在现存的传统吟诵生态圈，常州吟诵是佼佼者。2008 年，"常州吟诵调"被列为国家第二批非遗名录；2014 年，常州吟诵传人秦德祥老师获第三届"中华非物质文化遗产传承人薪传奖暨中华非物质文化遗产保护贡献奖"；闽南吟诵、辽南吟诵、粤语吟诵分别被列为福建省、辽宁省、广东省非遗名录。

自 2011 年中华吟诵学会成立以来，传统吟诵得到了有效的抢救、保护和传承，许多保留有关于传统吟诵的卓有价值的文字、声音的专著，如秦德祥老师的《常州吟诵三百例》、陈炳铮老师的闽语调集《陈炳铮吟诵曲选》、中华书局的唐调《经典素读古短文系列》等，得到了出版。这是一笔为后人学习、欣赏、传承的宝贵文化遗产。

兹在经典诗词传统吟诵采录的宝库里，钩沉到若干与中小学必读诗词对应的篇目，兼顾不同角度，精选了诗 12 首，以饱喜爱传统吟诵的师生及其他爱好者的耳福，以供志于普通话吟诵创新发展的吟诵同人泽惠、借鉴。

林打打　于 2016 年深秋

八　"炼字""炼音"

——中华古典诗词的二元创作（《以声制诗》摘录）

古典诗词创作，炼字、炼音并行并举。一首好诗词，必有精彩的炼字、炼音的过程和功夫。

汉语的古典诗词创作，有独具的一点，其文本是二元的，是文字文本与声韵文本两种文本的融合。任何一首古典绝妙好诗，无不以声制诗，无不是在文字与吟诵的反复涵泳的融合中打造出来的。曾国藩教弟子的八"本"家训中，第二"本"即"作诗文以声调为本"（《曾国藩教子书》第14页，京华出版社2009年第2版）；明朝大儒王阳明曾在嘉靖四年（1525）作《阳明九声四气歌法》（《阳明佚文辑考编年》，束景南先生辑佚）。这种以声制诗的做法，堪称"炼音"。贾岛的"两句三年得，一吟双泪流"，不仅是指苦苦"炼字"，也会有"炼音"的苦楚在其中。历史上不乏以声制诗的大家巨擘，唐代诗圣杜甫堪称以声制诗的王者。现杜诗凡1450余首，其中近体格律诗达1020余首，除绝句130余首，律诗近900首。杜甫还促进了七律和排律的成熟，拓展了近体诗的表现范围，创格了七言拗律、联章组诗。明胡应麟评杜甫的诗律的修炼贡献如下："排律近体，前人未备，伐山导源，为万世模。"杜甫在其《解闷十二首·其七》中有这样一句："陶冶性灵存底物，新诗改罢自长吟。"每写诗，都要反复吟诵炼音，这是杜甫自道创作经验之谈。

几千年前，中国古人就关注到了"炼音"，把押韵和声调的炼音功夫融入了创作。汉文学元典《诗三百》（305篇），1141章，押韵单位多达1679个，其中许多诗篇的声调运用十分经典。例如：《周南·关雎》中的

"关关雎鸠，在河之洲；窈窕淑女，君子好逑"，其中"关关雎鸠"的声调是"平平平平"，"在河之洲"的声调是"仄平平平"，"窈窕淑女"的声调是"平平平仄"，"君子好逑"的声调是"平仄仄平"。诗中 4 个平的连续使用，以及平仄、仄平的交替使用，使这一句式严整的诗句抑扬顿挫的声律变化显得十分优美，生动地体现了追求爱情的男子对心爱女子的激动、欢快、跳跃的情绪。当然，上古春秋时代的《诗三百》的声调与当今的普通话有一定的差异，但内在的声律美是固有的。

中国人创作诗文追求炼音效果。这是中国人的天性。开始时，这种追求是自发的，到了魏晋时代，人们开始了自觉的追求。

1700 多年前，西晋文学家陆机在我国第一篇文学评论《文赋》中第一个明确提出了诗文创作的声音搭配的美学原则，指出"音声之迭代"，应若"五色之相宜"，意思是声音的搭配（迭代）要有抑扬顿挫的音乐美，就像 5 种颜色的和谐相配那么美。这里，陆机用通感的修辞法提出了声音创作的要求。

1400 多年前，南朝梁代的文学评论家刘勰在他体大虑深的《文心雕龙》的"声律"篇中，又第一个描叙了以声制诗的创作过程：

"是以声画（声音和文字内容，画，笔画，指文字）妍蚩（yán chī，好坏；妍，美丽；蚩，丑陋），寄在吟咏；吟咏滋味，流于字句。气力穷于和韵。异音相从谓之和（音，指汉字的声调），同声相应谓之韵（同声，指同韵母的汉字）。韵气一定，故余声易遣；和体抑扬，故遗响难契。属笔易巧，选和至难。缀文难精，而作韵甚易。虽纤意曲变，非可缕言，然振其大纲，不出兹论。"

这段话翻译如下：

"所以，声韵、文字内容表达得好坏，寄托在吟咏上（指声韵的安排过程上）；吟咏滋味（声韵安排的好听与否的效果），从字句的声音中流露出来。声韵安排的功夫全在句中字调的'和'与句末的'韵'上：不同字调的恰当配合就叫'和'，同韵的字相呼应就叫'韵'。韵脚选好之后，该押的韵都好处理；但句子中的字调，有高低抑扬的不同，要达到句中字调之间的和谐配合就比较困难了。所以，文字易写得精巧，把其声调调配和谐最难。安排文字的声调和谐，难达精到，但相对押韵还是比较容易的。虽然声调上还有很多细微不明显的变化处理，不能一一分析，但已列举出运用的要点，都不会违背以上所论述的。"

刘勰说的"吟咏"，就是当下的"吟诵"。作品在吟咏滋味的状态中反复调整，以求达到声音的完美和谐；"声画"有机和谐排列，即"异音相从""同声相应"，是刘勰提出并总结的以声制诗的原则；"是以声画妍媸，寄在吟咏（吟诵）"，揭示了以声制诗的创作价值。

一首好诗的成功需多种因素，其中以声制诗过程的优劣是诗作能否达到声文并茂的一个重要因素。这是中国古典诗词必经的美学途径。

后　记

信仰的支撑

打打父亲

2017 年 12 月 29 日清晨，我的不满 36 岁的女儿，不幸英年早逝。

我在女儿远行后的 3 个月，完成了这本小书的初稿；初稿完成后，文载重任，不敢凑合，反复览阅，字字掂量，经过 6 个多月的精细修改，终于完成书稿，时间是 2018 年 10 月初。

开始，我实在难以写下去，每次码字，如晤爱女，点点忆起，殇情激荡，泪珠挂面，胸次雷击。已经莫逆相交 55 个年头的挚友、女儿敬爱的宋伯伯，铁笔铸诗"白发父辈含泪追"，不断地以女儿的信仰精神给我力量。

2018 年的旧历正月初二的下午，我去挚友的父亲宋大伯家拜年。宋大伯正午睡，我没有打扰他，但看到他的床头柜上赫然摆放着一本《习近平谈治国理政》第二卷，心中一震，瞬间强烈地感受到了一个老共产党员的信仰的精神力量。这给我的写作增添了新的动能。挚友告诉我，去年宋大伯过 96 岁生日时，指定外孙买一本《习近平谈治国理政》第二卷给他作为生日礼物。之前，宋大伯已经认真读完了《习近平谈治国理政》第一卷，并在这本书的许多页面上作了密密麻麻的批注和记号。九秩之年，他毅然秉笔，工工整整撰写了多篇读书笔记。

春节后，挚友和我又多遍泣读、感受女儿生前所写的文字和她的实践材料，进一步深刻感受到女儿坚定的信仰精神，议定围绕女儿为实现崇高信仰而全力以赴的精神和实践行动，从 6 个方面落笔：

一、充满坚定的文化自信，对新时代中华民族文化复兴的美好憧憬和使命担当。

二、遵循习总书记教诲，学习焦裕禄精神，紧赶日月，莫负报国意。

三、矢志不渝，无私奉献，一生甘当优秀传统文化、红色革命文化传承、传播的志愿者。

四、在中华优秀传统文化传播以及优秀传统文化与红色革命文化的融合传承方面，勇于拓荒，敢于创新。

五、爱岗敬业，热爱学生，在人文基础教育上不遗余力弘扬中华文化精神。

六、乐于助人、善良诚信、虚心学习、敬重前辈，勤奋钻研治学。

这本小书的写作和出版，诸多好友给予了无私的帮助，我感恩的心情难以表达。

2018 年 7 月 9 日上午 9 时 26 分，打打的宋伯伯陪我乘坐高铁 G184 次列车，去北京给徐健顺老师送阅这本小书的初稿，听取他的指导意见。列车在急驰，我的心在撕裂的痛苦中煎熬。我难以不回想起 7 年前陪女儿进京参加中华吟诵学会第八期培训班的惬意情景。那次进京，女儿一路欢笑，而今女儿已舍我远行不归，与我阴阳暌隔。我再也听不到她欢快的笑声，再也见不到她美丽的身影，再也不能面闻她那温雅悦耳的吟咏。我再一次呼喊，苍天不公！我万万想不到，再赴京城，怀揣的是字字凝血、句句断肠的悲叙爱女短暂人生的泪稿，怀揣的是一个远离这个世界的纸上的女儿，怀揣的是酷爱传统文化、酷爱红色革命文化、酷爱基础教育、践行焦裕禄精神、紧赶日月无私报国的女儿的忠魂……列车在疾驰，女儿的宋伯伯深知我的苦痛，一路宽慰我；没有他的相伴，我难以迈动去北京的步伐。

7 年多来，女儿的恩师徐健顺带领女儿矢志不渝地为优秀传统文化的传播打拼，他指导、关怀、支持女儿，高度评价女儿的吟诵志愿者工作和奉献。在女儿遭遇不幸，我焦雷轰顶、痛不欲生，两天须发全白、体重骤跌的时候，徐老师牵挂我以及女儿那还没喊过一声妈妈的一岁半的儿子大器，带领全国的吟诵同人捐款，给了我很大的抚慰和生存的力量。这次他又在繁忙中为我的小书赐序。徐老师的恩德，我万分感念，没齿难忘，再次向徐老师致谢。

我自北京返青，对这本小书做了大量的修改后，于 2018 年 7 月 20 日上午，由女儿的宋伯伯陪同，来到青岛出版大厦冷鲜花主任的办公室。她郑重地接过书稿，放在办公桌上，接着耐心地倾听我简要介绍书稿的内容。在我两个多小时的介绍中，她几次抹眼泪，多次给我倒水、递纸巾。她听完后，高度肯定了女儿打打的事迹和精神，肯定了我的书稿。2018 年 8 月 2 日上午，在青岛出版大厦一层书吧，冷鲜花主任把我和打打的宋伯伯介绍给这本书的责任编辑张性阳。他对绝学吟诵十分熟悉和支持，满腔热情地赞扬了打打和他的恩师徐健顺等吟诵志愿者，对他们为中华民族优秀传统文化的传播矢志不渝的拼搏报国精神深表敬佩。他盛赞女儿为青岛的吟诵传播所做出的开创性业绩，赞扬女儿是青岛弘扬国学的宝贝。他深信这本书会收到良好的社会效益，会激励更多的人为中华民族文化复兴而奋斗。

我感谢青岛出版集团领导的支持，感谢冷鲜花主任懂得我女儿的心，懂得我写这本书的初衷。她一直关心这本书的修改、出版，发短信鼓励我，告诉我"这是一本宝贵的书，期待它的出版"。感谢张性阳编辑对这本书的肯定和热情，感谢他为这本书付出的心血。在他的指导下，我对这本小书在多个方面加以修改，让此书焕然增色。

著名的毛体书法艺术家王振宝先生为我女儿的英年早逝痛惜不已。他非常赞佩打打为中华民族优秀传统文化、红色革命文化的传播拼搏献身的精神。他含泪挥毫，精心为习总书记的词作《念奴娇·追思焦裕禄》以及打打步原韵的和词《念奴娇·学习焦裕禄》创作了两幅毛体书法作品。我感谢王振宝先生，感谢他为弘扬人间正气歉献的墨宝。

从 2018 年 1 月动笔，我泣血洒泪笔耕，到 10 月初定稿，打打的宋伯伯对文稿中出现的多处瑕疵进行了处理。书稿的精耕细作，谢谢他的助力。

在这本小书出版之际，再次感谢所有喜爱、悼念我女儿的友好人士；再次感谢所有关心、捐助我与大器的各地吟诵志愿者同人及各界友好人士；感谢所有为这本小书的编辑、校正、设计、印刷等付出辛勤劳动的相关人员。

最后，我要感谢这个好时代。这本小书遇上了好时代，才得以快速顺利出版。"深知黑暗的人，才会热烈地赞美光明。"回眸 70 年人生路，因为目睹、遭遇、体味过老百姓的坎坷辛酸，才能切肤地体会到这个新时代的来之不易，才能深感这个新时代多么值得珍惜，才能为活在这个新时代而感到幸运、幸福。在这个新时代，我看到了中华民族全面复兴的伟大希望，一次次产生了讴歌这个新时代的冲动。去年，我的远在澳大利亚的初中老同学祝明委托我的另一位初中老同学孙巨洪转送给我一本他的《晓明诗词百首》。我怀着我们 3 个老共产党员共同的信仰和冲动，在给他的答谢词作中表达过我们这一代已经老迈之人依然"位卑未敢忘忧国"的情怀和激情。原词作如下：

诗好，人好，意无闲秾。

悉悉捧读，邦国大境，亲友深情。

南海赋，尽显晓明何牵挂，

悼河滨，泪倾涌难能。

近平时代，老同学应共鸣，中国幸。

在这本小书的开头，我引用了女儿的一首诗作《新春望》。今年 8 月初，我受友人之约写了一首《新春赋》。这是我再次以诗词的形式表达我们这一代老共产党员内心对习总书记的拥戴之情，对新时代的赞颂之情。

兹录篇尾，作为全书开篇的女儿诗作的照应：

> 希望大地上，处处新容展。
>
> 青山翠欲醉，绿水碧觉浅。
>
> 祥云朵朵美，惠风习习暖，
>
> 沃土睦万邦，丝路迎佳伴。

我想，女儿为崇高信仰献身的精神，一定会感动更多的人，也一定会感染更多的人。

中华民族文化复兴之梦，是女儿的崇高信仰，也是所有中华儿女的崇高信仰。为实现这个伟大的梦想，我们一起继续努力奋斗吧！

2018 年 9 月 10 日

非常规油气储层体积改造裂缝扩展与织网机理研究

周德胜　著

科学出版社

北　京

内 容 简 介

本书在系统介绍体积压裂理论、工艺技术、非常规储层岩石特征的基础上，应用边界元法和有限元法对裂缝起裂扩展规律及其互作用机理、人工裂缝与天然裂缝互作用以及裂缝缝网模态及其影响因素等进行模拟研究，同时使用缝网压裂模拟软件从工程角度和地质角度两方面对增加体积压裂动用体积的各影响因素进行优化分析。最后，基于作者研发的实验装置对单缝和双缝内支撑剂的输送规律进行研究。

本书可供从事压裂技术工作的科研人员和技术人员，以及高等院校石油工程专业的师生参考阅读。

图书在版编目（CIP）数据

非常规油气储层体积改造裂缝扩展与织网机理研究／周德胜著. —北京：科学出版社，2018.5

ISBN 978-7-03-057514-2

Ⅰ. ①非… Ⅱ. ①周… Ⅲ. ①储集层-裂缝延伸-研究 Ⅳ. ①TE357.1

中国版本图书馆 CIP 数据核字（2018）第 102942 号

责任编辑：宋无汗 罗 娟／责任校对：郭瑞芝
责任印制：张克忠／封面设计：陈 敬

科学出版社 出版
北京东黄城根北街 16 号
邮政编码：100717
http://www.sciencep.com

艺堂印刷（天津）有限公司 印刷

科学出版社发行 各地新华书店经销

*

2018 年 5 月第 一 版 开本：720×1000 1/16
2018 年 5 月第一次印刷 印张：18 3/4 插页 12
字数：378 000
定价：128.00 元
（如有印装质量问题，我社负责调换）

前　　言

非常规油气的有效开发已成为当前能源领域的热点研究问题，特别是致密储层及页岩储层，但由于其极低的渗透率及自生自储的成藏特点，常规的开采方法已经很难适用于该类油藏，必须采用一些特殊的增产技术才能高效开发。自 20 世纪 70 年代开始，美国就积极探索如何有效开发页岩气，特别是 21 世纪初，水平井钻井技术和水力压裂技术的成功应用，使美国成为世界上首个实现页岩气商业化开采的国家，由此引发了一场重大石油科技革命，掀起了全球开发非常规油气的热潮。21 世纪是我国推进全球化战略目标、全面踏入国际化舞台中心的关键时期，同时 21 世纪又是能源的时代。随着全面建成小康社会的到来，我国人民对能源的需求逐年攀升。与此同时，人们的环保理念也发生了变化，由煤炭到石油、再由石油到天然气已经成为不可逆转的趋势。然而，我国页岩油气、致密油气研究起步较晚，无论是勘探技术还是开采技术，都尚未形成体系。虽然近年来非常规油气产量已大幅度增加，但在整个化石能源领域所占的比例仍然很低。由此可见，形成一套适合我国非常规储层的开发技术对于提高我国石油与天然气的产量将是里程碑式的改变。

近几年来，作者的科研团队在多个科研项目，特别是在陕西省科技统筹创新工程计划项目的资助下，对体积压裂技术及织网机理开展了深入研究。本书第 1～3 章主要介绍体积压裂理论、工艺技术以及非常规油气储层的岩石特征，同时对未来体积压裂技术的发展方向进行展望。第 4 章主要介绍用于模拟压裂裂缝的数值模拟方法及其基本原理。第 5～10 章主要运用有限元法和边界元法对裂缝起裂扩展规律及其互作用机理、人工裂缝与天然裂缝互作用以及裂缝缝网形态及其影响因素等进行模拟研究，同时使用缝网压裂模拟软件从工程角度和地质角度两方面对增加体积压裂动用体积的各影响因素进行优化分析。第 11 章主要介绍作者研发的新装置，并基于此装置对单缝和双缝内支撑剂的输送规律进行研究。

本书由周德胜教授撰写与统稿，西安石油大学石油工程学院李欣儒老师参与了第 1 章与第 2 章部分内容的编写，特别需要指出的是作者的研究生郑鹏、赵超能和张争参与了部分资料的收集与文字整理、编排等工作。此外，研究生邵心敏、相智文、张博、贺沛、彭娇、邹易、惠峰、刘安邦、卫海涛、石豫等也对本书的科研成果与成稿做出贡献，对于他们的辛勤付出在此表示真诚的感谢。

此外，在撰写本书过程中得到西安石油大学领导、专家的支持和帮助，得到西安石油大学优秀学术著作出版基金、陕西省科技统筹创新工程计划项目"陆相页岩气储层压裂改造工艺技术攻关"(2012KTZB03-03-03-02)、国家科技重大专项"鄂尔多斯盆地大型低渗透岩性地层油气藏开发示范工程——低渗透致密砂岩气藏压裂裂缝及参数优化"(2016ZX05050-009)的资助，在此一并表示感谢。

本书是对作者近五年教学、科研和指导研究生的过程中对页岩气、致密油气储层体积压裂技术研究成果的系统总结与概括，可供各石油院校、科研院所及企事业单位从事非常规油气开发的技术人员和科研人员参考。近年来，国内外专家学者对非常规储层体积压裂技术及织网机理进行了深入研究，但同时仍然存在许多理论和技术问题亟待解决。在此，期待通过同行的共同努力，在非常规油气开发研究以及相关领域中不断取得新的成果。

由于作者水平有限，书中难免存在不足之处，欢迎各位读者批评指正。

作　者

2017 年 6 月于西安

目　　录

彩图

第1章 绪 论

随着社会经济的飞速发展，人们对能源的需求量逐步攀升，但常规油气资源可采储量在不断减少，且大多数老油田已进入中高含水期，产量短时间内难有大幅度提高，因而国内外学者逐渐将目光转向非常规油气资源。非常规油气藏是指油气藏特征、成藏机理及开采技术有别于常规油气藏的石油天然气矿藏。非常规油气资源的种类很多，非常规石油资源主要包括致密油、页岩油、稠油、油砂、油页岩等；非常规天然气资源主要包括致密气、页岩气、煤层气、甲烷水合物等。其中，资源潜力大、分布广，且在现有技术经济条件下最有勘探开发价值的是致密油气(包括致密砂岩油气和致密碳酸盐岩油气)、页岩油气(包括页岩气和页岩油)和煤层气。非常规油气储层的典型特征是超低渗透，储层物性远低于常规储层，必须实施"压裂改造"才能使其具有一定的经济效益[1,2]。

目前，我国在塔里木盆地、鄂尔多斯盆地、四川盆地和松辽盆地相继发现了非常规油气。对于非常规油气，实施水力压裂改造是提高油气田产量的有效手段，压后形成的高导流能力裂缝不仅使油水井的增产、增注得到显著提高，而且从长远来看，会影响油藏的无水期采收率和最终采收率。因此，水力压裂技术在非常规油气开发中扮演着非常重要的角色[3]。

为了充分发挥水力压裂的作用，又不至于使油井过早水淹或压裂裂缝过长引起水窜，本书以鄂尔多斯盆地为背景研究非常规油气藏的储层增产改造，借此指导非常规油气藏的井网部署和产能规划设计。

1.1 体积压裂简介

体积压裂(volume frac)又称缝网压裂(fracture network frac)，我国学者习惯于使用前者，而后者主要在国外使用。本书中"压裂"一词主要是指施工工艺，"储层改造"一词主要是指储层内部渗流变化。体积压裂对应储层体积(stimulated reservoir volume，SRV)改造，缝网压裂对应储层复杂裂缝网络(complex fracture network)改造。储层改造体积用于量化体积压裂后储层改造体积或储层复杂裂缝网络体积。

体积压裂是在页岩气开发过程中建立起来的压裂的新概念。它是通过水力压裂对储层实施立体改造，在形成一条或者多条主裂缝的同时使天然裂缝不断扩张和脆性岩石产生剪切滑移，实现对天然裂缝和岩石层理的沟通，在主裂缝的侧向强制形成次生裂缝，并在次生裂缝上继续分支形成二级次生裂缝，从而形成天然裂缝与人工裂缝相互交错的裂缝网络，以增大渗流面积，提高产量和最终采收率。综上所述，体积压裂的主要特征是在地层中造出复杂的裂缝网络。

1.1.1 水力压裂技术发展历程

水力压裂技术在石油与天然气工业中的应用起始于 20 世纪 30 年代，当时 Grebe 等[4]发现，井眼内的流体压力可以使岩石结构发生变化并产生水力裂缝。美国于 1947 年对堪萨斯州 Hugoton 油田的一口气井进行水力压裂处理，这是水力压裂技术第一次用于气井生产[5]。1988 年，美国得克萨斯州 Barnett 页岩的一口气井通过水力压裂作业成功提高了页岩气产量。

自 1947 年水力压裂技术首次使用至今，其在油气开发工业中的广泛应用使得相关理论技术得到了不断完善，现已成为常规油气井的重要增产措施，并在低渗透气藏、致密油气藏、页岩油气藏中得到广泛应用。

油气井水力压裂施工主要分两个阶段[6]，第一阶段用射孔弹射穿钻完井后的套管与水泥环，在井壁上产生射孔孔道，随后向井内泵入一种称为前置液(pad)的黏性流体，当井底压力超过地层破裂压力时，射孔段会产生裂缝并向周围储层延伸；第二阶段将掺有支撑剂的黏性液体泵入井中，目的是停泵泄压后支撑剂将压开的裂缝支撑起来，使其不完全闭合。压裂结束后向井内泵入一些化学剂，致使流体的分子结构被破坏，黏度降低，进而易于返排出井口，而充填有支撑剂的裂缝则为油气流向井筒提供了高导流能力的通道。这种高渗透通道的典型特征是窄且长，宽度一般在 10mm 左右，但从射孔段到裂缝尖端的长度可达 300m。整个施工过程耗时十几分钟到几个小时，具体取决于裂缝的设计尺寸以及要输送的支撑剂体积。现场压裂施工表明，一个成功的压裂作业可使产量增加 3 倍以上，由此可见该项技术具有很高的经济应用价值。

水力压裂增产的原理是通过在储层中形成具有一定几何尺寸和高导流能力的填砂裂缝，降低井底附近地层中流体的渗流阻力和改变流体的渗流状态，使得原来的径向流动变为油气层与裂缝的近似线性流动和裂缝与井筒的径向流动，消除了储层中油气的径向节流损失，减少了油气从储层流向井底的能量损耗，从而实现油气产量的大幅度提高。

根据常规与非常规储层特征，可将水力压裂增产技术分为常规压裂技术和体积压裂(或称缝网压裂)技术。常规压裂技术主要应用于常规油气开采，按其施工目的可分为解堵型压裂和改造型压裂；体积压裂技术主要用于非常规油气开采中。根据井筒特性可将水力压裂技术分为直井压裂和水平井压裂。水力压裂压出的裂缝按其表面方位可分为水平缝与垂直缝，水平缝一般出现在浅层(井深1000m 以内)，其裂缝面基本呈圆形，近似平行于水平面；垂直缝的裂缝面基本呈半椭圆形，近似垂直于水平面，一般成对出现(双翼裂缝)。目前油气井深度一般大于 1000m，因此压出的裂缝基本为垂直缝。

常规压裂技术利用双翼垂直裂缝改善储层渗流能力，但因储层垂向渗流能力未得到有效改善，故无法实现对储层整体渗流能力的改造。非常规油气资源主要采用水平井压裂技术，直井压裂主要用于新开发区块储层数据采集、压裂设计检验、压后效果分析等，目的是为大规模高效开发探索经验。体积压裂通过对储层实施全方位、立体式的改造，最终形成复杂网状裂缝。

水力压裂按其施工目的可分为解堵型压裂、改造型压裂和体积压裂，主要区别如下[7,8]。

1) 解堵型压裂

解堵型压裂主要适用于渗透率较大的储层，压出人工裂缝，从而解除钻井过程中的污染，提高近井地带的渗流能力。施工方式是较大排量、高砂比，有时也配合端部脱砂等工艺进行压裂作业。此种压裂方式能够提高单井产量，由于裂缝尺寸小，对井网部署、注水开发、采收率等开发指标影响较小。

2) 改造型压裂

改造型压裂主要适用于低渗、特低渗储层。施工中采取大液量、高砂比的方式注入高黏度压裂液，最终在储层中形成几十米甚至上百米具有一定导流能力的填砂裂缝，可以增加储层泄油面积，提高单井产量。20 世纪 50 年代以来，国际各大油气公司都将水力压裂作为提高油气井产能的主要手段之一。例如，北美的生产井中，大约有 70%的气井和 50%的油井都使用过水力压裂[9]。随着其在油气田开发中的广泛应用，水力压裂技术得到迅速发展，由此促进了它在低渗透油气田开发中的成功运用，从而使以前不能有效开发的各种地质形态储层成为油气生产的有生力量，如低渗透油气储层、墨西哥海湾弱胶结的近海岸沉积、可以萃取甲烷的软煤层以及天然裂缝储层和几何结构复杂的透镜状地层等[10]。

3) 体积压裂

体积压裂技术通过采用大排量、低黏度的施工方式以及转向材料与技术，在储层中开起并沟通天然裂缝，有效"打碎"储集体形成复杂裂缝网络，实现对储层长、宽、高方向的三维改造。目的是裂缝壁面最大化的接触储层基质，使油气从储层基质的任意方向均能够以较短距离向裂缝渗流，大幅度提高储层整体渗透率，最大限度地增加储层动用率。自 1997 年至今，致密油气、页岩油气的迅速发展得益于体积压裂的成功运用。

水力压裂是一项较通用的技术，既适用于提高油气井产量，也适用于开采地热能量[11]。它还有许多其他用途，如危险固体废料的处理[12]、实地应力的测量[13]、采矿中断层的激活[14]、土壤和地下含水层的修复[15]等。另外，在地表岩层，如接缝[16,17]和岩浆驱替的堤坝[18,19]中，也可发现主岩由受压流体诱导产生的水力裂缝；浮力驱动下原油的初次运移有可能在岩石中创造裂缝并通过其传播，此现象与水力压裂相似[20]。

1.1.2　常规水力压裂模型及软件简介

常规水力压裂技术已较为成熟，目前主要研究成果有单一裂缝形成机理、裂缝延伸机理、压裂液滤失、压裂液在裂缝中的流动以及支撑剂在裂缝中的铺置规律等。Hubbert 等[21]于 1957 年完成了水力压裂领域中首个系统模型的研究，得出水力压裂裂缝始终沿着垂直于最小水平主应力方向延伸的结论。目前比较有影响的模型有 Perkins 等[22]运用 Green 等[23]提出的弹性平面拉伸裂缝方法建立的 PK 模型；Nordgren[24]对 PK 模型进行改进，并考虑液体滤失的影响，建立的 PKN 二维模型；Khristianovic 等[25]与 Geertsma 等[26]建立的 KGD 二维模型。

基于上述基本思想，国内外学者对常规水力压裂进行了广泛、深入细致的研究，主要体现在裂缝尖端、裂缝形状的拟三维和全三维、压裂液在裂缝中沿缝长方向的一维流动和裂缝面内的二维流动、压裂液体系、支撑剂在压裂液中的运移等方面，现已形成了较为成熟的理论技术体系，并研发了相应的数值模拟软件。

截至 2017 年底，国际上应用较为广泛的常规水力压裂数值模拟软件有FracproPT、E-StimPlan 和 Gohfer，它们均集成了水力压裂中较成熟的研究成果。其中，FracproPT 软件基于拟三维裂缝模拟理论，可进行压裂设计、模拟、分析和优化等功能，实时数据管理和分析能力较强；E-StimPlan 软件是由压后压力分析专家 Nolte-Smith 开发的全三维压裂设计与分析软件，可进行压裂设计、压裂分析与诊断、压裂油藏模拟和经济优化评价、压前地层评估、压裂过程及压后压力实时数据采集与分析、压力历史拟合和压裂效果评价等工作；Gohfer 软件由STIM-LAB 公司开发，采用三维网格结构算法进行动态计算和模拟三维裂缝的扩展，计算过程中考虑了地层各向异性、裂缝内二维多相流流动、支撑剂输送与铺置。

1.1.3　储层改造体积概述

通过体积压裂实现储层的三维立体改造是在研究储层改造体积(SRV)的基础上发展起来的，储层改造体积表征了压裂改造涉及的储层区域[27]。

Fisher 等[28,29]研究了 Barnett 页岩开发中压裂液总量、缝网尺寸及裂缝几何形态与气井产能间的相关关系。Mayerhofer 等[30]于 2006 年研究 Barnett 页岩储层压裂改造中微地震监测资料和裂缝扩展时，首次提出了"储层改造体积"的概念，并对不同 SRV 与累积产气量的关系、簇间距以及裂缝导流能力等参数进行了研究，最后提出通过增加水平井段长度、增大压裂液总量、增加压裂段数、使用转向剂、多口井同步压裂、老井重复压裂等方法增大储层改造体积、提高油井采出程度的技术方案。根据大量研究结果可知，储层改造体积越大，增产效果越明显，储层改造体积与增产效果具有显著的正相关关系。

Mayerhofer 等[31]于 2010 年首次正式提出"什么是储层改造体积"的问题，结合以往关于微地震监测结果的认识对储层改造体积进行了计算，并提出增大缝网体积、缩小簇间距、合适的裂缝导流能力是致密页岩储层获得较高产能的关键。Cipolla 等[32]在评估页岩储层压裂效果时，分别对使用滑溜水和冻胶压裂时的储层改造体积进行了计算，经对比发现滑溜水具有很强的造缝能力，这为页岩储层体积改造优选压裂液提供了一定的依据，同时进一步验证了页岩储层压裂可以实现"体积改造"。Zimmer[33]考虑到微地震事件位置的不确定性，对 Barnett 页岩储层改造体积进行了计算。Yu 等[34]基于微地震监测结果，考虑各向异性孔隙弹性介质的各向扩散，建立了计算储层改造体积的三维解析模型。Astakhov 等[35]利用测斜仪，根据监测到的地面微变形，提出了一种新的储层改造体积表征方法。

王文东等[36]以长庆油田三叠系致密储层为例，对致密油藏直井体积压裂储层改造体积的影响因素进行了分析。Nassir 等[37]通过耦合流体-地质力学模型对储层改造体积计算模型进行了修正。Hull 等[38]将储层改造体积分为水力压裂改造体积、有效改造体积、生产改造体积。刘卫东等[39]以昌吉油田二叠统芦草沟组致密油层为例，建立了水平井分段压裂仿真模型，并分析研究了天然裂缝发育、裂缝参数设计、裂缝几何形态等因素对储层改造体积以及油井产能的影响。

储层改造体积的表征方法很多，图 1-1 列出了几种常见的表征方法，表 1-1 为相应的计算公式。

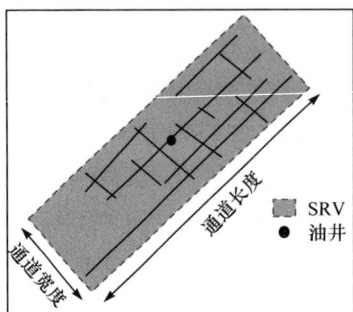

(a) Fisher方法

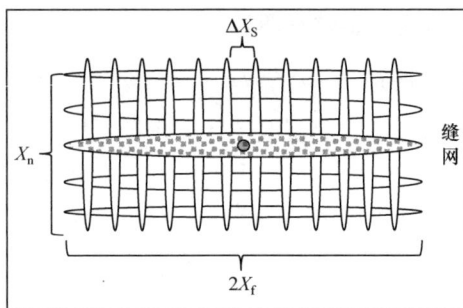

(b) Warpinski方法

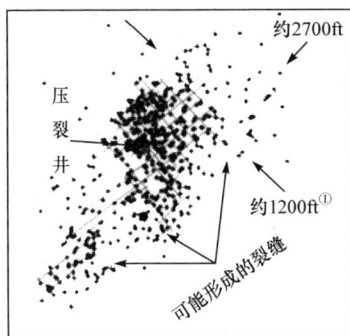

(c) Mayerhofer方法

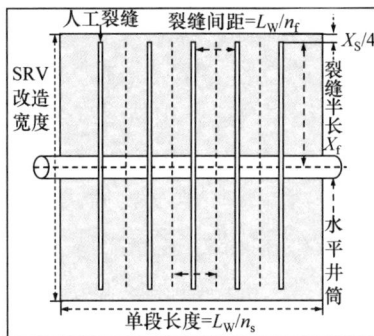

(d) Song方法

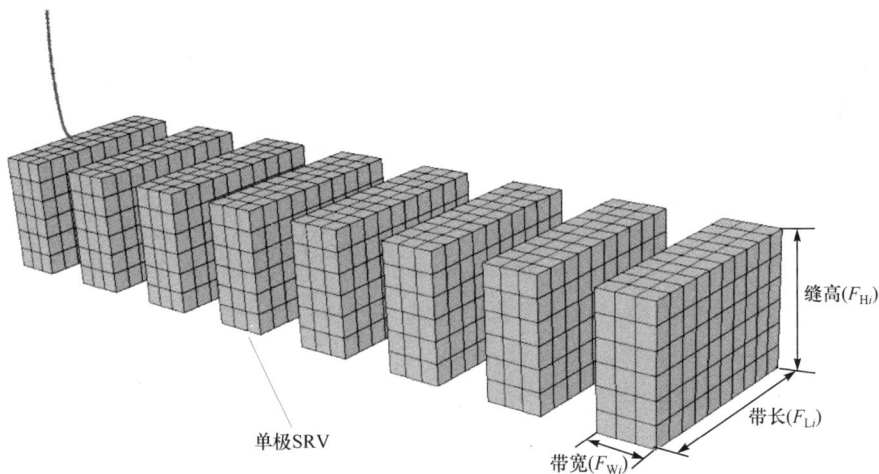

(e) 李宪文方法

图 1-1　储层改造体积计算表征图

ΔX_S 为簇间距；X_n 为缝网宽度；X_f 为单翼缝长；n_f 为人工裂数；n_s 为簇数；X_S 为裂缝间距；L_W 为水平井长度

---

① 1ft = 0.3048m。

表 1-1 储层改造体积计算表征方法

来源	储层改造体积计算方法	表征图
Fisher 等[28]	"通道长度"表征裂缝扩展的长度，"通道宽度"表征裂缝扩展的宽度	图 1-1(a)
Warpinski 等[40]	SRV=缝网长度×缝网宽度×缝高	图 1-1(b)
Mayerhofer 等[31]	微地震云图估算 SRV	图 1-1(c)
Song 等[41]	SRV 宽度=2×(裂缝半长+裂缝间距/4)，SRV 长度=水平井长度(L_W)	图 1-1(d)
李宪文等[42]	$SRV=\sum_{i=1}^{n}F_{Wi}\times F_{Hi}\times F_{Li}$，$SRA=\sum_{i=1}^{n}F_{Wi}\times F_{Li}$，$n$ 为压裂级数；第 i 级单级次裂缝延伸长度=第 i 级缝网带宽(F_{Wi})；第 i 级裂缝高度=第 i 级缝网高度(F_{Hi})；第 i 级主裂缝长度=第 i 级缝网带长(F_{Li})	图 1-1(e)

除储层改造体积外，也可采用裂缝网络在水平面上宽与长的比值来评价体积压裂改造效果。其中，宽长比又称为裂缝复杂指数(fracture complexity index, FCI)[43]。

1.1.4 体积压裂概念发展

体积压裂技术的目的是实现储层体积改造。吴奇等[44]提出了体积改造技术的狭义和广义区分。狭义的体积改造技术是针对通过压裂手段产生网络裂缝为目的的改造技术而言的，通过压裂的方式对储层实施改造，在形成一条或者多条主裂缝的同时剪切产生第一级次生裂缝，在第一级次生裂缝的基础上剪切形成第二级次生裂缝，以此类推，让主裂缝与多级次生裂缝交织联通形成裂缝网络系统，实现对储层在长、宽、高方向的三维改造。广义的体积改造技术还包含提高纵向剖面动用程度的直井分层压裂技术和提高储层渗流能力及增大储层泄油面积的水平井分段改造技术。

在对"体积改造"技术不断进行探索、研究、突破以及大规模应用的同时，国内外学者对其理解也更加深入，一系列新工艺、新技术相继被提出并得到迅速发展[45,46]。例如，近几年来，"缝网压裂"技术理论的应用从页岩气储层发展到低渗、超低渗储层，进而到非常规致密储层中。随着"缝网压裂"技术理论研究的不断深入，一些学者都对"缝网压裂"技术给出了狭义与广义之分。翁定为等[47]和魏子超等[48]给出了狭义的"缝网压裂"技术定义，指出利用储层水平主应力差值与裂缝延伸净压力的关系，当裂缝延伸净压力大于储层某些薄弱面(天然裂缝或者胶结薄弱面)开裂所需的临界压力时，产生分支裂缝，或者净压力达到某一数值能直接在岩石本体产生分支裂缝，形成初步的裂缝网络；以主裂缝为裂缝网络的主干，分支裂缝可能在与主缝有一定角度的方向延伸一定长度后又恢复到原来的裂缝方位，或者打开一些与主裂缝具有一定夹角的分支裂缝，最终形成以主裂缝为主干的纵横交错的裂缝网络系统。综上所述，所有以实现网状缝为目的的压裂技术统称为缝网压裂技术[49,50]。而广义的"缝网压裂"技术是指水力压裂过程中人工裂缝不断扩张，并在脆性岩石中发生剪切滑移，最终使天然裂缝与人工裂缝之间相互交错形成裂缝网络，以此增大缝网改造体积，使初始产量和最终采收率都得到大幅度提高(近似于狭义的体积改造技术)[51]。

1.1.5　常规压裂与体积压裂区别

常规压裂在储层中压出的裂缝可简化为一个很窄的长方体，缝长(如 100m)远大于缝宽(如 10mm)，缝高可视为储层厚度(如 10m)。理论上一般假定其会压出以井轴为对称轴对称的两条缝(双翼垂直裂缝)，压裂缝壁近似为铅垂面，即将裂缝视为"直"的。由于缝宽极小，整个裂缝在水平面上的投影为一很窄的长方形或半椭圆形，如图 1-2(b)和图 1-3(a)所示。

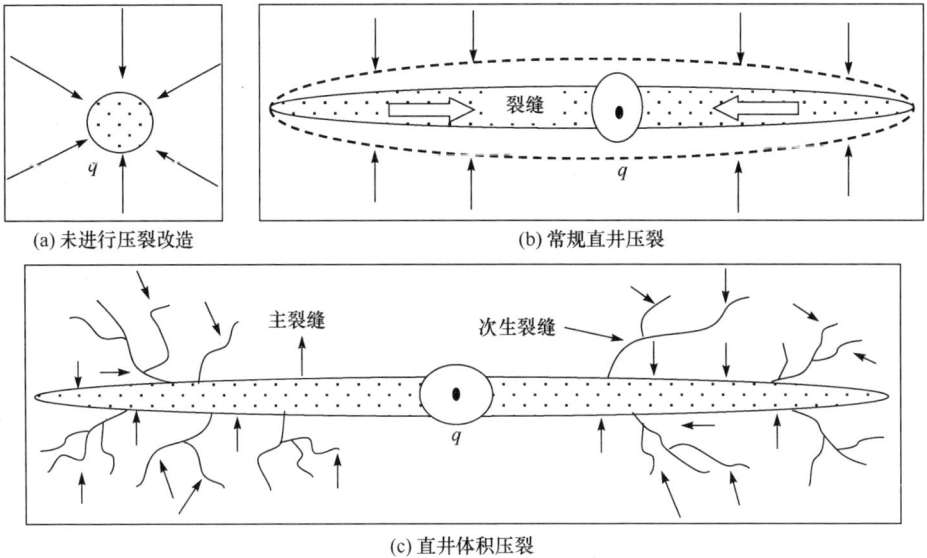

(a) 未进行压裂改造　　　　　　　　(b) 常规直井压裂

(c) 直井体积压裂

图 1-2　直井压裂改造

体积压裂是相对于常规压裂提出的，它所形成的裂缝网络为三维立体网络，一般为垂直裂缝，也有可能在垂直缝方向上形成"分层"式的水平裂缝。缝长仍远大于缝宽，缝高可视为储层厚度。压裂缝面近似为平面曲面，即裂缝壁面一般视为"曲"的，在水平面上的投影为曲线(裂缝宽相对极小)，可用"枯树投影状"描述。树的主干对应于从井筒开始的主裂缝，树枝对应于主裂缝上形成的分支裂缝(又称次生裂缝)，树枝周围生长的更细小的树枝对应于分支裂缝

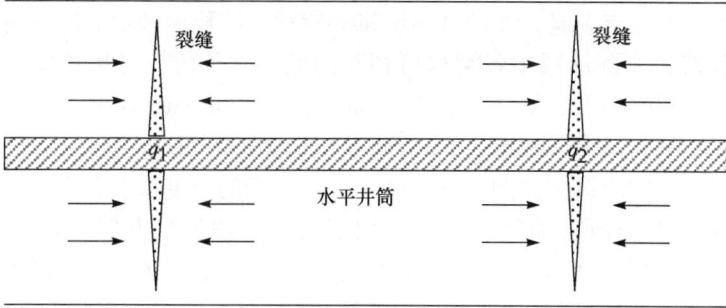

(a) 常规水平井分段压裂

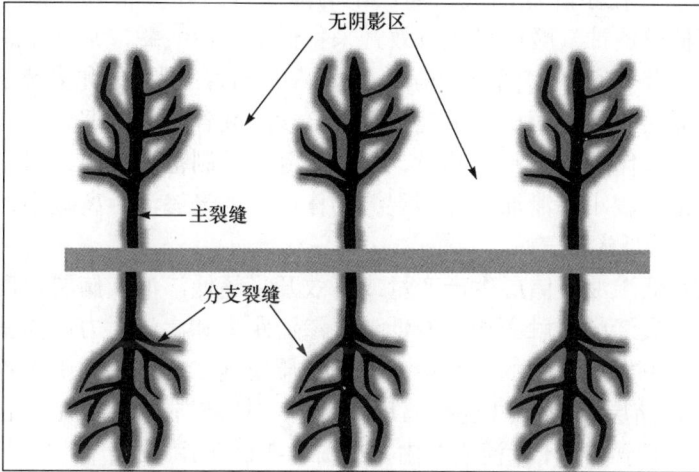

(b) 水平井分段体积压裂

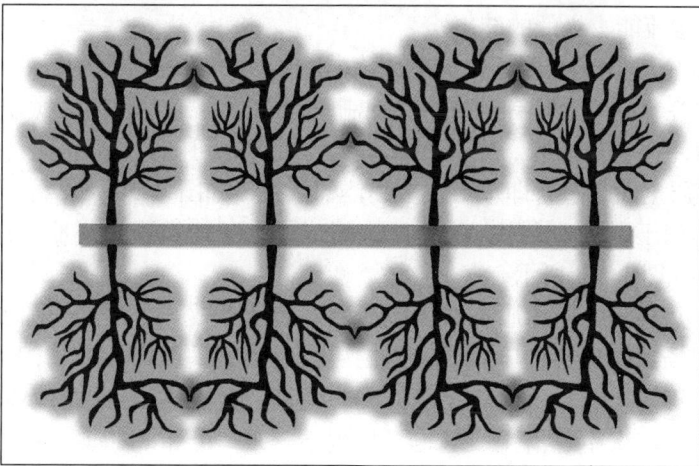

(c) 水平井体积压裂

图 1-3　水平井压裂改造

上形成的下一级分支裂缝,如图 1-3(b)和(c)所示。体积压裂形成的枯树投影状裂缝为理想状态,实际储层中各裂缝可相互沟通,一条树枝可与其他树枝相连形成网状,即体积压裂形成复杂裂缝网络(complex fracture network)。

常规压裂通过在储层中创造一条高导流能力的裂缝来增加储层泄油面积,从而实现对储层的改造,如图 1-2(b)所示。从生产的角度来看,图 1-2(a)中直井控制的开采范围内所有油气均需通过储层内孔隙渗流到井筒,油气渗流路径长、阻力大,能量消耗自然也多。直井压出裂缝后[图 1-2(b)],控制范围内的油气通过较短路径渗流到裂缝,再通过高导流能力的裂缝快速渗流到井内。因此,裂缝的意义在于降低油气在储层中的渗流距离和渗流阻力,提高油气产量。为提高低渗透油气藏产量或有效开采特低渗透油气藏,常规压裂也可在水平井筒中创造出多条裂缝[图 1-3(a)],即水平井分段压裂,借此多裂缝可成倍地增加裂缝与储层的接触面积。常规水平井分段压裂各簇裂缝拥有各自的泄油面积,相对独立。储层被分割成几段,每条裂缝的控制范围减小,因而泄油半径相应减小。由于较小的泄油半径与裂缝的作用,油气渗流距离减小,从而能有效开采低渗及特低渗油气藏。

为提高特低渗油气储层生产产量或有效开采超低渗油气储层,需更大范围地增加储层与裂缝的接触面积,降低油气渗流距离和渗流阻力。体积压裂技术就是在此背景下发展起来的,其增产原理是压裂施工结束后,由于各分支裂缝伸入储层中,储层内流体可近距离地流入各"树枝"中,再流入上一级"树枝",最后交汇于"树干"流入井内,如图 1-3(c)所示。由于储层中枯树投影状裂缝控制范围内的油气渗流距离大幅度降低,体积压裂可有效开采如页岩气和致密油这类渗流能力极低的储层。

与常规水平井分段压裂相似,在水平井上也可实施分段体积压裂,如图 1-3(b)所示。图中各"枯树"能有效生产其控制范围内的油气,但其间(图中无阴影处)的油气渗流距离仍然很长,开采难度较大。因此,可通过在段中增加"枯树"数量实现储层全面改造,即水平井多簇体积压裂,如图 1-3(c)所示。另外,近年来学者将体积压裂的理念引入直井中,形成了直井体积压裂技术,它也可形成裂缝缝网,如图 1-2(c)所示。

然而,并非实施体积压裂造出裂缝网络就能有效开采页岩气和致密油气。国外大量现场数据证明,压后产量与储层改造体积呈正相关关系,但储层改造体积定义并不能全面反映生产机理,同样的储层改造体积可以有不同密度的横向次生缝,横向次生缝沿主裂缝也可呈现不等距离分布,如集中在主裂缝的缝口、缝中或缝端等。此外,在泵入同等压裂液下,若横向次生缝太密或太长,则主裂缝较短;若横向次生缝太疏或太短,则主裂缝较长;若在井筒附近或主裂缝附近把储层岩石压得太碎、缝太密,则水力压力能量消耗在井筒或主裂缝附近，形成的裂缝网络延伸长度不足以有效开采页岩气和致密油气。针对天然微裂缝分布不均的储层，主裂缝的延伸若能有效避开，或穿越，或转弯延伸至某区域以打开天然微裂缝群，对形成有效裂缝网络具有重要意义。总之，页岩气与致密油气水力压裂更精细、更科学、更合理的方式是控制主裂缝的延伸路径。

1.2　储层体积改造研究现状

研究岩石起裂与裂缝扩展问题的方法主要有三大类：理论方法、实验方法和数值模拟方法。其中，理论方法受公式复杂程度的限制，仅能解决理想岩石性质、规则形状、理想边界与受力状态条件下的简单问题。实验方法由于受实验岩样尺寸限制、岩样非均质性与各向异性影响，较适合定性研究。综上所述，目前国内外研究裂缝起裂与扩展普遍采用数值模拟方法。

1.2.1　物理实验研究

在岩石剪切滑移实验研究方面，Lamont 等[52]对 6 种含天然裂缝的岩石进行了 107 次人工主裂缝延伸实验，发现人工主裂缝会发生一定的转向并以适当角度与天然裂缝相交，之后转向并且垂直穿过预置裂缝，离开预置裂缝时的位置与岩石基质薄弱点有关，最后逐渐转向至平行于初始路径方向。

Warpinski[53]开展的矿场实验研究表明，水力裂缝存在三种延伸模式：穿过天然裂缝、被张开破裂的天然裂缝捕获、被剪切破裂的天然裂缝捕获。

刘善军等[54]研究了双轴加载条件下的岩石滑移特征，重点对影响岩石滑移特征的 5 个重要因素(正应力、岩性、摩擦表面粗糙度、含水性和摩擦速率)进行了实验分析。

李海波等[55]基于单轴情况下岩石变形特征与滑移型裂纹扩展的关系，建立了三轴压缩情况下的裂纹模型及裂纹扩展准则，并模拟了三轴情况下岩石的变形特征。

Olson 等[56]通过在石膏岩样中镶入不同尺寸的拨片作为非渗透预置裂缝，实验观察到旁通、穿过和转向三种延伸模式。

孟波等[57]利用滑移理论得到了均质弹塑性围岩发生剪切滑移破坏的滑移线场及包含破坏特征参数的极限载荷计算公式，讨论了围岩内摩擦角、黏聚力对围岩承载力的影响。

Chitrala 等[58]采用声发射装置测量了不同水平应力下致密砂岩裂缝的延伸机理，发现局部区域剪切破裂比张性破裂更为常见。

陈勉等[59]和周健等[60]采用水泥和石英砂浇筑试件或天然岩样，浇筑时用白纸模拟不同产状天然裂缝，利用真三轴压裂装置系统研究了天然裂缝存在时对水力裂缝延伸的影响[61]，并创造性地考虑了天然裂缝倾角对相交作用模式的影响[62,63]。

为研究水力压裂中主裂缝的起裂、扩展规律和层理面对水力裂缝扩展的影响，李芷等[64]开展了真三轴实验条件下的水力压裂实验，采用声发射系统监测水力压裂过程。横帅等[65,66]在各向异性材料裂纹尖端应力场分布特征的基础上，开展切口与层理呈不同方位的圆柱形试样三点弯曲实验，深入认识了页岩储层水力裂缝延伸规律及其空间形态。

任岚等[67]通过矿场实验的方法对同步压裂机制及地质适应性进行了深入研究和分析。结果表明，双水平井同时相向延伸的水力裂缝产生的诱导应力对原应力场的扰动叠加效应是实现对缝网扩展控制的本质原因。

1.2.2　数值模拟研究

目前体积压裂数值模拟方法很多[68,69]，主要包括[70,71]有限差分法(finite difference method，FDM)、有限元法(finite element method，FEM)、边界元法(boundary element method，BEM)、无单元法(element-free galerkin method，EFGM)、数值流形元法(numerical manifold method，NMM)、广义有限元法(generalized finite element method，GFEM)和扩展有限元法(extend finite element method，XFEM)等[72]。

在考虑水力缝与天然缝的相互作用以及相交准则后，有研究者基于常规二维 PKN 模型提出了等效裂缝模型，然而该方法并不能模拟多个裂缝尖端同时延伸的情况[73,74]。

Kresse 等[75,76]在拟三维裂缝延伸模型的基础上，考虑人工主裂缝与人工主裂缝、人工主裂缝与天然缝间的相互作用，建立了非常规裂缝延伸模型。该模型克服了线网模型和等效裂缝模型的缺点，但该模型因为假设天然裂缝和水力裂缝均是垂直的，所以只有在天然裂缝近似垂直时计算结果才是比较准确的，且天然裂缝的分布依赖于离散裂缝地质建模的结果。复杂裂缝模型对输入参数的精确性要求较高[77]。

Zhang 等[78]建立了多位虚拟内键模型，该模型将裂缝壁面的流体压力转化成单元节点处的等效节点力，裂缝延伸采用局部应变来识别失效单元，可准确考虑天然裂缝实际分布情况，不需要建立额外的水力裂缝延伸准则和对裂缝延伸后网络的重划分，也可以考虑缝内流体压力的影响。

Olson 等[79]认为扩展有限元模型是在对有限元模型进行改进后提出的。扩展有限元模型克服了在如裂纹尖端等高应力和变形集中区进行高密度网格剖分所带来的困难，且模拟裂纹扩展时无须对网格进行重新剖分。该方法普遍应用在模拟裂隙的扩展中，但由于裂缝周围需要加密网格，模型计算数据量大。

Meyer 等[80,81]基于自相似原理及 Warren 和 Root 的双重介质模型提出了离散化网络模型，这是目前模拟页岩气体积压裂复杂缝网的成熟模型之一，能够考虑裂缝干扰问题和滤失现象，但该模型人为主观性强，约束条件差，无法处理页岩随机裂缝扩展问题。

解析、半解析模型[82]通过研究地层及施工的详细数据资料，将其应用到页岩地层，再用反演来模拟裂缝延伸，可获得流压、缝宽、裂缝渗透率、裂缝条数和裂缝壁表面积的详细资料，方法简单，但精度较低。

混合有限元模型[83]通过将 ALE 算法引入常规有限元，实现了裂缝的随机动态扩展，模型能方便地模拟裂缝扩展、流-固耦合剂大变形等问题。但是计算过程中需要适时进行网格重划和重新赋值，并且计算效率和计算速度较低，特别是针对流-固耦合的非线性问题。

程远方等[84]对两种主要页岩体积压裂缝网模型的假设、数学方程及参数优化方法进行了比较分析，详细阐述了线网模型和离散化网络模型的优缺点，同时对储层导流能力的影响因素进行了分析。

Nagel 等[85]用FLAC3D岩土软件模拟了页岩地层中多裂缝间的应力干扰效应。

赵延林等[86]研发了含水裂隙岩体习惯损伤力学计算软件 WFRD2D，并通过 FLASH 语言导入 FLAC3D，实现了渗流-应力共同作用下裂隙岩体损伤断裂分析，但该软件不能对水力压裂时裂缝的扩展问题进行模拟。

潘林华等[87]利用流-固耦合的基本方程和损伤力学原理，建立了水力压裂体积裂缝扩展的三维有限元模型，并进行了体积压裂模拟。

德国亚琛工业大学和挪威科技工业研究院均采用在 MATLAB 商业软件的基础上编制扩展了有限元模型，实现对裂缝延伸、与天然微裂缝相交及互作用进行研究。自编程序的优点是可修改、完善和添加模型及算法，实现所需的模拟研究。但从他们各自公开的阶段成果来看，目前仍仅能实现对简单的裂缝延伸及裂缝间互作用进行研究。

Wu[88]在美国得克萨斯大学奥斯汀分校原有的单一裂缝边界元分析模型及计算方法的基础上进行研究，建立了能模拟单井多簇裂缝延伸与互作用的模型，但尚未实现多簇与大量天然微裂缝的互作用研究。

美国 Schlumberger 公司研发的非常规裂缝模型(unconventional fracture model, UFM)能够模拟页岩体积压裂时主裂缝开起、延伸、与天然裂缝互作用、形成沟通的裂缝缝网。从其目前发表的模拟计算结果来看，对人工裂缝之间以及人工裂缝与天然微裂缝之间的互作用方面，与大量已发表或公布的其他模拟计算结果有较大偏差。该模拟器在二维裂缝模拟软件的基础上添加了垂直方向裂缝形状，从而发展成拟三维模拟器，同时结合压裂液携砂模块朝商业应用方向发展。

1.2.3　岩石起裂与裂缝扩展机理

裂缝的起裂扩展一般采用断裂力学理论进行研究。Griffith[89]采用能量平衡方法研究了脆性材料中裂纹的起裂扩展规律。Irwin[90]采用应力场强度方法进行研究，认为裂纹扩展是由于裂纹尖端的应力场强度达到材料的某一临界值，从而发展了 Griffith 理论，奠定了线弹性断裂力学(linear elastic fracture mechanics, LEFM)的基础。

目前，线弹性断裂力学广泛用于模拟水力压裂。脆性断裂理论可分为两类：一类是应力场参数法，它以应力场的某一特征量为参数，认为当此特征量达到某特定值时材料即失稳扩展。这一类理论中较常用的是最大周向应力理论[91]及应变能密度理论(S 理论)[92]，S 理论适用范围广泛，但该理论与材料破坏(裂纹扩展)之间在物理本质上的联系不够清晰，裂纹在 $S=S_{min}$ 方向上扩展的假设缺乏说服力，另外，在解决三维问题时，S 理论无法解释实验事实。另一类是基于能量观点的最大能量释放率理论[93]，从物理的方向考虑，能量释放率是最容易被接受的，但具体到如何解释实验观测到的破裂路径就比较困难了，到目前为止，还没有统一的结论。

Dean 等[94]基于线弹性断裂力学和黏聚区域模型(cohesive zone model)编制了地质油藏模拟器，分别模拟了水力压裂过程中的裂缝扩展。通过比较，黏聚区域模型具有更高的精度，但其数值模拟结果严格依赖于有限元网格尺寸。

Chen 等[95]采用黏聚区域模型孔压单元模拟了二维径向裂缝的起裂及扩展问题，模拟结果与 K-vertex 解析解完全吻合。

Yao 等[96]使用 ABAQUS 软件模拟单裂缝的扩展，并将其与拟三维模型、PKN 模型和 Dean 等编制的软件进行比较后发现，ABAQUS 软件模拟出的裂缝长度短于拟三维模型和 PKN 模型，与 Dean 等的结果相当，从而验证了黏聚区域模型孔压单元模拟水力压裂结果的有效性，同时说明其模拟结果更接近于解析解。另外，考虑到全三维效应，Yao 等在建模时对目标储层建立了上下隔层，并且讨论了储层杨氏模量、注入排量、破胶前压裂液滤失系数及压裂液黏度对裂缝形状的影响。

Shen 等[97]使用 ABAQUS 软件中的黏聚(cohesive)单元模拟了水力压裂裂缝扩展，他们在模拟时加入了油藏中的微裂缝，但没有考虑全三维效应。

张广明等[98]、彪仿俊等[99]考虑套管、水泥环、微环隙和射孔孔眼的影响，采用三维黏聚孔压单元研究了水平井水力压裂裂缝扩展的机理及水力裂缝的影响因素。

潘林华等[100]为了研究水平井"多段分簇"压裂簇间裂缝的干扰规律，基于黏聚单元来模拟压裂过程中裂缝起裂和延伸造成的损伤，建立了低渗透油气藏水平井"多段分簇"压裂裂缝扩展的三维有限元模型，借此研究了射孔簇数、射孔簇间距、储层参数和施工参数等对水平井"分段多簇"压裂簇间裂缝干扰的影响。

孙可明等[101]针对页岩气储层采用黏聚孔压单元进行层状岩体水力压裂三维数值模拟，得到了储层应力场、孔隙压力场、裂纹面的损伤和张开度分布以及裂纹扩展的时空变化规律。

近年来，Gu 等[102,103]建立了天然裂缝和人工裂缝的互作用判断准则，将Rehshaw 和 Pollard 提出的水力裂缝穿过正交天然裂缝的 R-P 准则扩展到非正交情形(G-W 准则)，但其并未对天然裂缝倾角进行考虑。

陈万等[63]根据断裂力学理论将天然裂缝倾角纳入考虑范围，建立了三维空间中水力裂缝穿过天然裂缝的判别依据。

1.2.4　主裂缝扩展及裂缝成网分析

艾池[104]将围岩区域分为破坏区、损伤区和弹性区，建立了基于损伤理论的人工主裂缝诱导应力模型，研究发现人工主裂缝诱导应力随与井筒距离的增加而逐渐减小。

Cheng[105]和 Nagel 等[82]分别用不连续位移法和 FLAC 3D 岩土软件模拟了多条人工裂缝时的互作用情况，表明多裂缝间应力干扰是裂缝间距、页岩岩石力学性质和地应力的函数。

Olson 等[106]采用边界元法对压裂时多裂缝同时延伸及其与天然裂缝之间的相互作用进行了研究，认为在天然裂缝发育的条件下，天然裂缝与人工裂缝夹角和拟净压力系数是影响网状裂缝产生的主要因素。

Mayerhofer 等[31]总结了以往微地震研究的一些初步认识，对储层改造体积进行了计算，提出大缝网、小裂缝间距和合理的导流能力是页岩气藏获得最好改造效果的关键。

Cipolla 等[32]评估了页岩气藏的改造效果，对比计算了滑溜水和冻胶压裂液的改造体积。体积改造形成的是复杂网状裂缝系统，裂缝的起裂与扩展不仅是裂缝的张开破坏，还存在剪切、滑移、错断等复杂力学行为[107]。富含石英或碳酸盐岩的脆性矿物储层有利于产生复杂缝网，而黏土矿物含量高的塑性地层不利于形成复杂缝网，因此不同页岩储层体积改造时应选用各自适应的技术对策[108]。

蒋廷学等[109]给出了页岩气体积压裂设计原则及相关理论、缝网压裂设计基本思路及优化方法，并围绕页岩气体积压裂的主控因素进行了较全面的分析。王晓东等[110]于 2012 年通过采用"大液量、大砂量、高排量、低砂比"及滑溜水与冻胶交替注入的施工方式，探讨了形成网状裂缝的工艺技术。

张士诚等[111]通过对网状裂缝形成的主控因素及裂缝扩展模型、产能预测模型的类型及优缺点进行探讨，提出网状裂缝的形成主要受天然裂缝与人工裂缝的夹角、水平主应力差以及岩石脆性等因素的控制。

杜保健等[112]基于水电相似原理，采用水电模拟方法研究了致密油水平井不同压裂方式下的应力场特征，并对水平井分段压裂产能影响因素进行了分析。

赵金洲等[113]、胡永全等[114]、侯冰等[115]借鉴国外典型页岩气田的成功经验，基于室内实验、矿场压裂实践、理论分析和数值模拟等研究成果，系统分析了页岩储层压裂缝延伸的受控因素，主要包括岩石脆性矿物含量、弱结构面、岩石力学弹性特征、水平应力差、与天然裂缝的逼近角度、天然裂缝发育程度、施工净压力和压裂液黏度等因素。

赵金洲等[116,117]基于弹性理论和断裂力学理论，建立了单条水力裂缝逼近单条天然裂缝时的应力场模型，并得到其解析解。分析表明，水平应力差异系数、水平主应力差、逼近角、逼近距离、净压力、天然裂缝闭合程度以及水力裂缝长度会对天然裂缝稳定性造成影响，并对各因素的影响范围进行了研究。同时，建立了复杂裂缝网络模型，改进数值计算方法后实现了对含有大量天然缝的页岩气藏压裂裂缝网络的模拟研究，完成了非对称、不规则复杂网络裂缝几何尺寸的计算，但未能兼顾复杂缝网形态的分析及分支裂缝尺寸的计算。

邵尚奇等[118]采用数值模拟方法研究了水平井缝网压裂中的缝间距优化问题，建立了均质、各向同性储层内二维水力裂缝的诱导应力差模型，以此推导出裂缝间最大诱导应力公式，并确定了压裂缝的最优间距。

程远方等[119]从线弹性断裂力学理论出发建立了水力裂缝与天然裂缝干扰判断依据及新裂缝起裂角计算模型，并对 PKN 模型进行了二次开发，编写了裂缝扩展软件，借此研究了水平主应力差、逼近角、天然裂缝倾角、水力缝内净压力、天然裂缝展布、压裂液黏度等对人工主裂缝、天然微裂缝起裂和扩展方向以及缝网形成的影响。

郭天魁等[120]基于Hossain模型和Fallahzadeh模型建立了射孔水平井射孔孔道处的应力分布模型，提高了射孔水平井横切缝产生时起裂压力的计算精度，此外，他们将其与诱导应力分布模型相结合，建立了页岩储层射孔水平井分段压裂3种起裂方式的起裂压力计算模型，并给出了判别标准。

郭建春等[121]、尹建等[122]以均质、各向同性的二维平面人工裂缝模型为基础，利用位移不连续理论推导建立了非等裂缝半长、非等间距和任意裂缝倾角的水力裂缝诱导应力干扰数学模型[123]；结合页岩储层复杂裂缝形成的地应力条件，可判断不同射孔方式、射孔间距、裂缝参数和原始主应力条件下压裂形成复杂裂缝的可行性；同时，他们对压裂的破裂点进行了优化。模拟研究表明，分段多簇射孔、多簇同时起裂方式比单段射孔、单段起裂方式应力干扰更强，更利于页岩储层形成复杂裂缝，对于水平应力差太大的页岩储层，利用缝间干扰也达不到形成有效复杂裂缝的地应力条件。

董光[124]通过理论计算建立了压裂引起的诱导应力与渗透率之间的关系式，通过数值模拟发现，压裂引起的渗透率损伤可能是某些已压裂的煤层气井增产效果不明显的原因之一。

崔明月等[125]提出了多因素耦合的复杂缝网体积，用来表征水力压裂对储层的改造程度。研究表明，储层水力压裂复杂程度受到地质因素和工程因素的双重影响。

1.3　油气储层体积改造地质基础

Zhou 等[126]在总结体积压裂相关理论的基础上，把体积压裂形成复杂裂缝网络的影响因素分为两大类：内在地层因素和外在施工因素。内在地层因素主要为储层矿物成分，岩石力学性质，原地主应力大小、方向，主应力差，天然微裂缝分布、方位、密度，地层渗透率和孔隙度等；外在施工因素主要为压裂工艺技术(高压(高排量)、多段压裂、多簇压裂、重复压裂、同步压裂、拉链式压裂、变排量(变压力)压裂、变前置液压裂、滑溜水压裂等)和钻井与生产等可能改变或限制地层应力的现场施工技术。要在储层中形成复杂裂缝网络，实现体积改造，需将上述外在施工因素与内在地层因素协同作用。体积压裂就是运用外在施工因素调动储层内在因素实现储层体积改造。

下面从地质方面讨论岩石脆性、天然微裂缝发育和地应力特征对体积压裂形成复杂裂缝网络的影响规律。

(1) 岩石脆性：岩石脆性、弹性模量越高，越易发生脆性断裂，从而在压裂过程中利于产生剪切破坏，形成复杂缝网。

(2) 天然微裂缝发育：天然裂缝性储层中，体积压裂形成的缝网主要是通过人工裂缝沟通天然裂缝形成的。可见，天然裂缝发育程度越高，体积压裂越易形成缝网。

(3) 地应力特征：两水平主应力差较小的储层易于裂缝转向、弯曲，进而产生较多的分支裂缝，形成缝网系统。

1.3.1　岩石脆性

储层岩石具有显著的脆性特征是实现体积压裂改造的物质基础[127]。目前，岩石脆性指数计算方法主要有以下几种。

Sondergeld 等[68]给出了从矿物学角度计算岩石脆性指数(brittleness index)的方法，取岩石中石英含量与石英、碳酸盐及黏土总含量的比值作为岩石的脆性指数，用公式表示为脆性指数(%)=石英/(石英+碳酸盐岩+黏土矿物)。贾承造等[128]认为，我国致密储层若满足脆性矿物含量(石英、长石等)超过 35%，便可认为岩石具有较高的脆性指数。

Rickman 等[108]给出了利用岩石力学参数(杨氏模量和泊松比)来计算脆性指数的方法，可用式(1-1)表示：

$$\begin{cases} \mathrm{BI}_E = \left[(E-1)/(8-1)\right] \times 100 \\ \mathrm{BI}_\nu = \left[(\nu-0.4)/(0.15-1.4)\right] \times 100 \\ \mathrm{BI} = (\mathrm{BI}_E + \mathrm{BI}_\nu)/2 \end{cases} \tag{1-1}$$

式中，BI——脆性指数，%；

BI_E——杨式模量衡量的脆性指数，%；

BI_ν——泊松比衡量的脆性指数，%；

E——岩石的静态杨氏模量，10^4MPa；

ν——岩石的静态泊松比。

Rickman 等认为，当式(1-1)计算的脆性指数 BI>40%时，岩石是脆性的；当 BI>60%时，岩石的脆性很强。

Goktan 等[129]给出了利用岩石单轴抗压强度和单轴抗拉强度来计算脆性指数的方法，公式如下：

$$\mathrm{BI} = \sigma_c/\sigma_t \times 100 \tag{1-2}$$

式中，BI——脆性指数，%；

σ_c——单轴抗压强度，MPa；

σ_t——单轴抗张强度，MPa。

根据式(1-2)，Goktan 等将岩石的脆性指数划分为不同的脆性等级，如表 1-2 所示。

表 1-2　岩石脆性等级划分

等级	BI/%	特征
1	>25	脆性很强
2	15～25	脆性
3	10～15	中等脆性
4	<10	脆性较低

1.3.2　天然裂缝发育特征

储层发育良好的天然裂缝及层理是实现体积压裂改造的前提条件[130]，天然裂缝不发育，致密砂岩很难成为有效储层，仅通过相关施工方法只能实现对岩石本体弱胶结面的破坏，形成小范围的缝网形态。储层发育的层理和裂缝系统为油气储集和运移提供了必要的通道，只有储层内发育较多的天然裂缝才有可能实现大范围的体积压裂，形成复杂缝网。

石道涵等[131]在研究长 7 致密储层时，通过对岩心、薄片观察等手段对 54 口井中的裂缝发育情况进行了统计，发现有 31 口井发育天然裂缝，裂缝发育概率为 57.4%；再对 40 个岩心薄片进行观察，发育微裂缝的薄片有 27 个，微裂缝发育概率为 67.5%。综上可知，长 7 致密油储层天然缝发育程度较高，有利于形成缝网。

1.3.3　地应力特征

根据弹性力学理论和岩石抗拉强度准则，传统水力压裂中裂缝会沿着最大水平主应力方向起裂延伸，最终形成以井筒为对称轴对称的两条缝。但如果压裂区域的最大水平主应力与最小水平主应力差值较小，再加上天然缝及岩石非均质等的影响，裂缝延伸方向会发生变化，不再沿着最大水平主应力方向进行延伸，最终与天然缝形成复杂的裂缝网络系统。石道涵等[131]在对长 7 致密砂岩储层体积压裂进行的可行性评价研究中指出，不同两向水平主应力差下形成的裂缝特征及体积压裂实现难度如表 1-3 所示。

表 1-3　不同两向水平主应力差下形成的裂缝特征及体积压裂实现难度

水平主应力差/MPa	裂缝特征	体积压裂实现难度
>10	单条裂缝	难度大，改造体积小
>5	以单条裂缝为主	体积压裂有一定难度，改造体积不大
<5	网状裂缝	体积压裂容易，改造体积大

参 考 文 献

[1] ECONOMIDES M, OLIGNEY R, VALKO P. Unified Fracture Design: Bridging the Gap between Theory and Practice [M]. Houston: Orsa Press, 2002.

[2] ECONOMIDES M J, MARTIN T. Modern Fracturing: Enhancing Natural Gas Production [M]. Houston: Energy Tribune Publishing, 2007.

[3] ECONOMIDES M J, NOLTE K G. Reservoir Stimulation[M]. Upper Saddle River: Prentice Hall Press, 1989: 1-730.

[4] GREBE J J, STOESSER S M. Increasing crude production 20,000,000 bbl from established

fields[J]. Journal of world petroleum, 1935, 13(8): 473-482.

[5] VEATCH R W JR, MOSCHOVIDIS Z A. An overview of hydraulic fracturing technology[C]// SPE14085-MS, International Meeting on Petroleum Engineering, Beijing, 1986.

[6] WEIJERS L. The near-wellbore geometry of hydraulic fractures initiated from horizontal and deviated wells[D]. Delft: Delft University of Technology, 1995.

[7] 马兵，闫永萍，王蓓，等. 新型缝网压裂技术在镇北致密储层的研究与应用[J]. 科学技术与工程，2014，14(4)：212-216.

[8] 李文阳，邹洪岚，吴纯忠，等. 从工程技术角度浅析页岩气的开采[J]. 石油学报，2013，34(6)：1218-1224.

[9] JONES J R, BRITT L K. Design and Appraisal of Hydraulic Fractures[M]. Allen: Society of Petroleum Engineers, 2009.

[10] ADACHI J I, DETOURNAY E. Self-similar solution of a plane-strain fracture driven by a power-law fluid[J]. International journal for numerical and analytical methods in geomechanics, 2002, 26(6): 579-604.

[11] SASAKI S. Characteristics of microseismic events induced during hydraulic fracturing experiments at the Hijiori hot dry rock geothermal energy site, Yamagata, Japan[J]. Tectonophysics, 1998, 289(1): 171-188.

[12] HUNT J L, FRAZIER K, PENDERGRAFT B P, et al. Evaluation and completion procedures for produced brine and waste-water disposal wells[J]. Journal of petroleum science and engineering, 1994, 11: 51-60.

[13] HAYASHI K, SATO A, ITO T. In situ stress measurements by hydraulic fracturing for a rock mass with many planes of weakness[J]. International journal of rock mechanics & mining sciences, 1997, 34(1): 45-58.

[14] BOARD M, RORKE T, WILLIAMS G, et al. Fluid injection for rockburst control in deep mining[C]//ARMA, The 33th US Symposium on Rock Mechanics (USRMS), Santa Fe, 1992.

[15] MURDOCH L C, SLACK W W. Forms of hydraulic fractures in shallow fine-grained formations[J]. Journal of geotechnical and geoenvironmental engineering, 2002, 128(6): 479-487.

[16] POLLARD D D, AYDIN A. Progress in understanding jointing over the past century[J]. Geological society of America bulletin, 1988, 100(8): 1181-1204.

[17] LACAZETTE A, ENGELDER T. Fluid-driven cyclic propagation of a joint in the Ithaca siltstone, Appalachian basin, New York[J]. International geophysics, 1992, 51: 297-323.

[18] POLLARD D D. Elementary Fracture Mechanics Applied to the Structural Interpretation of Dykes[M]. Quebec City: Mafic dyke swarms, Geological Association of Canada, 1987.

[19] RUBIN A M. Propagation of magma-filled cracks[J]. Annual review of earth and planetary sciences, 1995, 23(1): 287-336.

[20] JIN Z H, JOHNSON S E. Primary oil migration through buoyancy-driven multiple fracture propagation: Oil velocity and flux[J]. Geophysical research letters, 2008, 35(9): 250-258.

[21] HUBBERT M K, WILLIS D G. Mechanics of hydraulic fracturing[J]. Journal of petroleum technology, 1972, 9(6): 153-168.

[22] PERKINS T K, KERN L R. Widths of hydraulic fractures[J]. Journal of petroleum technology, 1961, 13(9): 937-949.

[23] GREEN A E, SNEDDON I N. The distribution of stress in the neighbourhood of a flat elliptical crack in an elastic solid[J]. Mathmatical proceedings of the cambridge philosophy society, 1950, 46(1): 159-163.

[24] NORDGREN R P. Propagation of a vertical hydraulic fracture[J]. SPE 7834, 1972, 12(4): 306-314.

[25] KHRISTIANOVIC S A, ZHELTOV Y P. Formation of vertical fractures by means of highly viscous liquid[C]//World Petroleum Congress, Rome, 1955.

[26] GEERTSMA J, DE KLERK F. A rapid method of predicting width and extent of hydraulically induced fractures[J]. Journal of petroleum technology, 1969, 21(12): 1571-1581.

[27] 彭娇. 影响致密油层缝网压裂储层改造体积的主要因素研究[D]. 西安：西安石油大学，2016.

[28] FISHER M K HEINZE J R, HARRIS C D, et al. Optimizing horizontal completions in the Barnett shale with microseismic fracture mapping[C]//SPE90051-MS, SPE Annual Technical Conference and Exhibition, Houston, 2004.

[29] FISHER M K, WRIGHT C A, DAVIDSON B M, et al. Integrating fracture mapping technologies to optimize stimulations in the Barnett shale[C]//SPE77441-MS, SPE Annual Technical Conference and Exhibition, San Antonio, 2002.

[30] MAYERHOFER M J, LOLON E P, YONGBLOOD J E, et al. Integration of microseismic fracture mapping results with numerical fracture network production modeling in the Barnett shale[C]//SPE102103-MS, SPE Annual Technical Conference and Exhibition, San Antonio, 2006.

[31] MAYERHOFER M J, LOLON E, WARPINSKI N R, et al. What is stimulated reservoir volume?[J]. SPE Production & Operations, 2010, 25(1): 89-98.

[32] CIPOLLA C L, LOLON E, DZUBIN B A. Evaluating stimulation effectiveness in unconventional gas reservoirs[C]//SPE124843-MS, SPE Annual Technical Conference and Exhibition, New Orleans, 2009.

[33] ZIMMER U. Calculating stimulated reservoir volume(SRV)with consideration of uncertainties in microseismic-event locations[C]//SPE148610-MS, Canadian Unconventional Resources Conference, Calgary, 2011.

[34] YU G, AGUILERA R. 3D analytical modeling of hydraulic fracturing stimulated reservoir volume[C]//SPE153486-MS, SPE Latin America and Caribbean Petroleum Engineering Conference, Mexico City, 2012.

[35] ASTAKHOV D, ROADARMEL W, NANAYAKKARA A. A new method of characterizing the stimulated reservoir volume using tiltmeter based surface microdeformation measurements[C]//SPE151017-MS, SPE Hydraulic Fracturing Technology Conference, The Woodlands, 2012.

[36] 王文东，苏玉亮，慕立俊，等. 致密油藏直井体积压裂储层改造体积的影响因素[J]. 中国石油大学学报(自然科学版)，2013，37(3)：93-97.

[37] NASSIR M, SETTARI A, WAN R. Prediction of SRV and optimization of fracturing in tight gas

and shale using a fully elasto-plastic coupled geomechanical model[C]//SPE163814-MS, SPE Hydraulic Fracturing Technology Conference, The Woodlands, 2013.

[38] HULL R, BELLO H, RICHMOND P L, et al. Variable stimulated reservoir volume(SRV) simulation: Eagle Ford shale case study[C]//SPE164546, SPE Unconventional Resources Conference, The Woodlands, 2013.

[39] 刘卫东，张国栋，白志峰，等. 致密油藏水平井多级压裂储层改造体积评价[J]. 新疆石油地质，2015，36(2)：199-203.

[40] WARPINSKI N R, MAYERHOFER M J, VINCENT M C, et al. Stimulating unconventional reservoirs: Maximizing network growth while optimizing fracture conductivity[C]//SPE 114173, SPE Unconventional Reservoirs Conference, Keystone, 2009.

[41] SONG B, CHRISTINE A. Rate-normalized pressure analysis for determination of shale gas well[C]//SPE144031-MS, North American Unconventional Gas Conference and Exhibition, The Woodlands, 2011.

[42] 李宪文，樊凤玲，李晓慧，等. 体积压裂缝网系统模拟及缝网形态优化研究[J]. 西安石油大学学报(自然科学版)，2014，29(1)：71-75.

[43] CIPOLLA C L, WARPINSKI N R, MAYERHOFER M J, et al. The relationship between fracture complexity, reservoir properties, and fracture treatment design[C]//SPE115769-MS, SPE Annual Technical Conference and Exhibition, Denver, 2008.

[44] 吴奇，胥云，王腾飞，等. 增产改造理念的重大变革——体积改造技术概论[J]. 天然气工业，2011，31(4)：62-66.

[45] 王文东，赵广渊，苏玉亮，等. 致密油藏体积压裂技术应用[J]. 新疆石油地质，2013，34(3)：345-348.

[46] 张大飞. 苏里格致密砂岩气藏直井缝网压裂适应性研究[J]. 西安文理学院学报(自然科学版)，2015，18(3)：103-108.

[47] 翁定为，雷群，李东旭，等. 缝网压裂施工工艺的现场探索[J]. 石油钻采工艺，2013，35(1)：59-62.

[48] 魏子超，綦殿生，孙兆旭，等. 体积压裂技术在低孔致密油藏的应用[J]. 油气井测试，2013，22(4)：50-52.

[49] 马超群，黄磊，范虎，等. 页岩气井压裂技术及其效果评价[J]. 石油化工应用，2011，30(5)：1-3.

[50] 陕亮，张万益，罗晓玲，等. 页岩气储层压裂改造关键技术及发展趋势[J]. 地质科技情报，2013，32(2)：156-162.

[51] 刘珍山. 青海油田低渗油气藏缝网压裂技术探索与研究[J]. 硅谷，2013，20：58-59.

[52] LAMONT N, JESSEN F W. The effects of existing fractures in rocks on the extension of hydraulic fractures[J]. Journal of petroleum technology, 1963, 15(2): 203-209.

[53] WARPINSKI N R. Hydraulic fracturing in tight, fissured media[J]. Journal of petroleum technology, 1991,43(2): 146-151.

[54] 刘善军，吴立新，王金庄，等. 遥感-岩石力学(Ⅵ)——岩石摩擦滑移特征及其影响因素分析[J]. 岩石力学与工程学报，2004，23(8)：1247-1251.

[55] 李海波，张天航，邵蔚，等. 三轴压缩情况下岩石变形特征的滑移型裂纹模拟[J]. 岩石

力学与工程学报，2005，24(7)：3119-3124.

[56] OLSON J E, BAHORICH B, HOLDER J, et al. Examining hydraulic fracture: Natural fracture interaction in hydrostone block ewperiments[C]//SPE 152618, SPE Hydraulic Fracturing Technology Conference, The Woodlands, 2012.

[57] 孟波，靖洪文，陈坤福，等. 软岩巷道围岩剪切滑移破坏机理及控制研究[J]. 岩土工程学报，2012，34(12)：2255-2262.

[58] CHITRALA Y, MORENO C, SONDERGELD C, et al. An experimental investigation into hydraulic fracture propagaton under different applied stresses in tight sands using acoustic emissions[J]. Journal of petroleum science and engineering, 2013, 108(3): 151-161.

[59] 陈勉，庞飞，金衍. 大尺寸真三轴水力压裂模拟与分析[J]. 岩石力学与工程学报，2000，19(增)：868-872.

[60] 周健，陈勉，金衍，等. 多裂缝储层水力裂缝扩展机理试验[J]. 中国石油大学学报(自然科学版)，2008，32(4)：51-54.

[61] 陈勉，周健，金衍.随机裂缝性储层压裂特征实验研究[J]. 石油学报，2008，29(3)：431-434.

[62] 姚飞，陈勉，吴晓东，等. 天然裂缝性地层水力裂缝延物理模拟研究[J]. 石油钻采工艺，2008，30(3)：83-86.

[63] 陈万，金衍，陈勉，等. 三维空间中水力裂缝穿透天然裂缝的判别准则[J]. 石油勘探与开发，2014，41(2)：1-6.

[64] 李芷，贾长贵，杨春和. 页岩水力压裂水力裂缝与层理面扩展规律研究[J]. 岩石力学与工程学报，2015，34(1)：12-20.

[65] 横帅，杨春和，郭印同. 层理对页岩水力裂缝扩展的影响研究[J]. 岩石力学与工程学报，2015，34(2)：228-237.

[66] 横帅，杨春和，曾义金. 页岩水力压裂裂缝形态的试验研究[I]. 岩土工程学报，2014，36(7)：1243-1251.

[67] 任岚，陶永富，赵金洲. 超低渗透砂岩储层同步压裂先导性矿场试验[J]. 岩石力学与工程学报，2015，34(2)：330-339.

[68] SONDERGELD C H, NEWSHAM K E, COMISKY J T, et al. Petrophysical considerations in evaluating and producing shale gas resources[C]//SPE131768, SPE Unconventional Gas Conference, Pittsburgh, 2010.

[69] 李前贵，康毅力，杨建，等. 致密砂岩气藏开发传质过程的时间尺度研究[J]. 天然气地球科学，2007，(1)：11-13.

[70] KING G R. Material-balance techniques for coal-seam and devonian shale gas reservoirs with limited water influx[J]. SPE reservoir engineering, SPE20730, 1993, 8(1): 67-72.

[71] HILDENBRAND A, KROOSS B M, BUSCH A, et al. Evolution of methane sorption capacity of coal seams as a function of burial history——A case study from the Campine Basin, NE Belgium[J]. International journal of coal geology, 2006, 66(3): 179-203.

[72] 王飞宇，贺志勇，孟晓辉，等. 页岩气赋存形式和初始原地气量(OGIP)预测技术[J]. 天然气地球科学，2011，22(3)：501-510.

[73] POTLURI N K. Effect of a natural fracture on hydraulic fracture propagation[D]. Austin:

University of Texas, 2004.

[74] 赵金洲，任岚，胡永全，等. 裂缝性地层水力裂缝非平面延伸模拟[J]. 西南石油大学学报(自然科学版)，2012，34(4)：174-180.

[75] KRESSE O, WENG X, WU R, et al. Numerical modeling of hydraulic fractures interaction in complex naturally fractured formations[C]//ARMA2012-292, 46th U.S. Rock Mechanics/geomechanics Symposium, Chicago, 2012.

[76] KRESSE O, COHEN C, WENG X, et al. Numerical modeling of hydraulic fracturing in naturally fractured formations[C]//ARMA11-363, 45th U.S. Rock Mechanics/geomechanics Symposium, San Francisco, 2011.

[77] WENG X, KRESSE O, COHEN C E, et al. Numerical modeling of hydraulic fracturing in naturally fractured formations[C]//ARMA11-363, SPE Hydraulic Fracturing Technology Conference, The Woodlands, 2011.

[78] ZHANG Z, GHASSEMI A. Simulation of hydraulic fracture propagation near a natural fracture using virtual multidimensional internal bonds[J]. International journal for numerical and analytical methods in geomechanics, 2011, 35(4): 480-495.

[79] OLSON J E, WU K. Sequential vs. simultaneous multizone fracturing in horizontal wells: Insights from a non-planar, multifrac numerical model[C]//SPE152602, SPE Hydraulic Fracturing Technology Conference, The Woodlands, 2012.

[80] MEYER B R, BAZAN L W. A discrete fracture network model for hydraulically induced fractures: theory, parametric and case studies[C]//SPE140514, SPE Hydraulic Fracturing Technology Conference, The Woodlands, 2011.

[81] MEYER B R, BAZAN L W, JACOT R H, et al. Optimization of multiple transverse hydraulic fractures in horizontal wellbores[C]//SPE131732, SPE Unconventional Gas Conference, Pittsburgh, 2009.

[82] NAGEL N B, NAGEL M S. Stress shadowing and microseismic events: A number evaluation[C]//SPE147363, SPE Annual Technical Conference and Exhibition, Denver, 2011.

[83] LI Y, WEI C, QI G, et al. Numerical simulation of hydraulically induced fracture network propagation in shale formation[C]//IPTC16981-MS, International Petroleum Technology Conference, Beijing, 2013.

[84] 程远方，李友志，时贤，等. 页岩气体积压裂缝网模型分析及应用[J]. 天然气工业，2013, 33(9)：53-59.

[85] NAGEL N B, SANCHEZ-NAGEL M. Stress shadowing and microseismic events: A numerical evaluation[C]//SPE147363-MS, SPE Annual Technical Conference and Exhibition, Denver, 2011.

[86] 赵延林，曹平，王卫军. 裂隙岩体渗流-损伤-断裂耦合理论及工程应用[M]. 徐州：中国矿业大学出版社，2012.

[87] 潘林华，程礼军，张士诚，等. 页岩储层体积压裂裂缝扩展机制研究[J]. 岩土力学，2015, 36(1)：205-211.

[88] WU K. Simultaneous multi-frac treatments: fully coupled fluid flow and fracture mechanics for horizontal wells[C]//SPE167626-STU, SPE Annual Technical Conference and Exhibition, New

Orleans, 2013.

[89] GRIFFITH A A. The phenomena of rupture and flow in solids[J]. Philosophical transactions of the royal society of London. Series A: Containing papers of a mathematical or physical character, 1921, 221: 163-198.

[90] IRWIN G R. Analysis of stresses and strains near end of a crack traversing a plate[J]. Journal of applied mechanics, 1957, 24(3):361-364.

[91] ERDOGAN F, SIH G C. On the crack extension in plates under plane loading and transverse shear[J]. Journal of basic engineering, 1963, 85(4):519-525.

[92] FINNIE I, SAITH A. A note on the angled crack problem and the directional stability of cracks[J]. International journal of fracure, 1973, 9(4): 484-486.

[93] PALANISWAMY K, KNAUSS W G. On the Problem of Crack Extension in Brittle Solids Under General Loading[M]. New York: Pergamon Press Inc., 1978.

[94] DEAN R H, SCHMIDT J H, Hydraulic fracture predictions with a fully coupled geomechanical reservoir simulator[C]//SPE116470-MS, SPE Annual Technical Conference and Exhibition, Denver, 2008.

[95] CHEN Z, BUNGER A P, ZHANG X, et al. Cohesive zone finite element-based modeling of hydraulic fractures[J]. Acta mechanica solida sinica, 2009, 22(5): 443-452.

[96] YAO Y, GOSAVI S V, SEARLES K H, et al. Cohesive fracture mechanics based analysis to model ductile rock fracture[C]//ARMA10-140, 44th U.S. Rock Mechanics Symposium and 5th U.S.-Canada Rock Mechanics Symposium, Salt Lake City, 2010.

[97] SHEN X, CULLICK S. Numerical modeling of fracture complexity with application to production stimulation[C]//SPE151965-MS, 2012.

[98] 张广明，刘合，张劲，等. 油井水力压裂流-固耦合非线性有限元数值模拟[J]. 石油学报，2009，30(1)：113-116.

[99] 彪仿俊，刘合，张士诚，等. 水力压裂水平裂缝影响参数的数值模拟研究[J]. 工程力学，2011，(10)：228-235.

[100] 潘林华，张士诚，程礼军，等. 水平井"多段多簇"压裂簇间干扰的数值模拟[J]. 天然气工业，2014，(1)：74-78.

[101] 孙可明，王松，张树翠. 页岩气储层水力压裂裂纹扩展数值模拟[J]. 辽宁工程技术大学学报(自然科学版)，2014，(1)：5-10.

[102] GU H, WENG X. Criterion for fractures crossing frictional interfaces at non-orthogonal angles[C]//The 44th US Rock Mechanics Symposium and 5th US-Canada Rock Mechanics Symposium, Salt Lake City, 2010.

[103] GU H, WENG X, LUND J B, et al. Hydraulic fracture crossing natural fracture at non orthogonal angles: A criterion and its validation[J]. SPE production & operations, 2012, 27(1): 20-26.

[104] 艾池. 裂缝诱导损伤力学模型研究[J]. 佳木斯大学学报(自然科学版)，2008，26(5)：627-629.

[105] CHENG Y. Mechanical interaction of multiple fractures-exploring impacts of the selection of the spacing/number of perforation clusters on horizontal shale-gas wells[J]. SPE journal, 2012,

17(4): 992-1001.

[106] OLSON J E, TALEGHANI A D. Modeling simultaneous growth of multiple hydraulic fractures and their interaction with natural fractures[C]//SPE119739-MS, SPE Hydraulic Fracturing Technology Conference, The Woodlands, 2009.

[107] CHIPPERFIRLD S T, WONG J R, WARNER D S, et al. Shear dilation diagnostics: A new approach for evaluating tight gas stimulation treatments[C]//SPE106289-MS, SPE Hydraulic Fracturing Technology Conference, College Station, 2007.

[108] RICKMAN R, MULLEN M J, PETRE J E, et al. A practical use of shale petrophysics for stimulation design optimization: All shale plays are not clones of the barnett shale[C]//SPE 115258-MS, SPE Annual Technical Conference and Exhibition, Denver, 2008.

[109] 蒋廷学, 贾长贵, 王海涛, 等. 页岩气网络压裂设计方法研究[J]. 石油钻探技术, 2011, 39(3): 36-40.

[110] 王晓东, 赵振峰, 李向平, 等. 鄂尔多斯盆地致密油层混合水压裂试验[J]. 石油钻采工艺, 2012, 34(5): 80-83.

[111] 张士诚, 牟松茹, 崔勇. 页岩气压裂数值模拟分析[J]. 天然气工业, 2011, 31(12): 81-84.

[112] 杜保健, 程林松, 黄世军. 致密油藏分段多簇压裂水平井电模拟实验研究[J]. 科学技术与工程, 2013, 12(4): 3267-3270.

[113] 赵金洲, 任岚, 胡永全. 页岩储层压裂缝成网延伸的受控因素分析[J]. 西南石油大学学报(自然科学版), 2013, 35(1): 1-9.

[114] 胡永全, 贾锁刚, 赵金洲, 等. 缝网压裂控制条件研究[J]. 西南石油大学学报(自然科学版), 2013, 35(4): 126-132.

[115] 侯冰, 陈勉, 王凯, 等. 页岩储层可压性评价关键指标体系[J]. 石油化工高等学校学报, 2014, 27(6): 42-49.

[116] 赵金洲, 杨海, 李勇明. 水力裂缝逼近时天然裂缝稳定性分析[J]. 天然气地球科学, 2014, 25(3): 402-408.

[117] 赵金洲, 李勇明, 王松. 天然裂缝影响下的复杂压裂裂缝网络模拟[J]. 天然气工业, 2014, 34(1): 68-73.

[118] 邵尚奇, 田守嶒, 李根生. 水平井缝网压裂裂缝间距的优化[J]. 石油钻探技术, 2014, 42(1): 86-90.

[119] 程远方, 常鑫, 孙元伟, 等. 基于断裂力学的页岩储层缝网延伸形态研究[J]. 天然气地球科学, 2014, 25(4): 603-611.

[120] 郭天魁, 张士诚, 刘卫来, 等. 页岩储层射孔水平井分段压裂的起裂压力[J]. 天然气工业, 2013, 33(12): 87-93.

[121] 郭建春, 尹建, 赵志红. 裂缝干扰下页岩储层压裂形成复杂裂缝可行性[J]. 岩石力学与工程学报, 2014, 33(8): 1589-1595.

[122] 尹建, 郭建春, 曾凡辉. 水平井分段压裂射孔间距优化方法[J]. 石油钻探技术, 2012, 40(5): 67-71.

[123] 尹建, 郭建春, 赵志红, 等. 射孔水平井分段压裂破裂点优化方法[J]. 现代地质, 2014, 28(6): 1307-1314.

[124] 董光. 煤层气井压裂引起的渗透率损伤研究[J]. 科学技术与工程，2014，14(24)：35-39.

[125] 崔明月，刘玉章，修乃领. 形成复杂缝网体积(ESRV)的影响因素分析[J]. 石油钻采工艺，2014，36(2)：82-87.

[126] ZHOU D S, HE P. Major factors affecting simultaneous frac results[C]//SPE173633-MS, SPE Production and Operations Symposium, Oklahoma City, 2015.

[127] KING G E. Thirty years of shale fracturing: What have we learned?[C]//SPE133456-MS, SPE Annual Technical Conference and Exhibition, Florence, 2010.

[128] 贾承造，邹才能，李建忠，等. 中国致密油评价标准、主要类型、基本特征及资源前景[J]. 石油学报，2012，33(3)：343-350.

[129] GOKTAN R M, YILMAZ N G. A new methodology for the analysis of the relationship between rock brittleness index and drag pick cutting efficiency[J]. Journal of the South African institute of mining and metallurgy, 2005, 105(45): 727-733.

[130] POTLURI N K, ZHU D, HILL A D. The effect of natural fractures on hydraulic fracture propagation[C]//SPE 94568-MS, SPE European Formation Damage Conference, Sheveningen, 2005.

[131] 石道涵，张兵，何举涛，等. 鄂尔多斯长 7 致密砂岩储层体积压裂可行性评价[J]. 西安石油大学学报(自然科学版)，2014，29(1)：52-55.

第2章 非常规油气储层特征与室内实验

不同学者对非常规油气藏有不同的理解，通常认为非常规油气是指油气藏储层特征或者成藏机理有别于常规油气藏，并且采用传统开采技术无法获得经济产量。赵靖舟[1]按照油气分布特点将非常规油气藏分为连续型(煤层气、页岩气)、准连续型(致密油气)和不连续型(大部分油砂，重油及超重油)。邹才能等[2]指出非常规油气储层特征的两个关键点：①油气大面积连续分布，圈闭界限不明显；②无自然工业稳定产量，达西渗流不明显。

岩石是地质勘探的主要对象，是天然产出的具有稳定外形的矿物集合体，是构成地壳和上地幔的物质基础。岩石按成因分为岩浆岩、沉积岩和变质岩。其中，岩浆岩是由高温熔融的岩浆在地表或地下冷凝所形成的岩石，也称为火成岩或喷出岩；沉积岩是在地表条件下由风化作用、生物作用和火山作用的产物，再经水、空气和冰川等外力的搬运、沉积和成岩固结而形成的岩石；变质岩是由先成的岩浆岩、沉积岩或变质岩，由于其所处地质环境的改变经变质作用而形成的岩石。

能够储存石油和天然气并在其中渗滤流体的岩石称为储集岩[3]。储层岩石的埋深、有效厚度、矿物成分、岩石物性、渗透率、孔隙度、含油气性质、有机质丰度、油气运移方式、聚集作用、流体特征及开采工艺等的研究对于油气资源开采具有重要意义。本章在综述非常规油气储层特征的基础上，介绍页岩气开采研究的主要室内实验。

2.1 泥 岩

图 2-1 泥岩[4]

泥岩是一种由泥巴及黏土固化而成的沉积岩，其成分和构造与页岩相似，但与页岩相比较不易碎，是一种层理或页理不明显的黏土岩，如图 2-1 所示，主要分为钙质泥岩、铁质泥岩和硅质泥岩三种。

泥岩储层属于碎屑岩储层的一种，而碎屑岩储层是油气田的主要储层之一，其油气储量约占世界油气总储量的 60%。

2.1.1　泥岩储层的岩石矿物成分

泥岩主要成分是水云母、高岭石和蒙脱石等，它包含了未固结的泥、固结的无纹理无页理的泥岩、固结的有纹理有页理的页岩和强固结的泥板岩。结构极细粒，肉眼无法辨认颗粒，可能含有化石，且硬度普遍不高。

泥岩储层除具有发育的泥岩裂隙外，均有加硬部分存在，且这种加硬部分多由方解石、白云石、硅质等矿物颗粒以及化石碎屑等构成。正是这种加硬部分以及发育的泥岩裂隙为油气的储集和运移提供了空间和通道，从而形成了特殊的储层类型[5]。

2.1.2　泥岩储层物性

泥岩在沉积时孔隙度很高，可达 60%～70%。在沉积成分不变、埋深增加时，泥岩孔隙度快速减少，到几千米时孔隙度一般仅为 1%左右，降低幅度很大。泥质沉积物在沉积初期原始含水量为 50%～80%，孔隙度较大，渗透性良好。随着上覆沉积物的不断增加，泥岩不断排出孔隙水，排出的孔隙水量就等于泥岩孔隙度的减少量[6]。

白云质泥岩的储集空间主要为溶蚀孔隙和微裂缝，没有经历溶蚀和产生微裂缝的白云质泥岩物性很差，不具备渗流能力。此类储层结构复杂，物性差异明显，开发难度大[7]。铝土质泥岩储层不同于一般的泥岩和页岩储层，是一种少见的非常规储层，具有很好的孔隙网络。主要储集空间为微孔隙网络，储层渗透条件主要靠裂缝进行改善[8]。

泥岩裂缝性油藏是指在泥岩、页岩等岩石组合中，以裂缝为主要储集空间形成的特殊油藏。裂缝的生成往往与地层孔隙压力、各向异性的水平应力、断层传播褶皱作用等密切相关。泥岩裂缝性油藏由于裂缝储层的孔隙度很小，并表现出很强的各向异性，勘探难度很大。这类油藏的储层结构以及渗流方式有其自身的特殊性，给开发及相应的评价带来极大的困难。从含油气盆地来看，生油岩面积分布广，厚度大，超压现象普遍。生油岩生成的大量油气中，运移到储集层的仅仅是其中的一部分，还有大量油气未能排出，裂缝成为其良好的储集空间[9]。

夹层的发育会改善整段地层的岩石力学性质，增加其刚性与脆性，有利于天然裂缝，尤其是纵向缝的形成与保存，也为泥岩裂缝储层进行人工压裂增产改造[8]创造了条件。

2.1.3　泥岩储层油气赋存与含油气性

页岩气是储集在富含有机质的页岩或泥岩中的天然气，已成为重要的非常规天然气资源。富有机质泥岩作为特殊储层，一般具有低孔、超低渗的特点。

裂缝的发育程度直接决定了页岩气藏是否具有工业开采价值，在页岩气储层描述及评价中，岩石矿物组成及脆性矿物含量对富有机质泥岩人工造缝能力具有显著影响[10]。

2.2 页　　岩

页岩是指由粒径小于 0.0039mm 的碎屑、黏土、有机质等组成的具有页状或薄片状层理、容易碎裂的一类细粒沉积岩[11]，如图 2-2 所示。

图 2-2　页岩[12]

页岩在自然界分布广泛，沉积物中页岩约占55%。常见的页岩类型主要有黑色页岩、炭质页岩、硅质页岩、铁质页岩、钙质页岩等，其中钙质页岩和硅质页岩等易于压裂，是主要的含气页岩类型。下面重点介绍页岩储层的岩石矿物成分、物性、油气赋存情况和含油气性[10]。

2.2.1　页岩的岩石矿物成分

具有商业开采价值的页岩油气层需具备高有机质丰度、高演化程度、高脆性、高含气量或含油量、高压力等特点。

页岩矿物成分复杂，碎屑矿物包括石英、长石、方解石等[13]，其中石英含量较高，且其与页岩脆性呈正相关性，因此极易形成天然裂缝和诱导裂缝，利于油气的渗流[14]。其中，富含二氧化硅的为硅质页岩，含有大量碳化有机质的为碳质页岩，含有较多分散有机质和硫化铁的为黑色页岩或富有机质黑色页岩[15]。由有机成因理论可知，任何富有机质黑色页岩在适当的地质条件下都能够形成页岩油气聚集。我国陆上富有机质黑色页岩类型多，时代久远，分布范围广，为页岩油气形成提供了良好的物质基础。有经济开采价值的页岩油气远景区带的页岩必须富含有机质，总有机碳含量是衡量页岩有机质丰度的重要指标，有经济开采价值的页岩中，最低总有机碳含量一般在 2.0%以上[10]。

页岩岩石学特征是影响页岩基质孔隙和微裂缝发育程度、含气性以及压裂改造方式的重要因素。页岩中黏土矿物含量越低，石英、长石、方解石等脆性矿物含量越高，岩石脆性就越强，越容易形成天然裂缝和诱导裂缝，有利于页岩气的开采。一般页岩具有较高含量的黏土矿物，但富有机质黑色页岩中黏土矿物含量较低。

2.2.2　页岩物性

页岩储层为特低孔渗储集层，以发育多种类型纳米级微孔为特征，包括颗粒间微孔、黏土片间微孔、颗粒溶孔、溶蚀杂基内孔、粒内溶蚀孔及有机质孔等。页岩孔径分布复杂，既有大量的中孔，又有一定量的微孔和大孔。孔径小于 50nm 的微孔和中孔提供了大部分比表面积和孔体积，是气体吸附和储存的主要场所。页岩阈压非常高，孔喉分选性、连通性差，退汞效率低，中孔对气体渗流起明显贡献作用，微孔则主要起储集作用[16]。此外，页岩储层的孔隙度、渗透率具有明显的正相关性[10]。

裂缝的发育可以为页岩油气提供充足的储集空间，还能改善孔渗特性，更能连接孔隙以及层面微裂隙，极大地缩短气体扩散渗流的通道，能有效提高页岩油气的产量[17]。页岩中的裂缝以多种成因(压力差、断裂作用等)的网状裂缝系统为特征，裂缝、溶蚀页理缝是其主要的储集空间。次要储集空间主要为钙质条带中的溶孔、生物体腔孔、晶间孔、粒间孔等，其中，粒间孔主要是指砂质及泥质双重孔隙。在钙质泥页岩互层为主的夹薄层砂岩地层中，具有泥页岩裂缝、层理缝和薄层砂岩孔隙等储集空间。综上所述，裂缝发育带不但提供了游离态页岩气赋存的空间，而且为页岩气的运移和聚集提供了输导通道，并且对页岩气的开发十分有利。

表 2-1 是美国五套页岩气系统地质、地化及相关储层参数信息[18]。

表 2-1　美国五套页岩气系统地质、地化及相关储层参数信息

性质	安特里姆页岩 (Antrim shale)	俄亥俄页岩 (Ohio shale)	新奥尔巴尼页岩 (New Albany shale)	巴讷特页岩 (Barnett shale)	刘易斯页岩 (Lewis shale)
深度/ft	600～2400	2000～5000	600～4900	6500～8500	3000～6000
总厚/ft	160	300～1000	100～400	200～300	500～1900
净厚/ft	70～120	30～100	50～100	50～200	200～300
井孔温度/℃	75	100	80～105	200	130～170
总有机碳含量 (TOC)/%	0.3～24	0～4.7	1～25	4～50	0.45～2.5

续表

性质	安特里姆页岩 (Antrim shale)	俄亥俄页岩 (Ohio shale)	新奥尔巴尼页岩 (New Albany shale)	巴讷特页岩 (Barnett shale)	刘易斯页岩 (Lewis shale)
镜质体反射率/%	0.4～0.6	0.4～1.3	0.4～1.0	1.0～1.3	1.6～1.88
总孔隙度/%	9	4.7	10～14	4～5	3～5.5
含气饱和度/%	4	2	5	2.5	1～3.5
含水饱和度/%	4	2.5～3.0	4～8	1.9	1～2
渗透率-厚度 Kh/(md·ft)	1～5000	0.15～50	—	0.01～2	6～400
含气量/(scf[①]/t)	40～100	60～100	40～80	300～350	15～45

2.2.3　页岩储层的油气赋存与含油气性

　　页岩气并不能形成类似于常规油气的圈闭,具有自生自储、无气水界面、大面积低丰度连续成藏、低孔、低渗等特征,存在局部富集的"甜点"区。一般产量极低,甚至无自然产能,需要水力压裂后才能进行经济开采,储层改造后单井生产周期长。页岩气在本质上就是连续生成的生物化学成因气、热成因气或两者的混合,以干气为主,赋存方式包括吸附气、游离气、少量的溶解气,一般吸附气会吸附在干酪根和孔隙中,游离气会游离于裂缝中。页岩气的生油层、储集层和盖层处于同一层位,一般无运移或在烃源岩层内短距离初次运移,在页岩内呈弥散式分布、裂缝区富集。表2-2是页岩气藏与常规气藏的特征对比。

表2-2　页岩气藏与常规气藏特征对比

特征	页岩气藏	常规气藏
赋存机理	主要以吸附态赋存于有机质、泥页岩颗粒表面,游离态赋存于微孔隙、微裂缝	浮力作用影响下,主要以游离态聚集于储层顶部
成藏特点	自生自储,无明显圈闭,初次运移成藏	聚集于运移路径上的圈闭,二次运移成藏
气藏规模	大面积区域分布,规模大于常规气藏	取决于圈闭大小
分布特点	盆地古沉降-沉积中心及斜坡,受有机质分布控制	构造较高部位的多种圈闭
储集介质	泥页岩基质孔渗低,但普遍发育天然裂缝	孔隙性砂岩、裂缝性碳酸盐岩
富集特征	裂缝发育的"甜点"高产富集区	孔、渗高的已成藏圈闭储集层
主控因素	有机质丰度、成熟度、脆性矿物成分、裂缝、含气量等	气源、输导、圈闭等
勘探成功率	勘探成功率高,没有真正的干井	勘探成功率低,地质风险大
开发特点	工程风险高,需多级压裂技术,采收率低,生产周期长,一般30～50年	工程风险低,单井产量高,产量递减快

---

① 1scf = 0.0283168m³。

近年来，我国的页岩气基础地质调查评价取得重要进展，圈定了 10 余个有利目标区，并不断在新区新层系中取得重要发现，南方下古生界地层是近期我国页岩气开发的主力层系。2015 年国土资源部的资源评价结果显示，全国页岩气技术可采储量为 21.8 万亿 m^3，其中海相 13.0 万亿 m^3，海陆过渡相 5.1 万亿 m^3，陆相 3.7 万亿 m^3。

目前，我国深层开发技术尚未掌握，埋深超过 3500m 的页岩气资源对水平井钻完井技术和增产改造技术及装备要求更高，但页岩气重点投产的川南地区埋深超过 3500m 的资源超过一半。由此可见，未来深层开发技术的突破对于提高我国页岩气产量至关重要。根据国家能源局 2016 年 9 月最新发布的页岩气发展规划文件要求，我国力争在 2020 年实现页岩气年产量 300 亿 m^3。

页岩油是指赋存于富有机质、纳米级孔隙页岩中的石油聚集，基本上没有经历运移，滞留在原处，以吸附态和游离态存在，油质较轻，黏度较低。页岩油的分布地区不同，一般分布于平缓斜坡区、凹陷区和盆地边缘烃源岩排烃不畅的地区或者层段[10]。

美国能源信息署(Energy Information Administration, EIA)于 2013 年 6 月首次发布了世界页岩油的资源评价数据。结果显示，全球页岩油技术可采资源量为 472.60 亿 t，资源量排名前 10 位的国家是俄罗斯、美国、中国、阿根廷、利比亚、澳大利亚、委内瑞拉、墨西哥、巴基斯坦和加拿大，合计页岩油技术可采资源量为 383.56 亿 t，占世界总量的 81.16%。其中，俄罗斯为 102.74 亿 t(约占 21.74%)，排名世界第一；美国为 79.45 亿 t(约占 16.81%)，排名世界第二；我国为 43.84 亿 t(约占 9.28%)，排名世界第三。

2011 年以来，我国针对陆相页岩油勘探开发面临的科学问题与技术难点，相继开展了科技攻关研究。但是由于其自身的"原位成藏"，加上粒度小、非均质性强的特点，现有的关键技术，如水平井分段压裂主要引进国外技术、工具、材料及配套设备。虽然近年来在某些方面取得了突破，但是还处于现场试验阶段，尚未形成有效、成熟的关键技术[19]。

2.3　致 密 砂 岩

致密砂岩是指低孔隙度、低渗透率的砂岩，通常孔隙度小于10%且覆压基质渗透率小于 0.1mD①。

---

① 1mD=10^{-3}D=$0.986923\times10^{-15}m^2$。

2.3.1　致密砂岩储层的岩石矿物成分

致密砂岩储层成分成熟度和结构成熟度低[10]，其沉积背景和环境、成岩演化、孔隙类型、储集性等与常规储层相比，均有较大差异。致密砂岩储层埋深为 2000～5000m，孔隙类型以粒间及粒内溶孔、粒间微孔、微裂缝等次生孔隙为主，原生孔隙少见。致密砂岩储层长石、岩屑含量较高，分选和磨圆较差，泥质含量较高，导致沉积物在成岩过程中易发生较强的压实作用，从而使孔隙度减小、物性变差、储层致密[10]。在自然开采时产能较低，需采取一定的增产措施。

2.3.2　致密砂岩储层物性

致密砂岩储层具有低孔渗、超低孔渗、致密的特征，纵向上非均质性强、储渗体横向连续性差，导致致密砂岩油气水关系复杂，油气水分异程度差，一般无统一的油气水界面和统一的压力系统。同时，裂缝的沟通作用更增加了其复杂性[10]。

致密砂岩岩性致密，孔隙和喉道的几何形状、大小、分布及其相互连通关系十分复杂。储层主要孔隙类型有缩小粒间孔、粒间溶孔、溶蚀扩大粒间孔、粒内溶孔、铸模孔及晶间微孔等，喉道类型主要以片状、弯片状、管束状喉道为主。致密砂岩由于其岩性坚硬，受构造作用形成的微裂缝发育程度较高，主要包括构造微裂缝、解理缝、层面缝等，其中解理缝一般发育在长石颗粒内。另外，致密砂岩储层中自生黏土矿物发育，含量比常规储层高，其极低渗透性很大程度上可直接归因于黏土矿物的作用。各类黏土矿物充填孔隙空间并占据颗粒表面，形成大量的晶间纳米级微孔隙，晶间微孔本身既是孔隙又是喉道。不同的黏土矿物种类和含量，以及黏土微粒之间的接触关系，使晶间孔隙的数量和大小不一，其狭窄的流动空间使流体在微孔介质中的流动方式变得更加复杂[20]。

我国致密砂岩储层物性差、地层能量低、油水分布复杂，导致单井产量低、经济效益差，需要经过大规模压裂改造后才能形成有效产能。鄂尔多斯盆地致密砂岩储层由于脆性较强，普遍存在天然裂缝，且由于应力敏感现象，易造成改造裂缝失效。表 2-3 是致密砂岩储层与常规储层特征的对比。

表 2-3　致密砂岩储层与常规砂岩储层特征对比[10]

储层特征	致密砂岩储层	常规砂岩储层
孔隙度/%	3～10	12～30
覆压基质渗透率/mD	≤0.1	>0.1

储层特征	致密砂岩储层	常规砂岩储层
含水饱和度/%	45~70	25~50
岩石密度/(g/cm³)	2.65~2.74	<2.65
毛细管压力	较大	小
储层压力	多为高异常地层压力	一般正常至略低于正常
应力敏感性	强	弱

2.3.3　致密砂岩储层油气赋存与含油气性

致密砂岩储层在盖层、圈闭界限或者气藏边界不明确，且大面积连续含气。油气分布不受构造带控制，斜坡带、凹陷区均可以成为有利区，分布范围广，局部较富集。致密砂岩气最重要的评价参数是地层渗透率、地层压力、含水饱和度和孔隙度，在区域地质研究基础上，可综合运用地震钻井、测井、取芯、分析化验、测试等资料进行研究。与国外致密砂岩储层相比，我国致密砂岩发育区的构造背景为多旋回构造演化，经历了较强的晚期构造运动，对保存条件有一定的影响。此外，我国致密砂岩储层非均质性较强，厚度较小。

致密储层油，简称致密油，常赋存于致密砂岩或致密灰岩等储层中[21]。近年来，国内外学者对于致密油的定义尤其是致密油赋存场所的界定仍存在差别，主要表现在对泥页岩中的石油是否归为致密油存在分歧。国外大多数学者和能源机构为了研究方便(如计算总资源量和储层等)，普遍认为赋存在页岩或其他低渗透性储层中的成熟原油也应归为致密油。国内许多学者根据致密砂岩、致密碳酸盐与泥岩储集层存在的差异，认为致密油主要是与生油岩互层共生，或是紧密相邻的致密砂岩、致密碳酸盐储集层中聚集的石油资源[22]。关于致密油有两种定义，第一种定义认为[23]致密油是指以吸附或游离状态赋存于富含有机质且渗透率极低的暗色灰岩、泥质粉砂岩和砂岩夹层系统中自生自储、连续分布的石油聚集，页岩中生成的油气滞留在原地的部分(占总生烃量的 50%以上)也称为致密油[24,25]；第二种定义认为[26]致密油是指以吸附或游离状态赋存于生油岩，或与生油岩互层、紧邻的致密砂岩及致密碳酸盐岩等储集岩中未经长距离大规模运移的油气聚集[27,28]。两种定义以源储配置关系和储集岩岩性为主要区别，前者关注致密油的源储一体关系，包含页岩油储层；后者强调源储直接接触或紧邻的关系，不包含页岩油储层[29,30]。

致密油在石油工业界被誉为"黑金"[31]，美国试图复制"页岩气"成功开发的模式，通过对致密油的勘探开发来实现"原油自给"。预计 2020 年，全美致密油产量将达到 1.5×10⁸t，这将使美国的原油总产量增加 1/3，显著减少对外依存度，一定程度上改变了世界的能源格局。我国致密油勘探起步较晚，目前发现工业性致密油的有鄂尔多斯盆地三叠系延长组、四川盆地侏罗系、松辽盆地白垩系、准噶尔盆地二叠系、渤海湾盆地古近系沙河街组等[32]。其中，准噶尔盆地吉木萨尔凹陷二叠系芦草沟组在近年来的多口探井显示有厚层油气，2010年对吉23井芦草沟组2309～2386m采取连续油管酸压，产油1.96m³/d，从而证实了芦草沟组致密储集层的工业含油性[30]。四川盆地川中地区已发现6个致密油田，预测储量5649×10⁴t，2010年该地区80%的原油(约7.184×10⁴t)产自侏罗系大安塞组致密油层。鄂尔多斯盆地华庆油田三叠系延长组致密油层在实施水平井分簇多段压裂后，4口实验井平均产油53.5m³/d，其中庆平2井日产纯油105.6m³/d[33]。通过资源丰度类比法对各主要盆地的致密油资源量进行预测，初步估算我国主要盆地致密油地质资源总量为(106.7～111.5)×10⁸t(表2-4)[34]。

表2-4　我国主要盆地致密油地质资源量预测

盆地	层系	储层类型	孔隙度/%	渗透率/mD	资源量/(10⁸t)
渤海湾盆地	沙河街组一段	湖相白云岩	5～10	0.2～1	3.8～4.5
	沙河街组三、四段	致密砂岩			6.0～7.5
准噶尔盆地	芦草沟组	白云石化岩类	3～10	<1	13.17
	平地泉组	白云石化岩类			7.48
	风城组	白云石化岩类			8.35
松辽盆地	青山口组青一段	泥岩裂缝	2～15	0.6～1	1.8～4.4
	高台子油层高三、高四段	致密砂岩			4
	扶杨油层	致密砂岩			>10
柴达木盆地	干柴沟组	泥灰岩、藻灰岩、粉砂岩	5～8	<1	4～5
酒西盆地	白垩系	粉砂岩、碳酸盐岩	5～10	<0.1	1.8～2.3
吐哈盆地	侏罗系	致密砂岩	4～10	<1	1～1.5
三塘湖盆地	芦草沟组	泥质灰岩、灰岩白云岩、凝灰质泥岩	3～13	0.1～1	5.6
塔里木盆地	志留系	致密砂岩	7～10	0.02～1	15.9
四川盆地	侏罗系	介壳灰岩、致密砂岩	2～7	0.0001～1	10.7
鄂尔多斯盆地	延长组长6～长7段	致密砂岩	2～12	0.01～1	19.9

致密气方面，截至2010年年底，我国15个致密砂岩气大气田探明天然气储量共计28656.7×10⁸m³，约占全国天然气总探明储量的37.3%，若再加上全国中小型致密砂岩气田储量，致密砂岩气探明储量将达到30109.2×10⁸m³，约占全国天

然气总探明储量的 39.2%。相比于煤层气和页岩气，我国致密气开发步伐远远领先，2012 年时致密气产量超过 300 亿 m^3，预计到 2030 年有望增至 1000 亿 m^3。

2.4　煤　储　层

煤储层即储集天然气的煤层。煤储层具有孔隙度低、渗透率小、比表面积大、储气能力强等特点，与常规天然气储层差异较大。相对于常规天然气，煤层气组分比较一致。

2.4.1　煤储层的岩石矿物成分

根据颜色、光泽、断口、裂隙和硬度等性质的不同，煤层的宏观煤岩类型可分为镜煤、亮煤、暗煤以及丝煤四种，它们是宏观可见的基本单位。其中，镜煤和丝煤是简单的宏观煤岩成分，亮煤和暗煤是复杂的宏观煤岩成分。

煤的性质取决于成煤前期的生物化学作用与后期的物理化学作用。对于相同成煤原始物质，前者决定其煤岩组成，而后者决定其变质程度。

2.4.2　煤储层物性

煤储层是由孔隙和裂隙组成的双重结构孔隙系统[35]，其被理想化为由一系列裂隙切割成的规则含微孔隙基质块体。煤中的基质孔隙是吸附态和游离态煤层气的主要储集场所，气体的吸附量与煤的孔隙发育程度和孔隙结构特征密切相关。煤基质孔隙孔径小、数量多，是孔内表面积的主要贡献者，为煤层气提供了充足的储集空间，煤储层的裂隙系统则是煤中流体渗流的主要通道。

煤基质孔隙常根据成因及大小进行分类，详细如表 2-5 和表 2-6 所示。

表 2-5　煤的孔隙类型及其成因简述[36]

类型		成因描述	对煤层气运移作用
原生孔	胞腔孔	成煤植物本身所具有的细胞结构孔	小
	屑间孔	镜屑体、惰屑体和壳屑体内部颗粒之间的孔	小
后生孔	角砾孔	煤受构造应力破坏而形成的角砾之间的孔	大
	碎粒孔	煤受构造应力破坏而形成的碎粒之间的孔	中等
	淋滤孔	煤中经流水淋滤作用而形成的孔	中等
变质孔	气孔	煤变质过程中产生气体和气体聚集形成的孔	中等
矿物质孔	铸模孔	煤中矿物质在有机质中因硬度差异而铸成的印坑	无
	溶蚀孔	可溶性矿物质在长期气、水作用下受溶蚀形成的孔	小
	晶间孔	矿物晶粒之间的孔	小

表 2-6　主要的煤中孔隙大小分类方案[37]

孔隙大小分类方案	孔径级别				
	大孔	中孔	小孔	微孔	超微孔
霍多特分类(1961)(孔半径)/(10^{-10}m)	>10000	10000～1000	1000～100	< 100	—
国际纯粹与应用化学联合会分类(1986)(孔宽)/(10^{-10}m)	>500	500～20	—	< 20	—
焦作矿业学院分类(1990)/(10^{-10}m)	>1000	1000～100	—	10～15	< 10
俞启香分类(1992)/mm	10^{-3}～10^{-1}	10^{-4}～10^{-3}	10^{-5}～10^{-4}	< 10^{-5}	—

　　煤储层裂隙的分类主要考虑裂隙的大小[38]、裂隙成因、裂隙形态等[10]，目前主要将裂隙分为内生裂隙、外生裂隙和继承性裂隙等。内生裂隙发育与煤岩组分和煤化程度密切相关，一般认为内生裂隙是煤中凝胶化物质在煤化作用过程中受温度、压力的影响，内部结构变化，体积收缩，引起内张力而形成的，部分受到构造应力作用的影响[39]。中变质阶段煤的内生裂隙最发育，低变质烟煤和高变质无烟煤阶段逐渐减少。外生裂隙是指煤层在较高的构造应力下产生的裂隙，按成因可分为剪性外生裂隙、张性外生裂隙和劈理。继承性裂隙兼有内生裂隙和外生裂隙的双重性质，属于过渡类型。煤裂隙的发育程度及地应力双重作用控制了渗透率的大小。含煤盆地煤储层渗透率变化较大，一般随深度增加而呈指数递减。

　　煤层渗透性受多种因素的影响，除自身原始裂隙发育程度、埋深等因素外，煤层气开采过程中的有效应力、煤基质收缩效应和克林肯伯格效应都将对煤层的渗透性产生影响[40]。

　　绝大多数煤储层渗透率较低，为有效开发煤层气，必须采取人工增产措施改善储层物性。同样，水力压裂技术是国内外煤层气井增产的一个重要手段。

2.4.3　煤层气的赋存与煤层含气性

　　煤层气储存在地下煤层中的状态主要有三种：吸附状态、游离状态和溶解状态，它们处在一个动态平衡中[33]。一般情况下，吸附状态占 70%～95%，游离状态占 10%～20%，溶解状态极少，具体比例取决于煤的变质程度、埋藏深度等因素[41]。煤层气以自由气体状态存在于煤的割理和其他裂隙孔隙中，可以自由运动，动力是压力，此种状态称为游离状态。煤层气储层大多处于饱和水状态，在一定的压力条件下必定有一部分煤层气要溶解于水，这种状态是溶解状态。煤的内表面上分子的吸附力，一部分指向煤的内部，已达到饱和；另一部分指向空间，没有饱和，从而在煤的表面产生吸附场，吸附周围的气体分子，这种状态是吸附状态。吸附是指一种组分或多种组分在相界面处的富集(正吸附)或贫化(负吸附)，被界面分开的两相如果是气相与固相就是气体-固体吸附。吸附现象的发生是由于在相界面处异相分子之间的作用力与同相分子间的作用力不同，从而存在剩余的自由力场。影响煤层气含量的因素非常复杂，煤阶(煤的微观组分、物理化学结构)是影响煤层气含气量的关键因素之一，同时，灰分、水分、储层温度和压力等因素的影响也不可忽视。一般认为，随着温度的降低和压力的增大，煤对甲烷的吸附能力增强[42]。

2.5　室内基础实验

与常规天然气资源不同，页岩具有典型的过渡性成藏机理及自生自储成藏模式，即页岩既是生成天然气的生源岩，也是天然气的储集层和盖层[43,44]。如何经济高效地开发页岩气，储量和产量是关键，而储层含气量、渗透率却是影响页岩气储量和产量的内在因素。因此，页岩气储层物性测试技术是正确进行页岩气储量评价、认识页岩气渗流能力的关键。

页岩气是主体位于泥页岩层中，以吸附状态和游离状态为主要存在方式的天然气聚集[45]。页岩气开发时需考虑干酪根类型、总有机碳(TOC)含量、成熟度、气体组分、矿物含量、储层物性和力学性质，这些均可从实验中得到。同时，也需考虑埋藏深度、单层厚度等参数指标，其核心是储层分析和含气性分析。目前国内外对页岩气的研究多数集中在成藏条件、成藏机理及储量评估等方面，关于页岩气实验测试技术的研究较少。页岩气储集方式和物性的特殊性决定了其物性测试技术具有自身的特殊性和要求，而常规测试设备不能满足页岩气物性测试的要求。目前尚未建立针对页岩气测试关键技术的完整评价方法和体系，本节主要对页岩气开采室内基础实验进行简要介绍。

2.5.1　室内测试内容概述

页岩气的实验测试技术主要包括三方面：①地球化学分析实验；②储层表征实验；③含气量测试实验[46]。具体测试内容如表 2-7 所示。

表 2-7　页岩气分析测试项目及内容

分析测试项目	测试内容或方法
地球化学分析实验	总有机碳(TOC)含量
	干酪根类型
	镜质组反射率(R_o)

续表

分析测试项目	测试内容或方法
储层表征实验	矿物组成
	孔隙度与渗透率
含气量测试实验	解吸法
	等温吸附法
	测井解释法

  TOC 含量是页岩生成天然气的物质基础，标志着页岩的生烃能力；同时，TOC 含量与页岩对气的吸附能力存在正相关关系[47]，即 TOC 含量越高，吸附的甲烷量就越多，页岩吸附天然气的能力就越强[48,49]。当然，TOC 含量与天然气的赋存状态也存在一定关系，研究发现，页岩储层的 TOC 含量为 0.4%～40%，气体的赋存状态为吸附-游离混合型；煤层气一般大于 40%，气体以完全被吸附的赋存方式存在；致密砂岩气多数小于 0.4%，其赋存方式主要以游离态存在。

  在热成因页岩储层中，当 TOC 含量达到一定指标后，有机质的成熟度成为页岩气源岩生烃潜力的重要预测指标。成熟度越高，表明页岩生气量越大[50]。评价有机质成熟度的指标较多，通常以镜质组反射率(R_o)来表示。镜质组反射率主要是在一定波长处，通过测定镜质体抛光面的反射光强度与垂直入射光强度的百分比获得。有研究人员认为[51,52]，页岩处于生气窗内是比较有利的条件，一般认为 R_o 应大于 1.3%。

  经过研究与对比得出，可根据页岩储层关键因素的标准去衡量其性质的好坏，具体如表 2-8 所示。

表 2-8　页岩质量的关键因素、参考标准及获取方法

关键因素	典型"好"页岩标准	获取方法
构造/沉积环境	岩层最低 15～20m 厚； 较高的 TOC 含量； 倾斜角度小于 5°，简单的构造-最小的断层，褶皱	地质和地球物理解释
烃源岩、地球化学	TOC 占 2%～5%； 页岩中干酪根通常为 I/II 类(因此为油倾性并需要生热裂解或经生物行为生成气体)	岩芯/样品分析和岩石物性解释
烃源岩成熟度	干气 $R_o=R_o>1.4$； 湿气 $R_o=1.1～1.4$； 石油 R_o 为 0.6～1.1 烃指数 HI=1.0	岩芯/样品分析

续表

关键因素	典型"好"页岩标准	获取方法
无机矿物学	<40%黏土体积； 直接测量需要的脆性指数	岩芯分析和岩石物性解释
储层岩石性质	孔隙度3%～6%； 渗透率为400mD	岩芯分析和岩石物性解释
岩石力学	高杨氏模量； 低泊松比； 能改善生产裂缝的可能性	岩芯/样品分析
地质力学(地层应力分布)	大多数生产井钻在90°到最大水平 主应力方向，天然裂缝有占主导地 位的趋势	天然裂缝分析； 岩石波分析； 地震各向异性分析

2.5.2　页岩气开发室内实验测试

国外(特别是美国)的页岩气工业开采起步较早，一些研究机构专门设立了针对页岩气开发的实验室，如 Intertek 实验室、Chesapeake 实验室、Weatherford 实验室，我国石油企业与研究院所也建立了相似的实验室。随着实验系统与测试技术的逐步完善，加速了对页岩气开发的理解，促进了页岩气开采的蓬勃发展。

美国犹他大学可以测定储气特征参数(吸附、压缩系数等)、储层条件(压力、温度、湿气含量等)及页岩属性。此外，在储层地质建模方面，还能够实现微观和宏观的裂缝建模。得克萨斯州大学奥斯汀分校最早使用解析法测试样品含气量，主要致力于页岩裂缝方面的研究，即实现页岩储层裂缝的刻画、模拟及预测[53]。

综合国内外实验室的研究，页岩气开发室内的实验应从以下 7 个方面开展，具体测试方法介绍如下。

1. 气体评价

通过气相色谱法分析产出气的组分，并利用稳定同位素法评价储层的产气来源和有利储集区。

1) 组分分析

测量方法：

(1) 具有代表性的气样(解吸现场收集的玻璃瓶盐水气样)和已知组成的标准混合气(以下简称标准气)在同样的操作条件下，用气相色谱法进行分离。

(2) 样品中许多重尾组分可以在某个时间通过改变流过气的方向，获得一组不规则的峰值，这组重尾组分可以是 C_{5+}、C_{6+} 或 C_{7+}。

(3) 由标准气的组成值，通过对比峰高、峰面积或者两者对比，计算获得样品的相应组成。

2) 同位素测定

同位素测定主要用于研究产气来源、储层连续性和区域分布。页岩气藏形成以后，由于气体的运移使烃类物质进入地表，这些烃主要存在于土壤颗粒晶胞中。运用酸解烃技术将土壤中的烃提取收集，然后把混合烃分离后分别氧化裂解成一系列的碳、氘同位素。此法可为油气的来源、成因类型及特征提供重要信息，也可为进一步勘探及评价提供依据。

测量方法：气样(同天然气组分分析气样)经气相色谱仪分离成单组分，其中烃类组分依次被送入氧化炉中氧化为二氧化碳和水，然后分别冷冻收集各组分生成的二氧化碳并测定碳同位素组成。甲烷中的二氧化碳组分经气相色谱仪分离后，直接冷冻收集测定碳同位素组成。

2. 等温吸附实验

页岩中的含气量超过了其自身孔隙所能容纳的最大容积，原因是吸附作用机理在起作用。此种吸附作用以范德瓦耳斯分子力引起的物理吸附为主，化学吸附为辅。其中，化学吸附是物理吸附的延续，所需的活化能比较大，常温下吸附比较慢[54]。

研究固-气吸附机理常采用等温吸附法，页岩的吸附能力可以通过等温吸附实验测出。等温吸附实验的主要作用是评价页岩的吸附能力和确定解吸临界压力。另外，等温吸附线的形状还能很好地反映吸附剂和吸附质的相互作用[55]。目前，描述等温吸附的模型主要有三种：吉布斯模型、势差模型和朗缪尔模型。国外矿场实践表明[56,57]，页岩对甲烷的吸附符合朗缪尔模型，现已广泛用于页岩的吸附和解吸研究中。

等温吸附实验的过程是恒温条件下测试不同压力下的气体吸附量，并绘制等温吸附曲线。测试方法有静态法和动态法。其中，静态法包括容量法和重量法；动态法包括常压流动法和色谱法。

等温吸附实验装置原理如图 2-3 所示，主要部分为参照对比室和测量室。由于压力的作用可能会使气体发生解吸，因此在进行等温吸附实验之前，必须要对放入页岩岩芯后的参照对比室和测量室的体积进行准确的测量。

用等温吸附实验装置测量不同温度、压力与吸附气含量的关系，并绘制等温吸附曲线。通过使用朗缪尔等温吸附方程，就可计算出最大吸附容量 V_L 和朗缪尔压力 P_L。

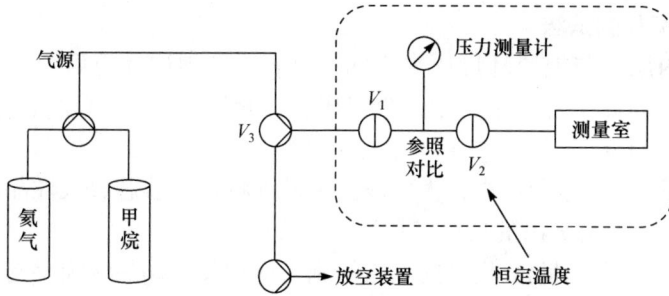

图 2-3　页岩等温吸附实验装置原理图[58]

朗缪尔吸附方程：

$$\frac{P}{V} = \frac{P}{V_L} + \frac{P_L}{V_L}$$
(2-1)

式中，P——气体压力，MPa；

　　　　V——压力 P 下的吸附量，cm^3/g；

　　　　V_L——最大吸附容量，又称朗缪尔体积，cm^3/g；

　　　　P_L——朗缪尔压力，MPa。

国内外学者在进行页岩等温吸附实验过程中[59,60]，发现有时会出现"负吸附"现象。表现在等温吸附曲线上就是随着压力的增加，页岩岩样吸附的体积非但不增加，反而出现减少的现象，此种现象在压力较高部分更为突出。目前，对此现象的机理解释尚未明确。

3. 含气量测定

1) 页岩含气量

页岩含气量是指每吨岩石中所含天然气折算到标准温度和压力条件下(101.325kPa，25℃)的天然气总量，包括游离气、吸附气和溶解气。其中，游离气是指以游离状态存在于孔隙和微裂缝中的天然气；吸附气是指吸附于有机质和黏土矿物表面的天然气，以有机质吸附为主，伊利石等黏土矿物吸附次之；溶解气是指以溶解态存在于干酪根、沥青质、残留水和液态烃中的天然气。页岩中溶解气含量极少，实际测定中一般只考虑游离气和吸附气。

在实验室内模拟现场页岩气的解吸过程，并通过井壁取心时间和井场气体解吸实验评价页岩气损失气量、解吸气量和总含气量。总含气量一般使用解吸法进行测定，具体操作步骤可参考煤层气含量测定方法。另外，采用气相色谱法可测定页岩气组成中甲烷、乙烷、丙烷、丁烷、重烃、氮、二氧化碳、一氧化碳和氢等的相对含量。

2) 室内实验测试法

由于室内压力与地层环境压力不同，页岩脱离地层环境后会发生一定程度的气体解吸。因此，含气量由三部分组成：实测气量(解吸气量)、逸散气量(损失气量)和残余气量。

实测气量(解吸气量)：指在大气压力条件下将页岩岩芯放入样品解吸罐中密封，一定时间后所解吸出的天然气数量。

逸散气量(损失气量)：指钻遇页岩层到岩样被装入样品解吸罐密封之前这段时间内从岩样中释放的气体量。

残余气量：指经过自然解吸仍残留在岩芯中的那部分气体量。

3) 现场测试方法

解吸气量测定(现场快速解吸法)：将装有样品并密封好的解吸罐迅速置于已达储层温度的恒温装置中，并用软管将解吸罐与高精度气体流量检测仪连接起来，仪器自动记录每隔 5min、10min、15min、30min、1h 等不同观测时间的气体流量，同时记录当时的环境温度和大气压力。国内现场完成快速解吸一般需要 7h。

残余气量测定(慢速解吸法)：自然解吸结束后，将样品捣碎至 2～3cm 大小，取 300～500g 装入球磨罐密封进行残余气量测定。将用十残余气测定的球磨罐固定在球磨机上，破碎 2～4h 后放入恒温装置，待恢复储层温度后观测读数并记录相关数据，之后按每隔 24h 进行解吸测定。解吸持续 7 天，平均每天解吸量不大于 $10cm^3$。

损失气量计算采用直接法(从钻遇岩芯到装罐 4h 之内符合直接法损失气量计算)，具体计算方法是以标准状态下累计解吸量为纵坐标，损失气时间与解吸时间和的平方根为横坐标，然后将最初解吸的各点连线并延长直线使其与纵坐标轴相交，则直线在纵坐标轴上的截距即为损失气量。

2000m 井深取芯不能超过 4h，建议使用绳索取芯。如果超过 4h，则采取取芯后钻小岩芯的方式装罐测试。

目前，解吸法的关键问题在于计算岩芯从井下取出直至放入室内装置解吸这一过程中的气体损失量。在一定程度上，损失气的析出是一个小范围内气体解吸、扩散、渗流的耦合过程，机理较为复杂[61]。

4. 岩石学特征

岩石学特征实验的目的主要是通过 CT 扫描电镜、薄片鉴定和 X 衍射实验分析页岩的层理产状、孔隙结构和岩石矿物组成。岩石学分析的内容有岩石制片、薄片鉴定、岩石结构特征、岩芯描述、扫描电镜及 X 衍射全岩分析。

5. 烃源岩分析

烃源岩分析的内容包括有机碳测定、岩石热解、有机质成熟度和干酪根显微组分。

1) 有机碳测定

TOC 与页岩产气率之间呈现良好的线性关系。岩石中 TOC 的测定方法是将试样用盐酸去除无机碳后在高温氧气流中燃烧，使其中的 TOC 全部转化成二氧化碳，然后用热导检测器或红外检测器(TOC 测定仪)检测二氧化碳的量，最后用外标法计算试样中的 TOC 含量。

2) 岩石热解

岩石热解是一种快速评价烃源岩的方法，由法国石油研究院(France Petroleum Research Institute, FPI)提出[3]，他们研制的相应仪器称为热解仪或岩石评价仪(ROCK-EVAL)，如图 2-4 所示。此方法的基本原理是将烃源岩样品放在仪器中加热促使其热解，根据生成产物的类型和数量对烃源岩进行评价。另外，根据岩石热解分析的结果也可以确定干酪根的类型。

图 2-4　热解仪[62]

值得注意的是，ROCK-EVAL 热解法得到的是烃源岩的最大排烃量，而另外的烃源岩评价方法——H/C 法和加水热模拟实验法获得的是烃源岩的有效排烃量。因此，在对烃源岩进行生烃评价时，需要根据实际需求选择不同的评价方法[63]。

3) 有机质成熟度

有机质成熟度用来衡量变质作用或有机质的发育情况，室内实验通常采用测定页岩的镜质组反射率来评价有机质成熟度。

干酪根镜质组反射率是指干酪根镜质组对绿光(波长 546nm)的反射光强度与垂直入射光强度的百分比。测定方法是将干酪根试样通过固体固结剂黏合、抛光，制成薄片，然后用显微光度计在波长为 546nm 的直射光下进行测定。显微光度计在此过程中的作用是通过光电倍增管将反射光强度转变为电流，然后将试样的电流与相同条件下已知反射率的标准物质所产生的电流进行比较，从而得出待测物质的反射率。

4) 干酪根显微组分

干酪根主要由腐泥组、壳质组、镜质组和惰性组组成。室内实验时，通过显微镜观察干酪根中各显微组分在透射光和荧光下的特征，从而确定干酪根的显微特征及含量，如表 2-9 所示。

表 2-9　干酪根显微组分实验特征

显微组分	生物来源	透射光	反射光	荧光	扫描电镜
腐泥组	藻类	透明，黄色、淡黄色、黄褐色	深灰色，微突起，有内反射	强、鲜黄色、黄褐色、绿黄色	椭圆、外缘不规则，外表呈蜂窝状群体，见黑色斑点
	藻类为主的低等水生物	透明至半透明，从鲜黄、褐黄到灰棕色	表面粗糙，不显突起	较强、黄色、灰黄、棕色	不均匀絮状、团块状、花朵状、颗粒状
壳质组	高等植物的壳质组织	透明，轮廓清楚，黄、绿黄、橙黄、褐黄色	深灰色，具突起	中等，黄绿、橙黄、褐黄色	外形特殊，轮廓清楚，常保留植物结构
镜质组	高等植物的木质部分	透明至半透明，棕红、橘红、褐红色	灰色，无突起，中等反射率	弱荧光，褐色、铁锈色	棱角状、棒状、枝状
惰质组	高等植物的木质纤维组织	不透明，黑色	白色，高突起，高反射率	无荧光	棱角状、棒状、颗粒状

6. 岩芯分析

岩芯分析的内容包括①岩石密度测量；②渗透率测量；③孔隙度测量；④毛细管曲线测量。下面对它们的测试原理及方法进行简要介绍。

1) 岩石密度

页岩岩石密度用于计算和预测页岩气资源量、地层压裂及破坏等，理论依据主要来源于阿基米德原理、玻意耳定律、气体分子动力学和固-气吸附与解吸理论。

室内实验室通常采用全自动密度仪来测试页岩岩样的密度。它主要以氮气为测试介质，通过测定仪器样品室放入样品而引起样品室气体容积的减少来测定样品的真实体积，然后根据测得的样品体积计算样品密度。与液体介质相比，气体分子能渗入样品中的开放微孔、裂隙和空穴，因而测得的密度更符合样品的真实密度。

2) 渗透率

渗透率用来衡量流体在压力差下通过多孔隙岩石的能力。由于页岩储层渗透率极低，难以用常规渗透率测试方法进行测试，目前常使用原地测试法和脉冲衰减法进行测试。原地测试法用于在气藏条件下测试渗透率，优点是降低了对测试时间和岩芯质量的要求，其所获得的渗透率是所有岩芯体积的加权平均值。脉冲衰减法是当孔隙流动介质在孔隙压力和脉冲压力驱动下穿过岩样时，通过压力随时间的衰变特性来获得岩样的渗透率，其测出的渗透率是所有岩芯渗透率的质量加权平均值。

3) 孔隙度

对于页岩孔隙度的测定，常规测试法有氦孔法[64]和 GRI 法[65]。但是在使用气体测试页岩孔隙度时，页岩的渗透性可能会影响测试结果，造成孔隙度偏低。目前，业内普遍认为应使用压力脉冲衰减法。

此法通过选择气罐体积和压力传感器范围，不需要流量计，只进行时间-压力的测定。同一台页岩渗透率仪可同时或单独测定孔隙度。

7. 岩石力学测试

页岩岩石力学测试内容通常包括静态杨氏模量、泊松比、断裂韧性等弹性参数的测定和应力破坏分析。

在进行室内实验时通常采用高温高压岩石三轴测试系统进行测试，该系统是一套由闭环数字伺服控制的装置，用于简便快速地进行岩石试样三轴实验。它能够模拟高温高压条件下测试岩石的单轴或三轴压缩、蠕变、松弛以及抗压强度、抗拉强度、抗剪强度、弹性模量、体积模量、剪切模量、黏聚力与内摩擦角、泊松比、渗透率、Biot 常数、应力敏感性、动态岩石力学参数、P 波和 S 波波速、声波孔隙度、断裂韧性、地应力方向与大小、Kaiser 效应和超低渗透等参数的测试，并能进行岩石真三轴测试。执行标准为美国 ASTM D2664-04 和 ISRM 标准。图 2-5 为美国 GCTS 公司生产的 RTR1000 高温高压岩石三轴测试系统。

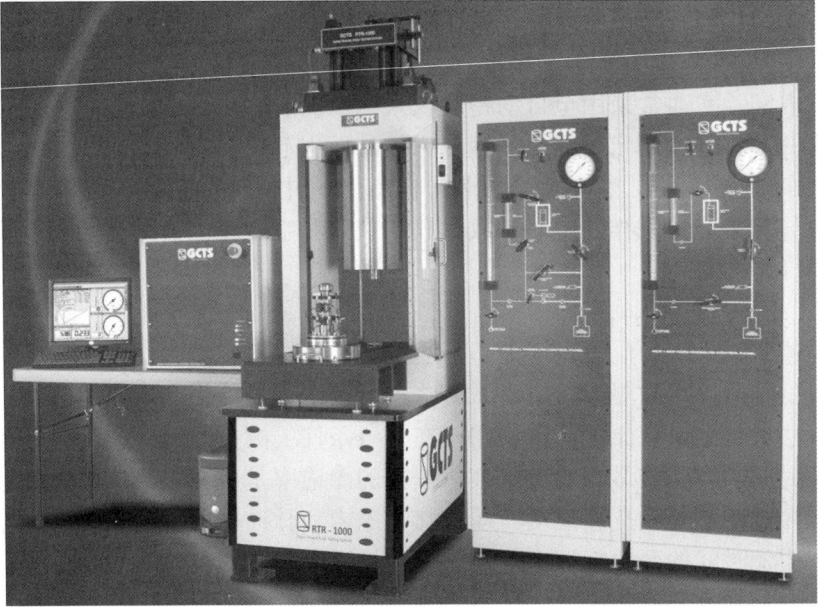

图 2-5　RTR1000 高温高压岩石三轴测试系统[66]

下面对 RTR 测试系统中用于测量岩石力学参数的一些装置进行简要介绍。

1) 抗拉强度实验

岩石在单轴拉伸载荷作用下达到破坏时所能承受的最大拉应力称为岩石抗拉强度(tensile strength)，其值等于岩石达到破坏时的最大周向拉伸荷载与试件横截面积的比值[67]。根据国际岩石力学学会(International Society for Rock Mechanics, ISRM)标准，使用抗拉强度实验(巴西劈裂测试)来直接测量试件的周向和径向应变，从而间接测量试件的抗拉强度。图 2-6 为美国 GCTS 公司生产的 RIT-B-NX 抗拉强度测试装置，该装置包含一组低重量高强度的上下支撑环。

规格：测试试件直径 54mm(NX)，厚度 27mm；顶部和底部的夹紧装置，半径 39mm，宽 30mm，顶部夹紧装置包括硬度为 HRC45 的球座；定位销可以让一个夹紧装置相对于另一个装置旋转；球状盘由一个 25mm 的半球轴承组成。

2) 断裂韧性测试

表征裂缝尖端的应力场强度可以用应力强度因子表示。材料刚开始失稳扩展时的应力强度因子称为材料的断裂韧性(fracture toughness)，它是表示材料抵抗脆性断裂能力的一个参量[68]。国际岩石力学学会建议用标准 V 形切槽巴西圆盘试件和特定方法来测试岩石材料的 I 型断裂韧性(K_{IC})。

GCTS 公司的 RFT-V100 岩石断裂韧性测试装置用于测试无侧限圆柱形岩芯的断裂韧性，该测试装置符合 ISRM 的规范要求，能够用于测试岩芯断裂韧性，如图 2-7 所示。RFT-V100 的基座采用高品质阳极电镀铝质结构及不锈钢加载块和滚柱，包括两只高精度的 LVDT 位移传感器和一个用于变形测量的回型引伸计，适用岩芯的最大尺寸为直径 100mm，长度 254mm。

图 2-6　巴西劈裂测试系统[69]　　　　图 2-7　断裂韧性测试系统[70]

3) 相关弹性参数

实验室进行的超声波速测量可以用来模拟现场剪切条件下地质材料的弹性状态，是一种无损的检测方法。它通过实验中获取的压缩波(P 波)和剪切波(S 波)的波速信息来计算动弹性常数，如泊松比、杨氏模量(E)、体积模量(K)和剪切模量(G)。此外，系统还可以获得单个测量结果或者预设次数的多个测量结果以及其他测试参数。图 2-8 为美国 GCTS 公司生产的 ULT-100 超声波速测试系统。

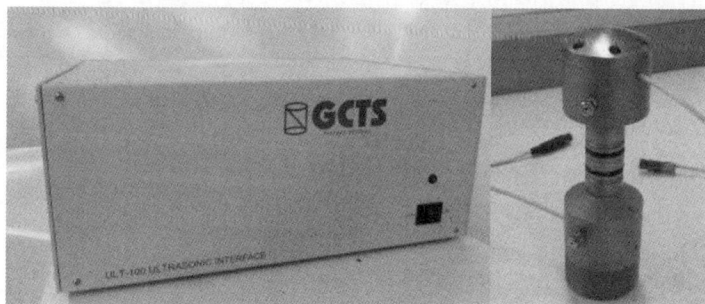

图 2-8　ULT-100 超声波速测试系统[71]

综上所述，可将页岩室内实验测试内容总结如表 2-10 所示。

表 2-10　页岩测试总结

检测参数	主要仪器设备
页岩气气体组分	气相色谱仪
稳定同位素分析	气体同位素质谱仪

续表

检测参数	主要仪器设备
含气量	气体测量仪
等温吸附线	等温吸附测试仪
渗透率	压力脉冲衰减法渗透率测定仪
孔隙结构、孔隙度	扫描探针显微镜
3D 微结构	聚焦离子束-扫描电镜仪
岩石应力	岩石应力测定设备
微区矿物组分	电子探针
矿物全分析	X 射线衍射仪
TOC	总有机碳分析仪
镜质体反射率(R_o)	显微光度计

参 考 文 献

[1] 赵靖舟. 非常规油气有关概念、分类及资源潜力[J]. 天然气地球科学，2012，23(3)：393-403.

[2] 邹才能，张国生，杨智，等. 非常规油气概念、特征潜力及技术——兼论非常规油气地质学[J]. 石油勘探与开发，2013，40(4)：385-387.

[3] 柳广弟. 石油地质学[M]. 北京：石油工业出版社，2009：33-41.

[4] 百度百科. 泥岩[DB/OL]. (2014-11-08)[2017-11-24]. http://baike. so. com/doc/5146136-5376061. html.

[5] 何伟钢，金奎励，郝多虎. 济阳坳陷郭 7 井沙河街组三段泥岩生、储油特性及其意义[J]. 石油与天然气地质，2003，24(4)：375-379.

[6] 张平. 红河油田长 8 储层的地质特征[J]. 价值工程，2015，(8)：45-46.

[7] 胡望水，雷志诚，许辰，等. 白音查干凹陷锡林好来油田白云质泥岩储层研究[J]. 特种油气藏，2013，20(1)：11-14.

[8] 刘文辉，潘和平，李健伟，等. 鄂尔多斯盆地大牛地气田铝土质泥岩储层的测井评价[J]. 天然气工业，2015，5：24-30.

[9] 霍凤龙. 古龙地区泥岩裂缝油藏成藏条件及地球物理特征研究[D]. 杭州：浙江大学，2012：1-80.

[10] 刘伟，余谦，闫剑飞，等. 上扬子地区志留系马溪组富有机质泥岩储层特征[J]. 石油与天然气地质. 2012，33(3)：346-352.

[11] 邹才能，陶土振，侯连华，等. 非常规油气地质[M]. 2 版. 北京：地质出版社，2013：93-190.

[12] 百度百科. 页岩[DB/OL]. (2013-10-28)[2017-11-24]. http://baike.sogou.com/h72192. htm?sp=l29994157.

[13] 杨振恒，李志明，王果寿，等. 北美典型页岩气藏岩石学特征、沉积环境和沉积模式及启示[J]. 地质科技情报，2010，29(6)：59-65.

[14] 张卫东，郭敏，姜在兴，等. 页岩气评价指标与方法[J]. 天然气地球科学，2011，22(6)：1093-1099.

[15] 张爱云，武大茂，郭丽娜，等. 海相黑色页岩建造地球化学与成矿意义[M]. 北京：科学出版社，1987：1-19，72-81.

[16] 杨峰，宁正福，胡昌蓬，等. 页岩储层微观孔隙结构特征[J]. 石油学报，2013，34(2)：301-311.

[17] 龙鹏宇，张金川，唐玄，等. 泥页岩裂缝发育特征及其对页岩气勘探和开发的影响[J]. 天然气地球科学，2011，22(3)：525-532.

[18] CURTIS J B. 裂缝性页岩含气系统[J]. 李大荣译. 国外油气地质信息，2002，4：18-25.

[19] 付茜. 中国页岩油勘探开发现状、挑战及前景[J]. 石油钻采工艺，2015，37(4)：58-62.

[20] 杨建，康毅力，李前贵，等. 致密砂岩气藏微观结构及渗流特征[J]. 力学进展，2008，38(2)：229-236.

[21] 庞正炼，邹才能，陶士振，等. 中国致密油形成分布与资源潜力评价[J]. 中国工程科学，2012，14(7)：60-67.

[22] 柳娜，南珺祥，刘伟，等. 鄂尔多斯盆地湖盆中部长 7 致密砂岩储层特征[J]. 西安石油大学学报(自然科学版)，2014，29(4)：6-13.

[23] 林森虎，邹才能，袁选俊，等. 美国致密油开发现状及启示[J]. 岩性油气藏，2011，23(4)：25-30.

[24] 窦宏恩，马世英. 巴肯致密油藏开发对我国开发超低渗透油藏的启示[J]. 石油钻采工艺，2012，34(2)：120-124.

[25] 景东升，丁锋，袁际华. 美国致密油勘探开发现状、经验及启示[J]. 国土资源情报，2012，(1)：18-19.

[26] 贾承造，郑民，张永峰. 中国非常规油气资源与勘探开发前景[J]. 石油勘探与开发，2012，39(2)：129-136.

[27] 贾承造，邹才能，李建忠，等. 中国致密油评价标准、主要类型、基本特征及资源前景[J]. 石油学报，2012，33(3)：343-350.

[28] 梁狄刚，冉隆辉，戴弹申，等. 四川盆地中北部侏罗系大面积非常规石油勘探潜力的再认识[J]. 石油学报，2011，32(1)：8-17.

[29] 杨华，李士祥，刘显阳. 鄂尔多斯盆地致密油、页岩油特征及资源潜力[J]. 石油学报，2013，34(1)：1-11.

[30] 方文超，姜汉桥，孙彬峰，等. 致密油藏特征及一种新型开发技术[J]. 科技导报，2014，32(7)：71-76.

[31] 周庆凡，杨国丰. 致密油与页岩油的概念与应用[J]. 石油与天然气地质，2012，33(4)：541-544.

[32] 匡立春，唐勇，雷德文，等. 准噶尔盆地二叠系咸化湖相云质岩致密油形成条件与勘探潜力[J]. 石油勘探与开发，2012，39(6)：657-667.

[33] 邹才能，董大忠，王社教，等. 中国页岩气形成机理、地质特征及资源潜力[J]. 石油勘探与开发，2010，37(6)：641-653.

[34] 贾承造，邹才能，李建忠，等. 中国致密油评价标准、主要类型、基本特征及资源前景[J]. 石油学报，2012，33(3)：343-350.

[35] 王乐平，张国华，王现强. 煤层气的储层特征及其对煤层气解吸的影响[J]. 煤炭技术，2009，28(1)：156-158.

[36] 张慧. 煤孔隙的成因类型及其研究[J]. 煤炭学报，2001，26(1)：40-44.

[37] 赵志根，蒋新生. 谈煤的孔隙大小分类[J]. 标准化报道，2000，5：23-24.

[38] 姚艳斌，刘大锰. 华北重点矿区煤储层吸附特征及其影响因素[J]. 中国矿业大学学报，2007，36(3)：308-314.

[39] 张健. 煤层中内生裂隙影响因素[J]. 煤炭技术，2005，24(5)：101.

[40] 叶建平，史保生. 中国煤储层渗透性及其主要影响因素[J]. 煤炭学报，1999，24(2)：118-122.

[41] 宋岩，张新民. 煤层气成藏机制及经济开采理论基础[M]. 北京：科学出版社，2005：1-9.

[42] 曹军涛，赵军龙，王扶平，等. 煤层气含量影响因素及预测方法[J]. 西安石油大学学报(自然科学版)，2013，28(4)：28-34.

[43] 张金川，薛会，张德明，等. 页岩气及其成藏机理[J]. 现代地质，2003，17(4)：466-468.

[44] HILL R J, JARVIE D M, ZUMBERGE J, et al. Oil and gas geochemistry and petroleum systems of the Fort Worth Basin[J]. AAPG bulletin, 2007, 91(4): 445-473.

[45] 张金川，林腊梅，李玉喜，等. 页岩气资源评价方法与技术：概率体积法[J]. 地学前缘，2012，19(2)：184-191.

[46] 帅琴，黄瑞成，高强，等. 页岩气实验测试技术现状与研究进展[J]. 岩矿测试，2012，31(6)：931-938.

[47] 杨振恒，李志明，沈保健，等. 页岩气成藏条件及我国黔南坳陷页岩气勘探前景浅析[J]. 中国石油勘探，2009，(3)：24-28.

[48] ROSS D J K, BUSTIN R M. Shale gas potential of the lower jurassic gordondale member, northeastern British Columbia, Canada[J]. Bulletin of canadian petroleum geology, 2007, 55(1): 51-75.

[49] CHALMERS G R L, BUSTIN R M. Lower cretaceous gas shales in northeastern British Columbia, Part I: geological controls on methane sorption capacity[J]. Bulletin of canadian petroleum geology, 2008, 56(1): 1-21.

[50] 潘仁芳，伍媛，宋争. 页岩气勘探的地球化学指标及测井分析方法初探[J]. 中国石油勘探，2009，14(3)：6-9.

[51] JARVIE D M, HILL R J, RUBLE T E, et al. Unconventional shale-gas systems: The Mississippian Barnett shale of north-central Texas as one model for thermogenic shale-gas assessment[J]. AAPG bulletin, 2007, 91(4): 475-499.

[52] BOWKER K A. Barnett shale gas production, Fort Worth Basin: Issues and discussion[J]. AAPG bulletin, 2006, 91(4): 523-533.

[53] 尹腾宇. 页岩含气性实验测试研究[D]. 北京：中国地质大学，2012：1-75.

[54] 朱亮亮. 页岩含气量实验方法与评价技术[D]. 北京：中国地质大学，2013：1-86.

[55] 近藤精一. 吸附科学[M]. 北京：化学工业出版社，2006：84.

[56] ROSS D J K, BUSTIN R M. Impact of mass balance calculations on adsorption capacities in microporous shale gas reservoir[J]. Fuel, 2007, 86: 2696-2706.

[57] LANGMUIR I. The adsorption of gases on plane surfaces glass, mica and platinum[J]. Journal of American chemical society, 1918, 40(9): 1361-1403.

[58] GASPARIK M, GHANIZADEH A, GENSTERBLUM Y, et al. "Multi-temperature" method for high-pressure sorption measurements on Moist shales[J]. Review of science instruments, 2013, 84(8): 85-116.

[59] 崔永君，杨锡禄，张庆铃. 煤对超临界甲烷的吸附特征[J]. 天然气工业，2003,23(3)：3057-3060.

[60] BOSE T K, CHAHINE R, MARCHILDON L. New dielectric method for measurement of physical adsorption of gases at high pressure[J]. Review of scientific instruments, 1987, 58(12): 2279-2283.

[61] 王瑞，张宁生，刘晓娟，等. 页岩气吸附与解吸附机理研究进展[J]. 科学技术与工程，2013，13(19)：5561-5567.

[62] 李水福，阮小燕，胡守，等. 油气地球化学实验实习指导书[M]. 武汉：中国地质大学出版社，2011：1-66.

[63] 刘全有，刘文汇，王晓锋，等. 不同烃源岩实验评价方法的对比[J]. 石油实验地质，2007, 9(1)：88-94.

[64] API. Recommended Practices for core analysis[M]. 2nd edition. Washington: API, 1998.

[65] LUFFEL D L, GUIDRY F K. New core analysis methods for measuring reservoir rock properties of Devonian Shale[J]. Journal of petroleum technology, 1992, 44(11): 1184-1190.

[66] 北京双杰特科技有限公司. RTR1000 高温高压岩石三轴测试系统[EB/OL]. [2017-03-21]. http://www.bsttest.com.

[67] 蔡美峰，何满潮，刘东燕. 岩石力学与工程[M]. 2 版. 北京：科学出版社，2013：12-123.

[68] 李世愚，和泰名，尹翔础，等. 岩石断裂力学导论[M]. 合肥：中国科学技术大学出版社，2010：41-200.

[69] 北京双杰特科技有限公司. RIT-B-NX 抗拉强度测试装置[EB/OL]. [2017-03-24]. http://www.bsttest.com.

[70] 北京双杰特科技有限公司. RFT-V100 岩石断裂韧性测试装置[EB/OL]. [2017-03-24]. http://www.bsttest.com.

[71] 北京双杰特科技有限公司. ULT-100 超声波速测试系统[EB/OL]. [2017-03-25]. http://www.bsttest.com.

第3章 储层体积改造工艺技术

对于非常规油气储层，水力压裂是进行储层改造的重要手段，也是目前非常规储层开发的核心技术之一。水力压裂发展至今，其基本工艺技术依然是泵入前置液造缝、泵入携砂液填缝、泵入顶替液把管柱中的携砂液全部替入裂缝，以避免压裂管柱砂卡或砂堵。如第1章所述，水力压裂与储层地质条件的有机结合就可实现储层的体积改造。严格意义上来讲，任何一种常规的水力压裂工艺只要与储层特性相匹配，都可能实现储层的体积改造而成为体积压裂工艺，各工艺间的区别仅在于储层改造体积的大小。

本书根据压裂设计的目的，将压裂技术分为常规压裂技术、特殊压裂技术和体积压裂技术。常规压裂技术是以在储层中创造双翼高导流能力的单一裂缝为目标的压裂技术。考虑到本书主要讨论的体积压裂技术一般用于水平井开发，本章将介绍常规的水平井分段压裂技术。

实际压裂中很多压裂设计方案都是根据需要开发的储层特征设计的，并通过相应的压裂工艺技术来实现。换句话说，不同特征的油气层需要采取与之相适应的压裂设计与工艺技术才能保证压裂的顺利进行，并获得良好的增产效果。本书中将针对某一(或某几)特定问题，在常规压裂设计的基础上再专门设计的压裂技术统称为特殊压裂技术，并将其放在 3.2 节进行介绍。体积压裂技术的目的是实现储层的体积改造，属于特殊压裂技术，但考虑到近年来其广泛用于非常规储层体积改造中，本章专门列出一节进行讨论。最后，还将介绍压裂裂缝的监测技术。

3.1 水平井分段压裂技术

水力压裂是指采油或采气过程中，利用水力作用在油气储层产生裂缝的一种技术。工艺原理是用压裂车将具有一定黏度的液体大排量泵入油气层，使地层产生裂缝；继续注入带有支撑剂的携砂液充填裂缝，停泵泄压后裂缝闭合在支撑剂上，从而在储层中形成具有一定几何尺寸和高导流能力的填砂裂缝，使油气井产量和注水井注入量都大幅度提高。自 20 世纪 80 年代开始，水平井压裂增产技术开始普及，目前主要分为两类：限流法压裂技术和分段压裂技术(multi-stage frac)。其中，水平段较短时多采用限流法压裂技术，而水平段较长时多采用分段压裂技术。非常规油气开采一般采用水平井分段压裂技术，国外称为多级压裂技术，其核心是如何分段和分簇。

3.1.1　常见水平井分段压裂技术

Giger[1]于 1985 年提出水平井压裂技术，认为只要水平井固井技术成熟，水平井压裂就可广泛实施。两年后，Giger[2]研究利用水平井压裂开发低渗透油田，并给出了水平井与垂直井相比的当量半径。Brown 等[3]于 1992 年总结了北海(North Sea)Danish 油田 10 口水平井的压裂情况(压裂裂缝为每井 5～10 条)，由此证实了水平井压裂对渗透率为 $1.0 \times 10^{-3} \mu m^2$ 的油田开发效果十分显著。目前，水平井分段压裂不仅是低渗-特低渗透油气田开发的主要技术，也是致密油气和页岩油气有效开发的关键技术之一。本节主要讨论应用较为普遍的桥塞分段压裂技术、封隔器分段压裂技术和水力喷砂分段压裂技术。

1. 桥塞分段压裂技术

采用桥塞(bridge plugs)将水平井分段，然后逐段实施水力压裂的技术称为桥塞分段压裂技术。其工艺过程是①用射孔枪射开第一段，然后对其实施水力压裂，压完后用桥塞座封隔离第一段；②射开第二段，并对其实施水力压裂，压完后同样用桥塞座封隔离第二段；③按照上述方法依次完成水平井各段的射孔—封堵—压裂[4](图 3-1)。目前，现场压裂施工采用的桥塞主要有液体胶塞、机械桥塞、可钻式桥塞、可溶式桥塞和砂桥。砂桥一般用在水力喷砂压裂中，将在水力喷砂部分进行讨论。

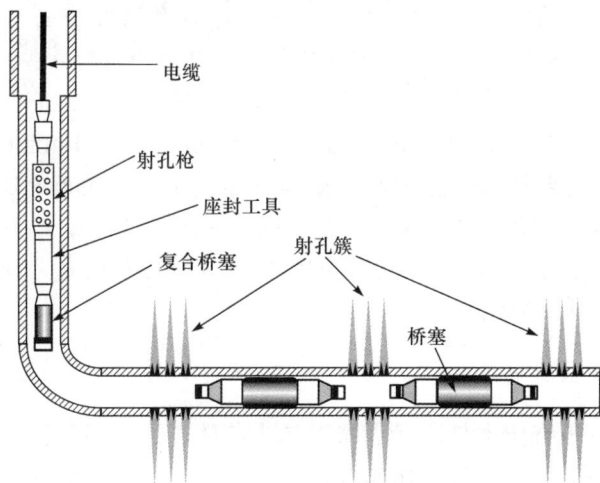

图 3-1　桥塞分段压裂

液体胶塞分段压裂技术在水平井分段压裂中使用较早，主要用于套管完井。其基本工艺是①射开第一段，然后对其实施油管压裂，压完后用液体胶塞和砂子隔离第一段；②射开第二段，并对其实施油管压裂，压完后同样用液体胶塞和砂子隔离第二段；③依次重复射孔—封堵—压裂过程压开所需改造的水平段；④施工结束后冲砂并冲胶塞，合层排液求产。该工艺的主要缺点是作业周期长，冲胶塞施工易造成储层伤害。

机械桥塞分段压裂是利用机械桥塞封堵实现水平井分段，重复射孔—封堵—压裂过程压开所需改造的水平段。其基本工艺是①射开第一段，然后对其实施油管压裂，压完后用机械桥塞座封隔离第一段；②射开第二段，并对其进行油管压裂，压完后同样用机械桥塞座封隔离第二段；③重复该过程依次压裂所需改造的水平段；④最后打捞所有桥塞，合层排液求产。该工艺的主要缺点是压后需下入工具打捞桥塞，存在砂埋或砂卡的风险。

可钻式桥塞分段压裂是利用可钻式桥塞封堵实现水平井分段，重复射孔—封堵—压裂过程压开所需改造的水平段。其基本工艺与机械桥塞和液体胶塞相同，施工步骤为①采用油管或者连续油管传输射孔射开第一段，然后提出射孔枪；②从套管内进行第一段压裂；③用液体泵送"电缆+射孔枪+可钻桥塞"工具入井；④座封桥塞，并使射孔枪与桥塞分离，之后进行试压；⑤拖动电缆与射孔枪至第二段进行射孔，完成后提出射孔枪；⑥压裂第二段；⑦重复③～⑥过程实现多段压裂；⑧最后钻掉所有可钻式桥塞，合层排液求产。

可钻式桥塞分段压裂技术的工艺特点是射孔座封桥塞联作。其优点是压裂结束后能在较短时间内钻掉所有桥塞，减小了液体在地层中的滞留时间，同时降低了外来液体对储层的伤害；相对于机械桥塞和液体胶塞节省了时间和成本，可靠性较高，是目前国内外普遍采用的水平井分段压裂方法。

可钻式桥塞分段压裂技术的关键工具是可钻式桥塞。目前，复合材料可钻式桥塞应用广泛，如 BakerHughes 公司的 Quick Drill 桥塞、Halliburton 公司的 Fas Drill 桥塞。这种复合材料桥塞可钻性强，耐压耐温高，如 Quick Drill 桥塞耐压可达 86MPa，耐温可达 232℃；Fas Drill 桥塞耐压可达 70MPa，耐温可达 177℃。

对于可钻式桥塞，需要通过连续油管作业来钻掉各桥塞，新发展的可溶式桥塞可进一步降低压裂成本。

2. 封隔器分段压裂技术

封隔器分段压裂技术是以封隔器工具为载体，通过封隔器在压裂段间产生压力遮挡而实现对某一段进行压裂改造；压完该段后，投球封堵已压裂段同时打开上一段的滑套，露出沟通压裂管柱与井筒的环空，然后对上一层段进行压裂改造；依次上返，实现多段分压；施工结束后，球体随压裂液返排出井筒，合层生产。

1) 膨胀式封隔器分段压裂技术

膨胀式封隔器(swell-packer)是一种基于橡胶吸收液体后膨胀的封隔器，液体主要有油、水和油水混合物，相应的封隔器分别称为遇油膨胀式封隔器、遇水膨胀式封隔器和遇油水混合物膨胀式封隔器。水力压裂中主要采用遇油膨胀式封隔器，此封隔器的核心部件是特殊的可膨胀橡胶，它是一种吸入液体后体积大幅度增加的特制橡胶。膨胀橡胶一般做成厚胶筒状，其外表面可为光面，也可在表面开沟槽(如汽车轮胎状)。

遇油膨胀式封隔器一般如"糖葫芦"般串联在压裂管柱上，随管柱一同下入井内。当封隔器到达指定位置后，在环空中泵入原油浸泡橡胶管。遇油膨胀橡胶管吸入原油后缓慢膨胀，逐渐贴住井壁(裸眼壁或套管内壁)并将压裂管柱与井壁之间的环空封住，从而达到隔离井段的目的[5](图 3-2)。

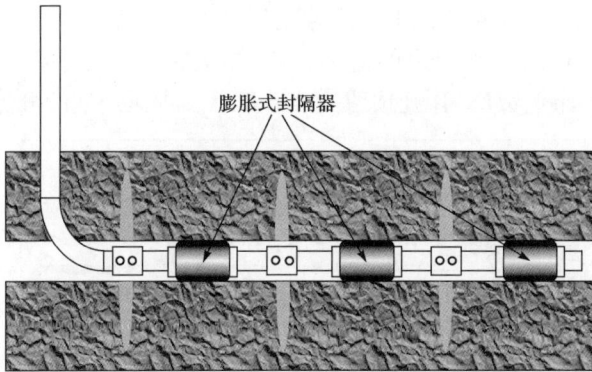

图 3-2 膨胀式封隔器水平井分段压裂

膨胀橡胶体积大幅度增加后，其硬度会大幅度降低，而橡胶硬度降低的直接后果是其承受压差的能力降低。实际压裂作业中膨胀橡胶要承受较大的压差，因此需要一定硬度保证其承压能力。膨胀橡胶贴住井壁后继续膨胀，将在井壁与橡胶之间产生挤压应力，在不破坏井壁与橡胶的情况下，挤压应力越大，封隔效果越好。由于橡胶膨胀率随限制膨胀的挤压应力的增加而降低，因此橡胶膨胀产生的挤压应力一般不大。膨胀橡胶极易变形，这使得橡胶在挤压应力作用下很容易沿轴向膨胀，即在胶筒两端产生所谓的"挤凸"，"挤凸"的橡胶给压裂液留出了穿刺通道，从而降低胶筒的封隔能力。

膨胀式封隔器可应用在裸眼井或者套管井中。橡胶的膨胀和变形，使胶筒状表面易于贴紧凹凸不平的裸眼或者管径变形的套管井壁，因此对不规则井壁的裸眼井具有较好的封堵能力。膨胀式封隔器一次下放就可实现水平井段的有效封隔，没有活动部件，增加了施工的可靠性。对裸眼井而言，其省去了固井环节，降低了固井风险，同时节省了套管。膨胀式封隔器座封后无法解封，因而随膨胀式封隔器下放的压裂管柱一般也作为生产管柱。综上所述，这种一次性下放管柱就达到完井、压裂和生产要求，极大地缩短了作业时间，降低了生产成本。

裸眼井膨胀式封隔器分段压裂具有封隔效果好、作业简便、可靠性高和生产成本低等优点，缺点是不易取出管柱、井下其他作业受限。

膨胀式封隔器分段压裂技术通过投球(ball)开启滑套(sliding sleeve)，目的是沟通压裂管柱与环空，实现压裂液的分流。如图 3-3 所示，压裂管柱上开有小孔(喷砂口)，作用是沟通压裂管柱与外面环空，使携砂压裂液可顺利通过该喷砂口到达环空，实现对裸眼井筒的压裂。喷砂口由可移动的金属滑套封堵后随压裂管柱下入井筒，滑套上设计有圆形金属球座，球座直径沿水平井跟部到趾部从大到小排列。球由低密度高硬度的塑料材料制成，按需要从井口投入，并用液体泵送。小于某球座的球可以通过该球座到达下一球座，大于某球座的球直接堵在该球座上，封闭球座两边的流体，形成压差。当此压差达到一定值时，球、球座和滑套一起移动，让开预留的喷砂口，实现压裂液的分流。

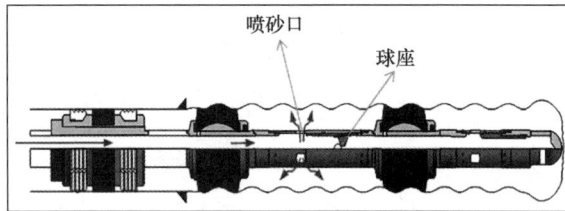

图 3-3　膨胀式封隔器分段压裂分流技术——开启滑套[6]

靠近水平井趾部的第一个滑套一般由水力压力打开，其余滑套皆靠投球打开。球按体积从小到大的顺序投入，如图 3-4 所示。压裂改造结束后，各球随压裂液返排出井筒，合层生产。由于球座通孔直径较小，生产中会产生较大的压

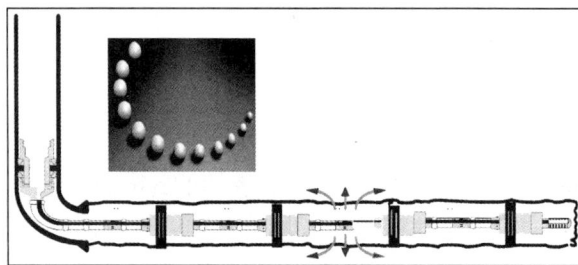

图 3-4　滑套投球法封隔分段压裂技术[6]

力损失，限制油气生产。因此，对于压裂段数较多、球座通孔直径较小的高产井，球座一般设计为可钻式，生产前钻掉球座。

由于打开某级滑套的球需顺利通过从水平井跟部到该滑套前的各级球座，因此该球直径需小于这些球座直径。各球之间以及各级球座之间的直径差随打开段数的增加而减小，球与球座之间的间隙也随之减小。因此，从原则上讲，投球打开滑套的分流段数有限。

如 3.5in[1]的压裂管柱，设计 8 级滑套，其球与球座排列如下所示。

球直径(in)：3.00，2.75，2.50，2.25，2.00，1.75，1.50，1.25。

球座通孔直径(in)：2.875，2.625，2.375，2.125，1.875，1.625，1.375，1.125。

按以上顺序排列球或球座的直径差为 0.25in，球与对应球座的直径差为 0.125in。随着压裂段数的增加，这些直径差将进一步减小。微小的直径差可能会引起大于球座的球通过球座，或小于球座的球卡在球座上，出现没有压裂的井段，此类事故可能由球的变形或泵送球的压裂液速度引起。球与球座的温度差也可能造成该事故，原因是球与球座的直径差是在相同的地面温度下设计的，而实际施工时球座随压裂管柱一起下入井底，管柱-滑套-球座系统的温度将提前升高，其温度的升高可能会引起球座直径发生变化，但此时泵送的球依然为地面温度。

投球打滑套膨胀式封隔器分段分流技术除受分段段数限制以外，还有以下局限：需过顶替(over displace)以清洗井筒，可能造成裂缝端部导流能力下降；一般无法关闭滑套，且球座尺寸逐级减小，这将造成生产过程中堵水困难与大流量下压力损失严重。

胶筒膨胀完毕后不收缩，始终紧贴井壁，保证座封质量合格。另外，膨胀式封隔器分段压裂技术具有可靠性高、成本和作业风险低、压裂后能很快转入试油投产等优点，因此在国内外得到较好的现场应用。

2) 机械封隔器分段压裂技术

机械封隔器分段技术与膨胀式封隔器分段技术的主要区别在于封隔器的座封方式上，前者一般使用流体压力座封，而后者使用膨胀橡胶座封。

机械封隔器既可用于套管固井的水平井中，也可用于裸眼水平井；既可逐段地封隔压裂水平井，也可设计成不动管柱的方式。不动管柱的机械封隔器分段压裂需要采用投球-滑套方式进行分流，一般用于裸眼井中，故又称为裸眼封隔器分段压裂技术。它采用水力座封封隔器，座封方式与膨胀式封隔器不同，但两者投球打开滑套的原理相同。

---

[1]　1in=2.54cm。

3. 水力喷砂分段压裂技术

水力喷砂分段压裂(hydrajet fracturing，HJF)是集射孔、压裂、隔离于一体的水平井分段压裂技术。它利用油管管柱上的喷射工具从油管内向外高速喷出流体与砂的混合物，此混合物可穿透套管与水泥环，并在储层岩石中形成孔眼，达到射孔目的(图 3-5)。实际压裂施工中需要从油套环空或油管与裸眼环空中泵入压裂液，因此需要两台泵才能实现油管内喷砂和环空压裂。目前，该技术既可用于套管完井中，也可用于筛管完井或裸眼完井中。

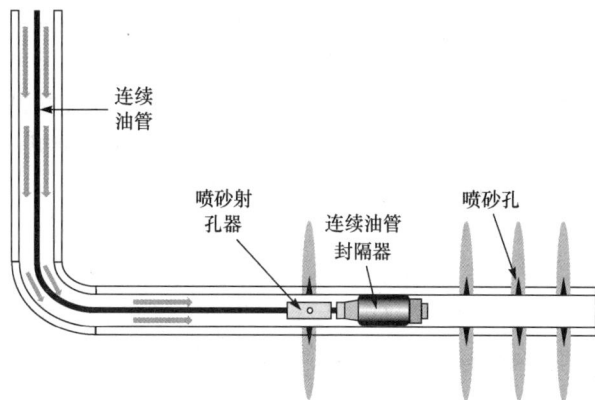

图 3-5　水力喷砂射孔压裂技术

水力喷砂分段压裂技术是利用水力喷射的高速射流来实现水力封隔分段，不需要封隔器或桥塞等封隔工具。射孔完成后油管继续喷射的高速流体在射孔孔道和裂缝入口处形成负压区(原理如射流泵)，引导环空压裂液进入储层实现裂缝的起裂与扩展。

水力封隔分段可靠性并不高，原因是环空中的压力大于地层孔隙压力，这将导致低黏度压裂液通过上一段压裂的填砂裂缝继续向地层滤失。另外，若上一段裂缝的延伸压力较小，还可能引起其裂缝的二次压裂，造成正在射流压裂的裂缝达不到设计缝长。针对上述问题，可在上一段压裂裂缝处形成砂桥将其隔离，也可直接在射孔喷砂嘴前段加上封隔器。对于裸眼完井的水平井，由于裸眼段各处破裂压力并不相同，因此仅靠水力封隔分段的可靠性将进一步降低。

水力喷砂分段压裂采用环空压裂，这对于拖动油管分段压裂不存在压裂液分流问题，但对于不动管柱分段压裂，则需要采用投球-滑套方式来实现喷砂位置的分流。

3.1.2　水平井分段压裂技术新发展

1. 水平井分段分流技术

水平井分段压裂技术的核心是分段技术与分流技术。分段是指在对某一段实施压裂作业时防止压裂液进入其他已压裂裂缝或压裂其他层段；分流是指引导压裂液从压裂管柱中进入指定压裂层段。

桥塞分段压裂技术的分段方式是桥塞，分流方式是射孔。这种射孔+桥塞的分段压裂技术需先下入射孔枪和桥塞以完成桥塞封堵和射孔，然后才下入压裂管柱实施水力压裂。整个施工耗时较长，但该技术可靠性高，完井与压裂成本低，且理论上无压裂段数限制，并可根据上一段压裂情况灵活调整压裂位置。

封隔器分段压裂技术随水平井完井方式(套管井或裸眼井)的不同而有一定区别。对于套管完井，分流方式为射孔，分段方式为封隔器。当使用单封隔器时，其工艺过程类似于桥塞分段压裂技术；当使用双封隔器时，需要先完成各段的射孔，然后用双封隔器卡住射孔段实施水力压裂。此种方式施工中，封隔器需要反复座封与解封，加之砂卡问题，因此技术可靠性较低。对于裸眼完井，可采用膨胀式封隔器分段压裂和机械式封隔器分段压裂两种施工方式。压裂管柱外分段方式为膨胀式封隔器或机械式封隔器，压裂管柱内分段方式为打开该级滑套的球，分流方式为投球打开滑套后的喷砂口。其主要优点是不动管柱，缺点是压裂段数受限和球座限流。

水力喷砂分段压裂通过油管上的喷嘴实现油管内携砂液的分流，分段方式为水动力与砂桥或水动力与封隔器。不动管柱水力喷砂分段压裂油管内的分段方式为打开该级滑套的球，分流方式为投球打开滑套后的喷嘴。

2. 水平井分段压裂新技术

水平井分段压裂技术主要有施工设备多次进出井筒(如射孔+桥塞)压裂技术、压裂管柱一次入井逐段上提(如双封隔器单卡压裂)压裂技术、压裂管柱一次入井不动管柱(如膨胀式封隔器分段压裂)压裂技术。从分段分流可靠性角度进行对比，施工设备多次进出井筒压裂技术可靠性最高，压裂管柱逐段上提压裂技术次之，不动管柱压裂技术可靠性最低。

不动管柱分段压裂技术压裂水平井各段所需时间短，效率高，裸眼完井分段压裂技术更是节约了固井的时间和成本，一趟管柱就可实现分段、压裂和生产的一体化。目前，该技术存在的主要问题有①需打开滑套实现管内分段与压裂液分流，这使得压裂段数受到限制；②不射孔(射孔枪射孔或水力喷砂射孔)的分段压裂技术(如裸眼井的膨胀式或机械式封隔器分段压裂技术)不易实现多簇压裂，储层改造体积受到限制；③打开的滑套不易关闭、生产管柱内存在许多球座，这些问题均会制约油气生产。由于上述问题有较大的技术发展空间，因此不动管柱分段压裂技术是水平井分段压裂技术的主要发展方向。

1) 新型开关滑套技术

上述常见水平井分段压裂技术中不动管柱分段压裂需实现管内分段和分流，目前普遍采用投球打开滑套来实现管内分段(球封闭球座)，并向地层分流(沟通压裂液与地层)。应用此类技术进行压裂后，在生产过程中当个别层段发生水侵等不利现象时，若能关闭问题层段滑套将提高油气产量和采收率，但在现有技术下，滑套一经打开就不易关闭，由此可见，亟须解决关闭滑套的问题。关闭滑套技术分段压裂是指通过关闭已压裂段滑套，达到生产管柱内控制流量的目的。

目前，投球打开滑套分段压裂技术的段数受球与球座尺寸限制，同时球座增加了油气生产时的压力降。针对上述问题，研发新型打开滑套技术以消除球与球座尺寸限制，可大幅度增加水平井的分段段数。

由此可见，若将新型的打开与关闭滑套技术相结合，则可实现按任意顺序选择压裂层段，不再必须从水平井趾端向跟端逐段顺序分段压裂，有利于储层体积改造。近年来，迅速发展的连续油管(coided tubing，CT)技术可实现此功能。此外，通过在滑套上安装无线频率识别芯片等接收控制信号器，可实现在地面控制滑套的开启与关闭。

连续油管打开与关闭滑套技术可用于不动管柱的裸眼完井(膨胀或机械)封隔器分段压裂，也可用于水力喷砂压裂中不动管柱的套管或裸眼完井分段压裂。

2) 及时压裂

及时压裂(just-in-time fracturing)主要用于套管完井中，其工艺过程是把各段需要的射孔枪一起用电缆下入水平井中，射孔一段，就拖动射孔枪到其下一位置，然后对此射孔段进行压裂，压完后泵入堵球封堵已压裂段孔眼；重复上述过程，再实施下一段射孔、压裂、封堵孔眼。该技术的优点是可随时调整射孔位置，进而实现段间距的调整。不足之处是需过顶替(overflushing)以泵入堵球，从而导致缝端导流能力下降，以及可能出现射孔枪砂卡等问题。另外，该技术由于需拖动射孔枪，不能实现任意顺序压裂。

3) 套管外射孔压裂

套管外射孔压裂(casing-conveyed perforation frac)技术把射孔枪与套管一起下入井中后才进行固井。之后，启动射孔、实施压裂、投球封段；重复上述射孔—压裂—封段过程，实现下一段压裂。该技术的主要优点是节省了下射孔枪过程，缺点是射孔位置固定。

4) 缝外混砂压裂

缝外混砂技术是水力喷砂分段压裂技术的改进，主要目的是减小携砂液井筒段摩阻，提高水力压裂施工排量。该技术同样采用水力喷砂射孔、环空压裂，其与水力喷砂分段压裂的不同之处在于携砂液的泵送。水力喷砂使用环空段泵送携砂液，而缝外混砂压裂环空中只泵入不携砂的压裂液，高浓度的支撑剂通过油管进行泵送，两者最终在所压裂的裂缝外实现混合并达到设计砂比，实现压裂加砂。由于该技术环空中压裂液不携砂，因此泵速可大幅度提高。

缝外混砂技术仍旧通过裂缝外留下的砂堆形成砂桥，借其桥塞作用实现水平井分段。砂桥段是通过专门设计，将压裂液与支撑剂混合流入为脱砂后形成的。其优点是不需要过顶替，因而压裂缝的导流能力得到了较好保证。

3.2　特殊压裂技术

3.1 节介绍的水平井分段压裂技术为通用的压裂基本技术。实际压裂设计时，考虑到储层具体特性以及为解决某些具体问题，可在压裂基本技术的基础上进行特殊设计或采用特殊方法。本书将为解决水力压裂中某一(或某几)问题所特别设计的压裂技术统称为特殊压裂技术，目前主要有控缝高技术、加砂技术和防砂技术等。此外，改变压裂液与支撑剂种类或配方以解决某些具体问题也属于特殊压裂技术。体积压裂技术是以增大储层改造体积为目的的压裂技术，按目的也需划分到特殊压裂技术中，此部分将放在 3.3 节专门进行介绍。

3.2.1　控逢高技术

理想情况下，水力压裂时裂缝沿储层水平方向延伸，垂直方向上被上下隔层限制在储层内。然而实际压裂中，裂缝延伸进隔层甚至穿越隔层的现象并不鲜见，这种情况会导致裂缝缝长减小，降低压后效果。更糟的是部分裂缝穿越上下隔层后沟通了含水层，导致储层水侵。由此可见，压裂设计时需考虑裂缝缝高问题。

隔层与储层间的层间胶结强度、隔层与储层岩石力学性质对比、隔层与储层水平方向地应力对比是限制裂缝侵入甚至穿越隔层的主控因素。压裂设计时可根据施工排量、压裂液性质、砂比以及隔层与储层地质特性进行严格计算，也可根据区块压后结果进行估算。但若仍然有裂缝垂向侵入甚至穿越隔层的可能，则一般采用控缝高技术。

1. 人工隔层技术

人工隔层控缝高技术的基本原理是通过上浮式转向剂和下沉式转向剂在裂缝的顶部和底部形成人工遮挡层，以此增加裂缝末梢的阻抗，阻止裂缝中的流体压力向上和向下传播，继而控制裂缝在高度上进一步延伸。人工隔层控缝高度技术包括用上浮式转向剂控制裂缝向上延伸、用下沉式转向剂控制裂缝向下延伸和同时使用两种转向剂控制裂缝向上下延伸。

1) 上浮式转向剂人工隔层控制裂缝向上延伸技术

该技术主要用于控制裂缝向上延伸，原理是利用上浮式转向剂形成人工隔层以达到控制裂缝向上延伸的目的。转向剂在压裂加砂前通过携带液注入，最终上浮聚集在新生裂缝的顶部，形成一块压实的低渗透层[图 3-6(a)]。这种人工隔层能够阻挡缝内流体压力向上部地层传递，因此一旦形成人工隔层，适当地提高施工压力并不会导致裂缝向上延伸。

2) 下沉式转向剂人工隔层控制裂缝向下延伸技术

该技术的工艺过程基本上与上浮式转向剂压裂工艺相同，但其先于上浮式转向剂人工隔层技术被人们了解和应用[图 3-6(b)]。目前常用的下沉式转向剂为粉陶或粉砂。

3) 双作用转向剂控制裂缝垂向延伸技术

有些地层不仅需要控制裂缝向上延伸，还需要控制它向下延伸，为此人们将上浮式转向剂和下沉式转向剂一同泵入地层。由于重力作用，它们随着携带液体分别向裂缝的上、下边界移动，形成上下隔层。上隔层由空心玻璃球构成，下隔层由石英砂或粉砂构成。在泵入这两种转向剂前，需先泵入一种黏性前置液压开裂缝。泵入转向剂之后短时间关井，使它们分别上浮、下沉，在裂缝的两垂端聚积形成两个低渗或非渗透性隔层，从而控制缝高增长[图 3-6(c)]。

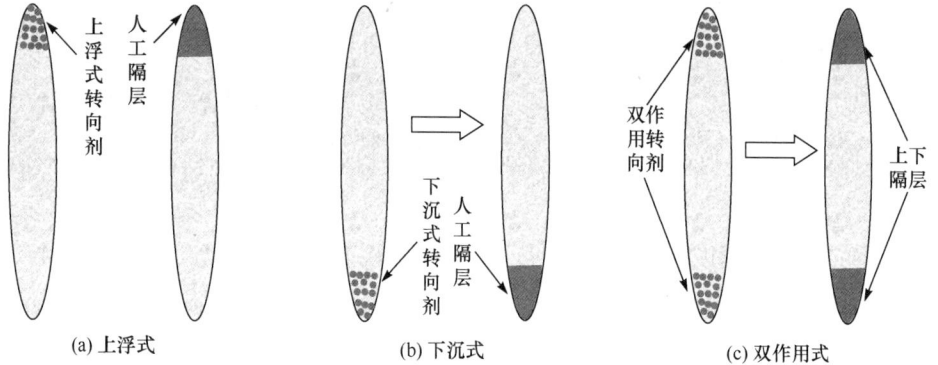

(a) 上浮式　　　　　　　(b) 下沉式　　　　　　　(c) 双作用式

图 3-6　人工隔层技术

2. 减小缝内压裂液流动压降

裂缝在储层水平方向上延伸较长，使得压裂液从裂缝近井端到裂缝尖端的流动压力降较大，从而引起近井端处裂缝易于向上下延伸进入隔层。目前，减小缝内压裂液流动压降的主要方法是降低压裂液黏度和施工排量。

3.2.2　加砂技术

　　加砂技术是研究如何在压裂裂缝中充填支撑剂，以实现形成高导流能力压裂缝的技术，3.1 节中介绍的缝外混砂压裂就属于加砂技术。常规加砂方式中，砂比呈台阶式逐步提高，即所谓的阶梯式加砂技术。这种加砂技术的优点是裂缝延伸状况容易判断，施工平稳，不足之处是加砂速度较慢。线性加砂也是一种加砂技术，它在加砂过程中快速提高加砂速度，施工曲线上砂比呈直线上升，目的是提高裂缝导流能力。其主要不足是缝长受限，适合于宽短裂缝。

　　1) 二次加砂技术

　　二次加砂技术是通过压裂中中途停泵、重复压裂等措施，以实现两次或两次以上的加砂。它主要是为了防止在常规加砂(一次加砂)过程中追求高砂比而带来的施工问题，也可用于弥补低黏度压裂液加砂(滑溜水压裂液)中出现的裂缝上端无填砂问题。其优点是可提高裂缝内铺砂浓度和裂缝导流能力。此外，它还可以控制裂缝高度增长。

　　2) 端部脱砂技术

　　端部脱砂(tip screen out)技术是利用压裂液的滤失特性，在裂缝扩展到预定长度时使前置液全部滤失，人为地在裂缝端部(前端，上下端)造成脱砂，形成砂桥，阻止裂缝端部进一步延伸；继续以一定排量注入高浓度砂浆迫使裂缝在横向上膨胀变宽，从而导致裂缝内填砂浓度增大，最终形成一条具有较宽和较高导流能力的填砂裂缝(图 3-7)。

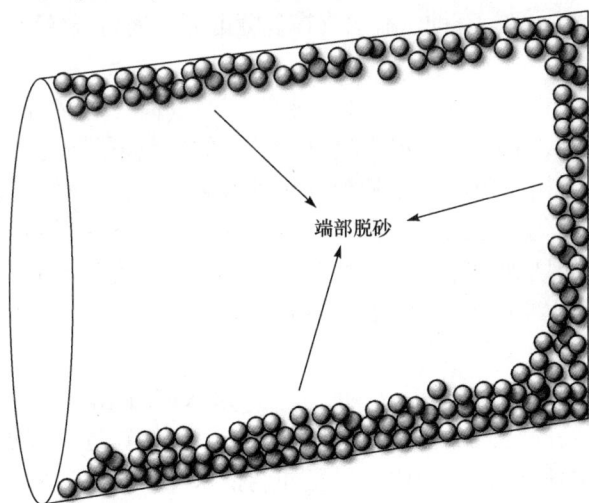

图 3-7　端部脱砂压裂示意图

端部脱砂技术成功的关键是裂缝的周边脱砂，裂缝的前端及上下边的任何部分不脱砂都不能达到预期目的。但实际压裂中常是裂缝前端与下端脱砂容易，上端不易脱砂，这使得裂缝沿上端扩展而造成缝高问题。

3.2.3　防砂技术

实际生产中常出现一些填砂裂缝的支撑剂返排(proppant flowback)进入井筒，导致支撑裂缝导流能力降低。此现象通常发生在压裂液返排与支撑裂缝清洗期间，一般自返排开始后持续几个星期，但期间回流的支撑剂量可高达裂缝内充填支撑剂总量的20%。另外，伴随着油气的生产，支撑剂回流问题还会持续较长时间。因此，对于支撑剂回流较严重的油气井，需考虑防止支撑剂回流的防砂技术。

目前，防砂技术主要有裂缝强制闭合技术、树脂砂技术、树脂冲刷技术和纤维防砂技术等。

1) 裂缝强制闭合技术

裂缝强制闭合(forced closure)技术是在压裂施工停泵后立即返排压裂液，快速降低压裂裂缝内，尤其是近井裂缝入口端压力，使压裂裂缝尽快闭合。压裂液立即返排缩短了压裂液在地层中的停留时间，减少了压裂液对地层的伤害，有助于改善裂缝的导流能力。这种返排程序特别适合于低渗-特低渗地层，能有效改善油气井的压后效果。

裂缝强制闭合原理与端部脱砂类似，即在射孔处"反向"脱砂。理论上，停泵后支撑剂悬浮于压裂液中，尚未完成在裂缝中的完全沉降，闭合的裂缝阻止了支撑剂进一步下沉，有助于有效支撑裂缝上部，提高裂缝导流能力。

2) 树脂砂技术

树脂砂(resin-coated proppants)技术是在支撑剂(石英砂)表面涂敷一层能够耐高温的树脂黏合剂，制成在常温下呈分散粒状的树脂覆膜砂。压裂施工时，在携砂液的后期泵入树脂覆膜砂尾随携砂液进入裂缝，树脂黏合剂在地层温度和压力作用下交联固化，导致树脂覆膜砂相互胶结，最终在近井裂缝入口端形成一道渗透率较好的挡砂屏障。这种相互胶结的树脂覆膜砂不但不易回吐，还能防止裂缝中其余支撑剂与碎屑的回流运移。

3) 树脂冲刷技术

树脂冲刷(resin flush)技术是在携砂液末端泵入可固化树脂，树脂流经支撑剂表面后通过聚合物的交联反应包裹支撑剂颗粒，最终在近井裂缝入口端形成一道挡砂屏障。与树脂砂技术相比，树脂冲刷技术可在井下实时实现支撑剂的树脂包裹。值得注意的是，泵入的树脂在冲刷支撑剂颗粒时也会减小支撑剂间的孔隙，甚至堵塞孔隙。因此，需要泵入额外的过冲洗剂清洗支撑剂孔隙。

树脂冲刷技术的难点在于在树脂冲刷支撑剂过程中需包裹所有支撑剂颗粒，以及实现过冲洗剂清洗所有树脂到达的支撑剂孔隙。此外，需钻碎井筒中过多胶结的树脂以免堵塞裂缝。

4) 纤维防砂技术

纤维防砂技术(fiber sand control technology)是在携砂液中混入具有一定柔韧性的纤维，将压裂液、支撑剂与纤维的混合物泵入压裂裂缝中，最终在裂缝中形成复合性支撑剂。其中，支撑剂是基体，纤维是增强相。它的基本原理是利用纤维与各支撑剂颗粒的相互接触以及支撑剂颗粒间的运移和沉降速度差别，通过接触压力和摩擦力在纤维与各支撑剂颗粒间形成相互牵绊。大量的纤维在支撑剂中形成空间网状结构，整体上相互牵绊，从而基本稳定支撑剂的相对位置，但允许流体自由通过。

纤维防砂技术有利于防止支撑剂回流，可实现停泵后立刻较大排量地返排压裂液。此外，在携砂液中混入纤维可防止支撑剂快速沉降，有利于在裂缝上部铺置支撑剂，防止支撑剂大量嵌入地层，同时，还可提高支撑剂输送距离，这有利于增加裂缝铺砂长度，降低压裂液黏度。

3.2.4　压裂液支撑剂相关技术

压裂液支撑剂相关技术是指使用不同于常规压裂所采用的瓜胶压裂液与支撑剂体系，为特殊目的所专门设计的压裂液与支撑剂体系。

1. 压裂液相关技术

压裂液用来将地面设备的能量传递到地下，压开储层形成人工裂缝，并携带支撑剂填充其中。按照在压裂施工中不同阶段的作用可把压裂液分为前置液、携砂液和替挤液三种。前置液用来破裂地层并形成一定几何形态的裂缝；携砂液用于携带支撑剂进入地层，并将其输送到预定位置而充填裂缝；替挤液用于把压裂管柱、地面管汇中的携砂液全部替入裂缝，以避免压裂管柱砂卡和砂堵。压裂液性能主要需考虑的有携砂性、降阻性、稳定性、配伍性、滤失性、低残渣、返排性和经济性。

压裂液一般由基液(base fluid)和添加剂(additives)组成。按分散介质的不同，基液主要有水基(water-base fluids)、油基(oil-base fluids)、酸基(acid-based fluids)和多相基液(multiphase fluids)四类。其中，多相基液主要包括乳化液和泡沫液，添加剂主要有交联剂(crosslinkers)、破胶剂(breakers)、降滤失剂(fluid-loss additives)、稳定剂(stabilizers)、杀菌剂(bactericides)、表面活性剂(surfactants)和黏土稳定剂(clay stabilizers)。

上述每种基液组成的压裂液体系都是与压裂液相关的技术，由于这些内容在不少书中有较详细的讨论，此处不再赘述。本节重点介绍特殊压裂技术中与压裂液相关的技术：变组分压裂技术、泡沫压裂技术、CO_2压裂技术和液化石油气压裂技术。滑溜水压裂技术和混合压裂技术也属于与压裂液相关的技术，将统一放在3.3节进行介绍。

1) 变组分压裂技术

传统压裂液一般用基液作为前置液，前置液与携砂液采用同一配方。变组分是指对前置液与携砂液采用不同配方，体积压裂中将讨论的混合压裂技术就可视为一种变组分压裂技术。

变组分压裂技术主要是根据前置液与携砂液功能和工作环境的不同，设计相应的压裂液。前置液与携砂液在功能上的主要区别是前置液用于造缝，而携砂液用于输送支撑剂并填缝。因此，前置液应有利于造缝且对地层污染小，携砂液应具有较强携砂能力，可将支撑剂输送到预定位置。前置液与携砂液的工作环境主要区别在于地层停留时间、温度、受剪切程度和滤失率的不同。因此，需要对黏度、破胶剂和降滤失剂等进行不同设计。

2) 泡沫压裂技术

泡沫压裂技术是利用泡沫压裂液进行压裂的一种技术。泡沫是由不溶性或微溶性的气体分散于液体中所形成的分散体系，原理是液体薄膜包围着气体形成单个气泡，大量的气泡聚集在一起则形成泡沫。其中，气体是分散相(不连续相)，液体是分散介质(连续相)。泡沫压裂液是以线性胶、冻胶、酸液或油等液体为连续相，以二氧化碳、氮气或空气等气体为分散相配制而成的。泡沫中气体含量一般用泡沫质量描述，它是指一定压力和温度下单位体积泡沫中所含有的气体体积，即泡沫中的气体体积含量，通常泡沫质量变化的范围为50%～95%。

泡沫的特点是压缩系数大，弹性能量高，助排性能好。水力压裂中泡沫压裂液进入地层后泡沫被压缩，聚积能量，压裂结束后气体迅速膨胀，驱使压裂液快速返排，减小了对地层的污染。此外，泡沫还具有视黏度高、摩阻低的特点，因而可携带一定砂比的支撑剂。

由于泡沫压裂液所用液体远小于常规压裂液，因此压裂液残渣大幅减少，裂缝导流能力较强。此外，液体用量少也降低了对地层的入侵，适合水敏性地层开采。

3) CO_2压裂技术

CO_2压裂技术的压裂液可分为CO_2泡沫和液态CO_2两种。CO_2泡沫可大幅度减少水用量，降低对储层的伤害。液态CO_2压裂技术是用100%的液态CO_2作为压裂液，其主要优点是无水压裂，储层伤害小，易于返排；缺点是压裂规模和井深具有一定的限制。

4) 液化石油气压裂技术

液化石油气压裂技术采用液化丙烷、丁烷或两者混合液作为压裂液进行储层压裂改造，也属于无水压裂，能大幅度节约水资源并降低对储层的伤害。液态烃(丙烷和丁烷等)具有低密度、低摩阻、可溶、携砂性能好等优点，压后可获得较长的裂缝，保证了铺砂效率和裂缝导流能力。其主要不足是短期投资成本较高，烃类回收投入大。此外，液化石油气可燃性很强，需要严格监测。

2. 支撑剂相关技术

1) 通道压裂技术

水力压裂施工结束后，支撑剂充填到压裂缝中将其支撑起来以防止裂缝进一步闭合，所形成的填砂裂缝的孔隙尺寸和结构远优于地层孔隙，其导流能力相对于地层也大为改善。然而，填砂裂缝中可能存在破胶不彻底留下胶团、压裂液破胶后存在残渣、支撑剂表面个别部位破碎生成碎片、支撑剂压碎地层表面产生碎片等情况。这些残留物可堵塞支撑剂间的孔隙，降低裂缝导流能力。因此，输送足够多的支撑剂填满裂缝、降低这些残留物以及保持裂缝的高导流能力一直是研究压裂液与支撑剂方面专家学者的重要课题之一。

通道压裂(channel fracturing)技术的基本思路是认为支撑剂支撑裂缝并不一定要 100%地填满整条裂缝，在充填足够的支撑剂支撑裂缝以防止其闭合的基础上，可留下一些连通的空间形成所谓的通道。裂缝中支撑剂抱团存在形成一座座"桥墩"，无数的"桥墩"支撑住裂缝，"桥墩"间留有"宽阔"的通道形成"河流"(图 3-8)。油气在此通道中的流动阻力远远小于在支撑剂孔隙中的渗流阻力，大部分油气将通过"河流"通畅地流入井筒，只有一小部分油气通过支撑剂间的孔隙渗流。各种残留物此时被限制在"桥墩"里，或通过"河流"流

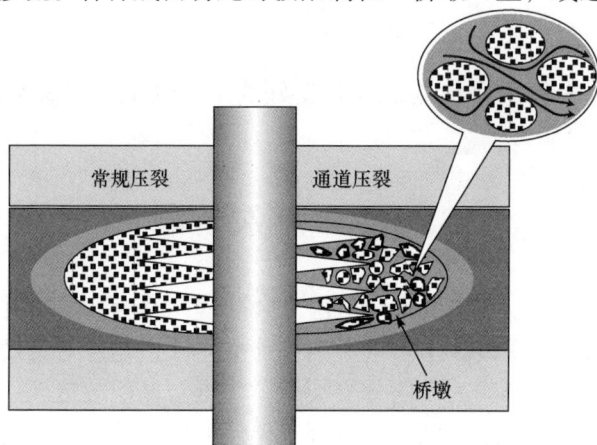

图 3-8 通道压裂技术

出裂缝。因此，理论上，通道压裂技术对支撑剂特性和压裂液特性要求极低，只要压裂液能高效地把支撑剂送入裂缝并形成能支撑裂缝的大大小小的"桥墩"，并能有效返排出"河道"即可，对支撑剂特性(粒径、球度、抗压强度等)与压裂液特性(残渣等)不做要求。这颠覆了传统水力压裂对压裂液与支撑剂的研究方向，是水力压裂中革命性的创新。

通道压裂技术可显著提高单井产量与最终采收率，减少压裂液和支撑剂用量。斯伦贝谢公司于 2010 年发明了一种创造通道的填砂裂缝工艺技术，该技术通过高频间歇泵入带支撑剂的冻胶和不带支撑剂的冻胶，造成支撑剂在裂缝中非均匀分布，从而形成一座座"砂堆"，而"砂堆"间则形成流动的通道。

2) 纤维压裂技术

与上述纤维防砂技术类似，纤维压裂(fiber fracturing)技术的基本原理是在压裂液中加入纤维类物质使支撑剂在压裂过程中尽量保持悬浮，达到在裂缝中远程输送支撑剂的目的，同时维持裂缝闭合时的支撑效果(图 3-9)。该技术还可采用可溶解纤维，它在压裂结束后自动溶解，最终在填砂裂缝中形成一束束微"孔道"，从而提高裂缝导流能力。

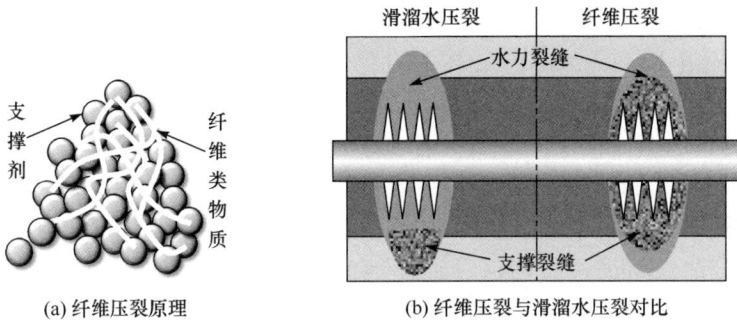

(a) 纤维压裂原理   (b) 纤维压裂与滑溜水压裂对比

图 3-9　纤维压裂技术

纤维压裂技术的主要优点是具有良好的悬砂性能，可提高支撑剂运移距离，改善裂缝导流能力。

3.3　体积压裂技术

体积压裂技术是以在储层中创造出复杂裂缝网络为目的，并在施工后实现储层立体改造的特殊压裂技术。这里的储层立体改造是针对常规单一裂缝而言的，在单一裂缝周围形成的横向分支裂缝"二维"储层改造，以及在缝高方向上形成的水平裂缝"三维"储层改造都是储层立体改造，所采用的压裂技术都是体积压裂技术。

体积压裂技术的增产原理是通过在储层中创造出相互连通的裂缝网络，使储层中的油气就近运移到裂缝分支中，各分支裂缝中，油气再经主裂缝快速流入井筒，显著减少了油气在储层中的运移距离，大幅度提高油气井产量。

目前主要使用的体积压裂技术有滑溜水压裂技术、混合压裂技术、多簇压裂技术、同步压裂技术、拉链式压裂技术、重复压裂技术和缝内高能气体压裂技术。当然，这些压裂技术也可设计为其他目的，或虽然希望实现体积压裂但压裂施工后仍为常规单一裂缝。不以储层体积改造为目的，但实现了储层体积改造的压裂并不属于体积压裂技术范畴。例如，以在水平井上多压出几条裂缝为目的的多簇压裂技术，并不属于体积压裂技术；重复压裂中的压裂未压开储层或延伸未压好储层、清理老裂缝提高导流能力、堵老缝造新缝，以及老缝内转向造新缝等都是以造出高导流能力的单一裂缝为目的，均不属于体积压裂。重复压裂的这些方面都可采用常规的压裂工艺技术(排量、压裂液、支撑剂等)实现单一裂缝压裂。

3.3.1　水平井分段体积压裂技术

以 3.1 节中所介绍的常规水平井分段压裂技术(桥塞分段压裂技术、封隔器分段压裂技术和水力喷砂分段压裂技术)为基础，改进压裂设计以达到储层体积改造目的，这种技术就是水平井分段体积压裂技术。常规的水平井分段压裂技术常用于低渗透油气田的开发，不一定能实现储层体积改造，不属于体积压裂技术。

水平井分段体积压裂技术以常规水平井分段压裂技术为基础，一般采用大液量、高排量、高压力、低黏度(如滑溜水)、小粒径和低砂比的施工方式，在人工主裂缝延伸过程中沟通和扩展天然裂缝或储层弱胶结面，产生大量横向剪切裂缝，最终能在储层中形成以主裂缝为主干的网络状裂缝。

3.3.2　水平井分段多簇体积压裂技术

多簇(multi-clusters)压裂是指在水平井筒某一压裂段上射孔两簇以上，最终形成两簇以上的人工主裂缝网络。该技术同样可用于常规低渗透油气田开发，形成两条以上的人工主裂缝，以增加井筒与储层的接触面积，缩短油气在储层中的运移距离。

作用于裂缝延伸过程中裂缝面上的水力压力大于储层原始实地应力，这会在裂缝附近产生附加应力场，使裂缝周围的实地应力场随之发生改变，形成新的实地应力场。新形成的实地应力场随裂缝的扩展、微裂缝的开起而变化。多条裂缝同时延伸时各自产生的应力场会相互作用形成应力干扰，改变各裂缝的延伸方向，同时两边裂缝还会对中间裂缝的起裂扩展产生抑制作用。因此，对常规低渗透油气储层进行多簇压裂时，各簇的簇间距应设置较远，以降低各簇裂缝的相互干扰。

但是，水平井分段多簇体积压裂设计思路与此相反，把簇间距设置较近，利用各裂缝间应力场的相互作用迫使簇间储层产生横向裂缝，各裂缝扩展方向发生改变以开起微裂缝，最终形成复杂裂缝网络。

实际设计的簇间距主要由岩石力学性质及孔隙结构确定，国外页岩气开采中簇间距一般设计为10～25m。由于各簇裂缝的开起与扩展可能存在微小的时间差异，先开裂的一簇裂缝所产生的附加应力场可能会阻止附近裂缝的起裂与扩展。因此，簇间距应进行科学计算，不宜设计得过大或过小。

为避免同一簇射孔中井筒处出现多条裂缝开裂，射孔段长度应设计较短，一般页岩气开采中，射孔段长度应小于4倍的井筒直径。当然，射孔长度也可根据岩石性质进行科学的力学计算分析。

3.3.3　重复压裂

经过水力压裂的油气井，生产过程中裂缝导流能力和产量都将逐渐降低，可否采取再次压裂以提高油气井产量和采出程度[7]成为学者研究的一个思路。重复压裂就是在这种背景下提出的，目前对它的定义是指对那些已经采取过一次或一次以上压裂措施的油气井再次实施压裂改造，它主要用于如下三方面。

(1) 对于高产油气井，早期压裂的水力裂缝已经失效或者产生堵塞，原有裂缝的渗透性能大幅降低甚至失去作用，通过重复压裂在原有裂缝中铺置新的高导流支撑剂层，即"清理老缝"。

(2) 早期压裂改造规模不够，或者支撑裂缝较短，又或者裂缝导流能力较低。进行重复压裂延伸原有裂缝，或提高砂比和砂量以增加裂缝导流能力，即"延伸原有裂缝"。

(3) 经过长时间开采之后，早期压裂裂缝所控制的油气已基本采尽，或已成为水驱油井注入水的主要通道，采用重复压裂从井筒或裂缝中某处创造新的压裂裂缝，即"压出新裂缝"。由于常规压裂中压裂裂缝沿垂直于地层最小水平主应力方向扩展，在地层应力方向不变的情况下，新裂缝与原始裂缝平行，其重复压裂效果与"清理老缝"接近。若地层应力方向发生变化，新裂缝将与原裂缝呈一个角度扩展，进而创造出新的油气控制区，大幅度提高油气产量。

地层应力方向改变一般来源于压裂作业和油气生产两方面。压裂作业时，缝内的净压力作用使裂缝附近应力场发生变化；另外，压裂液温度低于地层温度，也将引起裂缝附近应力场的改变。油气生产时，裂缝控制区内的地层流体压力降低，且越靠近井筒，降低幅度越大，而储层孔隙压力的降低将引起地应力场的变化。压裂作业引起的地应力场改变发生在裂缝附近，在强大的远处原始地应力作用下，一般在一段时间后将恢复到原始地应力方向。对天然裂缝发育、层状、非均质强的地层，裂缝控制区内孔隙压力降低不规则、不一致，长时间的生产将引起地应力场方向改变。

实际上，国际上的重复压裂主要是针对油气井中未压裂层段、压裂但未压开或压开但填砂段长度远低于设计的层段。因此，国际上的重复压裂主要是用在采取过一次或一次以上压裂施工的油气井，而不是油气层再实施压裂改造。

与常规的重复压裂不同，本书将重复压裂作为体积压裂的一种方法，它是以增加裂缝缝网复杂程度、实现储层体积改造为目的而设计的重复压裂。对第一次压裂时就压出分支裂缝的油气储层，由于分支裂缝的存在，主裂缝与分支裂缝附近的原始地应力方向将发生改变，在此新的地应力场下进行重复压裂就不会再压开第一次压裂的主裂缝与分支裂缝，而是压出新的主裂缝与分支裂缝，从而增加裂缝的复杂程度，实现储层体积改造。因此，体积压裂中的重复压裂是利用第一次压裂后形成的新的实地应力场再进行压裂作业，以创造复杂裂缝网络。

3.3.4　同步压裂与拉链式压裂

2006 年，同步压裂技术最先在美国 Fort Worth 盆地的 Barnett 页岩中应用成功，当时压裂工程师在水平井段相隔 152～305m 的两口大致平行的水平配对井之间进行同步压裂。施工结束后，两口井均以相当高的产量生产，其中一口井以日产 $25.5\times10^4m^3$ 的速度持续生产 30 天，而其他未同步压裂的井速度只有日产 $5.66\times10^4m^3\sim14.16\times10^4m^3$ 不等，说明同步压裂效果良好。

如图 3-10 所示，同步压裂(simultaneous fracturing)是指对两口或两口以上近似平行的水平井同时进行水力压裂；拉链式压裂(zipper fracturing)是指对两口或两口以上近似平行的水平井依次实施水力压裂[8]。同步压裂与拉链式压裂都是利用水力压裂时裂缝附近储层地应力变化实现主裂缝扩展方向改变、连通天然裂缝，从而增加裂缝网络的复杂程度。

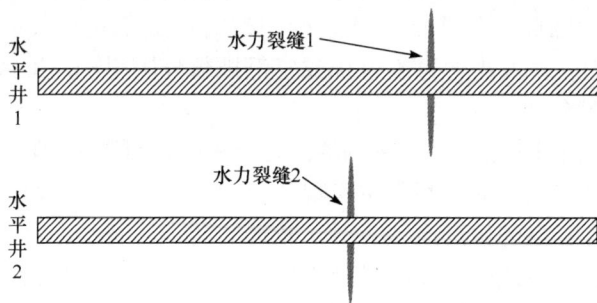

(a) 同步压裂

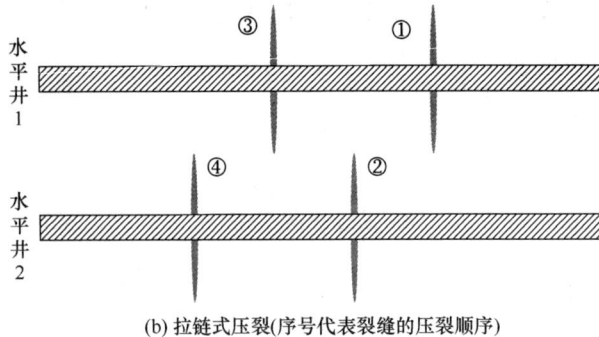

(b) 拉链式压裂(序号代表裂缝的压裂顺序)

图 3-10　多井压裂方式对比

当对一口井的某一条裂缝进行压裂时,裂缝的起裂与扩展主要受地层的原始实地应力影响。裂缝在扩展过程中将对附近几十米范围内的地层产生附加应力,从而改变地层原始实地应力的大小与方向,形成新的实地应力场。同步压裂时,两口相邻井上的两条裂缝逐渐扩展并向对方靠近,一口井的裂缝尖端将进入另一口井裂缝形成的新实地应力场中,从而产生与单井单独压裂时不同的起裂与扩展方向。因此,同步压裂时两条裂缝相互影响,裂缝网络复杂程度的增加主要发生在两口井的中间区域,如图 3-11(a)所示。

拉链式压裂时,一口井压裂实施中或实施后再进行另一口井的压裂。因此,拉链式压裂主要是利用前一条裂缝所形成的新实地应力场来改变下一条裂缝的扩展方向,形成复杂的裂缝网络。与同步压裂不同,拉链式压裂所形成的复杂缝网聚集区不在两口井的中间区域,下一条裂缝受上一条裂缝的新实地应力场的影响位置取决于上一条裂缝的扩展长度,因此其复杂缝网聚集区可控制在下一条裂缝井附近。如图 3-11(b)所示,当第一条裂缝压裂完成后实施下一条裂缝压裂,则复杂缝网聚集区发生在第一条裂缝最长端附近。

当然,前一条裂缝形成的新实地应力场将随其压裂液的返排而逐渐向原始实地应力恢复。因此,除非前一条裂缝压裂时形成了较复杂的裂缝网络,否则,拉链式压裂时一般需通过不返排或仅返排部分压裂液来维持前一口井压裂后的新实地应力场。

同步压裂不但可增加各压裂井的缝网复杂程度,而且对相距较远(300m 以上)的同步压裂井可在两井的中间部位实现各缝网的沟通,从而增加两口井的储层改造体积,提高各自的生产产量。对于较近的同步压裂井,主裂缝长度将受到限制,但同步压裂可改变主裂缝扩展方向,从而增加主裂缝长度,防止主裂缝穿透另一水平井。因此,采用同步压裂可缩短配对水平井的井间距离。

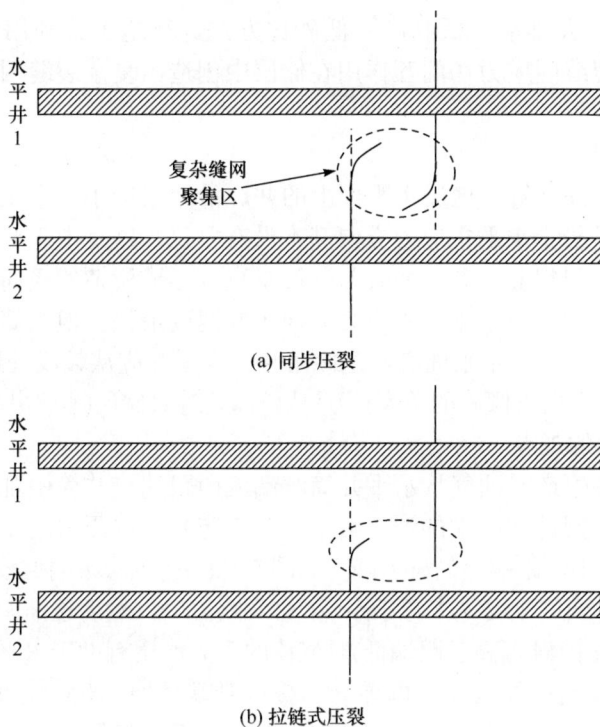

(a) 同步压裂

(b) 拉链式压裂

图 3-11　多井压裂裂缝扩展形态对比

除体积压裂外，同步压裂也可应用于常规水平井分段压裂。从生产的角度来看，若单独对两口平行的水平井进行分段压裂，先压裂并生产的水平井因生产后其油气藏压力下降，可使得后压裂井的压后效果因地层压力差异造成压后效果不佳。此外，过强的后压裂井设计还可迫使先压裂井的裂缝导流能力下降，进而导致先压裂井产量降低，甚至可能使其水淹。

3.4　体积压裂认识与展望

本节在总结国内外体积压裂现场实践与研究成果，以及作者近几年来研究成果的基础上，提出体积压裂的一些新认识，其中部分认识为本书后续几章的理论与模拟计算结果所证实。在对体积压裂认识的基础上，本节提出体积压裂技术的发展展望。

3.4.1　页岩体积压裂主要设计参数

国际上成功开采页岩气已有 20 余年的历史，目前主要采用滑溜水压裂技术，以大液量、大排量、低黏度、低砂比方式进行施工，利用滑溜水的穿透力、高压力、裂缝间应力场的互作用在储层中创造出复杂裂缝网络，主要设计参数如下。

1) 井眼设计

一般将水平井理解为地层水平面上的井，沿地层最小水平主应力方向。学者对水平井应沿最小水平主应力方向基本没有争议，这是由于当水平井沿此应力方向时各段压裂裂缝的裂缝面会与井筒垂直，形成所谓的横向裂缝。此外，也有学者认为沿地层最小水平主应力方向钻井速度最快。但当储层本身不是沿水平方向分布，而是与水平面有一定倾角时，水平井应从较浅处进入储层(水平井与水平面有一个向下倾斜的角度)还是从较深处进入储层(水平井向上倾斜)，目前学者持有不同的观点。

由于水平井生产时油气从水平井筒趾端流向跟端，井筒中趾端处压力需大于跟端处压力，因此在趾端的油气藏平均压力与井筒内压力之差——趾端处压力降(drawdown)小于跟端处的压力降，如图 3-12(a)所示。跟端处较大的压力降导致水平井生产时油气主要先来源于跟端(先"掏空")，然后逐渐向趾端移动。对于油井，井筒向上(趾端高、跟端低)时流体的重力作用有助于水平井筒内流体的流动，降低趾端与跟端处压力降差异，提高趾端处原油生产，如图 3-12(b)所示。因此，理论上油井水平井井筒应向上倾斜，但当储层倾角较小时，这种重力差产生的驱动力较小，水平井井筒倾斜方向影响不大。

对于含水气井，若井筒倾斜向下，在水平井趾端处可能形成积液，造成趾端处气体相对渗透率降低，压力降减小，生产气量降低。水平井趾端积液不易排出，随着产出水的增加，趾端积液段逐渐增长并向跟端扩展，导致水平井有效生产段逐渐减小，生产产量逐步降低，如图 3-12(c)所示。因此，产水气井的水平井井筒应向上倾斜，图 3-12(c)的向下倾斜不利于生产。

2) 完井设计

水平井完井主要有套管完井和裸眼完井两种方式，本书套管完井指下套管并用水泥浆固井；裸眼完井指裸眼、筛管等非固井的完井方式。具体是采用套管完井或裸眼完井主要由井筒稳定性、成本、后期施工、压裂施工等因素确定。从生产角度看，套管完井与裸眼完井的主要区别在于套管完井后水泥环封死了水平井井筒，油气不能从储层直接流入水平井井筒，只能从射开的孔眼流入；而裸眼完井时，油气可通过裸眼井壁直接流入井筒内。对于中低渗透率储层，上千米的裸眼水平井可提供足够大的油气生产产量。

对于采用分段压裂的水平井，油气主要通过压裂裂缝生产，井筒裸眼段产量占总产量的比值称为裸眼段贡献率。它主要受储层渗透率、天然缝发育程度和裸眼段长度的影响。对压裂段数较多、裸眼段较短的储层，裸眼段贡献率较

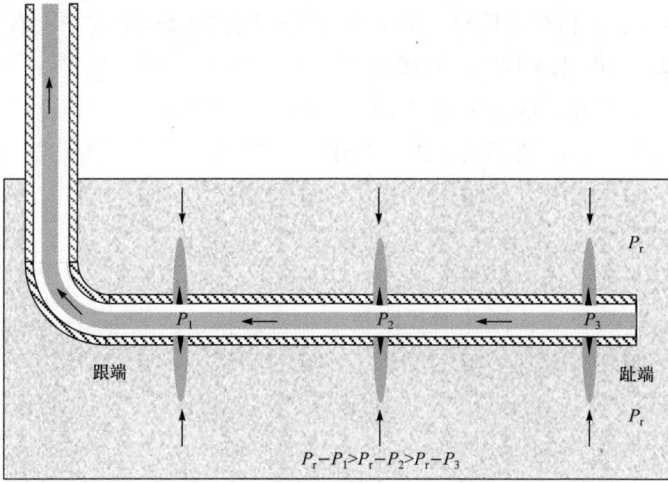

(a) 跟端"掏空"

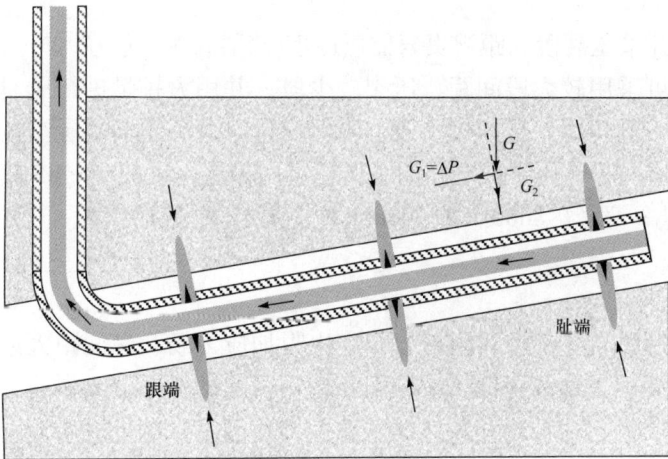

(b) 水平井筒向上倾斜(油井)

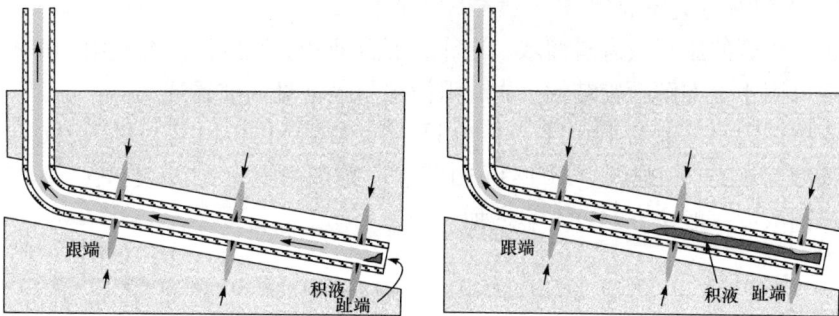

(c) 产水气井积液

图 3-12 水平井井眼设计

小，套管或裸眼完井区别不大。对于纳达西～微达西级储层(如页岩储层)，裸眼段贡献率极低，可忽略不计。对微达西～毫达西级储层，固井生产时产量有一定的减小。对于气井，渗透率为 0.05～5μD、干气且井筒周围天然缝不发育的储层可采用固井生产；渗透率为 5μD～1mD、湿气且井筒周围天然缝发育的储层可采用裸眼生产。页岩气开采中完井方式以套管完井为主。

3) 射孔设计

页岩压裂一般采用 60°相位角，4～6 孔/ft，0.4"孔眼直径。各簇射孔段一般形成一条裂缝起裂扩展，因此射孔段长度不宜过长，一般不超过 4 倍井筒直径，以防止孔眼处多裂缝起裂扩展。

4) 段间距设计

页岩气开采常用的固井套管尺寸为 4 1/2"和 5 1/2"，水平井水平段长度在 3000ft 以上。水平井分段压裂的段间距主要受地层厚度、天然裂缝发育和遮挡层等因素影响。

页岩气开采压裂段间距视页岩储层厚度(储层高度一般在 70～110m)而定，厚页岩储层可采用较大段间距，压裂较少段，并用大排量进行压裂；薄页岩储层可采用较小段间距，压裂较多段，降低排量以避免压漏地层。在对储层性质了解不够的情况下，压裂段之间的距离还可用储层厚度的 1～1.5 倍估计。每段压裂液用量一般为 8000～15000bbls[①]，每段支撑剂用量一般为 80000～300000lbs[②]。

5) 簇间距

压裂中每簇裂缝都会对附近岩石产生附加应力场，簇间距太近将阻止后起裂裂缝的扩展，太远又降低了裂缝间互作用引起的横向分支裂缝。簇间距主要由储层杨氏模量、泊松比和天然缝发育等因素确定，国外成功开采页岩气储层的簇间距一般为 10～20m。

6) 压裂液与支撑剂

页岩压裂的压裂液有滑溜水、泡沫、混合液和交联胶，前置液中 10%～15% 的盐酸可用于含方解石胶结的页岩，滑溜水是最常见的前置液。

支撑剂大小一般为 100 目、40/70 目、30/50 目和 20/40 目。对于 100 目，支撑剂浓度为 0.25～3PPA[③]；对于 30/50 目，支撑剂浓度为 0.25～2PPA。压裂过程中支撑剂浓度一般按 0.25PPA/步增加。

---

① 1bbl=0.14t。

② 1lb=0.454kg。

③ 1PPA=0.4536kg/3.785L=0.1198kg/L=120kg/m³。

7) 泵排量

页岩体积压裂时的泵排量可用每孔或每簇排量估计，一般为 10～20bpm[①]/簇。射孔各孔眼分流一般为 1～1.5bpm/孔，较优的分流一般在 1.5～2.5bpm/孔范围内。在给定射孔孔数下，可按此每孔排量估算施工总排量；给定施工总排量下，也可按此每孔排量估算射孔的孔数。

3.4.2　体积压裂机理的几点认识与研究展望

1. 体积压裂研究方法

通常情况下，页岩的矿物成分主要有 30%～39%黏土、29%～38%石英以及 25%～30%其他矿物，如方解石、白云岩、长石和硫铁矿等。其矿物特征凸显出页岩的脆性很强，可压性评价较好。页岩渗透率一般为 10～100nD，促使其有效开采的关键是在储层中形成人工裂缝网络[9]。现场施工中常采用滑溜水压裂技术，以大液量、高排量、较小粒径的支撑剂为施工方式来激活储层中的天然裂缝。

从常规压裂角度来看，大液量导致压裂液滤失增大，形成的裂缝短而宽，最终体现为无效的压裂作业。然而，新的观点认为，大液量和高压力会诱导产生大量剪切裂缝，并通过剪切膨胀作用使渗透率得到较大幅度的提高[10]。

页岩储层体积压裂的主要目标是通过水力压裂技术形成具有高导流能力的主裂缝，并开起与沟通天然裂缝[11,12]，因此页岩储层能有效开发的关键在于造出复杂缝网。Olsen 等[13]列出了四种能够造出复杂裂缝的储层物性条件，即含有相互正交的天然拉伸裂缝、较低的水平应力差且较强的各向异性、低泊松比以及极低的基质渗透率。Warpinski[14]指出滑溜水能造出复杂缝网是由于其黏度低，低黏度容易激发、膨胀和剪切天然裂缝。King[15]指出支撑剂在复杂缝网中的运移规律是一个研究难点。

地层本身的各向异性以及压裂过程中应力场的变化对压裂缝网的复杂程度影响最大。同样，排量和泵压也会对缝网的复杂性产生一定的影响。页岩体积压裂通常不会形成典型的双翼裂缝，而是形成由不同长度、高度和宽度裂缝组成的裂缝网络，这一点在微地震云图中得到了较好的证明。尽管复杂缝网模型更能适合页岩体积压裂设计，但是将常规多翼裂缝与滤失理论相结合的方法也能用于描述复杂缝网。因此，若要更好地掌握体积压裂缝网的渗透性，关键在于选择合理的三维裂缝模型[16]。

对于裂缝网络的复杂性，通常采用两种参数来进行描述，分别是裂缝复杂指数[17](FCI)和储层改造体积[18](SRV)，相关参数可以从体积压裂监测的微地震云

---

① 1bpm=0.159m³/min。

图中获取。近几年来，国外学者专门对此展开了相关探讨[19,20]。

如何更好地模拟和预测体积压裂效果，Palmer 等[21]提出从以下四个关键点开展研究。

(1) 开展室内剪切实验，测量剪切膨胀与渗透率的关系。Law 等[22]使用煤层岩芯开展的室内实验表明，渗透率随初始渗透率的大小变化而变化，当初始渗透率为 30mD 时，渗透率的变化幅度为 60 倍；当初始渗透率为 2mD 时，渗透率的变化幅度达 300 倍。这表明，对于渗透率极低的初始岩心，剪胀作用更为明显。

(2) 研究裂缝或基质主导的流体压力传播。对于裂缝控制的流体，其能够通过天然裂缝或诱导裂缝使压力传播得更快，并且范围更广。

(3) 体积压裂时压力与滤失的关系。当泵注压力大于最大水平主应力时，次生裂缝得以形成，增大了流体滤失量。随着注入压力的不断增加，天然裂缝逐渐张开，同时缝宽也随之增大，此时滤失量随压力的变化呈现指数上升。

(4) 微地震云图拟合。微地震事件是由于天然裂缝和诱导裂缝的剪切破坏产生的，而剪切破坏来源于地层孔隙压力的传播。因此，裂缝的剪切破坏取决于裂缝主导的渗透率和孔隙度大小。

除此之外，天然裂缝与压裂裂缝的交互作用也值得深入研究。

压裂裂缝与天然裂缝的相互沟通和搭接是页岩体积压裂的主要目的，如果能够掌握水力裂缝遇到一组张开难度较小的天然裂缝的扩展规律，那么页岩体积压裂施工将易于实现。天然裂缝不仅是压裂液的滤失处，也是压裂裂缝扩展的主要新路径，因此压裂诱导应力以及天然裂缝的张开情况都要考虑在内。目前，国内外一些学者针对页岩压裂裂缝与天然裂缝的相交行为开展了相关物理实验研究，较为典型的研究结果可以参考 Blanton 等[23,24]、Overby 等[25]、Yost 等[26]、Kubik 等[27]、Caramanica 等[28]、Hopkins 等[29]、Barton 等[30]、Potluri 等[31]、Gaskari 等[32]、Chipperfield 等[33]、Gale 等[34,35]、Olson 等[36]、张士诚等[37]、侯振坤等[38]的研究。

现场压裂施工中，地面施工压力曲线也是体积压裂中比较重要的数据。通过施工压力曲线的变化趋势，现场工程师可以了解地下的压裂进展情况。当地面注入压力发生变化时，通常有以下几个原因：①人工主裂缝周围形成新生裂缝；②遇上薄弱层，如薄层或断层；③打开一组天然裂缝；④穿透隔层。通常所读取的是经过计算处理后的井底压力值，相对于该值，尽管实测井底压力值更能反映实际情况，但是在多段压裂中很难对井底压力进行实际测量。体积压裂时主裂缝沟通各分支裂缝、分支裂缝沟通下一级分支裂缝时表现为瞬态压力变化，通过地面施工压力曲线判断缝网的形成、规模(储层改造体积)或其他问题是体积压裂研究上的一个难点和研究方向，可通过模拟井内压裂液瞬态压力变化，实现由地面压力变化解释岩石体积压裂概况。

相关研究表明[39,40]，页岩体积压裂时缝网复杂程度随着净压力的增大而增加[41]。Warpinski 等[42]通过大量实验测试，也证实了缝网复杂程度与净压力的相关性。因此，净压力的变化可以作为衡量压裂作业质量的一个标志[43]。当前，净压力的变化范围尚未形成统一的认识，但现场实际施工表明，当净压力增加 700～1000psi①时，可以认为地层已经造出了复杂缝网。以 Barnett 页岩体积压裂为例，当净压力以每分钟 1～5psi 的速度增加时，说明复杂缝网正逐渐形成，并且均位于层内；当净压力以每分钟 8～15psi 的速度增加时，会有可能出现砂堵或者缝网已经压出层外的情况。

2. 体积压裂与常规水力压裂的几点区别

1) 裂缝形成机理方面

常规压裂的裂缝为双翼平面裂缝，主要由岩石的拉伸破坏产生。体积压裂的裂缝为裂缝缝网，主要由拉伸、剪切、拉-剪复合作用等复杂破坏产生。

2) 压裂液滤失方面

目前的体积压裂利用大液量与高压力产生大量剪切裂缝，形成复杂裂缝网络，具有大液量和高压力的特点。常规水力压裂理论认为，大液量导致滤失量更大，从而对裂缝周围岩石伤害更严重，降低了裂缝附近储层的渗透率和油气生产能力；而高压力将增加裂缝缝宽，减小裂缝缝长。另外，高压力容易使裂缝纵向扩展，导致压裂缝过高甚至压穿上下隔层。体积压裂中压裂液主要沿天然或诱导裂缝迅速传播，而在基质中一般很慢。King[44]认为与常规压裂的孔隙渗流不同，页岩压裂液基本不渗入地层，而是全部用于造缝，对储层伤害较低。一般压裂液滤失是指向储层基质中的滤失，但页岩储层渗透率极低，滤失非常小，在水力压裂的较短时间内可认为是不滤失的。页岩压裂中的滤失是指压裂液流入开起的次生缝、微裂缝和层间缝等裂缝网络中，对储层基质伤害很小。

3) 裂缝缝高方面

常规压裂裂缝缝高主要受上、下隔层闭合压力与储层闭合压力之差所控制，上、下隔层闭合压力越大，储层中纵向扩展的裂缝越不易进入隔层。此类观点的力学假设条件为储层与隔层为连续介质、裂缝为拉伸破坏、储层与隔层的最大水平主应力大于缝内压力。当储层与隔层为连续介质时，储层中的裂缝到达隔层后将继续向隔层扩展[图 3-13(a)]；当储层中水力压力大于隔层闭合压力时，储层裂缝将继续在隔层中产生拉伸破坏；当储层与隔层的最大水平主应力大于两者的闭合压力及缝内水力压力时，储层与隔层的最大水平主应力对裂缝

①　1psi=6.895×10³Pa。

的纵向扩展不起作用。

而在体积压裂中，一方面储层内裂缝缝高在纵向扩展中会在储层厚度上的薄弱面，储层与隔层结合处产生剪切作用，加之储层内薄弱面或储层与隔层结合处岩石弹性性质变化较大，纵向上的"硬-软"交替造成了不同的应变，形成了水平面上的剪切缝[图 3-13(b)]，即体积压裂可形成水平缝，阻止裂缝缝高在纵向的扩展。另一方面，缝内水力压力一般大于储层最大与最小水平主应力，从而形成裂缝面不垂直于最小水平主应力的垂向分支裂缝(图 3-14)，即水力压裂的垂向裂缝在沿最大水平主应力方向扩展过程中形成同为垂向的分支裂缝。体积压裂中形成的水平裂缝与垂向分支裂缝吸收了主要的压裂液，降低了缝内压力，使得裂缝高度限制在储层中。

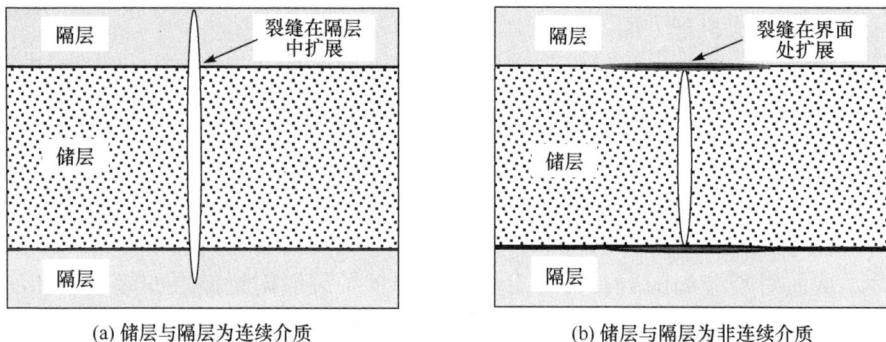

(a) 储层与隔层为连续介质 　　　　　　　(b) 储层与隔层为非连续介质

图 3-13　体积压裂缝高

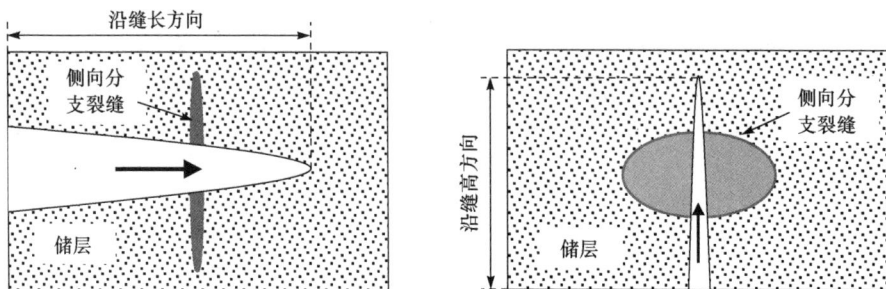

图 3-14　控缝高

但是，若非常规储层的最大与最小水平主应力相差较大、储层自身与储层内薄弱层以及隔层的"软硬"相差较小，则大排量高压力的水力压裂将导致裂缝缝高失控，降低压后效果，甚至引来水侵。也就是说，实现了体积改造的储层能有效控制裂缝缝高；反之，大排量高压力下的水力压裂若未能在储层中形成复杂缝网则可造成严重的缝高问题。

3. 体积压裂改善储层基质渗透率

体积压裂通过创造出深入储层内部的复杂缝网，极大地增加了储层的泄油面积。压后生产中，储层中的油气通过基质孔隙渗流到各分支裂缝，再由分支裂缝经主裂缝流入井筒。也就是说，油气在地层中的流动分为基质孔隙渗流和裂缝网络流动。体积压裂强调的是在地层中形成相互沟通的裂缝网络，但体积压裂能否改变储层基质的渗流能力，这一问题值得深思。

页岩等非常规储层中存在大量的天然微裂缝，它是指岩石中的裂隙(fissures)、微裂纹(micro-cracks)和张开过的叠层(opened laminations)等岩石力学性质薄弱处，页岩天然微裂缝的宽度一般小于 0.05mm。美国主要页岩气区块中的天然微裂缝一般不含油、气、水，而是简单地闭合或充填矿物。无论是简单闭合的天然微裂缝还是矿物充填的天然微裂缝，其力学性质都弱于无微裂缝的岩石，岩石中的天然微裂缝构成了力学意义上的岩石薄弱处。页岩天然微裂缝填充物主要为方解石或石英，天然微裂缝填充物的矿物成分对该微裂缝的力学行为有较大影响。方解石充填的天然微裂缝黏结强度极小，在应力作用下容易张开，易于起裂扩展。石英充填的天然微裂缝黏结较强，不易起裂。

体积压裂时压裂液的高压会对裂缝周围的地层产生附加应力场，附加应力场将改变影响范围内的地层原地应力场，其应力影响范围(stress shadowing)可高达几十米。应力影响范围内的部分天然微裂缝在剪切、拉伸等复杂应力作用下将被重新张开、起裂，甚至扩展。这种重新开起过的天然微裂缝的渗流能力将得到大幅度提高，尽管这些重新打开的天然微裂缝依然被包围在储层基质中，并不与压裂裂缝网络沟通，但它从整体上提高了储层基质的渗透率。

4. 缝网控制体积

如 1.1.3 小节所述，目前国际上评价体积压裂改造效果的主要指标是储层改造体积(SRV)和裂缝复杂指数(FCI)。SRV 是由 Mayerhofer 在 2006 年通过分析体积压裂微地震云图时提出的，主要用缝网外接几何体的体积表示。一般用缝网外接长方体的长、宽、高计算其体积，也有用缝网外接椭球体的赤道半径和极半径计算其体积的。Mayerhofer对比不同体积压裂井的SRV发现，SRV越大，压后效果越好。2008 年，Cipolla 等提出用裂缝网络在水平面上宽与长的比值来评价储层体积压裂改造效果，并指出体积压裂后的 FCI 越大，压裂井的产量越高。相对于储层改造体积(SRV)，裂缝复杂指数(FCI)没有考虑缝网高度的影响。

在假设缝高相同的情况下，SRV方法考虑了改造体积在平面上的面积，但同一面积在平面上可有不同的长和宽；FCI 方法强调平面上缝网宽度越宽，压后效果越好，但同样的 FCI 值，内部也可有不同疏密与形态的缝网。

如图 3-15 和图 3-16 所示，同一 SRV 可有多种不同的内部缝网结构，同一 FCI 内部缝网也有较大区别。由图可见，SRV 和 FCI 都没有反映缝网，内部情况、区域内的裂缝疏密及不同形态。大量微地震云图表明，储层改造后，内部缝网越复杂，生产情况越好。因此，国际上不少学者采用复杂裂缝网络(complex fracture network)来描述体积压裂，即用增加复杂裂缝网络的复杂程度来评价体积压裂方法的优劣。

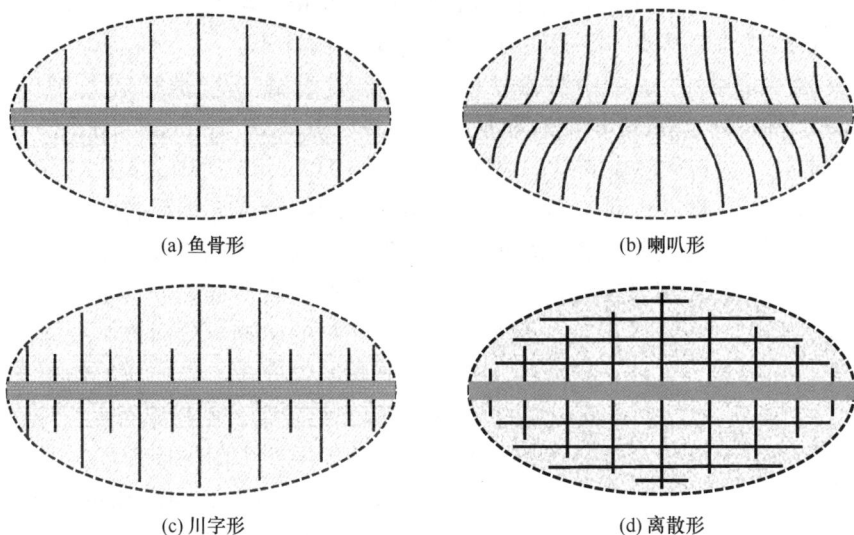

(a) 鱼骨形

(b) 喇叭形

(c) 川字形

(d) 离散形

图 3-15　SRV 相同时的不同裂缝网络结构

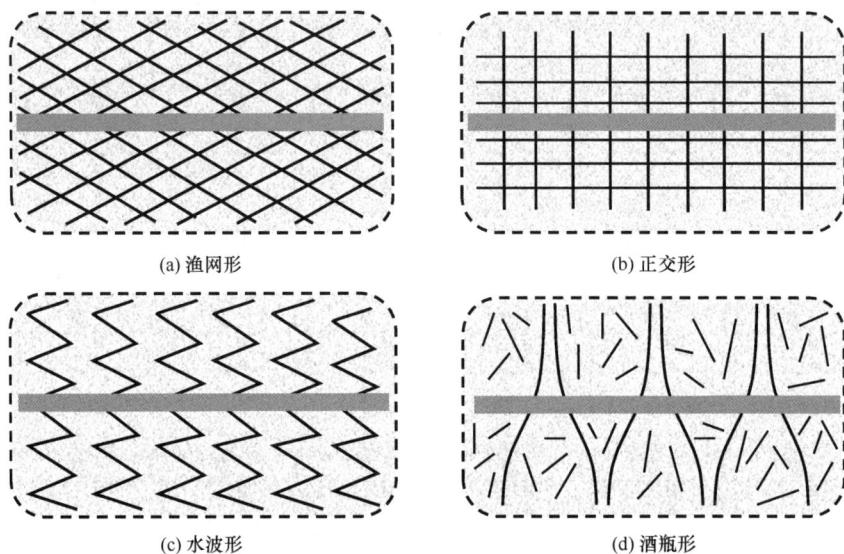

(a) 渔网形

(b) 正交形

(c) 水波形

(d) 酒瓶形

图 3-16　FCI 相同时的不同裂缝网络结构

　　形成复杂裂缝网络和增加复杂裂缝网络的复杂程度概念比较抽象，可用缝网控制体积来表征体积压裂的储层改造效果。如图 3-17 所示[图 3-17(b)为图 3-17(a)的局部放大图]，每条裂缝对周边储层基质油气都有一个泄油范围，此范围内的体积为该裂缝的控制体积。体积压裂形成的复杂裂缝网络中各裂缝控制的体积的总和减去重叠部分的体积就是该缝网的控制体积。

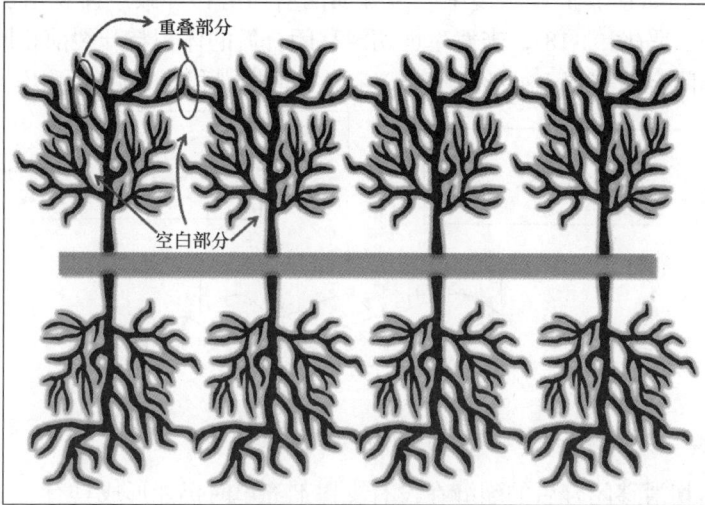

(a) 复杂裂缝网络控制体积(阴影)

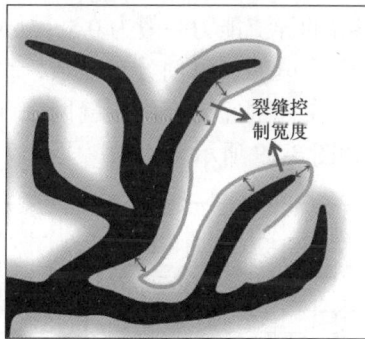

(b) 放大图

图 3-17　缝网控制范围(阴影)(后附彩图)

　　图 3-17 中各裂缝周边的阴影部分为各裂缝的控制范围，控制范围宽度主要由储层基质平均渗透率、基质内孔隙压力以及缝内压力梯度决定。储层不同，其基质平均渗透率就不同，相应的裂缝控制范围宽度就不同，因而裂缝控制体积也不会相同。缝网内各裂缝的控制范围可能重复，也就是说裂缝网络并不是越复杂越好，实际上应以改造范围内裂缝非控制体积表征储层改造效果，其值越小，改造效果越好，即图中的非阴影部分越少，改造效果越好。

5. 裂缝网络导流能力与支撑剂铺置

常规压裂与非常规压裂的区别还体现在裂缝中支撑剂的充填上。常规压裂中岩石主要为拉伸破坏，压后裂缝在地应力作用下将迅速闭合，因此需在裂缝中充填高导流能力的支撑剂，没有支撑剂充填的裂缝在常规压裂中认为是闭合的、无效的。而在非常规压裂中，裂缝面的剪切滑移导致总体积增加，形成了所谓的剪切膨胀(图 3-18)，未发生剪切滑移闭合后的体积与开裂前相同，裂缝发生剪切滑移闭合后体积 $V_{视}=V_1+V_2+V_3>$未发生剪切滑移闭合后体积 V。

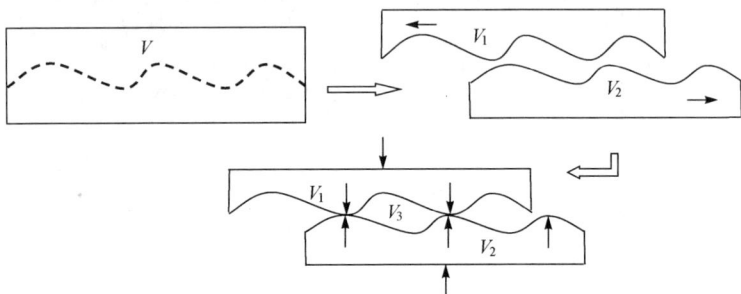

图 3-18　剪切膨胀

产生剪切滑移闭合后的裂缝在没有支撑剂充填时仍能形成具有一定导流能力的通道(图 3-18 中 V_3)，提高了储层整体渗透率。由剪切作用导致的错位(displaced)，使得无充填裂缝的导流能力一般为 0.5～5mD·ft。

体积压裂时裂缝网络中充填的支撑剂分布复杂，目前设计计算中一般采用两种截然不同的简化方法：支撑剂完全充满裂缝网络并在裂缝中均匀分布和支撑剂仅铺置于主裂缝中，如图 3-19 所示。

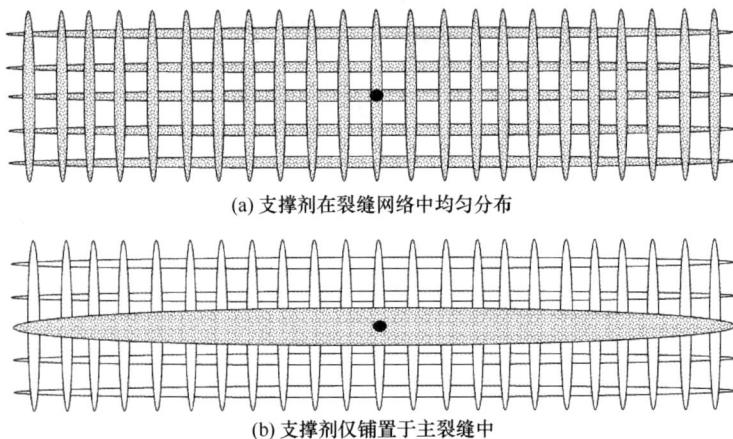

(a) 支撑剂在裂缝网络中均匀分布

(b) 支撑剂仅铺置于主裂缝中

图 3-19　支撑剂在裂缝网络中的铺置简化

　　实际裂缝网络中，支撑剂的铺置情况应介于上述两者之间，即主要铺置于主裂缝中，少量进入分支裂缝并聚集于缝网转弯处，如图 3-20 所示。大量剪切裂缝的缝宽极为狭窄，支撑剂难以进入。支撑剂从主裂缝中进入分支裂缝相对容易，但再由分支裂缝进入下一级分支裂缝就很困难。一方面是由于低黏度压裂液(如滑溜水)携砂能力较差，再加上分支裂缝缝宽较窄，分支裂缝压裂液速度下降较大，难以携带支撑剂；另一方面原因是高黏度携砂液虽能携带较大砂比的支撑剂，但由于黏度较大难以进入狭窄的分支裂缝。

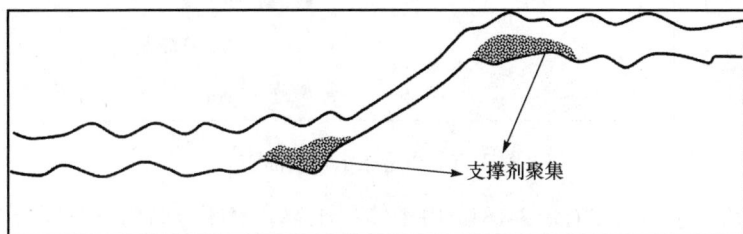

图 3-20　缝网中分支裂缝中桥塞式填砂

6. 压裂液的油气置换与返排

　　不同学者对常规压裂与非常规压裂在压裂液返排方面的认识也不同。与常规油气压裂相比，缝网压裂压后，压裂液难以返排，一般通过控制井口压力，利用地层能量需几周时间才能返排 10%～50%的压裂液。常规压裂需尽量返排多的压裂液为油气生产腾出通道，同时需快速返排以降低压裂液对储层孔隙的伤害。

　　对于非常规压裂，强制闭合式的快速返排对复杂缝网导流能力不利。原因是裂缝网络内流体压力快速下降迫使裂缝闭合，降低了支撑剂桥塞堆积程度，导致支撑剂承受压力增大，甚至可能压碎部分支撑剂，从而减少裂缝导流能力。

　　非常规储层压裂后，大量压裂液滞留于储层中的现象可解释为水置换了孔隙和微裂缝中的油气后滞留其中。也就是说，压裂中泵入的水可通过毛细管力等物理化学力作用对孔隙和微裂缝产生渗吸作用，从而置换其中的油气，其主要影响因素是油水两相渗透率、储层矿物成分、黏度、界面张力、接触角、孔隙喉道半径、重力等。另一种置换方式为渗透压置换，该种置换为低盐浓度的水通过与黏土孔隙中的高浓度水产生渗透压，从而置换黏土颗粒间的油气，如图 3-21 所示。

　　对非常规储层实施体积压裂时，脆性较高的储层岩石在裂缝内高压作用下会通过拉伸、剪切和拉伸-剪切形成裂缝网络。压后复杂破碎的岩石缝隙在地层闭合压力作用下将逐渐闭合，由于剪切滑移的作用，部分开裂滑移的岩石不能完

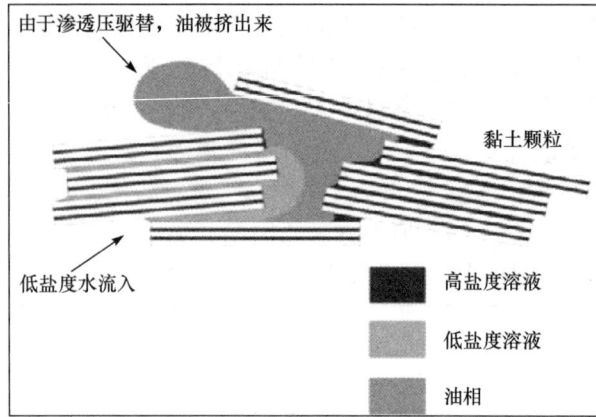

图 3-21　渗透压水置换油[45]

全闭合而留下各种裂隙(图 3-18)。由于体积压裂裂缝闭合时为部分闭合与部分形成裂隙共存,闭合部分需承受全部的地应力从而压碎相互接触的部分岩石,形成渗透能力更差的压实层。未闭合的裂缝可相互联通,形成具有一定导流能力的流动通道。

　　若未闭合的裂隙在四周都形成了压实层,裂隙中的压裂液(水)可完全封闭于其中,从而形成大大小小的各种微小"堰塞湖",将压裂液留在其中。由于裂缝的闭合作用,滞留在"堰塞湖"中的压裂液压力可高于储层中原地孔隙压力,如图 3-22 所示。

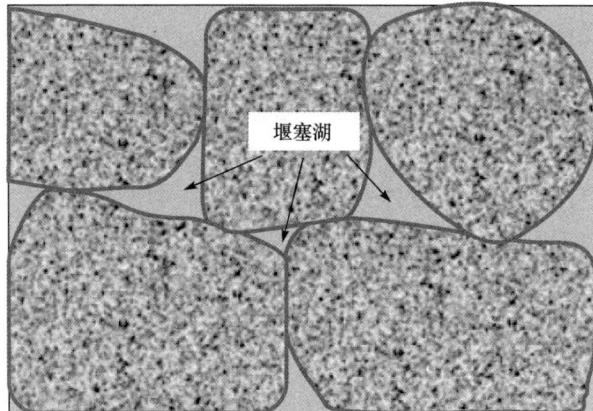

图 3-22　堰塞湖(后附彩图)

　　因此,对于基质渗透率极低的储层,体积压裂压出的裂缝网络在闭合压力作用下收缩时会封闭部分裂缝中的压裂液,形成"堰塞湖"而将压裂液留在改造的分支裂缝中。滞留在封闭区域内的压裂液可通过周围储层基质孔隙参与储层渗流，但由于其压力加大，上游流来的油气易于通过其周边裂缝或基质流动。

压裂液滞留于储层孔隙、裂缝或"堰塞湖"内对油气生产有一定的益处，它可置换出油气，提高地层压力，进而增大油气产量。

7. 体积压裂岩石的相互支撑作用

常规压裂施工结束后裂缝闭合在支撑剂上，充填在其中的支撑剂将受到闭合压力的作用，大小为储层原始最小水平主应力与孔隙压力之差。强度小于储层闭合压力的支撑剂将会被压碎，从而降低裂缝的导流能力。

体积压裂中由于储层基质被裂缝网络划分成相对独立的"块"、储层最大与最小水平主应力相差较小，因而最大与最小水平主应力都将参与裂缝网络的闭合，它们在各裂缝面上垂向正应力的合力形成了对应裂缝的闭合压力。

体积压裂实现了储层的三维立体改造，形成的复杂裂缝网络将储层岩石分割成若干块，裂缝两边不再为连续岩石。其中裂缝发育或脆性较高部分区域可"脱落"形成相对独立的岩石块。由于复杂裂缝网络中的各裂缝并非都沿储层的原始最大主应力方向，部分裂缝面可能与原始地应力方向成各种夹角。这些成夹角的裂缝闭合时并非如常规压裂裂缝那样仅由最小水平主应力决定，而是由最大最小水平主应力(甚至三个主应力)共同决定，各裂缝面承受各种不同的复杂受力。最终压裂过程中与闭合过程中的剪切、滑移、转动、位错等作用使得各块之间形成相互支持(图 3-23)。

休积压裂后岩石块之间的相互支撑以及对应裂缝面之间的相互支撑作用(图 3-23)，在储层中不仅可留下封闭的"堰塞湖"、相互连通的高导流的流动通

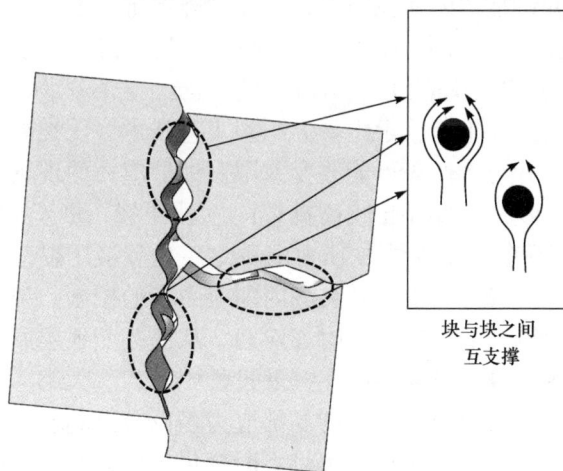

图 3-23　裂缝网络的闭合压力降低

道，还可抵消裂缝的部分闭合压力，从而降低对充填支撑剂的抗压强度要求。闭合压力降低幅度取决于分支裂缝分布、岩石脆性、天然裂缝分布、岩石的非均质性、地应力差以及填砂厚度。

体积压裂后岩石的相互支撑作用能引起填砂分支裂缝与主裂缝的闭合压力下降，进而导致支撑剂的抗压强度大幅度降低。也就是说，低强度的支撑剂可以支撑具有较大最小水平主应力的储层裂缝。

3.4.3　体积压裂技术研究展望

国内外许多专家学者对缝网复杂程度的主要影响因素进行了研究。Olsen 等[46]针对 Barnett 页岩储层情况，提出了缝网复杂程度的四大影响因素。

(1) 正交的区域拉伸裂缝。

(2) 较低的地层水平主应力和应力各向异性。

(3) 较小的泊松比。

(4) 极低的储层基质渗透率。

Chong 等[47]将地层能否进行缝网压裂的性质称为可压性(fracability)，他指出地层可压性的控制因素包括如下方面。

(1) 岩石力学性质(高杨氏模量，中低泊松比)。

(2) 岩石矿物性质，如脆性(brittleness)、岩石结构(rock fabrics)、矿物成分与含量(黏土、石英、方解石、白云石、长石和硫化铁矿等)。

(3) 天然裂缝系统。

Zhou 等[48]在总结国内外学者对体积压裂认识的基础上把体积压裂形成复杂裂缝网络的影响因素分为"内在地层因素"和"外在施工因素"两方面。也就是说，复杂裂缝网络是"内在地层因素"和"外在施工因素"共同作用下形成的。内在地层因素主要为地层的天然微裂缝(填充物、密度、分布、方向)、主应力(大小、方向、分布)、主应力差、岩石力学性质、岩石矿物成分、孔隙度、渗透率等地质参数；外在施工因素主要为压裂工艺技术、压裂液与支撑剂、压力与排量。此外，钻井与生产等可能改变或限制地层应力的现场施工技术也会影响复杂裂缝网络的形成，如高压力(高排量)、多段压裂、多簇压裂、重复压裂、同步压裂、拉链式压裂、变排量(变压力)压裂、变前置液压裂、滑溜水压裂等。

裂缝的起裂与扩展方向主要受裂缝周围应力场的控制。裂缝在扩展过程中将对周围数十米范围内的储层产生附加应力，从而改变地层原始地应力形成新的局部应力场。主裂缝与分支裂缝在扩展过程中可产生大小、方向不同的局部应力场，各局部应力场形成有差异的局部应力场分布。随着压裂裂缝的不断扩展，局部应力场与局部应力场分布都将不断变化。压裂裂缝与周围应力场相互作用、相互影响，局部应力场之间也相互影响，局部应力场与局部应力场分布控制着裂缝与缝网的进一步起裂与扩展。因此，裂缝的起裂与扩展方向和路径受其周围不断变化的实时局部应力场控制。

在总结体积压裂工艺技术发展的基础上，从外在施工因素出发，Zhou 等[48]提出可能最有应用前景的体积压裂工艺技术，分别如下。

(1) 高压/高排量：由于滤失作用，高压对应较高的泵排量，而裂缝复杂程度与缝内压力有关。在页岩压裂施工中，裂缝复杂程度随着缝内净压力的升高而增加。当缝内净压力大于最大原地应力时，可使水力裂缝发生转向、分支，从而沟通更多天然裂缝。

(2) 多簇压裂：不同簇之间的裂缝会相互干扰，在它们之间形成应力阴影，从而改变裂缝延伸路径。但若簇间距过小，则会产生较强的应力阴影，抑制其他裂缝的延伸。

(3) 重复压裂：当进行过相关压裂增产措施后，地层应力场会发生相应的改变，再次对其实施压裂改造就称为重复压裂。较高排量的重复压裂可能会改变原先的缝网系统，使裂缝相互靠近、张开、转向，从而产生新的裂缝。重复压裂后的主裂缝并没有沿着压裂前主裂缝的走向延伸，而是有可能沿着之前的裂缝走向延伸，并改变其方位。

(4) 同步压裂/拉链式压裂：同步压裂和拉链式压裂能够提高缝网复杂程度，可以归结为局部应力场的变化。

(5) 变排量/变压力压裂：排量的变化会引起压力的变化，脉冲压裂同样有利于提高缝网复杂程度。

(6) 变前置液压裂：通过泵入不同流体来改变前置液，可能会因为流体黏度而封堵已经形成的裂缝，改变滑溜水的流向，从而形成新的裂缝。

(7) 穿透性前置液压裂：滑溜水能够穿透新产生的裂缝，有利于形成较为复杂的缝网。穿透性较强的压裂液有助于沟通水力裂缝与天然裂缝，因此会形成更为复杂的裂缝网络。

从压裂裂缝起裂扩展的机理出发，有利于形成复杂裂缝网络、增加缝网复杂程度的压裂工艺技术可从以下 5 个方面进行突破。

(1) 利用压裂液渗流形成复杂裂缝缝网：通过压裂液对孔隙、微裂缝的渗流作用形成的局部渗流力在周围岩石中形成诱导应力场，诱导产生微裂缝。进入微裂缝的压裂液会在微裂缝内部形成微压裂，产生次生裂缝，如滑溜水压裂液。

(2) 利用裂缝内的高压改变裂缝扩展方向：常规压裂理论认为缝内净压力大于最小水平主应力时裂缝沿最大水平主应力方向延伸。但当裂缝方向与最大水平主应力方向不一致时，裂缝内较大压力(大于最大水平主应力)将迫使裂缝沿自身偏最大主应力方向扩展，即自相似原理，如采用高压力(高排量)压裂。

(3) 利用裂缝扩展过程中诱导应力场间的互作用：多条人工裂缝同时扩展时会对周围应力场产生附加诱导应力场，相邻裂缝间诱导应力场的互作用可改变裂缝原扩展方向，在相邻裂缝间"憋出"或迫使其间微裂缝形成横向次生裂缝，如水平井分段多簇压裂时各簇的同时延伸、相邻水平井同步压裂时人工裂缝的同时延伸。

(4) 利用在已经改变的应力场中造出复杂裂缝网络：此种机理应用较多，其核心是通过先行的施工作业改变局部地应力场，再在该局部区域实施压裂以压出复杂裂缝网络。例如，体积压裂中的重复压裂，它是利用第一次压裂改造出简单裂缝网络后地应力场的变化，实施第二次压裂迫使原来的简单裂缝网络扩展为复杂裂缝网络；拉链式压裂是通过某口水平井压完一段后其裂缝附近局部应力场的变化(保持全部、部分或无缝内净压力下)，在相邻水平井对应段再实施压裂，迫使裂缝在该局部地应力区形成复杂裂缝网络；变排量(变压力)压裂是在同一人工压裂缝中通过前部排量(压力)形成局部地应力改变区域，再通过新的排量(压力)在该局部区域内扩展裂缝。

(5) 交叉压裂技术：它是指打破从水平井趾部向跟部逐段压裂的传统，将压裂段顺序交叉，利用中间一段压裂时其两边局部地应力已发生变化，造出复杂裂缝网络。

对于"内在地层因素"不利于储层体积改造的储层(如脆性较差、应力差较大、天然裂缝发育不够的页岩和致密砂岩等储层)，通过"外在施工因素"中的工艺技术可在储层中压出简单的裂缝网络，但裂缝的缝网复杂程度较低，储层体积改造后无法大幅提高产量。若需对这类储层进行体积改造，可采用能在该类地层中打破主裂缝单线扩展、创造出多条分叉裂缝的压裂工艺技术。

高能气体水力压裂技术可在该类较"软"地层中实现储层体积改造。它是利用水力压裂可有效造缝并控制裂缝扩展的特点和其成熟的现场施工技术，结合层内高能气体压裂技术，在水力压裂主裂缝中造出分支裂缝的地方进行高能气体压裂，产生多方向分支裂缝，再通过水力压裂扩展这些分支裂缝。即通过高能气体压裂造分支裂缝，再通过水力压裂扩展主裂缝与分支裂缝。

体积压裂中人工主裂缝扩展路径受"内在地层因素"和"外在施工因素"两方面影响，与常规压裂产生的近似"直线"扩展延伸的裂缝不同，它可以形成"弯曲"的扩展路径。裂缝"弯曲"扩展角度主要受储层地质因素、裂缝尖端附近局部应力场和裂缝进入局部应力场的角度控制。从压裂设计角度来看，可通过射孔角度改变初始裂缝角度；通过多簇、同步、拉链等压裂方式改变储层原始地应力场，使主裂缝形成新的局部应力场；通过主裂缝缝内暂堵、前置液段塞等方法改变主裂缝尖端局部应力场；通过控制裂缝内净压力在水平最小与最大主应力之间、大于水平最大主应力的幅度等改变主裂缝扩展延伸角度，从而实现驾驭水力压裂中人工主裂缝的扩展路径。

驾驭人工主裂缝扩展还包括控制主裂缝长度，若在井筒附近或主裂缝附近把储层岩石压得太碎、缝太密，则水力压力能量耗费在井筒或主裂缝附近，形成的分支裂缝延伸不够。在同等前置液注入液量下，若分支裂缝太密或太长，则主裂缝会较短。

控制双翼主裂缝不对称也属于驾驭人工主裂缝扩展范畴。目前，常规水力压裂和体积压裂都是以对称双翼主裂缝为基本设计前提。对不需要对称主裂缝开采的储层，可通过同步压裂、拉链式压裂、先起裂扩展裂缝对旁边后起裂裂缝的抑制作用等外在施工手段改变双翼或双翼中一翼边的局部应力场，实现人工主裂缝双翼的不对称扩展或不同扩展长度。

驾驭人工主裂缝在需要储层改造的地方进行体积改造，而在不需要改造的地方直接穿越或转弯避开，实现对储层最有效的体积改造。对天然微裂缝分布不均、油气水饱和度不均、地面钻井条件较差等非常规储层，驾驭人工主裂缝扩展能有效避开或穿越不利开发区，主裂缝远程奔袭至天然裂缝丰富、油气饱和度高、储量及渗流条件较好的有利区域，最大限度地实现储层高效开采。

3.5　压裂裂缝监测技术

压裂监测的主要目的是通过采集压裂施工过程中的一些参数资料来分析地下压裂的施工进展情况和所压开裂缝的几何参数。

通过裂缝监测手段可以确定裂缝的延伸特征，利用这些信息优化压裂设计，提高油气采收率。目前国内外常用的水力压裂裂缝监测技术主要有三类，即远场裂缝监测、近井筒裂缝监测和间接裂缝监测。其中，远场裂缝监测技术主要包括微地震监测技术和测斜仪监测技术；近井筒裂缝监测技术主要包括井下电视裂缝监测技术、放射性示踪法裂缝监测技术和电磁成像裂缝监测技术。本章主要介绍远场裂缝监测技术、近井筒裂缝监测技术以及分布式声传感裂缝监测(distributed acoustic sensing, DAS)技术。

3.5.1　微地震监测技术

微地震监测技术是目前比较可靠的一种压裂裂缝监测技术，属于远场压裂裂缝监测技术。它能够对压裂裂缝的空间展布进行实时监测，还可以通过压裂后获得的数据开展综合分析，评估压裂作业效果，为进一步的压裂井设计、井位、井网调整等提供依据，是国内外应用比较广泛的一种压裂裂缝监测技术[49]。

非常规储层进行水力压裂过程中[50]，裂缝的起裂延伸造成压裂层的应力和孔隙压力发生变化，从而引起裂缝附近弱应力平面的剪切滑动，这类似于地震沿着断层滑动，但是由于规模较小，通常称为"微地震"[51]。微地震监测技术是通过观测和分析由压裂、注水等工程作业中岩石破裂或错断产生的微地震信号，达到监测地下岩石破裂、裂缝空间展布的地球物理技术[52]，如图 3-24 所示。微地震监测技术能够实时监测压裂裂缝的方位、倾角、缝长、缝高、缝宽和储层改造体积等，近年来已广泛应用于非常规油气压裂改造检测中[53]。其主要作用有①微地震裂缝监测技术与压裂作业同时进行，能实时监测压裂裂缝的扩展形态；②直接鉴别超出储层、产层的裂缝过度扩展造成的裂缝网络；③监测压裂裂缝网络的覆盖范围，实时动态显示裂缝的三维空间展布；④计算储层改造体积；⑤评价压裂作业效果；⑥优化压裂方案[49]。

国内外石油公司对微地震监测技术在油气田开发阶段的应用进行了大量实验研究，我国在此方面起步较晚，但在方法研究和技术开发方面(如实时成像)已经取得了明显进展。归纳起来，微地震检测技术在油气工业中主要有以下几方面应用[53]。

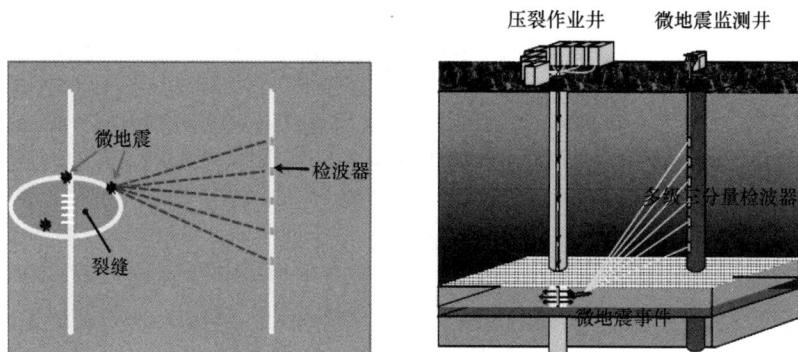

图 3-24　微地震井下监测示意图[49]

(1) 储层压裂监测。储层压裂是低渗透率储层实现高产稳产的重要手段，而微地震监测是目前储层压裂中最精确、最及时、信息最丰富的监测手段。实时微地震成像可以及时指导压裂工程，适时调整压裂参数。

(2) 产能模拟。通过微地震实时监测技术，发展出基于反演解释的压后产能模拟方法。借用微地震监测解释结果不仅可以验证数值模拟的精度，而且可以对反演结果(如缝长、缝高、缝宽及复杂程度)进一步解释和讨论[54]。

(3) 其他应用。①通过微地震监测可以识别可能存在的断层和大裂缝，描述断层的封堵性能；②微地震事件可以作为储层内部有效纵波和横波的震源，用于速度成像和横波各向异性分析，也可对与裂缝性储层有关的流动各向异性进行成像；③与其他井中地震技术和反射地震技术结合起来，能够显著降低储层监测的周期和费用。

微地震监测技术的优点：不仅能指明裂隙的方向和展布，还可以提供裂隙的方位角、高度、长度、不对称性和延伸范围等。

微地震监测技术局限性：不能确定支撑剂的位置。

微地震裂缝监测技术的应用给油气田生产带来了便利，但也具有一定的局限性，对监测井要求高，使用条件苛刻。

3.5.2　测斜仪监测技术

测斜仪裂缝监测技术是远场压裂裂缝监测技术的一种，它通过在地面压裂井周围和邻井井下布置两组测斜仪来监测压裂施工过程中引起的地层倾斜及变形，经过地球物理反演计算确定压裂参数，解释裂缝形态及尺寸的一种裂缝监测方法[55]。监测示意图如图 3-25 所示。

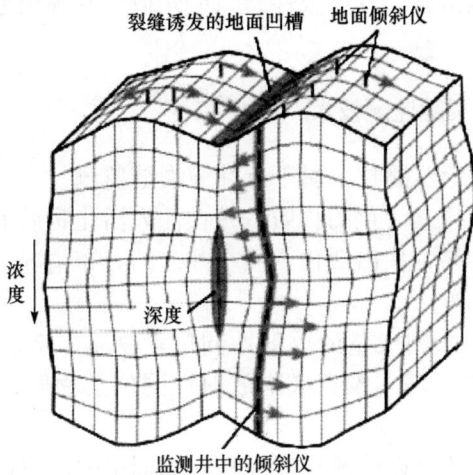

图 3-25　地面测斜仪监测示意原理图

测斜仪测量的是相对于垂直方向的角度变化[56]。测斜仪在地表测量裂缝方向、倾角和裂缝中心的大致位置，在邻井井下测量裂缝高度、长度和宽度参数[57]，可用于井深 3500m 以内浅地层裂缝监测。井下测斜仪布置在与压裂层相同深度的邻井中，垂直裂缝会在邻井处产生凸起变形，从而可以推算出裂缝的几何形态。

测斜仪监测方法引进国内已经超过 10 年[58]，2005 年中国石油在苏里格气田进行了国内首次地面测斜仪压裂裂缝监测试验，随后中国石化在大牛地气田和沙垱油田也成功进行了监测。

3.5.3 井下电视裂缝监测技术

井下电视裂缝监测技术属于近井筒裂缝监测技术，其由井下系统和地面系统两部分组成。井下部分主要有摄像头、光源、处理电路、保温瓶和马龙头等，用于完成井下视频信号的采集与处理，并通过普通测井电缆将信号传输到地面系统。地面系统包括地面电路系统和视频显示系统，用来完成视频信号的回放与存储。通过井下电视可以对井下的各种复杂现象进行直接观测，获取常规测试无法得到的复杂现象和资料，进而估算出压裂裂缝的高度。

井下电视裂缝监测技术是利用光学成像原理，将摄像镜头安装在仪器的前端。测井时，井下摄像镜头在可见光源的照射下对井管内壁进行摄像，图像信号先通过电子线路的处理，产生频率脉冲信号，再通过电缆传送到地面接收装置，进行解码形成图像。最后通过对图像的分析，实现对井下状况的实时监测。测试过程直接反映井下状况，并且实时显示图像，直观清晰，有利于正确判定井况和制定相应措施。其局限性是只能录取射孔孔眼处的情况，用于油气井有孔眼的部分。

3.5.4 放射性示踪法裂缝监测技术

放射性示踪法裂缝监测技术属于近井筒裂缝监测技术，主要工作机理是向井内注入被放射性同位素活化的物质，并在注入活化物质前后分别进行伽马测井，对比两次测量结果，找出活化物质在井内的分布情况，借此确定岩层特性或油气层动态。

被压开的裂缝段吸附大量的放射性同位素物质，造成自然伽马值升高，而未被压裂的井段由于基本没有吸附放射性同位素物质，其测量的自然伽马值基本不变。

通过放射性示踪法可以监测压裂液和支撑剂中的放射性示踪剂，确定压裂施工期间压裂液和支撑剂所到达的区域，由此估测出压裂裂缝的高度、宽度、方位和倾角。同时使用不同的放射性同位素可以确定不同的施工阶段，但在选择示踪剂时要求放射性同位素不发生自然扩散。其局限性是仅能探测井筒附近裂缝。

3.5.5 电磁成像裂缝监测技术

电磁成像裂缝监测技术的原理是首先将支撑剂进行特殊处理，利用其专有的电磁信号源及传感系统来监测处理过的支撑剂，采集的数据经过处理和矫正后得到一个地质模型，由此可对地下支撑剂的分布进行精确成像。该技术可以展示压裂作业过程中支撑剂在何处铺置，借此了解支撑剂的分布规律。

相比较而言，微地震监测并不能说明支撑剂的分布位置，它只能显示压裂的位置，这是电磁成像技术与微地震监测图像技术相比最大的优势。此外，电磁成像技术还可以节省成本。

3.5.6　分布式声传感裂缝监测技术

分布式声传感裂缝监测(DAS)技术利用标准电信单模传感光纤作为声音信息的传感和传输介质，可以实时地对光纤沿线的声音分布情况进行测量、识别和定位。该技术可以有效地优化水力压裂设计和施工，从而降低完井成本，提高井筒导流能力和最终采收率[59]。

该技术的监测原理是由于压裂液流动的变化，在传感光纤附近会引起声音的扰动，这些声音扰动信号会使得光纤内背向散射光信号产生独特、可判断的变化[59]，而地面的数据处理系统可以通过分析这些光信号的变化，产生一系列沿着光纤单独、同步的声信号。通过实时分析 DAS 地面系统所采集的数据，可以获得压裂液和支撑剂的作用位置，由此诊断压裂设计的效果，以实现施工过程中和后续施工中成本的优化[60]。

DAS 技术在压裂施工中的主要作用是准确了解裂缝起裂位置，可以帮助作业者对施工做出相应的调整，使液体转移到未被改造的储层区域。同时，作业者可以通过实时信息及时发现封隔器、桥塞或尾管悬挂器的故障，并在继续施工前采取维修措施。

3.5.7　裂缝监测技术对比

微地震裂缝监测技术是目前应用最广泛的一种。测斜仪裂缝监测技术的应用也比较广泛，但无法用于深井。直接近井筒裂缝监测技术只可作为补充技术，分布式声传感裂缝监测技术还处于起步阶段。

综合各类裂缝监测方法的原理及特点，对它们的性能加以对比(表 3-1)。

表 3-1　裂缝监测方法的适用性、局限性和经济性评价

裂缝诊断方法	优点	主要局限性
微地震法裂缝监测技术	实时提供压裂施工产生裂缝的高度、长度和方位角，利用这些信息可以优化压裂设计和井网部署方案	微地震的能量很小，深井不适用；取决于速度模型与算法
测斜仪裂缝监测技术	可获得水力裂缝方位、倾角和裂缝体积，以及不太准确的裂缝长度、高度及对称性	获得数据的精确度低；准确性随仪器与裂缝间距离的增加而降低
井下电视裂缝监测技术	测试过程直接反映井下状况，并且实时显示图像，直观清晰，有利于正确判定井况和制定相应措施	主要用于套管井，提供近井地层或射孔段的信息

续表

裂缝诊断方法	优点	主要局限性
放射性示踪法裂缝监测技术	确定压裂施工期间压裂液和支撑剂所到达的区域，可能估测出压裂裂缝的高度、宽度、方位和倾角	仅能探测井筒附近裂缝，而且在选择示踪剂时要求放射性同位素不发生自然扩散
电磁成像裂缝监测技术	展示压裂作业过程中支撑剂的铺置情况	准确性、可靠性有待提高
分布式声传感裂缝监测技术	了解裂缝起裂位置，可以通过实时信息及时发现封隔器、桥塞或尾管悬挂器的故障	准确性、可靠性有待提高

参 考 文 献

[1] GIGER F M. Horizontal wells production techniques in heterogeneous reservoirs[C]//SPE13710-MS, Middle East Oil Technical Conference and Exhibition, Bahrain, 1985.

[2] GIGER F M. Low-permeability reservoirs development using horizontal wells[C]// SPE16406-MS, Low Permeability Reservoirs Symposium, Denver, 1987.

[3] BROWN J E, ECONOMIDES M J. An analysis of horizontally fractured horizontal wells[C]// SPE24322-MS, SPE Rocky Mountain regional meeting, Casper, 1992.

[4] BURTON W A. Unconventional completions: Which one is right for your application?[C]// SPE166431-MS, SPE Annual Technical Conference and Exhibition, New Orleans, 2013.

[5] VAN GIJTENBEEK K A W, SHAOUL J R, DE PATER H J. Over placing propped fracture treatments-good practice or asking for trouble?[C]//SPE154397-MS, SPE Europec/EAGE Annual Conference, Copenhagen, 2012.

[6] DESHPANDE K M, SIMPKINS D R, GANDIKOTA R V, et al. Fracturing completion system optimization through advanced hydraulic modeling[C]//SPE160552-RU, SPE Russian Oil and Gas Exploration and Production Technical Conference and Exhibition, Moscow, Russia, 2012.

[7] 李颖川. 采油工程[M]. 北京：石油工业出版社，2009.

[8] NAGEL N, ZHANG F, SANCHEZ-NAGEL M, et al. Quantitive evaluation of completion techniques on influencing shale fracture 'complexity'[C]//ISRM International Conference for Effective and Sustainable Hydraulic Fracturing, Brisbane, 2013.

[9] CIPOLLA C L. Modeling production and evaluating fracture performance in unconventional gas reservoirs[J]. Journal of petroleum technology, 2009, 61(9): 84-90.

[10] PALMER I D, MOSCHOVIDIS Z A. New method to diagnose and improve shale gas completion[C]//SPE134669-MS, SPE annual Technical Conference and Exhibition, Florence, Italy, 2010.

[11] WARPINSKI N R. Hydraulic fracturing in tight, fissured media[J]. Journal of petroleum technology, 1991, 43(2): 146-209.

[12] WARPINSKI N R. Microseismic monitoring: inside and out[J]. Journal of petroleum technology, 2009, 61(11): 80-85.

[13] OLSEN T N, GOMEZ E, MCCRADY D D, et al. Stimulation results and completion implications from the consortium multiwell project in the North Dakota Baken Shale[C]// SPE124686-MS, SPE Annual Technical Conference and Exhibition, New Orleans, 2009.

[14] WARPINSKI N R. Integrating microseismic monitoring with well completions, reservoir behavior, and rock mechanics[C]//SPE125239-MS, SPE Tight Gas Completions Conference, San Antonio, 2009.

[15] KING G E. Thirty years of gas shale fracturing: what have we learned?[C]//SPE133456-MS, SPE Annual Technical Conference and Exhibition, Florence, 2010.

[16] CHONG K K, GRIESER W V, PASSMAN A, et al. A completions guides book to shale-play development: A reciew of successful approached towards shale-play stimulation in the last two decades[C]//SPE133874-MS, Canadian Unconventional Resources and International Petroleum Conference, Calgary, 2010.

[17] CIPOLLA C L, WARPINSKI N R, MAYERHOFER M J, et al. The relationship between fracture complexity, reservoir properties, and fracture treatment design[C]//SPE115769-MS, SPE Annual Technical Conference and Exhibition, Denver, 2008.

[18] MAYERHOFER M J, LOLON E P, YOUNGBLOOD J E, et al. Integration of microseismic-fracture-mapping results with numerical fracture network production modeling in the Barnett Shale[C]//SPE102103-MS, SPE Annual Technical Conference and Exhibition, San Antonio, 2006.

[19] GRIESER W V, BRAY J M. Identification of production potential in unconventional reservoirs[C]// SPE106623-MS, Production and Operations Symposium, Oklahoma City, 2007.

[20] GALE J F W, REED R M, HOLDER J, et al. Natural fractures in the Barnett Shale and their importance for hydraulic fracture treatments[J]. AAPG bulletin, 2007, 91(4): 603-622.

[21] PALMER I, CAMERAN J, MOSCHOVIDIS Z, et al. Natural fractures influence shear stimulation direction [J]. Journal of oil&gas, 2009, 107(12):37-43.

[22] LAW B E, RICE D D. Hydrocarbons from Coal[M]. USA: American Association of Petroleum Geologists, 1993: 303-339.

[23] BLANTON T L. An experiment study of interaction between hydraulically induced and pre-existing fractures[C]//SPE10847-MS, SPE Unconventional Gas Recovery Symposium, Pittsburgh, 1982.

[24] BLANTON T L. Propagation of hydraulically and dynamically induced fractures in natural fractured reservoir[C]//SPE15261-MS, SPE Unconventional Gas Technology Symposium, Louisville, 1986.

[25] OVERBY W K, YOST L E. Analysis of natual fractures observed by borehole video camera in a horizontal well[C]//SPE17760-MS, SPE Gas Technology Symposium, Dallas, 1988.

[26] YOST A B, OVERBEY W K, WILKINS D A, et al. Hydraulic fracturing of a horizontal well in a naturally fractured reservior: gas study for multiple fracture design[C]//SPE17759-MS, SPE Gas Technology Symposium, Dallas, 1988.

[27] KUBIK W, LOWRY P. Fracture indentification and characterization using cores, FMS, CAST and borehole camera: Devonian Shale, Pike Country, Kentucky[C]//SPE25897-MS, Low

Permeability Reservoirs Symposium, Denver, 1993.

[28] CARAMANICA F P, HILL D G. Spatial delineation of natural fractures and relation to gas production[C]//SPE29170-MS, SPE Eastern Regional Meeting, Charleston, 1994.

[29] HOPKINS C W, ROSEN R L, HILL D G. Characterization of an induced hydraulic fracture completion in a naturally fractured Antrim shale reservoir[C]//SPE51068-MS, SPE Eastern Regional Meeting, Pittsburgh, 1998.

[30] BARTON C A. Discrimination of natural fractures from drilling-induced wellbore failures in wellbore image data-implications for reservoir permeability[C]//SPE58993-MS, SPE International Petroleum Conference and Exhibition, Mexico, 2000.

[31] POTLURI N K, ZHU D, HILL A D. The effect of natural fractures on hydraulic fracture propagation[C]//SPE94568-MS, SPE European Formation Damage Conference, Sheveningen, 2005.

[32] GASKARI R, MOHAGHEGH S D, et al. Estimating major and minor natural fracture in pattern in gas shales using production data[C]//SPE104554-MS, SPE Eastern Regional Meeting, Canton, 2006.

[33] CHIPPERFIELD S T, WONG J R, WARNER D S, et al. Shear dialation diagnostic: A new approach for evaluation tight gas stimulation treatment[C]//SPE106289-MS, SPE hydraulic Fracturing Technology Conference, College Station, 2007.

[34] GALE J F W, REED R M, HOLDER J. Natural fractures in the Barnett Shale and their importance for hydraulic fracture treatments[J]. AAPG Bulletin, 2007, 91(4): 603-622.

[35] GALE J F W, HOLDER J. Natural fractures in some US shales and their importance for gas production[C]//Petroleum geology: From Mature Basins to New Frontiers-proceedings of the 7th Petroleum Geology Conference, London, 2010.

[36] OLSON J E, BAHORICH B, HOLDER J. Examining hydraulic fracture: Natural fracture interaction in hydrostone block experiments[C]//SPE152618-MS, SPE Hydraulic Fracturing Technology Conference, The Woodlands, 2012.

[37] 张士诚, 郭天魁, 周彤, 等. 天然页岩压裂裂缝扩展机理试验[J]. 石油学报, 2014, 35(3): 496-503.

[38] 侯振坤, 杨春和, 王磊, 等. 大尺寸真三轴页岩水平井水力压裂物理模拟试验与裂缝延伸规律分析[J]. 岩土力学, 2016, 37(2): 407-414.

[39] JORDAN J S, HARKRIDER J D, ANTHONY W L, et al. The relationship between net pressure development during hydraulic fracture treatments and productivity in fruitland coal completions[C]//SPE84819-MS, SPE Eastern Regional Meeting, Pittsburgh, 2003.

[40] KING G E, HAILE L, SHUSS J A, et al. Increasing fracture path complexity and controlling downward fracture growth in the Barnett Shale[C]//SPE119896-MS, SPE Shale Gas Production Conference, Fort Worth, 2008.

[41] PALMER I D, MOSCHOVIDIS Z A, CAMERON J R. Modeling shear failure and stimulation of the Barnett Shale after hydraulic fracturing[C]//SPE106113-MS, SPE Hydraulic Fracturing Technology Conference, College Station, 2007.

[42] WARPINSKI N R, MAYERHOFER M J, VINCENT M C, et al. Stimulating unconventional reservoirs: Maximizing network growth while optimizing fracture conductivity[C]//SPE114173-MS, SPE Unconventional Reservoirs Conference, Keystone, 2008.

[43] WILEY C, BARREE B, EBERHARD M, et al. Improved horizontal well stimulations in the Bakken Formation, Williston Basin, Montana[C]//SPE90697-MS, SPE Annual Technical Conference and Exhibition, Houston, 2004.

[44] KING G E. Thirty years of shale fracturing: What have we learned?[C]//SPE133456-MS, SPE Annual Technical Conference and Exhibition, Florence, 2010.

[45] FAKCHAROENPHOL P, KURTOGLU B, KAZEMI H, et al. The effect of osmotic pressure on improve oil recovery from fractured shale formations[C]//SPE168998-MS, SPE Unconventional Resources Conference, The Woodlands, 2014.

[46] OLSEN T N, BRATTON T R, THIERCELIN M J. Quantifying proppant transport for complexity fractures in unconventional formations[C]//SPE119300-MS, SPE Hydraulic Fracturing Technology Conference, The Woodlands, 2009.

[47] CHONG K K, GRIESER W V, PASSMAN A, et al. A completions guide book to shale-play development: A review of successful approaches towardes shale-play stimulation in the last two decades[C]//SPE133874-MS, Canadian Unconventional Resources and International Petroleum Conference, Calgary, 2010.

[48] ZHOU D S, HE P. Major factors affecting simultaneous frac results[C]//SPE173633-MS, SPE Production and Operations Symposium, Oklahoma City, 2015.

[49] 刘振武, 撒利明, 巫芙蓉, 等. 中国石油集团非常规油气微地震监测技术现状及发展方向[J]. 石油地球物理勘探, 2013, 48(5): 843-853.

[50] LE CALVEZ J H, TANNER K V, GLENN S A, et al. Using induced microseismicity to monitor hydraulic fracture treatment: A tool to improve completion techniques and reservoir management[C]//SPE104570-MS, SPE Eastern Regional Meeting, Canton, 2006.

[51] DOWNIE R C, LE CALVEZ J H, KERRIHARD K. Real-Time microseismic monitoring of simultaneous hydraulic fracturing treatments in adjacent horizontal wells in the Woodford Shale[J]. CSPG CSEG CWLS convention. 2009, 26(1): 484-492.

[52] 张宏录, 刘海蓉. 中国页岩气排采工艺的技术现状及效果分析[J]. 天然气工业, 2012, 32(12): 49-51.

[53] 宋维琪, 陈泽东, 毛中华. 水力压裂裂缝微地震监测技术[M]. 东营: 中国石油大学出版社, 2008.

[54] 赵金洲. 页岩气藏缝网压裂数值模拟[M]. 北京: 科学出版社, 2016.

[55] MAYERHOFER M, DEMETRIUS S, GRIFFIN L, et al. Tiltmeter hydraulic fracture mapping in the North Robertson Field, West Texas[C]//SPE59715-MS, SPE Permian Basin Oil and Gas Recovery Conference, Midland, 2000.

[56] 闫鑫, 胡天跃, 何怡原. 地表测斜仪在检测复杂水力裂缝中的应用[J]. 石油地球物理勘探, 2016, 51(3): 480-486.

[57] FISHER M K, WRIGHT C A, DAVIDSON B M, et al. Integrating fracture mapping

technologies to optimize stimulations in the Barnett shale[C]//SPE77441-MS, SPE Annual Technical Conference and Exhibition, San Antonio, 2002.

[58] 唐梅荣，张矿生，樊凤玲. 地面测斜仪在长庆油田裂缝测试中的应用[J]. 石油钻采工艺，2009，31(3)：107-110.

[59] MOLENAAR M M, HILL D,WEBSTER P, et al. First downhole application of distributed acoustic sensing(DAS) for hydraulic-fracturing monitoring and diagnostics[C]//SPE140561-MS, SPE Hydraulic Fracturing Technology Conference, The Woodlands, 2011.

[60] 贾利春，陈勉，金衍. 国外页岩气就水力压裂裂缝监测技术进展[J]. 天然气与石油，2012，30(1)：44-47.

第4章 压裂裂缝扩展模拟模型

目前用于油气储层压裂的模拟软件种类繁多[1,2]，功能各不相同。对每个单一软件而言，模型在建立过程中的多元化，导致大多数计算程序都着重于或只能解决水力压裂过程中的某一部分问题。

为了更加真实地反映储层水力压裂过程中的地层应力变化、裂缝扩展情况以及压裂对产能的影响，本章主要讨论三种应用较为广泛的压裂裂缝模拟方法，分别是边界元模型、有限元模型和离散化缝网模型。

4.1 边界元模型

本节介绍应用边界元法求解裂缝扩展的计算原理。与区域型解法——有限元法相比较，边界元模型解法需要处理的空间维数少了一维，这使数据的输入准备工作大为简化，网格的划分和重新调整也更为方便。

本节应用边界元法来模拟计算地层裂缝的破裂和延伸过程，下面主要从基于边界元的位移不连续法、裂缝尖端附近的奇异场、裂缝尖端应力强度因子、复合型裂缝断裂及转向判据四个方面来对模拟程序进行说明[3,4]。

4.1.1 基于边界元的位移不连续法

利用不连续位移方法求解有关裂缝问题时，可以认为是在无限大的平面介质内用封闭的裂缝把实际介质分割开，裂缝的侧面就是介质的边界。可以将裂缝的破裂看成有限长度单元的不连续位移问题，将此有限单元离散化，从而转化为常位移不连续问题，再通过叠加原理求取真正的不连续位移解[5]。

本书将边界线和内部裂缝简称为边界，其上的各个变量可以用其切向分量和法向分量来表示。

由于位移不连续法是对整个无限平面来求解的，因此内部问题和外部问题一起解决。

首先假定在 x-y 坐标系中存在某一裂缝长 $2a$(图 4-1)，裂缝的两个不连续面分别记为 $y=0_+$ 和 $y=0_-$，两个不连续面在平面 x-y 坐标系中的位移分别为 u_x^+、u_x^-、u_y^+、u_y^-，不连续位移量用 D 表示，则有如下表达式[5]：

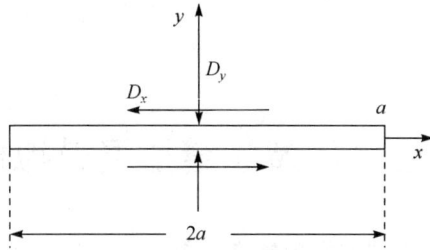

图 4-1 二维位移不连续单元

$$D_x = u_x^- - u_x^+$$
$$D_y = u_y^- - u_y^+$$

(4-1)

定义使两侧面重叠的不连续位移为正、两侧面张开的不连续位移为负，两侧面围绕原点逆时针转动引起的两侧面错动为正，反之为负。假设

$$f(x,y) = -\frac{1}{4\pi(1-v)}\left[y\left(\arctan\frac{y}{x-a} - \arctan\frac{y}{x+a} \right) \right] - (x-a)\ln\left[(x-a)^2 + y^2 \right]^{\frac{1}{2}}$$
$$+ (x+a)\ln\left[(x+a)^2 + y^2 \right]^{\frac{1}{2}}$$

(4-2)

则该段裂缝位移间断$(D_x，D_y)$对平面内任意场点 i 产生的位移和应力用方程可表示为

$$u_x = D_x\left[2(1-v)f_y' - yf_{xx}' \right] + D_y\left[-(1-2v)f_x' - yf_{xy}' \right]$$
$$u_y = D_x\left[2(1-v)f_y' - yf_{xy}' \right] + D_y\left[2(1-v)f_y' - yf_{yy}' \right]$$
$$\sigma_{xx} = 2GD_x(2f_{xy}' + yf_{xyy}') + 2GD_y(f_{yy}' + yf_{yyy}')$$
$$\sigma_{yy} = 2GD_x(-yf_{xyy}') + 2GD_y(f_{yy}' + yf_{yyy}')$$
$$\sigma_{xy} = 2GD_x(f_{yy}' + yf_{xyy}') + 2GD_y(-yf_{yyy}')$$

(4-3)

式中，σ_{xx}——沿 x 方向的正应力；

σ_{yy}——沿 y 方向的正应力；

σ_{xy}——剪应力；

G——剪切模量。

若平面内任一点 i 的坐标为$(x，y)$，代入式(4-2)和式(4-3)，可求得裂缝发生位移间断$(D_x，D_y)$时在该点引起的应力和位移。

但是当$y=0$时，也就是 i 点位于裂缝所在的 x 轴上的位移问题，要分为以下两种不同的情况。

1) $|x|>a$(平面内一点 i 在裂缝之外)

$$u_x = \frac{-(1-2\nu)}{4\pi(1-\nu)}\ln\left|\frac{x-a}{x+a}\right|D_y$$

$$u_y = \frac{(1-2\nu)}{4\pi(1-\nu)}\ln\left|\frac{x-a}{x+a}\right|D_x$$

(4-4)

可以看出，i 点位于裂缝的延长线上时，其位移还是连续的。

2) $|x|<a$(平面内一点 i 在裂缝之内)

(1) $y=0_+$(i 点在裂缝的外侧面上)：

$$u_x^+ = -\frac{1}{2}D_x - \frac{-(1-2\nu)}{4\pi(1-\nu)}\ln\left|\frac{x-a}{x+a}\right|D_y$$

$$u_y^+ = \frac{(1-2\nu)}{4\pi(1-\nu)}\ln\left|\frac{x-a}{x+a}\right|D_x - \frac{1}{2}D_y$$

(4-5)

(2) $y=0_-$(i 点在裂缝的内侧面上)：

$$u_x^- = \frac{1}{2}D_x - \frac{-(1-2\nu)}{4\pi(1-\nu)}\ln\left|\frac{x-a}{x+a}\right|D_y$$

$$u_y^- = \frac{(1-2\nu)}{4\pi(1-\nu)}\ln\left|\frac{x-a}{x+a}\right|D_x + \frac{1}{2}D_y$$

(4-6)

由式(4-5)与式(4-6)可以看出，$y=0$ 时，在裂缝内、外侧面上的位移是不同的，其间断值正好就是 D_x 和 D_y：

$$D_x = u_x^-(y=0_-) - u_x^+(y=0_+)$$

$$D_y = u_y^-(y=0_-) - u_y^+(y=0_+)$$

(4-7)

对于应力，当 $y=0$ 时也有两种情况。

(1) $|x|=a$ 或$-a$，应力是奇异的。

(2) x 不等于 a 和$-a$。

$$\sigma_{xx} = \frac{-G}{2\pi(1-\nu)}\left(\frac{1}{x-a} - \frac{1}{x+a}\right)D_y$$

$$\sigma_{yy} = \frac{-2aG}{2\pi(1-\nu)}\left(\frac{1}{x^2-a^2}\right)D_y$$

$$\sigma_{xy} = \frac{-aG}{\pi(1-\nu)}\left(\frac{1}{x^2-a^2}\right)D_x$$

(4-8)

由此可见，在裂缝两端点处应力是奇异的，而在 $y=0$ 上其余地方的应力是有限且连续的。因此，对于平面内一条单独的曲线裂缝问题进行数值模拟时，可以把曲线离散为首尾相连的 N 个小段，也就是 N 个边界单元(将每个单元的曲线微元化为直线)。此时，某一边界元单元 j 的切向和法向局部坐标 $s\text{-}n$ 如图 4-2 所示。假设裂缝中内压力的作用使单元 j 的外侧面发生位移分量 u_s^+ 和 u_n^+，内侧面发生位移分量 u_s^- 和 u_n^-，则该单元上的位移间断分量为

$$\overset{j}{D_s} = \overset{j}{u_s^-} - \overset{j}{u_s^+}$$
$$\overset{j}{D_n} = \overset{j}{u_n^-} - \overset{j}{u_n^+}$$

(4-9)

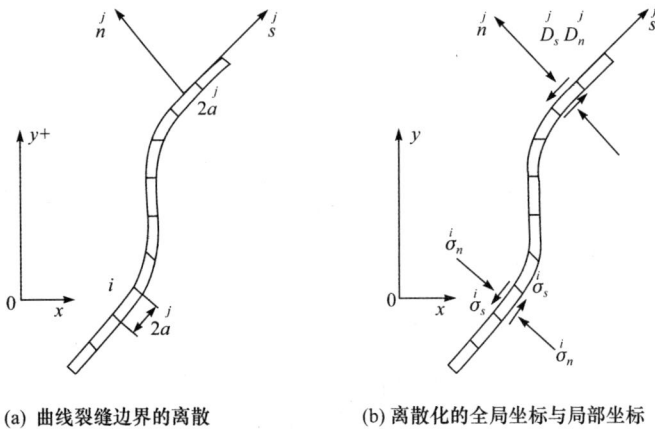

(a) 曲线裂缝边界的离散　　　　　(b) 离散化的全局坐标与局部坐标

图 4-2　曲线裂缝中边界单元的应力和位移分量

当边界单元 j 上存在两个位移间断分量时，在任一个边界单元 i 中点处引起的应力和位移分量可写为

$$\overset{j,i}{\sigma_s} = \overset{j,i}{A_{ss}} \overset{j}{D_s} + \overset{j,i}{A_{sn}} \overset{j}{D_n}$$
$$\overset{j,i}{\sigma_n} = \overset{j,i}{A_{ns}} \overset{j}{D_s} + \overset{j,i}{A_{nn}} \overset{j}{D_n}$$
$$\overset{j,i}{\sigma_t} = \overset{j,i}{A_{ts}} \overset{j}{D_s} + \overset{j,i}{A_{tn}} \overset{j}{D_n}$$
$$\overset{j,i}{u_s^-} = \overset{j,i}{B_{ss}} \overset{j}{D_s} + \overset{j,i}{B_{sn}} \overset{j}{D_n}$$
$$\overset{i}{u_n^-} = \overset{j,i}{B_{ns}} \overset{j}{D_s} + \overset{j,i}{B_{nn}} \overset{j}{D_n}$$

(4-10)

式中，$\overset{j,i}{\sigma_s}$、$\overset{j,i}{\sigma_n}$、$\overset{j,i}{\sigma_t}$——边界单元 i 中点处由单元 j 上的位移间断引起的切向面力、法向面力和沿裂缝方向的正应力分量；

$\overset{j,i}{u_s^-}$、$\overset{i}{u_n^-}$——负侧面上的切向和法向分量；

$\overset{j,i}{A_{ss}}$、$\overset{j,i}{A_{sn}}$、$\overset{j,i}{A_{ns}}$、$\overset{j,i}{A_{nn}}$——应力影响系数；

$\overset{j,i}{B_{ss}}$、$\overset{j,i}{B_{sn}}$、$\overset{j,i}{B_{ns}}$、$\overset{j,i}{B_{nn}}$——位移影响系数。

对于式(4-3)中的 $x\text{-}y$ 坐标系与式(4-10)中的 $s\text{-}n$ 坐标系，两者之间的对应关系如图 4-3 所示。

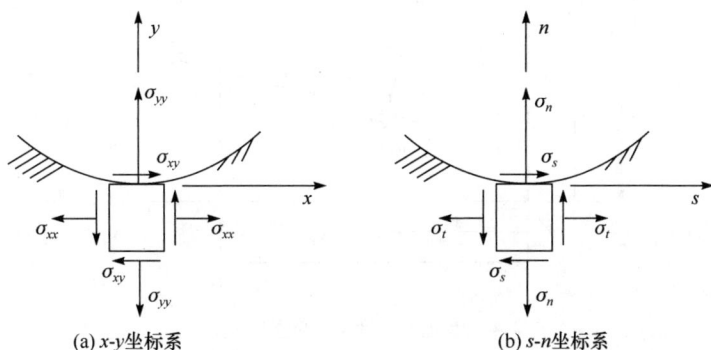

(a) $x\text{-}y$坐标系　　　　　　　(b) $s\text{-}n$坐标系

图 4-3　不同坐标系应力对比图

由于现在的原点在单元 j，场点在单元 i，因此 A 和 B 的上方标为 j, i。在表示下标时，第一个下标为被影响点的面力或负侧位移分量的方向，第二个下标为影响源的位移间断分量的方向。但是在单元 i 点处各分量的方向以单元 i 的局部坐标系统 $\overset{i}{s}\text{-}\overset{i}{n}$ 为准来决定其切向和法向，不一定与单元 j 的 $\overset{j}{s}\text{-}\overset{j}{n}$ 局部坐标系统相同。因此，在计算单元 j 的位移间断对单元 i 的影响系数时，需要进行坐标变换。

变换思路，把单元 i 中点的坐标值(通常以总体坐标系 $x\text{-}y$ 值给出)转换为以单元 j 的局部坐标系 $\overset{j}{s}\text{-}\overset{j}{n}$ 为准的坐标值，然后用式(4-3)进行计算。

$$\begin{aligned}
\overline{x}_i &= \left(\overset{i}{x}-\overset{j}{x}\right)\cos\overset{j}{\beta}+\left(\overset{i}{y}-\overset{j}{y}\right)\sin\overset{j}{\beta} \\
\overline{y}_i &= -\left(\overset{i}{x}-\overset{j}{x}\right)\sin\overset{j}{\beta}+\left(\overset{i}{y}-\overset{j}{y}\right)\cos\overset{j}{\beta}
\end{aligned} \tag{4-11}$$

单元 i 和单元 j 的整体坐标值如图 4-4 所示。其中，$\overset{j}{\beta}$ 是单元 j 的切线方向与整体坐标系 x 轴的夹角，x、y 方向加"‾"号代表的是按单元 j 的局部变量表示坐标值。

将 $\overline{x}_i$ 和 $\overline{y}_i$ 代入式(4-3)，就可以得到单元 j 的位移间断对场点 i 处各变量的影响系数。但场点 i 处的应力和位移还是以单元 j 的局部坐标系 $\overset{j}{s}\text{-}\overset{j}{n}$ 表示的分量，必须进一步将这些分量转换成以单元 i 的局部坐标系 $\overset{i}{s}\text{-}\overset{i}{n}$ 表示的分量。

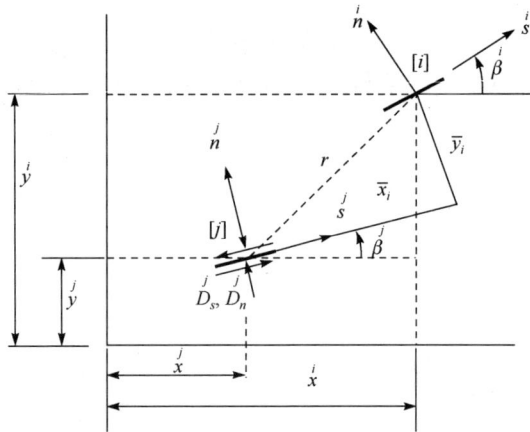

图 4-4　单元 i 和单元 j 的整体坐标值

　　这样计算出来的是单元 j 对单元 i 作用的位移和应力。如果这条裂缝在平面内被分成 N 个边界单元，则在边界单元 i 中点处引起的面力和负侧位移应该是所有 N 个边界单元上的切向和法向位移间断分量引起的影响的总和。若以 $\overset{i}{\sigma_s}$、$\overset{i}{\sigma_n}$、$\overset{i}{\sigma_t}$ 和 $\overset{i}{u_s}\,\overset{i}{u_n}$ 表示某单元 i 中点处的实际面应力和负侧位移分量，公式表示如下：

$$\overset{i}{\sigma_s} = \sum_{j=1}^{N} \overset{j,i}{A_{ss}}\,\overset{j}{D_s} + \sum_{j=1}^{N} \overset{j,i}{A_{sn}}\,\overset{j}{D_n}$$

$$\overset{i}{\sigma_n} = \sum_{j=1}^{N} \overset{j,i}{A_{ss}}\,\overset{j}{D_s} + \sum_{j=1}^{N} \overset{j,i}{A_{nn}}\,\overset{j}{D_n}$$

$$\overset{j,i}{\sigma_t} = \sum_{j=1}^{N} \overset{j,i}{A_{ts}}\,\overset{j}{D_s} + \sum_{j=1}^{N} \overset{j,i}{A_{tn}}\,\overset{j}{D_n} \qquad (4\text{-}12)$$

$$\overset{j,i}{u_s^-} = \sum_{j=1}^{N} \overset{j,i}{B_{ss}}\,\overset{j}{D_s} + \sum_{j=1}^{N} \overset{j,i}{B_{sn}}\,\overset{j}{D_n}$$

$$\overset{i}{u_n^-} = \sum_{j=1}^{N} \overset{j,i}{B_{ns}}\,\overset{j}{D_s} + \sum_{j=1}^{N} \overset{j,i}{B_{nn}}\,\overset{j}{D_n}$$

　　当平面无限域内存在封闭边界时，就转化为内部和外部两个边值问题的边界。对此，作者专门编制了一套基于边界元理论的裂缝扩展模拟软件[6]，在计算过程中只考虑内边界问题(图 4-5)。

　　对内部边界上全部边界单元给出的边界条件采用式(4-12)计算，列出 $2N$ 个独立的线性代数方程组后，就可以解出边界单元上 $2N$ 个位移间断未知量。

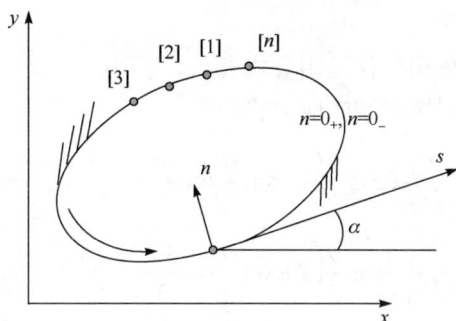

图 4-5　闭合边界坐标系

　　有限域多裂纹体问题可通过无限域内沿有限边界作用力的基本解和上述无限域裂缝内作用力的解叠加求得。

　　因此，软件在模拟多条人工主裂缝和多条天然缝同时存在时，首先将输入的应力值代入式(4-12)确定各个边界的位移间断量，然后把各个边界的位移间断量叠加求出平面内任意一点的位移值和应力值。此时在边界上又会产生新的面力分量，继续求边界的位移间断量即可，如此反复迭代，以此来模拟裂缝扩展。

4.1.2　裂缝尖端附近的奇异场

　　岩石发生断裂时在裂缝尖端会产生应力集中，通常将岩石断裂的方式分为三类：张开型(Ⅰ型)、滑移型(Ⅱ型)和撕开型(Ⅲ型)[7,8]。如图 4-6 所示，张开型裂缝是在垂直于裂缝面的拉应力作用下，使裂缝张开而扩展；滑移型裂缝是在平行于裂缝表面而垂直于裂缝前缘的剪应力作用下，使裂缝滑开而扩展；撕开型裂缝是在既平行于裂缝表面又平行于裂缝前缘的剪应力作用下，使裂缝撕开而扩展。

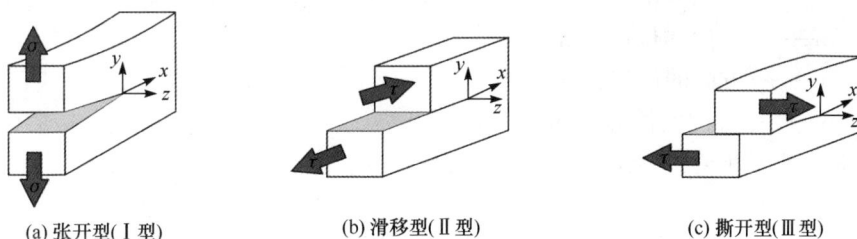

(a) 张开型(Ⅰ型)　　　　　　(b) 滑移型(Ⅱ型)　　　　　　(c) 撕开型(Ⅲ型)

图 4-6　三种岩石断裂方式

　　裂缝扩展模拟软件[6]主要模拟岩石的Ⅰ-Ⅱ型断裂。Ⅰ型断裂时裂缝面上的位移分量沿断裂面垂直方向间断，Ⅱ型断裂时裂缝面上的位移分量沿断裂面平行方向间断。

裂缝尖端的应力场和位移场用公式表示如下[9]：

对于 I 型断裂，裂纹尖端的应力状态为

$$\sigma_x = \frac{K_I}{\sqrt{2\pi r}}\cos\frac{\theta}{2}\left(1 - \sin\frac{\theta}{2}\sin\frac{3\theta}{2}\right) + \sum_{n=2}^{\infty} f_{xx}^{nI}(\theta)r^{\frac{n}{2}-1}$$

$$\sigma_y = \frac{K_I}{\sqrt{2\pi r}}\cos\frac{\theta}{2}\left(1 + \sin\frac{\theta}{2}\sin\frac{3\theta}{2}\right) + \sum_{n=2}^{\infty} f_{yy}^{nI}(\theta)r^{\frac{n}{2}-1}$$

$$\tau_{xy} = \frac{K_I}{\sqrt{2\pi r}}\cos\frac{\theta}{2}\sin\frac{\theta}{2}\cos\frac{3\theta}{2} + \sum_{n=2}^{\infty} f_{xy}^{nI}(\theta)r^{\frac{n}{2}-1} \tag{4-13}$$

$$\sigma_z = \nu(\sigma_x + \sigma_y) \qquad\qquad \text{(平面应变)}$$

$$\sigma_z = 0 \qquad\qquad\qquad\quad \text{(平面应力)}$$

$$\tau_{yz} = \tau_{zx} = 0$$

式中，σ_x——x 方向的正应力，MPa；

$\quad\quad\sigma_y$——y 方向的正应力，MPa；

$\quad\quad\sigma_z$——z 方向的正应力，MPa；

$\quad\quad\tau_{xy}$——xy 平面沿 y 方向的剪应力，MPa；

$\quad\quad\tau_{yz}$——yz 平面沿 z 方向的剪应力，MPa；

$\quad\quad\tau_{zx}$——xz 平面沿 x 方向的剪应力，MPa。

相应的位移为

$$u = \frac{K_I}{4\mu}\sqrt{\frac{2r}{\pi}}\cos\frac{\theta}{2}\left(k - 1 + 2\sin^2\frac{\theta}{2}\right) + \sum_{n=2}^{\infty} g_u^{nI}(\theta)r^{\frac{n}{2}}$$

$$v = \frac{K_I}{4\mu}\sqrt{\frac{2r}{\pi}}\sin\frac{\theta}{2}\left(k + 1 - 2\cos^2\frac{\theta}{2}\right) + \sum_{n=2}^{\infty} g_v^{nI}(\theta)r^{\frac{n}{2}} \tag{4-14}$$

$$w = 0$$

式中，u——x 方向的位移，m；

$\quad\quad v$——y 方向的位移，m；

$\quad\quad w$——z 方向的位移，m。

对于 II 型断裂，裂缝尖端的应力状态为

$$\sigma_x = -\frac{K_{II}}{\sqrt{2\pi r}}\sin\frac{\theta}{2}\left(2 + \cos\frac{\theta}{2}\cos\frac{3\theta}{2}\right) + \sum_{n=2}^{\infty} f_{xx}^{nII}(\theta)r^{\frac{n}{2}-1}$$

$$\sigma_y = \frac{K_{II}}{\sqrt{2\pi r}}\cos\frac{\theta}{2}\sin\frac{\theta}{2}\cos\frac{3\theta}{2} + \sum_{n=2}^{\infty} f_{yy}^{nII}(\theta)r^{\frac{n}{2}-1}$$

$$\tau_{xy} = \frac{K_{\mathrm{II}}}{\sqrt{2\pi r}}\cos\frac{\theta}{2}\left(1 - \sin\frac{\theta}{2}\sin\frac{3\theta}{2}\right) + \sum_{n=2}^{\infty} f_{xy}^{n\mathrm{II}}(\theta)r^{\frac{n}{2}-1}$$

$$\sigma_z = v\left(\sigma_x + \sigma_y\right) \quad (\text{平面应变})$$

$$\sigma_z = 0 \quad (\text{平面应力})$$ (4-15)

$$\tau_{yz} = \tau_{zx} = 0$$

式中，σ_x——x 方向的正应力，MPa；

σ_y——y 方向的正应力，MPa；

σ_z——z 方向的正应力，MPa；

τ_{xy}——xy 平面沿 y 方向的剪应力，MPa；

τ_{yz}——yz 平面沿 z 方向的剪应力，MPa；

τ_{zx}——xz 平面沿 x 方向的剪应力，MPa。

相应的位移为

$$u = \frac{K_{\mathrm{II}}}{4\mu}\sqrt{\frac{2r}{\pi}}\sin\frac{\theta}{2}\left(k + 1 + 2\cos^2\frac{\theta}{2}\right) + \sum_{n=2}^{\infty} g_u^{n\mathrm{II}}(\theta)r^{\frac{n}{2}}$$

$$v = -\frac{K_{\mathrm{II}}}{4\mu}\sqrt{\frac{2r}{\pi}}\cos\frac{\theta}{2}\left(-k + 1 + 2\sin^2\frac{\theta}{2}\right) + \sum_{n=2}^{\infty} g_v^{n\mathrm{II}}(\theta)r^{\frac{n}{2}}$$ (4-16)

$$w = 0$$

式中，u——x 方向的位移，m；

v——y 方向的位移，m；

w——z 方向的位移，m。

式(4-14)和式(4-16)中的 k 与材料的泊松比 v 有关，公式表示为

$$k = \begin{cases} 3 - 4v & (\text{平面应变}) \\ \dfrac{3-v}{1+v} & (\text{平面应力}) \end{cases}$$ (4-17)

由上述公式可以看出，裂缝附近的应力场具有 $r^{-\frac{1}{2}}$ 的奇异性。当 $r \to 0$ 时，裂缝尖端的应力场由具有奇异性的首项决定，其他非奇异项的影响可忽略不计。

4.1.3　裂缝尖端应力强度因子

裂缝尖端应力强度因子(stress intensity factor of fracture tip, SIF)是线弹性断裂力学中引入的描写裂缝尖端附近应力场强弱的重要参数[10]，一般情况下，可通过裂缝尖端的奇异性来求取。该奇异性由裂缝内的压力产生，外部应力场只是通过改变缝内压力来影响应力强度因子的大小。多裂隙体应力强度因子的求取

只能通过裂隙面上的不连续位移 D 得到，裂隙面上受力如下[11]：

$$
\begin{aligned}
F_x^i &= \sum_{j=n_1}^N A_{xx}^{i,j} D_x^j + \sum_{j=n_1}^N A_{xy}^{i,j} D_y^j \\
F_y^i &= \sum_{j=n_1}^N A_{yx}^{i,j} D_x^j + \sum_{j=n_1}^N A_{yy}^{i,j} D_y^j
\end{aligned}
\quad (j=n_1,n_2,n_3,\cdots,N) \quad (4\text{-}18)
$$

式中，n_1——裂隙面上的起始单元号；

N——裂隙面上的末了单元号；

F_x^i——第 i 个单元的切向力；

F_y^i——第 i 个单元的法向力。

则此时裂隙尖端 a 点的应力强度因子为

$$
\begin{aligned}
K_{\mathrm{I}} &= \int_{-a}^{a} F_x \sqrt{\frac{a+t}{a-t}}\,\mathrm{d}t = \sum_{j=n_1}^N F_x^i \sqrt{\frac{a+t_i}{a-t_i}}\Delta t_i \\
K_{\mathrm{II}} &= \int_{-a}^{a} F_y \sqrt{\frac{a+t}{a-t}}\,\mathrm{d}t = \sum_{j=n_1}^N F_y^i \sqrt{\frac{a+t_i}{a-t_i}}\Delta t_i
\end{aligned}
\quad (4\text{-}19)
$$

式中，Δt_i——第 i 段单元长度。

4.1.4　复合型裂缝断裂及转向判据

岩石在复杂应力条件下的破坏主要为剪切破坏和拉伸破坏。本书应用最大周向应力准则，将 Ⅰ 型和 Ⅱ 型裂缝应力场叠加后得到复合型裂缝[12]。

引入极坐标，如图 4-7 所示[13]。

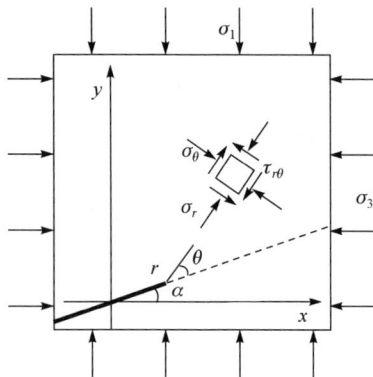

图 4-7　裂缝尖端应力极分量

图 4-7 中，σ_1 为轴向压应力，σ_3 为围压，r 为裂缝初始半缝长，θ 为裂缝破裂方向的偏转角，σ_r 为裂缝尖端附近径向应力，σ_θ 为裂缝尖端附近周向应力，$\tau_{r\theta}$

为裂缝尖端附近切应力。

复合裂缝尖端附近极应力分量表达式如下：

$$\sigma_r = \frac{1}{2(2\pi r)^{1/2}}\left[K_{\mathrm{I}}(3-\cos\theta)\cos\frac{\theta}{2} + K_{\mathrm{II}}(3\cos\theta-1)\sin\frac{\theta}{2}\right]$$

$$\sigma_\theta = \frac{1}{2(2\pi r)^{1/2}}\cos\frac{\theta}{2}\left[K_{\mathrm{I}}(1+\cos\theta) - 3K_{\mathrm{II}}\sin\theta\right] \tag{4-20}$$

$$\tau_{r\theta} = \frac{1}{2(2\pi r)^{1/2}}\cos\frac{\theta}{2}\left[K_{\mathrm{I}}\sin\theta + K_{\mathrm{II}}(3\cos\theta-1)\right]$$

式中，K_{I} ——岩石在 Ⅰ 型破裂时的应力强度因子；

$\quad\quad K_{\mathrm{II}}$ ——岩石在 Ⅱ 型破裂时的应力强度因子。

本书采用最大周向拉应力准则对裂缝扩展方向进行研究，其基本观点是①裂缝的破裂延伸方向是周向正应力 σ_θ 的最大值方向；②裂缝的破裂延伸是沿这个方向的最大周向应力达到临界值时产生的。

根据观点①，令 $\dfrac{\partial\sigma_\theta}{\partial\theta}=0$ 和 $\dfrac{\partial^2\sigma_\theta}{\partial\theta^2}<0$，就可求得裂缝的破裂延伸方向。将 σ_θ 表达式代入式(4-20)，并令第二式对 θ 求导，可得

$$K_{\mathrm{I}}\sin\theta + K_{\mathrm{II}}(3\cos\theta-1) = 0 \tag{4-21}$$

写成显式为

$$\theta_0 = \arcsin^{-1}\left[\frac{K_{\mathrm{II}}\left(K_{\mathrm{I}} + 3\sqrt{K_{\mathrm{I}}^2 + 8K_{\mathrm{II}}^2}\right)}{K_{\mathrm{I}}^2 + 9K_{\mathrm{II}}^2}\right]$$

若该角满足 $\dfrac{\partial^2\sigma_\theta}{\partial\theta^2}<0$ 的条件，则其为裂缝破裂延伸的开裂角 θ_0。

根据观点②，当沿 θ_0 方向的周向应力达到临界值 σ_θ 时裂缝开始破裂延伸，由应力强度因子公式可知

$$\sigma_{\theta_0}\sqrt{2\pi r} = K_{\mathrm{IC}} \tag{4-22}$$

对于 Ⅰ 型裂缝，$K_{\mathrm{II}}=0$，$K_{\mathrm{I}}\neq0$，由式(4-21)可得 $\theta_0=0$ 或 π。由此可知，当 $\theta_0=0$ 时，裂缝沿原始方向扩展；当 $\theta_0=\pi$ 时，裂缝不扩展。故 Ⅰ 型裂缝扩展时应力强度因子可表示为 $K_{\mathrm{I}}=K_{\mathrm{IC}}$。

对于 Ⅱ 型裂缝，$K_{\mathrm{II}}\neq0$，$K_{\mathrm{I}}=0$，由式(4-21)可得 $K_{\mathrm{II}}(3\cos\theta_0-1)=0$，故 $\theta_0=\pm70.5°$。断裂判据为 $K_{\mathrm{II}}=\dfrac{\sqrt{3}}{2}K_{\mathrm{IC}}\approx0.866K_{\mathrm{IC}}$。

将式(4-20)中的第二个式子代入式(4-22)，可得 I - II 复合型裂缝的断裂判据为

$$\cos\frac{\theta_0}{2}\left[K_{\mathrm{I}}\cos^2\frac{\theta_0}{2}-\frac{3}{2}K_{\mathrm{II}}\sin\theta_0\right]=K_{\mathrm{IC}} \tag{4-23}$$

4.2　有限元模型

4.2.1　有限元法概述

有限元法就是把变形体分为有限个单元，对单元的应力和应变进行研究[14]，然后根据单元与单元之间的边界条件，求所有单元应力和应变的总和。最后得到变形体的变形，并对变形体的强度和刚度进行检查。这个方法省去了解微分方程的麻烦，这是由于常用的单元只有有限的几种，可以规范化存入计算机，用计算机来将变形体分成有限个单元，并将结果相加起来求解。

因为该方法是将变形体分成有限个单元，然后对每个单元进行研究并得出结果，又将有限个结果相加，所以取名为有限元法。有限元法能解决复杂结构、复杂边界条件和复杂载荷条件下的变形体变形问题。

有限元法有几个突出的优点[15]。

(1) 可以用于求解非线性问题，并在计算中模拟各种复杂材料的本构关系。

(2) 易于处理非均质问题，模拟各向异性材料。

(3) 能适应各种复杂的边界条件。

(4) 前处理和后处理技术的发展可较方便地进行多种情况的敏感性分析，并迅速用图形表示计算结果，有利于工程方案的优化。

有限元求解问题的步骤如下。

(1) 确定变形体每一部分的材料、边界条件和载荷条件。

(2) 将变形体分割成 n 个单元(n 是常数)。

(3) 计算每一单元的应力和应变。

(4) 将计算结果相加。

(5) 求变形体的总应力和总应变。

4.2.2　模型中的应力及等效应力

1. 有效应力

地层有效应力可由式(4-24)计算：

$$\sigma = S -\left[s_{\mathrm{w}}P_{\mathrm{w}} +\left(1-s_{\mathrm{w}}\right)P_{\mathrm{nw}}\right]I \tag{4-24}$$

式中，S——总应力；

　　s_w——润湿相饱和度；

　　P_w——润湿相压力；

　　P_{nw}——非润湿相压力；

　　I——单位矩阵。

式(4-24)等效于 Terzaghi 有效应力方程[16]及 Biot 常数为 1 时的 Biot 有效应力方程[17]。单位矩阵表明，孔隙压力仅影响主应力，不会影响剪切应力。当油藏完全饱和时，即饱和度 $s_w = 0$，则有

$$\sigma = S - P_{nw}I \tag{4-25}$$

2. 等效应力

有限元软件能够输出多种应力，包含 S11、S22、S33、S12、S13、S23、Mises、Tresca、Pressure、Third invariant、Max.principal、Mid.principal、Min.principal 等[18]。其中，S11、S22、S33 分别对应三个坐标方向的正应力；S12、S13、S23 分别对应三个坐标平面的六个剪应力(其中两两相等)；Max.principal、Mid.principal、Min.principal 分别表示第一主应力(最大主应力)、第二主应力、第三主应力(最小主应力)，三个主应力均不随坐标的改变而改变[19]。

关于符号的规定，对于正应力和主应力(主应力本质上也就是特殊方向的正应力)，拉为正，压为负；对于剪应力，坐标正面上与坐标正向一致时为正，反之为负；坐标负面上与坐标正向一致时为负，反之为正。

对于 Mises、Tresca、Pressure 和 Third invariant 四个等效应力的定义分别如下。

1) Mises 等效应力

$$\overline{\sigma} = \frac{1}{\sqrt{2}}\sqrt{\left(\sigma_x - \sigma_y\right)^2 + \left(\sigma_y - \sigma_z\right)^2 + \left(\sigma_z - \sigma_x\right)^2 + 6\left(\tau_{xy}^2 + \tau_{yz}^2 + \tau_{zx}^2\right)} \tag{4-26}$$

Mises 屈服准则认为等效应力达到特定值 σ_s 时，材料就进入屈服状态。对于岩石，就认为它达到了破坏。

2) Trasca 等效应力

Trasca 等效应力就是最大主应力与最小主应力的差，即

$$\overline{\sigma} = \sigma_1 - \sigma_3 \tag{4-27}$$

Trasca 屈服准则：当等效应力达到材料剪切屈服强度的 2 倍时，材料就发生屈服。

3) Pressure 等效应力

Pressure 等效应力其实就是三个正应力的算术平均值，考虑地层水时其值等于

静水压力，即

$$p = -\frac{1}{3}\text{trace}(\sigma) = -\frac{1}{3}\sigma_{ii} \tag{4-28}$$

4) Third invarianty 等效应力

Third invarianty——应力第三不变量张量用矩阵表示时比较容易理解，公式如下：

$$r = \left(\frac{9}{2}S:S:S\right)^{\frac{1}{3}} = \left(\frac{9}{2}S_{ij}S_{jk}S_{ki}\right)^{\frac{1}{3}} \tag{4-29}$$

4.2.3　三维模型有限单元类型

　　水力压裂数值模拟常采用三维有限元模型进行研究[20]，本节以 Shin[21]模拟分段压裂时使用的三维模型(图 4-8)为例，介绍三维有限元模型的特点。

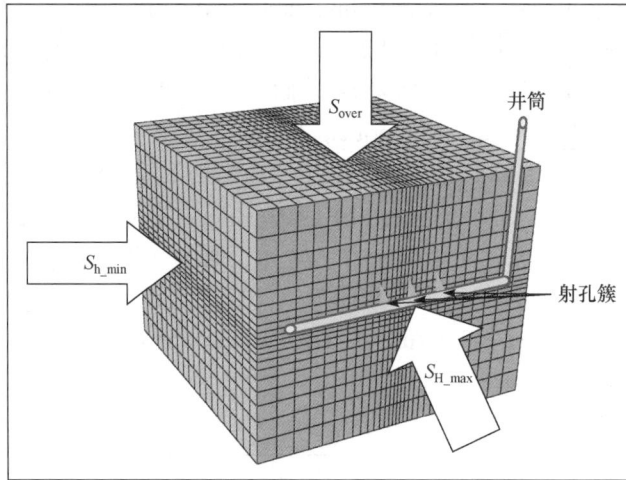

图 4-8　水平井三维有限元水力压裂模型(后附彩图)

　　图 4-8 为水平井三维有限元水力压裂模型，图中的小格子是有限元划分出来的网格。模型受到的地应力分别为上覆岩层应力 S_{over}、最大水平主应力 S_{H_max} 和最小水平主应力 S_{h_min}。

　　该三维模型是对实际地层的简化，适用于油层厚度大、油层分布均匀、储层隔层是各向同性的均匀介质情况。另外，模型认为水力压裂形成的裂缝关于水平井井筒中心线对称。

1. 三维分析中的单元分类

　　在三维有限元分析中，常用的单元类型包含四面体、楔形和六面体三大类。三类单元又各分为一阶插值单元和二阶插值单元两类。一阶插值单元是指节点位于单元的顶点上，而二阶插值单元除单元的顶点布置节点外，在单元每条边的中点处还布置了一个节点。二阶插值单元通常用于形状复杂、计算精度要求高的分析中，其计算量往往很大，需要大量计算时间和资源。本书中所用的分析模型形状都不复杂，因此这里只介绍一阶插值单元[22]。

图 4-9 中列出了四面体、楔形和六面体三种单元的形状及节点编号。

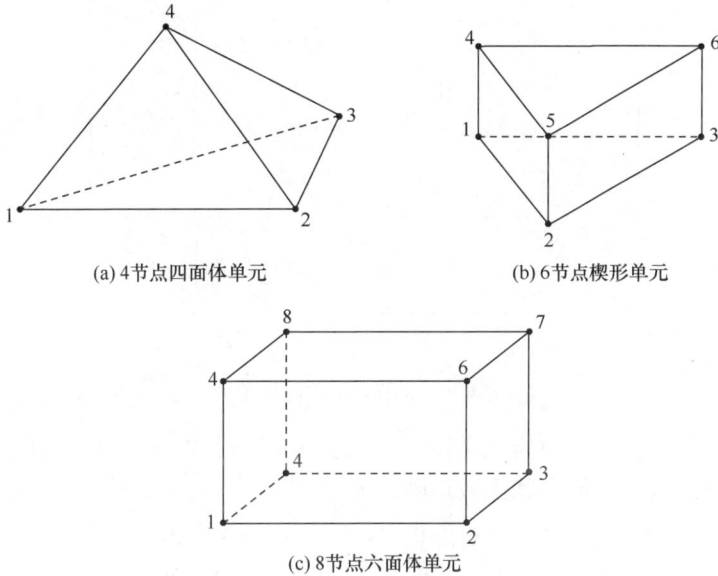

(a) 4 节点四面体单元   (b) 6 节点楔形单元

(c) 8 节点六面体单元

图 4-9 三维一阶插值单元示意图

在以下的分析中均使用三维 8 节点六面体单元(C3D8R)作为单元类型。以下主要对该单元进行描述，并说明使用这类单元的原因。

1) 8 节点六面体单元描述

该单元为由 8 节点组成的正六面体单元(hexahedron element)，每个节点有 3 个位移(即 3 个自由度)，总计 24 个位移(即 24 个自由度，DOF)，单元的节点及节点位移如图 4-10 所示。

单元的节点位移列阵 q^e 和节点力列阵 P^e 为

$$\underset{(24\times1)}{q^e} = \begin{bmatrix} u_1 & v_1 & w_1 & \vdots & u_2 & v_2 & w_2 & \vdots & \cdots & \vdots & u_8 & v_8 & w_8 \end{bmatrix}^T \tag{4-30}$$

$$\underset{(2\times1)}{P^e} = \begin{bmatrix} P_{x1} & P_{y1} & P_{z1} & \vdots & P_{x2} & P_{y2} & P_{z2} & \vdots & \cdots & \vdots & P_{x8} & P_{y8} & P_{z8} \end{bmatrix}^T \tag{4-31}$$

该单元有 8 个节点，因此每个方向的位移场可以有 8 个待定系数。根据确定位移模式的基本原则(从低阶到高阶、唯一确定性)，选取该单元的位移模式为

$$u(x, y, z) = a_0 + a_1 x + a_2 y + a_3 z + a_4 xy + a_5 yz + a_6 zx + a_7 xyz \left.\vphantom{\begin{matrix}1\\1\\1\end{matrix}}\right\}$$
$$v(x, y, z) = b_0 + b_1 x + b_2 y + b_3 z + b_4 xy + b_5 yz + b_6 zx + b_7 xyz \qquad (4\text{-}32)$$
$$w(x, y, z) = c_0 + c_1 x + c_2 y + c_3 z + c_4 xy + c_5 yz + c_6 zx + c_7 xyz$$

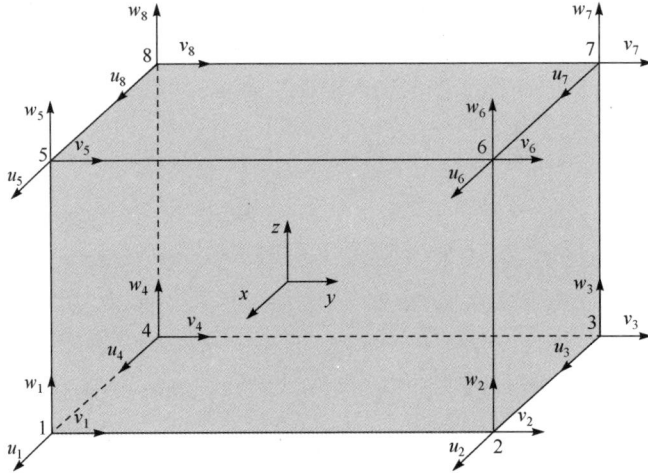

图 4-10　8 节点正六面体单元

可由节点条件确定待定系数(a_i, b_i, c_i, $i=0$, 1, 2, …, 8), 再代回式(4-32)中, 可整理出该单元的形状函数矩阵, 即

$$\underset{(3\times1)}{u} = \begin{bmatrix} u \\ v \\ w \end{bmatrix} = \begin{bmatrix} N_1 & 0 & 0 & \vdots & N_2 & 0 & 0 & \vdots & \cdots & \vdots & N_8 & 0 & 0 \\ 0 & N_1 & 0 & \vdots & 0 & N_2 & 0 & \vdots & \cdots & \vdots & 0 & N_8 & 0 \\ 0 & 0 & N_1 & \vdots & 0 & 0 & N_2 & \vdots & \cdots & \vdots & 0 & 0 & N_8 \end{bmatrix} \cdot q^e = \underset{(3\times24)}{N} \cdot \underset{(24\times1)}{q^e}$$

$$(4\text{-}33)$$

节点位移多达 24 个, 假如由节点条件直接确定位移模式中的待定系数和形状函数矩阵, 则会非常麻烦。可利用单元的自然坐标直接用拉格朗日插值(Lagrangian interpolation)公式写出形状函数矩阵。

在得到该单元的形状函数矩阵后, 就可按照有限元分析的标准过程推导相应的几何矩阵、刚度矩阵、节点等效载荷矩阵以及刚度方程, 相关情况如下。

由弹性力学平面问题的几何方程(矩阵形式)可知, 单元应变的表达式为

$$\underset{(6\times1)}{\varepsilon} = \underset{(6\times3)}{[\partial]} \underset{(3\times1)}{u} = \underset{(6\times3)}{[\partial]} \underset{(3\times24)}{N} \underset{(24\times1)}{q^e} = \underset{(6\times24)}{B} \underset{(24\times1)}{q} \qquad (4\text{-}34)$$

由弹性力学中平面问题的物理方程, 可知单元的应力表达式, 然后计算单元的势能, 就可求得单元的刚度矩阵及等效节点载荷矩阵, 公式为

$$\underset{(24\times24)}{K^e} = \int_{\Omega^e} \underset{(24\times6)}{B^T} \underset{(6\times6)}{D} \underset{(6\times24)}{B} \, \mathrm{d}\Omega \qquad (4\text{-}35)$$

$$P^{e}_{(24\times1)} = \int_{\Omega_e} N^{T}_{(24\times3)} \bar{b}_{(3\times1)} \, \mathrm{d}\Omega + \int_{S^e_p} N^{T}_{(24\times3)} \bar{b}_{(3\times1)} \, \mathrm{d}\Omega \tag{4-36}$$

将单元的势能对节点位移 q^{e} 取一阶极值，可得到单元的刚度方程为

$$K^{e}_{(24\times24)} q^{e}_{(24\times1)} = P^{e}_{(24\times1)} \tag{4-37}$$

2) 选择 8 节点六面体单元的原因

由单元的位移表达式(4-32)可知，该单元的位移在坐标轴 x、y、z 方向呈线性变化，因此称为线性位移模式。位移在单元的边界上、位移是连续的和相邻单元公共节点上有共同的节点位移值，这 3 个特征保证了两个单元在其公共边界上的位移是连续的，即这种单元的位移模式是完备(completeness)和协调(compatibility)的，它的应变和应力为一次线性变化。因此，8 节点六面体单元比 4 节点四面体常应变单元和 6 节点楔形单元精度高。

2. 应力状态

弹性体中任一点处的应力称为该点的应力状态，一般用无限小正方体描述该点的受力状态。如果以直角坐标系表示，正方体三个坐标面的应力分别如下。

x 面的应力：σ_x，τ_{xy}，τ_{xz}。

y 面的应力：σ_y，τ_{yx}，τ_{yz}。

z 面的应力：σ_z，τ_{zx}，τ_{zy}。

以应力张量的形式表示就是

$$\sigma = \sigma_{ij} = \begin{bmatrix} S_{11} & S_{12} & S_{13} \\ S_{21} & S_{22} & S_{23} \\ S_{31} & S_{32} & S_{33} \end{bmatrix} = \begin{bmatrix} \sigma_x & \tau_{xy} & \tau_{xz} \\ \tau_{yx} & \sigma_y & \tau_{yz} \\ \tau_{zx} & \tau_{zy} & \sigma_z \end{bmatrix} \tag{4-38}$$

上述矩阵中，S_{ij} 的表示方式是有限元模型的常用方式，以下的有限元分析中也使用这种表示方式。等式最右边的矩阵中，σ_i 表示对应坐标方向上的正应力，τ_{ij} 表示 i 坐标面上沿 j 方向的剪应力。根据剪应力互等定理，有 $\tau_{xy}=\tau_{yx}$，$\tau_{yz}=\tau_{zy}$，$\tau_{zx}=\tau_{xz}$。因此，虽然二阶应力张量中有 9 个应力分量，但实际上只有 6 个分量是相互独立的。

对于弹性体中的一个正六面单元体，其各个面受到的式(4-38)中的应力分量如图 4-11 所示。

应力符号规定：对于正应力，拉为正，压为负。对于剪应力，首先应定义它的作用面，假如作用面外法线方向与坐标正向相同，这个面就称为坐标正面；反之，这个面就称为坐标负面。在坐标正面上，剪应力的方向与坐标正向

一致时为正，反之为负。在坐标负面上，剪应力的方向与坐标正向相反时为正，反之为负。因此，图 4-11 中所有应力的符号都为正。

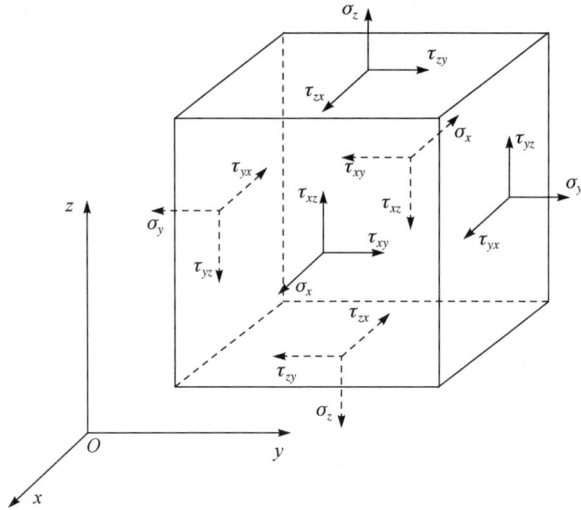

图 4-11　正六面体单元所受应力示意图

4.2.4　二维模型有限单元

三维有限元水力压裂模型在模拟结束后能得到裂缝的长、宽、高，可对水力压裂的主要特征进行描述，但其缺点是建模过程复杂，计算量大。非常规油气储层具有较强的非均质性，初始地层情况设定困难。

考虑到二维有限元水力压裂模型是对实际地层情况的简化，其建模过程较为简单，容易修改和完善计算模型，同时能够描述水力压裂的主要特征，且模拟分析的结果精确性高，计算量少。故本书选用二维有限元水力压裂模型来进行模拟研究。

1. 有限元单元

通用有限元分析软件提供了丰富的单元材料库，不同的单元类型对计算资源、计算时间和计算结果有显著影响，在模拟分析时应根据具体情况选择合适的单元类型。对于本节的二维有限元水力压裂模型，采用应力渗流耦合的 CPE4RP 单元描述地层岩石，采用 cohesive 单元库中的 COH2D4P 单元来模拟裂缝，下面分别介绍这两种单元。

1) CPE4RP 单元

CPE4RP 单元比较简单，C 代表实体，P 代表平面，E 代表应变，4 代表节点总数，R 代表计算采用的积分形式为缩减积分，P 代表孔隙压力。图 4-12 为 CPE4

单元示意图，该单元具有四个节点，节点的命名次序按照逆时针方向进行。CPE4P 单元在 CPE4 单元基础上增加了孔隙压力，CPE4RP 单元指 CPE4P 单元在运算时积分形式采用缩减积分。与 CPE4P 单元相比，结合适当的网格划分技术，CPE4RP 单元计算时间少、精准度高，并且计算出的等势线过渡光滑。模拟时 CPE4RP 单元代表岩石骨架，岩石孔隙中的流体在岩石中流动遵循达西定律。

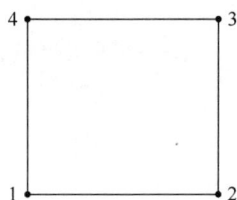

图 4-12　CPE4 单元示意图

2) COH2D4P 单元

对于 COH2D4P 单元，其中 COH 代表 cohesive 单元，2D 代表二维模型，4 代表节点总数，P 代表孔隙压力。图 4-13 为 COH2D4P 单元示意图，它与 CPE4RP 单元节点命名规则相同，即单元外围节点的命名次序也按照逆时针方向进行。但其与 CPE4RP 模拟时流体流动不同，它通过设置图 4-13 中带×标识的节点来模拟流体流动，带×标识的节点并不能由有限元软件生成，需要在 COH2D4 单元基础上，人为设置用于流体流动的孔压节点。实际上，COH2D4P 单元节点总数有六个。对于二维有限元水力压裂模型，如何设置用于模拟流体流动的孔压节点是其中的难点。

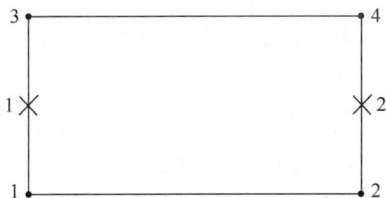

图 4-13　COH2D4P 单元示意图

2. 单元的本构行为

对地层岩石进行有限元分析，必须要确定分析所采用的弹性模型，本书选用适用于任何单元的各向同性线弹性模型。

各向同性线弹性模型的应力-应变表达式为

$$
\left\{\begin{array}{c} \varepsilon_{11} \\ \varepsilon_{22} \\ \varepsilon_{33} \\ \gamma_{12} \\ \gamma_{13} \\ \gamma_{23} \end{array}\right\} = \left[\begin{array}{cccccc} 1/E & -v/E & -v/E & 0 & 0 & 0 \\ -v/E & 1/E & -v/E & 0 & 0 & 0 \\ -v/E & -v/E & 1/E & 0 & 0 & 0 \\ 0 & 0 & 0 & 1/G & 0 & 0 \\ 0 & 0 & 0 & 0 & 1/G & 0 \\ 0 & 0 & 0 & 0 & 0 & 1/G \end{array}\right] \left\{\begin{array}{c} \sigma_{11} \\ \sigma_{22} \\ \sigma_{33} \\ \sigma_{12} \\ \sigma_{13} \\ \sigma_{23} \end{array}\right\} \tag{4-39}
$$

式中，E——杨氏模量；

　　　　G——剪切模量；

　　　　v——泊松比；

　　　　ε_{ii}——法向应变；

　　　　γ_{ij}——工程剪应变；

　　　　σ_{ij}——应力。

对于模拟裂缝的 cohesive 单元，在裂缝初始损伤阶段，该单元应力与应变的关系如下：

$$t = \left\{ \begin{matrix} t_n \\ t_s \\ t_t \end{matrix} \right\} = \begin{bmatrix} E_{nn} & E_{ns} & E_{nt} \\ E_{ns} & E_{ss} & E_{st} \\ E_{nt} & E_{st} & E_{tt} \end{bmatrix} \left\{ \begin{matrix} \varepsilon_n \\ \varepsilon_s \\ \varepsilon_t \end{matrix} \right\} = E\varepsilon \tag{4-40}$$

$$\varepsilon_n = \frac{\delta_n}{T_0}, \quad \varepsilon_s = \frac{\delta_s}{T_0}, \quad \varepsilon_t = \frac{\delta_t}{T_0} \tag{4-41}$$

式中，下标 n、s、t——法向方向、第一切应力方向和第二切应力方向；

　　　　ε——应变；

　　　　δ——某一方向的位移；

　　　　T_0——初始厚度，默认值为 1.0；

　　　　t——分子间吸引应力，可分解为一个正应力和两个剪应力，其中二维模型采用 t_n、t_s，三维模型采用 t_n、t_s、t_t。

实际上，cohesive 单元的杨氏模量 E 比模拟地层岩石单元大很多[23]。对于初始厚度 T_0(默认值为 1.0)，为了使计算结果更精确，建模时 cohesive 单元尺寸不应太大。

3. cohesive 单元的损伤机理

1) cohesive 单元起裂准则

采用 cohesive 单元模拟裂缝起裂与延伸时，该单元将遵循吸引-分离(traction-separation)破坏准则。cohesive 单元并不代表真实的岩石，仅用于模拟岩石破坏时分子间抵抗破裂的分子间吸引力[24]。使用 cohesive 单元来模拟裂缝扩展，裂缝的扩展路径依赖于 cohesive 单元网格，同时扩展过程中裂缝不能发生转向。

当裂缝开起时，裂缝尖端 cohesive 单元受到有效拉应力作用。图 4-14(a)中裂缝尖端受到拉应力载荷作用，此时在 cohesive 单元内部产生抵抗裂缝张开的分子间吸引力。随着拉应力载荷不断增加，分子间吸引力不断增大。当达到某一临界值时，分子间吸引力开始减小，cohesive 单元发生损伤，即裂缝发生起裂[25]。图 4-14(b)是 cohesive 单元模拟裂缝起裂的示意图。

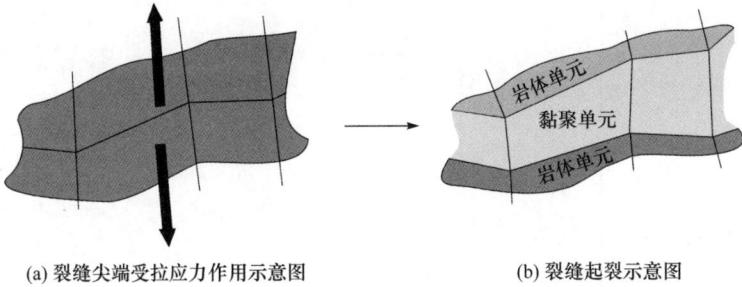

(a) 裂缝尖端受拉应力作用示意图　　　　　　(b) 裂缝起裂示意图

图 4-14　cohesive 单元模拟裂缝张开机理的示意图

裂缝模拟过程分为两个阶段：裂缝起裂和裂缝扩展。在裂缝起裂阶段，当 cohesive 单元周围连续单元受到拉应力作用时，cohesive 单元用于抵抗破坏的分子间吸引力，呈线性增加。当这种分子间吸引力达到最大值时，裂缝起裂完成并进入扩展阶段，此后分子间吸引力逐渐减少。当分子间吸引力减小到 0 时，单元完全破坏，形成裂缝[23,25]。岩石断裂模型有拉伸型、滑移剪切型和撕裂剪切型，cohesive 单元模拟的裂缝扩展可基于岩石断裂拉伸型。

图 4-15 为 cohesive 单元模拟裂缝的吸引-分离破坏准则，分子间线弹性吸引力、裂缝起裂形成节点、材料线性退化行为以及断裂能共同形成了拉伸-张开准则。当 cohesive 单元分子间吸引力达到最大值后，其值将开始减小，此时材料发生线性退化行为。当达到断裂能量时，单元发生破坏形成裂缝。

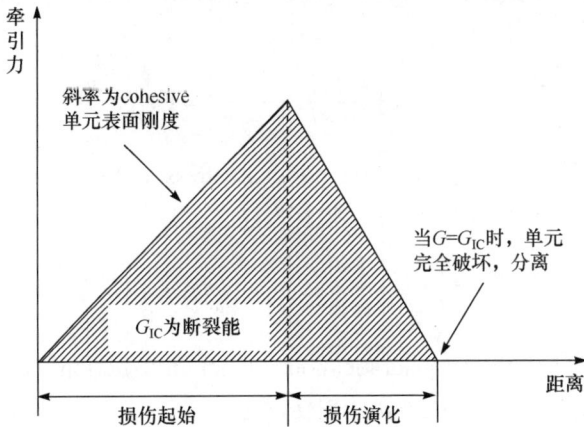

图 4-15　cohesive 单元模拟裂缝的吸引-分离破坏准则

图 4-16 是 cohesive 单元的卸载和重新加载行为示意图。当 cohesive 单元在线弹性阶段受力时，加载和卸载均沿着 O-A 线变化；当 cohesive 单元发生损伤时，分子间相互吸引力减小(进入 A-B 线)，卸载时沿着图中虚线线性衰减，此时若重新加载，则同样沿着图中虚线路径返回。

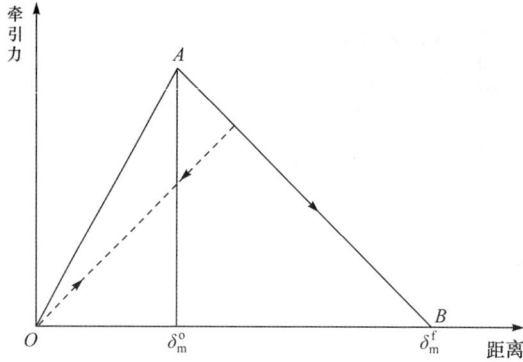

图 4-16　cohesive 单元的卸载和重加载行为示意图

2) cohesive 单元损伤判断准则

cohesive 单元损伤有四种判断准则，当满足条件时，即认为形成了损伤。下面简要介绍这四种判断准则。

(1) 最大主应力准则(maximum nominal stress criterion，MAXS)。假定最大主应力比等于 1，即认为初始损伤发生。

$$\max\left\{\frac{\langle t_n \rangle}{t_n^o}, \frac{t_s}{t_s^o}, \frac{t_t}{t_t^o}\right\} = 1 \tag{4-42}$$

(2) 最大主应变准则(maximum nominal strain criterion，MAXE)。假定最大主应变比等于 1，即认为初始损伤发生。

$$\max\left\{\frac{\langle \varepsilon_n \rangle}{\varepsilon_n^o}, \frac{\varepsilon_s}{\varepsilon_s^o}, \frac{\varepsilon_t}{\varepsilon_t^o}\right\} = 1 \tag{4-43}$$

(3) 二次方主应力准则(quadratic nominal stress criterion，QUADS)。假定主应力比的平方和等于 1，即认为初始损伤发生。

$$\left\{\frac{\langle t_n \rangle}{t_n^o}\right\}^2 + \left\{\frac{t_s}{t_s^o}\right\}^2 + \left\{\frac{t_t}{t_t^o}\right\}^2 = 1 \tag{4-44}$$

(4) 二次方主应变准则(quadratic nominal strain criterion，QUADE)。假定主应变比的平方和等于 1，即认为初始损伤发生。

$$\left\{\frac{\langle \varepsilon_n \rangle}{\varepsilon_n^o}\right\}^2 + \left\{\frac{\varepsilon_s}{\varepsilon_s^o}\right\}^2 + \left\{\frac{\varepsilon_t}{\varepsilon_t^o}\right\}^2 = 1 \tag{4-45}$$

3) cohesive 单元损伤演化

当 cohesive 单元损伤形成后，在拉应力作用下，cohesive 单元将进入损伤演化阶段。在此阶段材料发生损伤，杨氏模量不断减小，当达到裂缝断裂能时单元发生完全破坏，形成裂缝。模拟时采用损伤因子 D 判断单元损伤情况。在损伤尚未形成时，D 值为 0。当 D 值为 1 时，单元完全损伤。在裂缝演化阶段，cohesive 单元的损伤演化由 D 控制，则有

$$t_n = \begin{cases} (1-D)\bar{t}_n, & \bar{t}_n \geq 0 \\ \bar{t}_n, & \text{受压时不会破坏} \end{cases} \tag{4-46}$$

$$t_s = (1-D)\bar{t}_s \tag{4-47}$$

$$t_t = (1-D)\bar{t}_t \tag{4-48}$$

单元损伤演化依赖于材料自身软化行为，其单元损伤既可以是线性损伤 (图 4-16)，也可以是指数损伤 (图 4-17)。

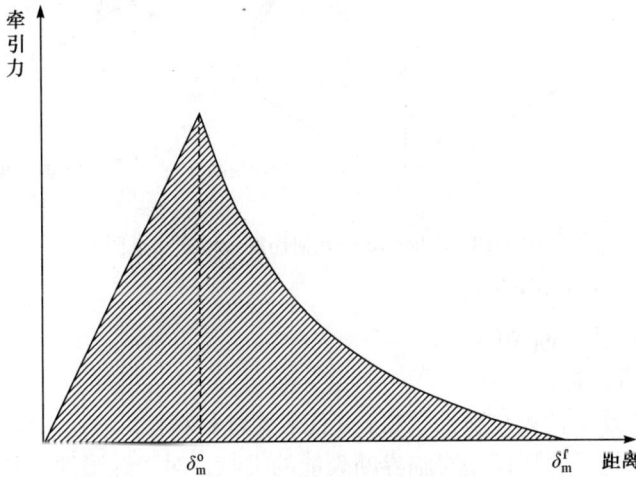

图 4-17　指数损伤演化图

4) 混合模式临界断裂能

当 cohesive 单元受到三个方向的应力时，如图 4-18 所示。模拟时每个方向上均会发生损伤。

混合模式断裂准则采用 B-K 断裂准则[26]：

$$G_n^C + \left(G_s^C - G_n^C\right)\left\{\frac{G_s}{G_T}\right\}^{\eta} = G^C \tag{4-49}$$

$$G_S = G_s + G_t \tag{4-50}$$

$$G_T = G_n + G_s + G_t \tag{4-51}$$

式中，G_n^C——模式 I 临界断裂能；

　　　G_s^C——模式 II 和模式 III 临界断裂能；

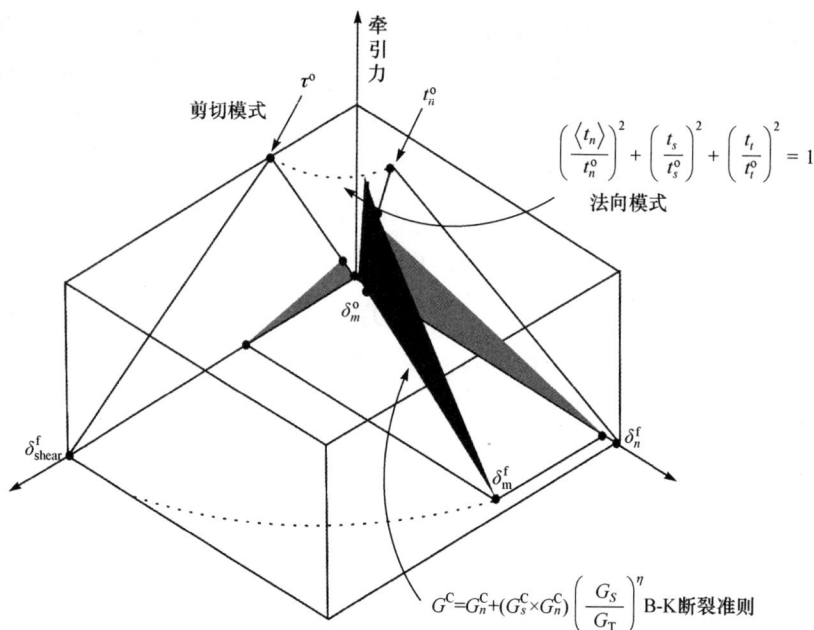

图 4-18　cohesive 单元损伤混合模式示意图

G_n——模式 I 断裂能；

G_s——模式 II 断裂能；

G_t——模式 III 断裂能；

η——指数(2 代表纯脆性材料，3 代表脆性材料)。

指数 η 决定了剪切模型对临界断裂能的贡献，对于纯脆性材料，指数 η 为 2；对于脆性材料，指数 η 为 3。临界断裂能决定了 cohesive 单元破坏与否，它由三个方向上的断裂能计算得出。当 G^C 等于 G_T 时，cohesive 单元发生破坏。

5) 断裂能计算

岩石的临界断裂能 G_{IC} 可由临界应力强度因子 K_{IC} 计算得到。其中，临界应力强度因子 K_{IC} 可在公开文献上查到。Griffith 和 Irwin 计算岩石临界断裂能的公式如下[27]：

$$K_{IC} = \sqrt{\frac{2E\gamma_{Eff}}{1-\gamma^2}} \tag{4-52}$$

由于临界断裂能 G_{IC} 是表面能 γ_{Eff} 的两倍，则有

$$G_{IC} = 2\gamma_{Eff} \tag{4-53}$$

因此，cohesive 单元的临界断裂能定义如下：

$$G_{IC} = \frac{K_{IC}^2 \left(1 - \gamma^2\right)}{E} \tag{4-54}$$

4.2.5　流体流动模拟

1. 孔隙渗流

压裂液在岩石介质中的流动方式为多孔介质渗流，有限元分析时可使用 Forchheimer 方程来模拟流体在岩石介质中的流动。

$$q = -\frac{\rho g k_s k}{\mu_w \gamma_w \left(1 + \beta \sqrt{v_w v_w}\right)} \left(\frac{\partial P}{\partial x} - \rho_w g\right) \tag{4-55}$$

式中，k_s——与饱和度有关的系数。

模拟时将渗透率定义为水力传导系数，则有

$$\overline{k} = \frac{g k_s}{v_{\text{Kinematic\_w}} \left(1 + \beta \sqrt{v_w v_w}\right)} k = \frac{g \rho k_s}{\mu_w \left(1 + \beta \sqrt{v_w v_w}\right)} k \tag{4-56}$$

因此，使用 Forchheimer 方程定义的水力传导系数为

$$q = -\frac{\overline{k}}{\gamma_w} \left(\frac{\partial p}{\partial x} - \rho_w g\right) \tag{4-57}$$

当饱和度为 1 时，忽略油藏中流体的流动速率(v_w=0)，则 Forchheimer 方程可转化为达西定律(Darcy's law)。

$$q = \frac{k}{\mu} \left(\frac{\partial P}{\partial x} - \rho_w g\right) \tag{4-58}$$

地层岩石中流体的流动满足连续性方程，油藏中流体的渗流采用达西定律进行描述。

2. 缝内流动

若将压裂液视为牛顿流体，当压裂液进入裂缝后，其在裂缝内的流动 (图 4-19)用 Reynold 方程进行描述：

$$q = -\frac{d^3}{12\mu} \nabla p \tag{4-59}$$

式中，q——注入流量；

　　　d——裂缝宽度；

　　　μ——压裂液黏度；

　　　∇p——cohesive 单元压力梯度。

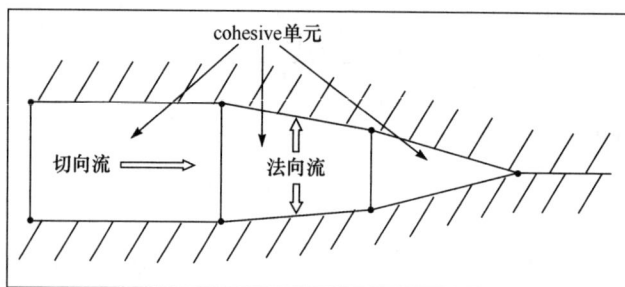

图 4-19　裂缝中流体流动模型图

d 为裂缝宽度，满足如下公式：

$$d = t_{\mathrm{curr}} - t_{\mathrm{orig}} + g_{\mathrm{init}} \tag{4-60}$$

式中，t_{curr}——当前 cohesive 单元几何宽度；

　　　t_{orig}——初始 cohesive 单元几何宽度；

　　　g_{init}——初始裂缝开口宽度。

使用 cohesive 单元模拟水力压裂，在裂缝尚未开起时，当前 cohesive 单元几何宽度 t_{curr} 等于初始 cohesive 单元几何宽度 t_{orig}，裂缝宽度 d 等于初始裂缝开口宽度 g_{init}。此时，压裂液在裂缝内流动被认为是流体在岩石中渗流，可用达西定律描述。

$$q = -\frac{g_{\mathrm{init}}^{3}}{12\mu}\nabla p = -\frac{k}{\mu}\nabla p \tag{4-61}$$

$$g_{\mathrm{init}} = \sqrt[3]{12k} \tag{4-62}$$

式中，k——渗透率。

随着压裂液不断泵入，cohesive 单元发生损伤破坏，裂缝在注入点开起后，压裂液进入裂缝中流动。裂缝的初始长度取决于 cohesive 单元的长度，可在 inp 文件中通过添加 "initial conditions，type=initial gap" 语句来指定损伤 cohesive 单元初始值。

3. 压裂液滤失

压裂液进入裂缝后，在缝内压力与地层孔隙压力的压力差作用下会向地层滤失。cohesive 单元采用的滤失模型如图 4-20 所示，其中 p_i 为 cohesive 单元内的压裂液压力，p_t、p_b 分别为上、下地层的孔隙压力，滤失层如箭头所示。

滤失速度满足

$$q_t = c_t(p_i - p_t) \tag{4-63}$$

$$q_b = c_b(p_i - p_b) \tag{4-64}$$

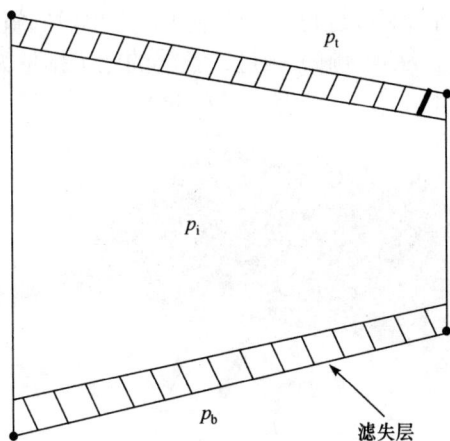

图 4-20 压裂液滤失模型示意图

式中，v_t、v_b——上、下滤失层的滤失速度，m/s；

c_t、c_b——上、下滤失层的滤失系数，m/(kPa·s)；

p_t、p_b——上、下地层的孔隙压力，kPa；

p_i——cohesive 单元内的流体压力，kPa。

由滤失速度公式可知，当裂缝内流体压力 p_i 大于地层岩石孔隙压力 p_t 和 p_b 时，裂缝内的压裂液便会向地层岩石滤失；当裂缝内流体压力 p_i 小于或等于地层岩石孔隙压力 p_t 和 p_b 时，裂缝内的压裂液不会向地层岩石滤失。地层岩石孔隙中的流体存在压力差时，会发生液体流动。

压裂液滤失系数 $c_{\text{leak-off}}$ 定义如下：

$$c_{\text{leak-off}} = \frac{kA}{\mu L} \qquad (4\text{-}65)$$

式中，A——裂缝滤失区域修正乘数。

实际压裂过程中会产生剪切裂缝和分支裂缝，因此模拟时，裂缝滤失区域小于实际压裂时的区域[28]。

4. 排量模拟

水平井分段压裂是逐段进行压裂，其中某一段又可以分为多簇。对于某一段压裂，施工排量满足

$$q_{\text{TOTAL}} = \sum_{i=1}^{n} q_i \qquad (4\text{-}66)$$

式中，q_{TOTAL}——单段总的施工排量，m³/s；

q_i——各簇的施工排量，m³/s。

水平井分段压裂时若某段进行了 3 簇射孔，则单段的施工排量模型如图 4-21 所示。在该段内 q_{TOTAL} 为总的施工排量，各簇的施工排量为 q_L、q_M、q_R，三者之和等于总的施工排量 q_{TOTAL}，满足公式(4-66)。

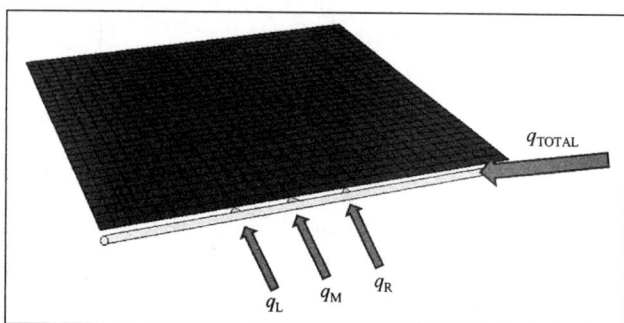

图 4-21　水平井分段压裂施工排量模型

假定各簇的施工排量为 Q_L、Q_M、Q_R，大小相同，则单簇的施工排量等于这一段总的施工排量 Q_{TOTAL} 除以 3。同时假设射孔也对称，其中图 4-21 仅为水平井的一边，则各簇的单边施工排量等于各簇的施工排量 Q_L、Q_M、Q_R 分别除以 2，即 q_L、q_M、q_R。

4.3　离散化缝网模型

2011 年 Meyer 等[29]提出了离散化缝网(discrete fracture network, DFN)扩展模型。它主要基于自相似原理及 Warren 和 Root 的双重介质模型，通过建立网格系统模拟裂缝在三个主应力方向的裂缝扩展及支撑剂的运移与铺砂浓度分布，以质量守恒方程、缝网计算为基础获得压裂缝网的形态参数[30]。该模型是目前用于非常规油气(页岩气、煤层气、致密油)压裂设计时模拟复杂裂缝网络的成熟模型之一，模型在充分考虑缝间干扰作用和滤失问题后，能够准确地描述缝网的几何形态和扩展范围，计算压裂液以及砂子在不同平面裂缝中的流动，获得缝网扩展规律及几何形态参数，优选压裂施工方案[31]。DFN 模型中假定人工裂缝与天然裂缝纵横相交，压裂缝呈正交网络形状[32]。

本节主要讨论离散化缝网扩展模型的相关假设以及控制方程[33]。

4.3.1　模型假设

从监测到页岩气井压裂改造的微地震云图后，主裂缝和次生裂缝共同组成的复杂裂缝网络系统就被认为是页岩气渗流的主要通道，而此时的储层被人为划分为基质和裂缝网络两种介质。面对裂缝网络的不规则形式，为便于描述储层改造范围，离散化缝网扩展模型中假设储层体积改造范围为拟椭圆球体，裂缝网络由主裂缝及次生裂缝共同组成。通过对天然节理进行研究，发现裂缝之间的几何形态具有一定的规律性。模型基于自相似原理，将实际形成的次生裂缝设定为平行正交和垂直于主裂缝平面的次生裂缝，并且缝网内的多缝之间相互连通，分配流量，而储层改造体积随注入压裂液量的变化而不断变化，整体上以特定比例随时间同步增大。

DFN 模型通过假定压裂后的储层改造体积为规则性椭球体，实现了表征复杂真实裂缝网络的可能。它以整体裂缝网络为设计目标，建立了压裂过程中压裂液进入储层后形成的裂缝网络数学模型。其中，主裂缝以拟三维模型为基础，压降方程、缝宽方程等都符合拟三维模型的假设，次生缝网形态则主要依靠椭圆几何关系综合求取，从而建立包括缝宽、缝长、缝高等的方程及总体积方程。由于准确描述裂缝网络几何形态十分困难，因此还需要进行以下假设[34]。

(1) 定义笛卡儿坐标系 X-Y-Z，以井筒处为坐标原点，X 轴平行于水平最大主应力 σ_H 方向，Y 轴平行于水平最小主应力 σ_h 方向，Z 轴平行于垂向应力 σ_v 方向。存在唯一一条主干延伸裂缝，主裂缝在 X-Z 平面中延展并正交于水平最小主应力 σ_h，和三个主平面内的次生裂缝构成离散裂缝网格；通过椭圆函数建立起三个空间平面的次生裂缝，次生裂缝分别平行于不同的水平主应力方向；储层改造体积为沿水平井井筒轴对称的椭圆球体，缝网主裂缝长度为 $2a$，缝网带宽为 $2b$，总缝高为 $2h$(图 4-22)。

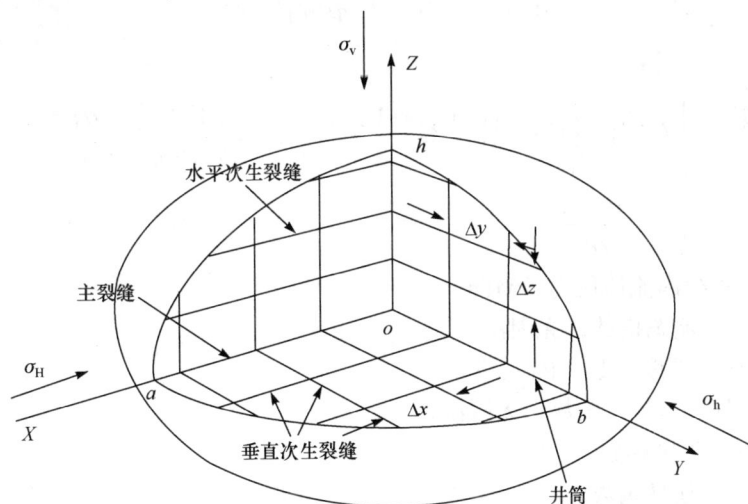

图 4-22 离散化缝网扩展模型

(2) 假定天然裂缝与水力裂缝沟通，等效次生裂缝网络由分别垂直于 X 轴、

Y 轴、Z 轴所在的平面组成，并且以井轴对称分布，X-Z、Y-Z 和 X-Y 平面内缝间距分别是 Δy、Δx 和 Δz。

(3) 如果缝内压力小于储层上覆地层压力，则裂缝仅在 Y-Z 和 X-Y 平面中扩展延伸，X-Z 平面中的裂缝不能开起。

(4) 假定 X-Z 和 Y-Z 平面中的裂缝高度是相同的。

(5) 考虑裂缝刚度和滤失的相互作用，忽略裂缝相互作用时发生的膨胀。

(6) 假设流体在主裂缝内为层流。

(7) 裂缝间应力干扰以经验公式进行表征，其影响大小主要受簇间距控制。

基于以上裂缝分布关系，首先推导出主裂缝拟三维扩展模型，获得主裂缝几何形态扩展规律；其次，参考模拟区块地质资料以及历史压裂设计方案等数据，设定次生缝缝间距 Δx、Δy、Δz、椭圆形纵横比 γ 和次生缝缝宽与主裂缝缝宽的比值 λ_ξ；根据所给出的次生裂缝与主裂缝几何形态关系，计算次生缝裂缝扩展规律，并最终获得整个复杂缝网的扩展规律及其几何形态参数[35]。

4.3.2 主裂缝扩展模型

1. 动量方程

假定压裂液在裂缝内的流动方式为层流，则压裂液的动量方程为[35]

$$\frac{\mathrm{d}p}{\mathrm{d}x} = -\left(\frac{2n'+1}{4n'}\right)^{n'} \frac{k'(q/a)^{n'}}{\Phi(n')^{n'} b^{2n'+1}} \tag{4-67}$$

其中，

$$\begin{cases} \Phi(n') = \int_0^1 \left(1-\bar{z}^2\right)^{\mu-1} \mathrm{d}\bar{z} = \frac{1}{2}\mathrm{B}(1/2,\mu) = \frac{1}{2}\frac{\Gamma(1/2)\Gamma(\mu)}{\Gamma(\mu+1/2)} \\ \mu = \frac{4n'+1}{2n'} \end{cases}$$

式中，p——缝内流体压力，MPa；

n'——流态指数，无因次；

k'——稠度系数，$\mathrm{Pa} \cdot \mathrm{s}^{n'}$；

$\Phi(n')$——积分函数，无因次；

B——贝塔函数；

Γ——伽马函数。

整理式(4-67)可以得到

$$q = \left(\frac{4n'}{2n'+1}\right)\frac{\Phi(n')ab^{2+1/n'}}{(k')^{1/n'}}\left(\frac{\Delta p}{L}\right)^{\frac{1}{n'}} \tag{4-68}$$

为满足质量守恒，椭圆形槽体的体积为

$$V = \pi abL \tag{4-69}$$

式中，L——流体在椭圆形槽体前端的长度。

假定在等截面(πab)的槽中，则流速 q 为

$$q = \pi ab\frac{\Delta L}{\Delta t} \tag{4-70}$$

将式(4-70)代入式(4-68)可得

$$\frac{\Delta L}{\Delta t} = \left(\frac{4n'}{2n'+1}\right)\frac{\Phi\left(n'\right)b^{1+1/n'}}{\pi\left(k'\right)^{1/n'}}\left(\frac{\Delta p}{L}\right)^{\frac{1}{n'}} \tag{4-71}$$

式中，Δt——时间步长；

ΔL——流体前端位置变化长度。

对于槽的宽度($2b$)以及压力差(压力损失)，控制流体前端的关系是

$$\Delta L \cdot L^{1/n'} = \left(\frac{4n'}{2n'+1}\cdot\frac{\Phi(n')}{\pi}\right)\frac{\Delta t}{(k')^{1/n'}}b^{1+1/n'}(\Delta p)^{\frac{1}{n'}} \tag{4-72}$$

对于式(4-72)中不同的槽宽及压力降，流体前端位置是

$$\Delta L_2 \cdot L_2^{1/n'} = \Psi \cdot \Delta L_1 \cdot L_1^{1/n'} \tag{4-73}$$

式中，

$$\Psi = \left[\left(\frac{b_2}{b_1}\right)^{1+n'}\frac{\Delta p_2}{\Delta p_1}\right]^{\frac{1}{n'}}$$

2. 质量守恒方程

假定裂缝中压裂液不可压缩，考虑滤失情况时，体积压裂过程中注入地层的压裂液一部分充填主裂缝，一部分充填次生裂缝，剩余的滤失到地层中。则压裂液流动的质量守恒方程为[35]

$$\begin{cases} \int_0^t q(\tau)\mathrm{d}\tau - V_f(t) - V_1(t) - V_{SP}(t) = 0 \\ V_f(t) = V_{DFN} \end{cases} \tag{4-74}$$

假定缝网中主裂缝与次生裂缝壁面都存在压裂液滤失的情况，且两者的滤失系数相等。依据压裂液滤失计算的经典理论，可得缝网中压裂液滤失公式为

$$\begin{cases} V_1(t) = 2\int_0^t \int_0^{A_{\mathrm{DFN}}} \dfrac{C}{\sqrt{t-\tau}} \mathrm{d}a\mathrm{d}\tau \\ V_{\mathrm{SP}}(t) = 2\int_0^{A_{\mathrm{DFN}}} S_{\mathrm{P}}(a)\mathrm{d}a \end{cases} \tag{4-75}$$

式中，q——压裂液流量，$\mathrm{m^3/min}$；

　　　V_{f}——裂缝体积，$\mathrm{m^3}$；

　　　V_1——滤失量，$\mathrm{m^3}$；

　　　V_{SP}——瞬时滤失量，$\mathrm{m^3}$；

　　　C——压裂液滤失系数，$\mathrm{m/min^{1/2}}$；

　　　t——压裂施工时间，min；

　　　τ——压裂液开始滤失时间，min；

　　　S_{P}——初滤失系数，$\mathrm{m^3/m^2}$；

　　　A_{DFN}——离散缝网面积，$\mathrm{m^2}$；

　　　V_{DFN}——离散缝网体积，$\mathrm{m^3}$。

3. 缝高方程

主裂缝的总高度控制方程为[35]

$$H = 2h = \frac{2K_{\mathrm{ICI}}^2}{(p-\sigma_{\min})^2 \pi} \tag{4-76}$$

式中，H——主裂缝总高度，m；

　　　K_{ICI}——储层岩石的断裂韧性，$\mathrm{MPa \cdot m^{1/2}}$。

4. 缝宽方程

主裂缝缝宽方程为[35]

$$W_x = \varGamma_W \frac{2(1-\nu)}{G} h(P_{\mathrm{f}} - \sigma - \Delta\sigma_{xx}) \tag{4-77}$$

式中，W_x——主裂缝缝宽，mm；

　　　$\varGamma_W$——功能函数；

　　　G——剪切模量，MPa；

　　　ν——泊松比，无因次；

　　　P_{f}——主裂缝流体压力，MPa；

　　　σ——最小水平主应力，MPa；

　　　$\Delta\sigma_{xx}$——缝间干扰应力，MPa。

4.3.3　次生裂缝扩展模型

利用拟三维扩展模型获得主裂缝的半缝长 a、缝高 H、缝宽 W_x 等几何形态参数，参考模拟区块地质资料以及历史压裂设计方案，设定次生缝缝间距 Δx、Δy、Δz 以及椭圆形纵横比 γ 和次生缝缝宽与主裂缝缝宽的比值 λ_ξ。基于主裂缝几何形态以及设定的次生裂缝与主裂缝之间的几何关系，可以获得次生裂缝的扩展表达式[35]。

1. 裂缝网格数目

在 X-Z、Y-Z、X-Y 平面内完整的裂缝数是

$$
\begin{aligned}
N_x &= n_x \\
N_y &= n_y + 1 \\
N_z &= n_z
\end{aligned}
\tag{4-78}
$$

式中，n_x、n_y、n_z——Y-Z、X-Z、X-Y 平面内次生裂缝条数。

利用缝间距与椭圆半轴长的关系，可得 Y-Z、X-Z、X-Y 平面内次生裂缝条数分别为[35]

$$
\begin{cases}
n_x = \dfrac{2\left(a - \Delta x / 2\right)}{\Delta x} + 2 \\[2mm]
n_y = \dfrac{2\left(b - \Delta y / 2\right)}{\Delta y} + 2 \\[2mm]
n_z = \dfrac{2\left(h - \Delta z / 2\right)}{\Delta z} + 2
\end{cases}
\tag{4-79}
$$

例如，假定有一个 DFN 系统，在 X-Z、Y-Z 平面内离散裂缝间距分别是 $\Delta x = 100$、$\Delta y = 50$，在 X-Y 平面内纵横比是 $\gamma = b / a = 1/2$，其中，$a = x_f = 1000$ 是主裂缝半长。同时，假设在 X-Y 平面内没有离散水平裂缝，并且所有的长度单位都是一致的，井筒和射孔段位于网格中心[35]，则 X 方向(X-Z 平面内)上的裂缝数目是

$$
n_y = \frac{\left(b - \Delta y / 2\right)}{\Delta y} + 1 + \frac{\left(b - \Delta y / 2\right)}{\Delta y} + 1
$$

$$
n_y = 10 + 10 = 20
$$

或

$$
N_y = 1 + n_y = 21
$$

Y 方向(Y-Z 平面内)上的裂缝数目是

$$n_x = \frac{(a - \Delta x / 2)}{\Delta x} + 1 + \frac{(a - \Delta x / 2)}{\Delta x} + 1$$

$$n_x = 10 + 10 = 20$$

或

$$N_x = n_x = 20$$

2. 次生裂缝总长

次生裂缝总长为所有次生裂缝的长度之和，根据次生裂缝的分布以及主裂缝的长度，可得[35]

$$L_{\text{DFN}} = \sum_{\xi = x,y,z} \left\{ \sum_{j=1}^{N_\xi} L_{\xi(j)} \right\} \tag{4-80}$$

其中，

$$\begin{cases} L_{x(j)} = \dfrac{1}{\gamma}\sqrt{a^2 - j^2 \Delta x^2} \\[2mm] L_{y(j)} = \dfrac{1}{\gamma}\sqrt{b^2 - j^2 \Delta y^2} \\[2mm] L_{z(j)} = \dfrac{1}{\gamma}\sqrt{h^2 - j^2 \Delta z^2} \end{cases}$$

式中，ξ——x、y、z；

$L_{\xi(j)}$——垂直于 ξ 轴第 j 条次生缝的缝长，m。

3. 次生裂缝宽度

假定所有垂直于 ξ 轴的次生缝缝宽相同，与主裂缝缝宽之比为 λ_ξ，则次生裂缝缝宽方程为[35]

$$\omega_\xi = \lambda_\xi W_x \tag{4-81}$$

式中，ξ——x、y、z；

ω_ξ——垂直于 ξ 轴的次生缝缝宽，mm；

λ_ξ——垂直于 ξ 轴的次生缝缝宽与主裂缝缝宽之比，无因次。

4. 次生缝高度

由于次生缝缝高的分布与主裂缝缝高之间满足椭圆关系公式[35]，因此有

$$\begin{cases} h_{x(j)} = \dfrac{H}{a}\sqrt{a - j^2\Delta x^2} \\[2mm] h_{y(j)} = \dfrac{H}{b}\sqrt{b - j^2\Delta y^2} \end{cases} \tag{4-82}$$

式中，$h_{x(j)}$——垂直于 X 轴第 j 条次生缝的缝高，m；

$h_{y(j)}$——垂直于 Y 轴第 j 条次生缝的缝高，m。

4.3.4 离散缝网模型特征

1. DFN 改造储层体积

改造储层体积被定义为[35]

$$V_{SR} = \int_A h(\xi)\mathrm{d}\xi = \pi ab\overline{h} \tag{4-83}$$

用具有相同 a、b 的椭柱体体积等效所述的椭球体体积，可获得缝网的平均缝高为

$$\overline{h} = \frac{2}{3}H \tag{4-84}$$

式中，$\overline{h}$ ——改造平均裂缝高度；

πab——裂缝网格的椭圆体面积；

a——主裂缝半长(X 方向)；

b——Y 方向的网格延伸或短轴。

从 Z 方向观察时，改造投影面积是 X-Y 平面内的面积[36]。

2. 支撑剂铺砂分布控制方程

支撑剂在缝网内的分布受时间、支撑剂浓度、裂缝滤失、次生裂缝延伸等因素影响，机理复杂多解。为简化模拟，将支撑剂铺砂分布定义为以下控制方程[35]：

$$A_P = M_f / M_{DFN} \tag{4-85}$$

式中，A_P——支撑剂铺砂的分布比例；

M_f——主裂缝中支撑剂的质量，kg；

M_{DFN}——注入离散裂缝缝网中支撑剂的总质量，kg。

3. 裂缝效率

对于一个拥有恒定滤失和瞬时滤失系数的主裂缝，裂缝效率为[35]

$$\eta = \frac{1}{1 + \left(\pi c A_1 \sqrt{t}\Phi + 2S_p A_1\right)/\left(\bar{w}A\right)} \tag{4-86}$$

由于主裂缝的横截面是椭圆形，缝宽在缝高及缝长方向上分布均满足椭圆关系公式，因此平均裂缝宽度可表示为

$$\bar{w} = \frac{4\pi}{W_x} \tag{4-87}$$

式中，A_1——滤失面积；

　　　A——裂缝面积；

　　　$\bar{w}$——平均裂缝宽度。

4. 多簇裂缝间相互影响因素

1) 流速

$$Q_i = \psi_q Q_T \tag{4-88}$$

式中，

$$\psi_q = 1/N$$

2) 刚度

$$E_i = \psi_E E_o \tag{4-89}$$

式中，

$$\psi_E = (N-1)\phi_E + 1$$

3) 滤失

$$V_i = V_T / N \tag{4-90}$$

式中，

$$V_T = \psi_1 V_o$$
$$\psi_1 = (1-N)\phi_1 + N$$

相互影响因素和相互作用的程度分别由 ψ 和 ϕ 给出。其中，相互作用的程度 ϕ 需要给定数值。裂缝特性和参数需要用下标 i 分出。N 条裂缝的总值由下标 T 给出。刚度和滤失的相互作用程度是地层特性和多簇压裂系统相对位置的函数。对于不考虑相互作用的裂缝，刚度和滤失的相互作用程度 ϕ 取 0；对于裂缝间充分相互作用的 ϕ 值取 1[35]。

5. 多簇压裂净压力

从力学角度来看，多条平行裂缝的存在需增加裂缝净压力。问题是地层在

高于单缝所需的能量上形成了多条裂缝。从这一点上来看，可以假定多裂缝的相互干扰会使其处于一种较高的能量状态。

为研究净压力相互作用程度的影响，二维型模型中提出了一个简单的公式。该公式表明，由于相互作用程度不同，随着裂缝数量的增加，裂缝净压力会随之增加或减少。

1) 单裂缝净压力

从质量和动量守恒的角度来看，单裂缝内净压力可以用以下形式表示[35]：

$$\Delta P \propto E^{\alpha_E} Q^{\alpha_q} \tag{4-91}$$

(1) 黏性控制。

PKN：

$$(\eta = 1) \quad \alpha_E = \frac{2n'+2}{2n'+3}, \quad \alpha_q = \frac{n'+1}{2n'+3}$$

$$(\eta = 0) \quad \alpha_E = \frac{2n'+1}{2n'+2}, \quad \alpha_q = \frac{1}{2}$$

GDK & Penny：

$$(\eta = 1) \quad \alpha_E = \frac{n'+1}{n'+2}, \quad \alpha_q = 0$$

$$(\eta = 0) \quad \alpha_E = \frac{2n'+1}{2n'+2}, \quad \alpha_q = \frac{-n'}{2n'+2}$$

(2) 韧性控制。

PKN：

$$\alpha_E = 0, \alpha_q = 0$$

GDK：

$$\alpha_E = -1/3, \alpha_q = -1/3$$

Penny：

$$\alpha_E = -1/5, \alpha_q = -1/5$$

所有模型具有稳定的临界应力：$\alpha_E = 0$，$\alpha_q = 0$。

2) 多条裂缝净压力

N 个多条平行裂缝的净压力为[35]

$$\Delta P_N \propto \left(\psi_E E\right)^{\alpha_q} \left(\psi_q Q\right)^{\alpha_q} \tag{4-92}$$

式中，

$$\psi_E = (N-1)\phi_E + 1$$

$$\psi_q = 1/N$$

从式(4-91)和式(4-92)可知，N 个多条平行裂缝净压力与单一裂缝净压力的比值为[35]

$$\psi_p = \frac{\Delta P_N}{\Delta P} = \frac{\left[(N-1)\phi_E + 1\right]^{\alpha_E}}{N^{\alpha_q}} \tag{4-93}$$

多级和单一裂缝的静压力 ψ_p 相等的条件为

$$\phi_E\left(\psi_p = 1\right) = \frac{N^\beta - 1}{N - 1} \tag{4-94}$$

式中，

$$\beta = \alpha_q / \alpha_E$$

β 值的范围如下。

(1) 黏性控制。

PKN：

$$(\eta = 1) \quad \beta = 1/2$$
$$(\eta = 0) \quad \beta = \frac{n' + 1}{2n' + 1}$$

GDK & Penny：

$$(\eta = 1) \quad \beta = 0$$
$$(\eta = 0) \quad \beta = -\frac{n'}{2n' + 2}$$

(2) 韧性控制。

PKN：

$$\beta = 0 \to \infty, \quad \phi_E = 0 \to 1$$

GDK：

$$\beta = 1, \quad \phi_E = 1$$

所有模型具有稳定临界应力：$\beta = 0 \to \infty$，$\phi_E = 1$。

如图 4-23 所示，对于相互作用的裂缝，净压力比增加；然而，对于非相互作用的裂缝，净压力比降低。

4.3.5　离散化缝网扩展模型求解

求解整个缝网的扩展规律以及最终几何形态，需要在考虑 DFN 特性的情况下求解主裂缝扩展模型和次生裂缝扩展模型，其结果以质量守恒公式(4-74)进行最终的约束[35-37]。

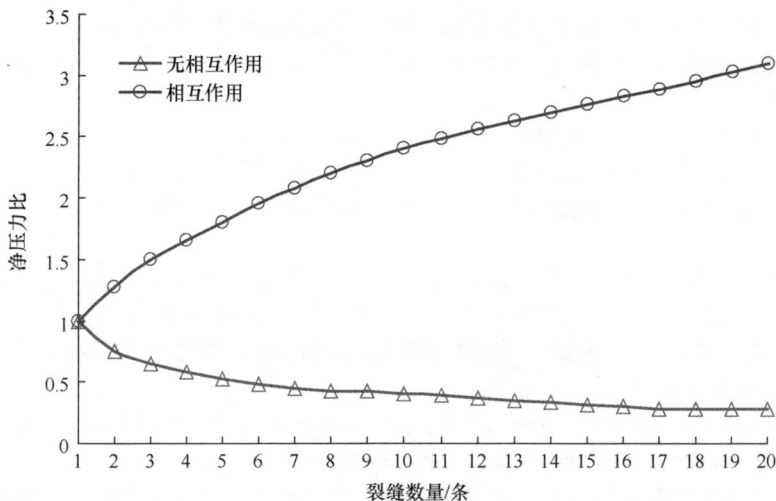

图 4-23 多簇压裂的净压力比与裂缝数量的关系

确定压裂液在主裂缝和次生裂缝中的分配比例是求解缝网扩展模型的核心。因此，首先需假定泵入主裂缝中的压裂液排量为 q_D，以 Δt 为时间间隔，将压裂施工时间离散化，并利用四阶龙格-库塔方法迭代计算出主裂缝的几何形态参数、压力及流量分布；其次，依据次生裂缝几何形态和主裂缝几何形态间的数学关系，求解次生裂缝几何形态参数；然后通过式(4-75)计算求解出缝网中压裂液的滤失量；最后利用质量守恒公式(4-74)验证所假设 q_D 的准确性，进而获得整个缝网扩展规律和最终几何形态参数[37]。

离散化缝网扩展模型是目前模拟非常规储层压裂形成复杂缝网的成熟模型之一。在考虑了缝间干扰和压裂液滤失现象后，能够较准确地描述缝网几何形态及其内部压裂液的流动规律。值得注意的是，应用离散化缝网扩展模型模拟软件进行压裂模拟研究时，首先需要给定在缝宽、缝高、缝长等参数上次生裂缝与主裂缝的关系，并假定次生裂缝的几何分布形态参数；然后依据设计的支撑剂沉降速度和铺砂方式，将地层物性、岩石力学性质、施工条件等参数代入上述数学公式中，通过数值分析的方法求解主裂缝和次生裂缝的几何形态；最后获得体积改造的缝网几何形态参数[34,37]。

参 考 文 献

[1] 刘安邦. 滑溜水压裂裂缝延伸主要影响因素的研究[D]. 西安：西安石油大学，2017：1-50.

[2] 赵超能. 页岩储层水力压裂裂缝相互作用机理研究[D]. 西安：西安石油大学，2017：1-60.

[3] 郑鹏. 页岩气储层体积压裂裂缝扩展数值模拟[D]. 西安：西安石油大学，2016：11-20.

[4] 贺沛. 同步压裂井间裂缝模拟研究[D]. 西安：西安石油大学，2016：41-54.

[5] 邝国能，熊振南，宋振熊. 工程实用边界元法[M]. 北京，中国铁道出版社，1989：129-141.

[6] 西安石油大学. 体积压裂缝网模拟软件：00348667 [P]. 2013-11-5.

[7] 易顺民，朱珍德. 裂隙岩体损伤力学导论[M]. 北京：科学出版社，2005：38-47.

[8] 冯彦军，康红普. 受压脆性岩石Ⅰ-Ⅱ型复合裂纹水力压裂研究[J]. 煤炭学报，2013，38(2)：226-232.

[9] 黎在良，王乘著. 高等边界元法[M]. 北京：科技出版社，2008：261-268.

[10] 谢和平，陈忠辉. 岩石力学[M]. 北京：科学出版社，2004：176-199.

[11] 李世愚，和泰名，尹祥础，等. 岩石断裂力学导论[M]. 合肥：中国科学技术大学出版社，2010：41-275.

[12] ERDOGAN F, SIH G C. On the crack extension in plates under plane loading and transverse shear[J]. Journal of basic engineering, 1963, 85(4): 519-527.

[13] ZHOU D S, ZHENG P, HE P, et al. Hydraulic fracture propagation direction during volume fracturing in unconventional reservoirs[J].Journal of petroleum science and engineering, 2016, 82-89.

[14] 熊有德. 材料强度力学[M]. 北京：科学出版社，2009：101-162.

[15] 费康，张建伟. ABAQUS 在岩土工程中的应用[M]. 北京：中国水利水电出版社，2010：1-50.

[16] ZOBACK M D. Reservoir geomechanics[M]. Cambridge, United Kingdom: Cambridge University Press, 2010.

[17] BIOT M A. Theory of elasticity and consolidation for a porous anisotropic solid[J]. Journal of apply physics, 1955(26): 182-185.

[18] SIMULIA D S. Abaqus online documentation[J]. Dassault systèmes, 2009, 7:69-105.

[19] 相智文. 延长陆相页岩气储层分段多簇压裂裂缝模拟研究[D]. 西安：西安石油大学，2015：13-29.

[20] 赵超能，周德胜，刘安邦，等. 致密储层压裂三维裂缝扩展模拟及应用[C]//2016 油气田勘探与开发国际会议，北京，2016.

[21] SHIN D H. Simultaneous propagation of multiple fractures in a horizontal well[D]. Austin: The University of Texas, 2013: 31-35.

[22] 张博. 延长陆相页岩气储层体积压裂缝网形成机理研究[D]. 西安：西安石油大学，2014：2-17.

[23] KREGTING R. Cohesive zone models: towards a robust implementation of irreversible behavior[J]. Philips applied technologies, 2005，(23): 2.

[24] WARPINSKI N R, SMITH M B. Rock mechanics and fracture geometry[J]. Recent advances in hydraulic fracturing, 1989, 12: 57-80.

[25] BARENBLATT G I. The mathematical theory of equilibrium cracks in brittle fracture[J]. Advances in applied mechanics, 1962, 7: 55-129.

[26] BENZEGGAH M L, KENANE M. Measurement of mixed-mode delamination fracture toughness of unidirectional glass/epoxy composite with mixed-mode bending apparatus[J].

Composites science and technology, 1996, 56(4): 439-449.

[27] 张晓敏，万玲，严波，等. 断裂力学[M]. 北京：清华大学出版社，2012：10-42.

[28] DANESHY A A. Hydraulic fracturing of horizontal wells: Issues and insights[C]//SPE140134-MS, SPE Hydraulic Fracturing Technology Conference, The Woodlands, 2011.

[29] MEYER B R, BAZAN L W. A discrete fracture network model for hydraulically induced fractures: Theory, parametric and case studies[C]//SPE140514-MS, SPE Hydraulic Fracturing Technology Conference, The Woodlands, 2011.

[30] 彭娇，周德胜，张博. 鄂尔多斯盆地致密油层混合压裂簇间干扰研究[J]. 石油钻采工艺，2015, 37(5)：78-81.

[31] 彭娇，周德胜，周媛，等. 致密油体积压裂离散缝网扩展模型模拟及其应用[C]//2015 油气田勘探与开发国际会议，西安，2015.

[32] 秦苑. 长 6 长 7 三区块致密油层体积压裂优化设计研究[D]. 西安：西安石油大学，2014：16-26.

[33] 彭娇. 影响致密油层缝网压裂储层改造体积的主要因素研究[D]. 西安：西安石油大学，2016：14-23.

[34] 樊凤玲，李宪文，曹宗熊，等. 致密油层体积压裂排量优化方法[J]. 西安石油大学学报（自然科学版），2014，29(3)：79-82.

[35] MEYER & ASSOCIATES, Inc. User's guide for the Meyer fracturing simulators[EB/OL]. Ninth Edition, [2012-5-24]. http://downloads.mfrac.com/pdfs/2011/Meyer%20User's%20Guide.pdf.

[36] SHOAIB S, HOFFMAN B T. CO_2 flooding the Elm Coulee field[C]//SPE123176-MS, SPE Rocky Mountain Petroleum Technology Conference, Denver, 2009.

[37] 程远方，李友志，时贤，等. 页岩气体积压裂缝网模型分析及应用[J]. 天然气工业，2013，33(9)：53-59.

第5章 裂缝扩展及互作用机理研究

非常规油气需经过储层压裂改造形成复杂缝网才能获得工业产量，为使水平井压后获得预期的压裂效果，掌握水力裂缝的方位和尺寸就成为研究的方向。主裂缝起裂于井筒，因此掌握井筒的变形情况和井筒周围岩石的应力分布是研究主裂缝初始起裂扩展的基础。另外，了解近井筒周围应力集中的具体情况，可有效预测钻井时井筒周围诱导裂缝的产生。

在水力压裂造缝阶段，了解水力裂缝扩展延伸时的地应力场变化情况，是油田工程师预测压裂效果的必要条件之一[1]。因此，进一步研究压裂缝的缝宽、缝高、缝长以及裂缝的扩展方向，可为将来人为控制裂缝走向奠定基础。

5.1 压裂过程中井筒应力分布

本节使用有限元方法建立了井筒及周围岩石的三维模型[2]，然后对井筒周围岩石在压裂开始前后的应力场进行数值模拟。分析井筒周围岩石在压裂开始前的应力场分布、压裂时应力场的变化情况，以此来研究裂缝的形成机理并对相关现象做出解释[3]。

5.1.1 井筒有限元模型的建立

分析所采用的模型是截取储层中水平井筒的一段以及水平井筒周围的一部分地层，为使分析更加精细准确，模型整体取为正方体。划分网格时，特意将井筒周围网格加密，以使所关心的部分计算结果更加准确。同时，以井筒轴线为 Z 轴建立柱坐标系，以便进一步进行分析。

如第 4 章所述，三维有限元模型的单元主要有 4 节点四面体单元、6 节点楔形单元以及 8 节点六面体单元三种。为证明第 4 章所述的 8 节点六面体单元的优越性，以下分别采用上述三种单元划分有限元网格并比较其优劣，由此选择最适合的单元类型。

另外，划分有限元网格的方法主要有结构化和扫掠两种。两种网格划分方式对于计算精度、计算速度以及计算收敛性等的影响各不相同，一般都认为结构化网格是最佳的网格划分方式。下面将采用这两种方法划分有限元网格，并比较其优劣，由此选择合适的网格划分方法。

1) 有限元选取

首先建立一段水平井筒及附近地层的三维模型，在其他条件都相同的情况下，分别采用 4 节点四面体单元、6 节点楔形单元以及 8 节点六面体单元进行网格划分，然后分别计算与水平井筒轴线相垂直的井筒周向正应力图。

模型为 3.05m×3.05m×3.05m 的立方体，水平井筒内径为 8.5in(0.2159m)，位于模型的中心。水平井筒轴线方向与最小水平主应力方向一致，与最大水平主应力方向在水平面正交。

为便于研究，假设水平井为裸眼井。水力压裂时井筒应力变化可分两步进行研究，第一步模拟井筒及其附近地层在钻井完成后，压裂还未开始的原始状态下，只受井筒中静水压力作用时的情况；第二步模拟压裂液泵入井筒后，井筒壁及附近地层的应力场变化。

以 8 节点六面体单元为例，模型的网格图如图 5-1 所示[3]。

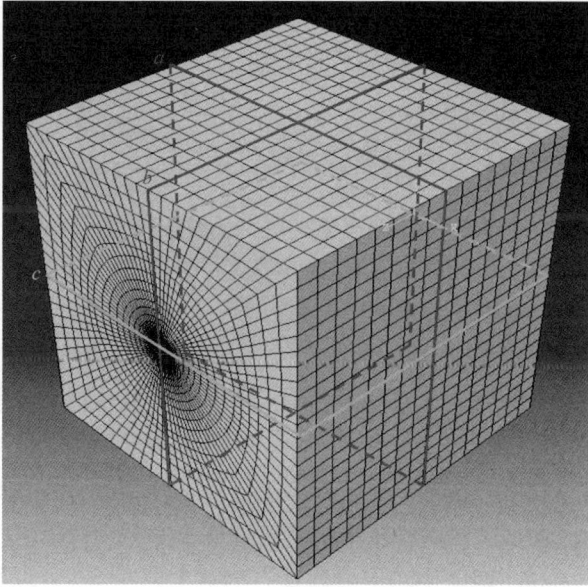

图 5-1　井筒模型及网格示意图(后附彩图)

如图 5-1 所示，对水平井筒附近区域的网格进行了加密，这样能更好地分析井筒周围的应力场情况。同时，建立柱坐标系 RZT，R 方向表示沿井筒径向，T 方向表示沿井筒周向，Z 方向表示沿井筒轴向。此外，为便于描述应力应变变化情况，取与井筒轴线垂直的截面为 a，与截面 a 垂直的为铅垂面 b，通过井筒轴线的水平截面为 c。

不同单元类型的网格对比模型如图 5-2 所示。

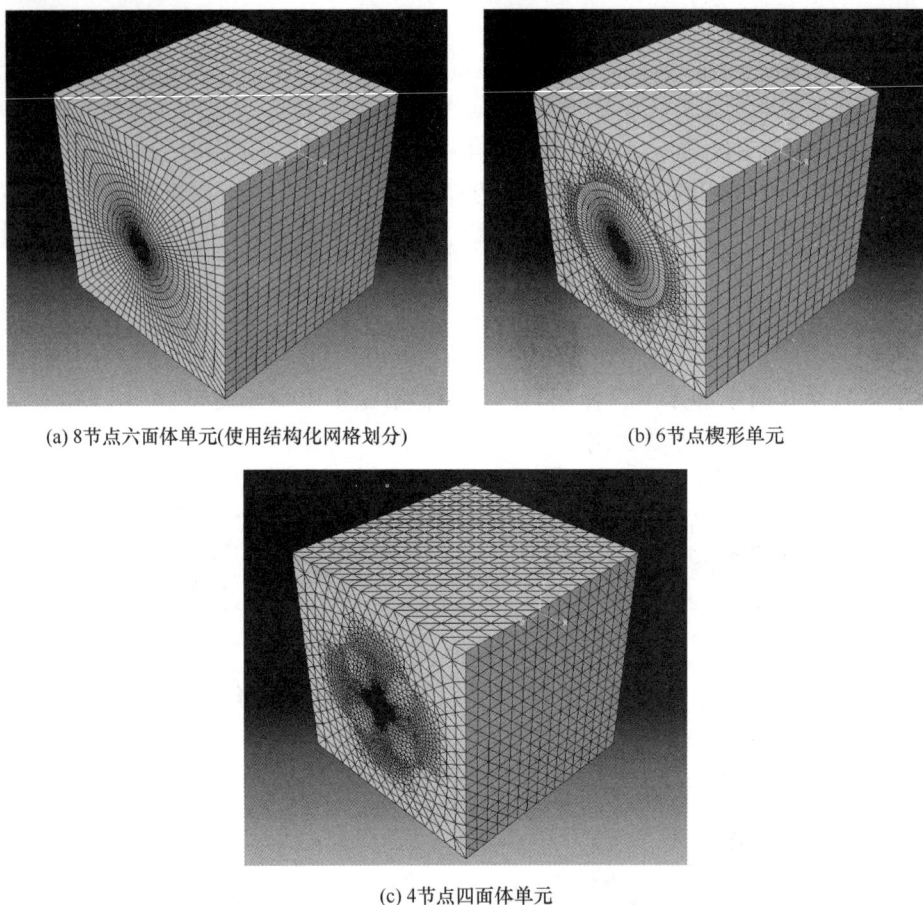

(a) 8节点六面体单元(使用结构化网格划分)

(b) 6节点楔形单元

(c) 4节点四面体单元

图 5-2　不同单元类型网格对比图

由图 5-2 可以看出，三种单元的网格都比较均匀，但 4 节点四面体单元和 6 节点楔形单元均会在加密区的外围形成不合理或不必要的加密区。

图 5-2 中 8 节点六面体单元模型共有 30976 个单元，6 节点楔形单元模型共有 37088 个单元，4 节点四面体单元模型共有 103220 个单元。由单元数来看，在同样的区域划分网格，8 节点六面体单元模型的单元数最少，这意味着该类单元模型需要的计算时间最短。

针对计算结果的精确程度和正确性，可通过对比三种单元模型井筒周向正应力的分布(S22)来说明，图 5-3 为压裂液泵入后的井筒周向应力场模拟结果[3]。

图 5-3 分别为 8 节点六面体单元、6 节点楔形单元、4 节点四面体单元井筒周向应力场模拟结果。其中，4 节点四面体单元模拟应力场分布不规律，等势线不够光滑，这说明 4 节点四面体单元模型虽然网格数最多，但每个单元节点少、太

(a) 8 节点六面体

(b) 6 节点楔形

(c) 4 节点四面体

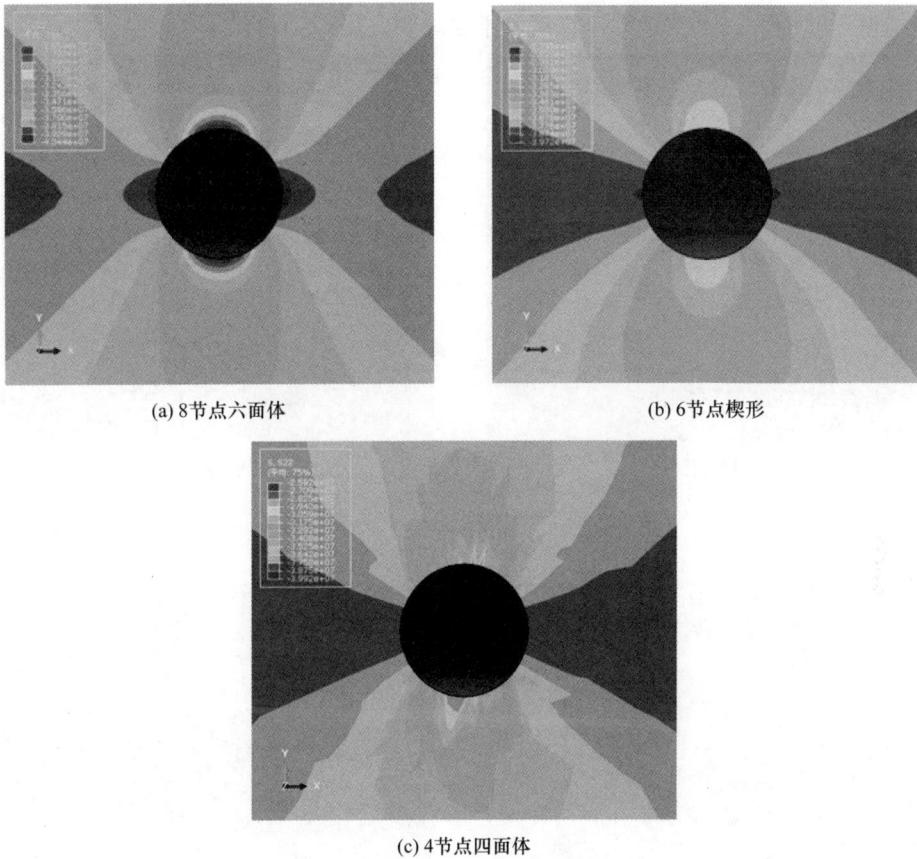

图 5-3 不同单元类型井筒周向应力场模拟结果(后附彩图)

过简单，导致模拟结果不正确。另外两种单元的模拟结果比较相近，但 6 节点楔形单元的模拟精度明显不够，尤其是在井筒附近部分，没有出现 8 节点六面体中出现的红色应力集中区。该区为压应力减小区，其往往成为压裂过程中裂缝起裂的依据。

综合以上分析，8 节点六面体单元模型的模拟结果最好，计算精度最高，而且单元数较少，所需计算时间也较短。

2) 网格划分

下面比较不同网格划分方法对有限元模拟结果的影响。网格类型使用 8 节点六面体单元，网格划分方法分别为结构化和扫掠。图 5-4 为不同网格划分方法的网格示意图，图 5-5 为不同网格划分方法的模拟结果。

如图 5-5 所示，虽然同为 8 节点六面体单元，但是扫掠方法作为 6 节点楔形单元采用的默认划分方法，也出现了和其类似的现象，即井筒周围部分应力场表现得不够细致，也就是其计算精度不足。

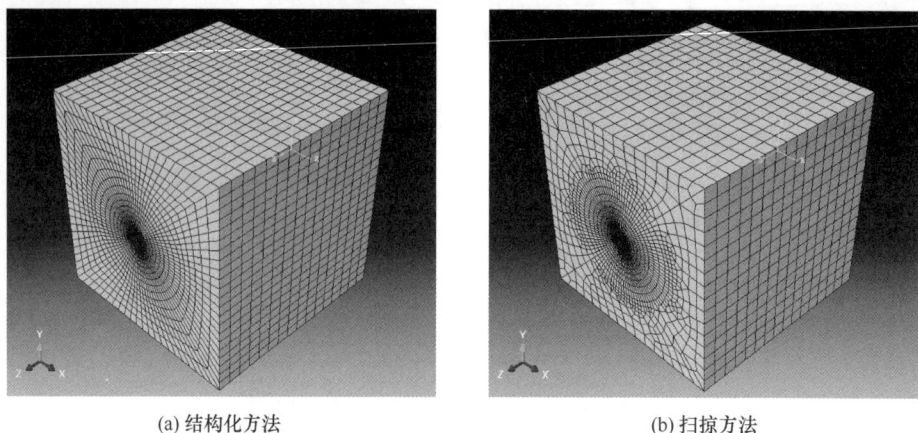

(a) 结构化方法 　　　　　　　　　　　　(b) 扫掠方法

图 5-4　不同网格划分方法的网格示意图

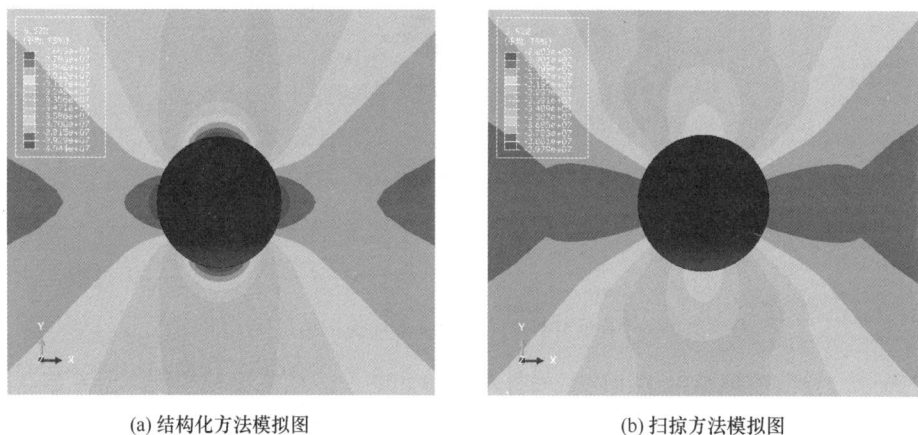

(a) 结构化方法模拟图 　　　　　　　　　　(b) 扫掠方法模拟图

图 5-5　不同网格划分方法的模拟图(后附彩图)

综上所述，下面所有有限元分析都采用 8 节点六面体单元、结构化网格划分方法进行研究。

3) 模型岩石参数

表 5-1 为某井的岩石力学及地应力参数。由表可知，岩石杨氏模量变化范围为 19510.96～30180.03MPa，泊松比变化范围为 0.082～0.196，平均最小水平主应力为 17.39kPa/m，平均最大水平主应力为 20.45kPa/m。由此可见，储层岩石具有较高杨氏模量和低泊松比的特点，水平应力差异系数为 0.176，压裂有利于形成裂缝缝网。

表 5-1　岩石力学及分层地应力数据

深度 /m	孔隙度/%	泥质含量/%	杨氏模量/MPa	泊松比	单轴抗压强度/MPa	抗钻强度/MPa	最小水平主应力/(kPa/m)	上覆岩层压力/(kPa/m)	最大水平主应力/(kPa/m)	坍塌压力梯度/(kPa/m)	破裂压力梯度/(kPa/m)
1760	6.00	33.55	20801.16	0.145	171.58	5.691	16.925	21.893	19.828	16.533	17.905
1780	4.12	32.66	21433.95	0.183	176.61	5.969	17.385	21.580	20.212	15.788	18.387
1800	6.23	32.57	23926.92	0.087	200.55	5.676	17.022	23.824	20.388	16.565	16.977
1820	4.58	32.88	23145.70	0.140	192.64	5.920	17.157	22.422	20.186	15.652	17.675
1840	3.57	34.55	22046.86	0.196	184.18	6.030	18.071	22.266	21.063	16.229	19.057
1860	3.82	32.95	22902.58	0.181	190.73	6.016	18.144	22.805	21.266	16.260	18.914
1880	4.88	36.03	19510.96	0.176	162.29	5.801	16.543	20.453	19.100	16.522	18.658
1900	4.32	26.33	28950.19	0.082	239.99	6.048	17.745	25.402	21.489	14.986	16.764
1920	3.03	25.59	29792.68	0.106	247.85	6.223	18.133	25.274	21.847	13.798	17.020
1940	3.05	25.89	30180.03	0.069	250.60	6.156	17.369	25.108	21.043	14.268	16.282
1960	2.44	30.74	22730.83	0.166	186.04	6.261	16.078	19.943	18.512	14.252	17.824
1980	4.35	34.62	20972.63	0.187	173.98	5.901	17.577	21.776	20.452	17.378	18.595
2000	6.23	35.58	20084.85	0.166	166.39	5.593	17.758	22.648	20.841	18.885	18.940
2020	5.57	34.86	20132.80	0.183	166.60	5.720	17.784	22.197	20.759	18.562	18.133
2040	4.03	34.88	20962.61	0.184	174.04	5.953	17.163	21.207	19.900	17.052	18.516

模型采用表 5-1 中岩石力学参数的平均值，计算结果如表 5-2 所示。

表 5-2　压裂井周围岩石力学参数平均值

参数	平均值	参数	平均值
杨氏模量/MPa	23171.65	最大水平地应力/MPa	38.872
泊松比	0.15	最小水平地应力/MPa	33.042
深度/m	1900.005	上覆岩层压力/MPa	42.915

将以上的地应力减去孔隙压力得到对应的有效应力，模拟模型的载荷参数值均为有效应力。

5.1.2　压裂前井壁受力及变形研究

研究的第一步是模拟水力压裂开始前，裸眼水平井井筒在其内流体净压力作用下的井壁应力分布及变形情况。流体净压力为井筒内流体静压力与地层孔隙压力的差值，取极端情况，即井筒内净压力为 0MPa。通过有限元建模，模拟结果以云图显示(图 5-6、图 5-7)。

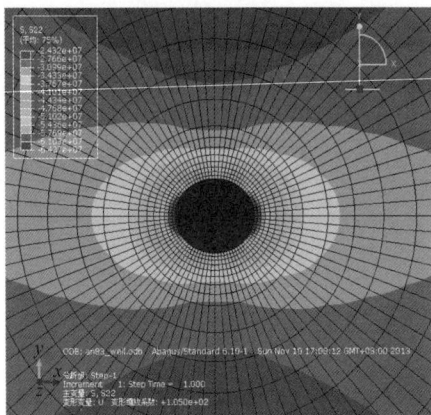

图 5-6　压裂前净水压力作用下沿井筒的
周向正应力

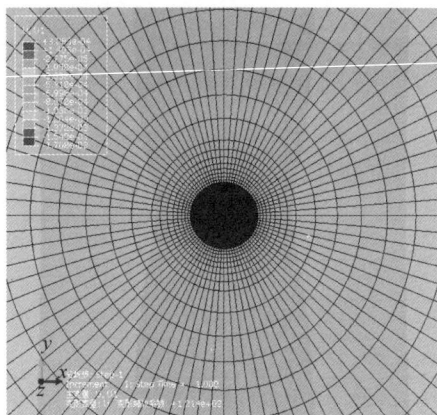

图 5-7　压裂前净水压力作用下沿井筒径
向位移

以图 5-1 中的平面 a 为例讨论该井壁的应力及位移情况。

图 5-6 为垂直于水平井筒的横截面上周向正应力分布图，图中心圆为井筒，横向(X)为地层水平方向，纵向(Y)为垂直方向(地层深度方向)，压应力为负值，拉应力为正值。

由图 5-6 井筒的周向正应力分布图可知，当井筒内流体净压力为 0 时(水平井筒内部的流体静压力与地层内的孔隙压力相同)，应力会在水平井筒周围集中，井筒周围压应力都大于地层的最小水平主应力。从井筒圆周上看，井筒最上和最下端所受压应力最小，最左和最右端所受压应力最大。因此，对于该井(水平井井筒方位角与地层最大水平主应力方向垂直)，钻井作用将引起井筒周向应力集中，但井筒不会发生破坏。也就是说，该地层不会形成钻井诱导裂缝。

地层中的水平井筒变形主要受上覆地层压力和最大水平主应力的作用，根据该井区块地质资料来看，其上覆地层压力比最大水平主应力大 2～5MPa。在这样的地应力作用下，水平井在钻井完成后势必会产生一定的变形。有限元模拟计算的井筒变形如图 5-7 所示，圆形井筒在不对称的上覆地层压力和最大水平主应力的作用下，变形为纵向为短轴、横向为长轴的椭圆。但对于该井，井筒长短轴的变形量不足 1mm。

研究钻井后，井筒纵横向变形(由圆形变化为椭圆)对裸眼水平井完井具有一定的指导意义。封隔裸眼井筒的裸眼封隔器一般是按假设井筒为圆形设计的，钻井完成后在上覆地层压力和最大水平主应力作用下水平井筒一般呈椭圆形，造成当封隔器外缘接触到裸眼水平井筒上下两端时，井筒左右两端尚留有空隙。因此，可能出现水平井筒左右两端封隔不佳，或左右两端封隔好但压破上下两端岩石的局面。

对于该井，井筒椭圆长短轴的变形量不足 1mm，可以忽略井筒变形的影响。对上覆地层压力与最大水平主应力相差较大、岩石杨氏模量较小的地层进行水平井裸眼完井压裂，需考虑井筒变形的影响。

5.1.3　压裂时井壁受力及变形研究

水力压裂开始后井筒内压力将逐渐升高。现对 5.1.1 节模型进行第二步模拟研究，将井筒内压力升高至 15.16MPa(抵消地层孔隙压力后的净压力)，研究水平井筒的应力及变形。井筒在内压作用下将变大，但其变形量极小，此时对封隔器封隔部分岩石的变形影响更小，因此本书不讨论压裂过程中的井筒变形。图 5-8 为 15.16MPa 下井筒周向正应力分布云图。

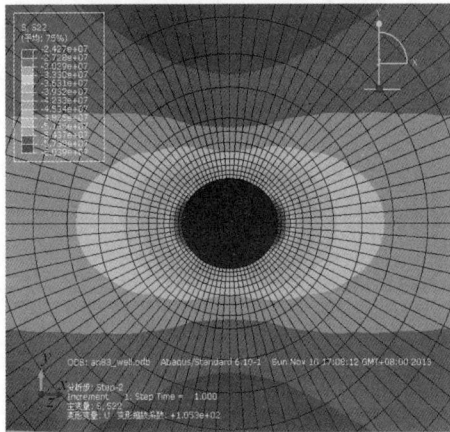

图 5-8　压裂液对井壁产生 15.16MPa 压力时沿井筒周向正应力分布云图

对比图 5-6 和图 5-8 两种情况下的应力图不难发现，随着井筒内压力升高，水平井筒附近地层的应力场发生了变化。井筒上下部分的压应力逐渐减小，上下端部压应力减小最快，因此井筒可能首先从其上下端产生破坏。

但是具体到本例中，井筒上下部分的应力集中区仍然为压应力，不足以使井筒上下的地层破坏形成裂缝。下面再通过增大井筒内压力，研究裂缝开起机理。

图 5-9 和图 5-10 分别为将压裂液对井筒内壁压力增加至 20MPa 和 40MPa 后，井筒周向正应力的变化情况。通过对比图 5-8、图 5-9 和图 5-10 发现，当压裂液对井壁产生的压力增大到 40MPa 时，井筒上、下部分周向应力变为正值，表示出现拉应力(压应力定义为负值，拉应力为正值)。这说明随着井筒内压力增加，当其达到一个较大的临界值时，井筒上、下部分岩石将会出现拉应力集中区。如果该拉应力大于岩石的抗拉强度(该强度一般较小)，沿井筒的上下端就会发生破坏，初始裂缝方向沿着井筒的轴向开起。

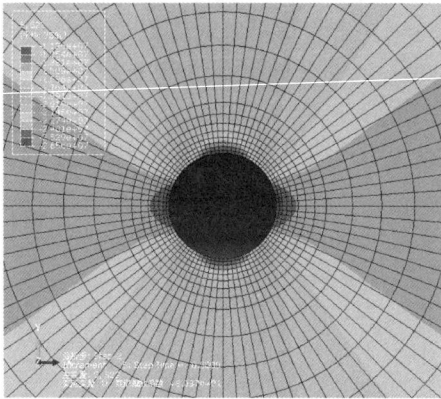

图 5-9　压裂液对井壁产生 20MPa 压力　　　　图 5-10　压裂液对井壁产生 40MPa 压力

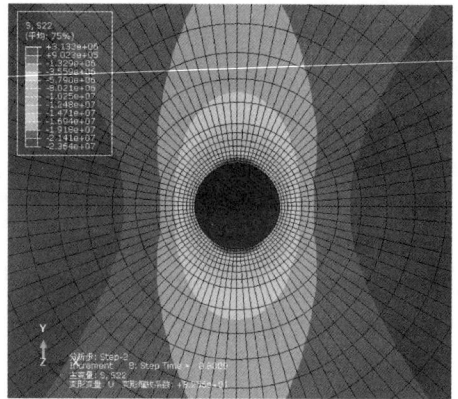

　　一般认为，当水平井筒方向与地层最小水平主应力方向一致时，水力压裂裂缝为垂直于井筒的横向裂缝，形成的垂直缝有利于提高水平井产量，并且能够进行分段多簇压裂[4]。但本例显示，由于井筒周围的应力集中，水平井井壁上压出的初始裂缝将沿着水平井井筒方向起裂扩展。当该初始纵向裂缝在垂直井筒方向上的扩展距离超过应力集中区后，裂缝面将从初始的纵向缝偏转为垂直于井筒的横向裂缝，如图 5-11 所示。

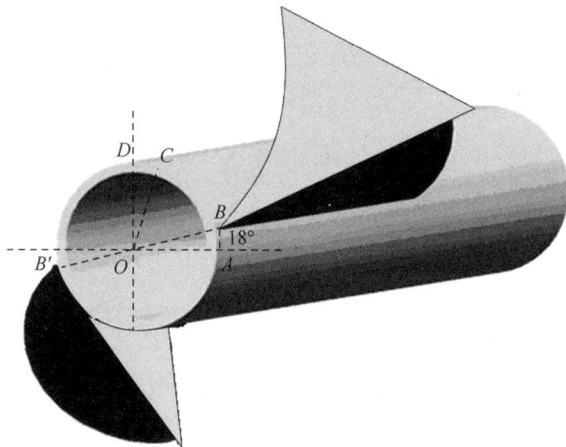

图 5-11　裸眼水平井水力压裂裂缝起裂扩展方向

　　该扭曲裂缝面主要出现在裸眼水平井分段压裂上。对于固井水平井，射孔孔眼穿过了(穿透)井壁应力集中区，将直接出现垂直于井筒的横向裂缝。井筒周围由于钻井作用形成的应力集中区垂直方向距离(应力集中区厚度)根据岩石性质和地应力而定，一般在 1.5 倍井筒直径范围内(本节例子的应力集中区为椭圆形：

井筒两侧各 500mm(长轴)，上下各 260mm(短轴))。沿水平井井筒方向初始开起的纵向裂缝，其在井筒方向的扩展距离主要与应力集中区厚度有关。

对裸眼水平井实施分段压裂，一般认为压出的裂缝位置正对打开滑套后的孔眼。这一假设的依据是从孔眼喷射出的压裂液对井壁有冲蚀作用。然而，该压裂方式并非水力喷砂压裂，其孔眼设计较大且不含支撑剂，目的是避免压裂时出现较大的压力降，结果导致通过孔眼的压裂液流速较小。可见，用冲蚀作用作为解释依据并不充分。井筒上出现的裂缝主要取决于井筒中的压力，由于地层岩石的非均质性，裂缝可能出现在该段井筒中岩石性质最薄弱处。如图 5-12 所示，当裂缝起裂位置靠近封隔器时，初始裂缝会沿井筒方向扩展一段距离，可能造成封隔器封隔失效。

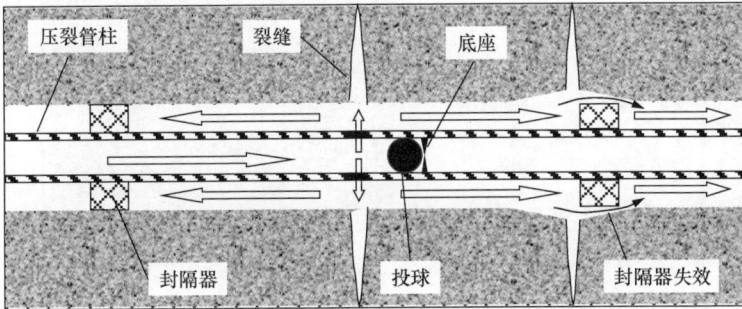

图 5-12　近封隔器起裂裂缝导致封隔器封隔失效

5.2　体积压裂裂缝扩展及织网边界元模拟软件

利用边界元分析计算方法，基于 4.1 节的边界元模型，作者编制了一套大型体积压裂缝网边界元模拟(simulation of volumetric fracture network，SVFN)软件[5]。该软件可用来模拟研究体积压裂中裂缝开起、裂缝扩展、与天然微裂缝互作用、主裂缝织网，以及缝网产生、发展、形成的过程。

该软件使用 C++语言编写，采用边界元法分析计算裂缝扩展过程中周围应力应变、裂缝接近天然微裂缝时裂缝周围与天然裂缝周围的应力及应变变化，能够模拟计算剪切裂缝形成、相对滑移距离等。另外，通过与国际上通用的有限元软件对单条主裂缝、多条主裂缝起裂扩展的模拟结果进行对比，发现该软件模拟计算精度较高[6]。

采用 SVFN 软件建立相应的模拟模型，模型主要输入主控变量、油气井数据、边界条件、断层与裂缝等数据，通过计算即可得出与该数据相匹配的裂缝及缝网形态。软件不但可输出模拟范围内任意点在压裂过程中任意时刻的应力、应变及各裂缝间相互影响关系，还可显示出主裂缝扩展、天然裂缝激活、裂缝织网、缝网进一步发展等的动态过程。

下面简要介绍 SVFN 软件的主要界面。

该软件主菜单由"文件"、"编辑"、"输入"、"查看"、"窗口"、"帮助"组成，图 5-13 为该软件的"文件"菜单。其中，各子菜单功能与一般文字处理软件一致，这里不再重复。

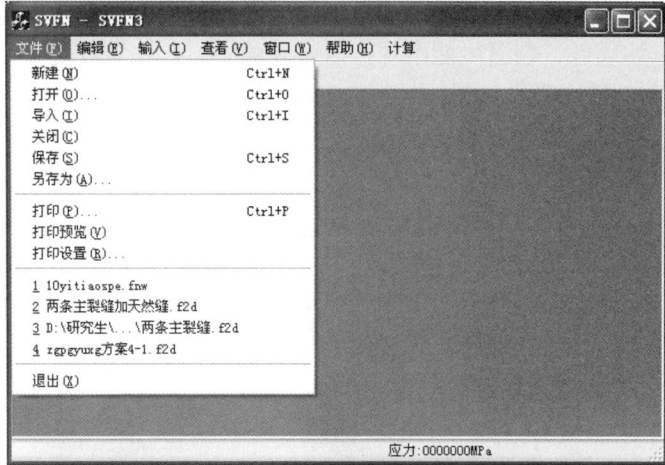

图 5-13　SVFN 界面"文件"菜单

"编辑"菜单主要是输出各图的截图，输出图中各曲线数据的拷贝，以便转移到 Excel 等软件处理。"输入"菜单包含各种控制和命令按钮，如图 5-14 所示。

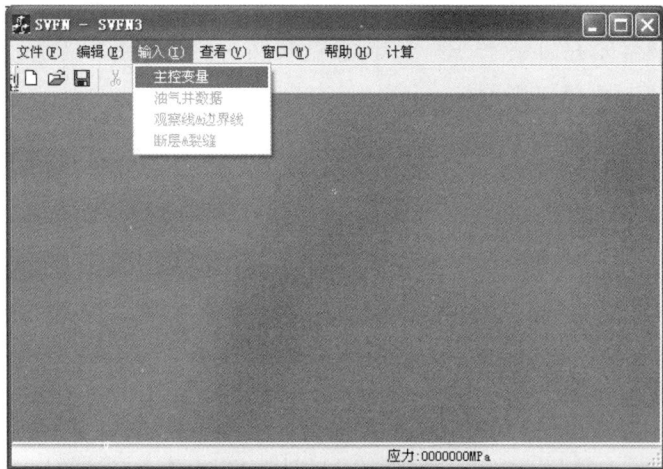

图 5-14　SVFN 界面"输入"菜单

"查看"菜单为软件输出部分，包含显示工具和各数据状态按钮，以及各种输出图和报告的选择控制及命令按钮，如图 5-15 所示。

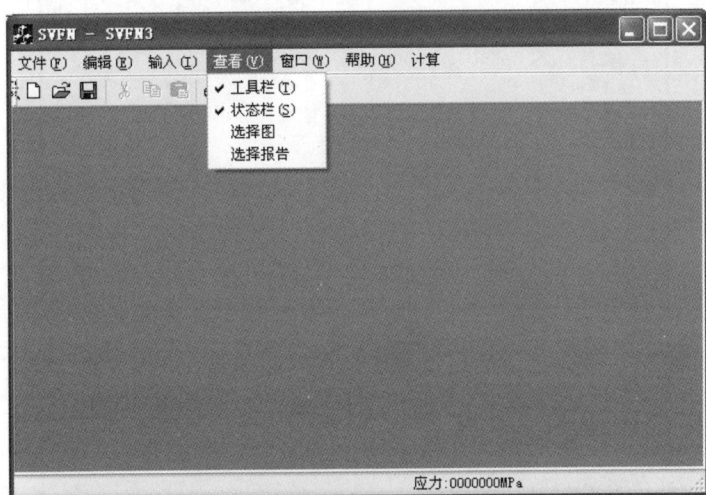

图 5-15　SVFN 界面"查看"菜单

"窗口"菜单主要控制打开的各种窗口的显示排列方式，如图 5-16 所示。

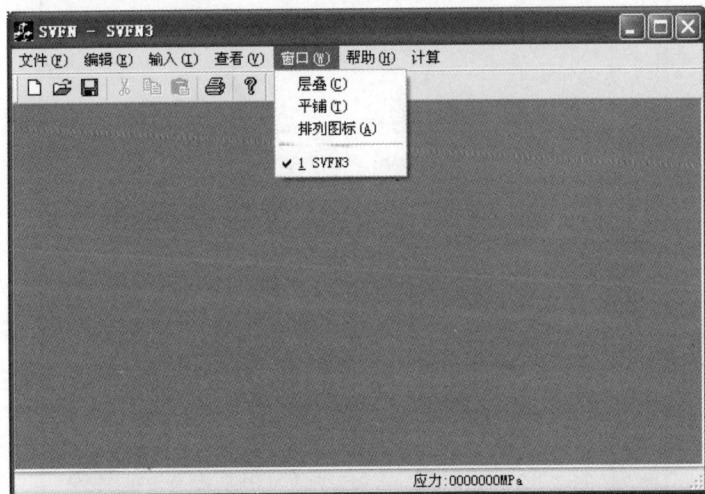

图 5-16　SVFN 界面"窗口"菜单

"帮助"菜单与常用软件一致，这里不再重复。"输入"菜单是该软件的核心部分，包括主控变量、油气井数据、观察线&边界线、裂缝、断层命令等。图 5-17～图 5-21 为这些命令的界面。

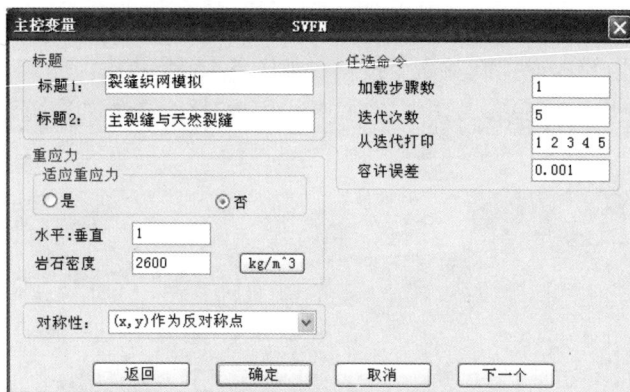

图 5-17　SVFN 主控变量界面

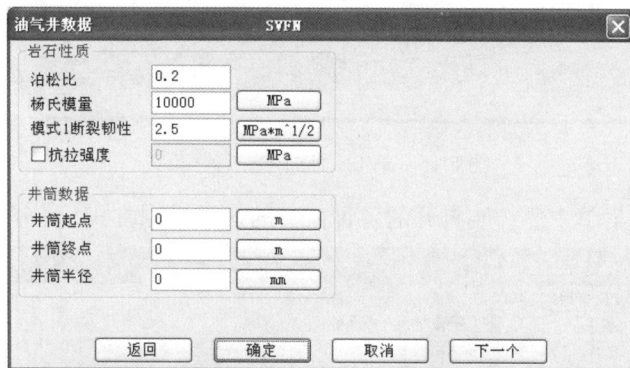

图 5-18　SVFN 油气井数据输入界面

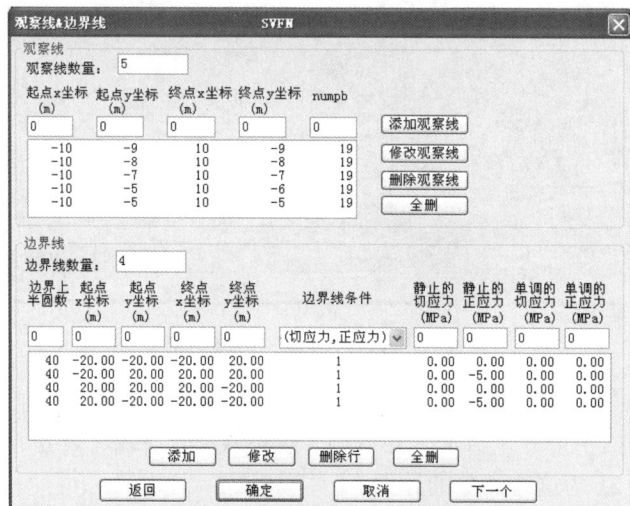

图 5-19　SVFN 观察线&边界线设置界面

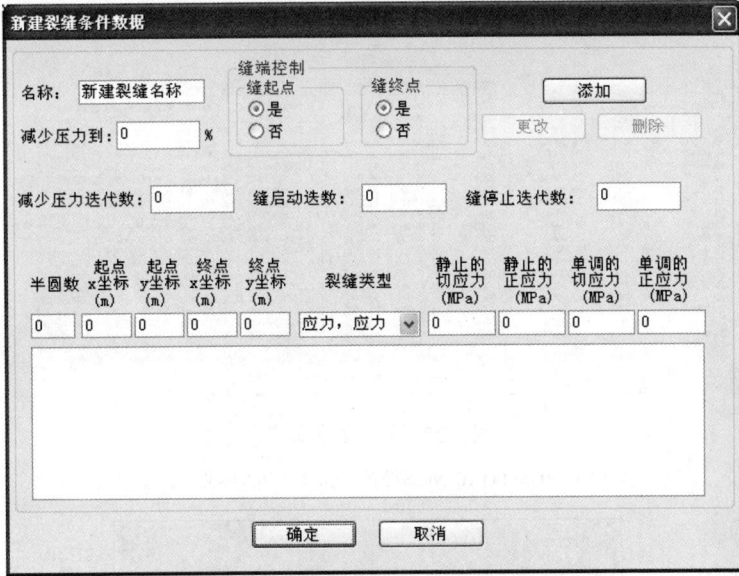

图 5-20　SVFN 裂缝数据输入界面

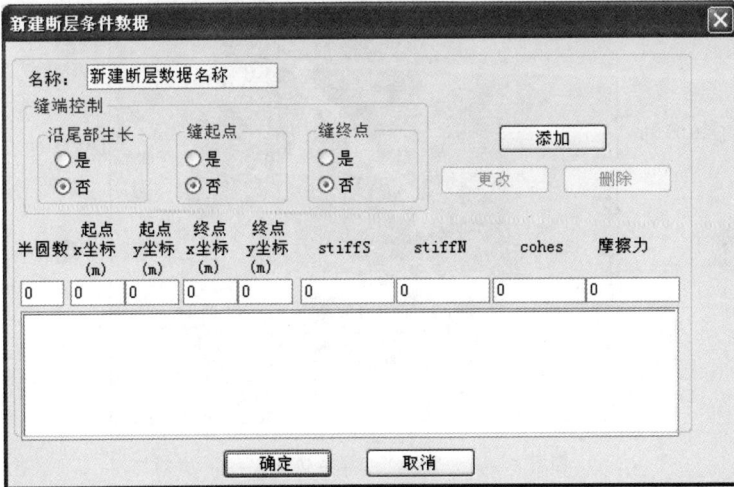

图 5-21　SVFN 断层数据输入界面

　　软件输出包括数据输出和图像输出，如图 5-22 和图 5-23 所示。数据主要输出各时刻的边界、裂缝、任意处的应力、应变、位移、缝长、缝宽等参数。图像输出研究区内各时刻的应力、应变、位移等的二维平面图，也可输出研究区内各裂缝起裂、扩展的动态图。

图 5-22　软件数据输出

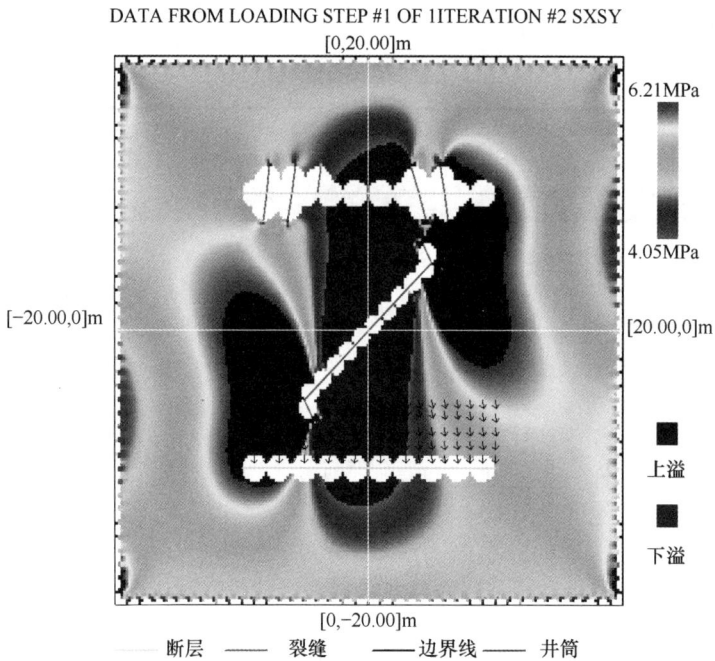

DATA FROM LOADING STEP #1 OF 1ITERATION #2 SXSY

图 5-23　软件图像输出

5.3　裂缝起裂扩展模拟研究

5.3.1　基本模拟模型

在裂缝内水力压力作用下，扩展中的人工主裂缝会对裂缝周围一定范围的地层产生附加应力场，范围内的地层初始应力场将随之发生变化，附加应力场与初始应力场的叠加形成该范围内新的实地应力场，其随水力压裂的进行而时刻变化。附加应力场(或新的实地应力场)的波及范围称为水力压力对地层产生的"应力阴影"(stress shadowing)。压裂裂缝的"应力阴影"将影响范围内其他裂缝的起裂与扩展，因此模拟单条压裂裂缝的扩展与应力阴影变化是研究体积压裂的基础。

为模拟地层边界条件和消除边界区域应力集中的影响，选取水平面上足够大范围的正方形地层作为研究对象，正方形边界上分别加载最大与最小水平主应力。在选取的正方形中设置细小的裂缝以模拟研究裂缝的起裂与扩展，压裂裂缝缝长方向与最大水平主应力成一定夹角，裂缝内施加不同水力压力以研究裂缝在不同压力下的起裂扩展机理。建立的基本模拟模型如图 5-24 所示。

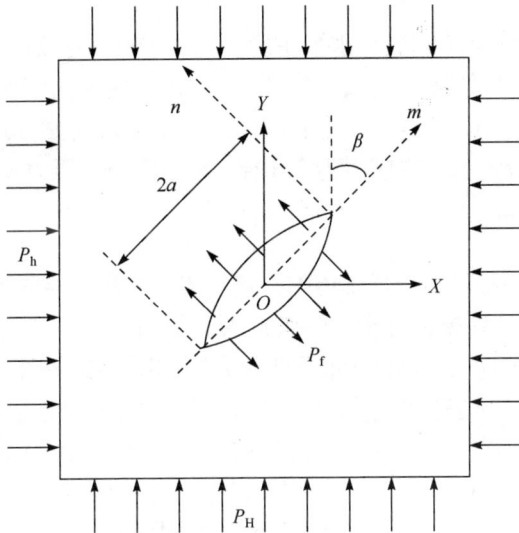

图 5-24　水力裂缝起裂扩展模拟模型

图 5-24 中 P_H 为最大水平主应力，定义为 Y 方向；P_h 为最小水平主应力，定义为 X 方向；P_f 为主裂缝内压力；a 表示人工主裂缝半缝长；β 为裂缝初始情况下与最大水平主应力之间的夹角。

首先研究最基本条件下的裂缝起裂扩展规律。研究范围内各处地层的力学性质设为相同，以模拟地层为均质且各向同性的情况，最大与最小水平主应力也设为相同，以模拟加载为各向同性情况，缝内压力、最大与最小水平主应力以差值形式出现，裂缝初始位置与最小水平主应力垂直。模型输入参数如表 5-3 所示[7]。

表 5-3 模型模拟参数

参数	值
杨氏模量/MPa	20000
泊松比	0.25
最大水平主应力/MPa	2
最小水平主应力/MPa	0
裂缝缝内压力/MPa	2
地层断裂韧性/(MPa·m$^{1/2}$)	2.5
模拟研究范围/(m×m)	100×100
地层岩石密度/(kg/m^3)	2600
裂缝初始长度/m	6
裂缝初始角度/(°)	0

该示例研究的储层实际最小水平主应力为 30MPa(有效应力，减去地层孔隙压力之后)，最大水平主应力(有效应力)为 32MPa，裂缝内施加压力为 32MPa(缝内流体压力减去孔隙压力后)。为便于计算，各变量均减去 30MPa，即最小水平主应力为 0MPa，最大水平主应力为 2MPa，裂缝内施加压力为 2MPa。

5.3.2 裂缝起裂扩展模拟

通过 5.2 节的模拟计算软件 SVFN，建立表 5-3 模拟参数下图 5-24 模拟的模型，完成裂缝起裂扩展模拟计算。裂缝起裂扩展过程中，X 方向正应力(σ_{xx})、Y 方向正应力(σ_{yy})、剪应力(τ_{xy})的分布及变化分别如图 5-25～图 5-27 所示。

图 5-25 为裂缝起裂扩展过程中裂缝周围 X 方向正应力分布及变化情况，其中，X 方向为最小水平主应力方向(图 5-24)。图 5-25(a)为初始裂缝位置及长度下的应力图，图 5-25(b)为裂缝起裂扩展初期情况，图 5-25(c)为裂缝扩展延伸后

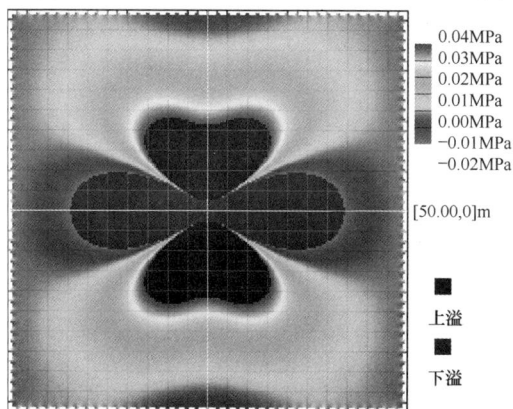

(a) 初始裂缝位置及长度下的应力图

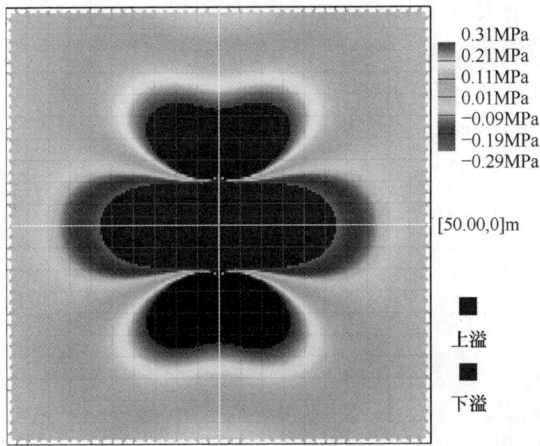

0.31MPa
0.21MPa
0.11MPa
0.01MPa
−0.09MPa
−0.19MPa
−0.29MPa

[50.00,0]m

上溢

下溢

(b) 裂缝起裂扩展初期的应力图

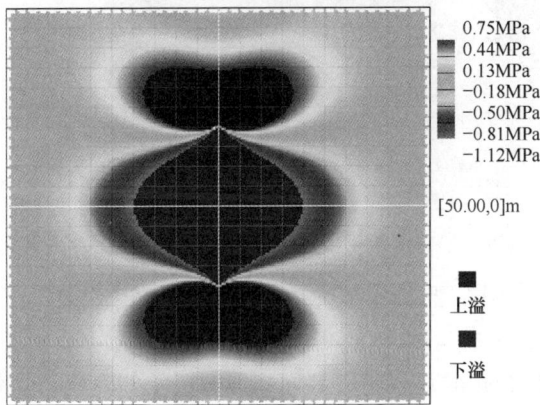

0.75MPa
0.44MPa
0.13MPa
−0.18MPa
−0.50MPa
−0.81MPa
−1.12MPa

[50.00,0]m

上溢

下溢

(c) 裂缝扩展延伸后的应力图

图 5-25　裂缝起裂扩展过程中 X 方向正应力分布及变化

情况。

　　由图 5-25(b)可以看出，裂缝在缝内压力的作用下起裂延伸，扩展方向与裂缝的初始方向相同(图中纵向)。对比图 5-25(a)～(c)可以看出，裂缝在扩展过程中会在其两个尖端产生拉应力集中区(初始有压应力时为压应力减小区)，拉应力在裂缝尖端处最大，随着与裂缝尖端距离的增大而逐渐减小。拉应力集中区的影响范围在以裂缝尖端为圆心、半径约为 50m 的半圆内，这表明裂缝尖端产生了诱导拉应力(或减小原地压应力)。裂缝两侧产生压应力集中区(初始有压应力时为压应力增加区)，压应力在裂缝处最大，随着与裂缝距离的增加而减少，最后趋于地层压力，该压应力增加是由于裂缝开裂后内部水力压力挤压两侧岩石。无论是裂缝尖端的拉应力作用，还是裂缝两侧的压应力作用，其大小都随着裂缝的起裂和扩展逐渐增大。

由此可见，裂缝尖端与裂缝两侧的诱导应力对原地应力的作用相反(压应力减小与压应力增加)，它们可改变两个水平主应力的原地大小，影响范围内其他裂缝的起裂扩展方向也将发生改变。

图 5-26 为裂缝起裂扩展过程中裂缝周围 Y 方向正应力分布及变化情况。其中，Y 方向为最大水平主应力方向(图 5-24)。

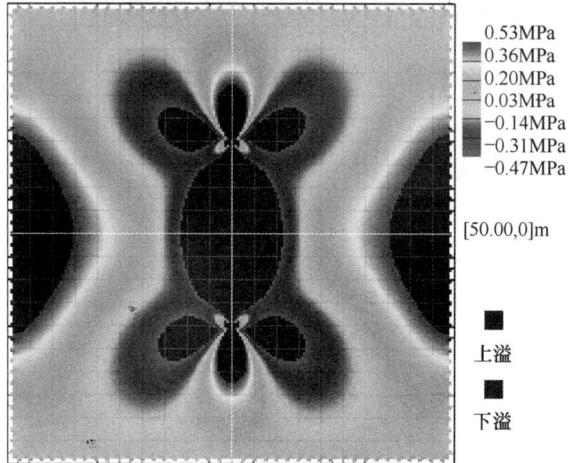

0.53MPa
0.36MPa
0.20MPa
0.03MPa
−0.14MPa
−0.31MPa
−0.47MPa

[50.00,0]m

■ 上溢

■ 下溢

图 5-26　裂缝起裂扩展过程中 Y 方向正应力分布及变化

由图 5-26 可以看出，裂缝在其尖端很小范围内产生 Y 方向拉应力集中区，这是由于泊松比存在产生的效果，而在其周围其他区域都属于压应力集中区。

图 5-27 是裂缝在扩展过程中对其周围地层产生的剪应力分布图。

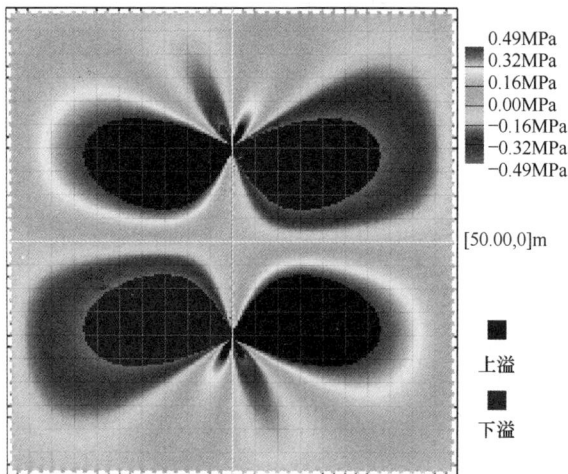

0.49MPa
0.32MPa
0.16MPa
0.00MPa
−0.16MPa
−0.32MPa
−0.49MPa

[50.00,0]m

■ 上溢

■ 下溢

图 5-27　裂缝起裂扩展过程中剪应力分布及变化

如图 5-27 所示，在裂缝尖端两侧越向外侧剪应力越小，该剪切应力的存在是体积压裂过程中天然裂缝开裂的主要原因。

5.4　裂缝扩展方向与 H 评价因子

一般认为，常规水力压裂裂缝面沿垂直于地层最小水平主应力方向扩展，压裂裂缝在水平面上呈近似直线分布于井筒两侧，即所谓的"二维平面"、"双翼裂缝"。大量现场实践证明，体积压裂的裂缝面可能呈弯曲状，在水平面上为曲线，即所谓的二维"非平面"(non-planar)裂缝。也就是说，常规水力压裂裂缝可简化为二维平面问题，体积压裂裂缝可简化为二维曲面问题。

5.4.1　H 评价因子

一般来讲，地层最小水平主应力方向在水力压裂裂缝长度范围内可视为不变。但体积压裂形成的裂缝面在水平面上可能呈曲线，这表明体积压裂裂缝在扩展过程中，其缝端扩展方向不再仅由地层最小水平主应力方向决定，还会受裂缝初始角度、最大水平主应力、最小水平主应力值和缝内压力等因素的影响。

为了综合考虑裂缝内压力 P_f、地层最大水平主应力 P_H、最小水平主应力 P_h 对裂缝扩展方向的影响，作者提出了一个裂缝扩展方向评价因子，又称 H 因子。其定义如下[8]：

$$H = \frac{P_f - P_H}{P_{II} - P_h} \tag{5-1}$$

下面推导裂缝扩展方向角和裂缝初始角与裂缝扩展方向影响因子 H 之间的关系。

假设在无限大地层内，最大和最小水平主应力分别为 P_H 和 P_h，地层中裂缝周围的应力可以用图 5-24 中的 m-n 坐标系来表示：

$$\begin{aligned}
\sigma_m &= P_H \cos^2 \beta + P_h \sin^2 \beta \\
\sigma_n &= P_H \sin^2 \beta + P_h \cos^2 \beta \\
\tau_{mn} &= (P_H - P_h) \sin \beta \cos \beta
\end{aligned} \tag{5-2}$$

将式(5-2)代入式(4-20)，得到应力强度因子表达式，公式如下：

$$K_I = \sigma_n \sqrt{\pi a}, \qquad K_{II} = \tau_{mn} \sqrt{\pi a}$$

将裂缝内压力 P_f 代入裂缝中后，应力强度因子 K_I 和 K_{II} 可表示为

$$K_I = P_f \sqrt{\pi a}, \qquad K_{II} = 0$$

应用叠加原理，可以得到

$$K_{\mathrm{I}} = (P_{\mathrm{f}} - \sigma_n)\sqrt{\pi a}$$
$$K_{\mathrm{II}} = -\tau_{mn}\sqrt{\pi a}$$

$$\tag{5-3}$$

将式(5-3)代入式(4-21)，得到

$$(P_{\mathrm{f}} - \sigma_n)\sin\theta - \tau_{mn}(3\cos\theta - 1) = 0 \tag{5-4}$$

将式(5-2)代入式(5-4)，整理后代入式(5-1)，得到裂缝破裂角度 θ 与评价因子 H 之间的关系为

$$(H + \cos^2\beta)\sin\theta = \sin\beta\cos\beta(3\cos\theta - 1) \tag{5-5}$$

通过式(5-5)可以看出，一条裂缝在给定初始角度 β 的情况下，裂缝扩展路径的偏转角度 θ 由评价因子(H)决定。值得注意的是，式(5-5)是基于无限大平面的，在最大和最小水平主应力作用下，裂缝在缝内压力作用下的扩展。当裂缝扩展路径上有其他裂缝、局部应力集中区或岩石性质变化时，裂缝在该区域内的扩展方向将受其影响。

5.4.2　评价因子数值模拟验证

图 5-28 中细曲线代表裂缝扩展路径，粗的黑线段表示裂缝在初始时刻的位置，其大致反映了裂缝在延伸过程中会逐渐偏离初始角度，向着更加稳定的方向偏转。图中 Y 轴表示最大水平主应力方向，将其与裂缝在延伸并趋于稳定时方向之间的夹角定义为 α，它用来描述裂缝的偏转方向角度大小。相对于裂缝的瞬时偏转角度 θ，α 表示裂缝最终的扩展角度，而偏转角度 θ 表示裂缝在延伸过程中在任意一点处的偏转角度。

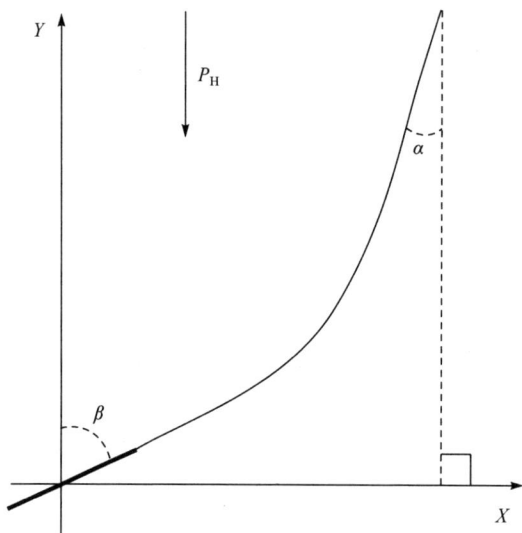

图 5-28　裂缝延伸路径

　　基于5.2节的SVFN软件，可以通过模拟得到裂缝最终的扩展方向[8]，即α大小。通过数值模拟，得到两种案例的模拟计算结果。如图 5-29 所示，P_H=4MPa，P_h=0MPa，P_f=12MPa，裂缝的初始角度β分别为 67°[图 5-29(a)]和23°[图 5-29(b)]，所有的岩石参数及其他参数与表5-3相同。由图5-29可以看出，裂缝在初始角度β为 67°和 23°时的最终延伸角度α分别为 23°和 10°。

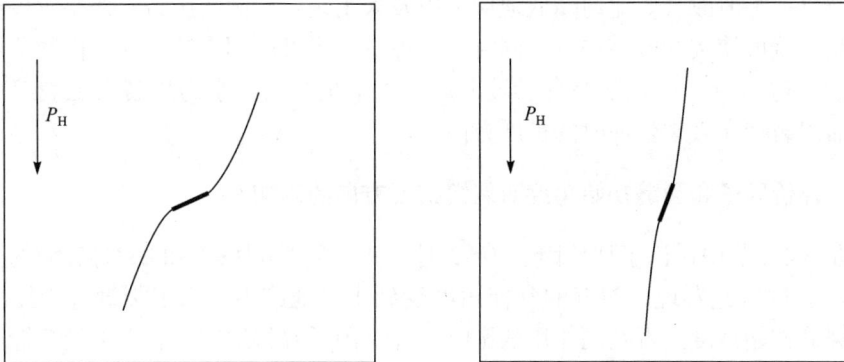

(a) 裂缝初始角度β=67°　　　　　　　　　　(b) 裂缝初始角度β=23°

图 5-29　裂缝扩展方向

　　上例中H评价因子大小为2，继续采用上述模型，保持H评价因子不变，改变水力压裂人工裂缝内压力、最大水平主应力和最小水平主应力，模拟研究H评价因子相同时，不同压力与应力对裂缝扩展方向的影响。另外，模拟中保持裂缝的初始角度分别为67°和23°不变。

　　变换裂缝的初始角度(67°和23°)，在每种初始角度下各进行12组案例模拟计算，以此来研究P_H、P_h、P_f在不同组合下对裂缝扩展方向的影响，具体如表 5-4和表 5-5所示。表5-4中P_H–P_h和P_f–P_H是同比增长的，表5-5中各组的P_H、P_h、P_f之间数值相差 10MPa[8]。

表 5-4　P_H–P_h 和 P_f–P_H 之间具有相同的增长率

案例	1	2	3	4	5	6
P_H/MPa	1	2	4	6	8	10
P_h/MPa	0	0	0	0	0	0
P_f/MPa	3	6	12	18	24	30

表 5-5　P_H、P_h、P_f 三者之间以固定值增长

案例	7	8	9	10	11	12
P_H/MPa	4	14	24	34	44	54
P_h/MPa	0	10	20	30	40	50
P_f/MPa	12	22	32	42	52	62

通过 24 组案例(在 β=67°和 23°时分别进行 12 组)的模拟结果发现，当 β=67°时，裂缝的延伸角度都为 23°；当 β=23°时，裂缝的延伸角度都为 10°，该结果与图 5-29 模拟得出的结果完全相同。通过该数值模拟，进一步证实了 H 评价因子控制着裂缝的延伸角度，而不同的 P_H、P_h 和 P_f 只是对原地应力产生了影响。

该发现可用于降低实验室实验的难度。当地应力过大时，实验室模拟困难，但只需等值或者等比降低地应力以及人工裂缝内部的压力，保持 H 评价因子不变，就可使实验容易进行。同时，H 评价因子可以用来减少计算机数值模拟的次数，这是由于该因子综合了最大最小水平主应力、水力压裂人工裂缝内压力来描述裂缝在破裂延伸时的扩展方向。

5.4.3　评价因子和裂缝初始角度对裂缝扩展方向的影响

在 5.4.2 节中讨论了评价因子 H=2 时，初始角度 β 为 67°和 23°时裂缝的扩展方向。通过研究发现，裂缝的延伸角度受到水平地应力、人工裂缝缝内压力、人工裂缝初始角度三者共同作用的影响，评价因子 H 将地应力和人工裂缝缝内压力对裂缝偏转角度的影响结合在了一起。为了全面掌握这三者之间的相互关系，下面通过数值模拟研究评价因子 H 和人工裂缝综合作用时对裂缝延伸偏转角度的影响。

当给定评价因子 H 和裂缝初始角度 β 时，通过计算机模拟就可以得到裂缝扩展时的最终延伸角度 α。模拟时，变换 H 分别为–0.5、0、0.5、1.5、3、6，β 分别为 0°、23°、30°、45°、60°、67°、80°、87°、90°，建立相对应的模拟案例，完成模拟计算。通过对模拟结果进行整理，评价因子 H 和裂缝初始角度 β 在各种组合下裂缝最终的扩展角度如图 5-30 所示[8]。

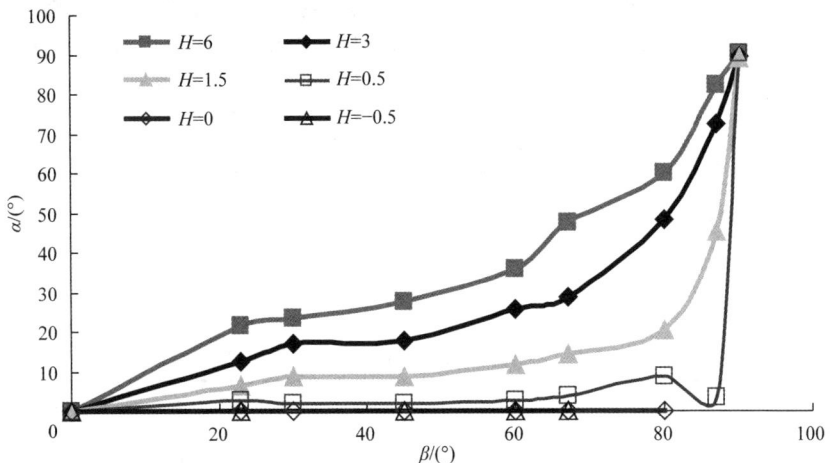

图 5-30　不同裂缝初始角度和评价因子 H 时的裂缝最终的扩展角度

如图 5-30 所示，当 $H \leq 0$ 时，角度 α 为零，表示裂缝沿着最大水平主应力方向延伸，裂缝在延伸时的破裂为拉张破坏，也就是 I 型破坏；当 $H > 0$ 时，对于给定的 β 值，角度 α 会随着评价因子 H 值的变大而变大，此时裂缝在扩展时岩石的断裂形式为拉张破坏和剪切破坏复合(I-II)型断裂模式；当评价因子 H 保持不变时，裂缝偏转角度 α 会随着其初始角 β 的增大而增大，但是当初始角度为 90°时，裂缝破裂延伸时并不发生偏转，即沿着垂直于最大水平主应力的方向延伸。通过这些研究，可以更好地解释体积压裂时裂缝网络的形成原理。

5.5　两簇裂缝扩展及互作用

非常规储层常采用水平井分段多簇体积压裂，此时各簇主裂缝之间会相互干扰，其扩展规律与 5.4 节的单条裂缝扩展规律势必不同。因此，必须研究各簇人工主裂缝扩展时的相互作用规律。本节以两条人工主裂缝为研究对象，对其起裂扩展形态及相应的应力变化进行模拟研究。

5.5.1　两簇裂缝模型与扩展路径

研究水平井筒上两簇裂缝同时起裂扩展时，首先需要建立裂缝的模拟模型。如图 5-31 所示，模型为水平面上 400m×400m 的正方形区域，左右方向(X 轴方向)为最小水平主应力(σ_h 或 P_h)方向，上下方向(Y 轴方向)为最大水平主应力(σ_H 或 P_H)方向，模型边界上对称、均匀、线性地施加最大、最小水平主应力。模型中水平井井筒沿着最小水平主应力方向，预置初始裂缝垂直于水平井筒(沿最大

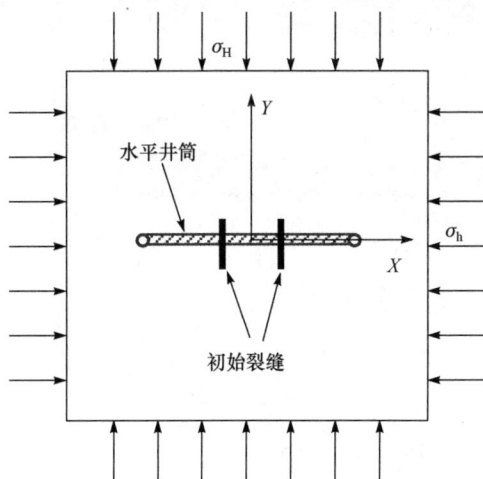

图 5-31　水平井两簇压裂模拟模型示意图

水平主应力方向)，图 5-31 中用黑色粗线表示[9]。坐标原点位于正方形研究区域的中间点，也位于水平井井筒与两条裂缝正中间。

模拟时使用的参数分为两部分：模拟研究区域内的地层参数和水平井压裂设计参数。压裂设计参数是综合现场实际数据设定的，最终确定的模拟参数如表 5-6 所示。

表 5-6　水平井两簇压裂模拟模型参数

地层参数		压裂设计参数	
地层杨氏模量/MPa	20000	裂缝内的压力/MPa	35
泊松比	0.23		
最大水平主应力/MPa	33	裂缝初始长度/m	5
最小水平主应力/MPa	31		
断裂韧性/(MPa · m$^{1/2}$)	2.5	裂缝之间的距离/m	35
地层岩石密度/(kg/m^3)	2480		

使用上述模型及基本参数，在自编的 SVFN 模拟器中建立模拟模型，模拟计算结果如图 5-32 所示。图 5-32 是两簇裂缝同时压裂时裂缝起裂扩展轨迹图，图中红色水平粗线条代表水平井井筒，黑色粗线段代表初始裂缝位置，横纵坐标均表示长度，单位为 m。另外，由于模拟模型面积较大(400m×400m)，模拟计算

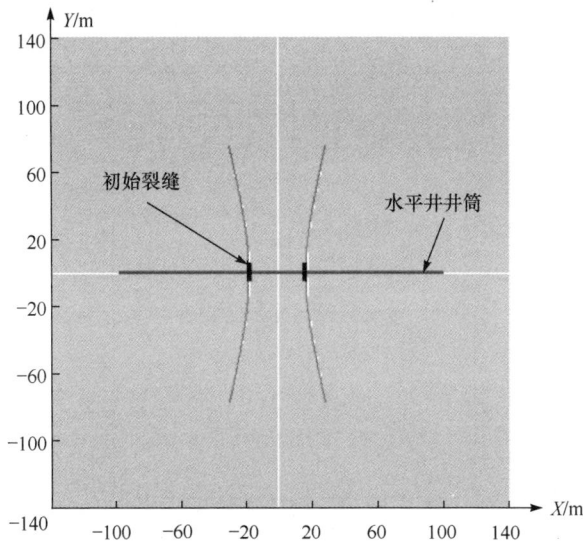

图 5-32　单井两簇裂缝同时延伸轨迹图(后附彩图)

的裂缝延伸部分只占其中一小部分，为观察裂缝的互作用，图 5-32 截取模拟结果的一部分，图中中点即为 XY 坐标系原点。在后面的模拟中皆用此种方法表示。

　　模拟结果表明，在水平井上同时压裂两条裂缝时，随着裂缝起裂扩展，其延伸方向也发生变化，两条裂缝不再沿初始方向(最大水平主应力方向)延伸，而是朝远离对方裂缝的方向偏转[10,11]，展现出同向扩展裂缝相互排斥的"同向相斥"现象。

5.5.2　裂缝扩展中应力阴影

　　一般认为，裂缝水平面上的扩展方向受地层原地应力控制，即沿最大水平主应力方向扩展。然而，确切地讲，裂缝的扩展方向取决于裂缝周围实时变化的实地应力场。因此，下面进一步对裂缝扩展时的周围应力场进行分析。图 5-33 是采用 5.5.1 节中的模型及基本参数模拟得到的裂缝周围 X 方向(图中横向)正应力分布图。图中负值表示压应力，不同颜色用来区分各应力大小范围，以下各正应力分布图例皆采用此种表示方法。

　　从图 5-33 可以看出，裂缝起裂扩展时，由于裂缝内压力对周围岩石的作用出现了两个应力变化较大的区域，可称为广义上的应力集中区，本书称为应力影响范围或应力阴影(stress shadowing)。两个应力阴影区分别在裂缝周围(深紫色区域)和裂缝尖端附近(深红色区域)，裂缝尖端应力阴影区域内应力值减小，表现为压应力减小区；裂缝周围应力增大，表现为压应力增大区。裂缝尖端应力减小是由于缝尖附近具有诱导拉应力；裂缝周围应力增大是由于裂缝张开挤压周围岩石从而产生压应力。

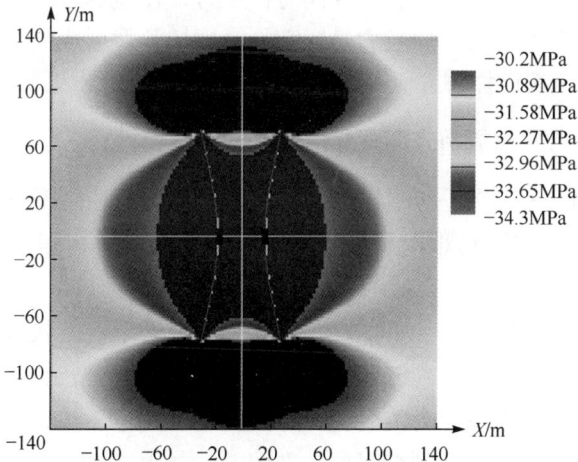

图 5-33　延伸裂缝周围正应力分布图(后附彩图)

图 5-34 是同例中裂缝扩展时的剪应力分布图。由于剪应力成对出现，在规定一方向为正时，另一方向就为负。若用同一坐标表示，会呈现大小相等方向相反的情况，因此图 5-34 中裂缝两侧剪应力方向相反。图例中正负号代表剪应力方向，不同颜色代表剪应力大小不同，以下剪应力分布图例皆采用此种表示方法。

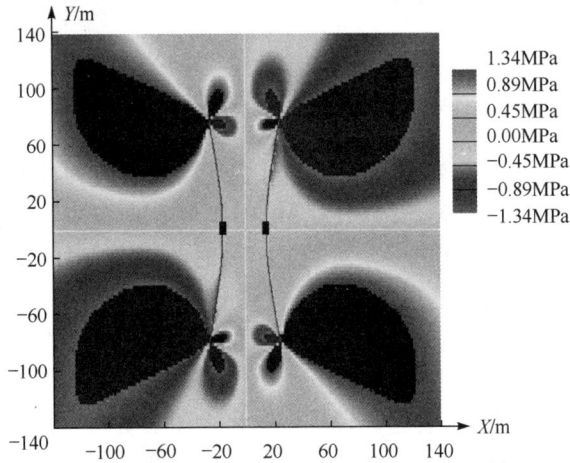

图 5-34　延伸裂缝周围剪应力分布图(后附彩图)

从图中可以看出，两条裂缝同时延伸时在裂缝尖端会产生应力阴影区，两裂缝外侧应力影响范围大，从裂缝向外应力大小呈现依次递减的趋势；而在两条裂缝之间，由于较强烈的应力干扰作用，产生的剪应力相互抵消，使剪应力应力阴影变小。这说明单井两簇裂缝同时扩展时，在裂缝外侧更容易发生剪切破坏，开起裂缝。综上所述，剪应力是影响裂缝剪切开裂形成复杂裂缝网络的一个重要因素，因此压裂设计时，应该选择合适的缝间距以获得更复杂的缝网。

5.5.3　应力阴影内应力值与方向变化

图 5-33 和图 5-34 中同一应力区域(同一颜色)内由于应力变化比较小，在应力图中采用细微颜色差区别难以用肉眼识别。下面用具体数据说明裂缝周围的应力变化情况。

观察图 5-33 发现，在 $Y=0$(水平井筒处)处裂缝处于初始状态，裂缝方向与最大水平主应力方向一致，当裂缝延伸到 $Y=40m$ 的位置时，裂缝出现明显转向。为了研究裂缝扩展时周围应力的变化，分别在 $Y=0$ 和 $Y=40m$ 的位置上选取一系列点作为观察点。由于两条裂缝对称，在图 5-33 右边裂缝($X=17.5m$)的外面(右边)选取观察点，这些点距初始裂缝面 $X=17.5m$ 的距离分别为 4m、6m、8m、10m、

12m、14m、16m。

　　绘制(Y=0，X=17.5m+4m、6m、8m、10m、12m、14m、16m)与(Y=40m，X=17.5m+4m、6m、8m、10m、12m、14m、16m)各观察点处应力值得到图5-35。由图可知，在距离初始裂缝面相等时，裂缝延伸转向后(X=40m 处)各观察点的应力值大于初始裂缝附近(X=0)对应点的应力值。应力的大小与距离裂缝面的位置有关，随着到裂缝面距离的增大，应力值逐渐减小[10]。

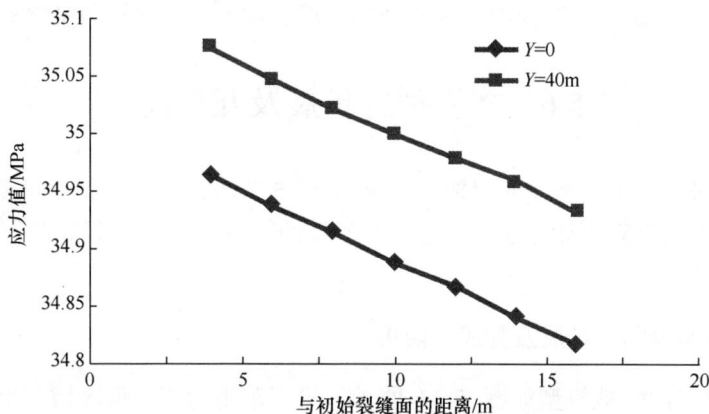

图 5-35　裂缝偏转(Y=40m)和未偏转(Y=0)周围点的应力变化

　　裂缝扩展过程中不但周围点的应力大小发生了变化，方向也将发生变化。以图 5-33 中 X=35m 为例，选取观察点(35，0)、(35，35)、(35，70)，研究这些观察点在裂缝延伸过程中应力方向的变化，得到图 5-36。图中横坐标代表裂缝延伸长度，纵坐标代表观察点的应力方向与初始最大主应力方向的夹角。

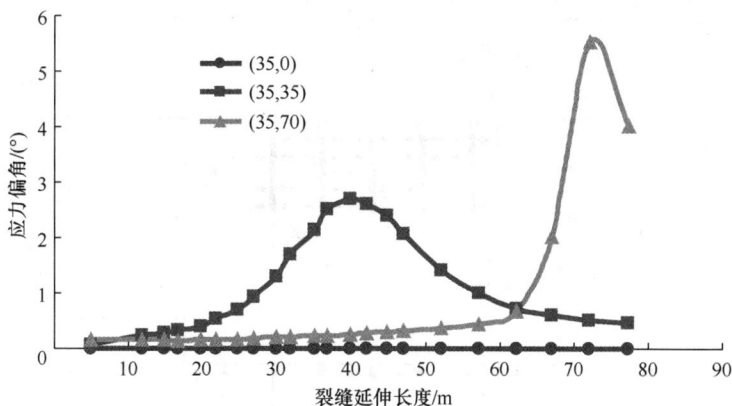

图 5-36　裂缝延伸过程中 X=35m 处各点应力方向的变化

　　由图 5-36 可以看出，在裂缝不偏转附近一点(35，0)处，主应力方向始终不变，并且与最大主应力方向保持一致；点(35，35)处的应力方向随着裂缝尖端逐渐靠近、远离而发生变化，当裂缝延伸逐渐靠近点(35，35)时，其应力方向将偏离初始最大主应力方向，且偏角逐渐增大；当裂缝延伸越过该点后，由于该点受力逐渐平衡，与最大主应力方向的偏角逐渐减小；裂缝延伸但未接近点(35，70)时，该点处的应力方向保持不变，当裂缝继续扩展并接近点(35，70)时，此时裂缝在X方向上更靠近该点，且其应力方向急速变化，与初始最大主应力方向的偏角增大至5.6°；裂缝缝尖越过该观察点后，该点应力偏转角又逐渐减小。

5.6　多簇裂缝扩展及互作用

5.3节研究了单条裂缝的起裂扩展规律，5.5节研究了两条裂缝起裂扩展时裂缝间互作用及裂缝周围应力的变化，本节就两簇以上裂缝压裂时各簇之间的互作用进行研究。

5.6.1　多簇裂缝同时扩展及其应力阴影

本节研究的模拟模型如图 5-37 所示，模拟范围为正方形区域，坐标原点设在正方形区域的中心，横向为X轴方向，纵向为Y轴方向，水平井与X轴重合，其中间点与坐标原点重合。图中 $P_H(\sigma_H)$、$P_h(\sigma_h)$为最大和小水平主应力，方向分别沿纵向和横向，P_f为各簇裂缝内压力，以5簇裂缝为例，l_1、l_2、l_3、l_4、l_5分别表示五条沿纵向平行的裂缝，d表示两条相邻裂缝之间的距离[7]。

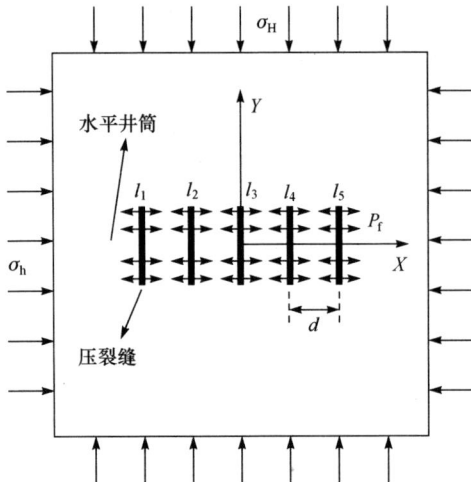

图 5-37　水平井多簇压裂模拟模型

本节进行多簇裂缝数值模拟时，模型参数数据如表5-7所示。

表 5-7　多簇压裂模拟模型参数

参数	值
杨氏模量/MPa	20000
泊松比	0.25
最大水平主应力/MPa	4
最小水平主应力/MPa	0
压裂裂缝缝内压力/MPa	4
断裂韧性/(MPa·m$^{1/2}$)	2.5
模型大小/(m×m)	200×200
岩石密度/(kg/m³)	2600
裂缝初始长度/m	10
裂缝初始角度/(°)	0
裂缝之间的距离/m	20

该示例研究的储层实际最小水平主应力为 31MPa(有效应力，减去孔隙压力之后)，最大水平主应力(有效应力)为 35MPa，裂缝内施加压力为 35MPa(缝内流体压力减去孔隙压力后)。为便于计算，各变量均减去 31MPa，即模拟中最小水平主应力为 0，最大水平主应力为 4MPa，裂缝内施加压力为 4MPa。

使用图 5-37 的模型及表 5-7 中的参数，在自编的 SVFN 软件中建立模拟模型，模拟计算结果如图 5-38 所示。

由图 5-38(a)中的五条裂缝可以看出，在五条裂缝前段形成拉应力区且拉应力区连成一片。注意，这里的拉应力区是由于模拟时采用了应力差的方法，把最小水平主应力作为 0，实际应为原地压应力与该拉应力的叠加，也可视为原地压应力减小区。

而在五条裂缝的侧面有椭圆形的压应力区，在该区域内部分地方的压应力甚至达到 4MPa，可见多裂缝存在时会增加裂缝两侧的压应力。图 5-38(b)为多裂缝扩展时裂缝尖端的剪应力图。由图可以看出，中间三条裂缝尖端的剪应力区域与两侧最外部的两条裂缝相比极小，这是相邻两条裂缝的剪应力在裂缝尖端附近相互抵消的结果。

图 5-38 说明，多簇裂缝在同时延伸时容易开起裂缝尖端的天然裂缝，而对于侧面天然裂缝的延伸有抑制作用，裂缝尖端的拉应力区在裂缝穿过后会转变为压应力区。

图 5-38 中五条裂缝同时起裂扩展过程中，纵向的延伸长度接近，中间 3 条裂缝几乎没有偏转，仍然沿最大水平主应力方向扩展，两边的 2 条裂缝向外偏转，呈现与两条裂缝起裂扩展时相似的同向扩展裂缝相互排斥的"同向相斥"现象(图 5-32)。

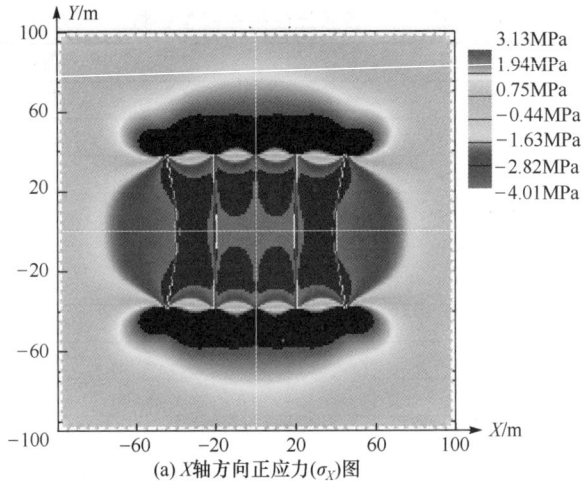

(a) X轴方向正应力(σ_X)图

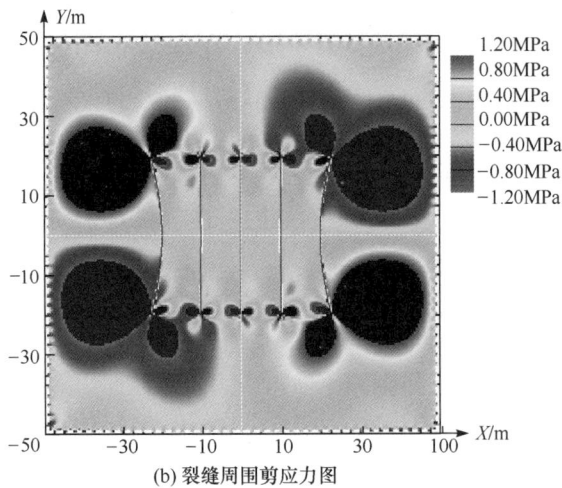

(b) 裂缝周围剪应力图

图 5-38　多裂缝扩展应力云图(后附彩图)

5.6.2　多簇压裂时裂缝间的相互抑制作用

体积压裂过程中，虽然各簇裂缝理论上可以同时起裂扩展，但由于储层的非均质性，有些簇可能先起裂扩展，而另一些簇可能后起裂扩展。本节着重讨论当裂缝扩展长度不同时各裂缝之间的相互作用关系。

1. 间距 5m 情况

继续沿用表 5-7 中的数据，但地层两水平地应力差为 2MPa(最大水平主应力为 2MPa，压裂裂缝内压力为 2MPa)。模型如图 5-37 所示，假设其中第二条和第四条裂缝先起裂扩展，第一、三、五条裂缝后起裂扩展。模拟中设裂缝 l_2、l_4 初始长度为 20m，裂缝 l_1、l_3、l_5 长度为 4m，假设五条裂缝之间的间距为 5m。

在自编的 SVFN 软件中建立上述模拟模型，模拟计算结果如图 5-39 所示。

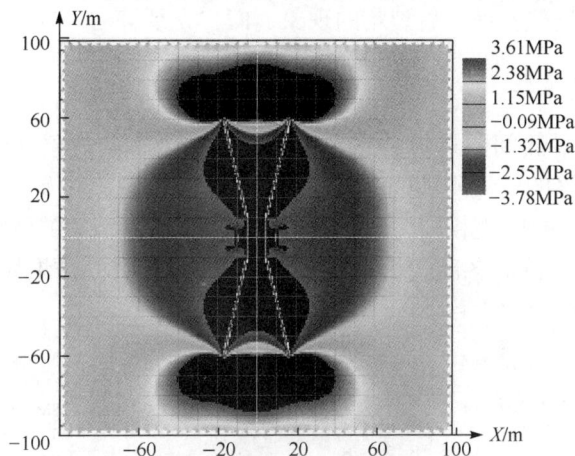

(a) X 轴方向正应力(σ_X)图

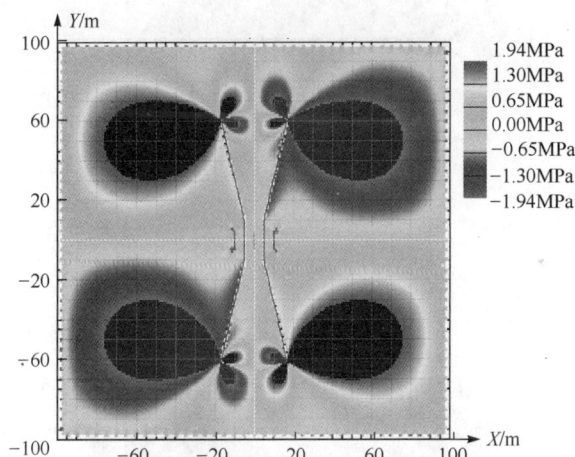

(b) 裂缝周围剪应力图

图 5-39　间距为 5m 的五条先后起裂裂缝周围应力图(后附彩图)

由图 5-39 可知，先开裂的第二与第四条裂缝 l_2、l_4 在压裂过程中正常向前延伸，逐渐向外偏转，呈现与两条裂缝相似的"同向相斥"现象。而后开裂的三条裂缝 l_1、l_3、l_5 的延伸情况不够理想，尤其是裂缝 l_2 与 l_4 中间的裂缝 l_3 几乎不发生起裂扩展。

由此可以看出，当裂缝簇间距较小时，由于裂缝侧面压应力区的存在，先起裂扩展的裂缝冲过了后起裂裂缝的应力影响区，基本不受后起裂裂缝的影响，扩展过程中仅与同时延伸的裂缝间产生互作用。而后起裂扩展的裂缝笼罩在已扩展延伸的裂缝侧面压应力阴影下，起裂扩展困难，延伸路径较短。尤其是夹在已扩展裂缝间的簇，难以形成有效的压裂裂缝。综上所述，多簇压裂时，各簇间存在先裂容易、后裂难的现象，即"先裂抑后"规律。

2. 间距 30m 情况

多簇压裂时各簇间的这种"先裂容易、后裂难"的现象与簇间距相关，若簇间距大于各裂缝的应力阴影范围，理论上就不会出现簇间互作用影响。

采用与上述 5m 间距相同的模型与参数，仅把五条裂缝的间距改变为 30m，研究在簇间距为 30m 时各簇间的相互作用关系，模拟计算结果如图 5-40 所示。

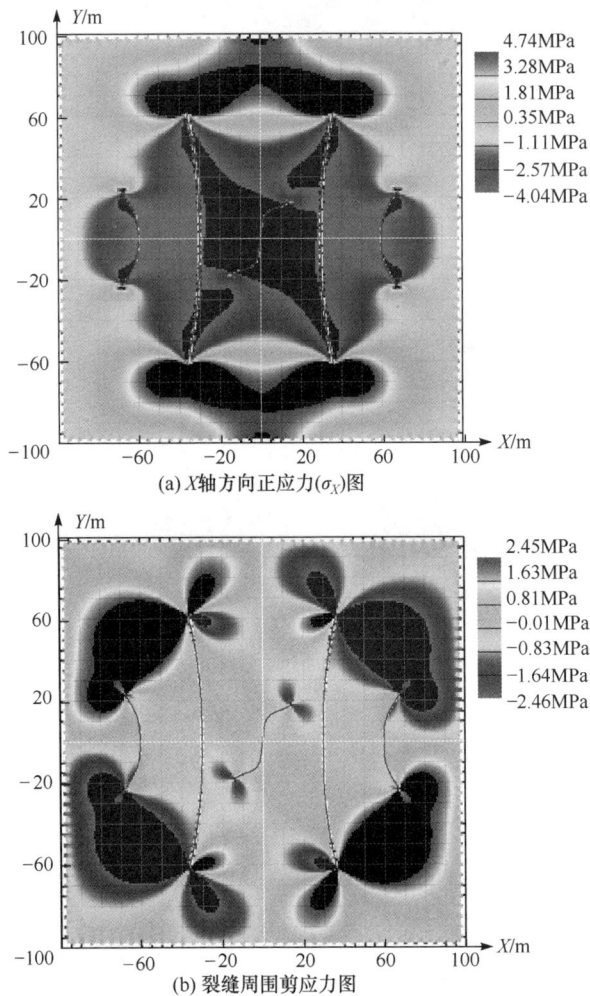

(a) X 轴方向正应力 (σ_X) 图

(b) 裂缝周围剪应力图

图 5-40　间距为 30m 的五条先后起裂裂缝周围应力图(后附彩图)

　　由图 5-40 可知，先起裂扩展的裂缝 l_2、l_4 在压裂过程中正常向前延伸，后起裂扩展的裂缝 l_1、l_3、l_5 受到抑制，但也发生了不同程度的延伸，其中外边的两条裂缝 l_1、l_5 分别向两侧外延伸，中间裂缝 l_3 在地层中延伸的同时两个端点发生了偏转，并且裂缝 l_3 尖端有拉应力区和剪应力区产生。

　　由此可以看出，簇间距为 30m 时各簇裂缝间依然存在"先裂容易、后裂难"的现象，后裂裂缝不能有效延伸。综上，簇间距越大，"先裂抑后"现象越弱；簇间距越小，"先裂抑后"现象越明显，严重时后面裂缝无法起裂延伸。

5.7　同步压裂裂缝扩展及互作用

　　在进行两口水平井同步压裂水力裂缝起裂扩展模拟时，由于地层中裂缝间互作用，裂缝延伸时除了要克服地层本身的应力，还要受到另一条裂缝的干扰以及相关施工参数的影响[12]。为了简化计算，以每口水平井上各一条水力压裂裂缝为例，研究同步压裂时两条水力裂缝的互作用情况。

5.7.1　同步压裂模拟模型

　　综合考虑同步压裂时两口水平井之间的间距、模型边界对裂缝延伸的影响以及模拟计算所需的时间，建立大小为 400m×400m 的模型，如图 5-41 所示。规定模型的左右方向(X 轴方向)为最小水平主应力 $\sigma_h(P_h)$ 方向，上下方向(Y 轴方向)

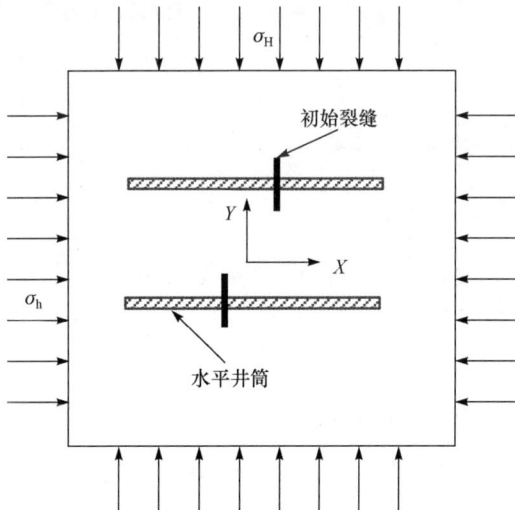

图 5-41　两口井同步压裂裂缝模拟模型示意图

为最大水平主应力 $\sigma_H(P_H)$ 方向，坐标原点位于正方形研究区域的正中间。采用平面应变分析，模型边界上对称施加最大、最小水平主应力，且均为压应力。两水平井井筒沿最小水平主应力方向，与 X 轴对称，图中用水平粗线条表示，预置初始裂缝垂直于水平井井筒沿最大水平主应力方向，用黑色粗线表示[9]。

两口水平井同步压裂时，两条压裂缝在水平井段可能出现两种位置形态，即裂缝交错分布和裂缝对顶分布(图 5-42)。使用与前文相同的建模方法，建立这两种布缝形态下的同步压裂模拟模型。使用表 5-8 中的地层和压裂设计参数，规定两口井之间的纵向距离(Y 方向)为 100m，模拟相同条件下两口水平井同步压裂时两条裂缝的延伸情况。

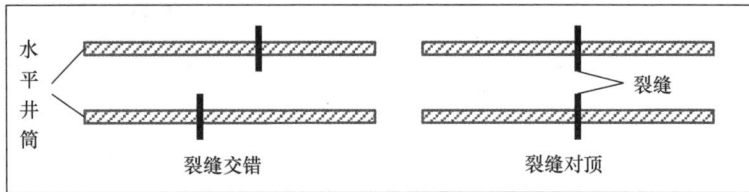

图 5-42 同步压裂裂缝布置形态图

表 5-8 同步压裂模型参数

地层参数		压裂缝设计参数	
地层杨氏模量/MPa	20000	裂缝内的压力/MPa	35
泊松比	0.23		
最大水平主应力/MPa	33	裂缝初始长度/m	5
最小水平主应力/MPa	31		
断裂韧性/(MPa·m$^{1/2}$)	2.5	裂缝之间的横向距离/m	35
地层岩石密度/(kg/m³)	2480		

5.7.2 同步压裂裂缝交错分布

在自编的 SVFN 软件中建立同步压裂模拟模块，编制边界元算法，模型计算结果如图 5-43～图 5-45 所示。

1. 裂缝延伸轨迹

图 5-43 是同步压裂交错布置裂缝的延伸轨迹图。从图中可以看出，裂缝初始开裂时，沿原方向延伸，几乎不发生偏转。裂缝延伸接近两口井中间位置后，裂缝尖端出现明显的偏转，裂缝朝着靠近对方裂缝的方向延伸。因此，同步压裂两口井上的压裂裂缝在井间相对起裂扩展，当两裂缝缝尖接近时，受各

自应力阴影作用，裂缝发生相互靠近偏转，即呈现"异向相吸"的现象。同步压裂时两口水平井上的裂缝在井间中部发生偏转，增加了各井上裂缝的长度，在相互吸引区域易于形成复杂裂缝。

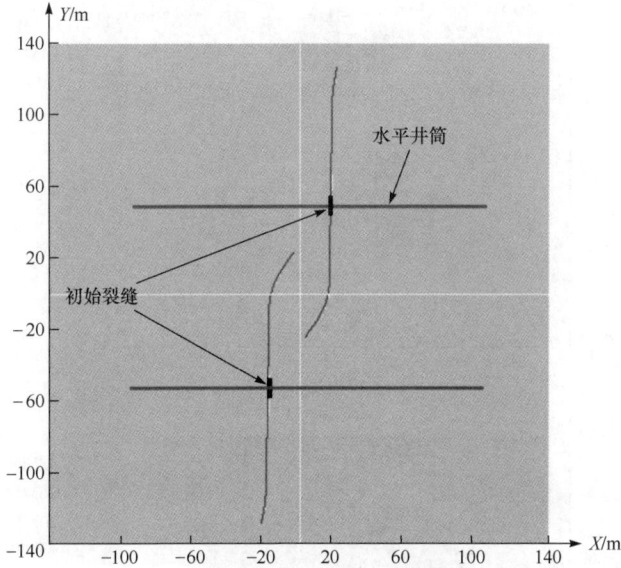

图 5-43　裂缝交错分布时延伸轨迹图(后附彩图)

2. 正应力阴影区

图 5-44 是裂缝起裂、扩展、延伸过程中 X 方向的正应力(σ_x)分布图。图 5-44(a) 指裂缝初始状态的正应力分布，可以看出，地层中存在压裂缝时裂缝周围的应力

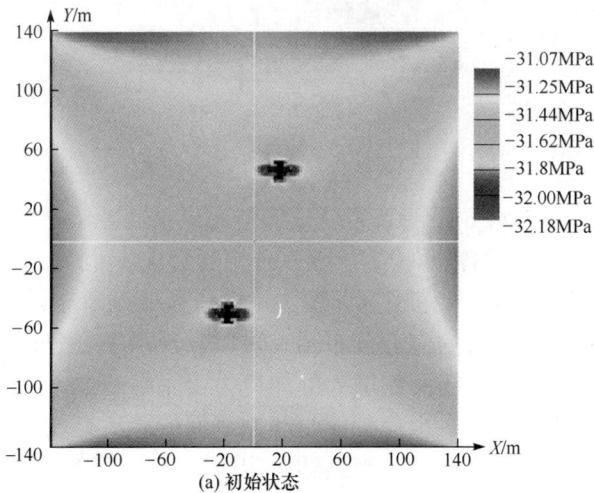

(a) 初始状态

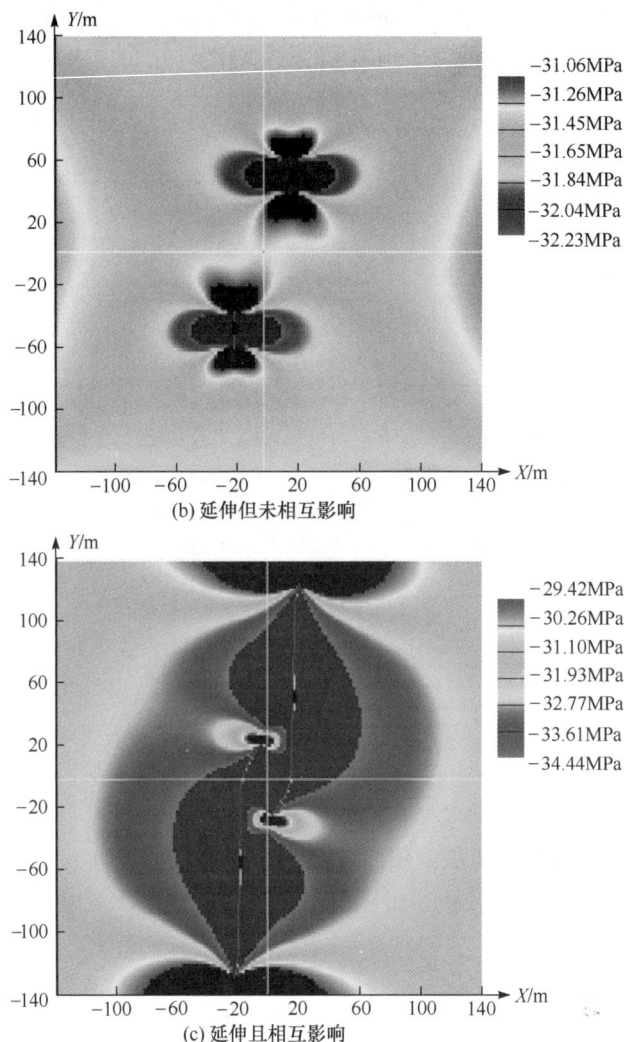

图 5-44 同步压裂交错分布裂缝延伸过程中 X 方向正应力变化图(后附彩图)

状态发生改变。图 5-44(b)是两条裂缝延伸但尚未相互影响时的应力图，说明当两条裂缝相距较远时，各自的应力场不会相互影响，但是随着裂缝缝长的增加，裂缝对周围应力的影响范围逐渐变大，两条裂缝逐渐靠近。图 5-44(c)是两条裂缝延伸且相互影响后的应力分布图，可以发现两条裂缝相互作用后，裂缝尖端的应力影响变弱，裂缝两侧增大的压应力占主导地位。两条裂缝相互作用后对周围的影响范围增大，影响程度与和裂缝面的距离有关，距离裂缝面越远的点受影响越小，应力值越低，当到达一定距离后，裂缝对周围点无影响，其应力值接近原地应力值。

　3. 剪应力阴影区

　　图 5-45 是该同步压裂裂缝扩展延伸过程中的剪应力分布图，图中四个角的剪应力集中区是由边界条件引起的，裂缝向两水平井中间延伸在该应力阴影之外，故不受边界条件影响。图 5-45(a)是裂缝初始状态的剪应力分布。图 5-45(b)是两条裂缝互不干扰时的剪应力状态。图 5-45(c)是两条裂缝相互作用后的剪应力分布。由图 5-45 可以看出，在两条压裂缝各自的尖端位置，剪应力集中区影响范围大、应力值高，容易剪切开起水平裂缝。在两条压裂缝相互靠近的尖端位

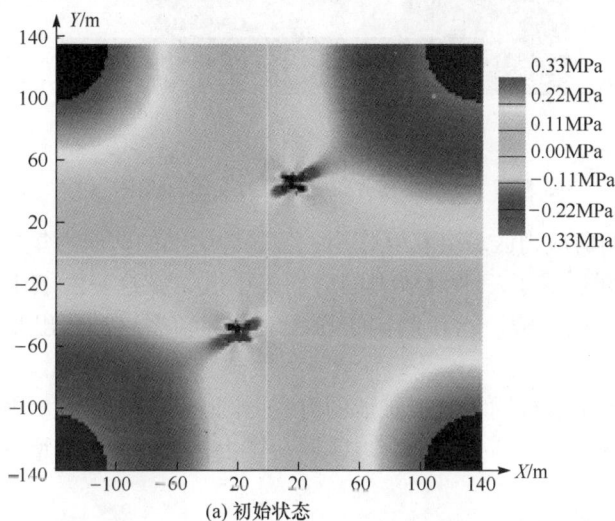

(a) 初始状态

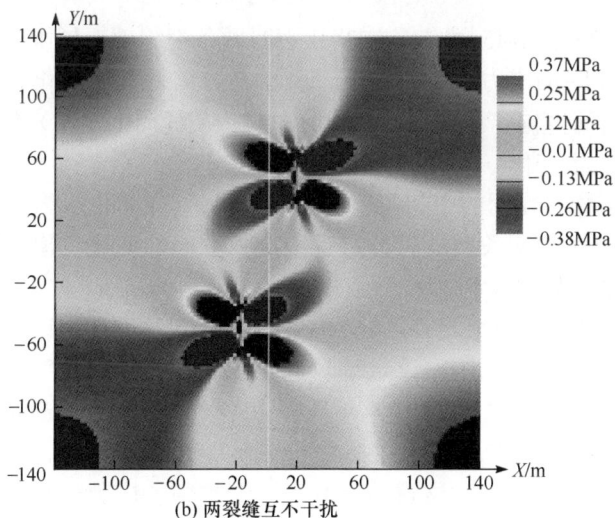

(b) 两裂缝互不干扰

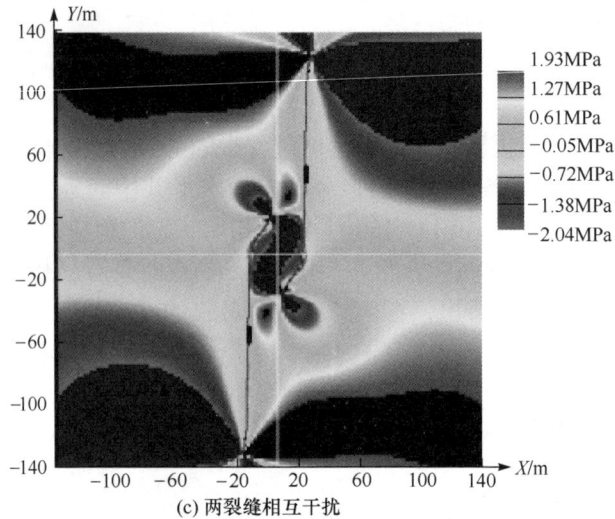

(c) 两裂缝相互干扰

图 5-45　裂缝交错分布时剪应力变化图(后附彩图)

置，裂缝之间的剪应力区域会相互作用，使裂缝尖端的剪应力集中区变小，但是在两条裂缝之间形成了一个高应力的剪切集中区，在这一区域中的天然裂缝容易受到剪切作用而开裂。这说明同步压裂对开起新裂缝、造出复杂裂缝网络是很有利的。

对比单井两条裂缝同时起裂扩展的剪应力图(图 5-34)，此时两条裂缝间的剪应力较弱，而同步压裂两条裂缝靠近区域会产生较大的剪应力增强区域。

4. 应力偏转角

由图 5-44 与图 5-45 可知，同步压裂时两条裂缝都对周围地层产生应力阴影，原地应力在附加应力阴影作用下，大小与方向均发生变化，形成新的实地应力场。下面将研究同步压裂裂缝交错分布时，裂缝周围 X 与 Y 方向正应力(σ_x, σ_y)合力的方向发生变化。

在两条裂缝相互作用的中间位置选取两个观察点，即(0, 20)和(0, −20)，研究这两点在同步压裂两条裂缝延伸过程中应力方向的变化。模拟模型与参数不变，模拟计算结果如图 5-46 所示。

由图 5-46 可知，两个观察点处的应力方向呈对称变化。以点(0, 20)为例，裂缝初始开裂时两条裂缝距离该点均较远，此时应力方向几乎不发生变化。由于该点距离右侧裂缝(图 5-41 上面水平井裂缝)更近，随着裂缝延伸首先受到右侧裂缝影响，应力偏角逐渐增大，右侧裂缝延伸距该点最近时，其应力方向偏角最大，当右侧裂缝延伸越过该点后其受力逐渐均匀，应力偏角逐渐减小。裂缝继续延伸，该点同时受到左右两条裂缝的作用，此时左侧裂缝尖端更靠近该点，其受左侧裂缝影响更大，应力方向发生较大改变，裂缝的延伸方向也发生相应偏转。

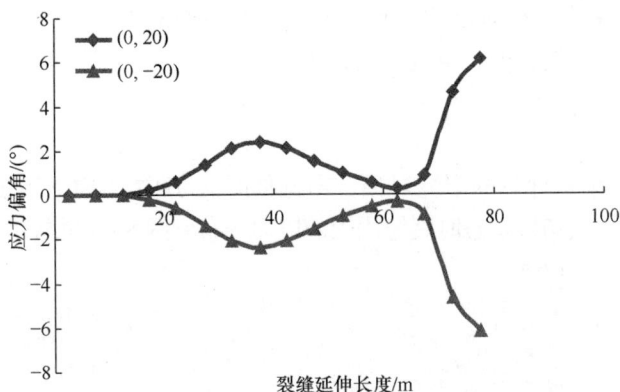

图 5-46　同步压裂裂缝延伸过程中中间(0，20)和(0，−20)观察点应力方向变化

5.7.3　同步压裂裂缝对顶分布

两条压裂缝对顶分布如图 5-42 所示，采用同样的模拟模型和参数，仅把两条压裂裂缝的横向间距(X)变为 0，模拟计算结果如图 5-47～图 5-49 所示。

1. 裂缝延伸轨迹

图 5-47 是裂缝对顶延伸的轨迹图，其中图 5-47(a)是初始状态时裂缝与井筒的位置关系，两条裂缝完全对顶，横向缝间距为零。图 5-47(b)是两条裂缝延伸之后的裂缝轨迹图，可以发现当两条裂缝完全对顶时，两条裂缝均沿着原方

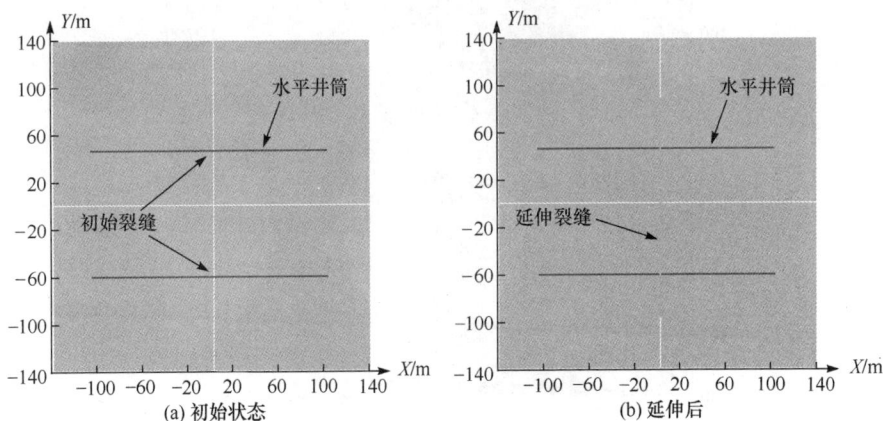

图 5-47　裂缝对顶分布时延伸轨迹图

向，即垂直于最小水平主应力的方向延伸，没有发生偏转。两条裂缝的尖端相遇后，分别贯穿对方缝，变成一条裂缝。

曾有学者认为，同步压裂时裂缝应设计成对顶，有利于提高采收率，但从体积压裂角度来看，对顶设计不利于形成复杂裂缝网络。此外，裂缝相互贯通也缩短了裂缝的有效长度，不利于后期生产。

2. 正应力阴影区

图 5-48 是模拟计算的裂缝对顶分布延伸时 X 方向的正应力(σ_X)变化图。其中，图 5-48(a)代表初始状态时裂缝周围的应力分布，图 5-48(b)是两条裂缝延伸，

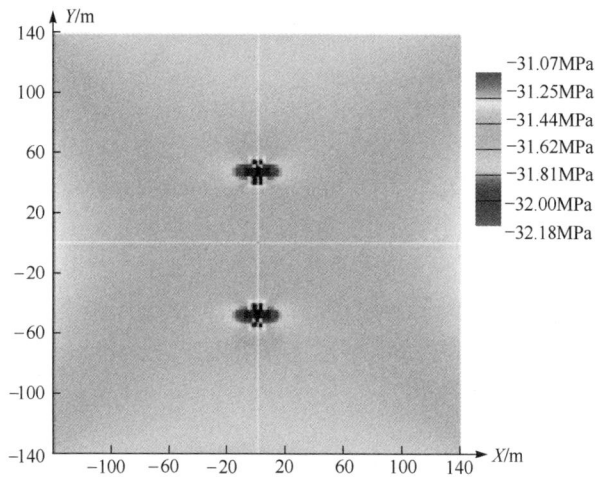

(a) 初始状态

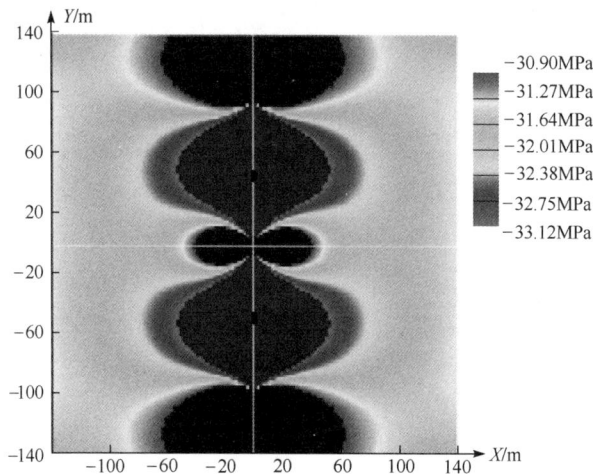

(b) 尖端未相遇

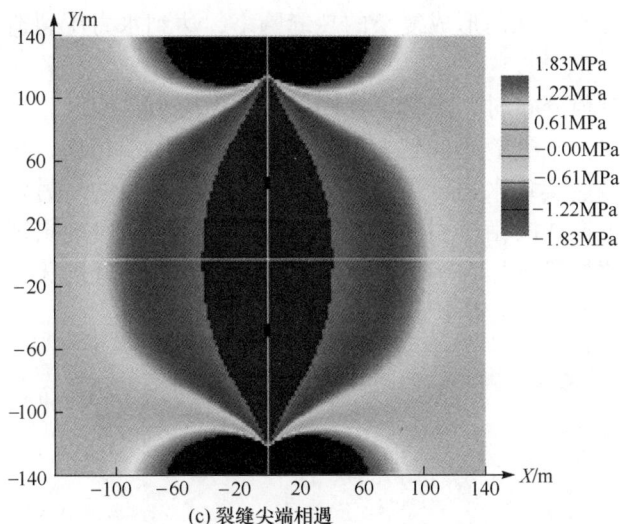

Y/m 轴: 140, 100, 60, 20, -20, -60, -100, -140
X/m 轴: -100, -60, -20, 20, 60, 100, 140

图例:
1.83MPa
1.22MPa
0.61MPa
−0.00MPa
−0.61MPa
−1.22MPa
−1.83MPa

(c) 裂缝尖端相遇

图 5-48　裂缝对顶分布延伸时 X 方向正应力变化图(后附彩图)

但裂缝尖端没有相遇时的应力分布。由图可以看出，在两条裂缝相互靠近的尖端，压应力减小区的影响范围明显减小，这说明裂缝之间的相互作用不是接触后才开始的，而是在两条裂缝的尖端靠近到一定距离时，裂缝尖端的应力场就开始相互影响。当两条裂缝的尖端相遇后，两条裂缝贯穿对方，此时的正应力分布如图 5-48(c)所示。两条裂缝相遇后尖端的应力集中区域完全消失，两条裂缝变成一条裂缝，在新的裂缝尖端和裂缝周围产生应力集中现象。

3. 剪应力阴影区

图 5-49 是两条裂缝对顶分布时的剪应力变化图。图 5-49(a)为初始状态的剪应力分布，图 5-49(b)为两条裂缝延伸但尚未相遇时的剪应力分布。由图可以看出，随着裂缝缝长的增加，剪应力影响范围不断增大。两条裂缝尚未相遇时裂缝尖端的应力场就已经开始相互影响，导致裂缝尖端相互靠近的位置处剪应力集中区变小，对周围影响能力降低，诱导形成水平剪切缝的能力变弱。而裂缝的另一尖端处剪应力影响变大，在这一区域更容易诱导闭合裂缝剪切破裂。图 5-49(c)表示两条裂缝尖端相遇后的剪应力分布，此时两条裂缝延伸变成一条缝，在新的裂缝尖端形成剪应力集中区，应力影响范围明显增大。

两口水平井同步压裂时，对比上述两种布缝位置下的裂缝延伸情况可以看出，裂缝交错分布时在延伸的过程中裂缝会发生偏转，两条裂缝相互吸引、靠近，裂缝长度增加，裂缝转向有利于沟通其他位置的裂缝。在裂缝转向区域产生较大的应力集中，两条裂缝之间形成剪应力集中区，容易诱导这一区域内的闭合裂缝剪切开起，从而形成复杂的裂缝网络，达到水力压裂造出复杂缝网的目的。

两条裂缝对顶分布时，裂缝延伸同样会产生应力集中区，影响各自周围的应力场。但是当两条裂缝延伸到一定长度后，裂缝尖端相遇、贯穿对方裂缝变成一条裂缝，未能实现水力压裂诱导形成更多裂缝的目的。另外，如果对称布缝，在压裂施工操作时由于裂缝延伸长度很难控制，就可能出现上述模拟的裂缝压穿现象，这样既给压裂施工造成风险，又无法产生好的压裂效果。综上所述，认为在同步压裂时采用交叉布缝的方式更好。

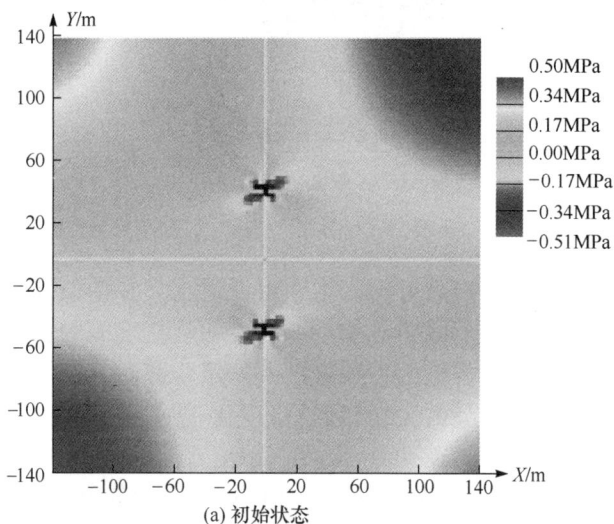

(a) 初始状态

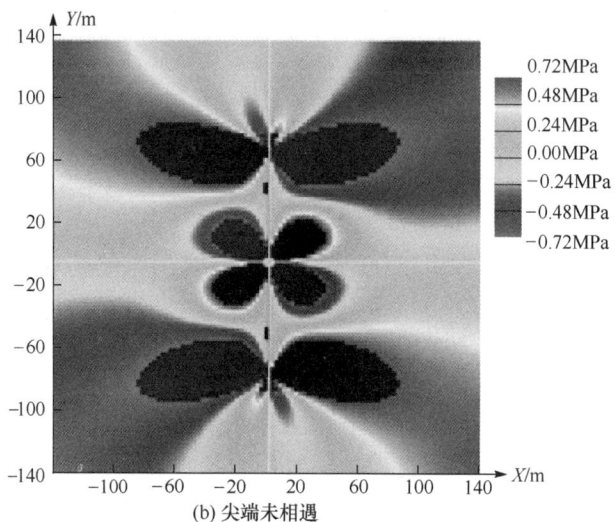

(b) 尖端未相遇

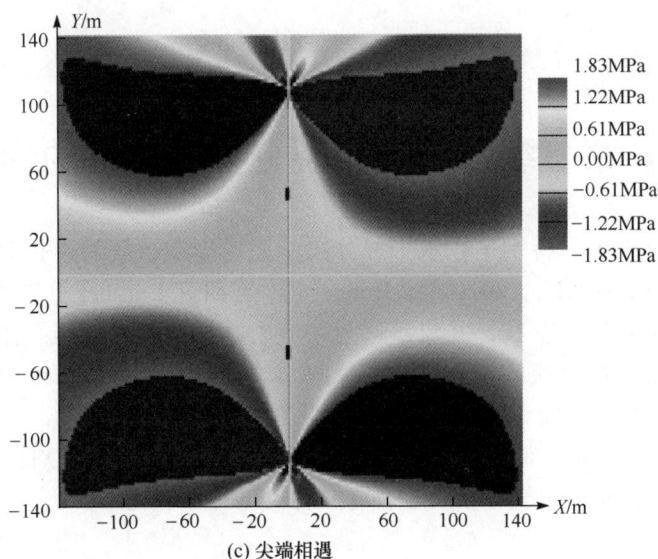

图 5-49 裂缝对顶分布时剪应力变化图(后附彩图)

参 考 文 献

[1] ECONOMIDES M J, MARTIN T. Modern fracturing: enhancing natural gas production[M]. Houston: Energy Tribune Publishing, 2007.

[2] ZHOU D S, YUAN H. Stage isolation failure of non-packer reasons in open hole horizontal completion[C]//SPE142367-MS, SPE Production and Operations Symposium, Oklahoma City, 2011.

[3] 张博. 延长陆相页岩气储层体积压裂缝网形成机理研究[D]. 西安：西安石油大学，2014：18-32.

[4] 杨清玲. 水平井产能理论研究[D]. 大庆：大庆石油学院，2010：33-35.

[5] 西安石油大学. 体积压裂缝网模拟软件：00348667 [P]. 2013-11-05.

[6] 邵心敏. 陇东长 7 致密油储层改造体积压裂缝网模态探讨[D]. 西安：西安石油大学，2015：23-30.

[7] 郑鹏. 页岩储层体积压裂裂缝扩展数值模拟[D]. 西安：西安石油大学，2015：23-57.

[8] ZHOU D S, ZHENG P, HE P, et al. Hydraulic fracture propagation direction during volume fracturing in unconventional reservoirs[J]. Journal of petroleum science and engineering, 2016, 141: 82-89.

[9] 贺沛. 同步压裂井间裂缝模拟研究[D]. 西安：西安石油大学，2016：28-54.

[10] 贺沛，周德胜. 同步压裂时裂缝延伸规律[J]. 大庆石油地质与开发，2016，35(4)：102-108.

[11] ZHOU D S, ZHENG P, PENG J, et al. Induced stress and interaction of fractures during hydraulic fracturing in shale formation[J]. Journal of energy resources technology, 2015, 137(6): 062902.

[12] ZHOU D S, HE P. Major factors affecting simultaneous frac results[C]//SPE173633-MS, SPE Production and Operations Symposium, Oklahoma City, 2015.

第6章 裂缝参数对裂缝扩展轨迹的影响

在单井压裂中，特别是在水平井分段多簇压裂中，簇间干扰对人工裂缝的扩展会产生一定的影响。2010 年，Bunger 等[1]在研究 Barnnet 页岩气开发时进一步证实了这种效应的存在，并将其称为"应力阴影"。体积压裂作业过程中，主裂缝的初始角度、流体压力、长度及间距等裂缝参数会对"应力阴影"效应产生一定的影响，进而干扰人工裂缝在地层中的扩展轨迹。

本章基于第 5 章中研发的体积压裂缝网边界元分析(SVFN)软件[2]，建立了相应的模拟模型，研究了裂缝参数对裂缝扩展轨迹的影响规律。

6.1 裂缝初始角度对裂缝扩展轨迹的影响

研究发现[3]，人工主裂缝初始扩展时与地应力之间的夹角会影响其后续的延伸路径。为了更加清晰地理解这种影响规律，本节对其进行了模拟研究。模拟过程中用到的地层参数如表 6-1 所示，其中最大与最小水平主应力为有效应力(最大与最小水平主应力减去孔隙压力)，人工主裂缝缝内压力为缝内有效应力(缝内流体压力减去地层孔隙压力)。

表 6-1　模型模拟参数

参数	值
杨氏模量/MPa	20000
泊松比	0.25
最大水平主应力/MPa	34
最小水平主应力/MPa	30
人工裂缝缝内压力/MPa	35
断裂韧性/(MPa·m$^{1/2}$)	2.5
模型大小/(m×m)	100×100
岩石密度/(kg/m^3)	2450
裂缝初始长度/m	10

模拟模型如图 6-1 所示，其中模型范围为 100m×100m，最大水平主应力 P_H 沿垂直方向，人工主裂缝位于模型中心位置，图中用黑色粗线表示，裂缝初始

角度分别为 0°、23°、67°和 90°。基于以上模型和表 6-1 中参数来研究主裂缝在不同初始角度时的延伸方向。

模拟计算结果如图 6-1(a)～(d)中的细线所示，表示主裂缝在破裂延伸时的轨迹。

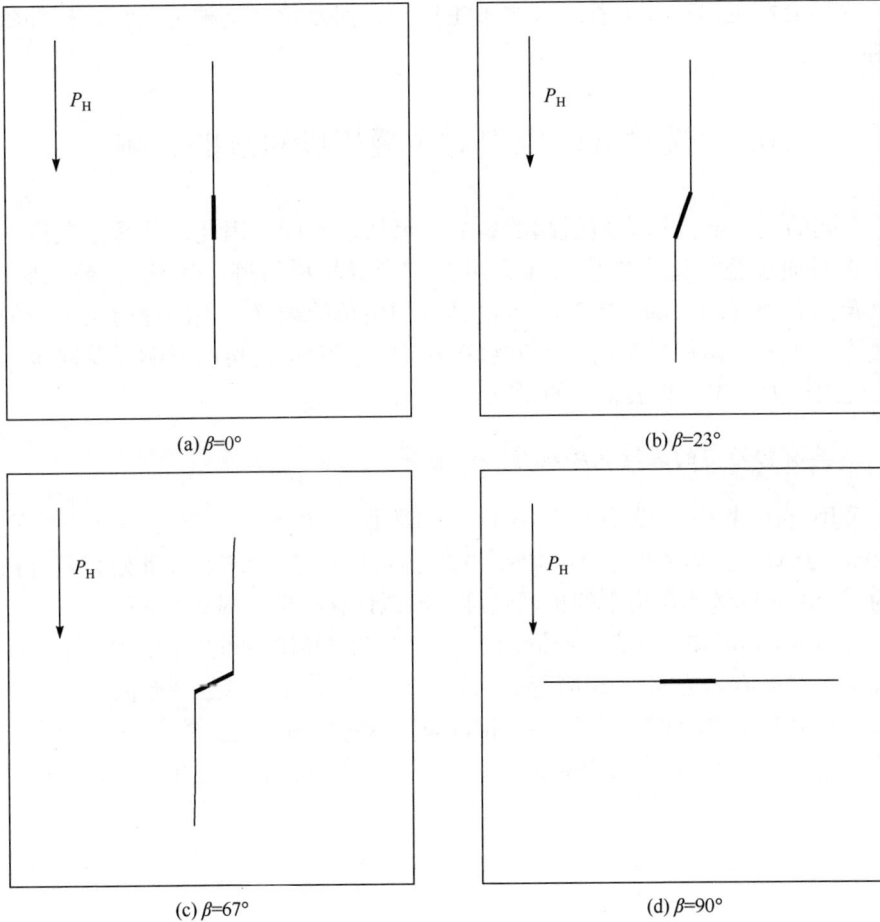

(a) β=0°

(b) β=23°

(c) β=67°

(d) β=90°

图 6-1　主裂缝初始角度对裂缝扩展轨迹影响的模拟模型

由图 6-1(a)可以看出，单一初始裂缝沿着最大水平主应力方向，压裂后裂缝延伸方向未发生变化，始终沿着最大水平主应力方向。由图 6-1(b)和(c)可知，预制裂缝初始角度分别为 23°和 67°时，裂缝在起裂后转向，最终偏到最大水平主应力方向延伸。对于图 6-1(d)，初始裂缝位置垂直于最大水平主应力方向，裂缝起裂后延伸方向不发生变化，始终垂直于最大水平主应力方向。但这只是理论上的结果，在实际压裂中，储层通常是非均质的，裂缝在垂直于最大水平主应力方向延伸时会由于地质因素而发生不同程度的偏转，最终造成裂缝沿最大水平主应力方向延伸。

因此，当人工裂缝缝内压力(P_f=35MPa)接近最大水平主应力(P_H=34MPa)时，不论人工裂缝初始角度为多少(除垂直于最大水平主应力时)，人工裂缝起裂扩展后都会发生偏转并沿着最大水平主应力方向延伸，这种情况符合拉伸断裂准则[4]。

6.2　裂缝缝内压力对裂缝扩展轨迹的影响

不同的裂缝缝内压力所引起的裂缝扩展轨迹不同。因此，从理论上讲，水力压裂时通过施加适当的水力压力可控制裂缝扩展轨迹，达到跨越不利开采区、奔向有利区的目的。本节将讨论具有初始角的裂缝在不同缝内压力下的扩展轨迹、水平井两簇压裂时，不同缝内压力对裂缝偏转角的影响以及同步压裂时，缝内压力对裂缝扩展轨迹的影响。

1. 具有初始角的裂缝扩展轨迹

采用 6.1 节中的模型及表 6-1 中的数据，改变人工裂缝内压力分别为32MPa、35MPa、45MPa 和 60MPa，裂缝初始角固定为 67°，以此研究具有初始角的裂缝在不同缝内压力下的扩展轨迹。模拟计算结果如图 6-2 所示[5]。

由图 6-2(a)可知，当人工裂缝内部压力 P_f 为 32MPa 时(介于最大水平主应力和最小水平主应力之间)，裂缝起裂后扩展形态为翼形，且逐渐倾向于最大主应力方向。由图 6-2(b)可知，当 P_f=35MPa 时，裂缝起裂后直接沿最大主应力方向延伸。由图 6-2(c)可知，当 P_f=45MPa 时，裂缝开裂后沿裂缝方向延伸，并逐渐

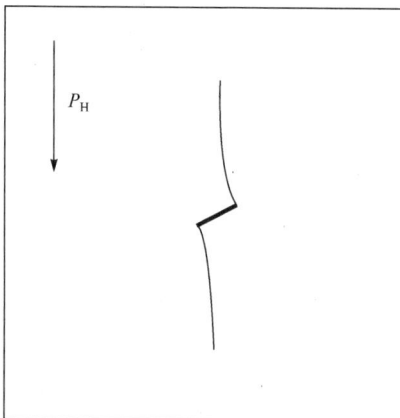

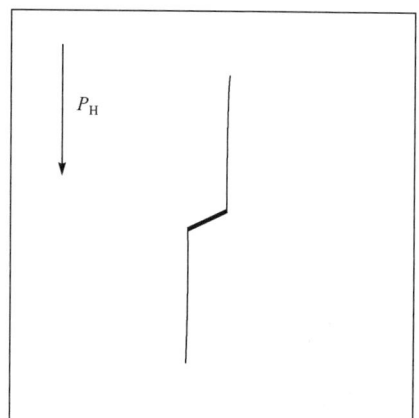

(a) P_f=32MPa　　　　　　　　　　　　　　(b) P_f=35MPa

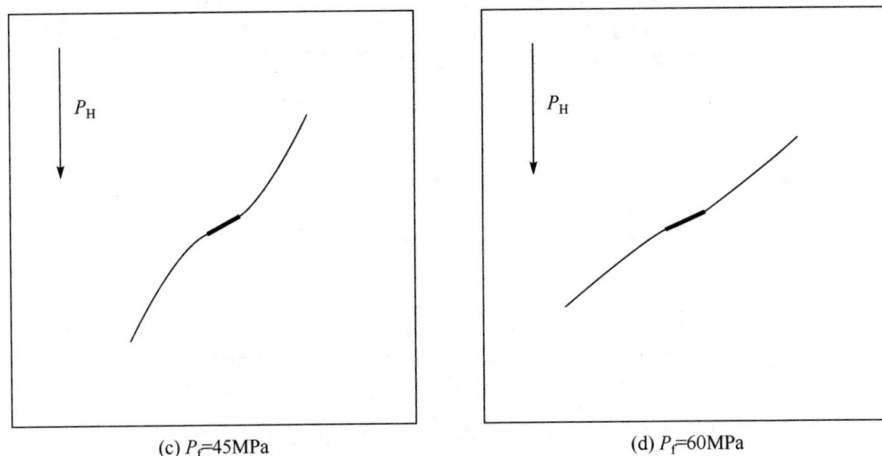

(c) P_f=45MPa　　　　　　　　　　(d) P_f=60MPa

图 6-2　人工裂缝缝内压力对裂缝扩展轨迹影响的模拟模型

向最大主应力方向偏转，但此时偏转角度变化缓慢，且最终的扩展方向在裂缝初始方向与最大水平主应力方向之间呈近似直线扩展。由图 6-2(d)可知，当 P_f=60MPa 时，裂缝内压力远大于最大水平主应力，裂缝起裂后几乎是沿着它的初始方向直线向前延伸。

　　通过以上模拟可以发现，储层岩体中的裂缝在起裂延伸时具有向最大水平主应力方向偏转并沿着该方向延伸的趋势。但人工裂缝内压力的大小会影响裂缝的偏转角度，当其足够大时，人工水力裂缝就会不受地应力的影响而沿着初始方向延伸。

2. 水平井两簇裂缝扩展偏转角

　　对于水平井两簇压裂，两条裂缝会相互影响，导致裂缝逐渐向外偏离原方向延伸，如图 5-32 所示。

　　采用5.5.1节中的模型(图5-31)及参数(表5-6)，仅改变缝内压力，使缝内净压力(缝内压力与最小水平主应力之差)分别为 1MPa、2MPa、4MPa 和 8MPa，以此研究不同净压力下裂缝的偏转角度。模拟结果如图 6-3 所示，其中，横轴表示裂缝破裂延伸的长度，纵轴表示裂缝到达某位置时该点的切线与最大水平主应力方向之间的夹角。

　　如图 6-3 所示，两簇裂缝同时压裂时裂缝都将向外偏转，呈现"同向相斥"的现象。裂缝的偏转角度随着净压力的增大而增大，最终沿最大偏转方向以近似直线扩展[6]。

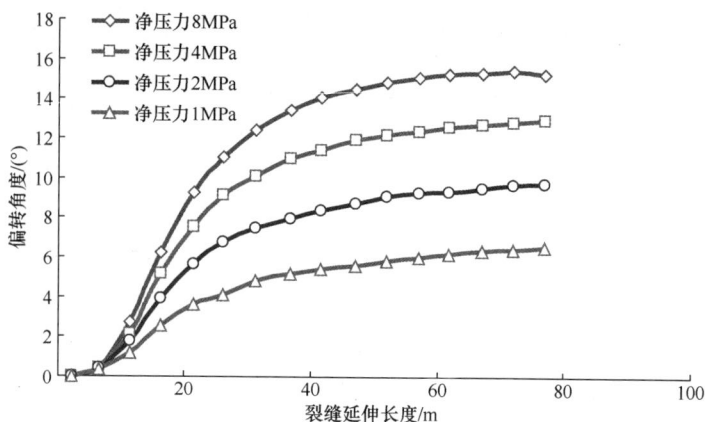

图 6-3　不同净压力下单井压裂时裂缝的偏转角度

3. 同步压裂裂缝扩展偏转角

对于两口水平井同步压裂(两裂缝交错分布)，两条同步延伸裂缝会相互影响，导致裂缝逐渐向内偏离原方向延伸，如图 5-43 所示。

采用 5.7.1 节中的模型(图 5-41)及参数(表 5-8)，仅改变缝内压力，使缝内净压力(缝内压力与最小水平主应力之差)分别为 1MPa、2MPa、4MPa 和 8MPa，以此研究不同净压力下裂缝的偏转角度。模拟结果如图 6-4 所示，其中横轴表示裂缝破裂延伸的长度，纵轴表示裂缝到达某位置时该点的切线与最大水平主应力方向之间的夹角。

如图 6-4 所示，两口水平井同步压裂时无论压裂缝内的净压力大小，同步压裂时，处在两口井之间的裂缝延伸到一定长度后都会发生偏转。压裂缝内的净压力越大，裂缝的最大偏转角就越大。相比于相同条件下的同步压裂，单井压裂的偏转角度(图 6-3)远低于同步压裂。

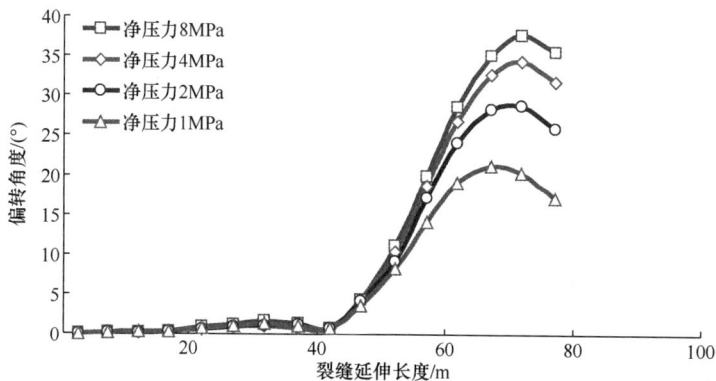

图 6-4　不同净压力下同步压裂时裂缝的偏转角度

以净压力为 4MPa 为例，图 6-5 给出了模拟计算的裂缝扩展轨迹和 X 方向正应力图。由图可知，同步压裂裂缝偏转的必要条件是两条裂缝的应力场发生相互作用，且裂缝延伸经过两口井的中间位置后出现最大限度的偏转。

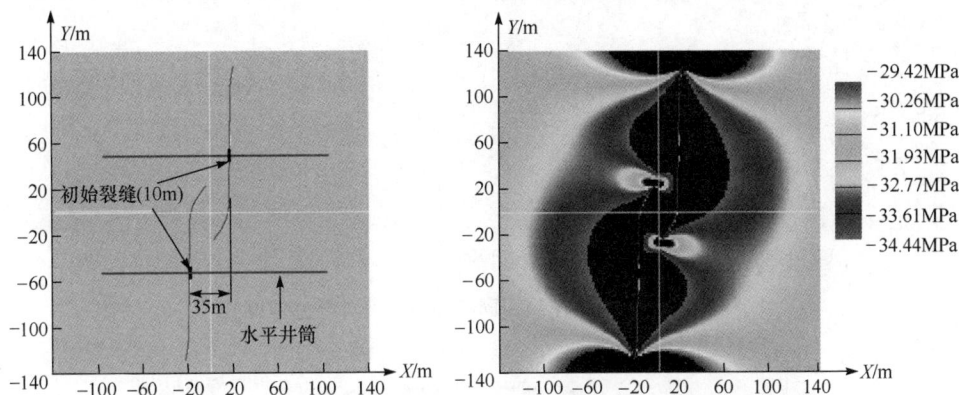

图 6-5　两口井同步压裂时裂缝扩展轨迹及 X 方向正应力图(后附彩图)

6.3　裂缝间距对裂缝扩展轨迹的影响

为研究缝间距的影响，在相同的参数条件下，本节仅考虑压裂缝之间的横向距离对裂缝延伸的影响。本节先研究水平井两簇裂缝同时起裂扩展时横向间距对其向外偏转角度的影响，再研究同步压裂时两条裂缝横向间距对其向内偏转角度的影响。

1. 水平井两簇裂缝偏转角

采用 5.5.1 节中的基本模型(图 5-31)及参数(表 5-6)，仅改变其中的缝间距为 10m、20m、30m、40m、50m 和 60m，以此模拟裂缝扩展轨迹上各点的偏转角度及对应的裂缝延伸长度。图 6-6 中只列举了缝间距为 10m、30m 和 60m 时的裂缝延伸轨迹[6]。

图 6-7 为裂缝扩展轨迹上各点的偏转角度与对应的裂缝延伸长度之间的关系。由图可以发现，随着裂缝延伸长度的增加，偏转角逐渐增大，最终趋于一个常量。随着两条裂缝之间缝间距的增大，裂缝的偏转程度降低，这是由于具有较大间距的两条裂缝周围的应力场相互作用较小，产生的诱导应力不足以使裂缝偏转。因此，水平井两簇压裂时，通过调整簇间距的大小，可压出不同偏转角与轨迹的压裂裂缝，一定程度上实现了对压裂缝轨迹的控制。

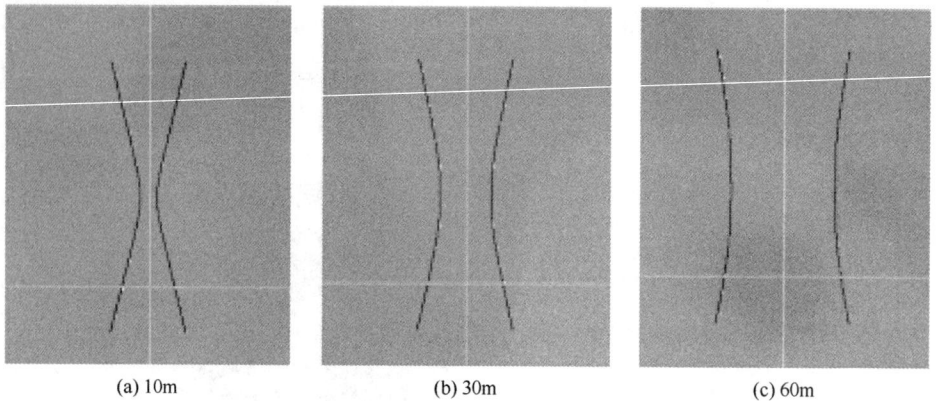

(a) 10m　　　　　　　　(b) 30m　　　　　　　　(c) 60m

图 6-6　两簇裂缝压裂不同缝间距下的裂缝延伸轨迹

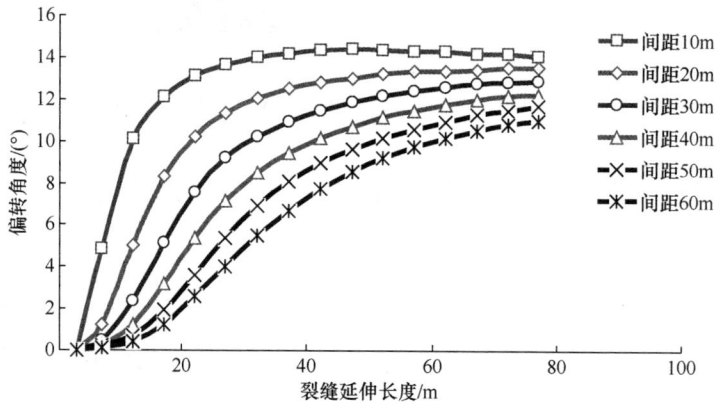

图 6-7　水平井两簇压裂不同缝间距下偏转角度与延伸长度的关系

2. 同步压裂裂缝扩展偏转角

采用 5.7.1 节中的基本模型(图 5-41)及参数(表 5-8)，仅改变其中的缝间距为 10m、20m、30m、40m、50m 和 60m，以此模拟裂缝扩展轨迹上各点的偏转角度及对应的裂缝延伸长度。图 6-8 中只列举了缝间距为 10m、30m 和 60m 时的裂缝延伸轨迹[6]。

图 6-9 为裂缝扩展轨迹上各处的偏转角度与对应的裂缝延伸长度之间的关系。由图可以发现，无论缝间距大小，同步压裂时裂缝的总体走向仍是先不偏转，然后偏转角度迅速增大，达到极值后偏转角度又迅速降低，最终沿某一方向呈近似直线延伸。压裂缝间距越小，出现最大偏转角时裂缝的延伸长度越短，间距相差 50m 时，各间距的最大偏转角相差不到 5°。因此，同步压裂时，相同的偏转效果可以用较小的缝间距实现。

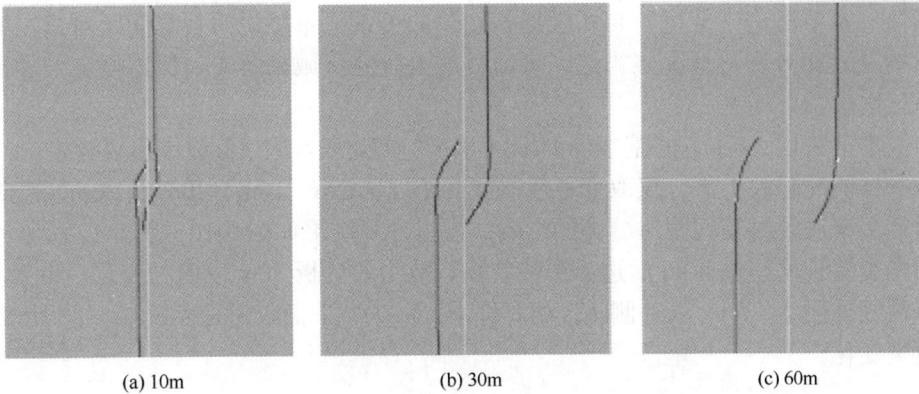

| (a) 10m | (b) 30m | (c) 60m |

图 6-8　同步压裂两条裂缝不同缝间距下的延伸轨迹

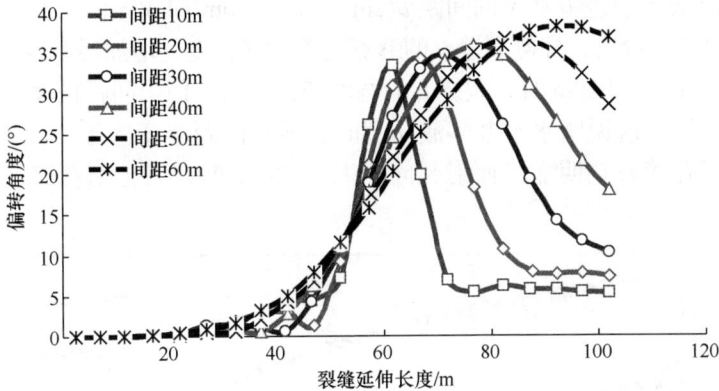

图 6-9　同步压裂两条裂缝不同缝间距下偏转角度与延伸长度的关系

6.4　裂缝间距对裂缝宽度的影响

　　水力压裂裂缝缝宽主要由压裂液滤失、地层力学性质、边界条件、原地应力(最小水平主应力，弯曲情况下还与最大水平主应力相关)等确定。单条裂缝的缝宽在 7.4.1 节中讨论，本节主要讨论多簇压裂时裂缝间距对缝宽的影响。

　　严格意义上，裂缝缝宽是由裂缝壁面的法向位移分量产生的。在自编的 SVFN 软件中，为简便起见，将裂缝"缝宽"定义为地层中裂缝上任一点破裂为两点后对应的两点间的直线距离。按这一定义，本书裂缝宽度应略大于裂缝壁法线上的缝宽。此外，由于本节对裂缝的模拟范围为 200m×200m，边界位移固定，当裂缝起裂扩展到一定长度后，其应力阴影会与边界相互作用，导致裂缝无法正常扩展。因此，本节的"缝宽"与"裂缝长度"不为实际无限大地层下的值。本节讨论"缝宽"与"裂缝长度"的关系，希望说明裂缝间距对缝宽的影响及其相对变化情况。当然，可通过加大研究区域来解决，但这样会增加计算工作量。

本节采用 5.6.1 节的基本模型(图 5-37)及参数(表 5-7)，假设 5 条裂缝如 5.6.1 节一样同时起裂扩展，仅改变各簇的簇间距 d 为 2m、10m、20m 和 30m，以此研究多簇压裂时簇间距对缝宽的影响。模拟计算结果如图 6-10～图 6-12 所示，图中裂缝长度超过 40m 后边界影响突出，故主要分析 40m 以内的变化。由于 5 条裂缝外侧(l_1，l_5)与偏外侧(l_2，l_4)对称(图 5-37)，下面仅讨论裂缝 l_1、l_2、l_3 的缝宽变化。

1. 外侧裂缝 l_1 缝宽

图 6-10 表示裂缝 l_1 在不同间距 d(2m、10m、20m 和 30m)时，缝宽与缝长的关系。由图可以看出，外侧裂缝 l_1 的缝宽随着裂缝长度的增加逐渐变窄。当裂缝间距为 2m、10m 和 20m 时，裂缝 l_1 的宽度变化不大，但当间距扩大到 30m 时，缝宽显著增加。这说明水平井多簇压裂时，射孔间距小于等于 20m 时裂缝宽度受其他射孔簇影响明显，而射孔间距大于 20m 时，其他射孔簇的影响会迅速减弱。

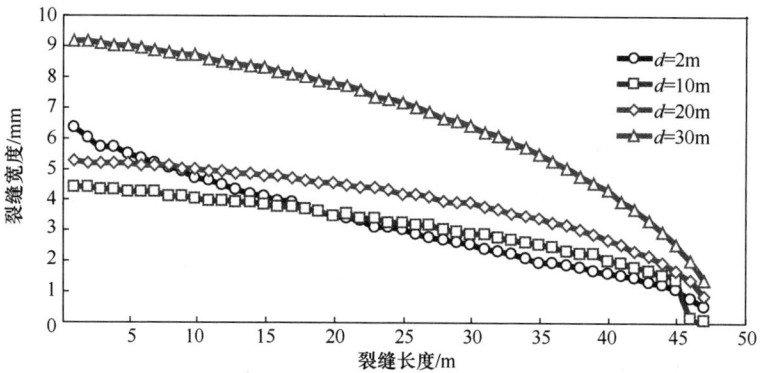

图 6-10　不同缝间距下缝宽与缝长的关系(裂缝 l_1)

2. 偏外侧裂缝 l_2 缝宽

图 6-11 表示裂缝 l_2 在不同间距 d(2m、10m、20m 和 30m)时，缝宽与缝长的关系。由图可以看出，偏外侧裂缝 l_2 随着裂缝长度的增加，不同缝间距下缝宽的变化情况均不相同。当裂缝间距为 2m 和 10m 时，缝宽随着裂缝的扩展会有一定程度的增加，但增加幅度不大，在 0.7mm 以内；当缝间距为 20m 时，缝宽基本不发生变化；当缝间距扩大到 30m 时，缝宽显著增加。综上，偏外侧裂缝受到

两侧裂缝影响，缝宽受缝间距影响明显，均小于最外侧裂缝 l_1 的缝宽。

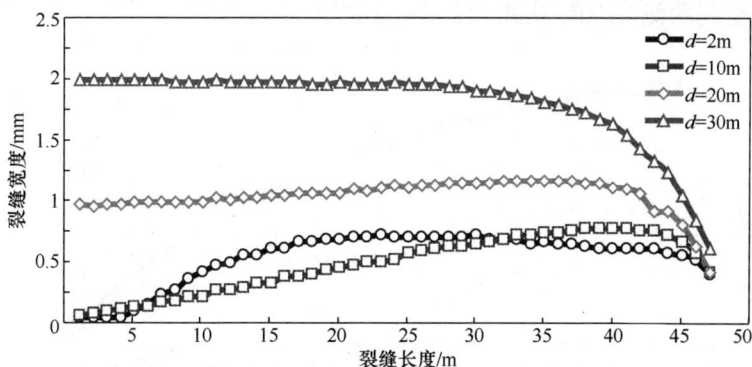

图 6-11　不同缝间距下缝宽与缝长的关系(裂缝 l_2)

3. 中间裂缝 l_3 缝宽

图 6-12 表示中间裂缝 l_3 在不同缝间距 d(2m、10m、20m 和 30m)时，缝宽与缝长的关系。由图可以看出，中间裂缝 l_3 的缝宽受缝间距影响很大。当缝间距为 2m 时，缝宽为 0，说明中间裂缝在缝间距较小时难以张开；当缝间距为 10m 时，中间裂缝缝宽较窄，但有逐渐增加的趋势，这说明其受两侧裂缝影响较大且张开的裂缝也有闭合的趋势；当裂缝间距为 20m 和 30m 时，裂缝会形成一定的宽度。

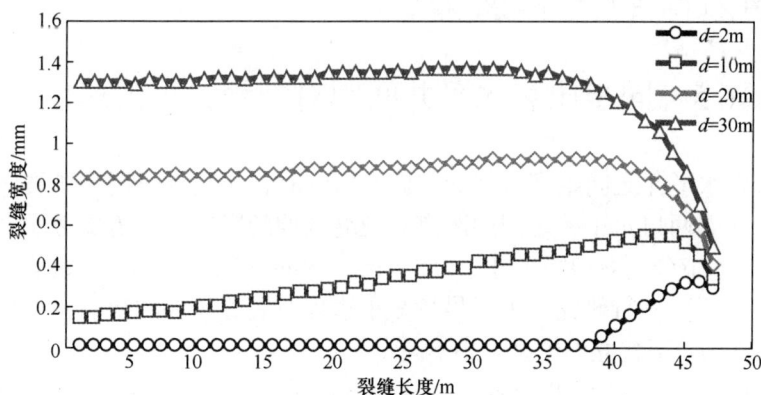

图 6-12　不同缝间距下缝宽与缝长的关系(裂缝 l_3)

4. 相同间距下裂缝缝宽比较

图 6-13 表示裂缝 l_1、l_2、l_3 在相同缝间距(30m)时，缝宽与缝长的关系。由图可以看出，多簇压裂时最外侧裂缝 l_1 缝宽最大，中间裂缝(l_2、l_3)缝宽较小，且裂

缝越靠近中间位置缝宽越窄。这说明射孔时位于中间位置的射孔簇，压裂形成的裂缝会受到两侧裂缝的限制而使其宽度变窄。

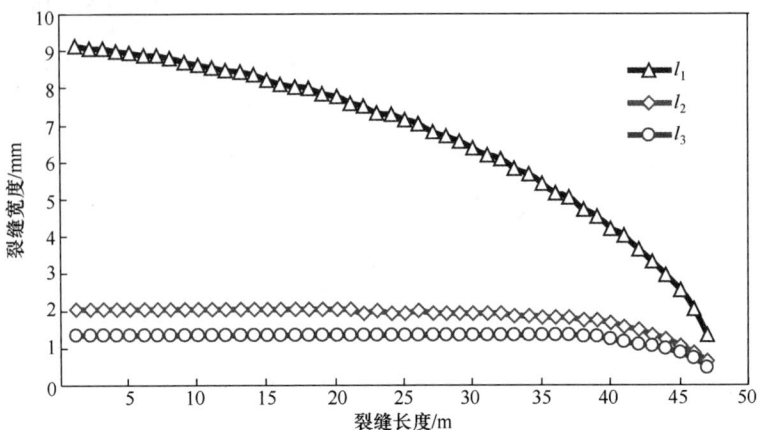

图 6-13　缝间距 30m 时裂缝 l_1、l_2、l_3 缝宽与缝长的关系

综合图 6-10～图 6-13，得到如下结论：多簇压裂时，靠近外边侧的射孔簇形成的人工裂缝宽度较大，内侧裂缝受到两侧裂缝影响，宽度较小；裂缝间距大于 20m 时，裂缝受两侧人工裂缝影响产生的闭合压力较小，可保持一定裂缝宽度；当裂缝间距小于 20m 时，内侧裂缝缝宽较小，变窄的缝宽会影响携砂液的进入，从而影响压裂效果。当然，这里的结论是根据所选地层的力学性质得出的，对于其他不同地层会有一定的偏差。

6.5　同步压裂水平井间距对裂缝扩展的影响

当考虑水平井之间距离对裂缝扩展的影响时，多是针对同步压裂而言的。研究同步压裂两口水平井之间的距离对裂缝延伸的影响时，需要考虑设计的裂缝半长[7]。本节分别对裂缝半缝长为 100m、150m 和 200m 时，裂缝在不同井间距下的扩展情况进行研究。为了尽量减小边界对裂缝延伸的影响，加快计算速度，不同井间距下建立的模型大小不同。

同步压裂模拟模型见图 5-41，其基本参数见表 5-8。针对不同的裂缝半长，选择相应的井间距及相应的模型模拟范围，然后利用所建立的同步压裂模型进行模拟计算。

1. 水力裂缝半缝长 100m

采用 5.7 节中的建模方法，建立大小为 800m×800m 的模拟模型，然后对井间距为 100m、150m 和 200m 的情况分别进行模拟，得到不同情况下裂缝延伸轨迹，如图 6-14 所示[8]。图中 6-14(a)～(c)分别表示两口水平井间距为 100m、150m、200m 时的情况。

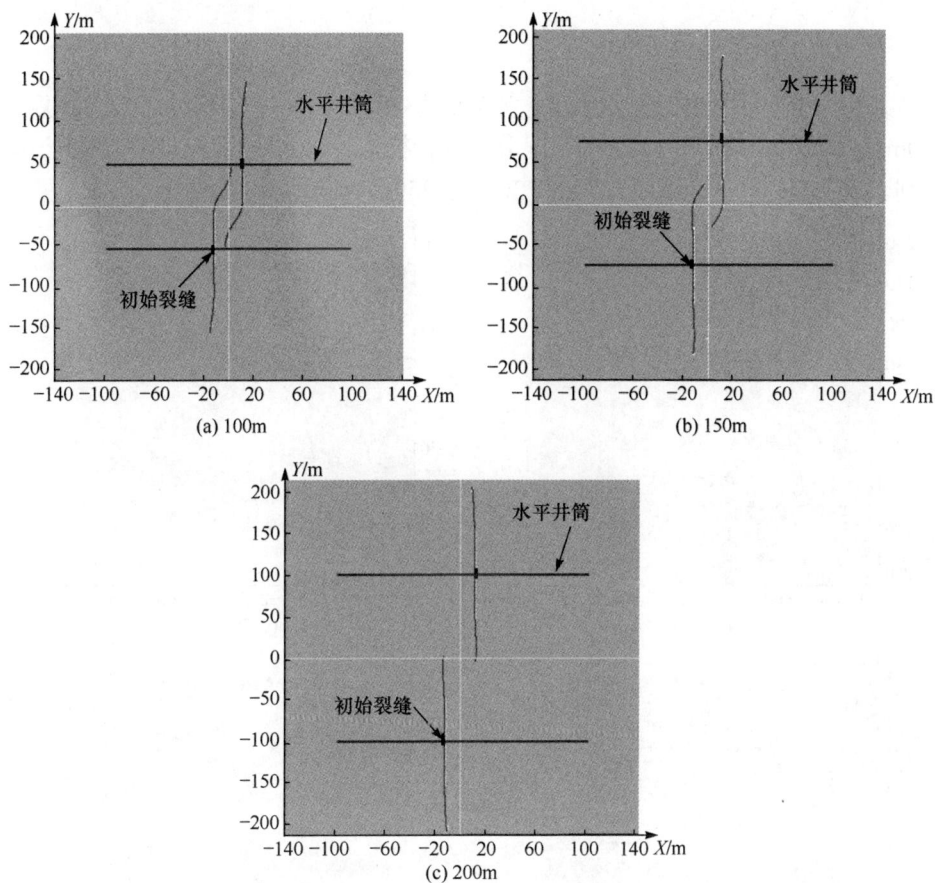

(a) 100m

(b) 150m

(c) 200m

图 6-14 裂缝半缝长 100m 时不同井间距下裂缝延伸轨迹图

对比不同井间距下裂缝延伸情况发现，井间距决定了两条裂缝是否相互作用以及作用后影响的范围。井间距为 100m 时，两条裂缝在延伸过程中受对方裂缝影响，偏离原方向延伸，裂缝间相互影响的范围很大。但是在该井间距下裂缝几乎延伸到达对面井筒，实际压裂施工中很难精确控制，容易出现压穿井筒的现象，因此应该增大井间距到 150m。在井间距为 150m 时，两条裂缝在水平井中间位置处相互靠近，裂缝互作用造成的影响范围主要在水平井中间位置，影响范围较大。继续增大井间距到 200m，当压裂达到预设缝长时，两条水力裂缝刚刚延伸至两口井中间位置，相互作用不大，裂缝的延伸方向基本没变，没有达到同步压裂的目的。因此，同步压裂半缝长为 100m 时，要想使裂缝相互作用并达到好的压裂改造效果，两口井之间的间距应该为 150m 左右，在这个范围内裂缝相互作用影响的范围较大。

2. 水力裂缝半缝长 150m

采用 5.7 节中的建模方法，建立大小为 800m×800m 的模型，对井间距为 150m、200m、250m 和 300m 的情况分别进行模拟，得到图 6-15。图 6-15(a)～(d) 分别表示两口水平井间距为 150m、200m、250m 和 300m 时的情况。

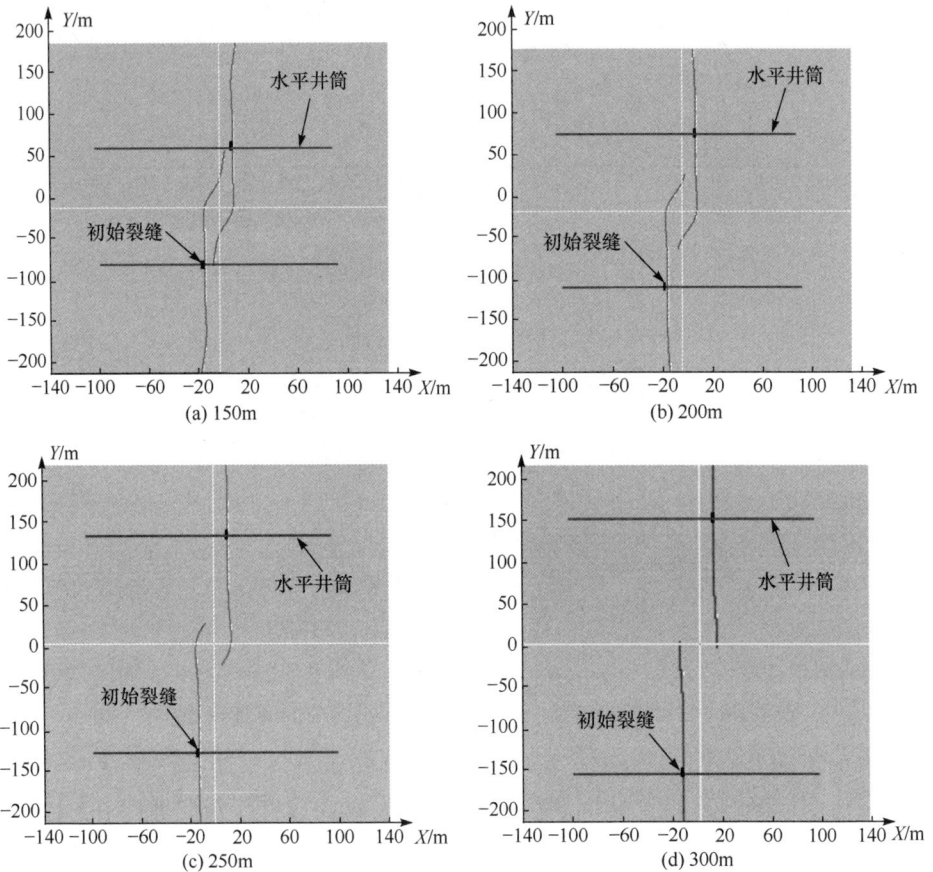

图 6-15　裂缝半长 150m 时不同井间距下裂缝延伸轨迹图(后附彩图)

对比这几种井间距下裂缝的延伸情况同样发现，随着井间距的增大，裂缝之间的相互作用程度逐渐降低，影响范围逐渐变小。裂缝半缝长等于井间距时，裂缝相互作用较强烈，但是水力裂缝延伸几乎靠近对面井筒，可能穿透对面井筒。而井间距较大为 300m 时，两条裂缝几乎没有相互作用。因此，为了达到较好的压裂改造效果，裂缝半缝长为 150m 时，水平井筒之间的距离应该为 200~250m。在这个范围内，井间距越小，裂缝相互作用影响的范围越大。

3. 水力裂缝半缝长 200m

采用 5.7 节中的建模方法，建立大小为 1000m×1000m 的模型，对井间距为 200m、300m 和 400m 的情况进行模拟，得到图 6-16。图 6-16(a)~(c)分别表示两口水平井间距为 200m、300m 和 400m 时的情况。

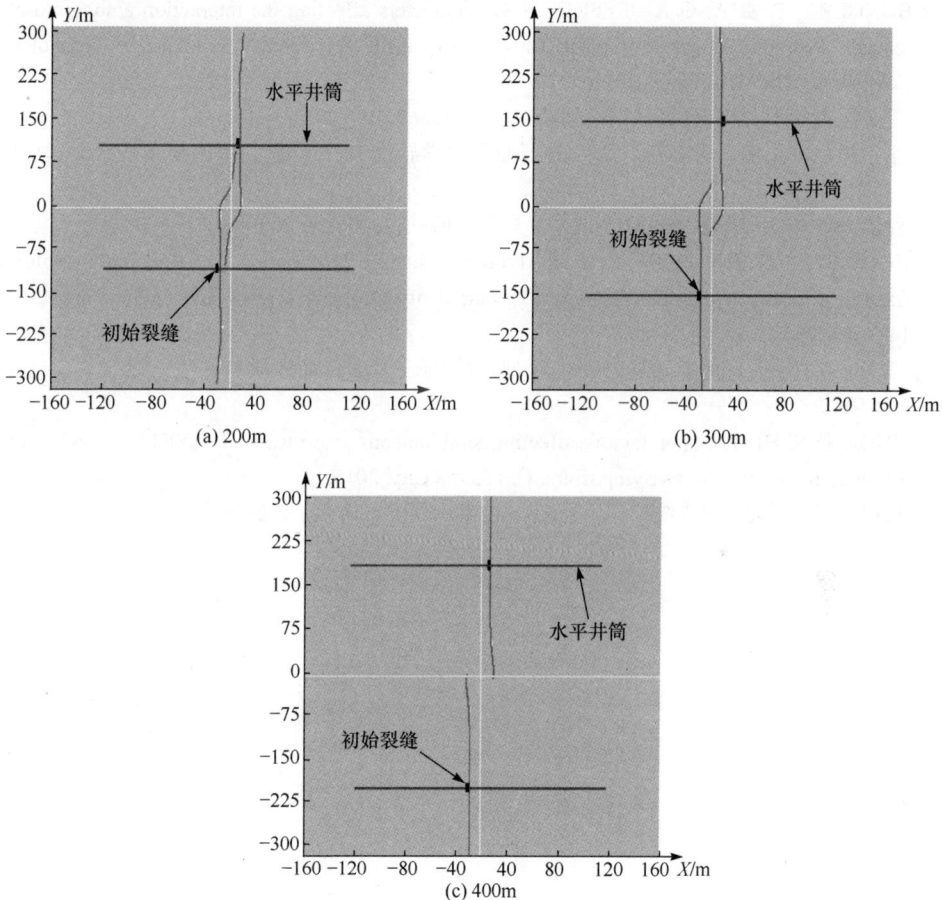

(a) 200m

(b) 300m

(c) 400m

图 6-16 裂缝半长 200m 时不同井间距下裂缝延伸轨迹图

由图 6-16 可知，裂缝半缝长为 200m 时，裂缝在不同井间距下的延伸变化情况与前面相似，裂缝之间的相互作用程度随着井间距的增加而降低，影响范围逐渐减小。为达到同步压裂裂缝相互作用改造储层的目的，半缝长为 200m 时，水平井筒之间的距离应该在 300m 左右。

综合不同裂缝半缝长与井间距关系下裂缝的延伸情况发现，同步压裂时，井间距决定了裂缝是否相互作用以及作用后影响的范围。要使同步压裂裂缝相互影响造出复杂裂缝，达到较好的压裂改造效果，两口水平井之间的距离应该大于水力裂缝半缝长且小于 2 倍的裂缝半缝长，较好的井间距离应该在裂缝半缝长的 1.5 倍左右。

参 考 文 献

[1] BUNGER A P, ZHANG X, JEFFREY R G. Parameters affecting the interaction among closely spaced hydraulic fractures[C]//SPE140426-MS, SPE Hydraulic Fracturing Technology Conference, The Woodlands, 2011.

[2] 西安石油大学. 体积压裂缝网模拟软件：00348667 [P]. 2013-11-05.

[3] 李世愚，和泰名，尹祥础，等. 岩石断裂力学导论[M]. 合肥：中国科学技术大学出版社，2010：41-275.

[4] 程靳，赵树山. 断裂力学[M]. 北京：科学出版社，2006：9-209.

[5] ZHOU D S, ZHENG P, HE P, et al. Hydraulic fracture propagation direction during volume fracturing in unconventional reservoirs[J].Journal of petroleum science and engineering, 2016, 141：82-89.

[6] 贺沛，周德胜. 同步压裂时裂缝延伸规律[J]. 大庆石油地质与开发，2016，35(4)：102-108.

[7] ZHOU D S, HE P. Major factors affecting simultaneous frac results[C]//SPE173633-MS, SPE Production and Operations Symposium, Oklahoma City, 2015.

[8] 贺沛. 同步压裂井间裂缝模拟研究[D]. 西安：西安石油大学，2016：51-54.

第 7 章　储层地质参数与裂缝缝宽及改造体积

地层与地层之间、同一地层内的岩石或者同一性质岩石的地层孔隙结构、岩石力学参数等不尽相同。相关研究表明，地应力状态、地层岩石的力学性能决定水力裂缝的起裂形态、延伸方向、高度和宽度[1]。鉴于此，本章主要介绍储层岩石力学性能、水平应力场等地质参数对裂缝形态(缝宽及储层改造体积)的影响。

7.1　杨氏模量与缝宽

岩石杨氏模量(E)是岩石的基本力学性能，是岩石材料的重要参数，也是制定储层压裂改造方案的重要参数，它反映了岩石在外力作用下发生变形的难易程度。此外，它的大小还会对岩石的开裂产生影响。

下面采用边界元法来模拟研究一定裂缝初始角度下杨氏模量对压裂缝宽的影响。如 6.4 节所述，在自编的 SVFN 软件中没有按照裂缝壁面法向计算缝宽，而是采用储层中压裂分开任一点(变为对应的两点)后的直线距离，加之边界范围有限且固定，因此计算的"缝宽"和"缝长"与实际值有一定差异，故下面的计算结果主要用于研究趋势的变化分析。

以图 5-24 为基本模型，模拟计算基本参数如表 7-1 所示[2]。表 7-1 中的最大与最小水平主应力为有效应力(最大与最小水平主应力减去孔隙压力)，人工裂缝缝内压力为缝内有效压力(缝内流体压力减去地层孔隙压力)。

表 7-1　模拟模型基本参数

参数	值
杨氏模量/MPa	20000
泊松比	0.25
最大水平主应力/MPa	34
最小水平主应力/MPa	30
人工裂缝缝内压力/MPa	34
断裂韧性/(MPa·m$^{1/2}$)	2.5
模型大小/(m×m)	100×100
岩石密度/(kg/m³)	2600
裂缝初始长度/m	6

假设初始时刻裂缝与最大水平主应力方向夹角$\beta=0°$，保持表 7-1 中数据不变，仅改变杨氏模量 E 的大小，以此研究杨氏模量(分别为 10GPa、20GPa 和 30GPa)对裂缝宽度的影响。模拟结果如图 7-1 所示。

由图 7-1 可以看出，裂缝宽度受杨氏模量影响，杨氏模量越小，裂缝宽度越大。对比三条曲线发现，杨氏模量为 20GPa 和 30GPa 时两条曲线相距较近，裂缝长度为 0 时缝宽差约 1.2mm；杨氏模量为 10GPa 和 20GPa 时两条曲线相距较远，裂缝长度为 0 时缝宽差约 4mm。由此可见，杨氏模量等比增大时，裂缝宽度以指数速度变窄。

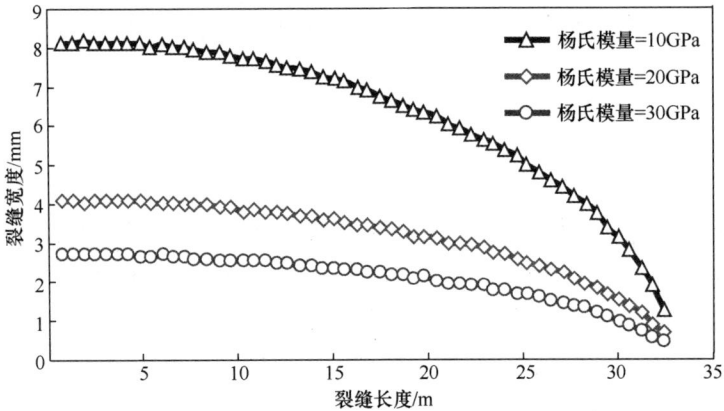

图 7-1　$\beta=0°$时不同杨氏模量下裂缝宽度与长度的关系

改变初始时刻裂缝与最大水平主应力方向夹角β为 67°，其他参数均与上述$\beta=0°$时相同，以此研究杨氏模量(分别为 10GPa、20GPa 和 30GPa)对裂缝宽度的影响。模拟计算结果如图 7-2 所示。

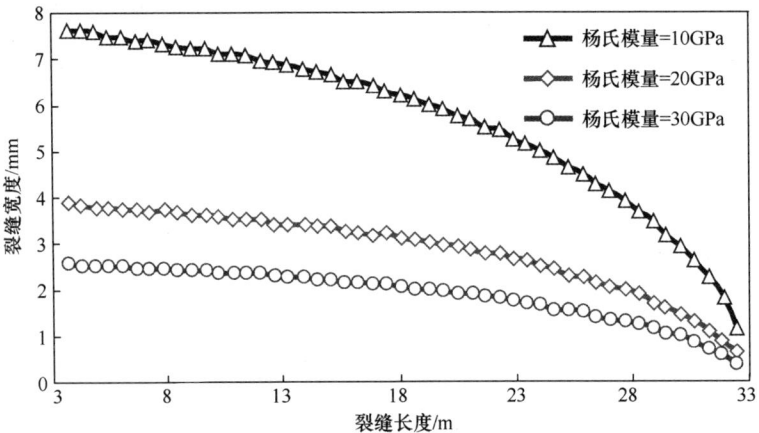

图 7-2　$\beta=67°$时不同杨氏模量下裂缝宽度与长度的关系

由图 7-2 可以看出，β=67°时裂缝宽度与长度之间的变化趋势与β=0°时相似。对比上述两图(图 7-1 与图 7-2)可知，裂缝倾角同样会影响裂缝的宽度，但是影响幅度较小，对应杨氏模量下的缝宽相差在 7%以内。

7.2　泊松比与缝宽

泊松比作为岩石脆性的一个衡量指标，它的大小会对裂缝缝宽产生一定的影响。为研究泊松比对裂缝宽度的影响，采用 SVFN 软件进行模拟时，保持表 7-1 中的数据不变，仅改变泊松比(ν)的大小，使其分别等于 0.15、0.25 和 0.35。模拟结果如图 7-3 和图 7-4 所示。

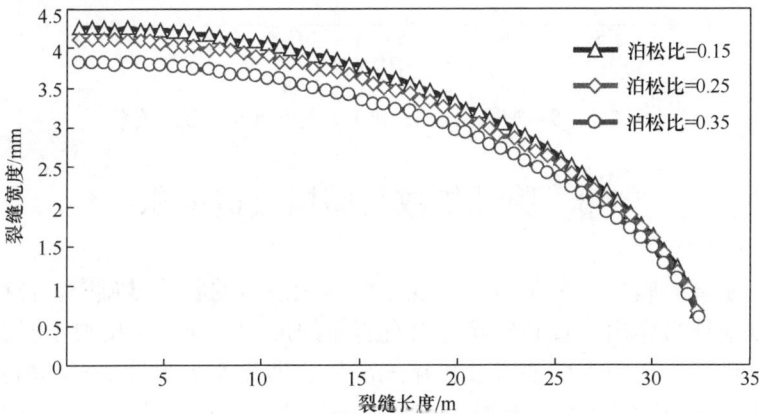

图 7-3　β=0°时不同泊松比下裂缝宽度与长度的关系

图 7-3 是初始情况下裂缝与最大水平主应力方向夹角β=0°时的模拟结果。由图 7-3 可以看出，裂缝宽度受泊松比大小影响，其值越小，裂缝宽度越大。这是由于泊松比是描述岩石抵抗变形的物理量，其值越大，岩石就越容易变形。因此，对于泊松比较大的地层，裂缝平均宽度较小，施工砂堵风险较大。当然，可通过减少砂比来降低此施工风险。

对比泊松比为 0.15 和 0.25 时，两条曲线离得较近。而在泊松比为 0.25 和 0.35 时，两条曲线离得较远。由此可见，随着泊松比的增大，缝宽变窄的速度越来越快。

图 7-4 是初始情况下裂缝与最大水平主应力方向夹角β=67°时的模拟结果。由图 7-4 可以看出，β=67°时的裂缝长度和宽度之间的变化趋势与β=0°时的变化趋势相似，变化泊松比，裂缝宽度会出现相应变化。

对比图 7-3 和图 7-4 可以看出，裂缝倾角同样会影响裂缝的宽度，对应泊松比的缝宽相差在 5%以内。

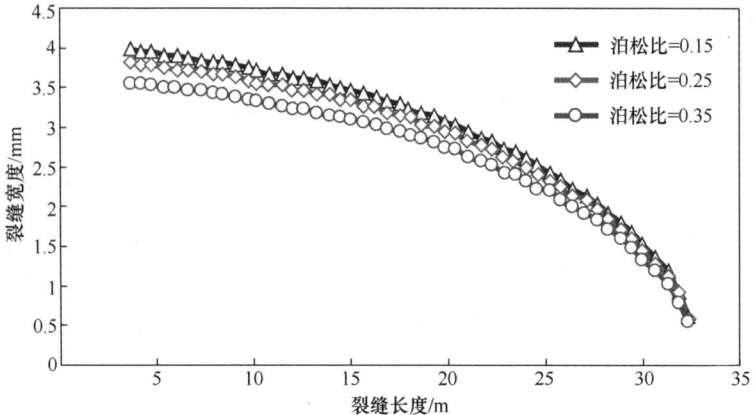

图 7-4　β=67°时不同泊松比下裂缝宽度与长度的关系

7.3　脆性指数与储层改造体积

具有显著的脆性特征是储层实现三维体积改造的物质基础[3]。岩石的脆性是指岩石在外力作用下直到破碎都没有明显的形状改变，它反映了岩石在破碎前的不可逆形变中没有明显吸收机械式能量，即无明显塑性变形的特点[4]。岩石的脆性特征一般采用脆性指数来表征，脆性指数描述方法较多，1.3.1 节给出了比较常用的三种计算方法：采用储层岩石杨氏模量和泊松比计算的 Rickman 方法[5][式(1-1)]；采用岩石矿物成分计算的 Sondergeld 方法[6]；采用岩石单轴抗压与抗拉强度计算的 Goktan[7]方法。

根据北美页岩成功压裂经验[8]可知，页岩的脆性指数越高，可压性就越好。当页岩储层脆性特征参数大于 40 时，才有可能形成缝网，并且脆性指数越高，越容易形成缝网[9,10]。由于目前对岩石脆性的机理与物理认识尚有一定分歧，通过不同方法计算得出的脆性指数不尽相同。因此，在使用脆性指数评价储层体积压裂时，需指明脆性指数的计算方法。本书采用式(1-1)计算脆性指数，并以此研究脆性指数与裂缝缝网体积的关系。

通过改变岩石的杨氏模量与泊松比，代入式(1-1)计算出对应的脆性指数，利用缝网压裂模拟软件模拟不同脆性指数下页岩储层体积压裂后的缝网形态，获得缝网几何形态参数(主裂缝和次生裂缝总长、带宽、储层改造体积)及裂缝特征等，计算参数及模拟计算结果见表 7-2[11]。

表7-2 不同脆性指数下缝网几何形态参数模拟计算结果

杨氏模量/GPa	泊松比	脆性指数/%	缝长/m		带宽/m	储层改造体积/m³	裂缝特征
			主裂缝(半长)	次生缝总长			
15	0.18	47.57	323.90	1994.60	9.6	88069	单条裂缝
	0.22	39.57	324.90	1880.70	7.9	73256	
	0.26	31.57	326.00	1829.50	7.1	66163	
	0.30	23.57	325.60	1674.80	5.1	46896	
	0.34	15.57	326.00	1631.90	4.4	41343	
25	0.18	54.71	233.40	11615.90	61.7	777600	复杂缝网
	0.22	46.71	236.20	11450.80	60.0	753200	
	0.26	38.71	244.40	11402.00	60.0	745300	
	0.30	30.71	324.30	1973.00	9.3	85183	单条裂缝
	0.34	22.71	324.80	1890.20	8.1	74473	
35	0.18	61.86	236.00	11699.70	66.0	826500	复杂缝网
	0.22	53.86	237.00	11643.40	66.0	805400	
	0.26	45.86	237.20	11577.30	65.5	802300	
	0.30	37.86	239.40	11105.30	61.1	766300	
	0.34	29.86	322.80	2129.20	11.5	105661	单条裂缝
45	0.18	78.50	212.60	14830.80	83.7	1187700	复杂缝网
	0.22	66.50	217.30	14578.60	83.3	1134200	
	0.26	54.50	221.10	13703.50	78.2	1056700	
	0.30	42.50	224.20	13073.00	72.6	987800	
	0.34	30.50	320.70	2283.90	13.9	126438	单条裂缝

图7-5给出了表7-2中脆性指数与储层改造体积的直观形式。由图7-5可以看出，计算的储层改造体积明显分为小于200000m³和大于600000m³两类，可认为分别对应于压裂后形成了常规单条裂缝和复杂缝网。从脆性指数由 15.57%增加到 78.50%来看，当脆性指数小于 37.86%时，储层改造体积较小(小于200000m³)；当脆性指数等于 37.86%时，储层压出缝网，储层改造体积大幅增加(大于600000m³)；但脆性指数在37.86%~47.57%(图中两条竖线之间)时，既存在单条裂缝(非体积改造)，又存在复杂缝网(体积改造)；只有当脆性指数大于47.57%时，储层才全部出现体积改造。

因此，由岩石的杨氏模量与泊松比计算的脆性指数可基本反映储层体积改造。但由于同时出现体积改造与非体积改造的脆性指数过渡区，该脆性指数方法尚不能完全反映储层由单条裂缝到复杂缝网的变化。脆性指数大于临界值40%

时就表现为储层体积改造是一个估计值。

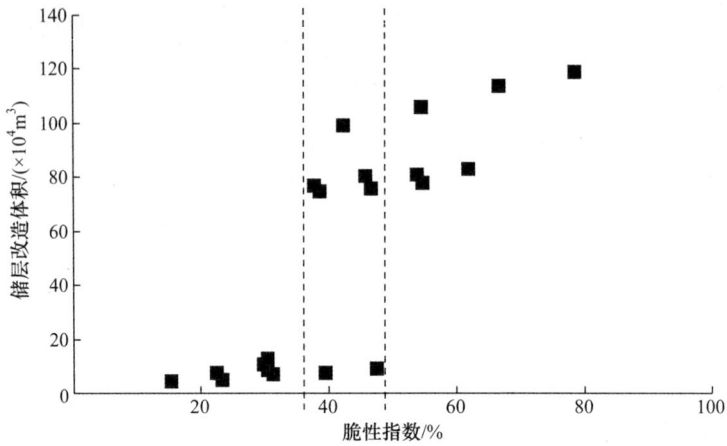

图 7-5　不同脆性指数下的储层改造体积

　　图 7-5 中的储层改造体积明显存在体积改造与非体积改造两大区域，但在这两个区域之间的储层改造体积随脆性指数的增加变化并不明显。这主要是由于该储层改造体积的算法是将改造体积简化为椭球，由椭球的长短轴确定体积，并没有体现椭球范围内裂缝数量的区别。

　　图 7-5 中的脆性指数是泊松比和杨氏模量的综合指标，下面讨论储层改造体积与泊松比、杨氏模量的关系。如图 7-6 所示，储层改造体积随泊松比的增加而减小，随杨氏模量的增加而增加。储层体积改造出现在泊松比 0.3 以下，但随着杨氏模量的减小，储层体积改造所需的泊松比减小，较小的杨氏模量难以出现储层体积改造。因此，脆性指数比泊松比或杨氏模量更能反映储层能否实现体积改造。

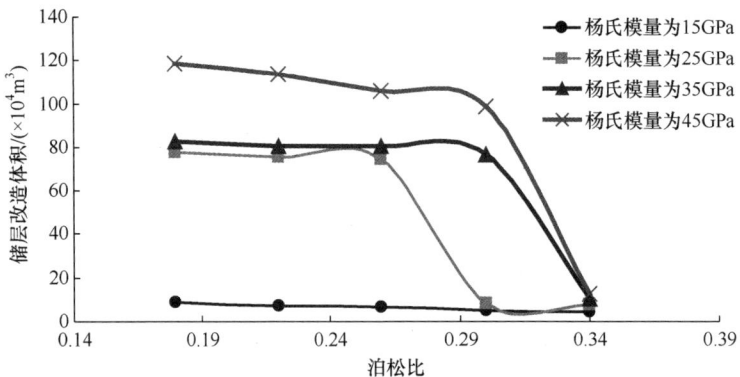

图 7-6　储层改造体积随杨氏模量、泊松比变化曲线

7.4 水平主应力差

7.4.1 水平地应力差对裂缝宽度的影响

为研究水平地应力差对裂缝宽度的影响，以图 5-24 为基本模型，保持表 7-1 中的数据不变，仅改变水平地应力差，使其分别等于 0、2MPa 和 4MPa，模拟结果如图 7-7 和图 7-8 所示。图 7-7 是初始情况下裂缝与最大水平主应力方向夹角 $\beta=0°$ 时的模拟结果，图 7-8 是初始情况下裂缝与最大水平主应力方向夹角 $\beta=67°$ 时的模拟结果。

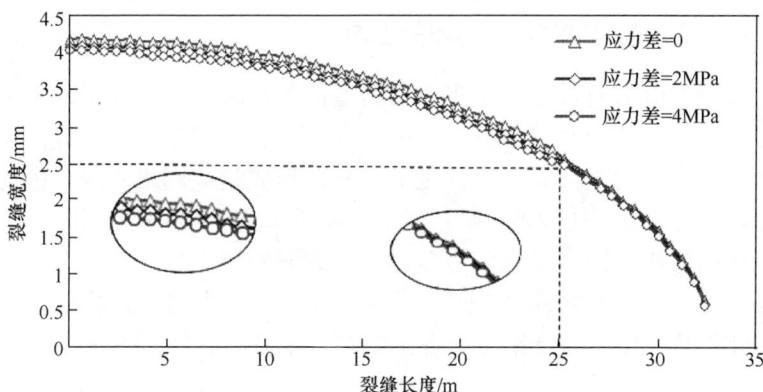

图 7-7 $\beta=0°$ 时不同水平地应力差下裂缝宽度与长度的关系

由图 7-7 可以看出，裂缝宽度受到地层水平主应力差的影响，水平主应力差越大，裂缝宽度相对越小，但应力差对缝宽的影响不明显，较小应力差下可以忽略不计。

由图 7-8 可以看出，裂缝初始角 $\beta=67°$ 时，裂缝长度和宽度之间的变化趋势与 $\beta=0°$ 时相似。对比图中三条曲线可以看出，在 $\beta=67°$ 时，裂缝宽度受水平地应力差的影响较大，在裂缝最宽处，应力差为 4MPa 时这种影响可以占到最大宽度的 16%。在均质各向异性地层中，水力压裂时缝宽受地层水平主应力差的影响较小，但在各向同性地层中情况与此相反，缝宽受地层水平主应力差影响明显。

对比图 7-7 和图 7-8 可以看出，在相同的地应力差下，裂缝宽度受裂缝倾角的影响显著，倾角 $\beta=0°$ 时对应的缝宽比倾角 $\beta=67°$ 时大。

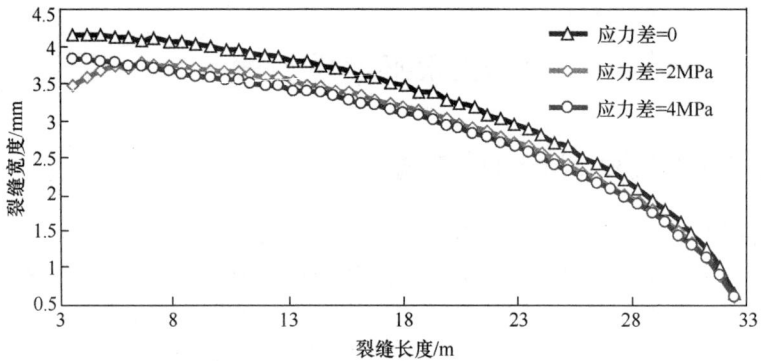

图 7-8 $\beta=67°$时不同水平地应力差下裂缝宽度与长度的关系

7.4.2 水平地应力差对储层改造体积的影响

最大水平主应力与最小水平主应力的差值较大时，压裂效果通常为单条双翼裂缝。若应力差值很小，裂缝的起裂方向就会受地层中天然裂缝的影响，压裂裂缝会沟通天然裂缝向各个方向延伸，从而形成裂缝网络系统。因此，水平应力差的大小对于缝网压裂增大储层改造体积具有重要的影响作用。

本节模拟分析不同水平主应力差对于压裂缝网形态以及储层改造体积的影响，获得缝网几何形态参数(主裂缝和次生裂缝总长、带宽、储层改造体积)和裂缝特征结果见表 7-3，图 7-9 给出了储层改造体积与地层水平主应力差的关系[11]。

表 7-3 不同水平主应力差下缝网几何形态参数和裂缝特征模拟结果

两水平主应力差 $(\sigma_H-\sigma_h)$/MPa	缝长/m		带宽/m	储层改造体积 /m³	裂缝特征	缝网实现难度
	主裂缝(半长)	次生裂缝总长				
1	161.80	30585.00	300.0	4400000	复杂缝网	易实现，改造体积大
3	191.80	21076.00	180.0	2600000		
5	242.40	9954.10	73.0	950000		
7	275.20	5207.80	40.0	420000		
9	297.70	1596.20	35.0	45451	单条裂缝	难实现，改造体积很小
11	299.10	1198.90	22.0	4821		

由图 7-9 和表 7-3 可知，水平应力差大于 9MPa 时，即使存在天然裂缝，压裂通常只能形成单一裂缝，无法获得大的储层改造体积；而水平应力差小于 9MPa 时，通过压裂改造能够形成有效裂缝网络，并且当水平应力差小于 5MPa 时，复杂缝网更易实现，储层改造体积显著增大，带宽约增大 2~8 倍，获得的储层改造体积最大达 4.4×10⁶m³，为单一裂缝波及储层体积的百倍以上。因此，

优选缝网压裂储层时，在其他因素(如弹性模量、泊松比、天然裂缝发育程度等)均满足的情况下，应优先选择水平地应力差较小的地层进行压裂改造。

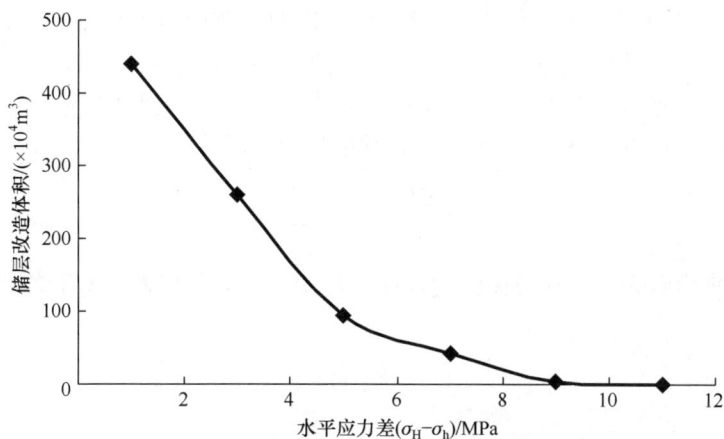

图 7-9　储层改造体积与水平主应力差的关系

储层水平应力差是影响压裂形成缝网的重要因素，只有其差值较小，才有可能实现，而天然裂缝的存在、岩石脆性指数高是形成缝网、有效打碎储集体的前提条件和基础。

7.5　天然裂缝发育程度

在离散化缝网扩展模型中，天然裂缝的发育程度以次生裂缝间距简化表征。天然裂缝越发育，次生裂缝间距越小，反之则越大。

缝间距的取值基于以下理论：节理间距与力学厚度之间的关系，可以定量化为节理间距指数(fracturing spacing ratio, FSR)和节理间距率(fracturing spacing index, FSI)。其中，节理间距指数(FSR)定义为以节理间距为 X 轴、力学层厚为 Y 轴所构成的线性函数的斜率；节理间距率(FSI)定义为节理间距中值与力学厚度的比值。两者的区别在于 FSI 表示的是不同层厚的层状岩石中节理发育的强度特征，而 FSR 表示的是单个力学层中节理发育的强度。一般情况下，FSI 和 FSR 的值越大，表明节理间距越密集。在节理间距主要受岩层厚度控制时，FSI 和 FSR 的值近似相等。

Bai 等[12]在对正交节理系统的研究中发现，当水平应力率大于 0.2 时，FSR 在从大于到小于间距与层厚的临界比值(约为 1.7)的变化过程中，节理的发育会经历一个优势节理组的充填到正交节理发育的改变。此外，他们还提出在中密度节理发育的地层，层厚度与节理间距存在较好的线性关系，且 FSI 在大多数地质构造中的取值范围为 0.75～3。

通过数值模拟发现，FSI 是材料各向异性的函数，但材料各向异性从 1.1 变化到 1.5 时，FSI 将从 1 变化到 2。相关研究表明，节理间距的大小除了受层厚控制，还受岩性、弹性模量、张应变及微裂隙等因素的影响。其中，节理层内部的杨氏模量和厚度对节理的发育起着主要作用。岩石的弹性模量越大，FSI 越小。对于均质介质，FSI 与岩石力学参数的比例关系为

$$\text{FSI} = \frac{2(p_\text{f} - \sigma_n)(1 - v^2)}{E} \tag{7-1}$$

对于非均质介质，在考虑断裂韧性的作用下，FSI 与岩石力学参数的比例关系为

$$\text{FSI} = \frac{\dfrac{K_\text{IC}(1 - v^2)}{E\sqrt{\dfrac{\pi}{8}}}}{\sqrt{L}} \tag{7-2}$$

以上各 FSI 都是节理最大间距与节理高度的比值。由于张性节理一般受力并不平衡，因此有时力学产层的节理间高度存在差异，从而造成节理间距存在异同。以 d_a 来描述储层内节理的平均间距，则最大间距与平均间距之间存在以下比例关系：

$$d_\text{max} = \frac{4}{\pi} d_\text{a} \tag{7-3}$$

实际地层地质构造比较复杂，需通过大量露头实验并结合室内实验建立 FSI 大小的数据库，Kelly-Tyson 模型即为依赖于室内应力实验建立的比例关系 (FSI)，公式为

$$\text{FSI} = \frac{\sigma_t}{2\tau_s} \tag{7-4}$$

式中，σ_t——剪切应力，通过室内岩石力学实验获取；

τ_s——拉应力，通过室内岩石力学实验获取。

拉应力随着与裂缝距离的增加而逐渐增加，但大小受到层内抗拉强度的控制。

$$d_\text{max} = \frac{8}{3} \frac{e\sigma_v}{\sigma_\text{h} + T} \tag{7-5}$$

式中，e——层内摩擦系数，是 Byerlee 模型中的常数值，大小为 0.85；

σ_v——正应力。

本节通过改变次生裂缝缝间距，模拟分析天然裂缝发育程度对储层改造体

积的影响规律，获得缝网几何形态参数(主裂缝和次生裂缝总长、带宽、储层改造体积)和裂缝特征如表 7-4、图 7-10[11]所示。

表 7-4　不同次生裂缝间距下缝网几何形态参数和裂缝特征模拟结果

次生裂缝缝间距/m	缝长/m		带宽/m	储层改造体积/m³	裂缝特征	缝网实现难度
	主裂缝(半长)	次生缝总长				
3	222.80	12361.30	50.0	361900	复杂缝网	易实现，改造体积大
5	224.00	9965.50	55.0	482000		
7	226.00	9204.30	60.0	603000		
10	228.80	6391.70	60.0	569600		
15	233.00	1360.70	25.0	116985	单条裂缝	难实现，改造体积较小
20	233.60	1255.30	25.0	116098		
30	233.90	1060.70	20.0	72098		

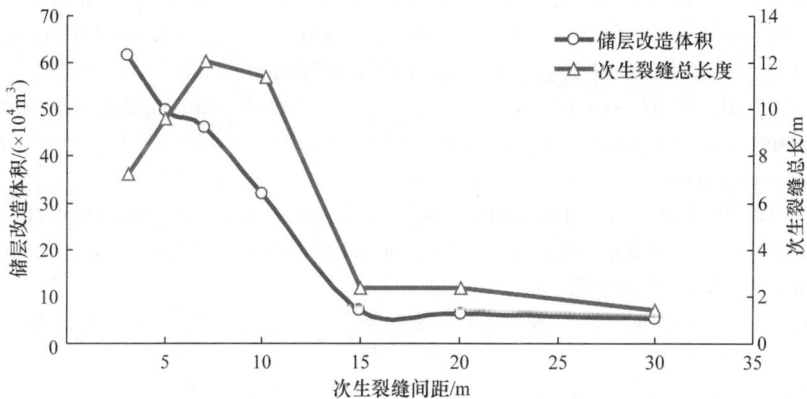

图 7-10　储层改造体积和次生裂缝总长度随次生裂缝间距变化曲线

从表 7-4 和图 7-10 可以看出，次生裂缝间距小于 15m 时，压裂能够形成复杂缝网，并且随着次生裂缝间距的减小，次生裂缝总长度线性递增，主裂缝长度不断减小，带宽减小，储层改造体积呈现先增加后减小的趋势(在次生裂缝间距为 7m 时达到最大值)；次生裂缝间距大于 15m 时，压裂效果为单条裂缝，储层改造体积较小。

在形成复杂缝网的前提下，天然裂缝发育程度增大，次生裂缝总长度增加，但储层改造体积不增反降。其原因是当泵注等量压裂液时，天然裂缝越发育，用于扩展近井地带天然裂缝的压裂液就越多，而同时用于扩展主裂缝及远井地带天然裂缝的压裂液就相对减少，这使得主裂缝变短，从而无法在更大储层范围内沟通天然裂缝，因而减小了储层改造体积。

因此，在天然裂缝发育程度较高的地层实施体积改造，应适当增大压裂液用量，以获得更大的储层改造体积。此外，因为天然裂缝的存在，地层破裂需要的缝内净压力降低，所以对于天然裂缝发育储层，成功实现缝网压裂对水平应力差及脆性指数的要求降低。

参 考 文 献

[1] 陈勉，金衍，张广清. 石油工程岩石力学基础[M]. 北京：石油工业出版社，2011：5-93.

[2] 郑鹏. 页岩储层体积压裂裂缝扩展数值模拟[D]. 西安：西安石油大学，2015：31-50.

[3] CIPOLLA C L, WARPINSKI N R, MAYERHOFER M J, et al. The relationship between fracture complexity, reservoir properties, and fracture-treatment design[C]//SPE115769-MS, SPE Annual Technical Conference and Exhibition, Denver, Colorado, 2008.

[4] 张矿生，樊凤玲，雷鑫. 致密砂岩与页岩压裂缝网形成能力对比评价[J]. 科学技术与工程，2014，14(14)：185-189.

[5] RICKMAN R, MULLEN M J, PETRE J E, et al. A practical use of shale petro-physics for stimulation design optimization: All shale plays are not clones of the Barnett shale[C]//SPE115258-MS, SPE Annual Technical Conference and Exhibition, Denver, 2008.

[6] SONDERGELD C H, NEWSHAM K E, COMISKY J T, et al. Petro-physical considerations in evaluating and producing shale gas resources[C]//SPE131768-MS, SPE Unconventional Gas Conference, Pittsburgh, 2010.

[7] RM N G, YILMAZ G A. A new methodology for the analysis of the relationship between rock brittleness index and drag pick cutting[J]. The journal of the south African institute of mining and metallurgy, 2005, 105(45): 727-733.

[8] 胡永全，贾锁刚，赵金洲，等. 缝网压裂控制条件研究[J]. 西南石油大学学报，2015，35(4)：126-132.

[9] MULLEN J. Petrophysical characterization of the Eagle Ford Shale in South Texas[C]//SPE138145-MS, Canadian Unconventional Resources and International Petroleum Conference, Calgary, 2010.

[10] 赵向原，曾联波，王晓东，等. 鄂尔多斯盆地宁县—合水地区长 6、长 7、长 8 储层裂缝差异性及开发意义[J]. 地质科学，2015，50(1)：274-285.

[11] 彭娇. 影响致密油层缝网压裂储层改造体积的主要因素研究[D]. 西安：西安石油大学，2016：33-40.

[12] BAI T, MAERTEN L, GROSS M R, et al. Orthogonal cross joints: do they imply a regional stress rotation? [J]. Journal of structure geology, 2002, 24(1): 77-78.

第8章　人工主裂缝与天然微裂缝互作用研究

本书 7.5 节研究结果表明，天然裂缝发育的储层有利于体积压裂形成复杂裂缝网络。在地层中存在天然裂缝时，人工压裂裂缝会穿透或者沟通其周围的天然微裂缝，形成次生裂缝；而在地层较远处，人工裂缝会诱导天然微裂缝使其破裂延伸，最终形成裂缝网络[1,2]。因此，研究人工裂缝与天然裂缝之间的互作用关系很有必要。

页岩等非常规储层存在大量天然微裂缝，美国主要页岩气区天然微裂缝的宽度一般小于 0.05mm，不含油、气、水等物质，是简单的闭合或矿物充填。简单的闭合或矿物充填的天然微裂缝，其力学性质都弱于无微裂缝的岩石，岩石中的天然微裂缝构成了力学意义上的岩石薄弱处。页岩天然微裂缝填充物主要为方解石或石英，方解石充填的天然微裂缝黏结强度极小，在应力作用下容易张开，裂缝容易起裂扩展。石英充填的天然微裂缝黏结较强，不易起裂。由于天然微裂缝的充填物黏结强度不易测量且变化较大，本书所有天然微裂缝均假设为简单闭合、缝面间无黏结力的裂缝。

8.1　天然微裂缝扩展规律研究

人工裂缝在与天然微裂缝连通之前可诱导天然微裂缝开起延伸，形成次生裂缝，同时次生裂缝对主裂缝的延伸有明显的反作用。当地层中存在天然裂缝和人工裂缝时，人工裂缝会穿透或者沟通其周围的天然微裂缝，形成次生裂缝。而在地层较远处，人工裂缝会对周围地层产生诱导应力，改变原始地应力的分布状态，从而诱导天然微裂缝破裂延伸，最终形成裂缝网络。由此可见，假如能掌握天然裂缝的起裂扩展规律，对于体积压裂形成复杂缝网是非常有利的。本节主要介绍天然裂缝方位倾角、发育程度及地应力等对裂缝开裂的影响。

8.1.1　两条天然微裂缝的起裂扩展研究

首先模拟研究最简单且最常见的岩石单轴抗压实验。假设岩石内部存在两条相互平行的天然微裂缝，它们可有不同的倾角和距离，以此研究轴向压力作用下裂缝倾角及两条裂缝间距离对裂缝起裂与扩展的影响。

1. 单轴压力下岩石内两裂缝起裂扩展

如图 8-1 所示，在正方形岩石中，天然微裂缝 A 与 B 相互平行，与水平方向夹角为α。两裂缝首尾间距离称为岩桥(图中虚线)，岩桥与水平方向夹角为β。

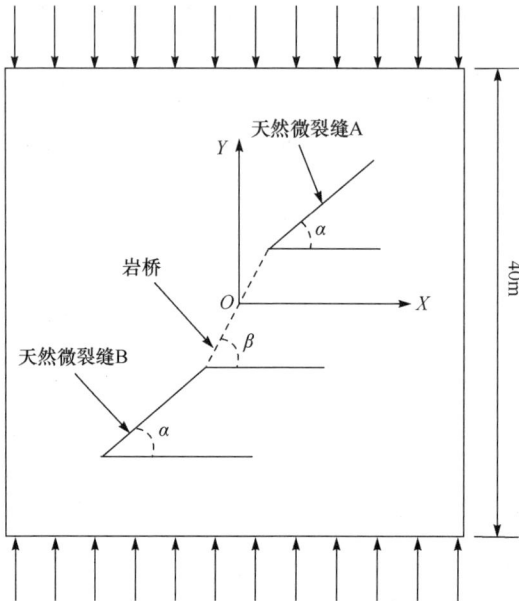

图 8-1　双微裂缝单轴受压模拟模型

模拟模型为 60m×60m 的正方形岩块，两条微裂缝 A 和 B 长度均为 4m，岩桥在 Y 方向上投影长度为 5m，岩桥夹角β为 50°，岩石密度为 2600kg/m³，泊松比为 0.2，杨氏模量为 10GPa，断裂韧性为 2.5MPa·m^{1/2}，岩石受到轴向 30MPa 压应力作用，围压为 0[2]。

基于图 8-1 中的模型及上述模拟参数建立模拟模型，采用 SVFN 软件[3]进行模拟计算，并将平面直角坐标系 XOY 平移到天然裂缝 B 的中点，结果如图 8-2 所示。

由图 8-2 可知，两条闭合的天然微裂缝在轴向压力作用下均起裂扩展，延伸方向与轴向应力方向基本一致。这证明了地层中的天然微裂缝在没有水力裂缝、孔隙流体沟通的情况下，仅地应力就可使其起裂扩展。

2. 岩石内裂缝倾角和岩桥角度的影响

同样应用上述模型(图 8-1)与模拟参数，变化裂缝倾角和岩桥角度，对各种倾角和角度组合进行模拟。选择裂缝倾角α分别为 15°、30°、40°、50°、70°，岩

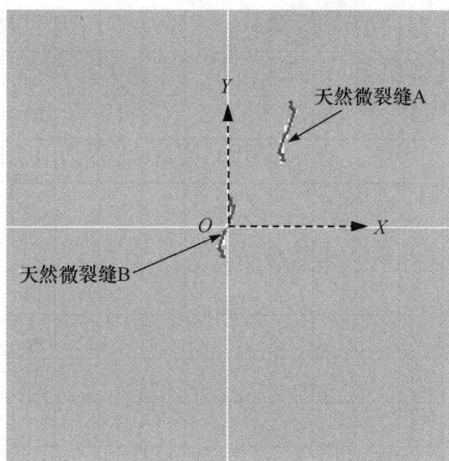

图 8-2　双微裂缝单轴受压模拟结果

桥角度 β 分别为 50°、70°、90°、110°、130°，共 25 种组合进行模拟计算。在相同模拟计算时间下，计量各种组合时两条天然微裂缝的起裂与扩展数据。以天然微裂缝 B 为观察裂缝(图 8-2 正中央裂缝)，计算其两尖端的扩展长度，结果如图 8-3 所示。

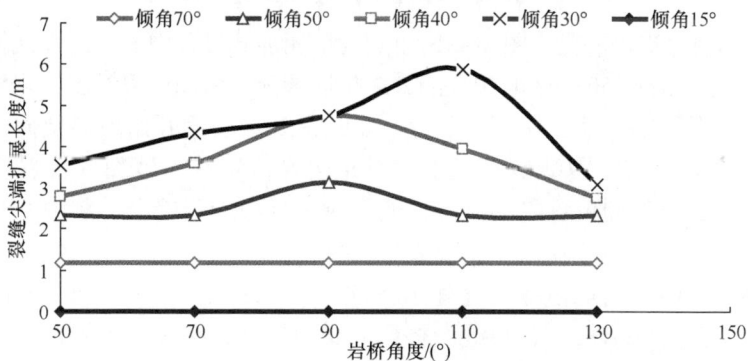

图 8-3　不同岩桥角度、裂缝倾角下天然微裂缝 B 延伸长度

由图 8-3 可以看出，裂缝倾角在 30°左右时裂隙尖端最容易破裂，且岩桥角度对裂缝尖端扩展长度有一定的影响。岩桥角度为 90°～110°时，最有利于裂缝尖端破裂延伸。

8.1.2　多条天然微裂缝的起裂扩展研究

为研究岩体中存在有序天然微裂缝时裂缝的破裂情况，采用上述模型(图 8-1)与模拟参数，预制 25 条有序天然微裂缝[图 8-4(a)]。天然微裂缝共 5 排，每排 5

条缝，中间一排的中间裂缝的中心为坐标原点，横向为 X 方向，纵向为 Y 方向，中间一排裂缝的中心点都位于 X 轴上。排与排间的距离为 7m，各排中缝与缝间的距离为 5m，第二排与第四排裂缝中心向右移动了 2.5m。裂缝长度、方向均相同，长为 4m，倾角为 30°。在 50MPa 单轴压应力作用下(载荷单调增加到 50MPa)，建立上述模拟计算模型[2]。

1. 单轴压力下岩石内多裂缝起裂扩展

采用 SVFN 软件进行模拟计算，模拟结果如图 8-4(b)～(d)所示。

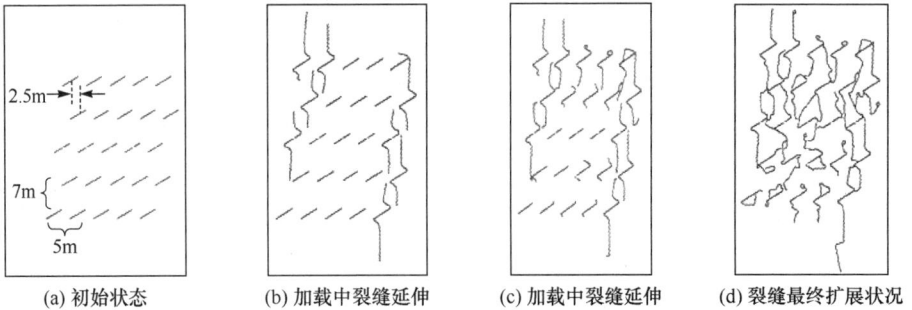

(a) 初始状态　　　　(b) 加载中裂缝延伸　　　(c) 加载中裂缝延伸　　(d) 裂缝最终扩展状况

图 8-4　单轴压力下有序天然微裂缝起裂扩展情况

图 8-4(a)为初始情况，图 8-4(b)和(c)为单调加载过程中的裂缝发展情况，图 8-4(d)为压应力达到 50MPa 时裂缝的最终扩展情况。由图可以看出，岩体内有微裂缝的岩石在单轴压缩作用下，裂缝总是从最外边裂缝开始破裂延伸，由于此处岩石假设为均质，裂缝破裂呈现出对角边缘位置首先破裂的特点。由此可见，有序裂缝破裂的位置受裂缝倾角的影响，且边缘裂缝会抑制中心裂缝尖端的破裂。多裂缝间的相互作用主要表现为相互干扰，这种干扰会使应力场增强或者减弱，故而会出现边缘裂缝首先扩展、中间部位裂缝扩展被抑制的情形。随着轴向压应力的增加，各裂缝滑移产生翼型裂缝，在裂缝扩展过程中翼型裂缝会与原裂缝沟通，但沟通方式比较复杂，这是拉应力和剪应力共同作用的结果，如图 8-4(d)所示。

2. 单轴轴向载荷及裂缝倾角的影响

在保持有序裂缝位置不变的情况下[图 8-4(a)]，变化轴向载荷以及裂缝倾角，裂缝倾角与横向 X 轴夹角分别为 0°、30°、60°，轴向载荷分别为 10MPa、30MPa、40MPa、60MPa、80MPa。考虑到中间出现台阶式变化，将最大压力增加至 125MPa，并在 40～125MPa 加密设置轴向载荷。

采用边界元模型器进行模拟，根据模拟结果计算各裂缝起裂后的扩展长度

(裂缝两边延伸长度)、累计 25 条裂缝的延伸长度，由此得到一定裂缝倾角与轴向载荷下所有裂缝的总延伸长度，又称裂隙尖端总延伸长度。模拟计算各倾角与轴向载荷下裂隙尖端总延伸长度，如图 8-5 所示。

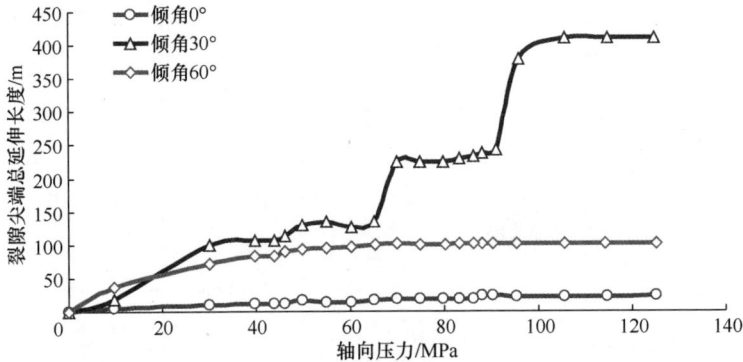

图 8-5　轴向载荷与裂缝倾角对裂缝尖端总延伸长度的影响

由图 8-5 可知，内部含有微裂缝的岩体在轴向压应力作用下，裂缝倾角为 0°时岩体内裂缝总延伸长度较小，表示几乎不发生破裂；裂缝倾角为 60°时，裂缝有一定破裂，但不够明显；但当裂缝倾角为 30°时，裂缝极容易扩展延伸，且裂缝体的破裂呈阶梯状。

通常情况下岩体受压时以剪切破裂为主，但当裂缝倾角过小时，裂缝周围压应力大于剪应力，阻碍裂缝起裂扩展。随着裂缝倾角的增大，其周围剪应力会逐渐减小，因而当倾角在 30°左右时最有利于裂缝扩展。

分析倾角为 30°的裂缝总延伸长度可以看出，裂缝的扩展是分步进行的。在轴向应力上升的过程中会出现临界点，超过临界应力后裂缝突然扩展；继续增加压应力，裂缝周围应力逐渐上升并达到另一个临界点，如此反复直到岩体破裂。

8.2　人工裂缝与前方天然微裂缝的互作用

地层天然微裂缝可能位于人工裂缝扩展方向的正前方，即若人工裂缝沿其初始扩展方向延伸将与位于其路径上的天然微裂缝相交。本节将模拟研究此种情况下人工裂缝与天然微裂缝的互作用以及相交时各自的扩展情况。

本节建立的物理模型如图 8-6 所示。图中 l_1 表示人工压裂缝，P_f 为其裂缝内压力，l_2 表示天然微裂缝，β 表示天然微裂缝与地层最大水平主应力方向之间的夹角。坐标系 XOY 位于模拟正方形区域的正中央，X 方向与最小主应力 $\sigma_h(P_h)$ 方向一致，Y 方向与最大水平主应力 $\sigma_H(P_H)$ 方向相同。水平井位于 X 轴上，其中心与坐标原点重合[2]。

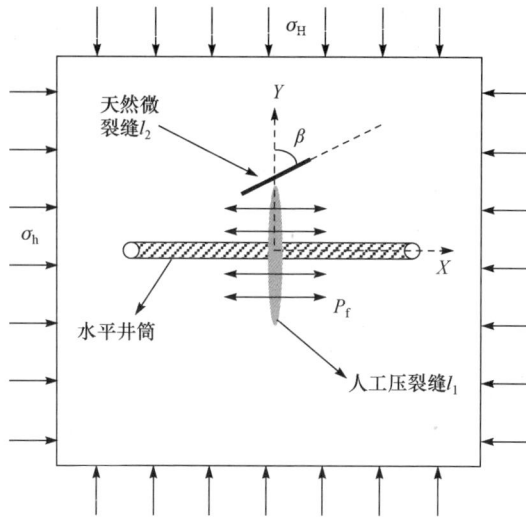

图 8-6　人工裂缝与其前方天然微裂缝的互作用物理模型

初始人工裂缝位于 Y 轴上，长度为 6m，其正前方是长 6m 的天然微裂缝，它的中点也位于 Y 轴上，且中点与坐标原点相距 30m。模型的其他岩石参数及压裂数据如表 8-1 所示，其中最大与最小水平主应力为有效应力，人工裂缝缝内压力为缝内净压力(缝内流体压力减去地层孔隙压力)。

表 8-1　模拟模型参数

参数	值
杨氏模量/MPa	30000
泊松比	0.25
最大水平主应力/MPa	30
最小水平主应力/MPa	30
人工裂缝缝内压力/MPa	34
断裂韧性/(MPa · m$^{1/2}$)	2.5
模型大小/(m×m)	100×100
岩石密度/(kg/m^3)	2600

以下模拟均是基于均质和岩石性质的各向同性假设，且缝内压力为恒压下得到的。

基于自编的 SVFN 软件，通过变化不同的天然裂缝倾角 β，使 β 在 0°～90°按 3°逐渐增加，以此模拟人工裂缝扩展、裂缝相交后的延伸情况。通过 30 组数值模拟，总结出裂缝相交时的三种基本扩展模态，如图 8-7～图 8-9 所示(以下只选取一定倾角下的两幅图作为示例，左边为轨迹图，右边为剪应力云图)。

观察图 8-7 可知，裂缝倾角 β 为 27°时，天然裂缝靠近人工裂缝端不扩展，且剪应力区范围减小，而在远离人工裂缝端有剪应力区，天然微裂缝发生扩展。人工裂缝不会穿过天然微裂缝，而是和天然微裂缝相交合并为一条裂缝，改变原有扩展路径继续扩展。这说明人工裂缝沟通了天然裂缝，且压裂液进入了天然缝中。

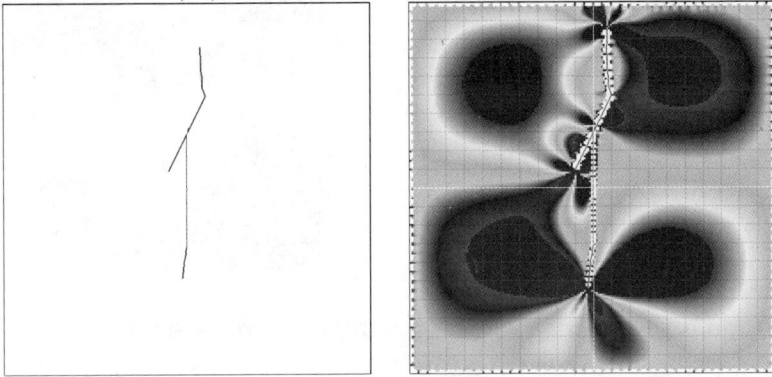

图 8-7　β 为 27°时人工裂缝与天然微裂缝相交后的扩展形态(后附彩图)

由图 8-8 可知，裂缝倾角 β 为 45°时，天然微裂缝靠近人工裂缝端发生扩展，且剪应力区范围相对于图 8-7 对应区域增大，而在远离人工裂缝端也有剪应力区，天然微裂缝两端都发生了扩展。这说明当 β 值相对增大时，天然微裂缝两端都发生延伸的概率会增大。人工裂缝不会穿过天然微裂缝，而是和天然微裂缝相交后改变原有的扩展路径，从天然裂缝两端延伸出两条新裂缝，此时压裂液将分配到两条新裂缝中。

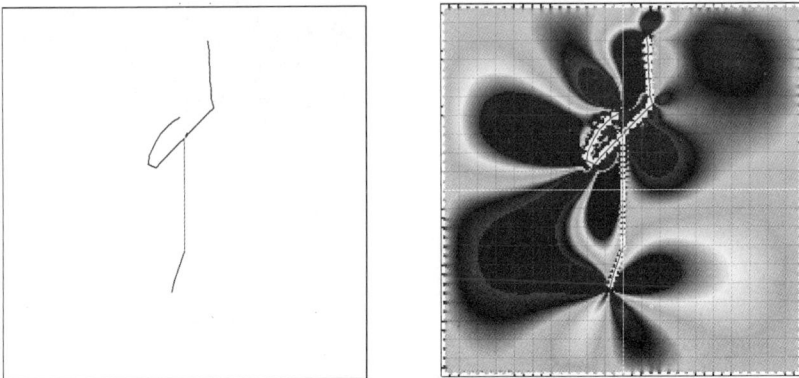

图 8-8　β 为 45°时人工裂缝与天然微裂缝相交后的扩展形态(后附彩图)

由图 8-9 可知，裂缝倾角 β 为 90°时，人工裂缝穿过天然微裂缝，且延伸路径未发生改变。天然微裂缝两端都有破裂现象产生，但延伸长度很短，然而此时却在天然微裂缝两端形成了大范围的剪应力区。由此可以看出，当 β 值较大时，人工裂缝会穿过天然微裂缝，且在天然微裂缝两端形成明显的剪应力区。但此时天然微裂缝两端虽然开裂，在人工裂缝应力阴影作用下却很难延伸。

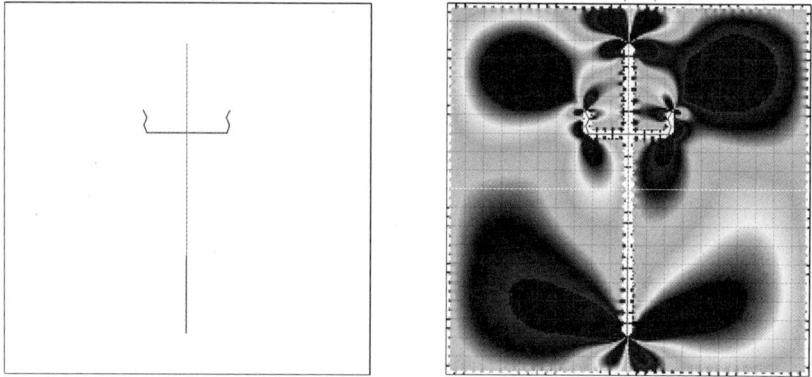

图 8-9　β 为 90°时人工裂缝与天然微裂缝相交后的扩展形态(后附彩图)

图 8-7～图 8-9 为水平地应力差为 0 时的模拟结果。改变最大水平主应力为 34MPa，保持其他所有条件不变，图 8-10 给出了裂缝倾角 β=45°时的模拟结果。与图 8-8 对比可以看出，当水平地应力差不为 0 的，相交的人工裂缝和天然微裂缝的延伸都会受到影响。

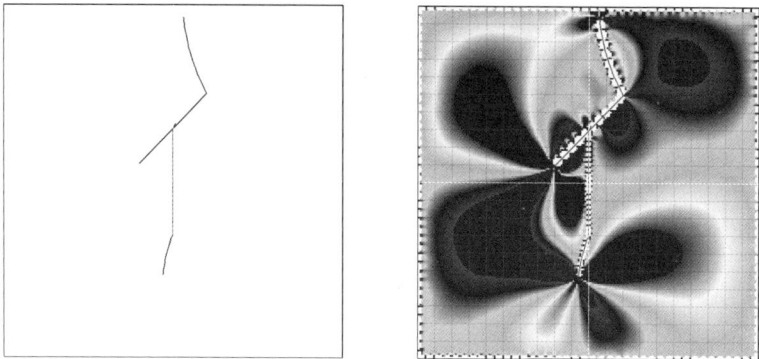

图 8-10　β 为 45°且水平地应力差为 4MPa 时裂缝的扩展形态(后附彩图)

通过以上模拟结果可以看出，人工裂缝和天然微裂缝相交时的延伸情况会受到水平地应力差和天然微裂缝倾角的双重作用。当天然裂缝倾角 β 较小时，人工裂缝不会穿过天然微裂缝，而是与天然微裂缝合并为一条裂缝并继续扩展；随着天然微裂缝倾角的增大，人工裂缝与天然微裂缝相交后沿天然微裂缝两端形成两条新的裂缝并继续扩展，人工裂缝从 1 条变为 2 条；当天然微裂缝与人工裂缝垂直时，人工裂缝会穿透天然微裂缝，此时天然微裂缝两端也会起裂，人工裂缝从 1 条变为 3 条，但天然微裂缝两端起裂的裂缝受穿透的人工主裂缝的应力阴影作用，扩展困难。

8.3　人工裂缝与前侧天然微裂缝的互作用

本节 8.2 节中假设的天然微裂缝位于人工裂缝扩展方向的正前方，事实上这仅仅是极端情况，地层中绝大部分天然微裂缝并不在人工裂缝的初始扩展方向上。本节研究人工裂缝与在其初始扩展方向侧面的天然微裂缝的互作用，也就是人工裂缝与天然微裂缝不相交时的情况。由于人工裂缝在缝内压力作用下会对周围地层产生附加应力，进而改变人工裂缝周围地应力的分布，由此导致应力阴影范围内的天然裂缝被"激活"而发生起裂扩展。

8.3.1　人工裂缝与天然微裂缝互作用

从平面上看，天然裂缝通常在地层最大水平主应力方向。因此，本节以平行于最大水平主应力方向的天然微裂缝为研究对象进行研究。物理模型如图 8-11 所示，图中人工裂缝与天然微裂缝相互平行，坐标系 XOY 位于模拟正方形区域的正中央，X 方向与最小主应力 $\sigma_h(P_h)$ 方向一致，Y 方向与最大水平主应力 $\sigma_H(P_H)$ 方向相同。水平井位于 X 轴上，其中心与坐标原点重合，人工裂缝位于 Y 轴上，

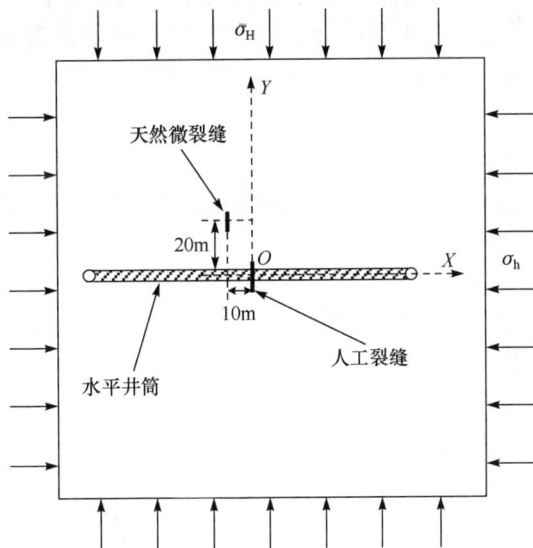

图 8-11　人工裂缝与位于前侧的天然微裂缝的互作用物理模型

其中心位于坐标原点 O 处，天然微裂缝位于初始裂缝前侧方，其中心位于 $(-10m, 20m)$ 处。模型其他岩石参数、压裂数据、裂缝数据如表 8-2 所示，其中最大与最小水平主应力为有效应力，人工裂缝缝内压力为缝内净压力(缝内流体压力减去地层孔隙压力)。

表 8-2　物理模型参数

参数	值
杨氏模量/MPa	30000
泊松比	0.25
最大水平主应力/MPa	35
最小水平主应力/MPa	30
人工裂缝缝内压力/MPa	35
断裂韧性/(MPa·m$^{1/2}$)	2.5
模型大小/(m×m)	200×200
岩石密度/(kg/m³)	2600
人工裂缝长度/m	6
天然微裂缝长度/m	6

应用表 8-2 中的模型参数在自编的 SVFN 软件中建立图 8-11 所示的物理模型，模拟计算结果如图 8-12 所示。为便于比较，其全部以裂缝扩展轨迹图的形式给出，不再以云图形式呈现。其中，人工裂缝与天然微裂缝起裂前的初始位置如图 8-12(a)所示，人工裂缝在扩展过程中与天然微裂缝相互影响的模拟计算结果如图 8-12(b)～(d)所示[4]，由此可清晰看出裂缝是否开裂以及开裂后如何延伸。

从图 8-12(b)～(d)中可以看出。

(1) 当人工裂缝前侧方存在天然微裂缝时，受天然微裂缝影响，人工裂缝将向天然微裂缝一侧偏转延伸。

(2) 随着人工裂缝的扩展，当天然微裂缝处于人工裂缝的应力阴影范围内时，原始天然微裂缝在人工裂缝附加应力场的诱导下，其裂缝尖端会发生破裂和扩展，此现象称为天然微裂缝被人工裂缝"激活"或者"唤醒"。值得指出的是，天然微裂缝被"唤醒"时，人工裂缝与天然微裂缝尚未相交，此时两者之间最近的直线距离可高达 20m 以上。

(3) 天然微裂缝延伸时，其远离人工裂缝的尖端向外(无人工裂缝一侧)偏转延伸，而近人工裂缝端偏转向两裂缝之间延伸，由此证明诱导应力的存在以及它对于天然微裂缝破裂及闭合的影响[图 8-12(d)]。

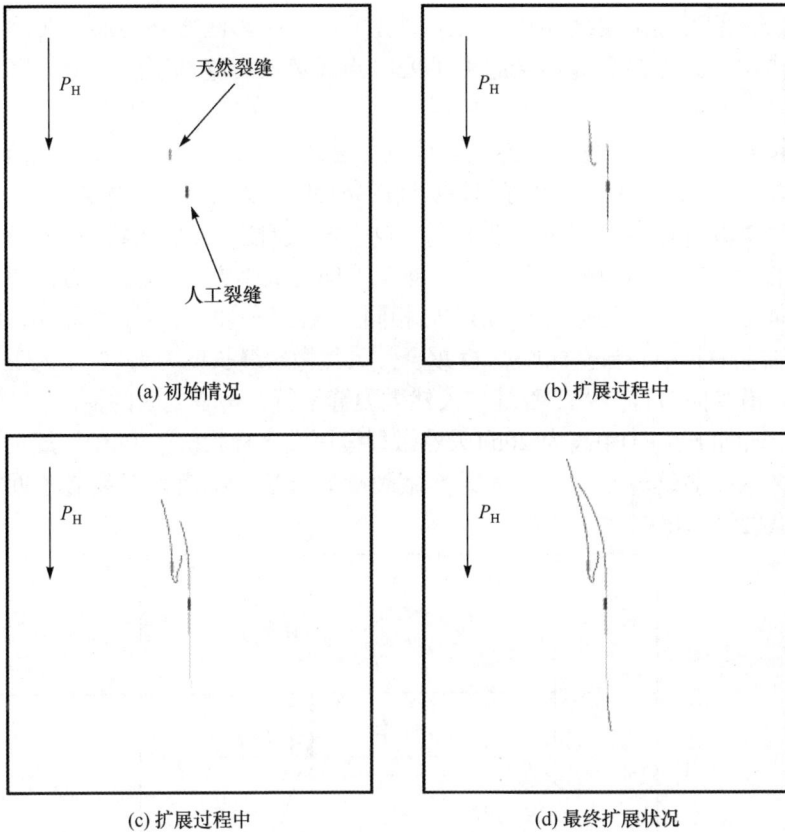

(a) 初始情况　　　　　　　　　　　　(b) 扩展过程中

(c) 扩展过程中　　　　　　　　　　　(d) 最终扩展状况

图 8-12　人工裂缝在扩展过程中与天然微裂缝的互作用(后附彩图)

(4) 人工裂缝在沿最大主应力方向延伸的同时，向天然微裂缝一侧偏转。

综上所述，人工裂缝和天然微裂缝在缝内无压力时认为是闭合的，反之是开起的。模拟研究中的天然微裂缝是一条闭合裂缝，而人工裂缝是一条开起的裂缝，闭合和开起的裂缝在延伸时会互相影响并发生偏转。一条闭合裂缝和一条开起裂缝之间的互作用是相互靠近的，这种特性可以用来控制裂缝的延伸方向从而形成复杂裂缝网络，实现人工裂缝的轨迹控制。

8.3.2　唤醒天然微裂缝影响因数研究

如 8.3.1 节所述，水力压裂人工裂缝可在几十米外"唤醒"天然微裂缝，迫使天然微裂缝起裂并扩展。人工裂缝"唤醒"天然微裂缝与天然微裂缝长度、两者间距离、岩石性质、主裂缝内压力、缝内充填物等因素有关。本节主要研究人工裂缝和天然微裂缝之间的横向间距以及天然微裂缝长度对天然裂缝开裂的影响。

　　假如一条天然微裂缝存在于人工裂缝的应力阴影区之外，那么两裂缝之间没有互作用，天然微裂缝不会起裂扩展。当天然微裂缝位于诱导应力区域内部时，如果人工裂缝的附加应力迫使原始地应力重新分布后的实地应力达不到天然微裂缝起裂与扩展的条件，天然微裂缝也不会开裂。只有当天然微裂缝所在处的实地应力变为能迫使天然微裂缝起裂扩展的条件时，天然微裂缝才会开裂。

　　物理模型如图 8-13 所示，坐标系 XOY 位于模拟正方形区域(200m×200m)的正中央(图 8-13 仅为区域一部分)，横向 X 方向与最小主应力 $\sigma_h(P_h)$ 方向相同，纵向 Y 方向与最大水平主应力 $\sigma_H(P_H)$ 方向相同。人工裂缝的初始长度为 $2a$，沿纵向位于 Y 轴上，其中心与坐标原点 O 重合。天然微裂缝长度为 l，位于人工裂缝右侧，同样沿纵向布置。人工裂缝与天然微裂缝平行，两者之间的横向(X 方向)距离为 d，纵向(Y 方向)距离为 20m[天然微裂缝尾端坐标为(d, 50m)]。规定天然微裂缝距离人工裂缝较远的一端为天然微裂缝的首端，距离人工裂缝较近的一端为天然微裂缝的尾端。

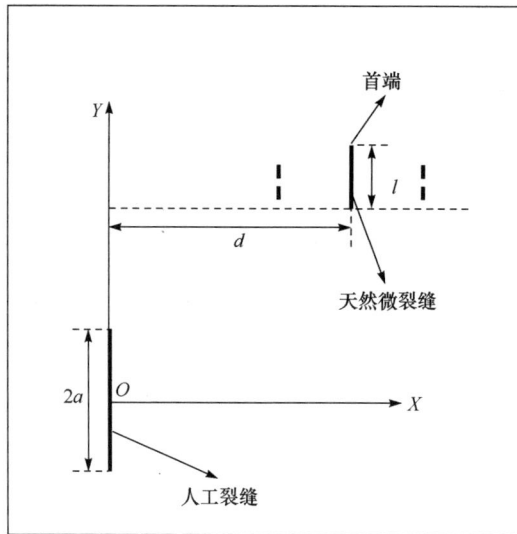

图 8-13　天然微裂缝长度与横向间距影响模拟模型

　　模拟的初始数据如表 8-2 所示。在数值模拟过程中首先设 d=10m，l=6m，以此来研究人工裂缝在缝内压力作用下起裂延伸过程中，天然微裂缝是否也会起裂延伸[4]。

　　模拟研究如下：人工裂缝上端在缝内压力作用下向上延伸(沿 Y 方向并偏向天然裂缝一侧，人工裂缝上端延伸部分与天然微裂缝始终不相交)过程中，观察天然微裂缝是否起裂扩展。若天然微裂缝任一端开始起裂扩展，则认为在该间距 d 下"唤醒"了长度为 l 的天然微裂缝；反之，当人工裂缝上端扩展超过天然微裂缝首端[扩展延伸的人工裂缝尖端 Y 值大于天然微裂缝首端 Y 值(50m+6m)]后，天然微裂缝首尾端仍然不起裂，则认为该间距下无法"唤醒"该长度的天然微裂缝。

　　通过建立模拟模型，并进行边界元模拟计算。模拟结果表明，该例天然微裂缝首尾两端都会受到人工裂缝诱导而发生破裂延伸。

　　为研究不同间距 d 和天然微裂缝长度 l 对"唤醒"天然微裂缝的影响，变化这两条裂缝之间的横向距离 d 分别为 2m、4m、6m 和 8m 进行模拟。结果表明，天然微裂缝都会在人工裂缝诱导应力作用下发生破裂。增加横向间距使 d 从 10m变为 30m。模拟结果发现，当裂缝间距在 20m 以内时，天然微裂缝都会被"唤醒"并发生破裂，但当间距超过 20m 后，天然微裂缝不再起裂。

　　上述横向间距为 20m 以内能"唤醒"天然微裂缝的结论是在天然微裂缝长度为 6m 时得出的，当天然微裂缝长度不为 6m 时，应该会有不同的唤醒间距。在 1～70m 设置一系列天然裂缝长度，与上述模拟 6m 天然裂缝对应 20m 的间距一样，针对每一条天然裂缝长度，横向间距在 5～80m 变化时完成模拟计算，寻找唤醒该长度天然裂缝的最大横向间距。各组合情况下的模拟计算结果如图 8-14 所示[4]。

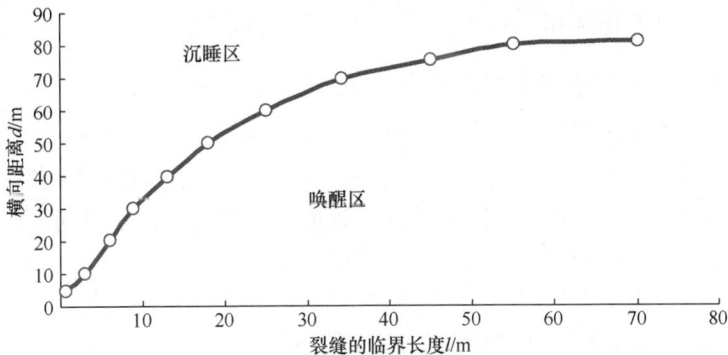

图 8-14　天然裂缝开裂时的临界长度和横向距离

　　如图 8-14 所示，对于给定横向间距，天然裂缝存在一个称为临界长度的初始长度。在某一横向距离处，当天然裂缝的初始长度大于临界长度时，会开起延伸，反之不会起裂延伸。也就是说，对于一个给定长度的天然裂缝，存在一个与之相对应的临界横向距离，该距离内天然裂缝都会被诱导产生延伸，而距离外人工裂缝只是经过天然裂缝并不能将其"唤醒"。

　　因此，在初始天然裂缝长度和其与人工裂缝之间的横向间距上存在一条分界线。在这条分界线之上，所有天然裂缝都不会被唤醒，称为"沉睡区"；在分界线之下，所有天然裂缝都会被唤醒，称为"唤醒区"。随着天然裂缝临界长度的增加，临界横向间距的增加速度逐渐变缓。当临界横向距离大于一定长度时(图 8-14 中为 80m)，天然裂缝不论有多长都不会被诱导开裂。

对非常规储层进行体积压裂时，人工裂缝会影响其周围天然裂缝的延伸。天然裂缝长度越大，越容易被诱导延伸。天然裂缝离人工裂缝越远，天然裂缝越不容易开裂。此结论可以用来设计人工裂缝的初始裂缝位置和延伸轨迹。

8.3.3　裂缝纵向间距对互作用影响研究

本节依然讨论一条人工裂缝与一条天然微裂缝的互作用。基本模型如图 8-11 所示，建立一条人工裂缝与一条天然微裂缝的模拟计算模型，模拟人工裂缝与天然裂缝不同纵向距离(天然裂缝中心到人工裂缝首端距离)对裂缝间互作用的影响。

在以下的研究中，模拟计算参数为岩石密度 $2450kg/m^3$，泊松比 0.26，杨氏模量 21690MPa，断裂韧性 $2.5MPa \cdot m^{1/2}$。模拟区域为 $200m \times 200m$ 的正方形地层，人工裂缝长 10m，沿最大水平主应力方向布置。人工裂缝左前方有一条长 10m 的天然裂缝，人工裂缝与天然裂缝的横向间距(人工裂缝中心与天然裂缝中心的横向距离)为 10m，天然裂缝与最大水平主应力方向夹角为 20°。为了研究人工裂缝与天然裂缝纵向间距对裂缝延伸互作用的影响，本节分最大水平主应力与最小水平主应力相等和不等两种情况分别进行讨论[5]。

1. 最大水平主应力与最小水平主应力相等

一些学者把地层最大水平主应力与最小水平主应力相等称为各向同性地层。此处假设最大水平主应力与最小水平主应力均为 30MPa，两水平应力差为 0，人工裂缝压力为 31MPa，长度 10m，选取人工裂缝与天然缝间纵向间距分别为 5m、10m、20m、80m，以此研究人工裂缝与天然裂缝间纵向间距对诱导作用的影响。模拟计算结果如图 8-15 所示(规定天然裂缝距离人工裂缝较远的一端为天然裂缝的首端，距离人工裂缝较近的一端为天然裂缝的尾端)。

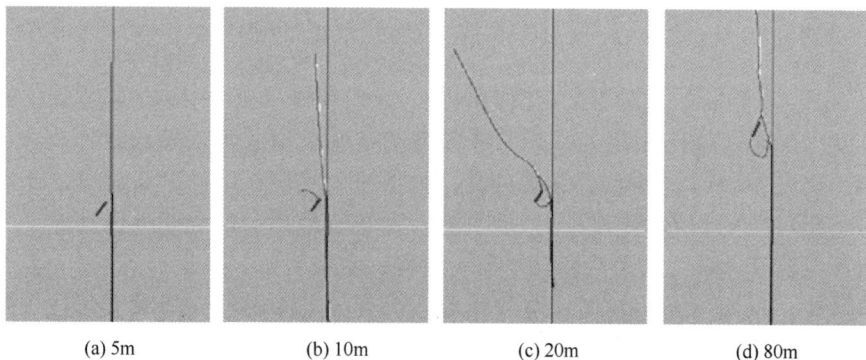

(a) 5m　　　　(b) 10m　　　　(c) 20m　　　　(d) 80m

图 8-15　人工裂缝与天然裂缝纵向间距对裂缝间互作用的影响($\Delta\sigma$=0)(后附彩图)

由图 8-15 可以看出，在最大水平主应力与最小水平主应力相等的情况下，图 8-15(a)中，当人工裂缝与天然缝纵向距离为 5m 时，人工裂缝在向前延伸的过程中没有诱导天然裂缝延伸。图 8-15(b)中，当两者之间距离增加到 10m 时，人工裂缝延伸会诱使天然裂缝首端出现次生裂缝，同时天然裂缝的存在改变了应力场的分布，使人工裂缝在延伸过程中趋于天然裂缝方向偏转延伸。图 8-15(c)中，当人工裂缝与天然裂缝纵向间距继续增加到 20m 时，天然裂缝的首尾两端均有诱导裂缝产生，且天然裂缝尾端诱导产生的次生裂缝在延伸过程中发生转向，与人工裂缝相交成一条裂缝，随后继续延伸并与天然裂缝首端产生的诱导裂缝相交，此后延伸过程中越来越偏向天然开裂缝存在的一侧。图 8-15(d)中，当纵向距离继续增加至 80m 时，可以看到天然裂缝首尾两端产生的诱导裂缝延伸趋势与间距 20m 时相同，不同的是人工裂缝与天然裂缝产生的诱导裂缝相交成一条缝后的延伸方向不再明显向天然裂缝一侧倾斜，而是沿着最大水平主应力方向延伸。

2. 最大水平主应力与最小水平主应力不等

假设最小水平主应力为 30MPa，最大水平主应力为 34MPa，最大最小水平应力差为 4MPa。此时，根据人工裂缝内压力与最大水平主应力间的关系分以下两种情况进行讨论。

1) 人工裂缝内压力小于最大水平主应力

假设人工裂缝内压力为 32MPa(小于最大水平主应力 34MPa)，长度为 10m，主裂缝与天然裂缝纵向间距分别为 5m、10m、20m、80m，横向间距为 10m，以此研究人工裂缝与天然裂缝间不同纵向间距对诱导作用的影响。基本模型仍然为图 8-11，其余参数与上述最大与最小水平主应力相等时一样，模拟结果如图 8-16 所示。

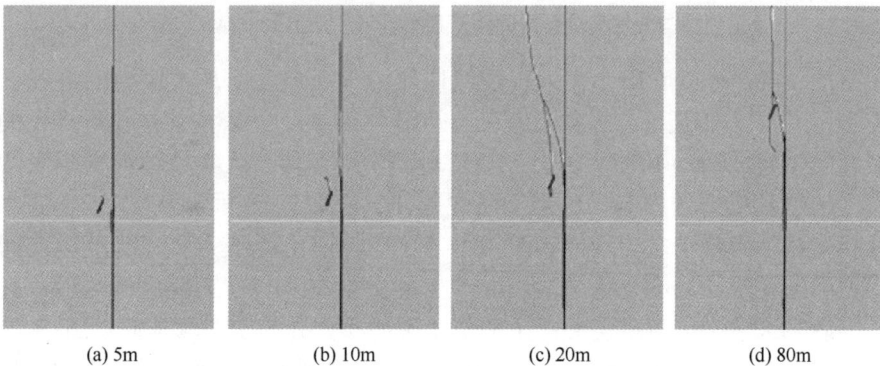

(a) 5m　　　　　　(b) 10m　　　　　　(c) 20m　　　　　　(d) 80m

图 8-16　人工裂缝与天然裂缝纵向间距对裂缝间互作用的影响($\Delta\sigma$=4MPa、$P_f < \sigma_H$)

由图8-16可以看出，在人工裂缝内压力小于最大水平主应力的情况下，图8-16(a)中，当人工裂缝与天然裂缝纵向间距为 5m 时，人工裂缝延伸基本不诱导天然裂缝延伸，只在首尾两端产生延伸距离很短的次生裂缝。图 8-16(b)中，增加人工裂缝与天然裂缝纵向间距至 10m 时，天然裂缝尾端产生的诱导裂缝走向与之前相同，而人工裂缝延伸会诱导天然裂缝首端向前延伸更远的距离。图 8-16(c)中，当人工裂缝与天然裂缝间纵向距离增加到 20m 时，天然裂缝尾端诱导产生的次生裂缝同样延伸距离很短，而天然裂缝首端诱导产生的次生裂缝与人工裂缝相交，随后偏向天然裂缝所在的一侧延伸。图 8-16(d)中，当两者之间的纵向距离增加到 80m 时，天然裂缝首端诱导形成的次生裂缝与人工裂缝相交后不再趋于向右侧延伸，而是沿最大水平主应力方向延伸。

2) 人工裂缝内压力大于最大水平主应力

假设人工裂缝内压力为 36MPa(大于最大水平主应力 34MPa)，长度为 10m，人工裂缝与天然裂缝间纵向间距分别为 5m、10m、20m、80m，其余参数与上述一致，以此研究人工裂缝与天然裂缝间不同纵向间距对诱导作用的影响。模拟结果如图 8-17 所示。

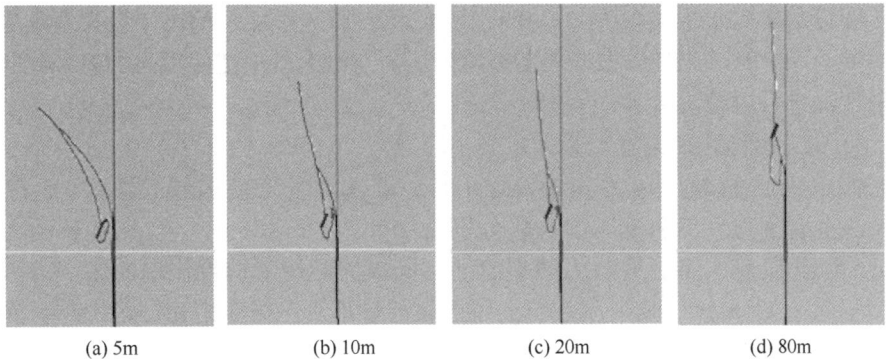

(a) 5m　　　　　　(b) 10m　　　　　　(c) 20m　　　　　　(d) 80m

图 8-17　人工裂缝与天然裂缝纵向间距对裂缝间互作用的影响($\Delta\sigma$=4MPa、$P_f > \sigma_H$)

由图 8-17 可以看出，在人工裂缝内压力大于最大水平主应力的情况下，图 8-17(a)中，人工裂缝与天然裂缝纵向间距为5m时，天然缝尾端诱导产生的次生裂缝发生转向后与其首端相交，随后趋于左侧延伸，人工裂缝因受到天然裂缝产生的诱导应力的影响，也趋于左侧延伸，随后与天然裂缝诱导产生的次生裂缝相交并一起趋于左侧延伸。图 8-17(b)中，当人工裂缝与天然裂缝纵向间距增加至 10m 时，天然裂缝尾端诱导产生的次生裂缝与人工裂缝相交后一起延伸，随后与天然裂缝首端诱导产生的次生裂缝相交并趋于左侧延伸。图 8-17(c)中，继续增加两者之间的距离至 20m 时，可以看到天然裂缝诱导产生的次生裂缝与人工裂缝相交后延伸轨迹向天然裂缝一侧延伸的趋势减弱。图 8-17(d)

中，当人工裂缝与天然裂缝纵向距离增加到 80m 时，可以看到天然裂缝尾端产生的次生裂缝与人工裂缝相交，随后从天然裂缝首端延伸出去后沿最大水平主应力方向延伸。

对比图 8-16 和图 8-17 可以发现，在相同的最大最小水平主应力差下，人工裂缝内压力越大，越有利于诱导天然裂缝破裂形成次生裂缝。

综合上述纵向间距的影响研究结果发现，当天然裂缝距初始人工裂缝较近时，不易被唤醒，采用较大的人工裂缝内压力才能唤醒近处的天然裂缝。实际应用中，人工裂缝可能直接跨越射孔附近的天然裂缝；较远距离的天然裂缝可被唤醒扩展(与横向间距及微裂缝长度有关)，并与人工裂缝沟通形成一条裂缝后向最大水平主应力方向延伸；一定纵向距离的天然裂缝可被人工裂缝唤醒，两者沟通合并为一条裂缝后向天然裂缝一侧延伸。

8.3.4　裂缝横向间距对互作用影响研究

本节在 8.3.3 节建立的一条人工裂缝与一条天然裂缝的模型基础上，改变横向间距，模拟研究人工裂缝与天然裂缝不同横向间距下裂缝间互作用及其相应的扩展轨迹。假设人工裂缝长 10m，人工裂缝与天然裂缝夹角为 20°，人工裂缝与天然裂缝纵向间距为 60m。同样分为最大水平主应力与最小水平主应力相等和不等两种情况进行研究[5]，基本模型如图 8-11 所示，其余参数与 8.3.3 节一致。

1. 最大水平主应力与最小水平主应力相等

假设模拟地层的最大水平主应力与最小水平主应力相等，均为 30MPa，最大最小应力差为 0，人工裂缝缝内压力为 31MPa，长度为 10m，以此研究人工裂缝与天然裂缝横向间距(横向距离为 10～60m)对诱导应力的影响。

由图 8-18 可以看出，图 8-18(a)中，当人工裂缝与天然裂缝横向间距为 10m 时，天然裂缝尾端产生的次生裂缝发生转向后与人工裂缝相交，之后一起趋于天然裂缝一侧延伸。图 8-18(b)中，当两者间距增大到 20m 时，天然裂缝尾端诱导产生的次生裂缝发生转向，与人工裂缝相交，继续延伸后与天然裂缝首端诱导产生的次生裂缝相交并趋向于天然裂缝一侧延伸。图 8-18(c)中，当两者间距增加到 30m 时，天然裂缝首尾两端诱导产生的次生裂缝延伸趋势与间距 10m 时相同，但人工裂缝已不与天然裂缝诱导产生的次生裂缝相交，而是在诱导应力场的影响下趋于左侧延伸。图 8-18(d)中，当两者之间距离继续增加到 40m 时，天然裂缝尾端诱导产生的次生裂缝不再发生转向，天然裂缝首端诱导产生的次生裂缝沿着起裂方向一直延伸，此时人工裂缝受诱导应力场影响减弱，表现为人工裂缝在延伸过程中左倾趋势明显减弱。图 8-18(e)和(f)中，当两者之间距离继续增加到大于等于 50m 时，人工裂缝不再诱使天然裂缝延伸，天然裂缝的存在也不再影响人工裂缝的走向，人工裂缝始终沿最大主应力方向延伸。

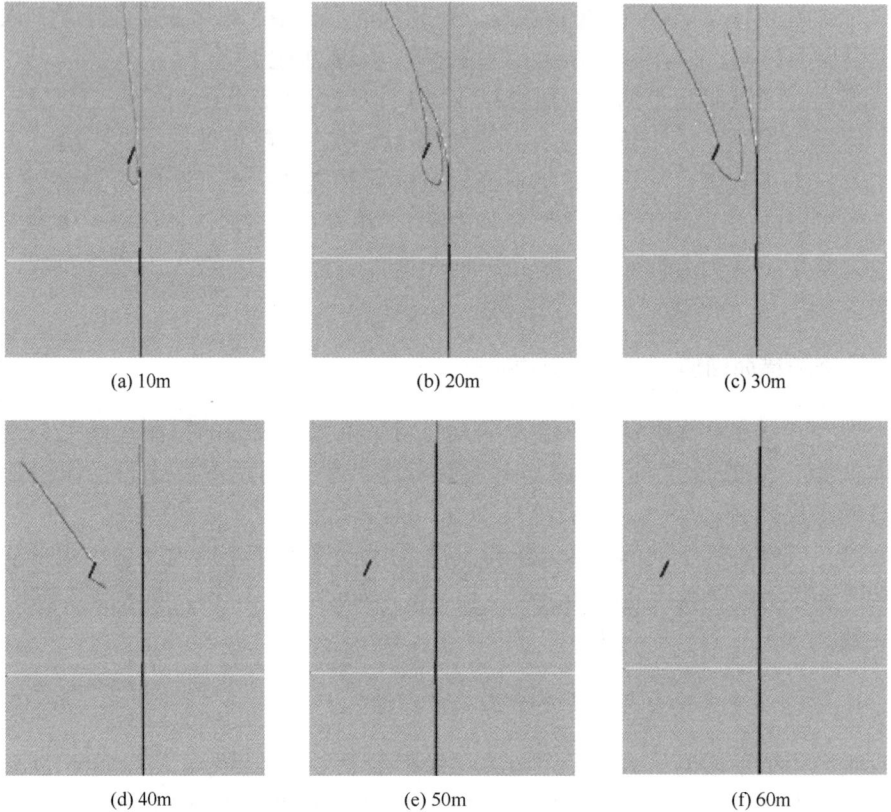

(a) 10m　　　　　　　　(b) 20m　　　　　　　　(c) 30m

(d) 40m　　　　　　　　(e) 50m　　　　　　　　(f) 60m

图 8-18　人工裂缝与天然裂缝横向间距对裂缝间互作用的影响($\Delta\sigma$=0)

2. 最大水平主应力与最小水平主应力不等

在地层最小水平主应力为 30MPa，最大水平主应力为 34MPa，最大最小应力差为 4MPa 的情况下，研究人工裂缝与天然裂缝横向间距对诱导作用的影响。同样分为人工裂缝缝内压力小于最大水平主应力和人工裂缝压力大于最大水平主应力两种情况进行研究。

1) 人工裂缝缝内压力小于最大水平主应力

假设人工裂缝缝内压力为 32MPa(小于最大水平主应力 34MPa)，缝长 10m，研究人工裂缝与天然裂缝横向距离(10～60m)对诱导应力的影响。

由图 8-19 可知，在人工裂缝缝内压力小于最大水平主应力的情况下，图 8-19(a)

中，当人工裂缝与天然裂缝横向间距较小时(10m)，天然裂缝首尾两端均诱导产生次生裂缝，同时人工裂缝与天然裂缝首端产生的次生裂缝相交后一起趋于天然裂缝一侧向前延伸。图 8-19(b)～(e)中，随着两者之间横向距离增加至大于20m 以后，人工裂缝不再与天然裂缝首端诱导产生的次生裂缝相交，同时人工裂缝与天然裂缝的互作用影响也变弱，表现为人工裂缝不再趋于天然裂缝一侧延伸而是沿着最大水平主应力方向延伸，诱导产生的次生裂缝延伸距离也逐渐变短。当两者之间横向距离增加到一定距离后，不再诱导天然裂缝延伸[图 8-19(f)]。

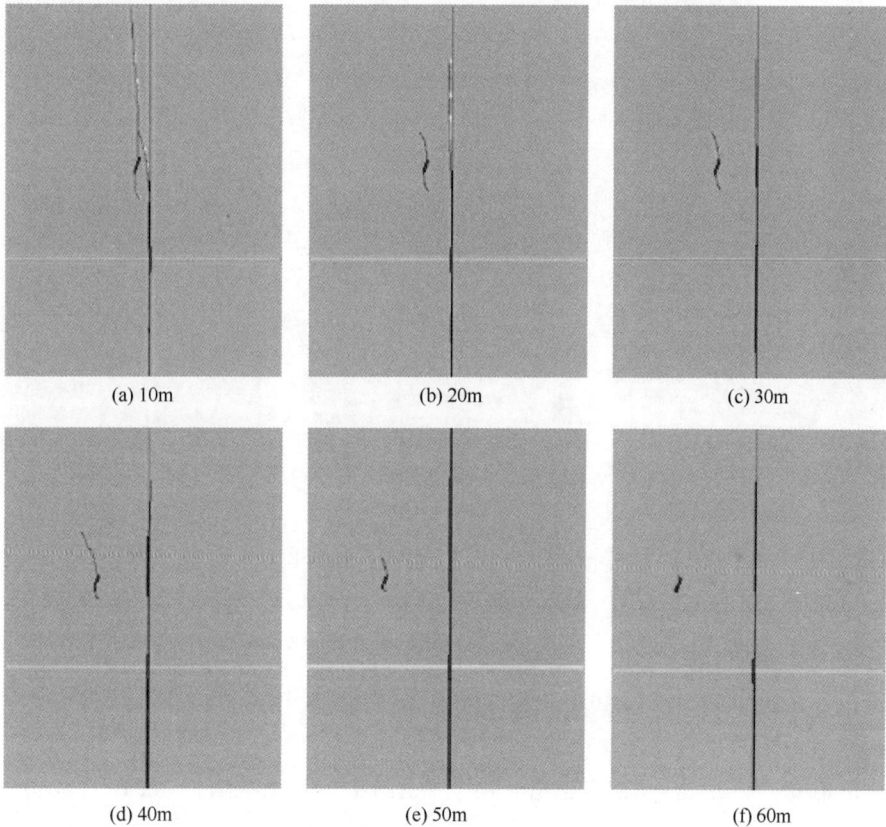

| (a) 10m | (b) 20m | (c) 30m |
| (d) 40m | (e) 50m | (f) 60m |

图 8-19　人工裂缝与天然裂缝横向间距对裂缝间互作用的影响($\Delta\sigma$=4MPa、P_f<σ_H)(后附彩图)

2) 人工裂缝压力大于最大水平主应力

假设人工裂缝缝内压力为 36MPa(大于最大水平主应力 34MPa)，缝长为10m，研究人工裂缝与天然裂缝横向间距(10～60m)对诱导作用的影响。

由图 8-20 可知，在人工裂缝压力大于最大水平主应力情况下，图 8-20(a)中，人工裂缝与天然裂缝横向间距为 10m 时，天然裂缝尾端诱导产生的次生裂缝与人工裂缝相交，接着在延伸的过程中与天然裂缝首端诱导产生的次生裂缝相交，随后一起趋于天然裂缝一侧延伸。图 8-20(b)～(f)中，随着人工裂缝与天然裂缝横向间距增加至大于 20m 后，天然裂缝尾端产生的次生裂缝不再与人工裂缝相交且其转向时的角度也越来越小，最后形成闭合的延伸轨迹，与此同时，人工裂缝受天然裂缝的影响也在减弱，表现为人工裂缝在延伸过程中不再趋于天然裂缝一侧延伸，而是沿着最大水平主应力方向延伸。

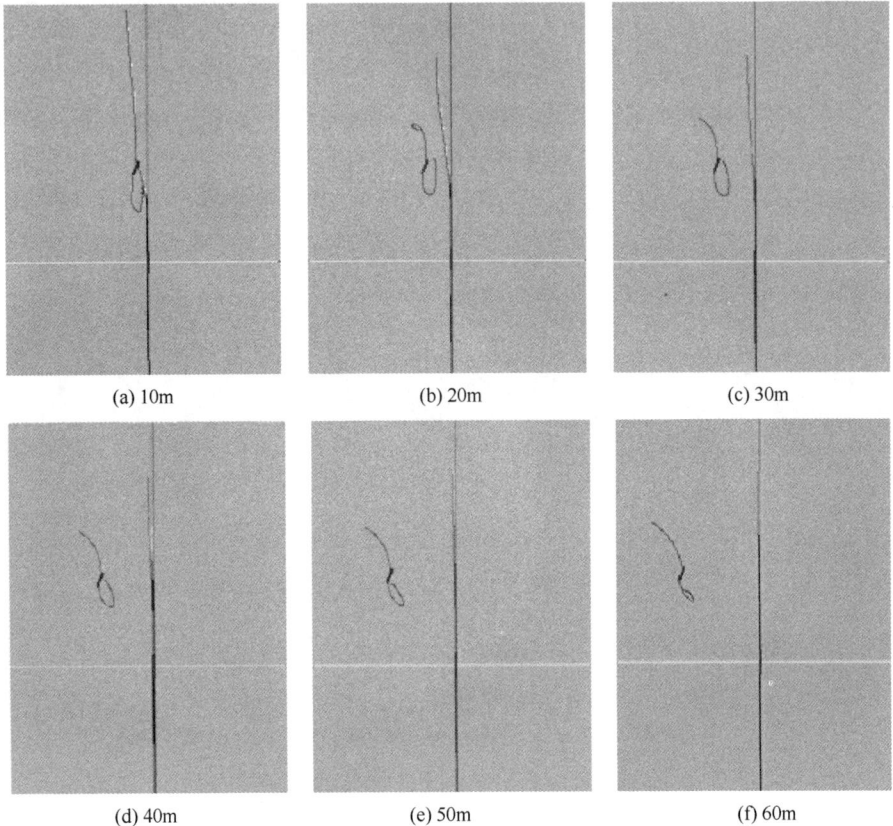

(a) 10m　　　　　　　　　　(b) 20m　　　　　　　　　　(c) 30m

(d) 40m　　　　　　　　　　(e) 50m　　　　　　　　　　(f) 60m

图 8-20　人工裂缝与天然裂缝横向间距对裂缝间互作用的影响($\Delta\sigma$=4MPa、$P_f > \sigma_H$)

对比图 8-19 和图 8-20 可知，对存在地应力差与不同人工裂缝压力的情况下，人工裂缝缝内压力越大越有利于诱导天然裂缝形成次生裂缝。一方面，从天然裂缝诱导产生的次生裂缝延伸走向来说，在人工裂缝压力小于最大水平主应力时，天然裂缝诱导产生的次生裂缝没有发生转向，而人工裂缝压力大于最大水平主应力时天然裂缝诱导产生的次生裂缝发生转向，更好地沟通了天然裂缝附近地层，形成油气流通道；另一方面，从影响范围来说，在人工裂缝与天然裂缝横向间距相同的情况下，可以看到人工裂缝压力小于最大水平主应力时的天然裂缝诱导裂缝延伸距离远远小于人工裂缝压力大于最大水平主应力下的情况。因此，在存在最大最小应力差的情况下，人工裂缝缝内压力大于最大水平主应力时，更有利于天然裂缝唤醒并形成诱导裂缝。

因此，体积压裂时，在横向靠近天然裂缝发育区布置人工裂缝有利于形成复杂裂缝网络，增加储层改造体积。

8.3.5　天然微裂缝角度对互作用影响研究

本节在 8.3.3 节建立的一条人工裂缝与一条天然微裂缝的模型基础上，改变天然裂缝倾角，模拟研究天然裂缝与人工裂缝不同倾角下的诱导作用。采用的岩石数据主要有最小水平主应力为 30MPa，最大水平主应力为 34MPa，最大最小主应力差为 4MPa，人工裂缝长 10m，天然裂缝缝内压力为 32MPa。基本模型如图 8-11 所示，其余参数与 8.3.3 节一致。

研究天然裂缝与人工裂缝之间存在夹角时，不同角度对诱导作用的影响，分为平行天然裂缝、人工裂缝与天然裂缝间有夹角、横向天然裂缝三种情况进行讨论[5]。

1. 平行天然裂缝开起与延伸研究

天然裂缝若与人工裂缝(沿最大水平主应力方向)平行，则将其称为平行天然裂缝。假设人工裂缝与天然裂缝横向间距均为 10m，两者纵向距离分别为 10m、20m、30m、100m，以此研究人工裂缝与天然裂缝的相互影响。

由图 8-21 可知，图 8-21(a)中，人工裂缝与天然裂缝纵向间距为 10m 时，人工裂缝延伸过程中基本不会诱导天然裂缝延伸，但是天然裂缝的存在改变了应力场分布，导致人工裂缝延伸过程中趋于向天然裂缝一侧延伸。图 8-21(b)中，当人工裂缝与天然裂缝间的纵向间距离增加到 20m 时，天然裂缝首尾两端诱导产生的次生裂缝都发生转向，且首端诱导产生的次生裂缝延伸距离比尾端长，

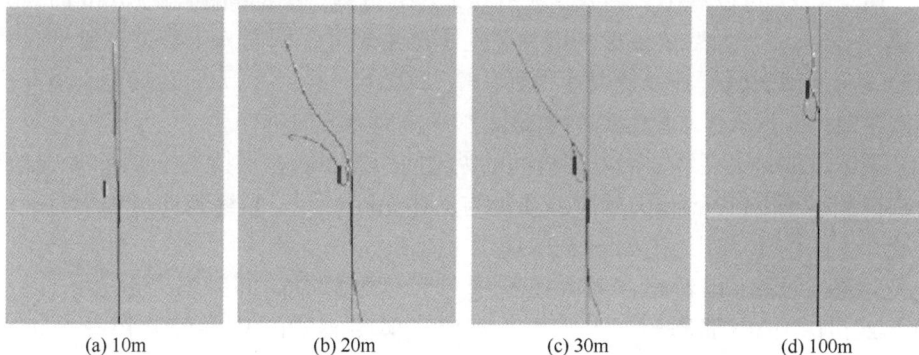

(a) 10m　　　　　(b) 20m　　　　　(c) 30m　　　　　(d) 100m

图 8-21　人工裂缝与垂向天然裂缝互作用

同时人工裂缝趋于向天然裂缝一侧延伸。图 8-21(c)中，当人工裂缝与天然裂缝之间的纵向距离增加至 30m 时，天然裂缝尾端诱导产生的次生裂缝与人工裂缝相交后一起延伸，随后与天然裂缝首端诱导产生的次生裂缝相交并一起趋于向天然裂缝一侧延伸。图 8-21(d)中，增加人工裂缝与天然裂缝之间的距离至 100m 时，发现天然裂缝诱导产生的次生裂缝走向与上述相同，但人工裂缝与天然裂缝诱导产生的次生裂缝相交后趋于天然裂缝一侧的延伸趋势逐渐减弱，表现为沿最大主应力方向延伸。

2. 存在夹角的天然裂缝开起与延伸研究

当人工裂缝与天然裂缝间有夹角时，分别选取人工裂缝与天然裂缝夹角为 20°、45°、70°，同时假定人工裂缝与天然裂缝间的横向间距和纵向间距均为 10m，以此研究天然裂缝角度对诱导作用的影响。模拟结果如图 8-22 所示。

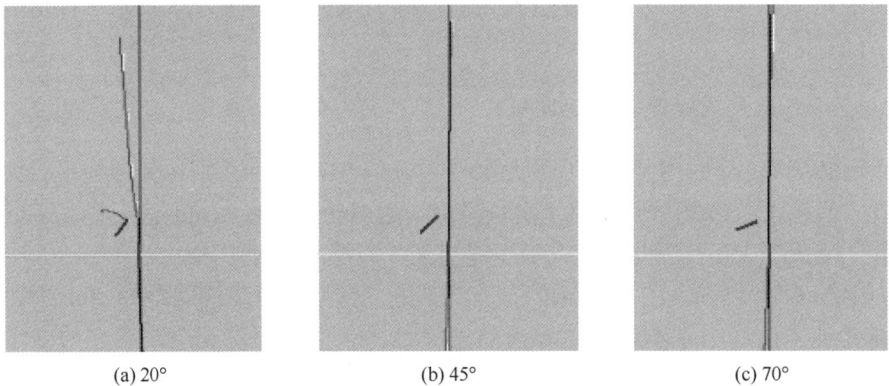

(a) 20°　　　　　　　　(b) 45°　　　　　　　　(c) 70°

图 8-22　纵向间距 10m 时人工裂缝与有夹角天然裂缝互作用研究

由图 8-22 可以看出，当人工裂缝与天然裂缝横、纵向间距均为 10m 时，只有图 8-22(a)中，天然裂缝首端诱导产生了次生裂缝，同时人工裂缝在延伸过程中趋于向天然裂缝存在一侧发生偏转。图 8-22(b)、(c)中，天然裂缝没有诱导产生次生裂缝，且人工裂缝始终沿着最大水平主应力方向延伸。

继续增加人工裂缝与天然裂缝间的纵向间距至 30m，保持人工裂缝与天然裂缝横向间距不变(10m)，天然裂缝角度与上述相同。人工裂缝延伸过程中对天然裂缝产生的诱导作用结果如图 8-23 所示。

由图 8-23 可以看出，当人工裂缝与天然裂缝纵向间距增大到 30m 时，图 8-22(a)、(b)中都诱导产生了次生裂缝，但图 8-22(c)中并没有诱导产生次生裂缝。

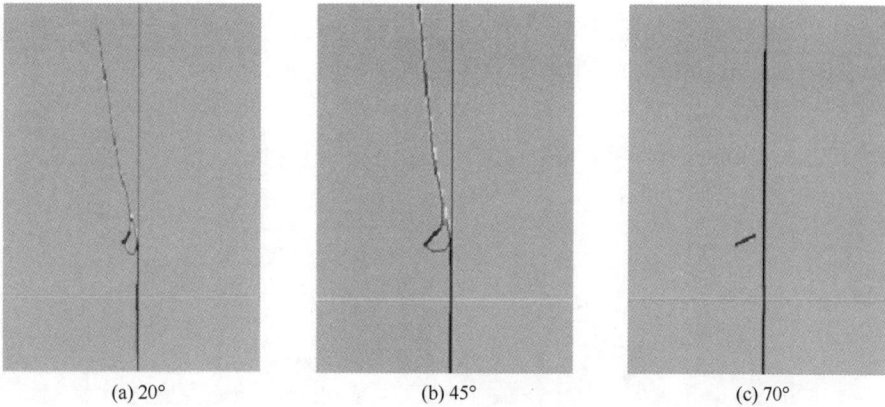

(a) 20°	(b) 45°	(c) 70°

图 8-23　纵向间距 30m 时人工裂缝与有夹角天然裂缝互作用研究

继续增加人工裂缝与天然裂缝间的纵向距离到 60m，保持人工裂缝与天然裂缝横向间距不变(10m)，天然裂缝角度也与上述相同，此时产生的诱导作用如图 8-24 所示。

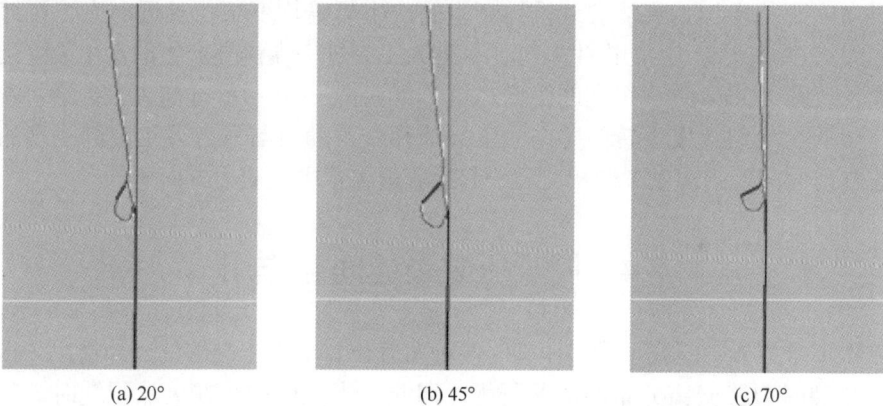

(a) 20°	(b) 45°	(c) 70°

图 8-24　纵向间距 60m 时人工裂缝与有夹角天然裂缝互作用研究

由图 8-24 可知，当人工裂缝与天然裂缝纵向间距为 60m 时，图中均诱导产生了次生裂缝。

对比图 8-22～图 8-24 可以发现，在人工裂缝与天然裂缝间存在夹角的情况下，假如夹角较小，人工裂缝与天然裂缝纵向距离较小时就可产生诱导裂缝；但假如夹角较大，天然裂缝要产生诱导裂缝就要求人工裂缝与天然裂缝纵向间距相应增大。

3. 横向天然裂缝开起与延伸研究

天然裂缝与人工裂缝垂直但不相交，此时天然裂缝与最大水平主应力间夹角为 90°，称为横向天然裂缝。改变人工裂缝与天然裂缝间纵向距离，分别为10m、30m、40m、80m，产生的诱导作用如图 8-25 所示。

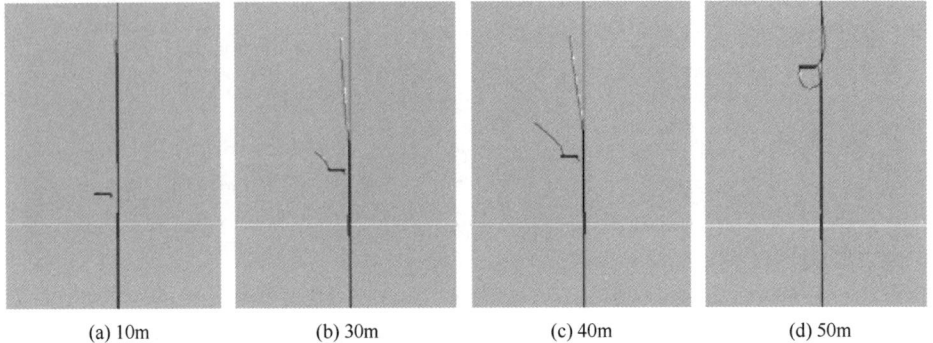

(a) 10m　　　　　　(b) 30m　　　　　　(c) 40m　　　　　　(d) 50m

图 8-25　人工裂缝与天然缝垂直时互作用研究

由图 8-25 可以看出，在人工裂缝与天然裂缝垂直的情况下，图 8-25(a)中，天然裂缝诱导产生轻微的次生裂缝。图 8-25(b)、(c)中，随着人工裂缝与天然裂缝纵向间距的增加，天然裂缝诱导产生的次生裂缝均变长，且远离人工裂缝一端的天然裂缝诱导产生的次生裂缝比靠近人工裂缝一端诱导产生的次生裂缝延伸距离长。图 8-25(d)中，纵向间距增加至 80m 时，天然裂缝远离人工裂缝一端诱导产生的次生裂缝发生转向并与人工裂缝相交，随后与靠近人工裂缝一端的天然裂缝诱导产生的次生裂缝相交后一起沿着最大水平主应力方向延伸。

8.4　同步压裂裂缝间互作用

本书 5.7 节中研究了同步压裂时两种布缝位置下人工裂缝的延伸情况，得出同步压裂时裂缝交错分布的情况更优。因此，当地层中存在天然裂缝时，对于同步压裂作业只研究裂缝交错分布的情况。模型的大小为 400m×400m，两口井之间的距离为 100m，在两口井中间位置布置 35m 等间距的 5 条长度为 5m 的天然裂缝，其中中间的天然裂缝与 Y 轴重合，两口水平井上的人工压裂缝与 Y 轴对称，相距 35m，人工裂缝与天然裂缝相互平行。模拟时使用的其他参数见表 8-3，模型如图 8-26 所示[6]。

表 8-3　输入的模拟参数

地层参数		压裂缝设计参数	
地层杨氏模量/MPa	20000	裂缝内压力/MPa	35
泊松比	0.23		

续表

地层参数		压裂缝设计参数	
最大水平主应力/MPa	33	裂缝初始长度/m	5
最小水平主应力/MPa	31		
断裂韧性/(MPa·m$^{1/2}$)	2.5	裂缝间距离/m	35
地层岩石密度/(kg/m^3)	2480		

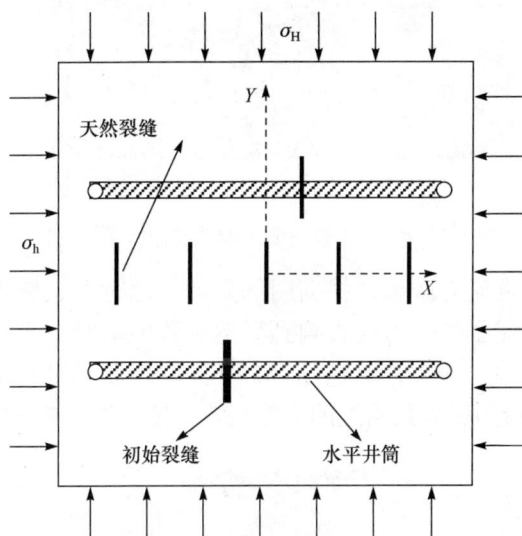

图 8-26　存在天然裂缝时同步压裂模拟模型

　　图 8-27 是模型(图 8-26)模拟得到的裂缝延伸轨迹图。由图可以看出，两条人工压裂缝的延伸路径与不存在天然裂缝时相似，两条裂缝先沿着原方向延伸，延伸接近两口井中间位置时朝靠近对方裂缝的方向偏转[7]。但是，同步压裂时压裂缝延伸能够诱使附近的天然裂缝起裂，天然裂缝先沿初始方向延伸，之后逐渐偏向人工压裂缝方向延伸。在两条压裂缝之间的天然裂缝，其裂缝的两端受到两个方向人工压裂缝的影响，因此在天然裂缝尖端出现了相反的偏转情况，呈现 S 形态。由于人工裂缝的影响范围有限，距离人工裂缝较远的天然裂缝没有受到人工裂缝的作用，仍保持原来的状态。

　　对应轨迹图 8-27，同步压裂时人工裂缝与天然裂缝周围的应力分布状态如图 8-28 和图 8-29 所示。图 8-28 是正应力分布云图。由图 8-28 可以看出，在天然裂缝存在的两口井中间位置，人工裂缝延伸造成的压应力集中现象明显减弱。

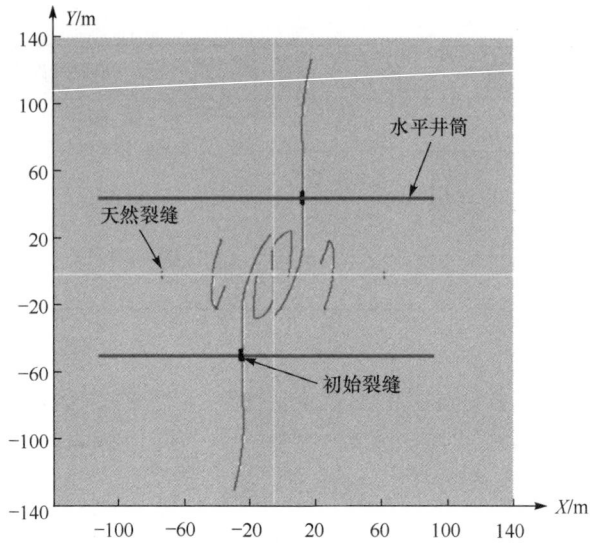

图 8-27　同步压裂裂缝延伸轨迹图(后附彩图)

人工裂缝延伸时尖端应力减小，根据图例显示，此时人工裂缝尖端的应力小于原地应力，当这一减小的应力区影响到天然裂缝尖端时，天然裂缝起裂扩展。图 8-29 是对应的剪应力分布图。由图 8-29 可以看出，在天然裂缝存在的区域，人工裂缝尖端的剪应力影响到附近的天然裂缝，使天然裂缝发生剪切破坏。

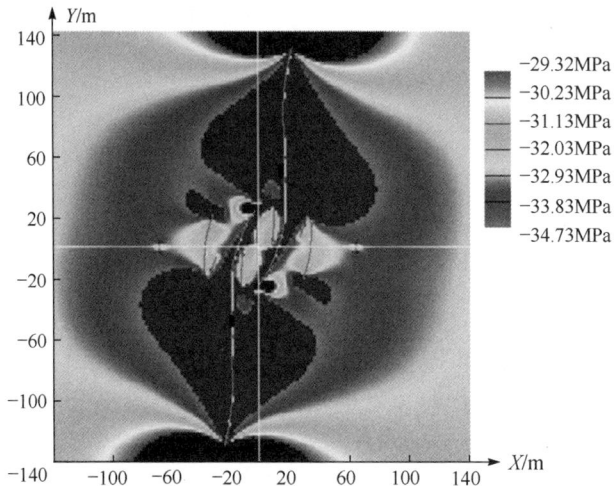

图 8-28　同步压裂裂缝延伸正应力图(后附彩图)

　　对比起裂的天然裂缝和未起裂的天然裂缝，发现未起裂的天然裂缝周围压应力明显大于起裂的天然裂缝，未起裂的天然裂缝尖端也没有受到剪应力作用，由此可以得出诱使天然裂缝起裂延伸的是压应力和剪应力共同作用的结果。当地层中存在天然裂缝时，同步压裂更容易诱导产生复杂裂缝。

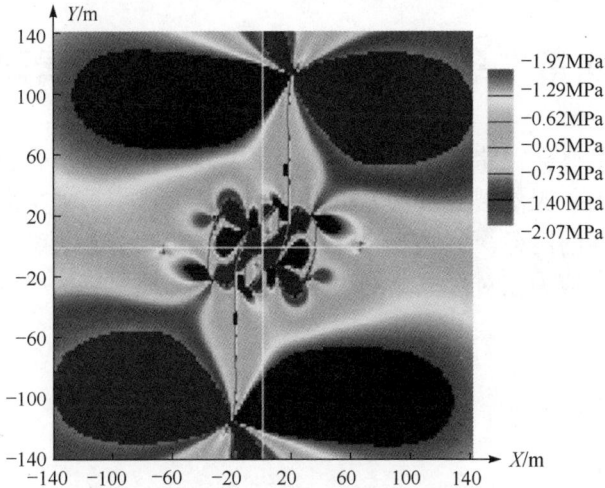

图 8-29 同步压裂裂缝延伸剪应力图(后附彩图)

参 考 文 献

[1] 马兵，李宪文，刘顺，等. 致密油层体积压裂人工裂缝与天然裂缝相互作用研究[J]. 西安石油大学学报(自然科学版)，2015，30(2)：44-48.

[2] 郑鹏. 页岩储层体积压裂裂缝扩展数值模拟[D]. 西安：西安石油大学，2015: 31-50.

[3] 西安石油大学. 体积压裂缝网模拟软件：00348667 [P]. 2013-11-05.

[4] ZHOU D S, ZHENG P, PENG J, et al. Induced stress and interaction of fractures during hydraulic fracturing in shale formation[J]. Journal of energy resources technology, 2015, 137(6): 062902.

[5] 邵心敏. 陇东长 7 致密油储层改造体积压裂缝网模态探讨[D]. 西安：西安石油大学，2015：32-48.

[6] 贺沛. 同步压裂井间裂缝模拟研究[D]. 西安：西安石油大学，2016：41-54.

[7] ZHOU D S, HE P. Major factors affecting simultaneous frac results[C]//SPE173633-MS, SPE Production and Operations Symposium, Oklahoma City, 2015.

第 9 章　裂缝缝网模态及影响因素研究

体积压裂最终会在储层中形成裂缝网络，但不同的储层岩石、压裂簇数、人工裂缝内压力、天然裂缝发育方位以及地层最大最小水平主应力差等因素均会影响最终的缝网模态[1,2]。本章主要介绍人工裂缝压力、裂缝簇数、天然裂缝角度、两水平主应力差对形成缝网模态的影响，并抽象概括出两种常见的压裂裂缝缝网模态。

9.1　裂缝缝网影响因素研究

本节研究缝网模态的影响因素，所用到的储层参数如下：储层平均厚度为 13.3m，平均孔隙度为 9.5%，平均渗透率为 $0.19 \times 10^{-3} m^2$，岩石密度为 2450kg/m^3，泊松比 0.26，杨氏模量为 21690MPa，断裂韧性为 2.5MPa·m$^{1/2}$，最大最小水平主应力差的变化范围为 2～8MPa。以下研究中凡涉及应力差时，均将其设为 2MPa、4MPa、6MPa、8MPa 进行研究[3]。

9.1.1　人工裂缝压力对压裂缝网的影响

实际体积压裂中多采用分段多簇压裂技术，为便于研究，本节选用两簇裂缝压裂模型。模型使用数据如下：岩石密度为 2450kg/m^3，泊松比 0.26，杨氏模量为 21690MPa，断裂韧性为 2.5MPa·m$^{1/2}$，两条人工裂缝长度均为 10m，间距为 20m，地层最小水平主应力为 30MPa，最大水平主应力为 34MPa，最大最小水平主应力差为 4MPa。考虑天然裂缝的影响，在模型中加入多条天然裂缝建立天然裂缝存在时的两簇压裂模型，采用体积压裂缝网边界元软件来模拟研究两条人工裂缝在不同缝内压力下形成的缝网模态[4]。

模拟模型如图 9-1 所示。模型大小为 600m×600m，X 轴为最小水平主应力 $\sigma_h(P_h)$ 方向，Y 轴为最大水平主应力 $\sigma_H(P_H)$ 方向，坐标原点位于正方形研究区域中心，其中水平井井筒位于 X 轴上，用长水平直线表示。两条人工裂缝沿最大主应力方向布置，缝长均为 10m，间距为 20m，用两条粗短直线表示。地层中存在 30 条长均为 10m 的天然裂缝，天然裂缝与最大水平主应力间夹角为 20°，横向间距为 10m，纵向间距为 15m，每排 6 条共 5 排沿 Y 轴对称分布，靠近 X 轴一排天然裂缝中心距 X 轴 15m。

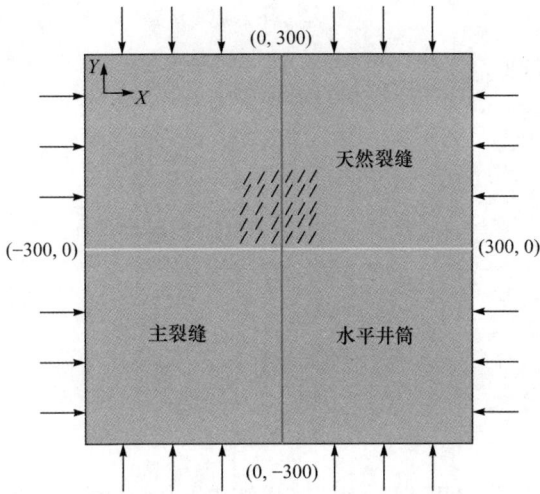

图 9-1　体积压裂裂缝缝网模拟模型(后附彩图)

研究人工裂缝压力对体积压裂缝网形成的影响，根据人工裂缝内所加压力与最大水平主应力的关系，将人工裂缝压力分为以下三种情况：第一种是人工裂缝压力小于最大水平主应力；第二种是人工裂缝压力等于最大水平主应力；第三种是人工裂缝压力大于最大水平主应力。

由于最大最小水平主应力差也会影响体积压裂形成的缝网模态，此处将最大最小水平主应力差分别设为 2MPa、4MPa、6MPa、8MPa，以此研究不同主应力差下人工裂缝压力对缝网形态的影响。

1) 应力差为 2MPa

假设最小水平主应力为 28MPa，最大水平主应力为 30MPa，最大最小水平应力差为 2MPa，人工裂缝缝内压力分别设为 29MPa、30MPa、31MPa，以此模拟应力差为 2MPa 时不同人工裂缝缝内压力下形成的缝网形态。

为了更加清晰地表明形成的复杂缝网，所有图片均只截取研究区域内形成缝网的部分。

由图 9-2 可以看出，不同的缝内压力下，人工裂缝形成的缝网明显不同。图 9-2(a)中，人工裂缝压力小于最大水平主应力，此时只在人工裂缝延伸方向上把少数天然裂缝连接起来，且都是沿着最大水平主应力方向，大多数天然裂缝只是沿最大水平主应力方向首尾两端稍微延伸，没有产生横向缝，也没有织成大面积缝网。图 9-2(b)中，人工裂缝压力等于最大水平主应力，此时天然裂缝大多沿最大水平主应力方向相互沟通，产生少数横向缝，初步形成缝网结构。图 9-2(c)中，人工裂缝压力大于最大水平主应力，此时大多数天然裂缝彼此连接在一起，

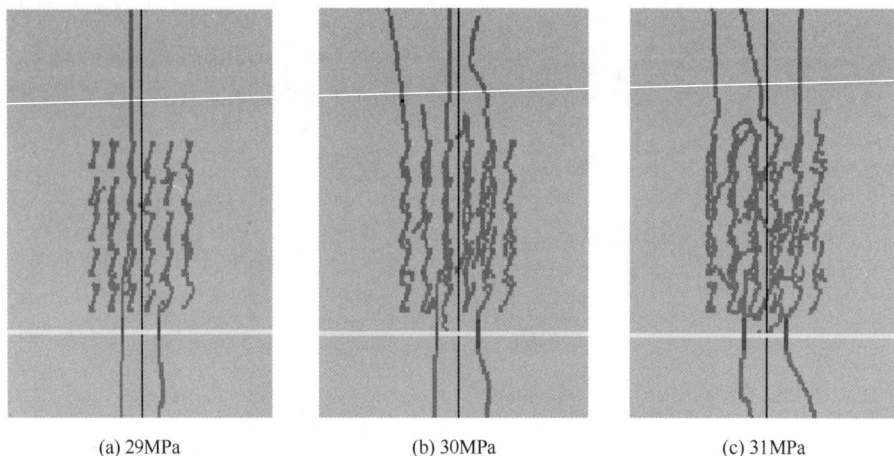

(a) 29MPa　　　　　　　　(b) 30MPa　　　　　　　　(c) 31MPa

图 9-2　应力差为 2MPa 时不同人工裂缝缝内压力产生的复杂缝网(后附彩图)

出现横向缝，形成复杂的缝网结构。由此可见，人工裂缝缝内压力越大越有利于生成复杂的缝网。

2) 应力差为 4MPa

假设最大水平主应力为 32MPa，最小水平主应力为 28MPa，两水平主应力差为 4MPa，人工裂缝缝内压力分别设为 30MPa、32MPa、34MPa，以此模拟应力差为 4MPa 时，不同人工裂缝缝内压力下形成的缝网结构。

由图 9-3 可以看出，图 9-3(a)中，人工裂缝压力小于最大水平主应力，此时天然裂缝破裂后沿着最大水平主应力方向连接起来，但没有产生横向缝。图 9-3(b)中，人工裂缝压力等于最大水平主应力，此时天然裂缝不仅沿最大水平主应力

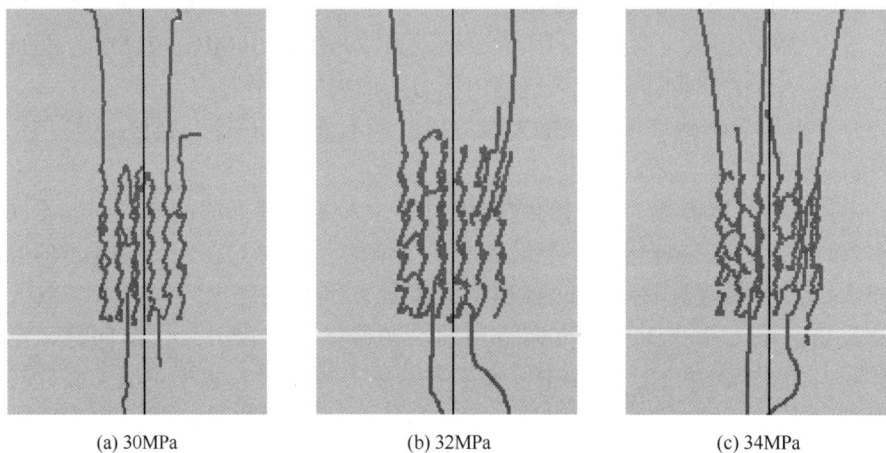

(a) 30MPa　　　　　　　　(b) 32MPa　　　　　　　　(c) 34MPa

图 9-3　应力差为 4MPa 时不同人工裂缝缝内压力产生的复杂缝网(后附彩图)

方向相互连接，而且产生了少量的横向缝并发生偏转。图 9-3(c)中，人工裂缝压力大于最大水平主应力，此时天然裂缝沿最大水平主应力方向、最小水平主应力方向连接在一起形成缝网，天然裂缝两端延伸出去的裂缝影响面积更大。但与图 9-2(c)相比，裂缝的缝网复杂程度略有降低。由此可见，人工裂缝缝内压力超过最大水平主应力有利于形成复杂缝网，且最大与最小应力差增加，缝网复杂程度降低。

3) 应力差为 6MPa

假设最大水平主应力 35MPa，最小水平主应力为 29MPa，两水平应力差为 6MPa，人工裂缝缝内压力分别设为 32MPa、35MPa、38MPa，以此模拟应力差为 6MPa 时不同人工裂缝缝内压力下形成的缝网结构。

图 9-4 为不同人工裂缝缝内压力产生的复杂缝网。可以看出，图 9-4(a)中，人工裂缝压力小于最大水平主应力时，天然裂缝受到人工裂缝诱导应力的作用沿最大水平主应力方向沟通在一起，但裂缝延伸贯通其前方很窄区域。图 9-4(b)中，人工裂缝缝内压力等于最大水平主应力时，人工裂缝在沟通天然缝的同时诱使天然裂缝沿最大水平主应力方向进行沟通，生成少数横向裂缝，且天然裂缝延伸出去的裂缝末端出现转向。图 9-4(c)中，人工裂缝缝内压力大于最大水平主应力时，天然裂缝出现了更为复杂的转向、延伸和相交，产生多条裂缝，储层改造效果更好。由此可见，人工裂缝缝内压力超过最大水平主应力有利于形成复杂缝网，且最大与最小应力差增加，缝网复杂程度下降。

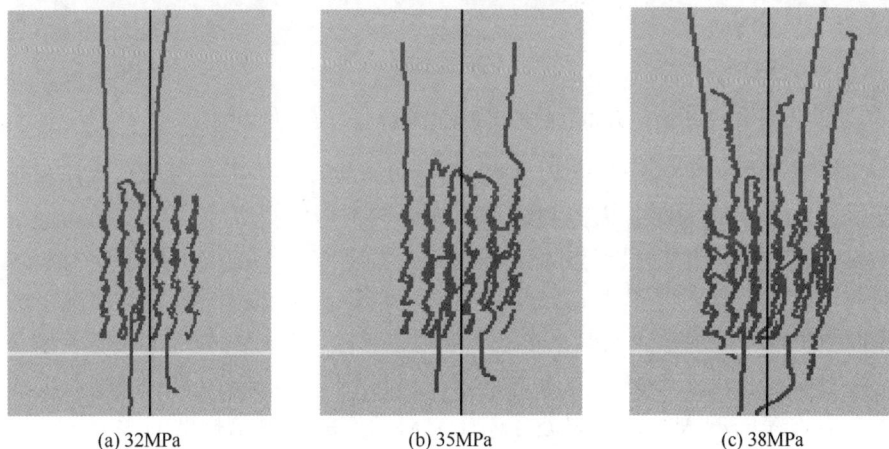

(a) 32MPa　　　　　　　　(b) 35MPa　　　　　　　　(c) 38MPa

图 9-4　应力差为 6MPa 时不同人工裂缝缝内压力产生的复杂缝网

4) 应力差为 8MPa

假设最大水平主应力为 36MPa，最小水平主应力为 28MPa，两水平应力差为 8MPa，人工裂缝缝内压力分别为 32MPa、36MPa、40MPa，以此模拟应力差为8MPa时不同人工裂缝缝内压力下形成的裂缝网络。

图 9-5 为应力差为 8MPa 时不同人工裂缝缝内压力产生的复杂缝网。可以看出，图 9-5(a)中，人工裂缝压力小于最大水平主应力时，天然裂缝受到人工裂缝诱导应力的作用沿最大水平主应力方向沟通在一起，并在缝网末端延伸出多条近似平行的裂缝。图 9-5(b)中，人工裂缝压力等于最大水平主应力时，人工裂缝在沟通天然裂缝的同时诱使天然裂缝产生了很多次生裂缝，但这些次生裂缝大多都是沿最大主应力方向延伸，只有个别次生裂缝沿横向延伸，与图 9-5(a)相似，缝网末端也延伸出多条近似平行的裂缝。图 9-5(c)中，人工裂缝压力大于最大水平主应力时，天然裂缝出现了更为复杂的转向、延伸和相交，储层改造效果更好。

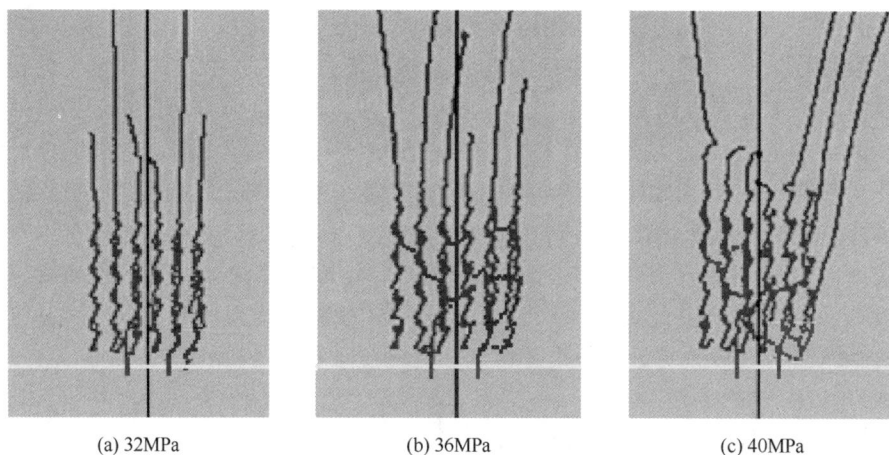

(a) 32MPa   (b) 36MPa   (c) 40MPa

图 9-5 应力差为 8MPa 时不同人工裂缝缝内压力产生的复杂缝网

综合图 9-2～图 9-5 所形成的缝网模态可以发现，当人工裂缝缝内压力小于地层最大水平主应力时，人工裂缝会诱使天然裂缝沿最大主应力方向沟通，但几乎没有横向缝产生。只有当人工裂缝压力大于或等于最大水平主应力时才有横向缝产生，此时的压裂改造效果自然也比较好。对比不同应力差情况下的缝网模拟图发现，地层最大与最小水平主应力差越小，生成的裂缝网络越复杂。

综上所述，人工裂缝缝内压力越大，越有利于形成复杂裂缝网络。但随着水平主应力差的增大，人工裂缝缝内压力对形成缝网复杂程度的影响变小，压裂效果逐渐变差。

9.1.2 人工裂缝簇数对压裂缝网的影响

9.1.1 节以两簇压裂模型为例研究了人工裂缝缝内压力对压裂缝网的影响，本节选用压裂簇数分别为 1 条、2 条、3 条的压裂模型，研究不同裂缝簇数对压裂缝网形成的影响。模型大小为 600m×600m，人工裂缝长为 10m，人工裂缝簇间距为20m。地层最大水平主应力、最小水平主应力分布与图 9-1 相同，坐标原点位于研究区域中心，X 轴为最小水平主应力方向，Y 轴为最大水平主应力方向，水平井筒位于X轴上。地层中存在长为10m的天然裂缝38条，呈4排分布，由井筒向上(Y方向)分别为9条、10条、9条、10条交错布置。天然裂缝相互平行，与最大水平主应力间夹角为 20°，天然裂缝横向间距为 10m，纵向间距为15m，如图 9-6 所示。

图 9-6(a)～(c)分别为建立的1簇、2簇、3簇人工裂缝与天然裂缝压裂初始模型，假定多条裂缝同时起裂扩展，无先裂抑后问题。为了更加清晰地表示压裂模型，以下各图均只截取研究区域内天然裂缝与人工裂缝部分。

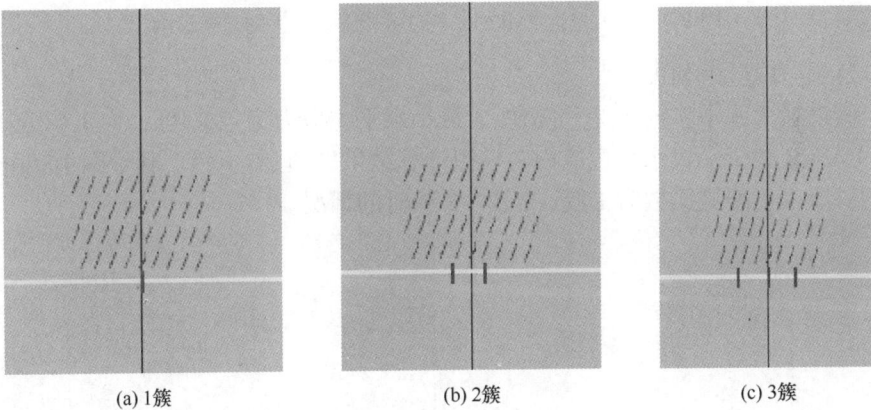

(a) 1簇   (b) 2簇   (c) 3簇

图 9-6 多簇压裂人工裂缝缝网模拟模型

同样研究最大最小水平主应力差分别为2MPa、4MPa、6MPa、8MPa时，压裂簇数对形成裂缝网络的影响。

1) 应力差为 2MPa

假设最小水平主应力 28MPa，最大水平主应力 30MPa，最大最小水平应力差为2MPa，人工裂缝压力31MPa，大于最大水平主应力，模拟计算结果如图9-7所示。其中图9-7(a)～(c)分别对应人工裂缝簇数为1簇、2簇、3簇时的情况。

由图 9-7 可以看出，在应力差为 2MPa 时，不同人工裂缝簇数形成的缝网明显不同。图 9-7(a)对应 1 簇人工裂缝压裂，此时在人工裂缝延伸段附近，只有少数天然裂缝沿着最大水平主应力方向相互沟通。图 9-7(b)对应两簇人工裂缝压裂，天然裂缝部分沟通，形成了少量的横向缝。图 9-7(c)为 3 簇人工裂缝压裂，天然裂缝大面积地相互连通，部分裂缝发生转向形成横向缝，缝网带宽明显增加，形成了复杂缝网。

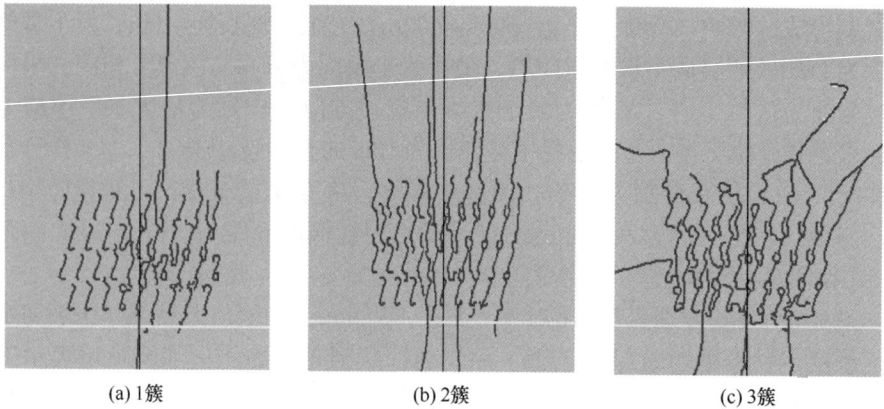

(a) 1簇　　　　　　　(b) 2簇　　　　　　　(c) 3簇

图 9-7　应力差为 2MPa 时不同压裂簇数产生的复杂缝网

2) 应力差为 4MPa

假设最大水平主应力为 32MPa，最小水平主应力为 28MPa，人工裂缝压力为 34MPa，大于最大水平主应力，模拟计算结果如图 9-8 所示。其中图 9-8(a)～(c) 分别对应人工裂缝簇数为 1 簇、2 簇、3 簇时的情况。

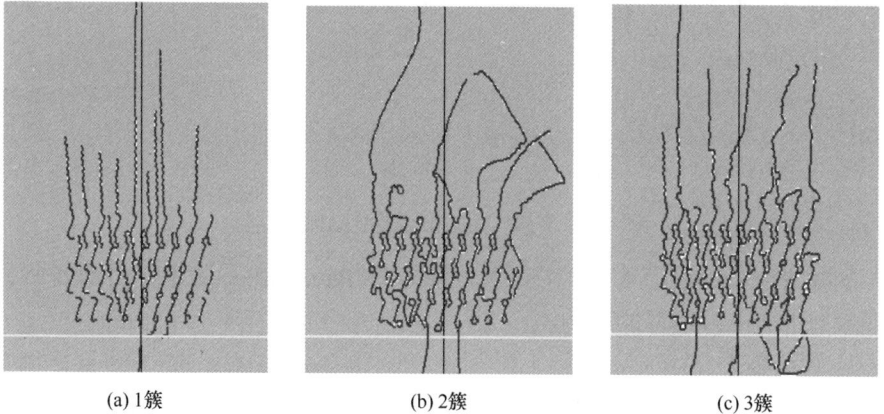

(a) 1簇　　　　　　　(b) 2簇　　　　　　　(c) 3簇

图 9-8　应力差为 4MPa 时不同压裂簇数产生的复杂缝网

由图 9-8 可以看出，在应力差为 4MPa 的情况下，图 9-8(a)中，1 簇人工裂缝压裂时诱导天然裂缝产生了次生裂缝，但只有距人工裂缝延伸方向较近的天然裂缝才会相互连接，没有大面积形成复杂缝网。图 9-8(b)、(c)中，当两簇及两簇以上人工裂缝压裂时，形成的诱导裂缝发生转向，天然裂缝相互连接在一起织成复杂缝网。由此可见，多簇压裂比单簇压裂更易生成复杂缝网。

3) 应力差为 6MPa

假设最大水平主应力为 35MPa，最小水平主应力为 29MPa，人工裂缝压力为 38MPa，以此研究人工裂缝簇数对缝网形成的影响，模拟计算结果如图 9-9 所示。其中图 9-9(a)～(c)分别对应人工裂缝簇数为 1 簇、2 簇、3 簇时的情况。

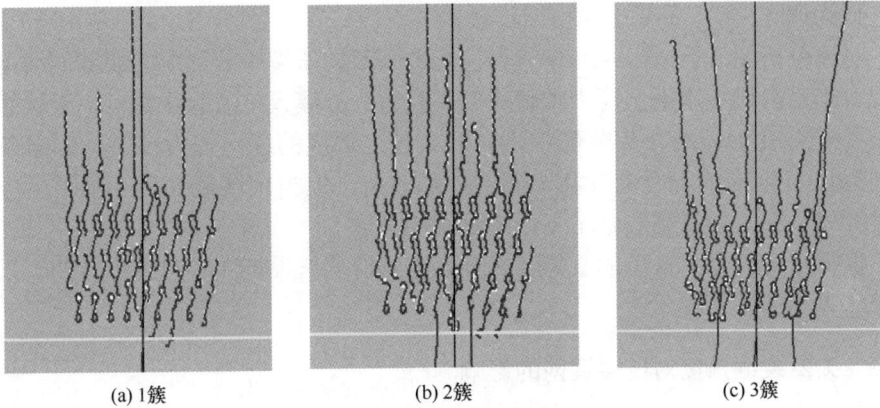

(a) 1簇　　　　　　　　(b) 2簇　　　　　　　　(c) 3簇

图 9-9　应力差为 6MPa 时不同压裂簇数产生的复杂缝网

由图 9-9 可以看出，在应力差为 6MPa 的情况下，无论几簇压裂，图 9-9(a)～(c)中均诱导天然裂缝开起延伸，并沿最大水平主应力方向沟通，最终形成的缝网基本一致。也就是说，在应力差较大时人工裂缝簇数对缝网形成影响不大。

4) 应力差为 8MPa

假设最大水平主应力为 36MPa，最小水平主应力为 28MPa，人工裂缝压力为 40MPa，研究人工裂缝簇数对缝网形成的影响，模拟计算结果如图 9-10 所示。其中，图 9-10(a)～(c)分别对应人工裂缝簇数为 1 簇、2 簇、3 簇时的情况。

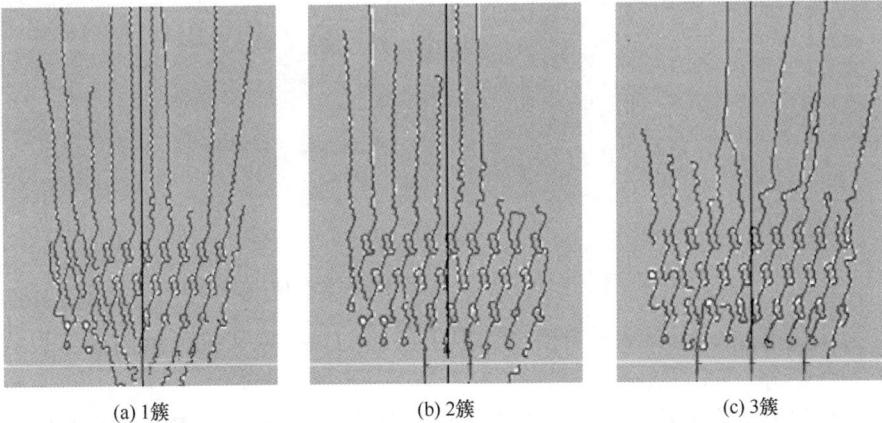

(a) 1簇　　　　　　　　(b) 2簇　　　　　　　　(c) 3簇

图 9-10　应力差为 8MPa 时不同压裂簇数产生的复杂缝网

由图 9-10 可以看出，当主应力差为 8MPa 时，无论是 1 簇裂缝、2 簇裂缝还是 3 簇裂缝，形成的缝网效果基本相近，人工裂缝诱使天然裂缝沿最大主应力方向进行沟通。

对比分析图 9-7～图 9-10 中各种应力差下不同压裂簇数形成的裂缝网络可以发现，当最大最小水平主应力差较小时，2 簇、3 簇人工裂缝压裂时，天然裂缝起裂扩展并发生转向，部分形成横向缝，最终形成的缝网较为复杂，即多条人工裂缝压裂比单条压裂更有利于储层体积改造。但当区域最大最小水平主应力差较大时，人工裂缝簇数基本不影响缝网的形成。

值得指出的是，这里的 2 簇、3 簇人工裂缝均假设是同时起裂扩展的，没有考虑"先裂抑后"现象。

9.1.3　天然裂缝角度对压裂缝网的影响

本节介绍天然裂缝角度对压裂缝网的影响。建立天然微裂缝不同角度分布下的两簇压裂模型，模型大小为 600m×600m，坐标原点位于研究区域正中心，X轴与最小水平主应力方向一致(横向)，Y 轴与最大水平主应力方向一致(纵向)。水平井井筒位于 X 坐标轴上，两簇人工裂缝垂直于水平井筒对称布置，均与最大水平主应力方向一致，人工裂缝长为 10m，间距为 20m。地层中天然微裂缝等长、平行、等间距分布，共计 30 条，沿 Y 轴方向布置 5 排，沿 X 轴方向布置 6 列，天然微裂缝沿 Y 轴对称分布。天然微裂缝长为 10m，横向(即沿 X 轴方向)间距为 10m，纵向(即沿 Y 轴方向)间距为 10m，与最大水平主应力间的夹角分别为 0°、20°、45°、70°、90°，模型如图 9-11 所示。

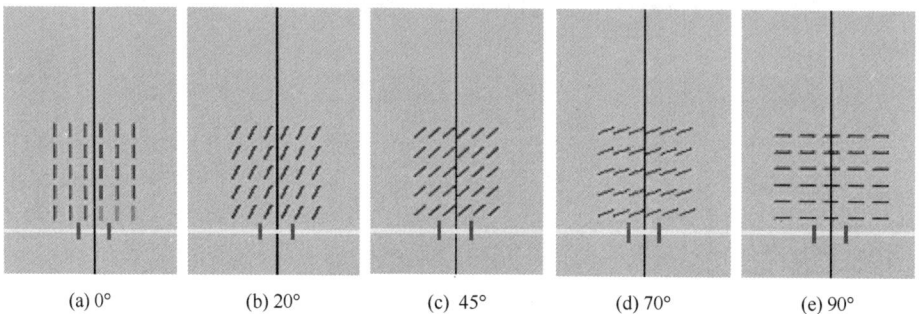

(a) 0°　　　　(b) 20°　　　　(c) 45°　　　　(d) 70°　　　　(e) 90°

图 9-11　不同倾角天然裂缝缝网模拟模型(后附彩图)

为了更加清晰地表示压裂模型，以下各图均只截取研究区域内天然裂缝与人工裂缝部分。

同样研究最大最小水平主应力差分别为 2MPa、4MPa、6MPa、8MPa 时，天然裂缝倾角对形成裂缝网络的影响，但此处分人工裂缝压力大于最大水平主应力和小于最大水平主应力两种情况进行讨论。

1. 人工裂缝压力大于最大水平主应力

1) 应力差为 2MPa

前面研究已得出人工裂缝压力越大越有利于复杂缝网形成的结论，下面将研究人工裂缝压力(P_f)大于最大水平主应力(P_H)时，各种倾角天然裂缝对形成裂缝缝网的影响。基本模型如图 9-11 所示，假设最小水平主应力为 28MPa，最大水平主应力为 30MPa，最大最小水平应力差为 2MPa，人工裂缝压力设为略大于最大水平主应力，为 31MPa。模拟结果如图 9-12 所示，图 9-12(a)～(e)分别为天然裂缝与最大水平主应力间夹角为 0°、20°、45°、70°、90°时的情况。

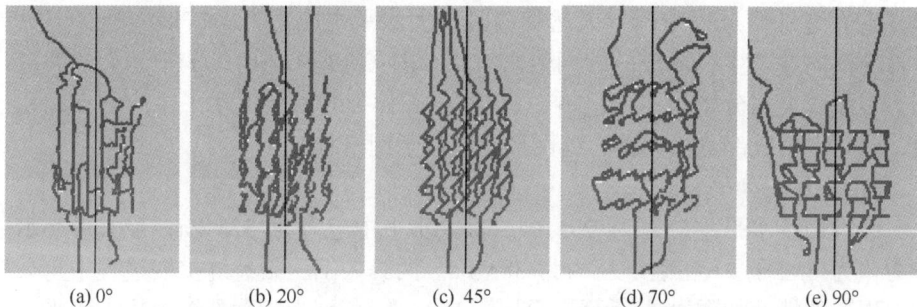

(a) 0°　　　(b) 20°　　　(c) 45°　　　(d) 70°　　　(e) 90°

图 9-12　应力差为 2MPa 时不同倾角天然裂缝形成的裂缝网络($P_f > P_H$)(后附彩图)

由图 9-12 可以看出，在最大最小水平主应力差为 2MPa 的情况下，图 9-12(a)、(b)中，天然裂缝与人工裂缝夹角为 0°、20°时，天然裂缝沿最大水平主应力方向扩展并连通，很少形成垂直于最大水平主应力方向的横向缝。图 9-12(c)中，天然裂缝与人工裂缝夹角为 45°时，既形成沿最大水平主应力方向的纵向缝，又形成垂直于最大水平主应力方向的横向缝，最终生成了类似网格状的缝网。图 9-12(d)中，天然裂缝与人工裂缝夹角为 70°时，人工裂缝诱导天然裂缝在横向上进行连通，但纵向扩展受阻，产生极少纵向缝。图 9-12(e)中，天然裂缝与人工裂缝夹角为 90°时，多数天然裂缝沿垂直于最大水平主应力方向相连通，同时形成了沿最大水平主应力方向扩展的纵向缝。

2) 应力差为 4MPa

假设最小水平主应力为 29MPa，最大水平主应力为 33MPa，最大最小水平主应力差为 4MPa，人工裂缝压力为 35MPa。两簇人工压裂裂缝扩展过程中与天然裂缝沟通的情况如图 9-13 所示，图 9-13(a)～(e)分别为天然裂缝与最大水平主应力间夹角为 0°、20°、45°、70°、90°时的模拟结果。

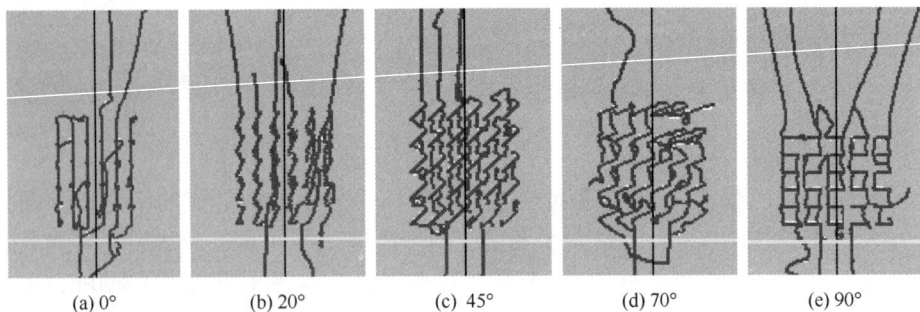

图 9-13　应力差为 4MPa 时不同倾角天然裂缝形成的裂缝网络($P_f > P_H$)

由图 9-13 可以看出，图 9-13(a)、(b)中，天然裂缝与人工裂缝夹角为 0°、20°时，主裂缝延伸过程中诱导天然裂缝沿最大水平主应力方向扩展连通，但只有少量的横向缝产生，形成的缝网似水波状。图 9-13(c)、(d)、(e)中，天然裂缝与人工裂裂缝夹角分别为 45°、70°、90°时，天然裂缝沿最大水平主应力方向相连通，同时也生成部分横向缝，缝网形状类似于网格状。

3) 应力差为 6MPa

假设最小水平主应力为 29MPa，最大水平主应力为 35MPa，最大最小水平应力差为 6MPa，人工裂缝压力为 38MPa。两簇人工压裂裂缝扩展过程中与天然裂缝沟通的情况如图 9-14 所示。图 9-14(a)～(e)分别为天然裂缝与最大水平主应力间夹角为 0°、20°、45°、70°、90°时的模拟结果。

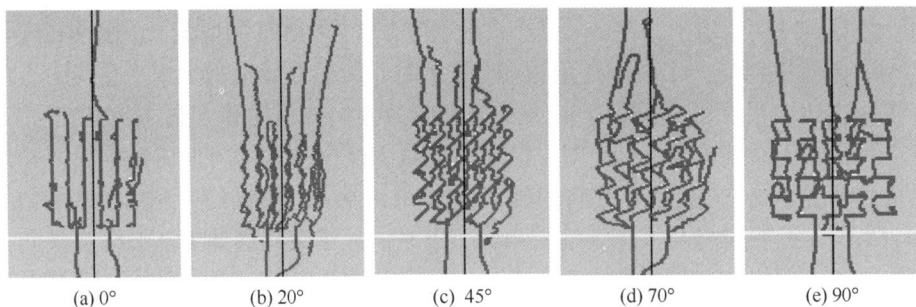

图 9-14　应力差为 6MPa 时不同倾角天然裂缝产生的裂缝网络($P_f > P_H$)

由图 9-14 可以看出，在最大最小水平应力差为 6MPa 的情况下，图 9-14(a)、(b)中，天然裂缝与最大水平主应力间夹角为 0°、20°时，天然裂缝沿最大水平主应力方向延伸，很少形成垂直于最大水平主应力方向的横向缝。图 9-14(c)～(e)中，天然裂缝与最大水平主应力间夹角大于等于 45°时，即产生了沿最大水平主应力方向的纵向缝，也产生了垂直于最大水平主应力方向的横向缝，可形成复杂的裂缝网络。

4) 应力差为 8MPa

假设最小水平主应力为 28MPa，最大水平主应力为 36MPa，最大最小水平应力差为 8MPa，人工裂缝压力为 40MPa。图 9-15(a)～(e)分别为天然缝与最大水平主应力间夹角为 0°、20°、45°、70°、90°时两条人工裂缝形成的缝网。

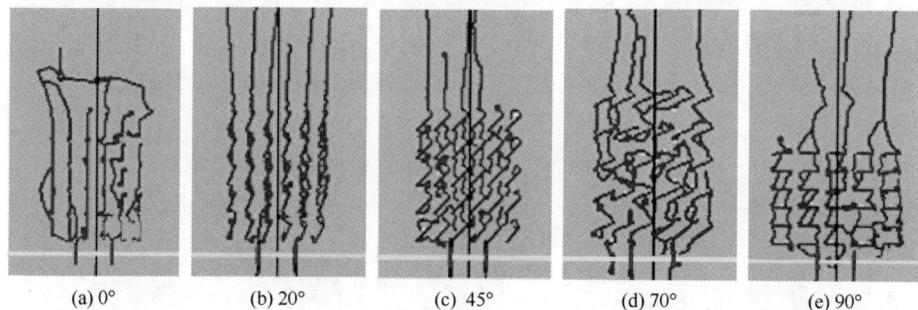

(a) 0°   (b) 20°   (c) 45°   (d) 70°   (e) 90°

图 9-15 应力差 8MPa 时不同倾角天然裂缝产生的裂缝网络($P_f > P_H$)

由图 9-15 可以看出，图 9-15(a)、(b)中，人工裂缝与天然裂缝夹角为 0°、20°时，人工裂缝延伸中诱使天然裂缝沿最大水平主应力方向延伸，同时产生个别横向缝，形成的缝网似水波状。图 9-15(c)～(e)中，人工裂缝与天然裂缝夹角为 45°、70°、90°时，人工裂缝延伸诱使天然裂缝不仅在最大水平主应力方向延伸，也生成了横向缝，最终形成的缝网类似于网格状。

2. 人工裂缝压力小于最大水平主应力

对不同角度天然裂缝的模拟中，假设人工裂缝缝内压力(P_f)大于最大水平主应力(P_H)，现在假设人工裂缝压力介于最大与最小水平主应力之间，研究两簇人工裂缝扩展过程中不同倾角天然裂缝对缝网形成的影响。

模拟基本模型仍然为图 9-11，基本参数同 9.1.1 节，天然裂缝倾角分别为 0°、20°、45°、70°、90°，应力差分别为 2MPa、4MPa、6MPa。

图 9-16 是在最小水平主应力为 28MPa、最大水平主应力为 30MPa、最大最小水平主应力差为 2MPa、人工裂缝压力为 29MPa 的情况下，不同倾角天然裂缝的缝网模拟结果。图 9-17 是在最小水平主应力为 28MPa、最大水平主应力为 32MPa、最大最小水平主应力差为 4MPa、人工裂缝压力为 30MPa 的情况下，不同倾角天然裂缝的缝网模拟结果。图 9-18 是在最小水平主应力为 29MPa、最大水平主应力为 35MPa、最大最小水平主应力差为 6MPa、人工裂缝压力为 32MPa 的情况下，不同倾角天然裂缝的缝网模拟结果。

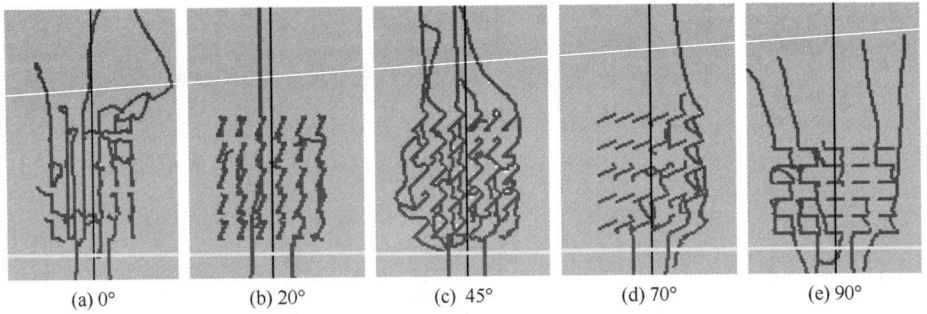

(a) 0°　　　　　(b) 20°　　　　　(c) 45°　　　　　(d) 70°　　　　　(e) 90°

图 9-16　应力差为 2MPa 时不同倾角天然裂缝的缝网模拟结果($P_f < P_H$)

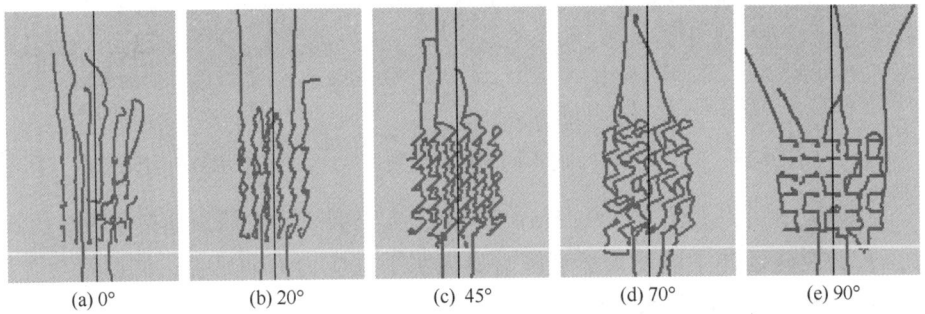

(a) 0°　　　　　(b) 20°　　　　　(c) 45°　　　　　(d) 70°　　　　　(e) 90°

图 9-17　应力差为 4MPa 时不同倾角天然裂缝的缝网模拟结果($P_f < P_H$)

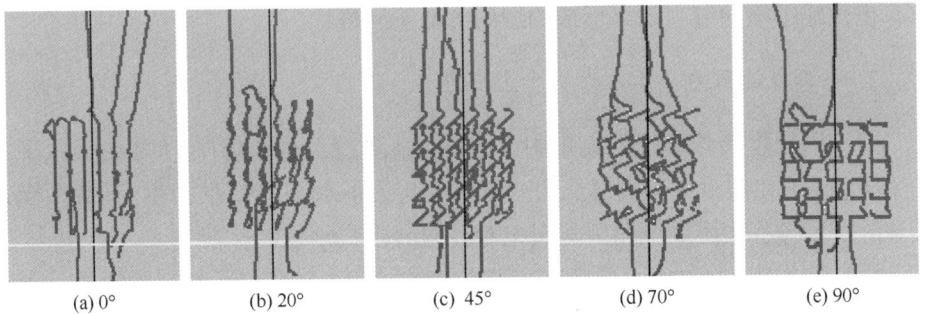

(a) 0°　　　　　(b) 20°　　　　　(c) 45°　　　　　(d) 70°　　　　　(e) 90°

图 9-18　应力差为 6MPa 时不同倾角天然裂缝的缝网模拟结果($P_f < P_H$)

　　从图 9-16～图 9-18 中的图(a)、(b)可以看出，当两簇压裂缝压力小于最大水平主应力时，形成缝网效果较差，人工裂缝在延伸过程中基本只是诱导天然裂缝沿最大水平主应力方向破裂延伸，而天然裂缝在横向上基本不相互连接。从图 9-16～图 9-18 中的图(c)～(e)可得出与人工裂缝压力大于最大水平主应力时同样的结论，即当天然裂缝与最大水平主应力间夹角为 0°、20°时，形成的缝网类似于水波状；当天然裂缝与最大水平主应力间夹角大于 45°时，形成的缝网类似网格状。

9.2　体积压裂缝网模态

　　在对体积压裂缝网模拟及应力的敏感性分析过程中，模拟了天然裂缝长10m，天然裂缝与人工裂缝夹角为 0°、20°、45°、70°、90°，天然裂缝横向间距为 5m、10m、20m、30m，纵向间距为 10m、15m、20m、25m、30m，以及天然裂缝平行、交叉布置情况下形成的缝网，抽象概括出体积压裂缝网模态有以下两种。本结论以本书致密油储层基本性质为基础，变化最大最小水平主应力差、水力压裂压力、天然裂缝分布、簇数、簇间距等参数归纳得到的。

9.2.1　水波型

　　对人工裂缝与天然裂缝在压裂过程中形成的缝网进行模拟，在一定条件下，发现人工裂缝在向前延伸过程中会诱使天然裂缝起裂扩展，并与天然裂缝相互沟通形成犹如水波状的缝网，如图 9-19所示。图 9-20 是实际模拟中出现的几个具有代表意义的水波型裂缝缝网。

图 9-19　水波型裂缝缝网

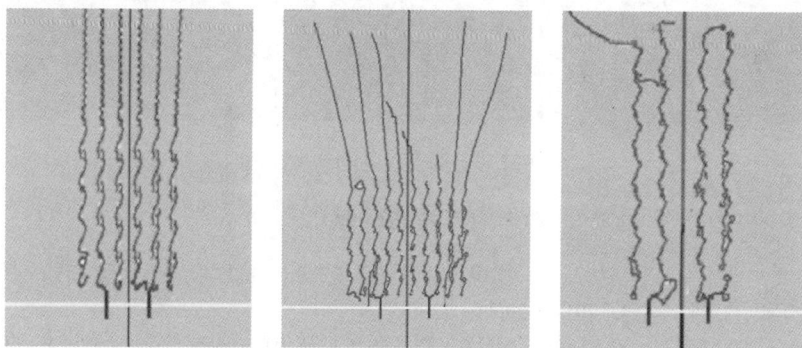

图 9-20　模拟得到的水波型裂缝缝网

9.2.2　网格型

　　当地层中存在大量天然裂缝时，通过对人工裂缝与天然裂缝在压裂过程中形成的缝网进行模拟，发现人工裂缝在向前延伸过程中会诱使天然裂缝起裂扩展，并产生横向裂缝，最终人工裂缝与天然裂缝相互沟通形成犹如网格状的缝网，如图 9-21 所示。图 9-22 是模拟中出现的几个具有代表意义的网格型缝网。

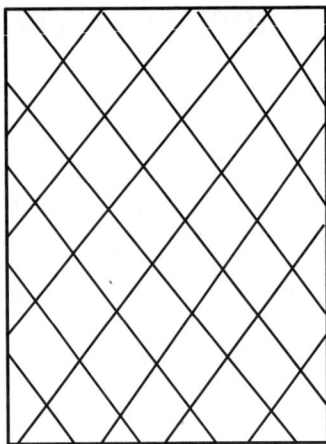

图 9-21　网格型缝网

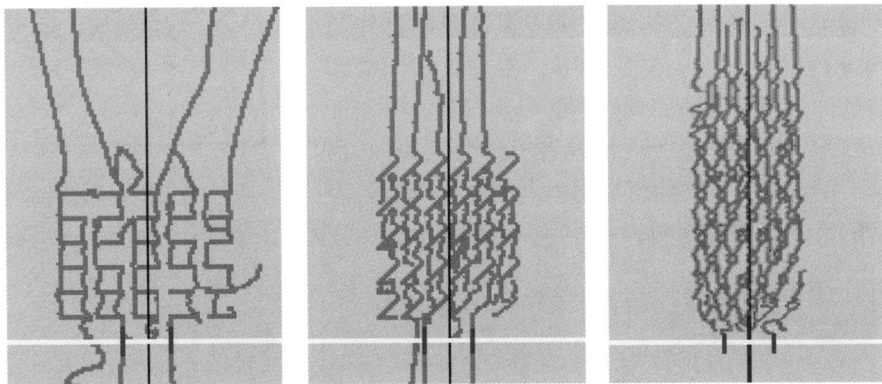

图 9-22　模拟得到的网格型缝网

参 考 文 献

[1] 李宪文，樊凤玲，李晓慧，等. 体积压裂缝网系统模拟及缝网形态优化研究[J]. 西安石油大学学报(自然科学版)，2014，29(1)：72-75.

[2] 胡永全，贾锁刚，赵金洲，等. 缝网压裂控制条件研究[J]. 西南石油大学学报(自然科学版)，2013，35(4)：127-131.

[3] 邵心敏. 陇东长 7 致密油储层改造体积压裂缝网模态探讨[D]. 西安：西安石油大学，2015：51-64.

[4] 西安石油大学. 体积压裂缝网模拟软件：00348667 [P]. 2013-11-05.

第10章 影响储层改造体积的压裂施工参数

第5~9章主要从裂缝起裂扩展机理上开展研究。尽管目前国内外对体积压裂缝网形成机理尚未形成完整的理论体系，但已在各种简化和理想化的基础上发展出离散化缝网模型(见4.3节)，并已开发出用于体积压裂设计的缝网压裂模拟软件。

成功实现体积改造获得复杂缝网，不仅与地层条件关系密切，合理的施工参数设计也尤为重要[1]。对于特定的地层，压裂液总量、施工排量、簇间距、前置液比例、平均砂比以及压裂液黏度等因素都会影响天然裂缝开起以及裂缝的复杂程度，从而影响储层改造体积。本章从宏观的角度，通过离散化缝网模型对上述各施工参数进行数值模拟，分析它们对储层改造体积(SRV)的影响规律。

10.1 压裂液总量

从常规压裂理论到非常规储层体积压裂形成缝网，压裂液总量的增大都被认为与裂缝长度有一定相关性。2010年，Mayerhofer等[2]给出了Barnett页岩5口井压裂液总量与压裂缝网总长度的相关关系，证明了压裂液总量越大，压裂缝网的长度越长。因此，压裂液总量是影响SRV的关键参数，注入压裂液总量越多，产生的缝网形状更大且更为复杂，从而SRV越大，压后产量越高。

本节在建立体积压裂设计模型的基础上，采用某区块A井井身结构(图10-1)

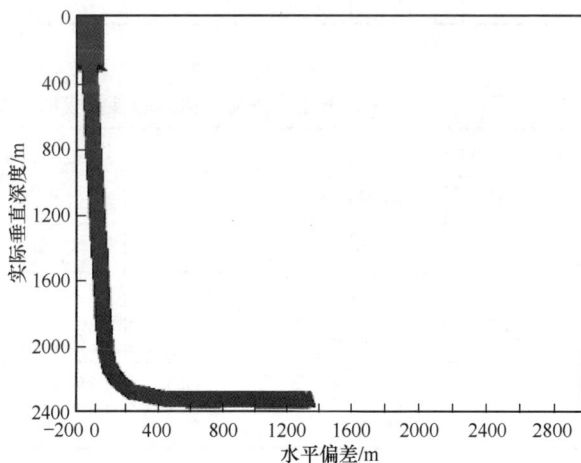

图 10-1　A 井井身结构

及其 B 段压裂泵注程序(表 10-1)，利用缝网压裂模拟软件模拟分析不同压裂液总量对于压裂缝网形态以及 SRV 的影响，获得缝网几何形态参数(人工裂缝和次生裂缝总长、带宽、SRV)和 SRV 随压裂液总量变化等结果如表 10-2 和图 10-2 所示。

表 10-1　A 井第 B 段压裂泵注程序

排量/(m³/min)	液量/m³	施工阶段	液体类型	支撑剂类型	支撑剂浓度/(kg/m³)
10	85	前置液	滑溜水	—	0
10	30	携砂液	滑溜水	40/70 目低密度陶粒	80
10	45	携砂液	滑溜水	40/70 目低密度陶粒	120
10	50	携砂液	线性胶	40/70 目低密度陶粒	150
10	59	携砂液	线性胶	40/70 目低密度陶粒	180
10	61	携砂液	线性胶	40/70 目低密度陶粒	240
10	54	携砂液	交联胶	40/70 目低密度陶粒	260
10	46	携砂液	交联胶	40/70 目低密度陶粒	300
10	40	段塞	滑溜水	—	0
10	52	携砂液	线性胶	40/70 目低密度陶粒	10
10	55	携砂液	线性胶	40/70 目低密度陶粒	150
10	67	携砂液	线性胶	40/70 目低密度陶粒	165
10	80	携砂液	交联胶	40/70 目低密度陶粒	200
10	65	携砂液	交联胶	40/70 目低密度陶粒	225
10	40	携砂液	交联胶	40/70 目低密度陶粒	275
10	30	顶替液	滑溜水	—	0

表 10-2　不同压裂液总量下压裂缝网几何形态参数模拟结果

压裂液总量 /m³	缝长/m		带宽/m	储层改造体积 /m³	裂缝特征
	人工裂缝(半长)	次生裂缝总长			
250	114.70	719.20	18.0	80326	单条裂缝
500	155.40	2124.40	30.0	200000	窄裂缝带
750	155.50	4347.40	45.0	590000	复杂缝网
1000	166.50	6510.80	58.0	940000	
1250	175.50	8937.60	62.2	1410000	

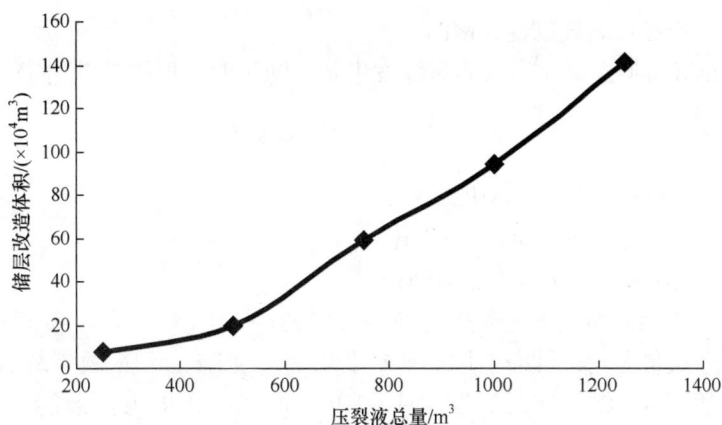

图 10-2　SRV 随压裂液总量变化曲线

表 10-2 和图 10-2 中，人工裂缝长度、次生裂缝总长、带宽、SRV 均随着压裂液总量的增加近似直线递增。当压裂液总量小于 750m³ 时，压裂效果为单一裂缝或两簇互不连通的窄裂缝带；当压裂液总量大于 750m³ 时，次生裂缝大量产生，形成 SRV 较大的复杂缝网，最大约为单条裂缝波及储层体积的 175 倍。

综合来看，在其他压裂条件都相同时，压裂液总量是影响 SRV 的关键因素。但是随着压裂液总量的增大，一方面会导致压裂时间增长，这会增加尖端脱砂或砂堵的风险，降低体积压裂的成功率；另一方面会导致经济成本上升。因此，应基于地层性质及压裂 SRV 目标优选压裂液使用总量。值得注意的是，在天然裂缝发育程度较高的地层，应适当增大压裂液用量，以获得更大的 SRV[3]。

10.2　施　工　排　量

研究表明，压裂缝内净压力与施工排量正相关，与储层厚度负相关[4,5]。因此，对于特定的储层，排量是决定天然裂缝断裂形成缝网的重要因素。

$$p_{net} = \left[\frac{E^4}{H^4} \left(\frac{Q\mu L}{E} \right) + \frac{K_{IC}}{H^4} \right]^{\frac{1}{4}} \tag{10-1}$$

式中，E——弹性模量，MPa；

H——裂缝高度，m；

Q——施工排量，m³/min；

μ——液体黏度，MPa·s；

L——裂缝半长，m；

K_{IC}——岩石断裂韧性，MPa。

Warpinski 等[6]提出，当天然裂缝发生张性断裂时，所需的缝内净压力为

$$p_{net} > \frac{\sigma_H - \sigma_h}{2}(1 - \cos 2\theta) \tag{10-2}$$

式中，p_{net}——缝内净压力，MPa；

　　　σ_H——最大水平主应力，MPa；

　　　σ_h——最小水平主应力，MPa；

　　　θ——天然裂缝与水平最大主应力方位夹角，度(°)。

研究区块储层水平两向主应力差平均为 7MPa，天然微裂缝较发育(1.4 条/10m)，且方位变化较大。当式(10-2)中 θ 取 90°，即天然裂缝与水平最大主应力方位垂直时，天然裂缝张开所需的最大缝内净压力为 7MPa。

本节在建立的某区块缝网压裂模型基础上，以 A 井井身结构(图 10-1)及其第 B 段压裂设计方案(表 10-1)为例(该段为两簇压裂，假定一簇先起裂)，利用缝网压裂模拟软件模拟不同排量下该段压裂改造后缝网几何形态，得到不同排量下 A 井第 B 段压裂后两簇缝网的主裂缝和次生裂缝总长、带宽、SRV、裂缝特征等结果，见表 10-3 和图 10-3[7]。

表 10-3　不同排量下压裂缝网几何形态参数模拟结果

排量/(m³/min)		缝长/m		带宽/m	SRV/m³	裂缝特征
2	第1簇	187.58	469.56	2.1	27505	单一裂缝
	第2簇	187.58	469.47	2.1	27471	
4	第1簇	254.60	666.39	2.7	50284	单一裂缝
	第2簇	254.60	666.29	2.7	50246	
6	第1簇	266.50	1553.10	8.1	156200	窄裂缝带
	第2簇	266.50	1546.10	8.0	156200	
8	第1簇	184.24	2322.30	22.5	308400	复杂缝网
	第2簇	167.91	2534.10	27.8	348200	
10	第1簇	160.34	2490.00	28.5	341500	
	第2簇	147.67	2865.40	36.7	412600	

如表 10-3 所示，在较小压裂排量下，缝内净压力不足以开起天然裂缝，压裂效果以常规双翼缝为主，仅有少量人工次生裂缝产生，带宽很窄，复杂缝网难以实现，SRV 很小。随着排量的增加，缝内净压力不断增大，主裂缝、次生裂

缝总长以及 SRV 不断增加，但缝网带宽增加甚微，接近天然裂缝发育平均间距。当排量增加到缝内净压力大于天然裂缝开起所需净压力时(即为临界排量)，人工裂缝周围的天然裂缝被诱导开起，激发产生大量次生裂缝，易沟通形成复杂缝网。在一定压裂规模下，因为排量越大沟通天然裂缝越多，缝网越复杂，形成更多次生裂缝所需压裂液就越多，所以主裂缝长度变短，缝宽变小[8,9]。因此，较大的排量和总液量是保证复杂缝网形成的基础，在一定的地层条件以及施工工艺条件下，储层存在实现复杂缝网的临界排量，而且排量越大越有利于复杂缝网形成，增大 SRV。

如图 10-3 所示，排量的增大会促使两簇缝网不断延伸和扩展。由于相邻缝网间的应力干扰作用，第一簇主裂缝率先延伸会引起周围地层应力场分布的改变，抑制第二簇主裂缝的延伸，从而使两簇主裂缝长度不一，而被抑制的第二簇主裂缝内净压力持续增高，不断诱导周围天然裂缝开起，产生更多的次生裂缝使得带宽增加，SRV 更大。

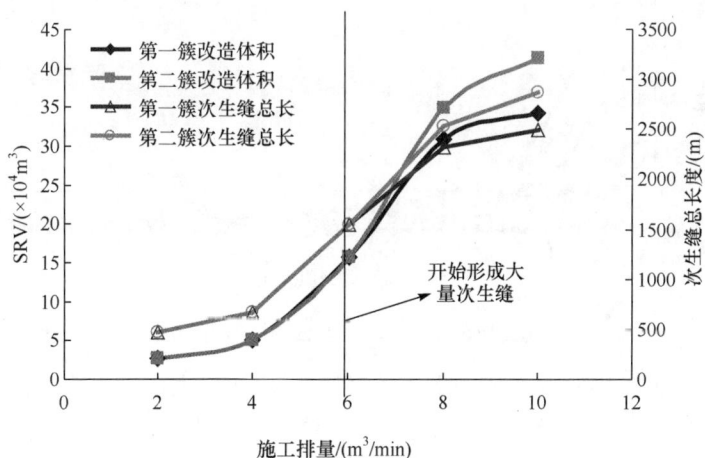

图 10-3 SRV 随排量的变化曲线

10.3 簇 间 距

簇间距的确定主要受簇间应力干扰和渗流干扰两个方面影响。脆性强、天然裂缝与层理发育、水平应力差小的储层以簇间应力干扰为主，反之以渗流干扰为主[10]。本节首先利用有限元软件模拟分析单条裂缝的延伸对临近地层产生的应力干扰作用，其次以此为基础研究分析多簇压裂时簇间应力干扰作用对缝网形态的影响，最后利用缝网压裂模拟软件模拟分析存在簇间应力干扰作用时簇间距大小对于缝网形态以及储层改造体积的影响。

1. 一条人工压裂主裂缝对周围岩石的附加应力

水力压裂时，裂缝延伸会对裂缝邻近地层产生应力干扰[11]。由于精确描述地层非均质性较为复杂，并且目前收集到的地层数据不足以建成相应的非均质模型，因此需要将模型进行简化。假设该井区地层均质、各向同性，地层参数取平均值，地层无限大，忽略天然裂缝分布。基于以上假设，利用有限元软件模拟不同缝内净压力(Δp_1)下该条主裂缝无限延伸时对距离裂缝面不同位置处地层产生的应力干扰[8](图 10-4)。

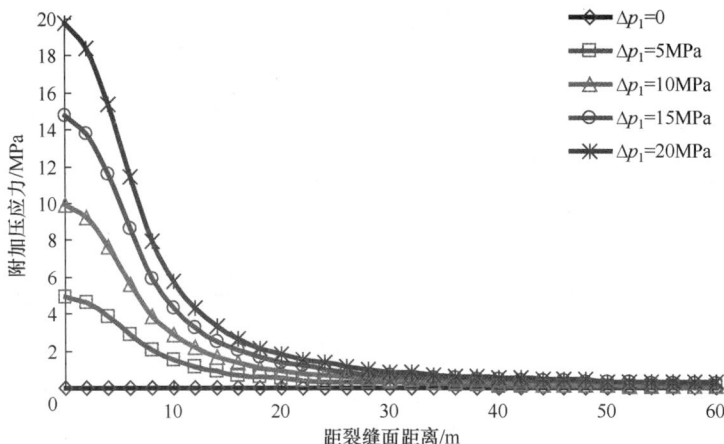

图 10-4　不同缝内净压力下水力压裂人工裂缝对附近地层产生的附加压应力

图 10-4 为不同缝内净压力下水力压裂人工裂缝对附近地层产生的附加压应力。如图所示，水力压裂人工裂缝在一定缝内净压力作用下会以附加压应力的形式对周围地层产生相应的干扰作用，附加压应力与净压力的大小、距离裂缝面远近密切相关。

一定净压力下，距主裂缝面越近附加压应力越明显，但随着距离的增加，附加压应力作用迅速下降，当距离人工裂缝大于 50m 时，附加压应力极小，对地层几乎无应力影响。距主裂缝面一定距离时，附加压应力随着缝内净压力的增加而增大，并且离主裂缝面越近，附加压应力增加越显著，当距离小于 10m 时附加压应力将产生一个陡升。

因此，水力压裂人工裂缝会对附近地层产生附加压应力，增加附近地层的实地压应力。在该附加压应力影响区内任何地方的新裂缝开裂，都需克服增加后的实地应力，需要更大的水力压力才能促使该新裂缝起裂扩展。例如，若一条开裂延伸裂缝的净压力为 10MPa，如图 10-4 所示，则在距离该裂缝 10m 处的附加压应力约为 3MPa，20m 处约为 1MPa。也就是说，在该 10m 处若要产生新裂缝，则需比周围无其他裂缝时施加压力增加3MPa；20m处则需增加1MPa。附加压应力增加邻近裂缝面所受的闭合应力，从而增大其开裂和延伸所需的净压力。因此，先开裂裂缝抑制了周围裂缝的起裂扩展，一簇中射孔段较短的情况下，往往只能从某一孔压开地层。多簇压裂时各簇主裂缝产生的附加压应力干扰会同时叠加在周围簇裂缝上，形成簇间应力干扰[8,12]。

2. 多簇压裂时簇间应力干扰作用

以两簇压裂为例，假定储层岩石均质、各向同性，地层参数取平均值，忽略天然裂缝分布，两簇主裂缝开裂时缝内净压力均为 8.5MPa[13]，延伸时缝内净压力均为 3.5MPa，利用有限元软件模拟得到两簇主裂缝不同步开裂时裂缝周围正应力场分布(图 10-5)以及不同步后裂缝延伸过程中周围的正应力场和剪应力场分布(图 10-6、图 10-7)。图 10-5～图 10-7 中左侧裂缝为第一簇主裂缝，右侧裂缝为第二簇主裂缝。正应力场中拉应力为正，压应力为负；剪应力场中应力正负只与方向有关[11]。

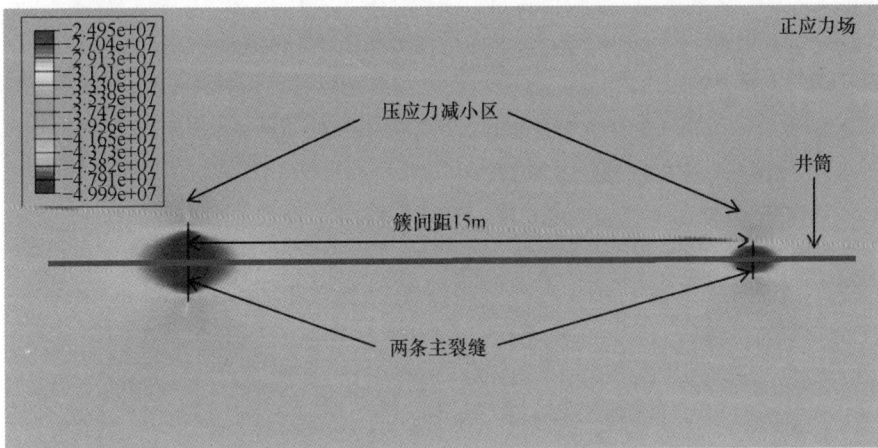

图 10-5　两簇主裂缝不同步开裂时裂缝周围正应力场分布

图 10-5 中左侧先开裂的主裂缝尖端压应力减小区比右侧后开裂主裂缝尖端压应力减小区大，因此左侧先开裂的主裂缝尖端更容易向前延伸，从而主裂缝的不同步开裂容易引起主裂缝的不同步延伸。图 10-6 中左侧主裂缝先开裂延伸，右侧主裂缝后开裂延伸，随着两条裂缝的延伸，簇间正应力干扰区明显，左侧先延伸的裂缝对右侧裂缝应力场产生干扰作用，抑制右侧裂缝延伸。图 10-7 中左侧主裂缝先延伸，右侧主裂缝后延伸，随着两条裂缝的延伸，两条裂缝尖端都出现一定大小的剪应力集中区，能够剪切沟通主裂缝周围的天然裂缝；而

后延伸的右侧主裂缝其剪应力集中区比自身尖端压应力减小区(图 10-6)明显大，因此一定净压力作用下，后延伸裂缝在受到邻近裂缝抑制作用时更倾向于剪切沟通天然裂缝，产生大量次生缝网，利于形成复杂缝网[8,12]。

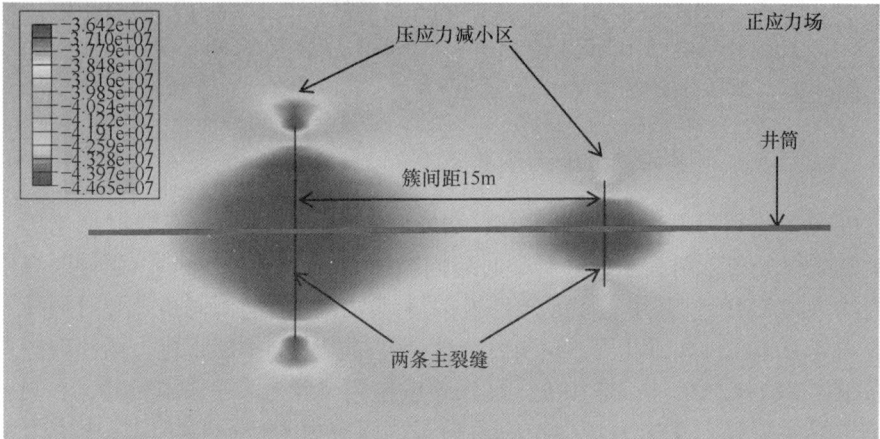

图 10-6　两簇主裂缝不同步延伸时周围正应力场分布

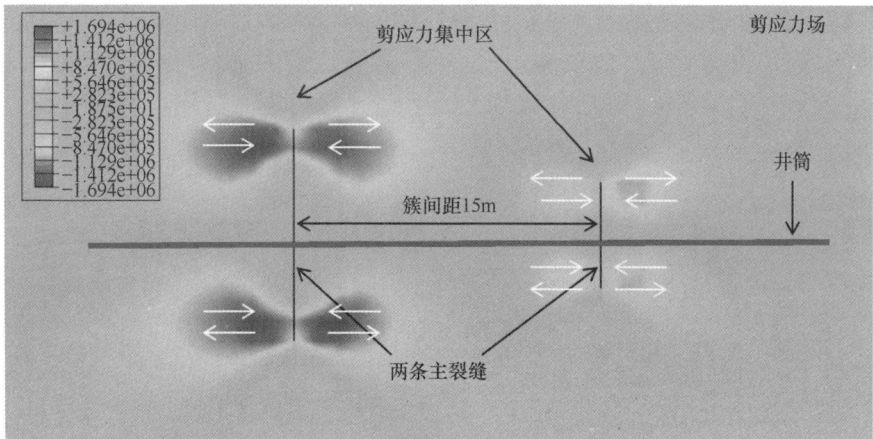

图 10-7　两簇主裂缝不同步延伸时周围剪应力场分布

当主裂缝的簇间距较小时，这种应力干扰作用更明显，裂缝间抑制作用更大，甚至一簇主裂缝的延伸会影响周围几簇主裂缝无法开裂。因此，多簇压裂中簇间应力干扰作用有助于剪切诱导次生裂缝，形成储层改造体积较大的复杂缝网，但簇间距的确定尤为重要，需要避免出现单条裂缝一枝独秀的现象。

3. 簇间距对 SRV 影响

在建立的某区块缝网压裂模型基础上，以 A 井井身结构(图 10-1)及其第 B 段压裂设计方案(表 10-1)为例，设定每段射孔仅产生一簇缝网，两簇裂缝中第一簇先起裂，利用缝网压裂模拟软件模拟分析不同簇间距下 A 井第二段压裂后两簇缝网的主裂缝和次生裂缝总长、带宽、SRV、裂缝特征等，模拟结果见表 10-4 和图 10-8[7]。

表 10-4　不同簇间距下压裂缝网几何形态参数模拟结果

簇间距/m		缝长/m		带宽/m	SRV/m³	裂缝特征
		主裂缝(半长)	次生裂缝总长			
15	第一簇	161.30	2546.80	29.2	350000	
	第二簇	149.60	2989.80	38.4	430000	
25	第一簇	163.80	2729.20	31.7	390000	
	第二簇	148.80	3202.50	41.0	470000	复杂缝网
35	第一簇	184.10	1716.00	26.5	360000	
	第二簇	185.70	1722.30	26.6	370000	
45	第一簇	206.40	1488.30	23.1	350000	
	第二簇	207.40	1485.30	22.9	350000	

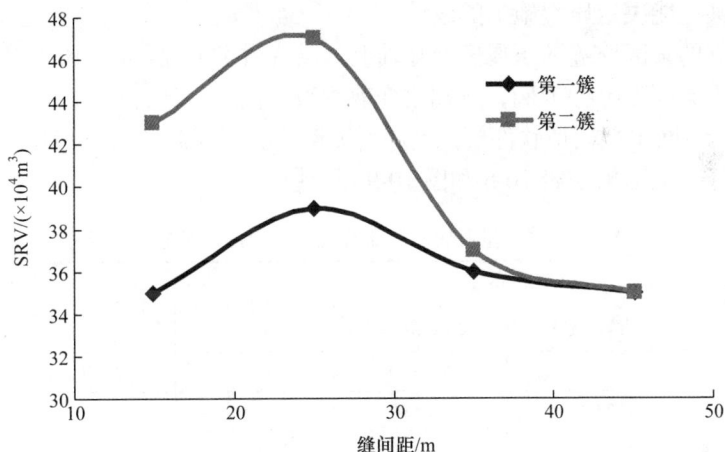

图 10-8　SRV 随簇间距变化曲线

由表 10-4 可以看出，随着簇间距的增加，次生裂缝总长以及 SRV 都出现先增加后减小的趋势。其原因在于簇间距过小时簇间应力干扰作用显著，主裂缝剪切产生次生裂缝所需的缝内净压力增加，因此不利于缝网的横向扩展，SRV 较小[14]。

由表 10-4 和图 10-8 可知，簇间距小于 35m 时，先起裂的第一簇主裂缝长度较大、次生裂缝较少、缝网延伸体积较小，后起裂的第二簇主裂缝长度较小、次生裂缝较多、缝网延伸体积较大。当簇间距大于 35m 时，簇间应力干扰作用逐渐减弱，两簇缝网延伸时相互抑制作用减少，裂缝形态逐渐趋于相近。与 10.2 节中得到的"多簇压裂时相邻主裂缝间存在应力干扰作用，裂缝的延伸会增加周围主裂缝在开裂、延伸时的闭合应力，一定程度上抑制周围主裂缝的开裂、延伸，而被抑制延伸的主裂缝周围易产生剪切诱导的次生裂缝，有利于增加 SRV"结论一致。因此，多簇压裂时由于存在簇间应力干扰作用，合理的簇间距利于增加 SRV，促使形成复杂缝网。

10.4　前置液比例

前置液主要用于破裂地层并造出具有一定几何尺寸的缝网，保证携砂液能够携带支撑剂进入。其次，地面温度下注入的前置液可以降低储层裂缝周围温度，从而对裂缝壁面附近岩石应力分布产生影响。缝网压裂中裂缝的长度、缝网宽度都取决于前置液量，但前置液的注入可对储层的渗流能力造成一定的伤害。因此，在缝网压裂中，前置液比例对裂缝形态及储层改造体积有直接的影响作用，甚至能决定压裂施工的成败。

在建立的某区块缝网压裂模型基础上，以 A 井井身结构(图 10-1)及其第 B 段压裂设计方案(表 10-1)为例，分别改变前置液比例为 10%、15%、20%、25% 及 30%，利用缝网压裂模拟软件模拟不同前置液比例下，A 井第 B 段压裂缝网几何形态参数，模拟结果如表 10-5 和图 10-9 所示[7]。

表 10-5　不同前置液比例下压裂缝网几何形态参数模拟结果

前置液比例/%	缝长/m		带宽/m	SRV/m³	裂缝特征
	主裂缝(半长)	次生裂缝总长			
10	154.00	5355.40	45.0	753000	
15	153.00	6384.00	55.0	939000	
20	153.10	7049.20	60.0	1051000	复杂缝网
25	152.80	7652.50	65.0	1181000	
30	152.80	8449.60	70.0	1307000	

由表 10-5 和图 10-9 可以看出，在 A 井第 B 段压裂设计参数的基础上，以大于 10% 的前置液比例泵注压裂液都形成了复杂缝网，并且次生裂缝总长、带宽、SRV 随着前置液比例的增加线性增长。因此，增加前置液比例有利于增大 SRV。

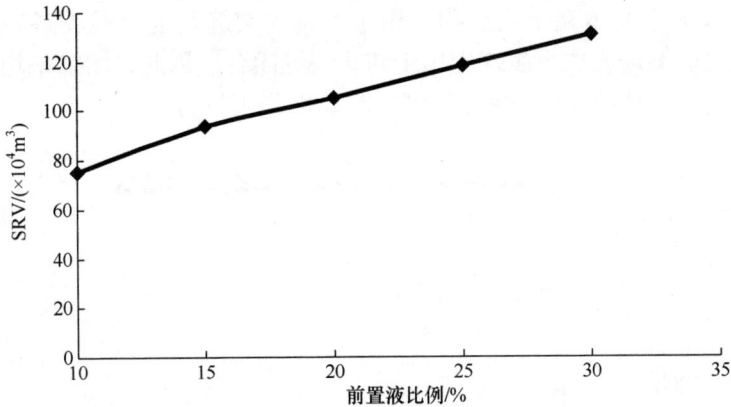

图 10-9　SRV 与前置液比例关系曲线

10.5　平　均　砂　比

砂比是压裂施工设计中的一项重要参数，砂比提高，裂缝导流能力显著增大。缝网压裂由于压裂液黏度较小，携带支撑剂能力较差，常常在压裂后期尾随一定量的大粒径支撑剂保证裂缝导流能力[15]。在建立的某区块缝网压裂模型基础上，以 A 井井身结构(图 10-1)及其第 B 段压裂设计方案(表 10-1)为例，设定前期使用占总支撑剂量 70%的 40/70 目支撑剂，后期尾随占总支撑剂量 30%的20/40 目支撑剂，仅改变平均砂比为 3%、6%、9%、12%和 15%。利用缝网压裂模拟软件进行模拟，得到不同砂比下，A 井第 B 段压裂缝网几何形态参数[7]，如表 10-6 和图 10-10 所示。

表 10-6　不同砂比下压裂缝网几何形态参数模拟结果

平均砂比/%	缝长/m		带宽/m	SRV/m³	裂缝特征
	主裂缝(半长)	次生裂缝总长			
3	156.55	4923.5	45	688600	
6	155.6	4984.8	45	695300	
9	155	4924.2	45	686000	复杂缝网
12	155	4920.4	45	685200	
15	154	4916.1	45	685000	

由表 10-6 和图 10-10 可知，随着平均砂比的增加，主裂缝长度、带宽、次生裂缝总长及 SRV 整体变化微小，没有显著增加或减小。这是由于较大颗粒支撑剂较难通过拐角进入缝网中的横向裂缝以及正交裂缝中[16]，在压裂过程中不断

泵入的支撑剂主要填充于主裂缝，用于保持主裂缝宽度，形成高导流能力通道，而少量能够进入次生裂缝中用于防止裂缝闭合。因此，增加平均砂比裂缝内支撑剂增多，但对缝网复杂程度和 SRV 影响作用不明显[17]。

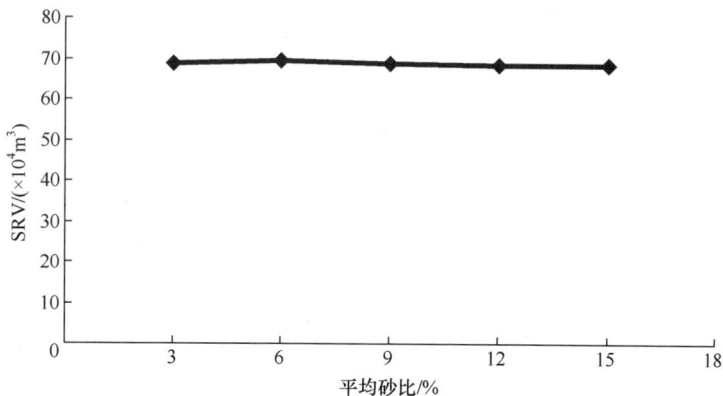

图 10-10　SRV 随砂比变化曲线

10.6　压裂液黏度

致密储层压裂施工作业中压裂液黏度对裂缝扩展复杂度具有重要影响，压裂液黏度越高，裂缝扩展的复杂度将显著降低[18]。

Beugelsdijk 等[19]曾就裂缝性储层中压裂液黏度对水力裂缝扩展的影响进行过室内实验研究，实验结果如图 10-11 所示。在低黏度压裂液注入时施工压力曲线上没有裂缝起裂的特征显示，从岩石体观察发现，在裂缝延伸方向上没有明显的主裂缝存在，裂缝沿天然裂缝起裂延伸扩展。而采用高黏度压裂液注入时

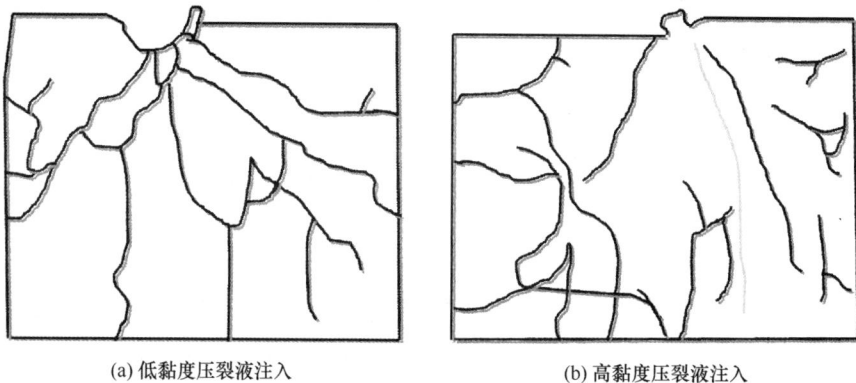

(a) 低黏度压裂液注入　　　　　(b) 高黏度压裂液注入

图 10-11　压裂液黏度对裂缝延伸形态的室内实验结果对比

存在明显的主裂缝扩展，水力裂缝几乎不与相交的天然裂缝发生作用。从以上实验结果可知，低黏度压裂液更容易形成复杂的缝网，增大 SRV，而高黏度压裂液更易形成单一的裂缝。

在建立的某区块缝网压裂模型基础上，以 A 井井身结构(图 10-1)及其第 B 段压裂设计方案(表 10-1)为例，利用缝网压裂模拟软件模拟不同黏度压裂液下该段压裂改造后的缝网几何形态，得到主裂缝和次生裂缝总长、带宽、SRV、裂缝特征等参数模拟结果如表 10-7 和图 10-12 所示。

表 10-7　不同黏度压裂液下压裂缝网几何形态参数模拟结果

压裂液黏度/(MPa·s)		缝长/m		带宽/m	SRV/m³	裂缝特征
		主裂缝(半长)	次生裂缝总长			
前置液采用滑溜水	4	152.80	5422.50	45.0	762000	复杂缝网
	12	154.60	5367.00	45.0	756000	
	20	158.90	5003.40	40.2	698000	
前置液采用线性胶	40	195.20	3631.10	28.0	450000	复杂缝网
	60	220.90	3079.60	25.0	308000	
	80	222.30	2253.00	25.0	225000	窄裂缝带

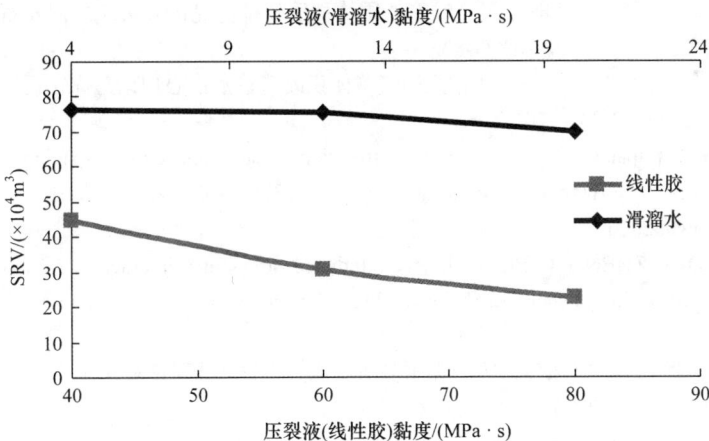

图 10-12　SRV 随前置液黏度变化曲线

由表 10-7 和图 10-12 可以看出，次生裂缝总长、带宽以及 SRV 随着前置液黏度的增加而减小。以滑溜水为前置液比以线性胶为前置液压裂形成的缝网中次生裂缝总长和 SRV 增大近一倍，并且随着黏度降低，滑溜水作为前置液增加

SRV 的幅度比线性胶变化小。因此，为增加 SRV，形成复杂缝网，优先选取滑溜水作为前置液比降低压裂液黏度更为重要[7]。

参 考 文 献

[1] 王子娥. 低渗透油藏改善开发效果的主要技术措施[J]. 石油天然气学报，2009，31(1)：292-295.

[2] MAYERHOFER M J, LOLON E, WARPINSKI N R, et al. What is stimulated reservoir volume?[J]. SPE production & operations, 2010, 25(01): 89-98.

[3] 秦苑. 长6长7三区块致密油层体积压裂优化设计研究[D]. 西安：西安石油大学，2014：60-75.

[4] 陈守雨，刘建伟，龚万兴，等. 裂缝性储层缝网压裂技术研究及应用[J]. 石油钻采工艺，2010，32(6)：67-71.

[5] 白晓虎，齐银，陆红军，等. 鄂尔多斯盆地致密油水平井体积压裂优化设计研究[J]. 石油钻采工艺，2015，37(4)：83-86.

[6] WARPINSKI N R, MAYERHOFER M J, VINCENT M C, et al. Stimulating unconventional reservoirs: maximizing network growth while optimizing fracture conductivity[C]//SPE 114173-MS, SPE Unconventional Reservoirs Conference, Keystone, 2008.

[7] 彭娇. 影响致密油层缝网压裂储层改造体积的主要因素研究[D]. 西安：西安石油大学，2016：41-54.

[8] 彭娇，周德胜，张博. 鄂尔多斯盆地致密油层混合压裂簇间干扰研究[J]. 石油钻采工艺，2015，37(5)：78-81.

[9] 樊凤玲，李宪文，曹宗熊，等. 致密油层体积压裂排量优化方法[J]. 西安石油大学学报（自然科学版），2014，29(3)：79-82.

[10] 吴奇，胥云，张守良，等. 非常规油气藏体积改造技术核心理论与优化设计关键[J]. 石油学报，2014，35(4)：706-714.

[11] CHENG Y. Impacts of the number of perforation clusters and cluster spacing on production performance of horizontal shale-gas wells[C]//SPE138843-MS, SPE eastern regional meeting, Morgantown, 2010.

[12] ZHOU D S, ZHENG P, PENG J, et al. Induced stress and interaction of fractures during hydraulic fracturing in shale formation[J]. Journal of energy resources technology, 2015, 137(6): 062902.

[13] 李宪文，张矿生，樊凤玲，等. 鄂尔多斯盆地低压致密油层体积压裂探索研究及试验[J]. 石油天然气学报，2013，35(3)：142-152.

[14] PENG J, ZHOU D S. Optimizing the design of cluster spacing during volume fracturing for tight formation[J]. Energy equipment engineering research, 2015, 6: 469-471.

[15] 王怡，马新仿，张勇年，等. 长 8 储层直井体积压裂施工参数优化研究[J]. 科学技术与工程，2014，14(9)：189-192.

[16] DAYAN A, STRACENER S M, CLARK P E, et al. Proppant transport in slickwater fracturing of shale-gas formations[C]//SPE125068-MS,SPE Annual Technical Conference and Exhibition,

New Orleans, 2009.

[17] CIPOLLA C L, LOLON E P, CERAMICS C, et al. The effect of proppant distribution and unpropped fracture conductivity on well performance in unconventional gas reservoirs[C]// SPE119368-MS,SPE Hydraulic Fracturing Technology Conference, The Woodlands, 2009.

[18] 潘林华，程礼军，陆朝晖，等. 页岩储层水力压裂裂缝扩展模拟进展[J]. 特种油气藏，2014，21(4)：1-6.

[19] BEUGELSDIJK L J L, PATER C J, SATO K. Experimental hydraulic fracture propagation in a multi-fractured medium[C]//SPE59419-MS, SPE Asia Pacific Conference on Integrated Modelling for Asset Management, Yokohama, 2000.

第 11 章　大排量滑溜水携砂实验研究

体积压裂技术能在储层中压出复杂裂缝网络，第 3 章和第 5～10 章分别从压裂技术、施工参数、裂缝起裂扩展规律等方面对如何有效形成缝网进行了研究，但仅此并不够，必须研究支撑剂在裂缝中的运移规律。近年来，国内外专家学者围绕如何在体积压裂裂缝内有效铺砂开展了许多研究，一致认为施工排量、砂比、支撑剂密度、支撑剂粒径、压裂液黏度是影响裂缝内砂堤形态的主要因素[1]。

采用滑溜水进行的体积压裂显著特点是排量高，压裂液黏度低，支撑剂在裂缝中的铺置有别于常规压裂。本章主要介绍大排量下滑溜水携砂在裂缝中的沉降运移规律的实验研究，并对各影响因素进行敏感性分析，旨在为滑溜水压裂施工提供一定的理论支撑。

11.1　实验设备简介

作者基于体积压裂技术的理念内涵、形成的缝网特征以及现有研究支撑剂沉降运移规律的实验装置，研发出了水力压裂裂缝与射孔模拟实验系统[2,3]，旨在对体积压裂中主、次裂缝内支撑剂的输送规律进行研究。

本套实验装置主要包括注入系统、射孔段模拟系统、裂缝模拟系统、测量检测系统、数据处理系统、实验固液回收处理系统以及操控系统等。图 11-1 为整套实验装置实物图，图 11-2 为实验系统流程示意图。

11.1.1　注入系统

水力压裂裂缝与射孔模拟实验装置的注入系统主要由以下部件组成。

(1) 储液罐：容积为 1m³，内部配有搅拌装置和加热装置，底部配有放空阀门。

(2) 折叶搅拌器：搅拌储液罐中携砂液使其混合均匀，搅拌转数为 30～1400r/min。

(3) 预热装置：采用管式加热，用于基液注入前预热，温度控制范围为室温～80℃；

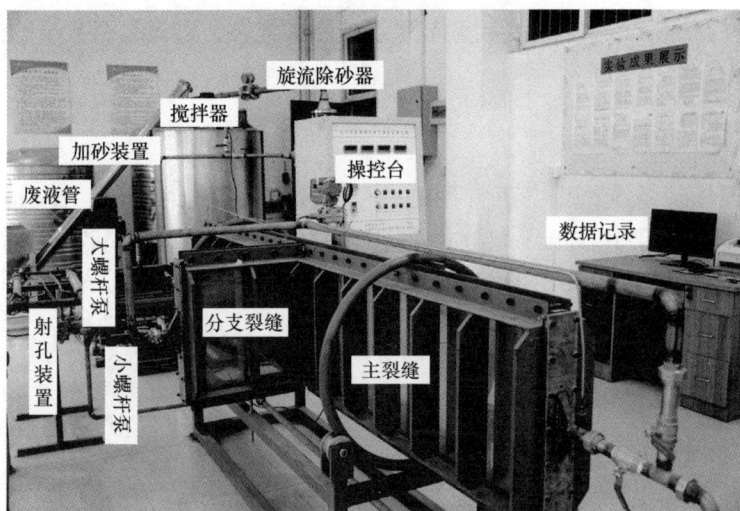

图 11-1　水力压裂裂缝与射孔模拟实验装置实物图

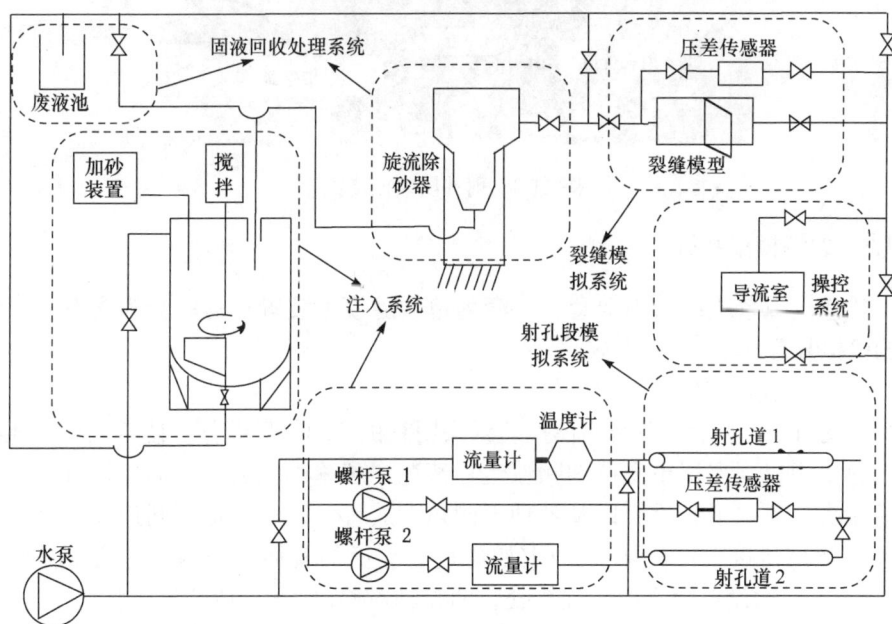

图 11-2　水力压裂裂缝与射孔模拟实验系统流程示意图

(4) 基液计量装置：由地磅组成，主要用于计量注入系统中的基液质量，量程为 1500kg，精度为 0.5 kg，带有通信接口，可实现与计算机相连接。

(5) 螺杆泵：装置配有两套螺杆泵注入系统，低速流用小螺杆泵，型号为 G20-2，最大排量为 $1.33\times10^{-2}\text{m}^3/\text{min}$；中高速流用大螺杆，泵型号为 G85-5，最大排量为 0.93m³/min。采用变频调节系统控制螺杆泵，可无级调节泵的流量，调节范围均为 10%～100%。

11.1.2 射孔段模拟系统

射孔段模拟系统根据井下常用的孔径以及射孔数进行设计。射孔段实验既可单独操作(进入射孔段的压裂液和支撑剂直接进入实验固液回收处理系统)，又可与模拟裂缝串联后一起操作(进入射孔段的压裂液和支撑剂进入模拟裂缝)。射孔段装置如图 11-3 所示。

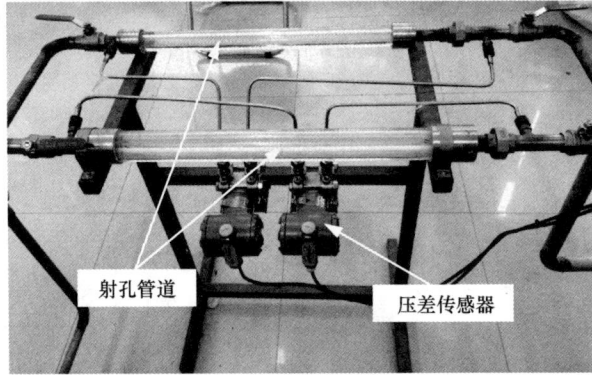

图 11-3　射孔段模拟装置

11.1.3 裂缝模拟系统

裂缝模拟系统设计为两套，一套为单裂缝模拟装置；另一套为含有分支裂缝的模拟装置。

1) 单裂缝模拟装置

如图 11-4 所示，单裂缝模拟装置采用有机玻璃材质制作，便于采用照相机或高速摄像机观察记录支撑剂颗粒运移情况。裂缝模拟装置两端连接方式为螺纹活接头，可水平、垂直以及各种不同角度放置，以此模拟不同角度的裂缝，另外，螺纹活接头处可加过滤网(如需过滤支撑剂就加过滤网，不需过滤则不加)。进出口均设在缝高中心轴线处，两端轴对称，其旁边安装有阀门，可控制

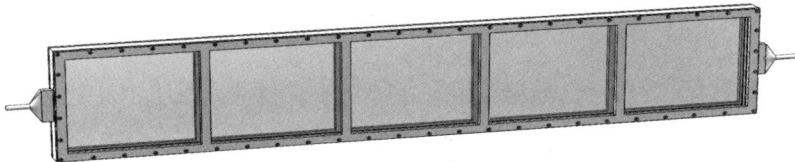

图 11-4　可视化单裂缝模拟装置简图

流量、调节压力大小。

装置基本参数如下。

(1) 裂缝长 3.0m，裂缝高 0.5m，裂缝宽 10mm(可调)。

(2) 裂缝进、出口高度为 0.25m(板面中心处)。

2) 分支裂缝模拟装置

如图 11-5 所示，分支缝与主裂缝呈 90°夹角，其几何参数如下：

(1) 分支缝长 0.5m，高 0.5m，宽 8mm(可调)。

(2) 分支缝出口高度 0.25m(板面中心处)。

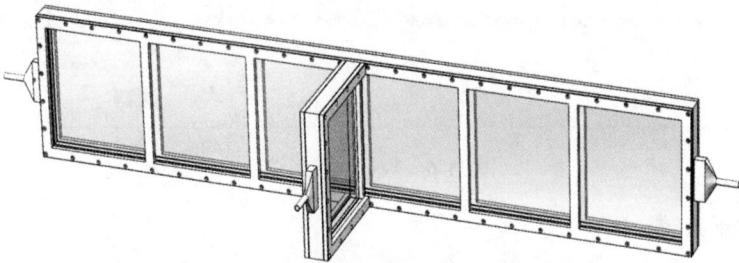

图 11-5　可视化分支裂缝模拟装置简图

实验中若只允许压裂液从分支裂缝流出，则关闭主裂缝出口阀门；若主裂缝和分支裂缝阀门均打开，则可以观察支撑剂在主裂缝与分支裂缝中同时运移的情况。

11.1.4　测量检测系统

(1) 压差传感器：射孔段两端、平板裂缝两端均安装有压差传感器，可以实时监测流体流动时出入口两端的压差，量程为 0～1MPa，精度等级为 0.25% F.S(满量程)(图 11-3)。

(2) 流量计：位于旋流沉砂器出口，功能是测量固液分离后进入储罐的液体流量，最大量程为 0.58m³/min。

(3) 压力传感器：量程为 0～5MPa，精度等级为 0.25%F.S。

以上全部测量数据(压力、温度、压差等)均可实现计算机自动采集。

11.1.5　数据采集处理系统

如图 11-6 所示，数据采集包括压力、温度、流量和质量(地磅)等，实验中可用计算机实时采集。另外，计算机采集的数据经处理可生成原始数据报表，进而能保存为数据库文件。

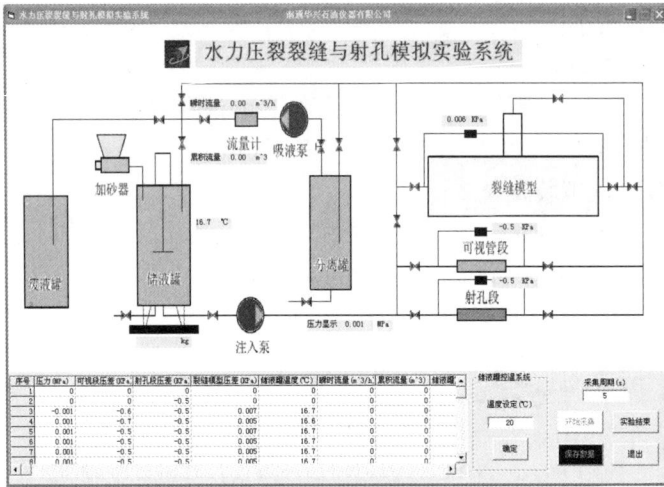

图 11-6　数据采集系统

11.1.6　控制系统

　　整个实验的操作都集成于控制系统，压裂液加砂、螺杆泵的调频、射孔段数据采集、主裂缝数据采集、分支缝数据采集、固液分离时流量监视等都在控制面板中完成，如图 11-7 所示。

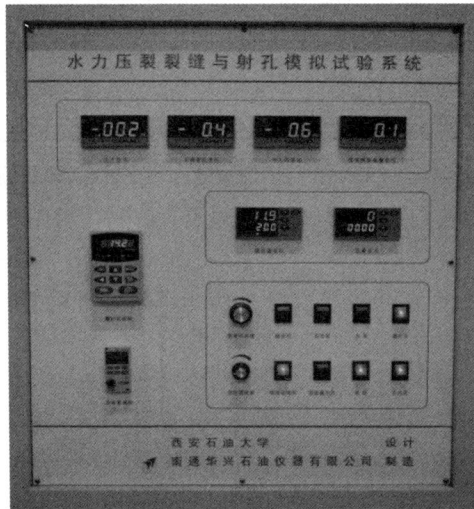

图 11-7　实验控制系统

11.1.7　实验固液回收处理系统

　　实验固液回收处理系统主要由旋流沉砂器和液罐组成，此处只介绍旋流沉砂装置，如图 11-8 所示。

1) 旋流沉砂器

旋流沉砂器根据筛分原理制成，集旋流与过滤为一体，能实现除砂、降浊、固液分离等功能。

2) 工作原理

旋流沉砂器是根据离心沉降和密度差原理实现支撑剂与压裂液的分离。当携砂液从沉砂器进口以切向速度进入设备后，将会产生剧烈的旋转运动，支撑剂与压裂液密度不同，在向心力、离心力、浮力以及流体曳力共同作用下，会使密度较低的压裂液上升并经出液口排出，而密度较大的支撑剂则由设备底部出口排出，以此达到支撑剂与压裂液的分离，实现除砂目的。

3) 旋流沉砂器特点

(1) 结构简单，操作方便，除砂效率高，使用安全可靠，几乎不需要维护。

图 11-8　旋流沉砂器实物图

(2) 与扩大管、缓冲箱等沉砂设备相比，具有体积小、处理能力大、节省现场空间等优点。

(3) 可在不间断供液过程中实现支撑剂与压裂液的分离。

(4) 避免了其他除砂方式存在二次污染的现象。

11.2　滑溜水携砂在单裂缝中输送规律

11.2.1　实验原理

在混砂罐内注入已配置好的滑溜水，加入支撑剂配置成一定砂比的携砂液，然后用螺杆泵将其泵入大型可视化平板裂缝中。支撑剂颗粒在重力、浮力、阻力以及水平方向曳力的共同作用下，大部分支撑剂颗粒会沉降至裂缝底部形成砂堤，小部分从裂缝的末端被带走而进入旋流沉砂器。旋流沉砂器会将支撑剂与压裂液分离，并使其进入各自的处理系统。

不同实验参数下支撑剂颗粒的沉降运移规律不同，最终形成的砂堤形态也不同。通过控制变量法研究各种影响因素下砂堤的铺置形态，优选出合理的参数指导现场施工。

11.2.2　实验方法

1) 确定泵入排量

A 井采用滑溜水分段压裂进行储层增产改造，完钻井深 3312m，水平段长度 800m，设计压裂 10 段，每段分两簇射孔，压裂缝高 30m，平均缝宽 6mm。现场压裂施工排量为 10m³/min，假设每簇的排量相同，均为 5m³/min，压裂液类型为滑溜水。实验根据相似原理进行方案设计，保持平板裂缝缝宽与水平井 A 的压裂缝宽 6mm 一致，折算出实验中的排量为 5m³/h。

2) 确定压裂液黏度

滑溜水作为压裂液，其成分 99%为清水，密度范围为 1000～1010kg/m³，比清水略大。基于滑溜水的特征，本实验用清水做压裂液，不考虑压裂液密度与黏度变化对支撑剂颗粒沉降速度的影响。

3) 确定支撑剂粒径

为研究粒径对支撑剂输送的影响规律，实验支撑剂类型选用 20/40 目 (0.64mm)、30/50 目(0.45mm)、40/70 目(0.32mm)、50/120 目(0.21mm)。

4) 确定支撑剂密度

在支撑剂粒径不变的情况下，选取 30/50 目支撑剂作为研究对象，分超低密度(1450kg/m³)、低密度(1540kg/m³)和高密度(1890kg/m³)三种。

5) 确定支撑剂砂比

砂比是砂堆体积与压裂液体积之比，以百分数表示。实际压裂施工中常采用砂比来确定支撑剂用量。为了便于支撑剂称量，本实验将实际施工砂比换算为砂浓度，直接用天平称取。

滑溜水压裂液的典型特征是大排量、低黏度、低砂比，基于此，本实验选用砂比为 2%、4%、6%、8%。

11.2.3　实验步骤

实验步骤如下。

(1) 连接实验仪器，梳理管线阀门并检查实验装置的密封性。启动裂缝模拟系统控制柜，将所有数据清除归零。

(2) 关闭混砂罐出口阀门，注入实验所需用量的压裂液(稍过量)，如需提高压裂液黏度，加入相应质量的添加剂即可。随后打开混砂罐搅拌器，将压裂液搅拌均匀，此阶段无须加入支撑剂颗粒。

(3) 打开混砂罐出口阀门，启动螺杆泵向模拟裂缝内注入压裂液，待压裂液充满整个裂缝后读取混砂罐地磅读数，当读数降至此次实验所需压裂液用量时停泵。此时裂缝中的压裂液相当于实际压裂施工中的前置液。

(4) 计算本次实验所需支撑剂用量，用天平称量后加入输砂装置。为在整个实验过程中保持稳定的砂比，调节输砂装置的输送速度，保证其和混砂罐内压裂液混合达到动态平衡。调节泵频率至实验要求值，开启螺杆泵，同时在计算机客户端打开数据采集软件，实验开始。

(5) 从支撑剂颗粒开始进入裂缝时起计时，到所配制的混砂液全部泵送完毕为止。关停搅拌器、螺杆泵及输砂器，关闭计算机客户端的数据采集系统，实验结束。如果使用分支缝，则还需另一套摄像机全程记录分支缝的砂堤形态和相关参数。

(6) 大排量泵送清水冲洗裂缝模拟系统，并用旋流沉砂器将支撑剂与压裂液分离。

11.2.4　实验数据描述

本次实验结果主要是各影响因素下的砂堤形态照片，为了便于分析各因素的影响规律，需要用一些几何参数定量地对砂堤形态进行表征。本书主要用到的参数如下(图 11-9)。

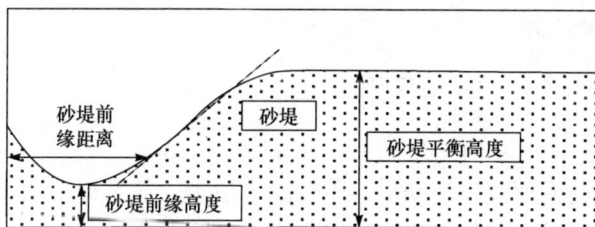

图 11-9　砂堤形态参数

(1) 砂堤平衡高度：支撑剂颗粒的沉降与卷起处于动态平衡状态时对应的砂堤高度称为砂堤平衡高度。

(2) 平衡时间：砂堤达到平衡高度时所需要的时间称为平衡时间。

(3) 砂堤前缘距离：砂堤前缘与裂缝入口之间的距离，它反映了裂缝入口处湍流效应的强弱，决定了斜坡前的无砂区距离[4]。

(4) 砂堤前缘高度：砂堤在裂缝入口附近堆积的最低高度。

11.2.5　实验方案设计

不同的施工排量、砂比、支撑剂密度和支撑剂粒径，导致支撑剂在压裂液中的输送规律不同。根据水平井 A 的现场压裂施工参数以及实验装置的特点，结合滑溜水压裂"大排量、低黏度、低砂比"的施工方式，采用控制变量法和相似原理进行方案设计，表 11-1 为设计的实验方案。实验中选用清水作为压裂液[5]。

表 11-1 实验方案

序号	实验排量/(m³/h)	砂比/%	支撑剂粒径/mm	支撑剂密度/(kg/m³)	压裂液黏度/(MPa·s)
1	4	4	0.45(30/50 目)	2770	1
2	5	4	0.45(30/50 目)	2770	1
3	6	4	0.45(30/50 目)	2770	1
4	7	4	0.45(30/50 目)	2770	1
5	5	2	0.45(30/50 目)	2770	1
6	5	6	0.45(30/50 目)	2770	1
7	5	8	0.45(30/50 目)	2770	1
8	5	4	0.21(50/120 目)	2770	1
9	5	4	0.32(40/70 目)	2770	1
10	5	4	0.64(20/40 目)	2770	1
11	5	4	0.45(30/50 目)	2600	1
12	5	4	0.45(30/50 目)	3020	1

11.2.6 实验结果分析

1. 大排量泵送砂堤铺置过程研究

实验选取表 11-1 中方案序号 2，实验排量 5m³/h，砂比 4%，支撑剂粒径 30/50 目，支撑剂密度 2770kg/m³，压裂液为清水。从裂缝中出现支撑剂开始计时，每隔 60s 采集一次照片，实验记录如图 11-10 所示。

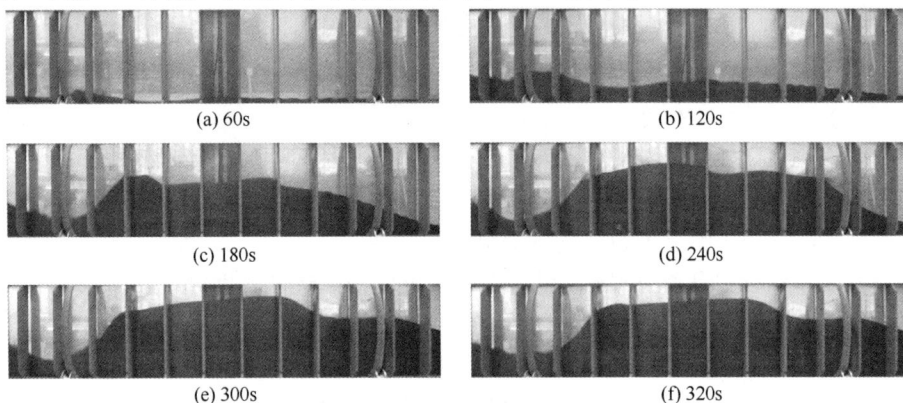

(a) 60s

(b) 120s

(c) 180s

(d) 240s

(e) 300s

(f) 320s

图 11-10 支撑剂砂堤铺置过程

图 11-10 是排量为 5m³/h 时不同时间段内支撑剂砂堤的铺置形态。由图 11-10 可以看出，大排量下支撑剂砂堤铺置过程可分三个阶段。前 120s 砂堤处于第一

阶段，携砂液进入裂缝后首先在裂缝入口沉降，支撑剂砂堤高度逐渐增加直至接近裂缝入口高度；第120～240s砂堤处于第二阶段，随着支撑剂的持续注入砂堤高度不断增长，当砂堤高度达到裂缝入口高度时携砂液流态发生变化，在靠近裂缝入口处形成一个大涡旋将此处的部分支撑剂卷吸起来携带到裂缝深处，从而导致在距离裂缝入口一定距离处形成一个较大的砂堤。随着时间的推移，该砂堤高度不断增加，直至达到平衡高度；第240～320s砂堤处于第三阶段，继续注入支撑剂，由于此时砂堤高度已达到平衡高度，新注入的支撑剂只能从砂堤上方越过并在砂堤背面发生沉降，此后支撑剂砂堤长度不断增加，但砂堤高度不再发生变化。

综上可知，大排量泵送时支撑剂进入裂缝后首先在裂缝入口处形成一个较低的砂堤，而在距离裂缝入口较远处形成一个较高的砂堤，中间部分支撑剂沉降较少。随着越来越多的支撑剂进入裂缝，支撑剂砂堤逐渐增高。当靠近裂缝入口处的砂堤达到裂缝入口高度时，携砂液流态发生变化，流动变得极不稳定，在入口附近形成一个大旋涡，将此处暂时沉降的部分支撑剂卷积起来携带到裂缝深处，使得裂缝深处的砂堤高度逐渐增加并达到第一个平衡高度。此时，裂缝入口附近因部分支撑剂被卷积带走，携砂液流速变小，新进入的部分支撑剂又会沉降在此处使得裂缝入口处的砂堤高度重新达到裂缝入口高度，进而导致再次形成旋涡而将该处沉降的支撑剂卷积到裂缝深处，使裂缝深处的砂堤第二次达到平衡高度。之后保持这一周期性过程支撑剂逐层覆盖在远处砂堤之上，直到达到最终的平衡高度。此后，支撑剂砂堤保持平衡高度不变并逐渐向裂缝深处延伸。

2. 排量对砂堤铺置形态的影响

本组实验选取表 11-1 中方案 1～4，即实验排量分别为 4m³/h、5m³/h、6m³/h、7m³/h，砂比4%，30/50目支撑剂，支撑剂密度2770kg/m³，压裂液为清水。不同排量达到平衡状态时的砂堤形态如图 11-11 所示，表 11-2 为实验测量数据。

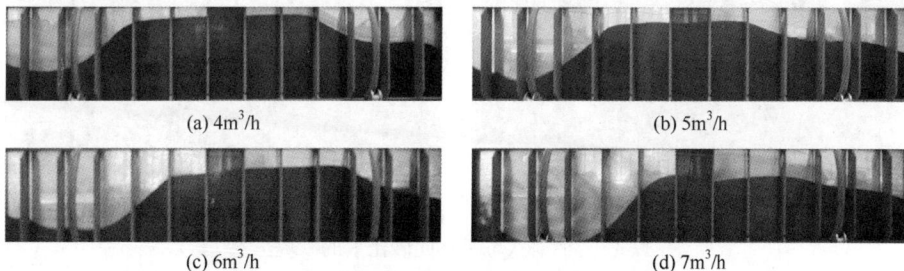

(a) 4m³/h

(b) 5m³/h

(c) 6m³/h

(d) 7m³/h

图 11-11　平衡状态时不同排量下的砂堤形态

表 11-2　不同排量下的实验测量数据

排量/(m³/h)	平衡高度/cm	平衡时间/s	砂堤前缘距离/cm	砂堤前缘高度/cm
4	41	450	31	14
5	40	378	47	11
6	34	282	62	5
7	32	138	80	0.5

由表 11-2 不同排量下的实验测试数据可知，随着排量的增加，支撑剂砂堤的平衡高度由41cm降低至32cm，平衡时间由450s缩短至138s，砂堤前缘距离由31cm增加至80cm，砂堤前缘高度由14cm降低至0.5cm。这是由于排量越大，携砂能力就越大，其会使支撑剂在水平方向运移更远的距离，从而使砂堤前缘距离增大。同时，排量的增大会使靠近裂缝入口处形成的湍流效应增强，其会将此处已沉降的支撑剂重新卷起来带入裂缝深处，导致靠近裂缝入口位置处支撑剂沉降变少，因此会使砂堤前缘高度降低。砂堤达到平衡状态时颗粒的沉积与卷起处于动态平衡状态，排量越大就会有更多的支撑剂处于这种状态，因而相应的砂堤平衡高度会降低。此外，排量越大单位时间内将有更多的支撑剂进入裂缝，从而缩短了支撑剂达到平衡高度所需的时间。

对比分析图 11-11 和表 11-2 可知，排量对砂堤形态整体影响较大，尤其是对平衡时间、砂堤前缘距离和砂堤前缘高度的影响。

3. 砂比对砂堤铺置形态的影响

本组实验选用方案 2、5、6、7，即砂比分别为 2%、4%、6%、8%，排量为 5m³/h，30/50 目支撑剂，支撑剂密度为 2770kg/m³，压裂液为清水。不同砂比达到平衡状态时的砂堤形态如图 11-12 所示，表 11-3 为实验测量数据。

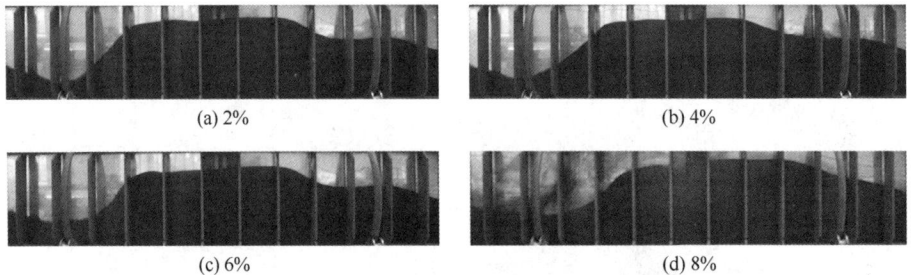

(a) 2%　　　　　　　　　　　　　　　　(b) 4%

(c) 6%　　　　　　　　　　　　　　　　(d) 8%

图 11-12　平衡状态时不同砂比下的砂堤形态

表 11-3　不同砂比下的实验测量数据

砂比/%	平衡高度/cm	平衡时间/s	砂堤前缘距离/cm	砂堤前缘高度/cm
2	39.5	468	45	9
4	40	378	47	11
6	40.5	246	48	12.5
8	41	156	51	16

由表 11-3 可以看出，随着砂比的增大，支撑剂砂堤的平衡高度由 39.5cm 增加至 41cm，平衡时间由 468s 缩短为 156s，砂堤前缘距离由 45cm 增加至 51cm，砂堤前缘高度由 9cm 增加至 16cm，原因解释如下。

多颗粒支撑剂在压裂液中沉降时颗粒间存在相互干扰作用，主要表现在两方面：一方面是每个支撑剂沉降时均会促使周围的液体向上运动，阻碍了附近支撑剂颗粒的沉降，且砂比越高这种阻碍作用越强；另一方面是携砂液黏度相对于清水会有所增加，且砂比越大，携砂液黏度增加值越大，结果使支撑剂颗粒受到清水的浮力及黏滞阻力增大。这两种干扰作用都使得支撑剂的沉降速度减小，却使支撑剂在水平方向有更多的运移时间。也就是说，随着砂比的增加，砂堤整体向前推移，砂堤前缘距离增大[6,7]。

砂比越大，裂缝内砂浓度就越大，相同排量下要在裂缝入口附近形成漩涡难度自然也越大，这就意味着被卷走的支撑剂减少、相应的砂堤前缘高度增加。砂堤达到平衡高度时，支撑剂的沉降与卷起处于动态平衡状态，砂比越大，维持这种动态平衡需要的输送速度就越高，相应的过流断面就越窄，砂堤平衡高度就越高。此外，随着砂比的增加，单位时间内将有更多的支撑剂进入裂缝发生沉降，从而导致砂堤达到平衡高度的时间逐渐缩短。

高砂比会导致砂堤的堆起速度过快，而过快的堆起速度会增大压裂施工过程中砂堵的风险。表 11-4 为不同砂比下的砂堤堆起速度。

表 11-4　不同砂比下的砂堤堆起速度

砂比/%	平衡高度/cm	平衡时间/s	砂堤起堆速度/(cm/min)
2	39.5	468	5.1
4	40	378	6.0
6	40.5	246	9.9
8	41	156	14.5

由表 11-4 可知，砂比越大，砂堤堆起速度就越快，达到平衡高度所需的时间就越短。但上述数据也表明砂比对砂堤平衡高度影响不大，可见增加砂比只

是减少了平衡时间，而并未明显增大砂堤平衡高度。另外，砂堤堆起速度过快极易引起施工砂堵。综上所述，实际压裂中砂比不宜过高，应根据压裂施工规模合理设计压裂砂比。

4. 支撑剂粒径对砂堤铺置形态的影响

本组实验选用方案 2、8、9、10，即支撑剂粒径分别为 30/50 目、50/120 目、40/70 目、20/40 目，排量 5m³/h，砂比 4%，支撑剂密度 2770kg/m³，压裂液为清水。不同粒径达到平衡状态时的砂堤形态如图 11-13 所示，表 11-5 为实验测量数据。

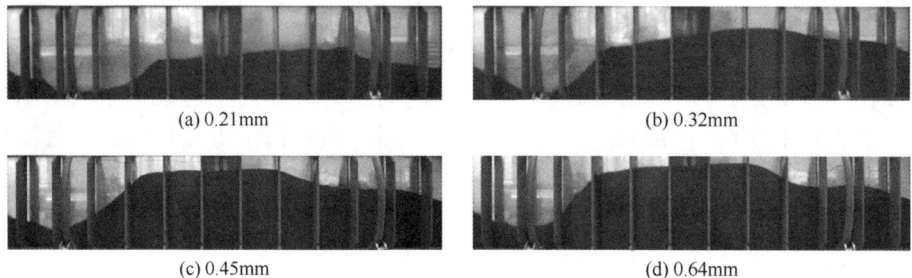

(a) 0.21mm　　　　　　　　　　　　(b) 0.32mm

(c) 0.45mm　　　　　　　　　　　　(d) 0.64mm

图 11-13　平衡状态时不同粒径下的砂堤形态

表 11-5　不同粒径下的实验测量数据

粒径/mm	平衡高度/cm	平衡时间/s	砂堤前缘距离/cm	砂堤前缘高度/cm
0.21	20	444	72	2.5
0.32	26	414	55	4.5
0.45	40	378	47	11
0.64	41.5	348	30	12

由表 11-5 可以看出，随着支撑剂粒径的增加，平衡高度由 20cm 增加至 41.5cm，平衡时间由 444s 缩短至 348s，砂堤前缘距离由 72cm 减小至 30cm，砂堤前缘高度由 2.5cm 增加至 12cm。这是因为在相同的实验排量下，粒径较小的支撑剂颗粒容易悬浮起来，且受裂缝入口处湍流影响明显，极易被运输到裂缝深处发生沉降，所以使支撑剂砂堤前缘距离较大，砂堤平衡高度和前缘高度较低，而粒径较大时情况与此相反。另外，随着粒径的增加，重力增加的幅度将大于浮力与黏滞阻力增加的幅度，颗粒沉降速度会加快，导致达到平衡高度所需的时间缩短。

对比不同粒径下的实验测量数据可知，支撑剂粒径主要对砂堤平衡高度、砂堤前缘距离以及砂堤前缘高度影响较大，而对平衡时间影响较小。

5. 支撑剂密度对砂堤铺置形态的影响

本组实验选取方案 2、11、12，即支撑剂密度分别为 2770kg/m^3、2600kg/m^3、3020kg/m^3，排量为 5m^3/h，砂比为 4%，30/50 目支撑剂，压裂液为清水。不同密度达到平衡状态时的砂堤形态如图 11-14 所示，表 11-6 为实验测量数据。

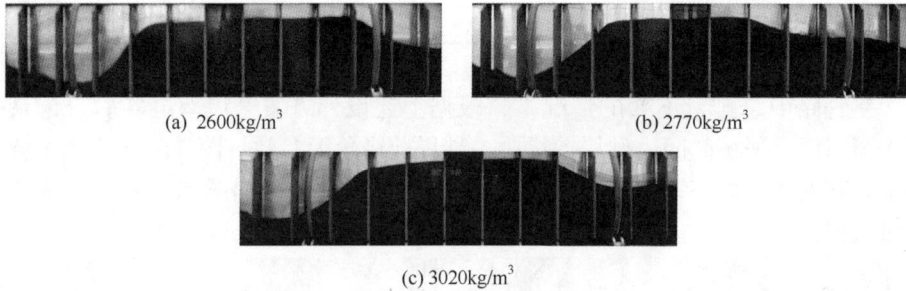

(a) 2600kg/m^3　　　　　　　　　　　　(b) 2770kg/m^3

(c) 3020kg/m^3

图 11-14　平衡状态时不同密度下的砂堤形态

表 11-6　不同密度下的实验测量数据

支撑剂密度/(kg/m^3)	平衡高度/cm	平衡时间/s	砂堤前缘距离/cm	砂堤前缘高度/cm
2600	38.5	408	58	7.5
2770	40	378	47	11
3020	42	342	31	13.5

由表 11-6 可以看出，平衡高度和砂堤前缘高度随着支撑剂密度的增大而增加，平衡时间和砂堤前缘距离随着支撑剂密度的增大而减小。但是砂堤前缘距离和砂堤前缘高度变化较大，而平衡高度和平衡时间变化较小。这是由于低密度支撑剂受到的重力较小，裂缝入口处的湍流对其影响明显，易于被携砂液携带至裂缝深处发生沉降，因而砂堤前缘距离较大、砂堤前缘高度较小，而高密度时情况与此相反。砂堤达到平衡高度时支撑剂的沉降与卷起处于动态平衡状态，密度越大维持这种动态平衡所需要的携砂液流速就越高，相应的过流断面就要越窄，也就是说砂堤平衡高度越大。另外，密度越大砂堤堆起速度就越快，达到平衡高度的时间自然也相应缩短。

11.3　支撑剂在双缝中的输送规律

本节介绍支撑剂在双缝中运移时的输送规律，采用与 11.2 节同样的方法进行实验方案设计，但改变实验参数。表 11-7 为设计的实验方案[8]。

表 11-7　实验方案

总排量 /(m³/h)	主裂缝排量 /(m³/h)	分支缝排量 /(m³/h)	压裂液		支撑剂		砂比 /%
			黏度 /(MPa·s)	用量/m³	粒径/μm	密度/(kg/m³)	
6.6	6.6	0.0	1	1	300～600	2770	2
6.6	5.8	0.8	1	1	300～600	2770	2
6.6	5.0	1.6	1	1	300～600	2770	2
6.6	4.2	2.4	1	1	300～600	2770	2

在管路中总排量不变的情况下，根据上述设计方案开展双缝实验，记录砂堤平衡高度、平衡时间、砂堤前缘距、砂堤前缘角等参数。图 11-15 为主裂缝排量不同时的砂堤形态，图 11-16 为分支缝排量不同时的砂堤形态，表 11-8 为实验测量数据。

(a) 6.6m³/h

(b) 5.8m³/h

(c) 5.0m³/h

(d) 4.2m³/h

图 11-15　主裂缝排量不同时的砂堤形态(携砂液从右向左进入)

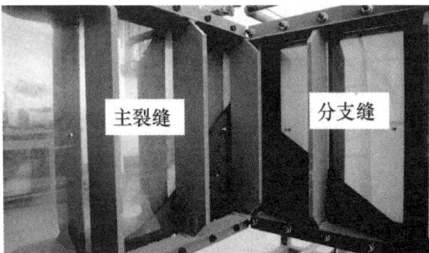

(a) 0

(b) 0.8m³/h

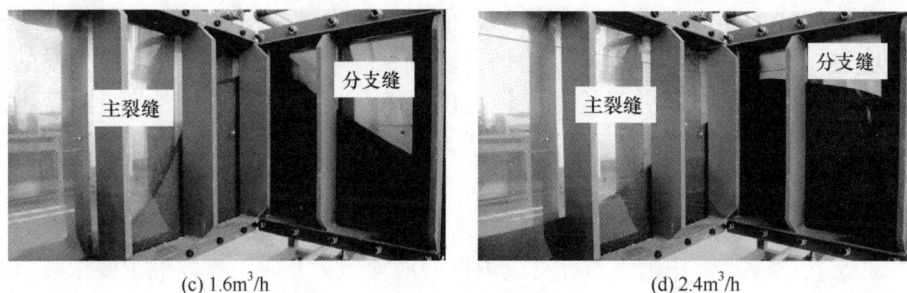

(c) 1.6m³/h　　　　　　　　　(d) 2.4m³/h

图 11-16　不同分支缝排量时的砂堤形态

表 11-8　不同分支缝排量时的实验测试结果

主裂缝排量/(m³/h)	分支缝排量/(m³/h)	平衡高度/cm	砂堤前缘距离/cm	平衡时间/s
6.6	0	39.0	98.18	289
5.8	0.8	40.0	92.73	313
5.0	1.6	40.5	90.91	340
4.2	2.4	41.0	75.45	391

由表 11-8 可以看出，总排量不变时主裂缝排量随着分支缝排量的增加而减小。此过程中砂堤平衡高度从 39cm 增加至 41cm，砂堤前缘距离从 98.18cm 减小至 75.45cm，平衡时间从 289s 增加至 391s。由此可见，砂堤平衡高度、砂堤前缘距离和平衡时间在该过程中均变化很小。

对比分析图 11-15 中不同分支缝排量时的主裂缝砂堤形态可以发现，图 11-15(a)~(c)中，分支缝位置处主裂缝平衡高度无明显降低，但图 11-15(d)中，分支缝位置处主裂缝高度明显降低，形成一高一低两个平衡高度。原因是分支缝阀门完全打开时，其内携砂液流速达到最大，携带的支撑剂也最多，此时会在进入分支缝位置处形成一个小旋涡，将此处的支撑剂卷积带走；另外，经由分支缝分流后，主裂缝内携砂液流速、砂浓度均大幅度减小，导致砂堤堆起速度变慢。综合以上两个原因，分支缝位置处，主裂缝砂堤高度明显降低。而分支缝排量较小时对应的携砂液流速也较小，携砂能力自然较低，因此无法造成分支缝位置处主裂缝砂堤高度明显降低。

图 11-16 为不同排量时的分支缝砂堤形态。由图可以看出，不论分支缝阀门是否完全打开，支撑剂都主要在主裂缝中沉降，这是由于携砂液总是沿着流动阻力小的方向流动。当分支缝阀门完全关死时，在不允许有任何流体通过的情况下，分支缝中仍有支撑剂颗粒，且分支缝进口位置处砂堤高度几乎接近此处主裂缝高度，随后迅速减小，沉降结构似三角形。随着分支缝阀门的逐步打

开，分支缝内的携砂液流速随之增加，但由于重力的作用，支撑剂颗粒会逐渐在分支缝中堆积，导致砂堤高度增加，表现在图中，就是随着分支缝排量的增加砂堤高度逐渐增加，并最终以平衡高度沿着分支缝长延伸。因此可以得出分支缝中的砂堤高度随着分支缝排量的增大而增大，这与主裂缝中的沉降规律明显不同。

综上所述，可以归纳出支撑剂进入分支缝的两种方式，一是依靠重力作用，二是携砂液携带作用。当分支缝内携砂液流速为 0 时，支撑剂主要依靠自身重力作用滚动到分支缝中；当分支缝内携砂液流速逐渐增大时，支撑剂主要依靠自身重力作用和携砂液的携带作用进入分支缝[9,10]。

参 考 文 献

[1] 温庆志，翟恒力，罗明良，等. 页岩气藏压裂支撑剂沉降及运移规律实验研究[J]. 油气地质与采收率，2012，19(6)：105-107.

[2] 周德胜，王博学，石豫，等. 一种携砂压裂液在射孔孔道中运移模拟研究装置：CN104929618A[P]. 2015-09-23.

[3] 周德胜，石豫，王博学，等. 一种压裂液滤失的平行板裂缝模拟装置：CN204086078U[P]. 2015-01-07.

[4] 李靓. 压裂缝内支撑剂沉降和运移规律实验研究[D]. 成都：西南石油大学，2014：43-45.

[5] 惠峰. 页岩气井水力压裂支撑剂在裂缝内的铺置规律研究[D]. 西安：西安石油大学，2017：27-28.

[6] 周德胜，张争，惠峰，等. 滑溜水压裂主裂缝内支撑剂输送规律实验及数值模拟[J]. 石油钻采工艺，2017，39(7)：120-127.

[7] 王鸿勋，张士诚. 水力压裂设计数值计算方法[M]. 北京：石油工业出版社，1998：54-56.

[8] 石豫. 页岩气井水力压裂支撑剂沉降及运移规律研究[D]. 西安：西安石油大学，2016：73-75.

[9] 温庆志，段晓飞，战永平，等. 支撑剂在复杂缝网中的沉降运移规律研究[J]. 西安石油大学学报（自然科学版），2016，31(1)：80-84.

[10] SAHAI R, MISKIMINS J L, OLSON K E. Laboratory results of proppant transport in complex fracture symtems[C]//SPE168579-MS, SPE Hydraulic Fracturing Technology Conference, The Woodlands, 2014.

彩　　图

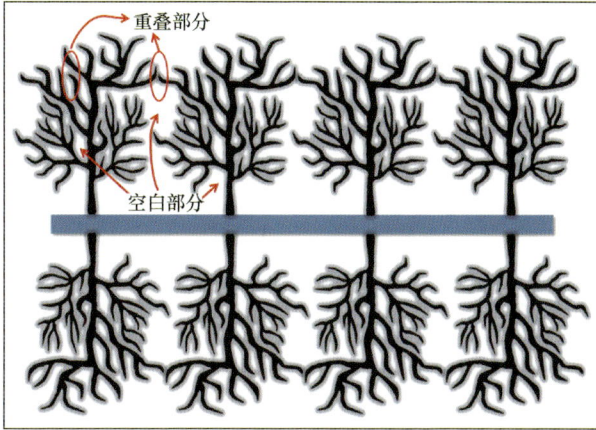

(a) 复杂裂缝网络控制体积(阴影)

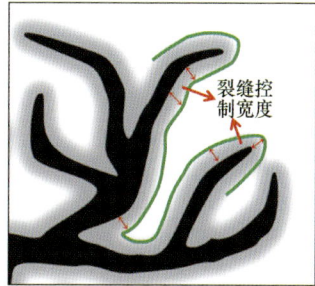

(b) 放大图

图 3-17　缝网控制范围(阴影)

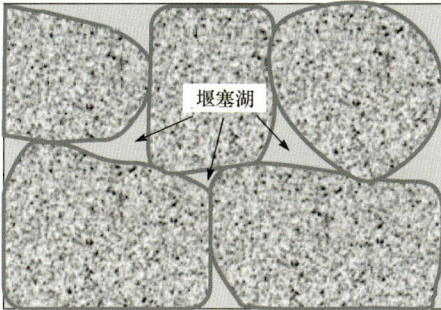

图 3-22　堰塞湖

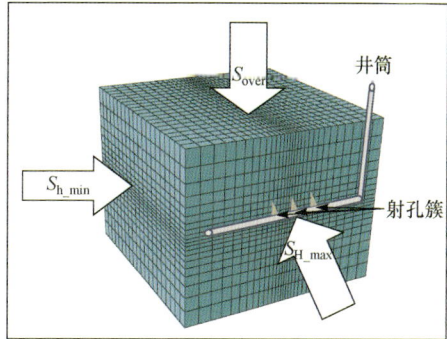

图 4-8　水平井三维有限元水力压裂模型

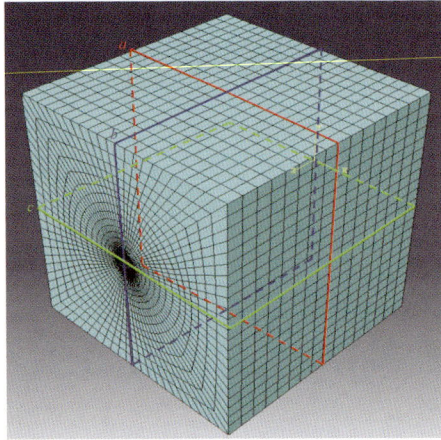

图 5-1 井筒模型及网格示意图

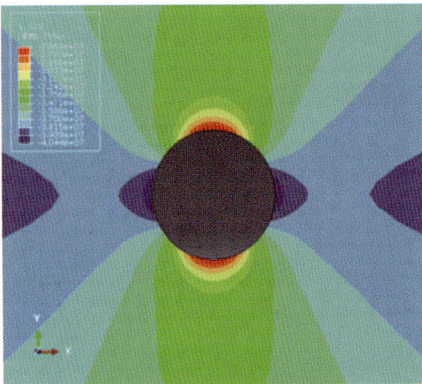

(a) 8节点六面体

(b) 6节点楔形

(c) 4节点四面体

图 5-3 不同单元类型井筒周向应力场模拟结果

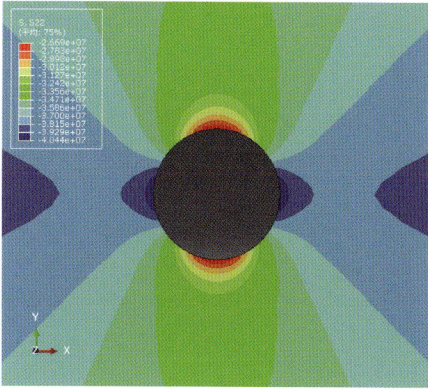

(a) 结构化方法模拟图   (b) 扫掠方法模拟图

图 5-5   不同网格划分方法的模拟图

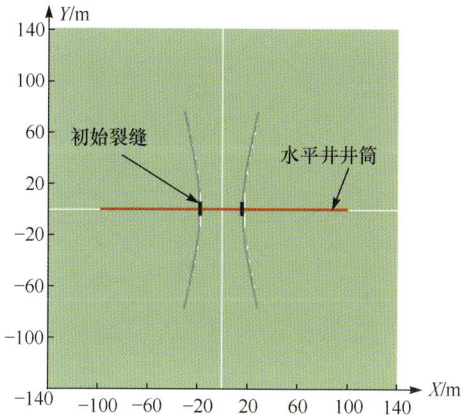

图 5-32   单井两簇裂缝同时延伸轨迹图   图 5-33   延伸裂缝周围正应力分布图

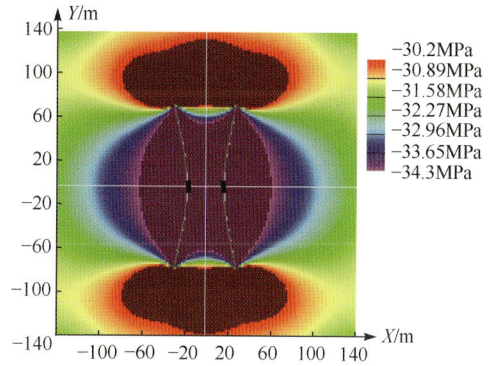

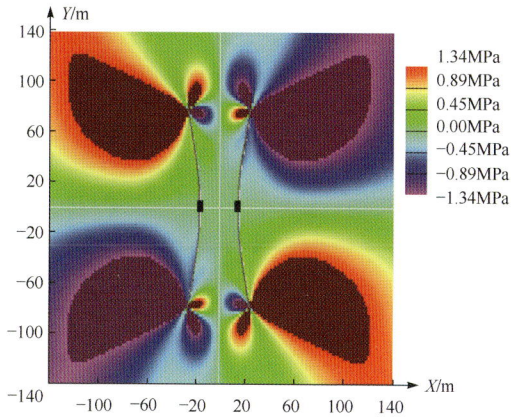

图 5-34   延伸裂缝周围剪应力分布图

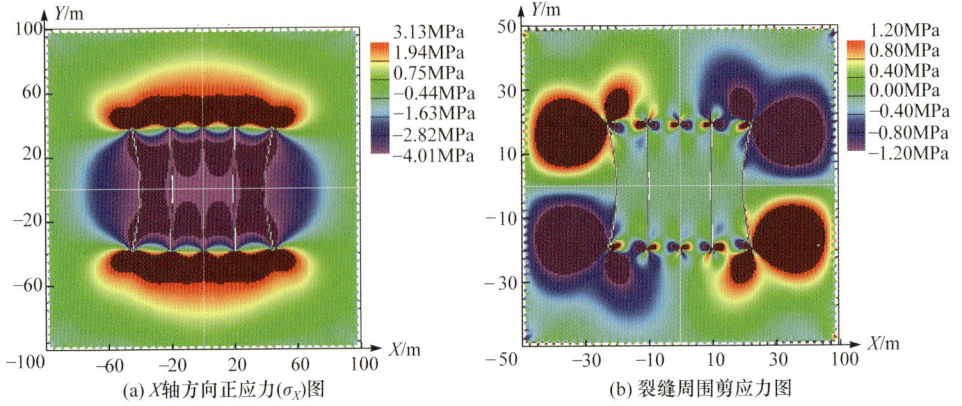

(a) X轴方向正应力(σ_X)图

(b) 裂缝周围剪应力图

图 5-38 多裂缝扩展应力云图

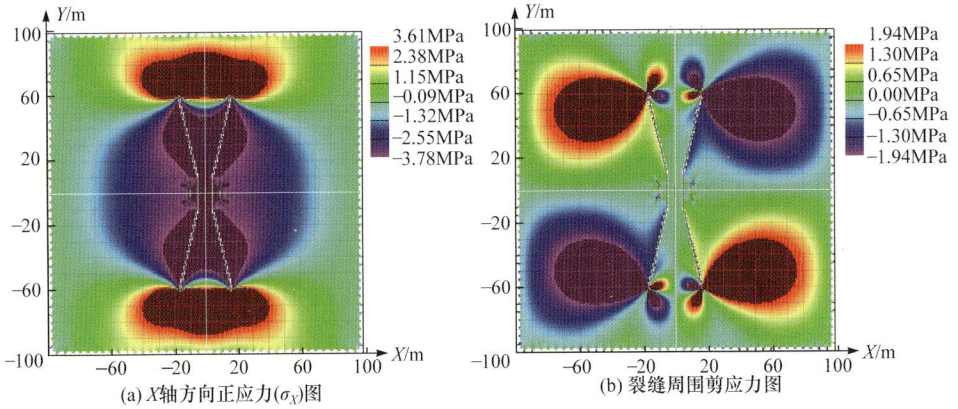

(a) X轴方向正应力(σ_X)图

(b) 裂缝周围剪应力图

图 5-39 间距为 5m 的五条先后起裂裂缝周围应力图

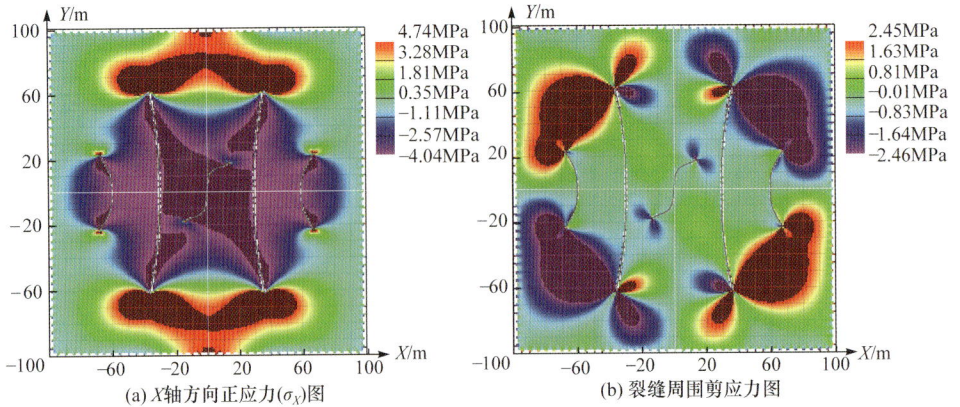

(a) X轴方向正应力(σ_X)图

(b) 裂缝周围剪应力图

图 5-40 间距为 30m 的五条先后起裂裂缝周围应力图

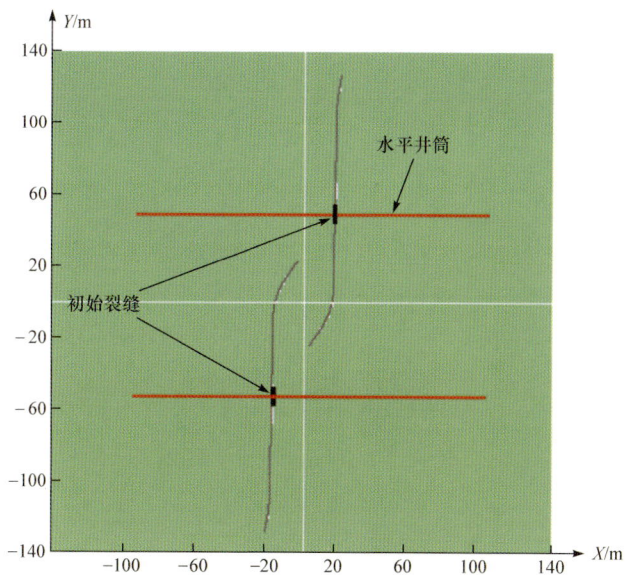

图 5-43　裂缝交错分布时延伸轨迹图

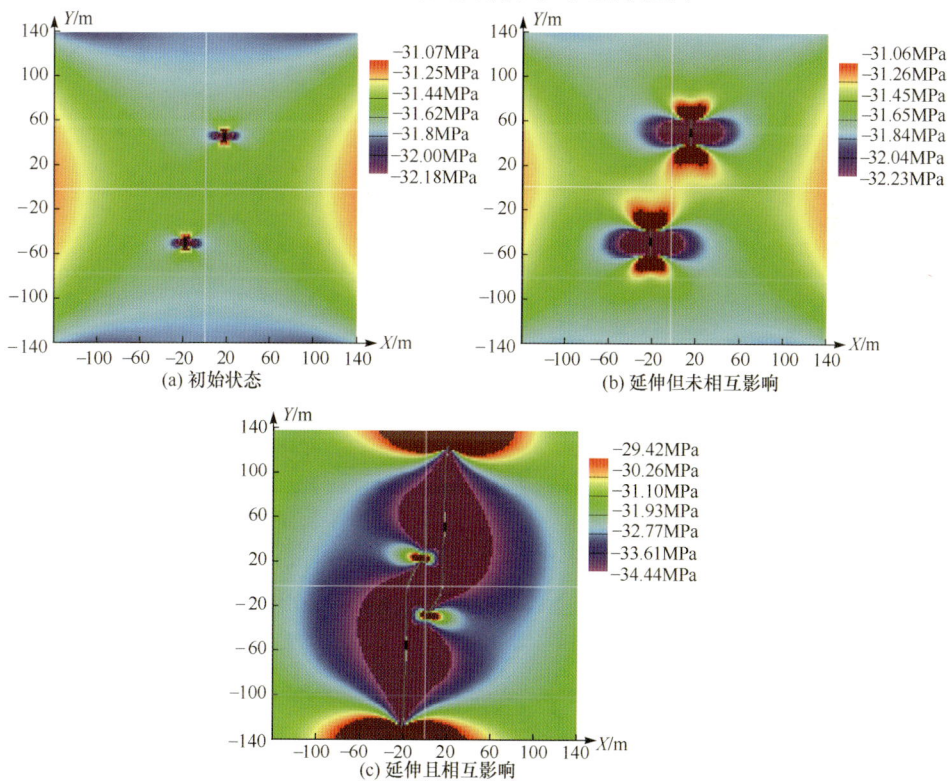

(a) 初始状态

(b) 延伸但未相互影响

(c) 延伸且相互影响

图 5-44　同步压裂交错分布裂缝延伸过程中 X 方向正应力变化图

(a) 初始状态   (b) 两裂缝互不干扰

(c) 两裂缝相互干扰

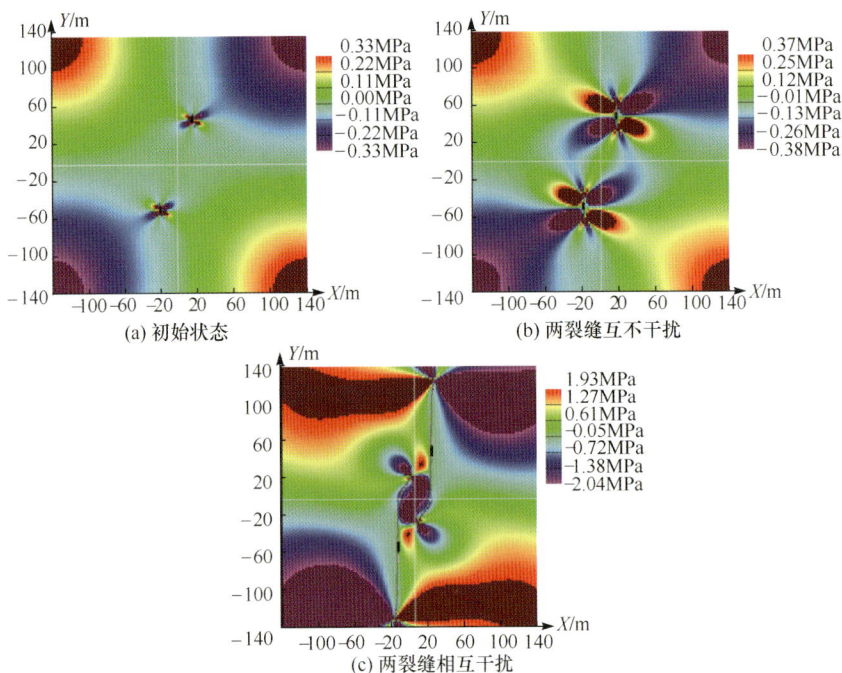

图 5-45 裂缝交错分布时剪应力变化图

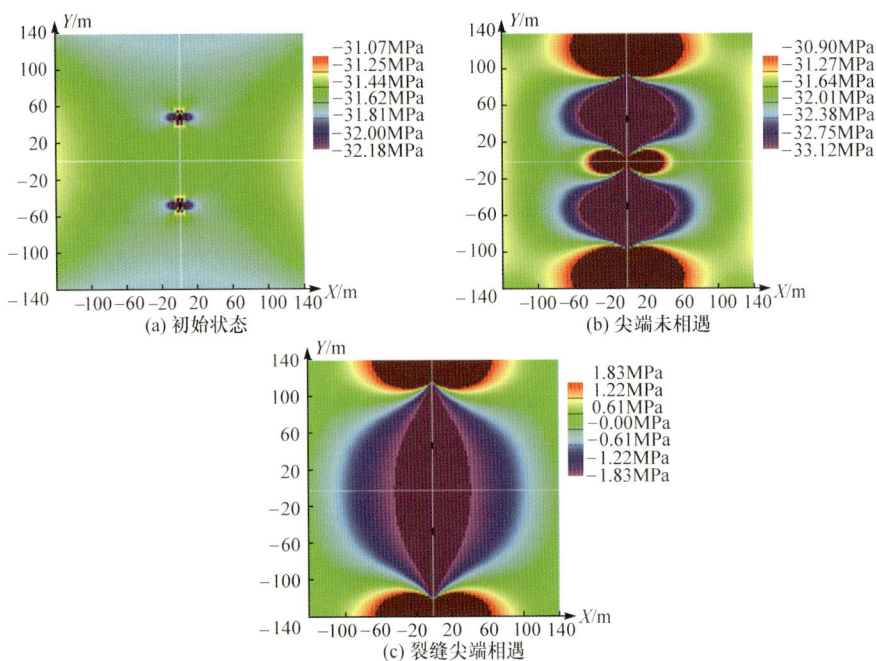

(a) 初始状态   (b) 尖端未相遇

(c) 裂缝尖端相遇

图 5-48 裂缝对顶分布时应力变化图

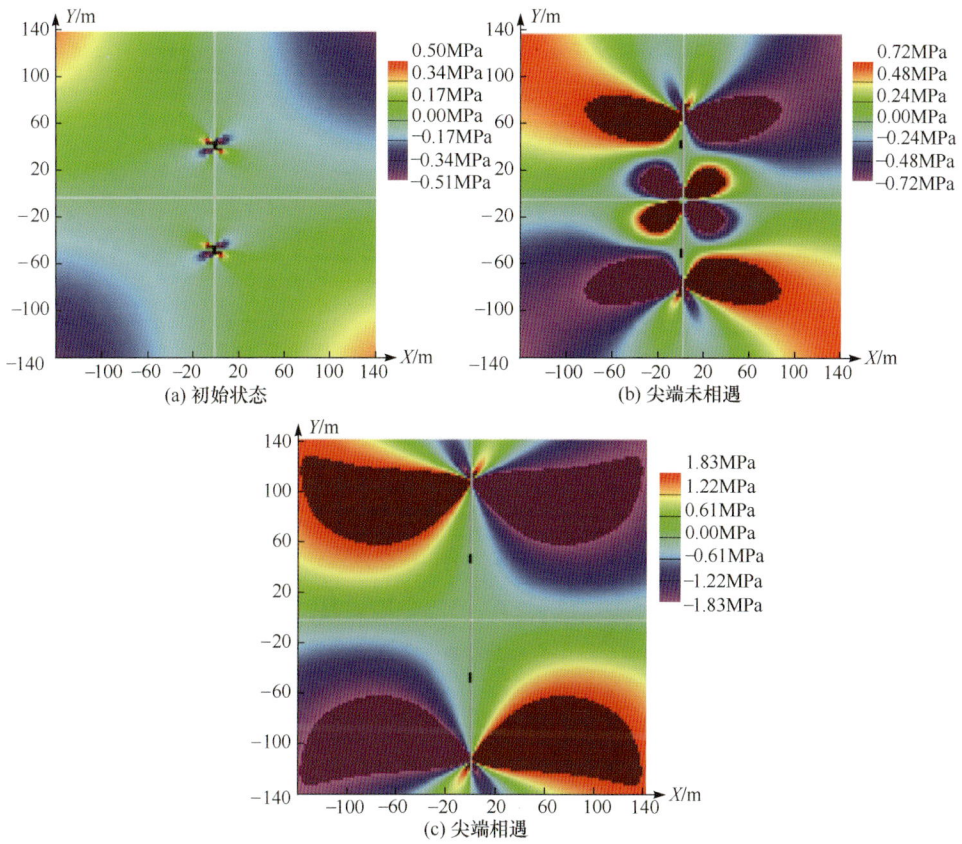

(a) 初始状态

(b) 尖端未相遇

(c) 尖端相遇

图 5-49 裂缝对顶分布时剪应力变化图

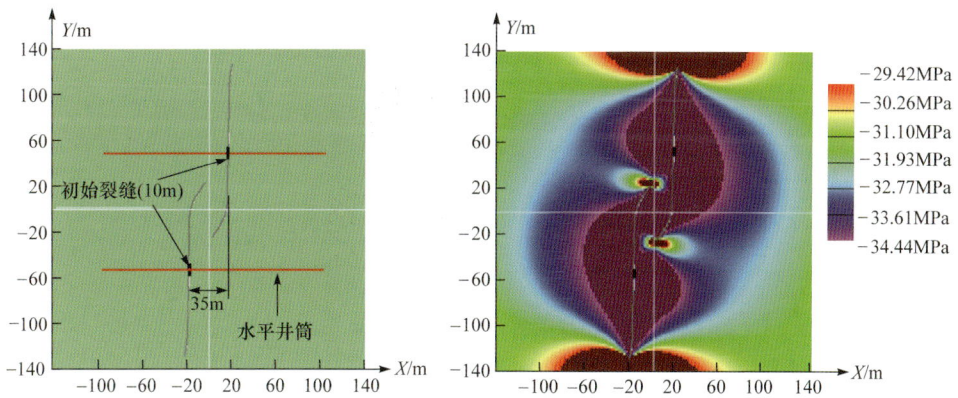

初始裂缝(10m)

35m

水平井筒

图 6-5 两口井同步压裂时裂缝扩展正应力图

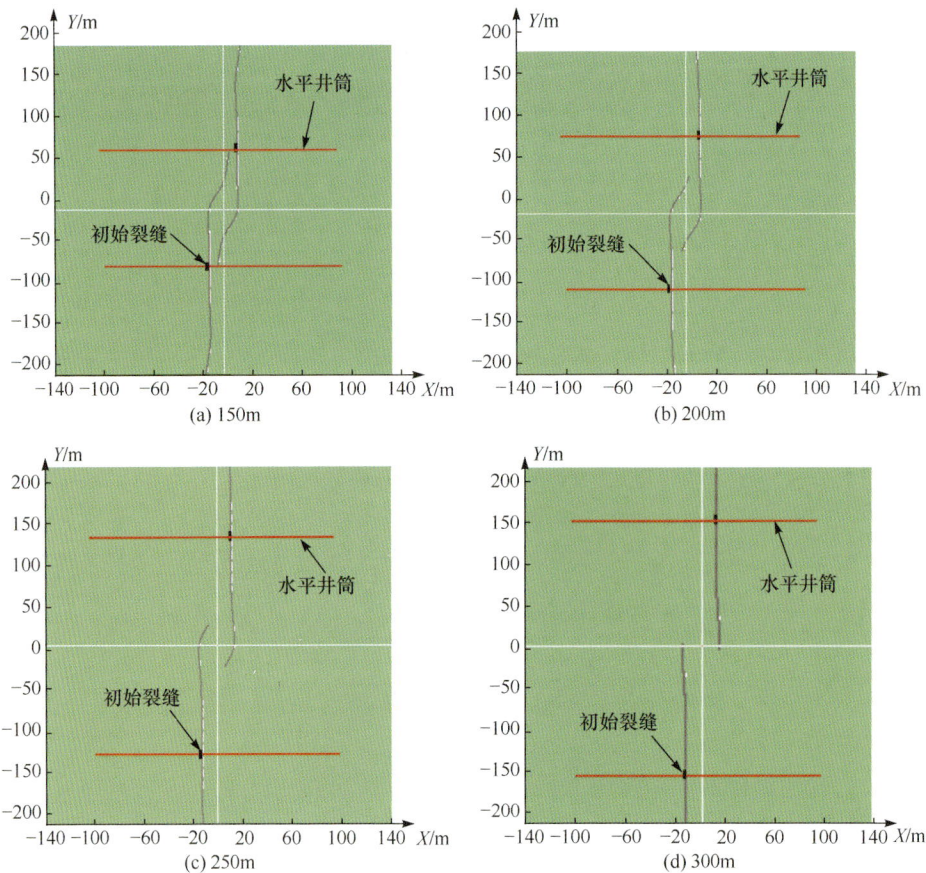

图 6-15　裂缝半长 150m 时不同井间距下裂缝延伸轨迹图

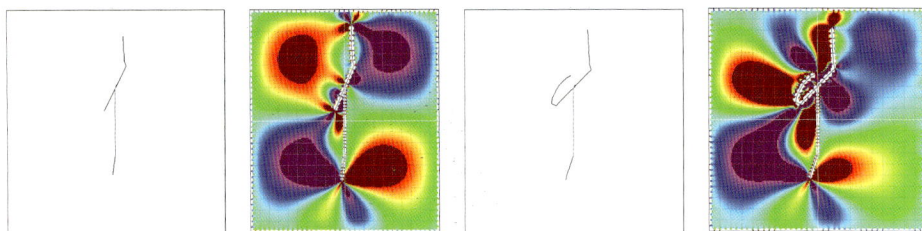

图 8-7　β 为 27°时人工裂缝与天然微裂缝相交
后的扩展形态

图 8-8　β 为 45°时人工裂缝与天然微裂缝相交
后的扩展形态

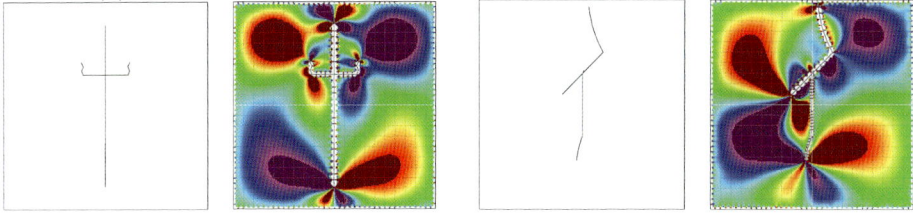

图 8-9　β为 90°时人工裂缝与天然微裂缝相交　图 8-10　β为 45°且水平地应力差为 4MPa 时裂缝的扩展形态

(a) 初始情况

(b) 扩展过程中

(c) 扩展过程中

(d) 最终扩展状况

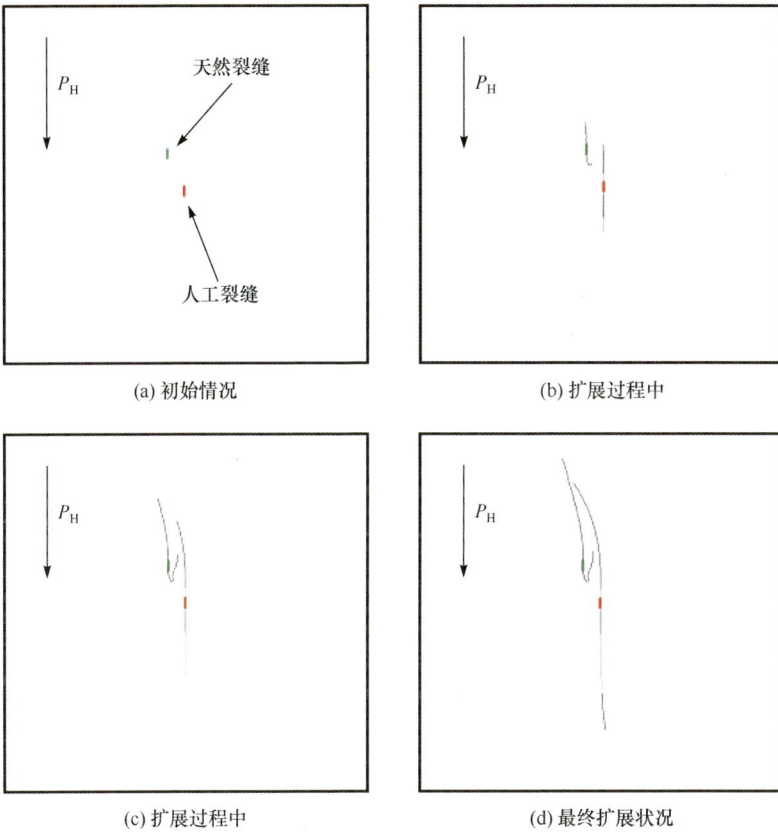

图 8-12　人工裂缝在扩展过程中与天然微裂缝的互作用

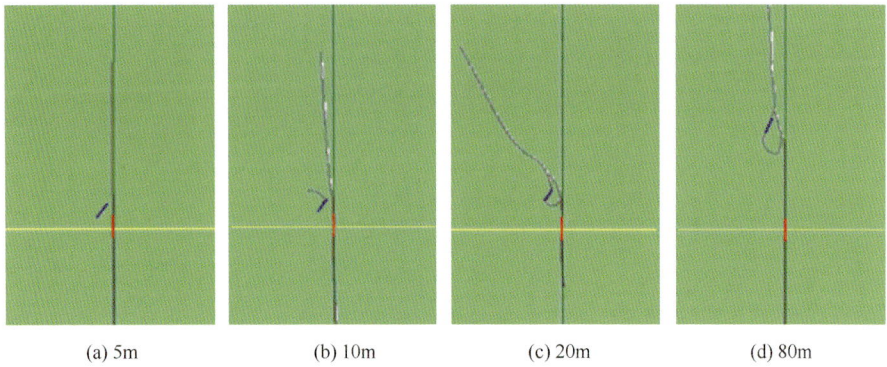

(a) 5m   (b) 10m   (c) 20m   (d) 80m

图 8-15   人工裂缝与天然裂缝纵向间距对裂缝间互作用的影响($\Delta\sigma$=0)

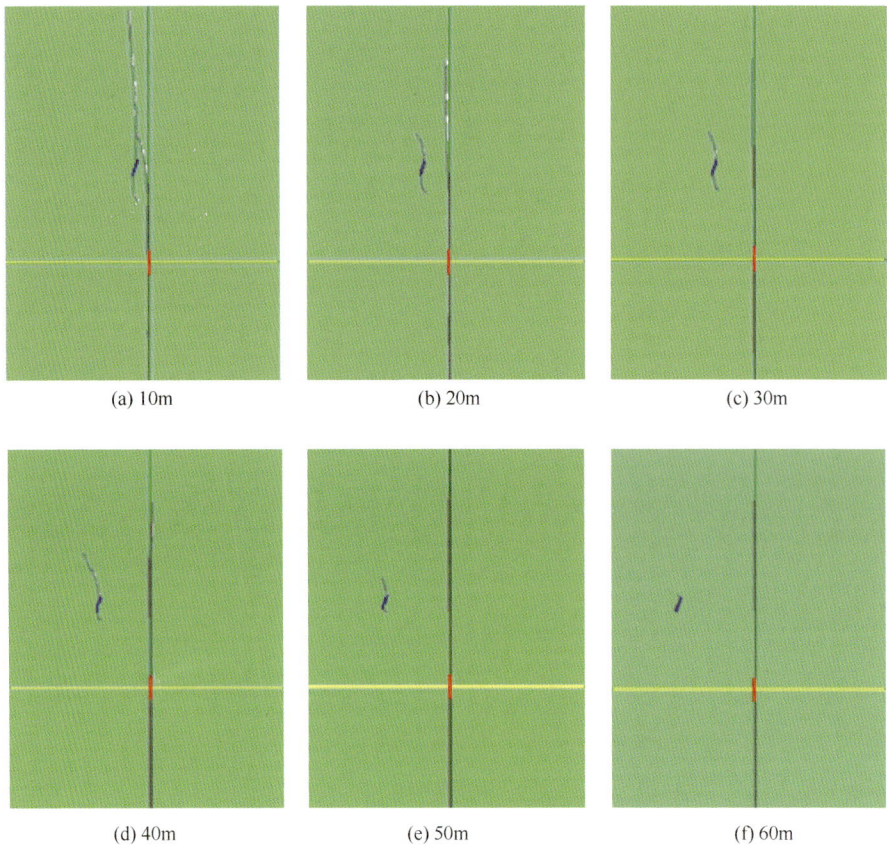

(a) 10m   (b) 20m   (c) 30m

(d) 40m   (e) 50m   (f) 60m

图 8-19   人工裂缝与天然裂缝横向间距对裂缝间互作用的影响($\Delta\sigma$=4MPa、$P_f<\sigma_H$)

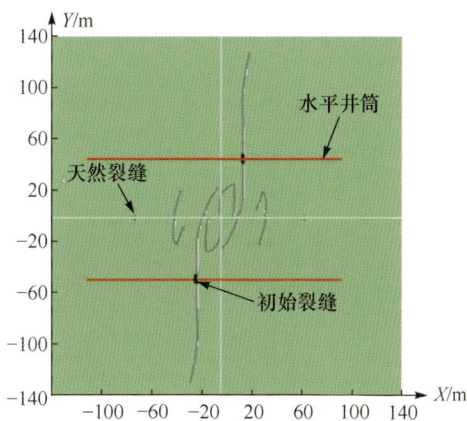

图 8-27　同步压裂裂缝延伸轨迹图

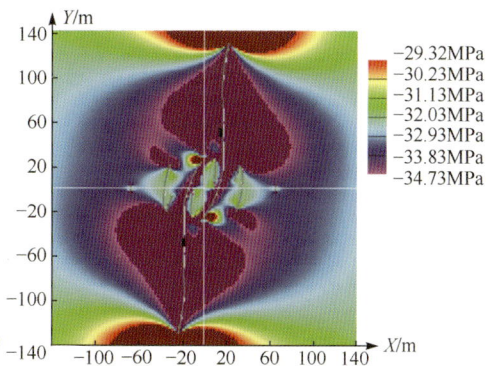

图 8-28　同步压裂裂缝延伸正应力图

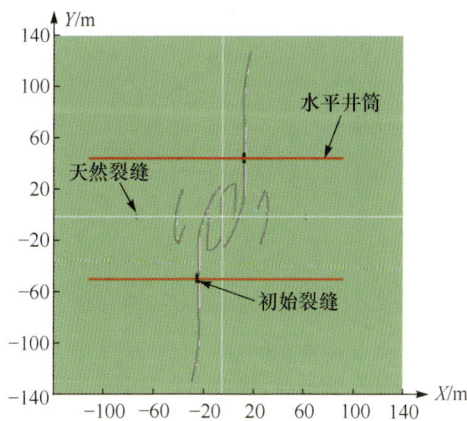

图 8-29　同步压裂裂缝延伸剪应力图

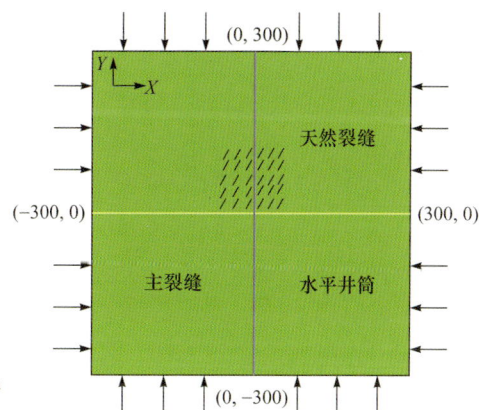

图 9-1　体积压裂裂缝缝网模拟模型

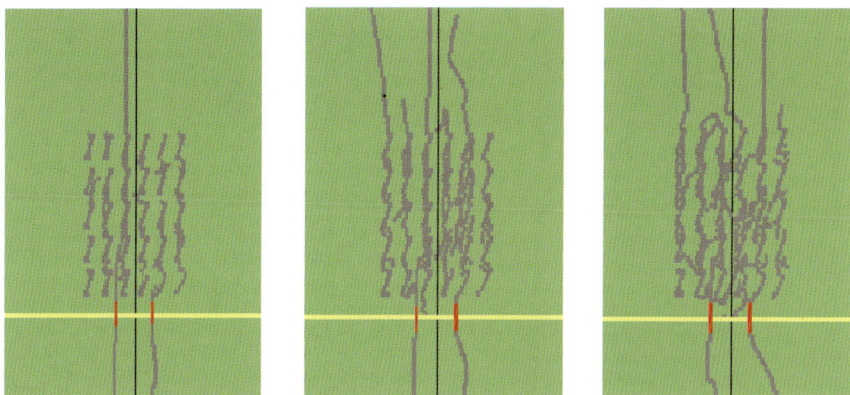

(a) 29MPa　　　　　(b) 30MPa　　　　　(c) 31MPa

图 9-2　应力差为 2MPa 时不同人工裂缝压力产生的复杂缝网

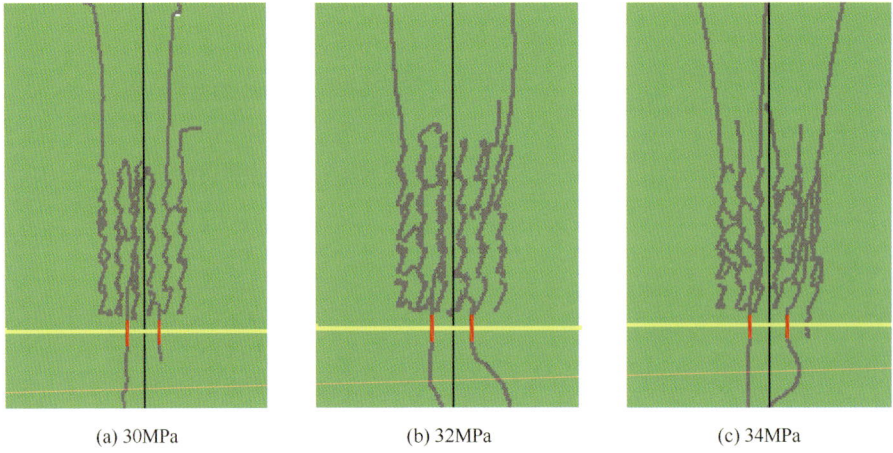

(a) 30MPa   (b) 32MPa   (c) 34MPa

图 9-3　应力差为 4MPa 时不同人工裂缝压力产生的复杂缝网

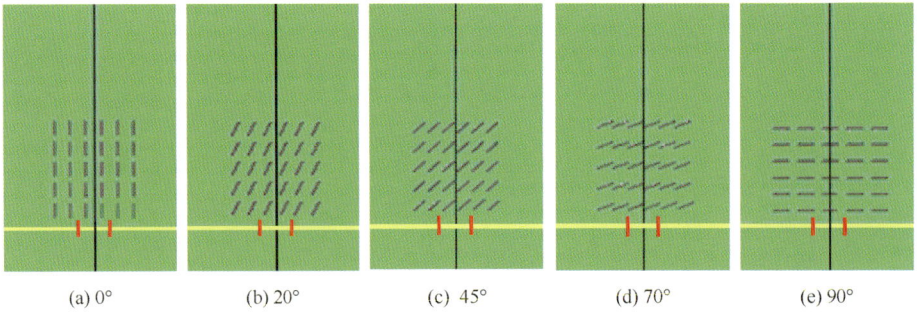

(a) 0°   (b) 20°   (c) 45°   (d) 70°   (e) 90°

图 9-11　不同倾角天然裂缝缝网模拟模型

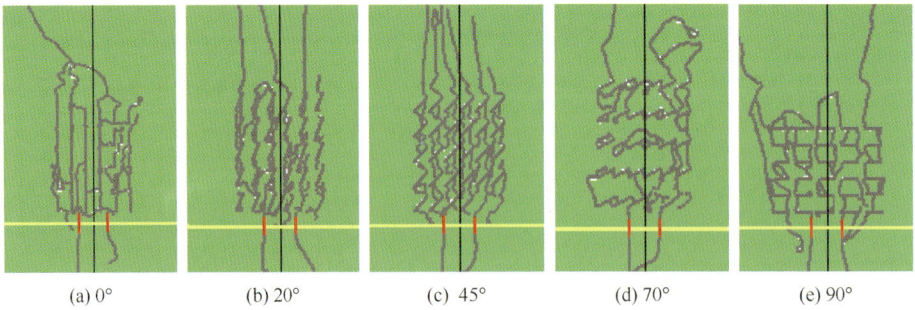

(a) 0°   (b) 20°   (c) 45°   (d) 70°   (e) 90°

图 9-12　应力差为 2MPa 时不同倾角天然裂缝形成的裂缝网络($P_\mathrm{f} > P_\mathrm{H}$)